損害てん補の本質

―海上保険を中心として―

中出 哲 著

成 文 堂

はしがき

　損害保険には、さまざまの種類がある。そして、その一つ一つの奥が深い。対象とする事象に深く関係し、それぞれ個人生活や企業活動において重要な役割を担っている。

　こうした損害保険は、いかにして生成してきたか。現在の通説では、14世紀にイタリアの商業都市で海上保険が引き受けられたのがその始まりとされ、その海上保険は、遠くギリシャ・ローマ時代から地中海地方で利用されていた冒険貸借から転化して生まれたものと考えられている。冒険貸借は、航海のリスクに対処する制度として長く利用されていたが、13世紀に徴利禁止令が発せられ、利用できなくなった。そうした環境変化のなかで、融資と危険負担の制度が分離し、海上保険が生まれた。海上保険は、ヨーロッパ各国に広がり、17世紀には、イギリスで火災保険が生まれ、損害保険の舞台は海から陸に広がった。その後、経済社会の発展とともに様々な損害保険が生み出され、損害保険の対象は、様々な種類の財物から人の身体、そして、家庭や企業の様々な事象に広がっていく。てん補する損害の種類も、財物の財産価値上の減少から、利益上の損失、費用の負担、賠償責任の負担と広がっていく。

　こうした損害保険の広がりと発展の原動力は何であろうか。海上保険が生まれた背景には、航海のリスクに対処する制度として定着していた冒険貸借が禁止されて利用できなくなったという重大な環境変化があった。航海のリスクは、冒険をする者にとってあまりにも大きい。リスクに対処する様々な方法が試行されるなかで、リスクの負担のみを切り出して取引する保険の制度が生み出された。そこには、時代における要請と商人の創意工夫があった。また、ロンドンで最初に火災保険が誕生したのは、1666年のロンドン大火の後である。壊滅的な惨状のなかで、住宅の火災損害に対処する制度の必要性とともに、それをビジネスにしようとするアイデアとチャレンジがあった。今日、多様な損害保険が存在するが、各種の損害保険が生みだされてきた背景には、それぞれの時代におけるニーズとともに、商人の創意工夫と競争があったといえる。

　しかし、損害保険が今日まで発展することができた要因の一つとして忘れては

ならないのは、損害保険が社会的に健全な制度として運営され、また制御されてきたことである。損害保険の歴史は、賭博や賭博保険からの峻別の歴史でもあった。今日の損害保険の制度は、長い歴史のなかで、社会の価値や規範に沿って形成され、また制御されてきたからこそ、健全な商業制度として発展してきたのではないだろうか。

　それでは、多様な損害保険の土台となるとともに社会的健全性の確保を可能にした中核的な損害保険の要素は何であろうか。それは、「損害てん補」という枠組みにあるのではないだろうか。損害てん補という概念は抽象的である。そこには、保険に付ける対象や事故の種類についての限定も存在しない。しかし、その抽象性こそが可能性の土台となる。加えて、損害てん補という概念自体に社会的健全性も織り込まれている。利得を得るための制度ではないからこそ、健全な制度として社会から受け入れられてきたのではないだろうか。損害保険は、何を損害として支払いを行うかという点で柔軟性があるとともに、損害てん補という考え方自体に社会的健全性を織り込んでいる制度とみることができるように考えられる。

　損害保険は、契約という法形式をとって営まれる。したがって、その契約の条項には、損害保険の経済・商業制度としての合理性や社会的な健全性を確保する仕組みが織り込まれていると考えることができる。更に、損害保険契約を規律する法についても、損害保険の損害てん補という特徴をもとに理解されるべきであろう。

　このように、損害保険は損害てん補の保険であり、その「損害てん補」という枠組みに重要な意義が認められると考えられる。それでは、その「損害てん補」とは、具体的にいかなる内容を指すものとして理解したらよいであろうか。そして、損害保険契約において損害てん補はいかに位置付けられるであろうか。また、その枠組みはどこまで自由に変更可能であろうか。これは、損害保険の本質を巡る古典的な学問テーマであるとともに、実務上も重要な今日的テーマである。新たな損害保険商品を生み出す場合、また、損害保険の保険約款や保険法条文の解釈が問題になる場合、損害保険とは何か、その本質をいかに理解するかが重要となる。

　こうした損害保険の本質を探究する試みが本書である。本書は、損害保険における損害てん補とは何かというテーマを考えることによって損害保険契約の理論

を解明していこうとする試みである。

　筆者は、学部のゼミナールにおいて海上保険の勉強を始めてから今日までの約35年にわたり、損害保険の実務と研究に携わってきた。そのなかで考えてきたことや発表してきた論文をもとに、損害保険の本質に関する考察を体系化して、学位請求論文「損害保険における損害てん補の本質　——海上保険を中心とするイギリス法との比較考察——」としてまとめた。本書は、その論文を一部加筆修正したものである。

　損害保険の理論を考察する場合のアプローチはいくつか考えられるが、本書では、損害てん補という概念を中核において、その給付方式の特徴から損害保険の契約理論を体系的に考察するものである。

　本書は、序章、第Ⅰ部、第Ⅱ部、終章から成り、第Ⅰ部は、一般理論の考察と仮説の提示で、総論に当たる。第Ⅱ部は、損害保険に特有の各種制度に関する各論で、仮説の検証にあたる。終章は、一般理論を中心とした全体のまとめである。

　第Ⅰ部は、全5章から構成され、最初に、損害保険における損害てん補給付を形成する各種制度を分析・確認し（第1章）、先行研究として損害保険の本質を巡る過去の学説の展開を考察して示唆を得る（第2章）。続いて、損害保険における損害てん補に関する基本原則の本質を分析するとともに（第3章）、海上保険における直接損害てん補の原則を取り上げて、被保険利益と損害てん補の関係について考察する（第4章）。これらの考察から得られた事項を整理して考察を加え、損害保険の本質についての一般原則に関する仮説を提示する（第5章）。

　第Ⅱ部は、全6章から構成され、損害保険契約に特有の制度と規律を取り上げて、それぞれの趣旨を考察するとともに、第Ⅰ部で示した仮説が各論においても適合するかを検証する。まず、損害保険契約における損害てん補を考察する上で重要な概念である保険価額とは何かその本質を考察し（第6章）、約定保険価額の制度は、時価からどこまで乖離することが許容されるか、約定の拘束力を考察する（第7章）。そのうえで、保険契約が重複する場合において損害てん補を調整する重複保険制度の考察（第8章）、全損金の支払いと残存物が併存する場合に調整を行う残存物代位制度の考察（第9章）、保険金請求権とその他の請求権（債権）が重複する場合に調整を行う請求権代位制度の考察（第10章）を行って、第5章で示した理論（仮説）が各論においても適合するかを検証する。更に、保険に付

帯される各種サービスの扱いを取り上げて、本書で提示する理論は、これまで位置付けが必ずしも明確とはなっていなかった領域の問題の解明においても有効であることを示す（第11章）。

　終章は、一般理論を中心に、本研究において明らかになったことと、残された課題を示すものである。

　以上のとおり、本書は、損害てん補という特徴に着目して考察を加え、損害保険における損害てん補の本質を一般理論と各論の両面から考察していくものである。

　なお、本書では、損害てん補に関する諸制度の適用が最も典型的である財物の保険、なかでも損害の態様が多様な海上保険を中心として考察を展開している。傷害・疾病などの人の分野の損害保険については、外形的には損害てん補型の給付方式をとっていても、その機能は、人保険として、生命保険等と共通する面が存在する。そのため、基本的には考察の射程から外している。また、わが国の法や学説を広い見地から考察するために、イギリス法を利用して比較考察していることも、本書の特徴である。

　このような方法で、損害保険の本質を考察しているが、考察すればするほど疑問点や更に研究すべき論点が出てくる。損害保険の理論研究は果てしない探求であると痛感せざるをえない。本書は、損害保険の契約理論の研究に向けた序論的な産物にすぎないが、一つの問題提起として、更なる理論研究の材料となることがあれば、望外の幸せである。

　本書の内容は、原則として、2015年1月20日時点での法や公表されている論文をもとにしていることについてもご理解いただきたい。

2015年8月30日

中　出　　　哲

本書の概要

1　本書の趣旨

　本書は、損害保険の特徴である「損害てん補」を種々の視点から考察して、その本質を解明しようとする損害保険の契約理論の研究である。

　わが国の保険事業は、保険業法に基づき実施される免許事業で、その事業免許は、生命保険業免許と損害保険業免許に分かれる（保険業法3条2項）。損害保険業免許における損害保険とは、「一定の偶然の事故によって生ずることのある損害をてん補することを約し、保険料を収受する保険」をいう（同条5項）。すなわち、損害保険会社が引き受ける損害保険は、「損害をてん補すること」を約するものでなければならない。

　また、保険法は、保険契約を「損害保険契約」「生命保険契約」「傷害疾病定額保険契約」に分けて適用する規律をそれぞれ示し、損害保険契約を「保険契約のうち、保険者が一定の偶然の事故によって生ずることのある損害をてん補することを約するものをいう」（保険法2条）と定義する。

　このように、損害保険の事業運営及び保険法の適用にあたり、保険が「損害をてん補する」ものであるかが決定的な要素となっており、「損害をてん補する」とは何かが問題となる。この問いは実務上も重要である。損害てん補の保険でない保険を損害保険会社が引き受けたり損害てん補の保険を生命保険会社が引き受けることは、法律で定める例外を除いて、いずれも保険業法違反となる。また、保険法の適用においては、当該保険契約が「損害をてん補するもの」であるか否かによって適用される規律が異なってくる。

　戦後の長きにわたり、わが国の損害保険事業は、保険商品の内容についても細かく規制されてきたが、1995年の保険業法の全面的な改正（1996年施行）以降、保険商品の自由化が進んでいる。損害保険の枠組みにおいてどこまでが自由であるかは、商品開発面においても重要なテーマとなっている。

　損害保険の本質を探究する研究は、わが国では、伝統的には、海上保険の研究者をはじめとした保険法研究者によって進められ、被保険利益概念を損害保険の本質論の中核に置いたうえで、被保険利益から損害てん補に特有の制度・規律を

体系的に整理する理論が構築された。これらの研究は、財物の保険である海上保険を中心として深められた成果であるが、その後に重要性が増した責任保険や傷害保険等によって疑問が提示され、被保険利益の概念とその位置付けをめぐる学説は、現在においても定説をみない状況にある。

本書では、こうした学説の状況を踏まえ、被保険利益の研究から損害保険の本質を説明していく伝統的な方式をひとまず離れて、損害てん補という具体的な給付方式の内容を観察して損害てん補の特徴を捉え、そこから損害保険契約に求められる被保険利益の意義を考えていく方法をとる。

損害保険には様々な種類があるが、損害てん補という点で最も典型的な保険は財物についての保険であり、その中でも海上保険はこれまで研究の蓄積がある。そのため、考察は海上保険を中心に展開している。もっとも海上保険における議論は、損害保険に共通する部分が多く、本書では、必要に応じて陸上保険についても触れている。しかしながら、人の傷害や疾病に関する損害保険については、人保険として異なる考慮が必要であるため、考察の射程範囲から除いている。

考察は、以下の方法をとっている。

第1に、実際に利用されている保険約款等をもとに、論点を洗い出し、基礎理論における仮説を導き、仮説が妥当するか、各種制度・規律を検証していく方法である。損害保険は経済制度であり、その本質を考察する上では、実際の運営実務を押さえておく必要がある。本書では、筆者が損害保険の保険金支払いの実務に長く携わるなかで蓄積した経験や問題意識も利用している。

第2は、外国法との比較である。本研究では、広く示唆を得るために、主としてイギリス法との比較を行っている。本研究で中心対象として扱う海上保険では、ロンドンの保険約款が国際的に利用され、わが国でも、外航の海上保険では、イギリスの法と慣習に準拠する契約が一般的となっていることから、イギリス法を研究して比較対象とすることに実際上の意義もある。更に、視野を広げる点から、本書では、ヨーロッパ保険契約法原則（以下、PEICLという。）とその解説を参照している。PEICLは、イギリスを含むヨーロッパの著名な保険研究者が、EUのあるべき保険契約法のモデルとして作り上げた最新の研究成果である。PEICLとわが国の制度を比較することは、わが国の制度の立ち位置を理解するうえで有益といえる。もっとも、外国の法制度は、わが国とは前提が異なる部分が存在するので単純に比較・評価することは適当でない。そこで、比較研究

から得られた事項を理論上の示唆として整理したうえで、その視点を踏まえつつ、わが国の制度・規律を考察する方法をとっている。

　第3に、本書では、考察から得られた事項を仮説としてまとめ、それが各論においても妥当するかを検証している。序論において問題設定を行い、第Ⅰ部で損害てん補の一般理論の考察を行い、そこで得られた事項を仮説としてまとめ、第Ⅱ部では、損害てん補に関する各種制度を考察して仮説を検証し、終章で全体を総括する構成をとる。

　第4に、本書における理論的考察が、現行の保険法の解釈論として調和するかを検証している。また、設例等を示して理論が具体的事象に対する解決を与えるかも検証している。

　本書の結論としては、以下を挙げることができる。

　第1は、損害保険における損害てん補の本質についてである。本書は、以下の理解が相当であると導くものである。すなわち、損害保険における損害てん補とは、保険制度上の1つの給付方式（様式）であり、損害保険契約を、損害てん補方式という保険の給付制度の利用を合意している契約として、また、保険法における損害保険契約に関する規律を、この方式（制度）を利用する契約類型に対して適用される規律を示すものとして、それぞれ理解する。この損害てん補という給付方式は、経済制度・保険制度としての合理性に加え、社会的健全性を内包し、本書では、この方式を確保するための各種規範を「損害てん補原則」と呼ぶ。すなわち、損害てん補原則は、経済合理性と社会的健全性の両面を織り込んだ制度方式の骨格となる考え方を示すものとして位置付ける。経済合理性とは、事前に保険料を合理的に算定して支払いを効率的に行うことができる制度であることなどの保険技術と経済制度としての合理性である。一方、社会的健全性とは、損害保険が社会的に健全な制度として運営されるために、損害てん補給付という方式において織り込まれていると理解される要素である。しかし、この社会的健全性は、損害てん補の給付において一般的・客観的に問題ないといえる水準を前提にしたものであるので、個別具体的な経済主体の状況に照らした場合に、そこからの逸脱が直ちに禁止されるべきとまでは導けない。すなわち損害てん補原則は、十分条件として位置付けられる。損害保険における損害てん補に関する各種制度・規律（保険価額、約定保険価額、重複保険、残存物代位、請求権代位などの制度とそれに関する法律規定）は、いずれも上記の損害てん補原則に照らして理解

することができる。

　第2は、損害てん補と利得禁止の関係である。損害てん補原則は、一般的な水準としての健全性を織り込んだものであるので、保険の種類や被保険者の状況などの個別具体的な状況をもとに、損害てん補原則からの逸脱は認められるものといえる。しかし、際限なく契約当事者に契約自由が認められることは適切でなく、自由が認められない限界は存在する。保険は、賭博保険の流行の中でそれから峻別するために制度を深化させてきた長い歴史があり、また、モラル・ハザード等の保険の弊害が生じやすい制度である。そのため、本書では、当事者の契約自由は、民法90条によって契約自体が無効となるレベルでなくても、損害保険という制度を利用する以上は、その社会的健全性を確保するために、民法90条より更に厳しいレベルの給付上の制限が必要であると主張するものである。本書では、損害保険制度及び損害保険契約という法形式を利用する限りは守らなければならない原則（すなわち、契約自由を制限する限界を導く強行法的な規律）を「利得禁止原則」と称している。この禁止原則は、現行の保険法の中にも解釈原則として存在し、その考え方は、18条2項（保険価額を著しく超える約定の無効）や保険法3条（損害保険契約の目的）の規定に現れていて、またそれらの条文は、利得禁止原則の実定法上の根拠とみることもできる。

　利得禁止原則は、損害保険契約が、損害保険契約以外の保険契約、各種共済、損害賠償請求権、物権などの各種の制度における権利や給付が併存する場合においても適用されるべき原則として理解できる。ただし、この原則は、損害保険に関する利得禁止原則として存在を認めるものであり、原則が適用される領域は、損害保険契約が介在する場合となる。

　以上を保険法の解釈に適用すると、約定保険価額、重複保険、残存物代位、請求権代位は、いずれも利得禁止原則に触れない範囲において（片面的強行規定の適用の問題は別に存在するとして）、契約自由が認められてよいということになる。

　第3は、損害てん補と被保険利益の関係である。わが国の保険契約理論は、損害保険の損害てん補を被保険利益から説明し、被保険利益を中核的な重要概念と位置付けて損害保険契約の全体を体系的に説明する立場を長くとってきた。しかし、本書は、考察の結果、保険給付における給付の態様に関する問題と契約の有効性の問題とは切り離して理解することが適切であり、契約の有効性を判断するうえでは、損害が発生する可能性があるかどうか（すなわち、リスクの存在）が問

題であり、そこに利益概念の意義が認められるとする。この考え方によれば、損害が発生するためには損害が生じる原因となる利益状況が必要であるが、損害を利益のマイナスとして表裏一体の関係として捉えて数値化する必要もないということになる。損害てん補は給付の態様として、利益の存在は損害発生の前提として契約の効力要件として位置付ける体系が相当であり、この考え方は、新たに制定された保険法の体系に照らしても整合的といえる。利益とてん補する損害の量的規整とを分離するうえで最も重要となるのは、理論的には、保険価額の概念となるが、保険価額について保険法が示した定義は、条文上は損害てん補と利益を切り離す形になっているので、本書の理論は、保険法条文に整合的である。

第4は、損害保険に関する新たな理論体系構築への示唆である。本書は、損害てん補の契約自由の範囲とその理由を理論的に示したものである。損害保険契約においては、損害てん補原則に基づく給付方式がデフォルト・ルールとして契約上の合意内容となるが、何を損害としててん補するかという具体的な給付内容は、被保険利益の概念から演繹的に示されるものではなく、何を損害と認識し、いかなる基準でそれを量的に計測して保険金として支払うかを契約において明確化する方式によって達成されるべき事項として理解されるべきものである。そして、損害てん補給付を受けようとする者がそのような損害が発生する利益関係を実際に有しているかどうか（すなわち、リスクの存在）によって、その契約の効力が認められるかどうかが定まる。

伝統的学説における理論体系は、初めに被保険利益概念を置いたうえで、損害てん補の給付を説明していく体系といえる。すなわち、論理の流れとしては、(i)被保険利益、(ii)契約で対象とする被保険利益の明確化、(iii)その利益の経済的評価額（保険価額）の算出、(iv)利得禁止原則等による制限、(v)保険価額に照らした損害てん補、(vi)利得禁止原則による更なる調整となる。一方、本書の理論によれば、契約の有効性と給付の態様規整は切り離し、契約締結時は、(i)てん補対象とする損害とその評価についての契約上の明確化、(ii)利得禁止原則に基づく制限、(iii)被保険者はその損害を受ける利益関係を有するかその見込みがあるか、を問題とし、事故が生じた場合には、(i)被保険者に契約で対象とした損害が発生しているか、(ii)契約で合意しているてん補方式（変則的状況における各種の調整制度を含む）の適用、(iii)被保険者の状況において利得禁止原則に照らして更なる調整が必要であればその適用、という流れになる。

本書の考察から得られる実務運用面の意義としては、以下が考えられる。

まず、本書で示した理論は、現行の保険法の解釈論において、損害てん補に関する各種規律の趣旨が問題となる場合の指針となりうる。例えば、約定保険価額の契約自由の範囲の認定、重複保険における調整とその特約の有効性、残存物代位や請求権代位に関する調整や特約の有効性などの解釈においては、規律の趣旨が問題となり、規律の基礎に存在する理論をいかに理解すべきかが重要となるので、保険法等の解釈問題等に本書で示した理論を生かすことができると考えられる。

第2に、本書では、保険金といった給付ではない、各種サービスなどの位置付けなど、これまで保険契約の研究において解明されていない問題に対しても、考え方の枠組みを提示している。損害保険商品には、各種のサービスが付帯されている場合が多いが、それらのサービスと保険給付との関係は必ずしも明確とはなっていない。本書における理論は、各種サービスの損害保険契約上の扱いを明確するうえでも有益と考えられる。

第3は、新たな保険商品を考察するうえでも理論的な基礎となることである。わが国の保険法は、損害てん補と定額給付という給付の態様を基準として、契約類型を分類するが、物・財産についての定額保険は契約類型としては存在しない。したがって、定額給付方式で給付を行う物・財産の保険（商品）が保険契約として認められるか、認められるとすれば保険法及び保険業法上いかなる扱いになるかが問題となる。本書における理論に基づけば、以下の整理となろう。まず、保険制度という枠組みを利用する以上は、民法90条のほかに、保険における利得禁止原則が強行的に適用される。そこで、まず、物・財産の定額保険が利得禁止原則に照らして有効といえるかが問題となる。経済主体に生じる財政的状況に全く関係せずに自由に保険給付額を設定できるという意味での定額保険は、利得禁止原則に触れることは明らかであるので、保険制度として行うことは認められないということになる。しかしながら、経済主体に発生する経済損失の存在が明らかで、給付がそれに対応して充当される性格を有している場合は、利得禁止原則に照らしてみた場合には許容されると考えてよいことになろう。次に、その保険が損害をてん補するものといえるかどうかとなるが、本書の理論に基づけば、損害てん補の対象たる損害の概念は多様性があり、それをいかに認識しててん補額を算定するかは契約に委ねてよく、柔軟性があってよいということにな

る。実際に生じた損害額を算定して損害てん補する方式ではなくても、損害に対する給付を与える制度であり、かつ、利得禁止原則に触れない運営が確保されていれば、その契約の本質を損害保険契約として理解してよいのではないかということになる。

　以上のとおり、本書で示した理論は、損害保険の契約理論として、保険法の解釈において基礎的な指針となるとともに、各種の保険商品や制度を考察するうえでも、その意義を認めることができるのではないかと考えられる。

2　本書の概要

　本書は、序章、第Ⅰ部、第Ⅱ部及び終章から構成される。それぞれにおける内容は、以下のとおりである。

序　章

　序章は、問題の所在、考察の射程範囲、分析の方法、本書の構造からなる。

　損害保険の特徴は、損害てん補という給付方式をとることにあり、それが事業認可上の損害保険の要件であり、保険法における損害保険契約の要件となる。保険の自由化が進むなかで、損害保険とは何かという問いは、きわめて今日的テーマとなっている。

　損害保険は多岐にわたるが、傷害や疾病などの損害保険は、人の保険としての考察も必要であるため、本書は、考察の対象を、海上保険を中心とする物・財産の保険としている。わが国の損害保険本質論の研究は海上保険を対象として深化してきた歴史があることから、海上保険を中心として損害保険の理論を考察することに合理性がある。

　また、序論では研究の方法として、約款例や実例を材料とすること、イギリス法及びPEICLとの比較考察を行うこと、理論を仮説として整理して各論において検証すること、理論が保険法条文と整合するかの検証を行うことを示す。

第Ⅰ部　損害保険における損害てん補に関する基礎理論

　第Ⅰ部は、一般理論の考察と仮説の提示に当たる部分で、全5章から構成される。

　第1章では、損害保険契約における保険給付の額がいかに算定されるかを示す

ことによって、損害てん補という給付制度の内容とその規律を明らかにする。

　損害てん補としての給付額は、損害の種類の限定、損害原因の限定、損害の量的評価、てん補の量的制限を経たもので、損害てん補方式といえる給付である。この給付方式を確保するためには、変則的な場合においても一定の調整が必要となる。調整の制度としては、一部保険、超過保険、重複保険、残存物代位、請求権代位が存在する。これらはいずれも損害保険に特有の制度であるが、そのうち、一部保険と超過保険は、損害てん補の給付方式を本質とする制度とはいえない。また、損害てん補がなされるのは契約が有効である場合に限られることから、損害保険契約の効力要件として被保険利益の問題が存在する。

　本章は、損害保険契約における損害てん補という給付の方式と変則的な事態においてもそれを確保する制度の全体をもって「損害てん補」という保険制度上の給付方式として理解すべきことを示し、本書において損害てん補という給付制度を指す場合の具体的な射程範囲を明らかにするものである。

　第2章は、重要な先行研究として、損害保険の本質についてわが国で過去に展開された論争を分析して論争の今日的意義を考察するものである。わが国では、損害保険契約における損害てん補の本質と被保険利益の位置付けをめぐり、絶対説、相対説、修正絶対説の立場が表明され、それぞれの立場から各種制度が説明されていた。本章は、これらの学説を分析し、それぞれの学説は必ずしも視座を同じとする学説とは言い難く、それぞれが制度の本質に対する分析として有用であることを示すものである。分析の結果、損害保険の損害てん補における損害とは何かを抽象的に定義することは難しく、またそれを厳密に定義付ける必要があるとは考えにくいこと、利益概念を用いて契約の成立から損害てん補の量的規律までを体系化して説明することには無理があること、公序といった外的規範が損害てん補に関係しているとしてもそのことだけで損害てん補の具体的給付方式を説明することはできないことを明らかにする。過去の学説の分析から得られた示唆は、第5章における仮説の整理において重要な骨格になる。

　第3章は、わが国の保険学・保険法学において繰り返し登場する損害保険の基本原則を取り上げてその本質を考察するものである。重要な原則として、損害てん補原則、実損てん補原則、直接損害てん補の原則、利得禁止原則を取り上げて、それぞれの内容を考察する。続いて、外国における状況を知るうえで、PEICLとイギリス法を分析する。その結果、わが国で定着している保険におけ

る利得禁止原則が、イギリス法には存在せず、PEICL でも対応する原則は示されていないことなどを明らかにして、それを示唆として、わが国では、損害てん補原則と利得禁止原則との間で概念の重複が生じていて両者を再構成する必要があることを示す。そして、損害てん補という給付の態様を規整する原則を「損害てん補原則」と称して、これを任意性のある原則として理解し、一方、公序の観点から強行法的に適用されるべき禁止原則を「利得禁止原則」と称して、2つの原則を調和的に再整理する方向性を示す。

第4章は、海上保険分野で伝統的に利用されてきた「直接損害てん補の原則」に関する考察である。この原則の本質は、損害てん補という給付の態様に関する規範ではなく、被保険利益と損害てん補の関係を示すところにある。この原則は、被保険利益からてん補する損害の種類を導くところに意義が認められ、商法816条（保険者の損害てん補責任）の規律を合理的に適用する上で有用性が認められるが、間接損害の位置付けをめぐり論争があったものである。本章では、損害と被保険利益の関係を詳細に分析して、両者の関係についていくつかの類型を示し、それを船舶保険、貨物保険の実例に当てはめて、直接損害てん補の原則が理論として妥当といえるかを考察する。考察の結果、てん補する損害の種類毎に種類の異なる利益が別々に存在すると認識することは相当ではなく、被保険利益を損害の種類に対応して認識する方法は、損害を裏返した観念的な方式であり、問題は、いかなる種類の損害をてん補の対象として契約で合意するかにあり、利益関係の意義は、そのような損害が生じるリスクが存在しているか、そのリスクの根拠となる具体的な利益関係が存在しているかを問ううえで根拠となるところに見出すべきとの考え方を示す。そのうえで、損害保険契約の前提として求められるべき利益の存在の問題（強行法的問題）と、てん補の対象とする損害の種類とその評価の問題（任意法的問題）とは、必ずしも連動するものではなく、両者を切り離して理解することが適当であるという仮説を導く。加えて、従来、利益と損害とを結び付けるうえで重要な機能を有していた制度として保険価額という概念があり、保険価額とは何かについて改めて考察することが必要であることを示す。

第5章は、第1章から第4章の考察をもとに、損害保険における損害てん補の本質を考察して、本書の理論を仮説として整理するものである。本章では、まず損害とは何かについての問題意識を示し、その認識には複数の方式があること、

損害保険における損害の認識に一定の特徴があること、及び損害保険における損害と利益の関係を示す。続いて、こうした損害てん補方式をとる理由を考察し、その理由として、保険制度の技術面と利得の制度ではないことを確保することを挙げて、利得禁止との関係を明らかにする。考察から得られた事項は、損害保険の契約理論における仮説として提示している。

本章で提示する契約理論のポイントとしては、(i)損害てん補における損害とはリスクを生むところの利益関係の存在を前提とするが、損害の種類毎に異なる種類の利益が実際に存在するとみる必要はなく、契約の前提としての利益の存在の問題（強行法的問題）と損害てん補の態様規整（当事者の合意による問題）を切り離すことが適当であること、(ii)損害てん補という給付方式は保険の技術、経済制度としての合理性に加えて社会的健全性に基づく保険制度としての方式であり、そこには社会的健全性が織り込まれているが、それは一般的な水準を基にするもので、そこからの逸脱が認められない限界を示しているものではなく、この方式には契約自由が認められること、(iii)一方、当事者が合意したとしても、保険制度を利用する場合に給付の程度が超えてはならない限界が存在し、その限界を規定する原則を利得禁止原則として理解し、禁止されるべき利得の問題は、保険給付の態様に直接連動する問題ではなく、給付によって被保険者に生じる財政状況に基づいて判断されるべき問題として位置付けるべきであること、(iv)利得禁止原則は、民法90条により契約無効となるレベルでなくとも、損害保険という制度を利用する以上は適用されるべきもので、この規律は、保険法に存在すると考えることが相当であることなどを提示している。

第Ⅱ部　損害てん補給付にかかる各種制度の考察

第Ⅱ部は、損害てん補に関する各種制度の考察で各論にあたる。ここでは、損害保険契約に特有の各種制度と規律を考察して、第Ⅰ部で示した仮説が適合するかを検証する。

第6章は、保険契約理論における重要な法的概念である保険価額の考察である。わが国では、伝統的に、被保険利益を中核において損害保険の契約理論を体系化して、契約の有効性の問題（被保険利益の存在の問題）から損害てん補の各論まで説明する方法が採られてきたが、両者を結びつけるうえでは、保険価額の概念が重要な機能を果たしていた。学説上、保険価額は「被保険利益の評価額」と

して理解され、それによって被保険利益は、量的概念に変換されて給付の量的規整まで支配する概念となった。

　第Ⅰ部では、利益の存在の問題と保険給付の態様規整を分離して理解する理論体系が相当であるとの仮説を提示しているが、本章は、この仮説が、保険法における保険価額の概念から見ても適合することを立証するものである。保険法は、保険価額について、伝統的定義を踏襲せずに「保険の目的物の価額」と定義した。この定義には批判があり、問題点も存在するが、この定義の結果、契約の前提となる強行法的な利益の存在に関する規律と一定の柔軟性があってよい給付様式の規律を切り離すことが条文上も可能となった。このような被保険利益と損害てん補の態様規整の分離は、イギリス法、ドイツ法及びPEICLの体系とも整合的である。本章は、本書で仮説として提示した契約理論の体系が保険法の条文の解釈としても整合的であることを立証するものである。

　第7章は、約定保険価額の考察である。保険法において、損害保険における損害てん補は時価が基準となるが、当事者が保険価額を約定した場合には約定した価額が基準となる。ただし、約定保険価額が保険価額を著しく超えるときは、てん補損害額は保険価額によって算定される。すなわち、保険法においては損害てん補の基準が法定されていて、それと異なる合意が認められるものの、著しく超過する場合には認められない。てん補の基準の設定をどこまでも自由とすれば、定額給付に近くなる。保険法は著しく超える場合に約定の効果は認めないが、その限界はいかに理解されるか。この問題は、実務上も問題となるが、損害てん補の限界に関する問題で、理論上も重要である。本章は、保険価額の約定に関する実務を確認して、問題となる具体的事例を示し、わが国の判例と学説を確認したうえで、PEICLとイギリス法における扱いを整理し、そこからの示唆を得て、保険価額の約定の効果と弊害を分析し、約定の効果を否定する根拠を考察して著しく超過する場合の基準も示す。約定保険価額の拘束力に関する考察から、時価基準の任意性とともに禁止される限界が存在していることを保険法の条文から示す。すなわち、損害てん補原則と利得禁止原則の2つの原則から損害てん補を説明する本書の仮説は、保険法の条文に整合的であることを示す。

　第8章は、重複保険の考察である。重複保険の場合、契約者は各契約の保険料を全部支払っているにも拘わらず、なぜ保険給付額が調整されるか、また、いかなる状態を重複とみるか。重複保険の法理論は、伝統的には利得禁止から説明さ

れてきた。本章は、最初に重複保険に関する多様な事象を示したうえで、わが国の改正前商法とそれを改正した保険法の規律を分析する。そのうえで、保険法で設けられた新たな規律の問題点等を明らかにして論点を明確化する。続いて、イギリス法及びPEICLにおける扱いを示して、それらとの比較によって、なぜ損害てん補を超える給付が禁止されるか、利得禁止、当事者の意思内容、保険料の返還などの点を踏まえて考察する。考察の結果、わが国の保険法は、重複保険を被保険利益の問題から切り離して単純に給付の重複の問題と整理していること、保険法の重複保険の法理は、他に保険契約が存在しても契約の有効性には影響を与えることなく請求ができることを可能とし、余分に支払った保険者に他の保険者に対する求償権を与えるが、イギリス法やPEICLで示されている契約が重複しても損害てん補を超える給付が認められないことがわが国の保険法の重複保険の条文には織り込まれていないことを示す。損害てん補を超える給付の禁止は、損害てん補の基準（保険法18条）から導くことになり、その結果、利得禁止原則に抵触しない限りは、重複保険の規律は任意法として位置付けられることを導く。重複保険の規律も損害てん補原則と利得禁止原則から説明することができ、本書で示した理論は保険法条文に整合することを示す。

　第9章は、残存物代位の考察である。残存物代位は、全損金の支払いによって保険者が保険の目的物の所有権などの物権に当然に代位するもので、損害てん補としての保険給付が物の物権を被保険者から保険者に法律効果として移転させるところに特徴がある。本章では、最初に残存物代位に関するわが国の保険法の規律と保険約款における扱いを確認して、この制度の趣旨を巡っては、利得防止説と技術説の対立があり、その理論が妥当であるか問題を提起する。そのうえで、比較の対象として、イギリス法における扱い（PEICLには該当する規定はない。）を確認して、日本法と同じ次元の制度はなく、物権の移転は保険給付の効果としてではなく、保険者の選択によって生じることを明らかにする。イギリス法を示唆として、わが国の制度を考察し、この制度は、全損処理という給付形態を示すとともに、被保険者の目的物に対する利益関係を終了させるところに意味があるが、物権自体の移転は当事者の意思に任せてよい問題であることを示す。本章の考察により、残存物代位制度は、損害てん補方式という給付の態様を規律する制度であるので損害てん補原則に従うものであるが、この制度もまた利得禁止原則の範囲内において任意性が認められることを明らかにする。また、本章では、海

上保険における委付制度と残存物代位との異同も考察して、商法の委付に関する規定は、全損と同じ処理を行う事由をデフォルト・ルールとして示したことに意義が認められるが、物権の移転を被保険者の単独行為として生じさせる点に問題があり、その点は理論的にも妥当とはいえないことも示す。

　第10章は、請求権代位の考察である。保険事故によって被保険者は保険金請求権を取得するとともに第三者に対して債権を取得する場合がある。その場合に、その両方から給付を得れば損害を超えるてん補を受けることになる。保険金請求権とその他の債権を調整する制度が請求権代位である。この制度もまた損害てん補という給付を調整するもので、複数の債権間において保険給付を行った保険者は被保険者が有する債権に法律上当然に代位するところに、制度の特徴がある。

　本章では、最初に、請求権代位に関する保険法の規律と約款例、制度の趣旨に関する学説を確認して、この制度も、損害てん補という保険給付と利得禁止をいかに考えるかが論点となることを示す。また、代位の対象の問題について、対応原則を取り上げたうえで、例として遅延損害金の扱いに関する問題を示す。続いて、請求権代位の趣旨を考察する上で、比較の対象として、PEICLを確認したうえで、イギリス法における代位の概念、法律根拠を詳細に分析し、加えて遅延損害金（遅延利息）の扱いについても確認することで、イギリス法における代位の考え方を示す。以上の方法によって、イギリスでは請求権代位を損害てん補原則から説明する理論が採られていることを確認する。これらを材料として、わが国の請求権代位の趣旨を考察し、この制度の本質は損害てん補方式の給付の態様を確保するものであり、利得禁止原則に触れない限りにおいて任意性のある原則と理解することが相当であることを示す。また、対応原則も損害てん補原則に沿った解釈原則であることを明らかにする。更に、重複保険との比較考察も行い、重複保険と請求権代位は、いずれも保険金請求権と他の債権が重複した場合の制度として共通し、変則的な状況において損害てん補方式を確保するための方式であり、重複保険では、同種の債権の重複において分担調整のための求償権が認められ、請求権代位の場合は異なる制度における債権との重複であるので、他の制度における債務に影響を与えることなく（すなわち、債務の減免等の変動が生じることなく）損害てん補方式を確保するところに違いがあることを示す。そして、両者を、ともに損害てん補原則を確保するための制度として整合的に理解することが相当であることを示す。以上の考察をもとに、損害てん補原則と利得禁

止原則に関する仮説が妥当であることを示す。

　第11章は、損害保険における付帯サービスに関する考察である。損害保険の商品には、各種のサービスが付帯されている場合が多い。付帯サービスについては法律にも規定がなく、保険給付との関係についても明確になっていない。PEICLやイギリスの保険法の文献でも、この問題は特に明らかにはなっていない。本章では、損害保険において提供される各種サービスについて、損害保険の損害てん補の本質の理論を利用して、その位置付けを明らかにする。最初に、各種サービスの実例を紹介して、発動要件、保険金との関係、実施主体、利用料の切り口から分類・整理を行う。続いて、サービスと損害保険の保険給付の関係を明らかにするために、サービスの本質、保険給付とサービスの関係、現物給付の本質等について、損害てん補とは何かという点から考察を加える。考察においては、損害てん補原則と利得禁止原則を利用して、各種のサービスを、(ⅰ)損害てん補原則が適用される損害保険給付の対象と認められるサービス、(ⅱ)利得禁止原則の範囲内で保険給付の対象と認められるサービス、(ⅲ)保険給付とは別の制度におけるサービスに分けて、規律を適用させていく方向性や留意すべき事項を示す。本章は、本書における損害保険の契約理論が、新たな問題を解明していくうえでも有益であることを示すものである。

終　章

　終章は、考察によって明らかになったことと残された課題を示すものである。本書では、損害保険における損害てん補という本質論について、過去の論争、現在の学説、実務などを分析したうえで、PEICLを利用してヨーロッパにおける研究の方向を確認し、またイギリス法を詳細に比較研究して考察を加えた。そのうえで、考察から得られた一般理論を仮説としてまとめ、損害保険の各種規律に適合するかについても検証した。

　考察の結果、以下を導いた。すなわち、損害保険の損害てん補は、保険制度としての給付の態様であり、保険制度としての経済合理性と利得を排除する社会健全性に基づいている。しかし、この方式は、利得禁止という限界線を示すものではなく、利得禁止原則の範囲内で任意性がある方式である。また、損害てん補の法理論は、有効な契約の前提となる利益の存在の問題とは切り離して理解することが適切である。この考え方は、伝統的な損害保険の契約理論とは異なるが、イ

ギリス法やPEICLとも調和し、かつ、保険法の条文とも整合的である。この考え方は、損害保険の各種制度を合理的に説明できることに加え、付帯サービスといった新たな事象の解明にも有益であり、保険商品の枠組みや骨格として有効な理論といえる。

　しかしながら、残された課題として、以下が存在する。

　本書では、損害てん補という給付方式に着目して損害保険契約の本質の解明を試みたが、被保険利益とは何かという問いに対する回答を導くことはできなかった。考察から得られた考え方としては、以下となる。利益の認識から自動的に損害の種類と評価が定まるものではないために、損害保険契約においては、誰のいかなる損害を対象として、いかなる評価でてん補するかを契約で取り決める必要がある。そして、経済主体に損害の発生可能性がない場合は、てん補する対象が生じないので、損害てん補契約としての目的を失い、契約は原始的に効力を失う。損害を被る可能性があるのは、被保険者が損害が発生する可能性にさらされている場合となる。損害てん補という給付方式の合意から契約の全体を考えていくと、被保険利益はてん補対象損害の認識の過程において消化されるので、そこでは被保険利益という用語をあえて利用する必要はないように考えられる。また、重複保険その他の各種てん補制度の説明にも被保険利益の概念を利用する必要はない。一方、契約の有効性や適法性は、損害てん補という当該契約の内容の全体から判断されるべきであるので、そこでも被保険利益という概念を利用する必要性を見い出しがたい。保険法3条は、金銭に見積もれる損害をてん補の対象とするという損害保険契約の本質を示す規定として理解できる。そもそも被保険利益という概念を利用する必要が本当にあるか疑問があることに加え、保険価額の定義の変更から導かれるように契約締結の有効性と損害てん補の給付態様の規整を切り離していると解される保険法の体系のもとで、果たして被保険利益という概念をこれまでと同じように観念できるのかも疑問がある。本書の考察からこのような問題意識を得たが、これは、損害てん補という側面から見た場合の考察であり、被保険利益については、引き続き研究を進めていきたい。

　第2に、本書で示した理論は、基本的には、種類を問わずに損害保険契約に共通してあてはまるものと考えられるが、生命、傷害、疾病などの人に関する損害保険については別の考察が必要である。損害てん補原則の適用のある損害保険契約という外形をとりながらも、その経済的実質は、人の保険として、定額給付の

保険と変わらないと考えられる場合があるためである。人の分野の損害保険については、本書の理論を利用しつつも、別な視点からの考察も必要と考えられ、この点も今後の課題となる。

　第3に、本書で導かれる考え方によれば、損害てん補における損害概念は柔軟性があってよく、その限界が利得禁止原則及び金銭に見積もることができる損害のてん補であるということになる。損害概念を柔軟化させていけば、損害とは経済的な必要という範囲に向けて広がっていくが、その結果、損害保険と定額保険の境界はあいまいになっていく。一方、利得禁止原則は、社会的な禁止原則であり、禁止を正当化するためには、被保険者の財政状況を基礎として、その実態を根拠とすべきといえる。その結果、利得禁止原則の発動は、具体的事実関係によって判断されるべきこととなる。これらの結論をもとにすれば、物・財産の保険においても、利得禁止原則に抵触しない範囲においては、定額給付方式を採用することに理論的に問題はないということになるし、逆に、定額給付方式の人の保険についても利得禁止原則に触れる状況は存在し得るということになる。しかし、生命保険契約については、保険法上、18条2項のような規定がないなか強行法的な利得禁止の規律を導くことができるか、その場合には、いかなる状態を禁止の対象とするかは、多様な種類と機能を有する各種の生命保険の特徴を踏まえた生命保険の本質の考察が必要であり、更に検討を深める必要がある。同じことは、保険デリバティブにおいても問題となりえる。この点も、今後の研究課題となる。

目　次

はしがき　i

本書の概要　v

序　章
1. 問題の所在 …………………………………………………………………… 1
2. 考察の射程範囲 ……………………………………………………………… 3
3. 考察の方法 …………………………………………………………………… 4
4. 本書の構造 …………………………………………………………………… 6

第Ⅰ部　損害保険における損害てん補に関する基礎理論

第1章　損害保険における保険給付の態様とそれに関する規律
1. はじめに ……………………………………………………………………… 11
2. 損害保険における給付額の算出方式 ……………………………………… 12
   （1）損害の種類についての限定　12　（2）損害原因による限定　14
   （3）損害の量的評価　16　（4）てん補額の量的制限　18
   （5）てん補損害額に加算される費用　19　（6）付帯サービス　20
3. 損害てん補給付にかかる調整制度 ………………………………………… 21
   （1）一部保険　22　（2）超過保険　23　（3）重複保険　25
   （4）残存物代位　26　（5）請求権代位　27
4. 損害保険契約の目的 ………………………………………………………… 29
   （1）契約の成立と被保険利益　29
   （2）被保険利益と損害てん補の給付方式との関係　30
5. まとめ ………………………………………………………………………… 31

第2章　損害保険における損害てん補をめぐる学説の考察
1. はじめに ……………………………………………………………………… 34

2．損害保険における「損害てん補」をめぐる学説 …………………………35
　　3．損害てん補の位置付けをめぐる学説の検討 ………………………………38
　　　（1）絶対説についての考察　38　　（2）修正絶対説についての考察　41
　　　（3）相対説についての考察　43　　（4）3つの学説の関係　47
　　4．まとめ―論争からの示唆― ……………………………………………48

第3章　損害てん補原則と利得禁止原則

　　1．はじめに ……………………………………………………………………51
　　2．損害保険にかかわる各種損害てん補原則 …………………………………52
　　　（1）損害てん補原則　52　　（2）実損てん補原則　53
　　　（3）直接損害てん補の原則　54　　（4）3つの原則についての検討　55
　　3．ヨーロッパ保険契約法原則における損害てん補原則 ……………………57
　　　（1）ヨーロッパ保険契約法原則における位置付け　57
　　　（2）PEICLに対する若干の考察　59
　　4．イギリス法における損害てん補原則 ………………………………………61
　　　（1）辞書等における「損害てん補原則」の理解　61
　　　（2）法学者による損害てん補原則に対する説明　62
　　　（3）判例法理　63　　（4）イギリス法についての考察　65
　　5．利得禁止原則 ………………………………………………………………66
　　　（1）PEICLとイギリス法からの示唆　66
　　　（2）わが国における利得禁止原則に関する議論　67
　　　（3）利得禁止原則に対する考察　69
　　6．損害てん補原則と利得禁止原則の調整に向けた仮説 ……………………76
　　　（1）損害てん補原則と利得禁止原則の関係　76　　（2）仮説の提示　79
　　7．まとめ ………………………………………………………………………83

第4章　直接損害てん補の原則

　　1．はじめに ……………………………………………………………………84
　　2．直接損害てん補の原則とは何か ……………………………………………86
　　　（1）直接損害てん補の原則の意味　86　　（2）本原則と商法規定の関係　87
　　　（3）直接損害・間接損害に係る他の用法　88

（4）直接損害てん補の原則に対する批判　89　　（5）小括と問題提起　90
　3．損害と被保険利益の関係 ……………………………………………91
　　（1）直接損害てん補の原則における被保険利益と損害の関係　91
　　（2）損害と利益との対応関係　92　　（3）類型についての評価　97
　4．貨物・船舶に対する事故によって生じる損失 ……………………97
　　（1）保険の目的物の損害と経済主体の損失　97
　　（2）貨物の損害と経済主体の損失　98　　（3）船舶の損害と経済主体の損失　101
　　（4）小　括　102
　5．海上保険における間接損害の分析 ……………………………… 103
　　（1）損害防止費用　104　　（2）共同海損分担額に対する支払責任　105
　　（3）貨物の継搬費用　106　　（4）船舶運航に伴う各種賠償金　107
　　（5）損害額算定費用　107
　6．海上保険における損害と利益についての考察 ………………… 108
　　（1）間接損害とその利益関係　108
　　（2）海上保険における損害と利益の関係　111
　　（3）商法条文等との整合性　112　　（4）直接損害てん補の原則の意義　115
　7．まとめ ……………………………………………………………… 116

第5章　損害保険における損害と利益の関係についての考察
　1．はじめに …………………………………………………………… 118
　2．損害とは何か ……………………………………………………… 120
　　（1）損害の態様についての問題提起　120
　　（2）損害に関する異なる次元の認識　122
　3．損害保険における損害の認識 …………………………………… 127
　　（1）損害の認識　127　　（2）損害の認識における特徴　128
　　（3）利益を通じて損害を説明する利点　130　　（4）損害と利益の関係　131
　4．損害てん補方式をとる理由の考察 ……………………………… 133
　　（1）保険技術面の要請　134　　（2）経済制度としての要請　136
　　（3）社会的な健全性の確保　137
　5．損害てん補方式の強行性 ………………………………………… 140
　　（1）損害てん補方式の変更可否　140　　（2）利得の意味　140

（3）利得禁止の理由　141　　（4）利得禁止を議論する場合の2つの次元　142

　6．まとめ：損害保険の契約理論に関する仮説 ……………………………… 144

第Ⅱ部　損害てん補給付にかかる各種制度の考察

第6章　保険価額

　1．はじめに ……………………………………………………………………… 153
　2．保険法における「保険価額」と従来の学説 ……………………………… 154
　　（1）保険法における保険価額　154
　　（2）従来の学説と保険法条文に対する問題指摘　155
　　（3）保険法の定義の妥当性について　156
　　（4）保険法におけるいくつかの価額の概念　157
　3．外国法からの示唆 …………………………………………………………… 158
　　（1）イギリス　158　　（2）ドイツ　160　　（3）ヨーロッパ保険契約法原則　161
　4．保険価額概念の意義についての考察 ……………………………………… 163
　　（1）保険価額の機能　163
　　（2）損害保険理論において保険価額概念が有してきた意義　163
　　（3）損害と利益の関係　164　　（4）利得禁止原則との関係　165
　　（5）保険法における保険価額の定義の意義　166
　　（6）保険法における各種価額の解釈　168
　5．まとめ ………………………………………………………………………… 169

第7章　約定保険価額

　1．はじめに ……………………………………………………………………… 171
　2．保険価額の約定と問題設例 ………………………………………………… 172
　　（1）保険価額の約定の実務　172
　　（2）約定保険価額と保険価額が乖離した事例　173
　3．わが国における判例と学説 ………………………………………………… 176
　　（1）判　例　176　　（2）学　説　178　　（3）小　括　181
　4．ヨーロッパ保険契約法原則における約定保険価額 ……………………… 182

（1）ヨーロッパ保険契約法原則における扱い　182
　　（2）ヨーロッパ各国法の状況　183　　（3）考　察　184
　5．イギリス法における約定保険価額 ……………………………………… 185
　　（1）1906年海上保険法の規定　185
　　（2）約定保険価額の効力に関係するイギリス判例法　186
　　（3）各例外事由の内容　187　　（4）イギリス法についての考察　190
　6．考　察 …………………………………………………………………… 192
　　（1）PEICL 及びイギリス法との比較から得られる示唆　192
　　（2）保険価額の約定の効果　194　　（3）約定による弊害　197
　　（4）約定の合法性　198　　（5）約定保険価額の効果を否定する根拠　200
　　（6）著しく超過する場合の考え方　201　　（7）利得禁止原則との関係　203
　　（8）問題事例に対する所見　204
　7．まとめ …………………………………………………………………… 206

第 8 章　重複保険

　1．はじめに ………………………………………………………………… 208
　2．重複保険の態様と事例 ………………………………………………… 210
　　（1）重複保険の態様　210　　（2）損害保険類似制度における給付との併存　212
　　（3）設　例　213
　3．わが国の重複保険に関する規律 ……………………………………… 215
　　（1）改正前商法　216　　（2）保険法の規律の概要　219
　　（3）保険法における規律の意義と理論面の問題提起　222　　（4）小　括　226
　4．イギリス法における重複保険 ………………………………………… 226
　　（1）重複保険に関するイギリス法　226　　（2）重複保険の定義　229
　　（3）被保険者の請求権　230　　（4）分担請求権　231　　（5）分担の基準　232
　　（6）保険約款上の特約の効果　233　　（7）分担請求の対象契約　234
　　（8）分担と代位の相違　234　　（9）保険料の返還　235　　（10）小　括　236
　5．ヨーロッパ保険契約法原則における重複保険の規律 …………… 237
　　（1）規定内容　237　　（2）PEICL における重複保険の規律についての考察　238
　6．重複保険の法理についての考察 ……………………………………… 241
　　（1）保険法における重複保険の規律の意義　241

（2）損害てん補を超える給付の禁止　243

　（3）重複保険規律の趣旨に関する学説とその疑問点　245

　（4）重複保険と利得禁止　246　　（5）重複保険と契約当事者の意思内容　248

　（6）重複保険と保険料の返戻　249　　（7）重複保険の法理の趣旨　251

　（8）重複保険の法理の任意法規性　253　　（9）重複保険とは何か　254

　（10）代位との異同　256　　（11）事例に対する筆者の見解　258

7．まとめ ……………………………………………………………… 260

第9章　残存物代位

1．はじめに ……………………………………………………………… 263

2．残存物代位に関する保険法の規律と残存物代位制度の趣旨 ………… 264

　（1）条　文　264　　（2）要　件　265　　（3）保険者の権利取得　267

　（4）残存物代位の趣旨に関する学説　270

3．イギリス法における残存物代位 ……………………………………… 273

　（1）制度の呼称　273　　（2）残存利益取得の制度の概要　277

　（3）残存利益取得と代位　289　　（4）残存利益取得と委付　293

　（5）イギリス法における残存利益取得の制度とその示唆　304

4．日本法における残存物代位の考察 …………………………………… 315

　（1）利得防止説と技術説の検討　315

　（2）残存物代位制度の本質に関する論点　322

5．残存物代位制度の考察 ………………………………………………… 324

　（1）全損の意味と機能（論点1）　324

　（2）残存物代位と委付（論点2）　333　　（3）全損と権利移転（論点3）　335

　（4）残存物代位と利得禁止（論点4）　339

　（5）残存物代位制度の本質とその位置付け（論点5）　343

6．まとめ ……………………………………………………………… 345

第10章　請求権代位

1．はじめに ……………………………………………………………… 348

2．請求権代位に関する保険法の規律 …………………………………… 350

　（1）保険法の規律　350　　（2）請求権代位制度と他の制度との異同　353

（3）請求権代位に関する約款規定　354　　（4）請求権代位に関する論点　355
　3．請求権代位の趣旨 …………………………………………………… 362
　　（1）保険法制定前の伝統的議論　362　　（2）近時の議論　365
　4．ヨーロッパ保険契約法原則における請求権代位 …………………… 369
　　（1）条文の内容　369　　（2）PEICLに対する考察　370
　5．イギリス法における請求権代位の概念と法律根拠 ………………… 373
　　（1）イギリス法における請求権代位の概念　373
　　（2）イギリス法における請求権代位の根拠　386
　　（3）請求権代位の対象：対応原則と利息の扱い　398
　　（4）イギリス法からの示唆　404
　6．請求権代位の趣旨に関する考察 ……………………………………… 409
　　（1）利得の意味　409　　（2）不当性についての疑問　410
　　（3）加害者の免責阻止　412　　（4）請求権代位制度の本質　412
　　（5）重複保険との異同　418　　（6）対応原則の本質　419
　　（7）遅延利息の扱い　421
　7．まとめ ………………………………………………………………… 422

第11章　損害保険における付帯サービス

　1．はじめに ……………………………………………………………… 424
　2．保険商品における各種サービスの態様 ……………………………… 425
　　（1）現在提供されている各種サービスの例　425　　（2）海外における例　427
　　（3）損害保険の歴史からみたサービスの提供の例　428
　3．損害保険におけるサービスの類型 …………………………………… 430
　　（1）サービスの発動要件をもとにした分類　431
　　（2）サービスと保険金との関係　431　　（3）サービスの実施主体　432
　　（4）サービスの利用料　433
　4．サービスと損害保険の保険給付との関係 …………………………… 434
　　（1）サービスとは何か　434　　（2）保険商品とは何か　435
　　（3）保険商品とサービスの関係　436　　（4）保険給付としての要件の確認　437
　5．損害保険における損害てん補とは何か ……………………………… 438
　　（1）偶然の事故　438　　（2）損害のてん補　439　　（3）現物給付とは何か　442

6．サービスと保険における利得禁止原則 ………………………………… 443
7．まとめ ……………………………………………………………………… 445
　（1）考察から得られる結論　445　　（2）各種サービスの意義と課題　447

終　章
1．考察から導かれる結論 …………………………………………………… 449
　（1）損害保険における損害てん補の本質　449
　（2）損害てん補と利得禁止の関係　450
　（3）損害てん補と被保険利益の関係　451
　（4）損害保険に関する契約理論　452　　（5）実務運用面における意義　453
2．残余の研究課題 …………………………………………………………… 457

初出一覧 ……………………………………………………………………… 463
参考文献 ……………………………………………………………………… 465
あとがき ……………………………………………………………………… 481

序　章

1．問題の所在

　わが国の保険事業は、保険業法に基づき実施される免許事業であるが、その事業免許は、生命保険業免許と損害保険業免許に分かれる（保険業法3条2項）[1]。損害保険業免許における損害保険とは、「一定の偶然の事故によって生ずることのある損害をてん補することを約し、保険料を収受する保険」をいう（同条5項）。すなわち、損害保険会社が引き受ける損害保険は、「損害をてん補すること」を約するものでなければならない[2]。

　また、保険法[3]は、「損害保険契約」「生命保険契約」「傷害疾病定額保険契約」に分けて保険契約に関する規律をそれぞれ示し、損害保険契約については[4]、損害保険契約に適用される特有の各種法制度を規定している。保険法において損害保険契約とは、「保険契約のうち、保険者が一定の偶然の事故によって生ずることのある損害をてん補することを約するものをいう」（保険法2条）と定義され、「損害をてん補する」契約であることが重要な要素となっている。

　このように、損害保険の事業運営において、また保険法の適用にあたり、保険が「損害をてん補する」ものであるかは、決定的な本質的要素となっている。それでは、「損害をてん補する」とは、そもそもいかなる内容を指すものであろうか。

　この問いは、損害保険制度の本質に対する理論的な問いであるが、実際上も重

---

[1]　保険は、共済制度としても実施されている。また、社会保険として実施される場合もある。本書では、保険業法に基づく損害保険業を対象として考察する。なお、保険業法上は、少額短期保険業として行う事業も存在する。本書の対象は、海上保険を中心とする損害保険であるが、その本質についての議論は、共済という名称で実施されるものの、保険法上は損害保険契約に該当する契約にも及ぶものとなる。

[2]　第三分野の保険の引受けは、生命保険業免許、損害保険業免許のいずれにおいても認められている。

[3]　平成20年法律56号。

[4]　保険法は、傷害疾病損害保険契約という契約類型も示すが（2条）、保険法の規律の適用においては、それを損害保険契約の範疇に含まれる下位概念として位置付けている。

要である。損害てん補の保険でない保険を損害保険会社が引き受けたり、損害てん補の保険を生命保険会社が引き受けることは、一部の例外を除き[5]、いずれも保険業法違反となるので認められない。また、保険法の適用にあたっては、当該保険契約が「損害をてん補するもの」であるかによって、適用される規律が異なってくる[6]。更に、損害保険に適用される各種制度を理解し、保険法の条文や保険約款の条項を解釈するためには、損害てん補の本質の理解が不可欠である。

戦後の長きにわたり、わが国の損害保険事業は、保険商品の内容についても細かく規制されていたが、1996年の保険業法改正以降、保険商品の認可制度等における自由化が進み、保険会社の自由裁量の領域が広まった。自由化によって、損害保険の枠組みにおいてどこまでが自由であるかは、商品開発面においても重要な問題となっている。「損害保険とは何か」、「損害てん補とは何か」という損害保険の本質についての根源的な問いは、実際面でも重要なテーマとなっているのである。

損害保険契約の本質を探究する研究は、わが国では、明治以降の長い歴史がある。その研究は、被保険利益概念を中心に置いて、そこから損害てん補の意義や損害保険契約に適用される各種規律を体系的に説明するものであったといえる。そこでは、損害保険契約における被保険利益の地位を巡って、華々しい論争も展開された。更に、被保険利益の概念についても、今日まで各種学説が示されていて、いまだに定説をみない状況となっている[7]。こうした状況の中、今日、わが国では、損害保険契約の本質を巡る議論は、被保険利益の位置付けの議論からは距離を置いて、利得禁止原則の存否という形で展開する状況となっている[8]。

損害保険の本質を考察する上では、被保険利益は、重要な論点ではあるものの、その本質から損害保険に特徴的な損害てん補の給付方式の全体を説明する必要がはたしてあるかについても、改めて考える必要がある。わが国の伝統的な議

---

5 例外として認められているものとして、損害保険会社が販売する海外旅行保険における死亡危険担保、生命保険会社による生命保険の再保険契約がある（保険業法3条）。
6 特に、保険法では、保険契約者又は被保険者に不利なものは無効とする片面的強行規定が置かれているので、契約にいかなる規律が適用されるかは重要である。
7 わが国の被保険利益を巡る学説史につき、坂口光男『保険法学説史の研究』（文眞堂、2008年）380頁参照。また、被保険利益に絞った最近の研究として、藤田仁『被保険利益——その地位と機能——』（成文堂、2010年）参照。本研究では、同書から多くの示唆を受けている。わが国における被保険利益学説に関する議論については、同書2章95頁以降を参照。
8 山下友信『保険法』（有斐閣、2005年）248頁。

論においては、損害を被保険利益の消極面としてとらえ、その結果、損害から考察するか利益から考察するかにかかわらず、両者は、結局は、巡回する概念になってしまうようにも考えられる。はたして利益と損害とは、このような表裏一体の対応関係に立つものとして、損害保険の契約理論を構築することが妥当であろうか。このような疑問をもつ直接の理由は、こうした体系的理論は、わが国では長年にわたって展開されてきたものの、例えば、イギリスの文献では同様の理論は見当たらないことから、被保険利益を中核に置く伝統的なわが国の学説の前提は、理論的にみて十分に確立されたものといえるかを吟味する必要があるように感じたためである[9,10]。

　損害保険の契約理論を考察する上では、被保険利益の概念とその位置付けを明らかにすることは必要であるが、それを達成するために、本書では、被保険利益自体についての研究を更に進化させる方法ではなく、まずは、損害保険における損害てん補という保険給付の具体的内容とその規律を詳細に検討することによって、「損害てん補」給付の本質を検討していく方法をとることとした。すなわち、損害てん補という損害保険における特徴的な給付様式に焦点を当てて、その様式を形成する各種の制度・原則等を考察することによって、損害てん補の本質を明らかにし、そこから、損害てん補と利益の関係や損害保険契約における被保険利益の位置付けを解明していく方式をとることにした。

2．考察の射程範囲

　本書は、損害保険の本質を考察するものであるが、損害保険には、数多くの種類がある。本書では、損害保険において最も典型的な海上保険を中心として、その他の物・財産の保険を射程範囲として考察することとした。海上保険は、各種の損害をてん補の対象とする保険であり、最も歴史があり、わが国の損害保険本

---

[9] 例えば、わが国における契約理論を英語を利用して海外に伝える場合、そのような体系をとることの理由や理論上の利点をいかに説明したらよいであろうか。
[10] 保険契約論の本質について被保険利益論から確固たる結論を導くことの限界が顕になり、保険代位からの視座による利得禁止原則の研究が重要になってきているとする指摘として、笹本幸祐「保険代位に関する議論の推移と保険法改正」竹濱修＝木下孝治＝新井修司編『保険法改正の論点　中西正明先生喜寿記念論文集』（法律文化社、2009年）161頁。また、本書における問題意識は、森田果「射倖契約はなぜ違法なのか？」NBL849号35頁（2007年）からも示唆を受けている。

質論の研究は海上保険を対象として展開されてきた歴史があることも、海上保険を中心とするうえでの利点となる。物・財産についての損害保険は、最も典型的な損害保険であり、保険法の損害保険特有の規律が直接適用される領域であるので、それを中心に考察することとした。

一方、傷害や疾病などの人についての損害保険は、直接には、考察の対象としていない。これらの保険も、損害てん補方式をとることから、本論文の議論は基本的には当てはまると考えるが、人についての損害保険については、更に特別な配慮が必要と考えられるためである。人の分野においては、同一の事故に対して、損害保険だけでなく、定額給付の保険、社会保険、各種共済制度などの契約が認められ、同時にそれぞれから給付を受ける場合が存在する。その点を視野に入れた考察が必要となる[11]。そこで、本書では、傷害・疾病の損害保険については、基本的には考察の射程外とした。

また、損害保険契約に関する保険法の規律には、契約者等の不利益となる変更を認めない片面的強行規定が存在する。この片面的強行性は、基本的には、消費者保護を理由とするものと考えられるので、損害てん補の本質に係る本書では、片面的強行性の問題は考察の対象外としている。

3．考察の方法

以上の研究をすすめるうえで、本書では、以下の方法をとっている。

第1に、実際に利用されている約款等の現実の事象をもとに、そこから論点を洗い出し、基礎理論における仮説を導き、仮説が妥当するかについて、各種制度・規律を検証していく方式をとった。損害保険は経済制度であり、その本質を考察する上では、実際の運営実務を押さえておく必要がある。そのため、筆者が損害保険の保険金支払実務に長く携わるなかで蓄積した経験や問題意識も活用している。

第2は、外国法との比較である。本書では、広く示唆を得るために、主として

---

11 これらの領域の保険について、損害てん補という給付方式を利用する場合には、それを確保する点では、損害てん補に特有の各種制度を適用することに論理的に整合性が認められるが、同時に、定額保険を手配できることのバランスを考えれば、損害てん補の各種制度の扱いは柔軟であってよいと考えられる。いずれにせよ、典型的な損害保険の契約理論を固めたうえで、その応用として考察すべき領域と考えられる。

イギリス法[12]との比較を行っている。本書で中心対象として扱う海上保険では、ロンドンの保険約款が国際的に利用され、わが国でも、外航の海上保険では、イギリスの法と慣習に準拠する契約が一般的となっていることから、イギリス法を研究して比較対象とすることに実際上の意義が認められる[13]。しかしながら、イギリス法という1つの国の制度のみを比較することによって視野が狭くなる危険もある。そこで、ヨーロッパ保険契約法原則（以下、PEICLという。）とその解説書[14]を利用した。PEICLは、イギリスを含むヨーロッパの著名な保険研究者によって、EUのあるべき保険契約法のモデルとして作り上げられた最新の研究成果である。PEICLとわが国の制度を比較することは、わが国の制度の立ち位置を理解するうえで有益である[15]。PEICLの解説書では、ヨーロッパ各国の国内法についても解説されているので、それも参考になる。もっとも、外国の法制度は、わが国とは、前提が異なる部分が存在するので単純に比較して評価を下すことは適当でない。そこで、外国の法制度との比較研究から得られた事項を理論上の示唆として整理したうえで、その視点を踏まえつつ、わが国の制度・規律について考察を深める方法をとっている。

　第3に、本書では、考察から得られた事項を仮説としてまとめ、それが各論においても妥当するかを検証する手法をとっている。まず、序論において、全体の問題設定を行い、第Ⅰ部において損害てん補の一般理論として考察を行い、そこで得られた事項を一旦仮説としてまとめている。第Ⅱ部は、損害てん補に関する各種制度の考察で、そこでは、それぞれの制度の趣旨について考察するとともに、第Ⅰ部で得られた仮説が各論において適合するかも検証し、終章では、一般理論を中心に、全体を総括する構成をとっている。

　第4に、本書における理論的考察が、現行の保険法の解釈論としても調和するかについても検証している。わが国の損害保険は、わが国の法というフレーム

12　ここでイギリス法とは、原則として、イングランドとウェールズの法を指す。
13　陸上の保険分野においても、国際的な分野の保険や再保険では、イギリスの約款が利用される場合が多く存在する。
14　小塚荘一郎ほか訳『ヨーロッパ保険契約法原則』（原著書 Project Group Restatement of European Insurance Contract Law, *Principles of European Insurance Contract Law (PEICL)*, 2009）（損害保険事業総合研究所、2011年）。
15　山下友信教授は、同原則について「ヨーロッパ諸国における今後の保険契約法の立法に大きな影響を及ぼすのみならず、グローバル・スタンダードとして世界的に重要な地位を占めることが予想される」と評している（同上翻訳書、推薦のことば）。

ワークの中で存在する制度であり、保険法の条文の解釈から離れた理論を提示したところで意味はない。そこで、その点に留意して、保険法の条文文言から理論が導かれるかを考察している。

本書は、筆者が、イギリス留学から帰国後の1995年から現在までに発表した14の論文を中心に[16]、これまで執筆したその他の論文、判例研究、専門図書等をもとにして、損害保険における損害てん補の本質を探究する研究を体系化したものである。保険法制定前に発表した論文については、保険法制定を踏まえた修正を加えたほか、保険法制定後に発表した論文についても、学説の進展などを踏まえ、全体的な調整のための修正を加えた。しかしながら、各論文において主張した基本的内容は変えていない。ただし、呼称の変更点として、利得禁止原則については、過去の論文において「広義の利得禁止原則」と「狭義の利得禁止原則」と呼んでいたところ、強行的に適用されるべき原則のみを「利得禁止原則」と呼び、従来、筆者が狭義の利得禁止原則と呼んでいた原則は「損害てん補原則」と呼んでいる。その理由は、狭義の利得禁止原則は損害てん補原則と同じ内容の原則として理解することが適切と考えたためである[17]。また、任意性のある原則に対して「禁止」という用語を利用することも適切でないと考えたためである[18]。

4．本書の構造

本書は、序章、第Ⅰ部、第Ⅱ部、終章から構成される。第Ⅰ部では、一般理論を考察して理論を仮説として提示し、第Ⅱ部では、損害保険に特有の各種制度・規律の趣旨を考察し、合わせて仮説が適合するかを検証し、最後に全体をまとめる構成をとっている。

第Ⅰ部は、一般理論の考察と仮説の提示に当たる部分である。第Ⅰ部は、全5

16　対応する論文については、それぞれの章の冒頭に示している。
17　利得禁止原則と損害てん補原則のそれぞれの本質を考察し、それらを再整理する考え方は、拙稿「『損害てん補原則』とは何か」石田重森＝江頭憲治郎＝落合誠一編集代表『保険学保険法学の課題と展望　大谷孝一博士古稀記念』（成文堂、2011年）423頁で示したものである。本論文第3章及び第5章参照。
18　この点は、土岐孝宏教授の利得禁止原則否定論に関する諸論文から示唆を受けたものである。特に、土岐孝宏「損害てん補にかかわる諸法則といわゆる利得禁止原則との関係――ドイツにおける利得禁止原則否定後の評価済保険規整、重複保険規整、請求権代位規整の議論を手掛かりとして――」保険学雑誌626号1頁（2014年）参照。

章から構成され、損害保険における損害てん補給付の本質について、現行の制度を分析し（第1章）、損害保険の本質を巡る過去の学説を分析してそこから示唆を得て（第2章）、損害保険における損害てん補に関する基本原則の本質を分析し（第3章）、海上保険における直接損害てん補の原則を取り上げて、被保険利益と損害てん補の関係について考察する（第4章）。これらの考察から得られた事項を整理して考察を加えて、損害保険の本質についての一般原則に関する仮説を提示する（第5章）。

　第Ⅱ部は、損害てん補に関する各種制度の考察で、各論にあたる。ここでは、損害保険契約に特有の制度と規律について、それぞれの趣旨を考察するとともに、第Ⅰ部で示した仮説が各論においても適合するかを検証していく。まず、損害保険契約における損害てん補を考察する上で重要な概念である保険価額とは何か、その本質を考察し（第6章）、保険価額の約定は、時価からどこまで乖離することが許容されるか、約定の拘束力を考察する（第7章）。また、保険契約が重複する場合において損害てん補を調整する重複保険の制度の分析（第8章）、全損金の支払いと残存物が併存する場合の調整制度である残存物代位制度の分析（第9章）、保険金請求権とその他の請求権（債権）が重複する場合の調整制度である請求権代位制度の分析（第10章）を行い、それぞれの制度の趣旨を、第5章で示した理論（仮説）に従って理解することが相当であり、本書における仮説が損害保険の損害てん補の本質を説明する理論として妥当といえることを示す。更に、本書における理論は、保険に付帯される各種サービスの扱いという、これまでその位置付けを明確に説明できていない領域の問題を整理していくうえでも有効であることを示す（第11章）。

　終章は、一般理論を中心として、考察によって明らかになったことと、残された課題を示すものである。

　本書は、以上の構造をとるものであるが、その構造の全体像については、次頁を参照いただきたい。

本書の構造──損害保険における損害てん補の本質──

序章
問題の所在、射程範囲、方法

第Ⅰ部 基礎理論の研究

1章 損害保険給付の全体像
損害てん補給付の態様と規律

2章 本質論の学説の検討
本質論に関する論争と示唆

3章 基本原則の考察
損害てん補原則、利得禁止原則の考察

4章 直接損害てん補の原則
被保険利益と損害の関係

5章 損害てん補理論
損害保険における
損害てん補の本質の考察
　仮説の提示
損害とは何か（損害の認識）
損害てん補方式の理由
利得禁止との関係
損害てん補の強行性
損害と利益の関係
被保険利益の位置付け

第Ⅱ部 各種制度の考察

損害保険の損害てん補制度の理論の検証

6章 保険価額
損害てん補の基準と価額概念

7章 約定保険価額
てん補基準の位置付けと約定の限界

8章 重複保険
複数保険契約間の調整理論

9章 残存物代位
保険と物権の調整理論

10章 請求権代位
保険と債権の調整理論

新たな領域・事項に対する理論の応用

11章 付帯サービス
各種サービスへの理論の応用

終章
全体のまとめ、残余の課題

第Ⅰ部

損害保険における損害てん補に関する基礎理論

第1章　損害保険における保険給付の態様とそれに関する規律[1]

1．はじめに

　保険は、保険団体を形成して成立する経済的仕組みであるが、保険契約という法的形式を利用して営まれる。損害保険における給付は、損害保険が商品として提供される場合のその中心的内容であり[2]、損害保険契約において保険者が負う主要な債務である。その債務が法的にいかに規定されているかを確認するために保険契約に適用される保険法をみてみると、同法は、損害保険契約を「保険契約のうち、保険者が一定の偶然の事故によって生ずることのある損害をてん補することを約するものをいう」と定める（2条1項6号）[3]。この条文から明らかなように、損害保険の保険者が負う給付義務は、偶然なる一定の事故による損害のてん補である。

　それでは、その「損害をてん補する」とはいかなる内容を意味するものであろうか。このことは、自明であるように理解されるかもしれないが、注意が必要である。保険法は、損害保険契約として認められる要素として「損害をてん補することを約するもの」であることを示しているに過ぎないのであって、実際には、保険者は、販売した保険商品の内容を文章化した約款に従って、その範囲においてん補の義務を負うにすぎない。保険契約は、保険という経済制度を権利・義務のシステムとして構成するための法形式といえ[4]、保険という経済制度を大前提

---

[1]　本章は、拙稿「損害保険者の損害填補義務──保険制度における損害填補の特徴とその可能性──」沢野直紀＝高田桂一＝森淳二朗編『企業ビジネスと法的責任』（法律文化社、1999年）288頁以下の考え方を一部利用し、その後に制定された保険法を踏まえて、改題して全面的に書き直したものである。
[2]　保険は契約であるが、一般に「商品」として呼ばれることも多い。
[3]　保険法が制定される以前の商法（以下、改正前商法という。）においては、損害保険契約について「損害保険契約ハ当事者ノ一方カ偶然ナル一定ノ事故ニ因リテ生スルコトアルヘキ損害ヲ填補スルコトヲ約シ相手方カ之ニ其報酬ヲ与フルコトヲ約スルニ因リテ其効力ヲ生ス」と規定していた（同629条）。保険法においても実質的な変更は加えられていない。
[4]　倉沢康一郎『保険法通論』（三嶺書房、1982年）26頁。

としている。保険者が契約上負っている義務は、保険制度上の給付として行う損害てん補であって、偶然な事故によって生じた損害を無条件にてん補するものではない[5]。それでは、保険者が損害保険といういわば商品を提供する制度において、損害てん補は、いかなる内容と特徴を有しているといえるであろうか。

そのことを理解するためには、まず、損害保険制度における給付の仕組みを明らかにしておく必要がある。そこで、本章においては、最初に、損害保険契約における保険給付額がいかなる方法によって算出されるのかを明らかにする（第2節）。続いて、変則的事態の場合にも給付がいかに調整されるか、すなわち変則的事態に関係する制度や保険法上の規律を確認する（第3節）。加えて、損害保険契約の目的である被保険利益の要件について確認する（第4節）。以上を材料として、損害保険における損害てん補という給付を形作る制度的枠組みの全体像について整理を試みて更に考察すべき点を明らかにしていく（第5節）。

なお、保険法は、損害保険契約について、成立、効力、保険給付、終了という順序で規律を示しているが、ここでは、保険法における順序にかかわらず、損害てん補の給付が具体的にどのように定められるかという視点に立って、関係する規律を取り上げていくこととする。

2．損害保険における給付額の算出方式

損害保険における損害てん補という給付の特徴を明らかにするために、最初に、経済主体に事故が発生した場合に、いかなる方式によって損害てん補としての給付の額が算定されていくかを、順を追ってみていく。この確認を行うのは、損害保険制度における損害てん補は、種々の制限を受けたものとなっていることを明らかにするためである。

（1）損害の種類についての限定

損害保険において、損害てん補という給付がなされるためには、その損害が保

---

[5] 改正前商法の文言について、民法学者からは、ややミスリーディングといえなくもないので、「契約及び本章に定める限度内において」てん補するという定義に改めるべきとの主張があり、鋭い指摘として紹介されている（西島梅治『保険法〔第3版〕』（悠々社、1998年）118頁）。しかし、本条文の文言について、保険法において特に変更は加えられていない。

険で対象とした事象によって生じたものである必要がある。そこでは、「によって生じた」という因果関係の問題とともに、生じた損害が保険で対象とした種類の損害であるかどうかが問題となる。保険では、保険事故によって生じた一連の損害の全てがてん補されるのではなく、事前に対象として約束したものしかてん補の対象とならない。例えば、貨物という財産について保険に付けたのであれば、その財産における損害が対象であるので、それに係る賠償責任は対象とはならない。このことは、一見したところ、あまりに当然のこととして理解されるかもしれないが、重要な点である。

　一般的に、事故によって経済主体が被る悪影響には種々のものがある。例えば、船舶が火災になれば、船主は、船舶についての資産の喪失、船舶が稼働できないことによる収益の喪失、消火作業や救助作業等による費用の支出、乗組員や受託物に関する賠償責任の負担、第三者に対する賠償責任や海洋汚染等に関する賠償責任の負担、信用の喪失、その他種々の損害を被る。こうした一連の損害について、損害保険では、原因から広がる損害について、その一定範囲をてん補する方式をとるものではなく、事前に対象として約束した種類の損害のみをてん補の対象とする。保険制度において損害は、物（財産）、収益、費用、責任など、その種類毎に整理される。例えば、上記の船舶火災を例として考えてみると、火災事故によって経済主体に生じる損害は様々なものがあるが、船舶保険では、その保険で予め取り決めている種類の損害しか支払いの対象とならない[6]。また、製造物の第三者に対する生産物賠償責任保険の場合、製品の欠陥により製品が破損して第三者に損害を与えた場合、第三者に対する賠償責任は対象となっても、破損した製品自体の損害は、原則として、てん補の対象とならない[7]。このように、損害保険は、事故によって生ずる損害に対して支払いを行う制度といっても、生じる一連の損害を包括的に対象としててん補するものではなく、事前に対象として約束した特定の種類の損害のみをてん補の対象とする制度となっている。もっとも、保険商品によっては、基本的には異なる種類の保険を1つの保険契約としてまとめたものも存在する[8]。こうした保険においては種類の異なる損害について

6　財産上の損害をてん補の対象とする場合、修理費用を支払う場合があるが、これは財産の減少を修理費用という形で把握したものにすぎない。修理の結果、客観的に格落ちが生じる場合は、修理費と格落損が支払いの対象となりうる。約款では、格落損は対象外と規定している場合もある。
7　こうした部分についてのてん補を当事者間で合意すれば、もちろんてん補の対象となる。
8　海外旅行保険はその典型的な例といえる。

支払いがなされることになるが、支払額はそれぞれの損害の種類毎に算定されるものであり、異なる種類の保険を組み合わせたものとみることができる。

このように、保険では、事前に対象として定めた種類の損害のみをてん補の対象とする。

こうした方式による損害てん補と、例えば賠償法における対象損害の範囲の限定とでは根本的な違いがある。賠償法においては、損害の種類をもとに対象範囲を画するものではない。保険では、てん補の対象とする損害の種類を限定している点に特徴がある。

（2）損害原因による限定

生じた損害が保険で対象とする種類の損害であるとして、次に問題となるのは、それが何によって生じたかその原因である。損害保険は「一定の偶然の事故によって生ずることのある損害をてん補する」ものである[9]。保険は、偶然の事象を対象とする制度であり、損害てん補の対象となる損害は、一定の偶然の事故によるものでなければならない。よって、対象とした種類の損害が生じれば無条件にてん補の対象となるものではない。

保険契約においては、「一定の偶然の事故」として、保険給付の対象とする事由（事故）[10]を予め特定しておく。オール・リスクス条件[11]の場合であっても、あらゆるリスクを保険者が負担するものではなく、対象とする原因事象は限定されている[12]。これらの事由、すなわち保険者の保険金支払義務を具体化する事実を保険事故（又は担保危険）と呼び、保険契約においては、保険事故の種類とその発生を担保する期間（保険期間又は担保期間）が定められる。こうした制限を設ける理由は、保険は大数の法則を利用した制度であるから、引き受ける集団の危険（リスク）の標準化が必要であり、対象とするリスクを限定するために、特定の事由による事故を除外することとなる。例えば、火災保険において火災という事故を保険で引き受ける場合に、地震や津波、戦争による火災を除くのが、その例で

9　保険法2条1項6号。
10　保険学においては、これをペリル（peril）と称している。
11　海上保険の場合、通常、all risks という英語の表記どおりにオール・リスクスと呼ぶが、陸上保険では、オール・リスクと呼ぶ場合が多い。
12　この条件の場合でも、免責事由による損害については、保険者はてん補責任を負わない。

ある。除外する危険は、契約上、免責事故又はてん補しない事故[13]として示されるが、法律上も、一定の免責が規定されている[14]。保険事故が発生した場合であっても、それが免責事由によるとなれば支払いの対象とならない。

　このように保険では、生じた損害から遡ってその原因を特定することが求められ、現実に生じた損害と原因との因果関係が問題となる[15]。複数の原因が存在し、それぞれによる損害部分が明確であれば、担保される原因による損害部分のみが支払いの対象となる。問題は、担保危険と不担保危険（又は免責危険）が競合して損害を生じせしめたような場合である。このような場合も、保険制度においては、原因の寄与割合を算定してその割合についてのみ損害をてん補する方式はとらずに[16]、いずれの原因によるかを判定して、その原因が保険事故であれば損害をてん補し、免責によるとなればてん補しない方式が取られている[17]。すなわち、最も有力あるいは主要な原因のみが問題となり、その主要な原因が担保されているか否かにより、損害のてん補がなされるか、全くなされないかが決まる[18]。現実に生じる損害が生じる背景には、複数の原因が存在する場合が少なくないが、寄与原因による損害部分のみを判定することは実務上困難であり、その

13　契約における免責事由の表記方法は種々である。海上保険の場合には、免責危険、不担保危険という表現が多くみられる。その他では、免責、免責事由、免責事故、お支払いしない事故などの表現がある。保険制度上の免責という用語は、保険者に責任があるもののそれを免責にする事故をいう場合と、もともと担保の対象としない事故（不担保事故）を含める場合がある。後者は、念のための規定といえる。

14　損害保険契約については保険法17条、海上保険については商法829条に、免責事由が規定されている。なお、海上保険契約には、保険法と商法の両方の免責規定が適用される。

15　わが国では、因果関係については相当因果関係説によるというのが判例及び学説の立場であるが、海上保険にも適合するかは否定的な見解がある。因果関係については、詳しくは、木村栄一＝大谷孝一＝落合誠一編『海上保険の理論と実務』（弘文堂、2011年）第7章〔中出哲〕参照。

16　この点で、損害賠償においては、過失相殺のような賠償額の減額の制度があるが、損害保険では、保険事故と免責とで寄与割合に基づく調整制度は、原則として、利用されていない。

17　このような100対0の結果は保険事故と免責事由が複雑に関係した場合に、納得感のある結論を得にくいという難点があり、割合的解決に向けた主張も有力に示されている。詳しくは、木村ほか・前掲注15）195頁〜196頁〔中出哲〕。割合的因果関係を認める判決も下されている。その例として、大阪高裁平成11年6月2日判決・判例時報1715号86頁。ただし、現時点では、特殊な事実関係における判断と考えられ、割合的因果関係の採用が一般的に支持されているとはいえない。

18　理論としては、相当因果関係にあるような原因が複数存在する場合にはそれらを損害を引き起こした原因として認め、それぞれの寄与度に応じた割合で損害を按分しててん補責任を決める方式も考えられなくもない。実際にこのような処理方法は、外国に例がないわけではないが（ノルウェーの海上保険実務など。）、わが国を含め多くの国の保険法制では採用されているものとはいえない。ただし、実務処理において、損害額の認定の過程で原因の寄与度を加味して解決を図る場合は存在する。

認定に伴う時間とコストは、商業制度として営まれる保険取引の実情に合わない。複数原因が存在する場合にはそれぞれの原因の寄与度を踏まえたてん補が本来は妥当であるとの立場に立てば、保険における損害てん補は、厳密にみた場合には、事故「によって生ずる」損害のてん補といってよいか疑問がもたれるかもしれない。損害保険制度における給付は、こうした一種の割り切りを前提としているといえる。

(3) 損害の量的評価

　生じた損害がてん補の対象となっていて、その損害が保険で対象とする原因によることと免責事由には該当しないことが明らかとなった場合、次に問題となるのは、損害の量的評価である。損害保険における損害てん補は、原則として、損害てん補に対応する金銭を支払う制度であるから、損害を金銭に評価する必要がある。例外的な方式として現物給付があるが[19]、その場合でも、保険制度が物々交換のような現物で運営されているものではなく、金銭による制度として運営されているので、被保険者には現物の提供という給付がなされていても、保険者はその給付のための調達費用を負担している状態とみることができる[20]。すなわち、現物を給付する費用を給付として負担しているのであり、損害てん補の本質において大きな違いはないと考えられる。以下の検討では、原則として、保険金という金銭の支払いによる給付を想定して議論を進める。

　さて、賠償責任や費用の保険の場合、賠償責任の有無と賠償額については問題になるが[21]、保険制度における損害の量的評価はあまり問題とならない。負担した賠償責任額や支出した費用を保険給付の対象損害として認定できるのであれば、基本的には、その額が支払対象となる。損害はすでに金銭に評価済みであるのが通常である。しかし、有形・無形の財産や収益を対象とする保険においては、支払いの対象とする損害をどのように金銭に評価するかが問題となり、当事

19　歴史的に、現物給付の典型例としてガラス保険があり、これは、ガラスの交換を行うものである。また、自動車の修理を行う例がある。示談代行サービスは、賠償責任保険における現物給付として理解することも可能であろう。現物給付の本質については、第11章参照。
20　現物給付方式による場合でも、保険制度は金銭による制度として運営されている。現物給付は、保険者が価格変動リスクや調達コストを負担する給付といえる。
21　自動車保険などの賠償責任保険においては、被害者と賠償額で紛争となることが珍しくないが、これは、そもそも賠償責任額はいくらかという賠償責任における問題である。その額が決定されれば、保険金の額を決定できる。

者間で争いになることもある。

　保険法は、損害保険契約によりてん補すべき損害の額は、その損害が生じた地及び時における価額によって算定することを規定する[22]。この時価を基準とする考え方は、一見したところ簡単明瞭であるが、いかなる方式で時価を算定するかは簡単でない。例えば、船舶が滅失した場合を考えてみたい。所有者に生ずる時価基準の損害とは、その時の帳簿価格であろうか、代替船舶の再建造価格から減価償却分を控除した価格であろうか、あるいは売買例に基づく市場価格であろうか。何れの考え方に基づくかによって損害の額が大きく異なってくる場合がある[23]。帳簿上はすでに減価償却が終わっていてゼロとなっていても実際には十分稼働していて、売却すれば価値が生まれる場合がある。また、市場価格は、客観性といった点で信頼性はあるが、一般的な需要を反映した価格であるから当該経済主体のみに有用であった特殊な価値は評価に反映されない[24]。当然ながら、その価額は市況によって大きく変動する。再製造のために要する費用をもとにした場合には、当該物品の特殊性を加味した価格の算定に近づく。しかし、一般的に、古い物になればなるほど同等の物を再製造するために高額の費用を要し、その結果、算出された損害額が類似の新品価額よりはるかに高くなる場合もある。このように評価の方式によって損害額は変わってくる場合が少なくない。事故に遭遇した経済主体からみれば、個別具体的な事情を反映させた損害の評価が望ましいものといえ、またそれが本来の「損害のてん補」といえるかもしれないが、保険制度としては、一般的・標準的な評価を採用せざるを得ない面があり、むしろそれが大数の法則を利用する保険制度としては合理的であるといえる。したがって、保険制度における損害の評価が、個別経済主体の立場から見た場合に、損害額より少ないと認識されたり、余剰を生む状況は、当然生じうるものと理解せざるをえない。

22　保険法18条1項。本条1項は、任意規定であり、時価以外の基準に基づく損害てん補の合意も有効である。なお、この規定は、改正前商法638条の規律を維持したもので、文言に特段の変更は加えられていない。

23　このことが実際に明らかになる実例としては、請求権代位により、過失ある第三者に対して損害賠償請求する場合がある。例えば、船舶間の衝突により、被保険船舶が沈没して全損となった場合、保険契約上では、約定保険価額に基づく保険金が支払われるが、その後、請求権代位により過失ある相手船に損害賠償する場合には、船価が主たる争点になる。当事者は、それぞれ船価鑑定をとって損害額を示すが、鑑定で示される額は専門家によって大きく異なる場合も少なくない。

24　経済主体が置かれた特定の状況ゆえに、その物から特別の利益を享受していたとしても、市場では、その物の一般的汎用的価値でしか金銭に評価されない。

損害の評価は、このように評価の方法によって変わりうるものであるので、保険契約の当事者間で争いが生じないような手当をしておくことが重要である。その方法としては、保険価額の約定[25]がある。保険価額とは、保険の目的物の価額をいう[26]。保険価額の約定は、契約時に保険に付ける対象物の価額を評価しておく方式で、てん補損害額は約定保険価額に基づいて算出される[27]。保険価額の約定は、損害保険を一種の定額保険化することによって損害の評価の問題を回避する方式といえる。ただし、価額の約定は、保険価額を著しく超える場合には、効果は認められない[28]。そこで、どこまでであれば著しい超過とはならずに効果が認められるかが問題となる[29]。また、その前提として、物の価額を指す保険価額とは厳密には何を指すのかが問題となる[30]。

 海上保険の場合は、船舶、貨物が国をまたがって移動する場合があり、時価の算定が容易でない。こうしたことから、ほぼ例外なく価額を約定する方式が利用されている。陸上保険の場合でも、保険種目によっては価額の約定が行われている[31]。約定がなされる場合、とりわけ財物が全損となった場合は、約定保険価額に基づく保険金が支払われることになるので、損害てん補は事前に合意した金額をベースとする給付の制度に近くなるといえる。

（4）てん補額の量的制限

 保険者の損害てん補は、給付金額に関する契約上の合意によっても限定される。財物の保険の場合は、保険金額が限度となる。保険金額とは、保険法上、保険給付の限度額として損害保険契約で定めるものをいう[32]。賠償責任や費用を保険に付ける場合には、保険金額とはいわずに、通常、てん補限度額という用語が利用される。

---

25 海上保険の場合には、通常、価額の協定といい、協定された保険価額を協定保険価額、その場合の保険証券を評価済保険証券という。ここでは、保険法の用語を用いて、約定保険価額という表現を利用している。
26 保険法9条。
27 保険法18条2項。
28 保険法18条2項但書は、約定保険価額が保険価額を著しく超えるときは、てん補損害額は当該保険価額によって算出することを規定する。
29 約定保険価額の効力については、第7章において考察する。
30 保険価額とは何かについては、第6章において考察する。
31 運送保険や自動車の車両保険において利用されている。
32 保険法6条1項6号。

そのほか、てん補額に対する量的な制限として、免責、控除などの制度も存在する。これらの制度としては、損害額から一定割合や一定額を控除して支払額とする方式[33]、一定の率を超えた場合に控除を適用せずに全額を支払対象とする制度[34]が存在する。前者は、一定額を被保険者の負担とすることにより、事故防止に向けたインセンティブを与えたり、保険料を減らすために利用されている。後者は、小損害を保険てん補の対象外とすることで、保険料を減らす効果がある。

なお、海上保険に適用される商法は、小損害免責について規定を設けているが[35]、通常、この免責は保険約款で修正されている[36]。

(5) てん補損害額に加算される費用

以上のプロセスを経て算定されたてん補損害額に加えて、法律及び約款に基づき一定の費用も支払いの対象となる。それらの費用として、損害額算定費用と損害防止費用がある。

① 損害額算定費用

保険法は、てん補損害額の算定において必要な費用は保険者の負担とすることを規定する[37]。この規律は、損害保険契約に特有のものとして示されている。保険法のこの規律は、任意規定である。

損害額算定費用の支払いは、「損害のてん補」ではなく、「損害のてん補」としての給付を行う過程で生じる立証のための費用を支払うものである。よって、損害額算定費用そのものは、「損害てん補」の対象としての損害ではない。この費用の支払いに関する条文は、保険法上は、「第3節　保険給付」に設けられているが、保険給付にあたり関係する付随的な費用の扱いを規定するものであり、この費用支払いは、保険法上の保険給付そのものではない[38]。

② 損害防止費用

保険法は、保険契約者及び被保険者は、保険事故が発生したことを知ったとき

33　一般に、これらの方式はエクセス（excess）またはディダクティブル（deductible）と呼ばれる。
34　この方式は、一般にフランチャイズ（franchise）と呼ばれる。
35　商法830条。この規定は、任意規定である。なお、保険法には、小損害免責に関する規定はない。
36　高頻度の小損害が発生する種類の貨物など、必要な場合にのみ利用されている。
37　保険法23条1項。任意規定であり、約款における取扱いは保険種目や保険会社によっても異なる。
38　保険法2条1号を参考。よって、保険金額という給付の制限においても別枠となる。

は、これによる損害の発生及び拡大の防止に努めなければならないことを規定し[39]、この場合において、損害の発生又は拡大の防止のために必要又は有益であった費用は、保険者の負担とすることを規定する[40]。

保険法は、損害防止義務違反の効果について規定していないが、これを保険契約者及び被保険者の努力義務として理解するのが一般的である[41]。また、損害防止費用の支払いに関する保険法の規律は任意規定となっている。損害防止費用に関する保険約款における扱いは、保険種目によって、また保険会社によって様々となっている。保険金額とは別に支払いの対象としたうえで限度額も設定されていない場合から、全く支払いの対象としない場合まで種々存在する。損害防止費用のてん補は、保険料の調整の中で設定する領域の問題として理解されている[42]。そもそも損害防止の行為の内容とその費用は、損害保険の種類によって、その発生のもととなる状況に大きな相違が存在する。また、その対象範囲の境界の認定は、技術的に容易とはいえない場合もある。いずれにせよ、その費用てん補は保険料に直接結び付く問題であるので、保険商品の設計の中で調整する問題として扱うことが相当である。

損害防止費用も、保険法の体系上は、「第3節　保険給付」にその条文が設けられているが、保険法上、損害保険契約における保険給付そのものの定義（2条1号）には該当しないと理解されている[43]。この費用は、損害てん補の対象となる損害の代替として発生する場合もあるが、費用の性格としては、義務の履行に対する支払いといえ、損害てん補給付自体を構成するものではない[44]。

（6）付帯サービス

損害保険契約における給付は、保険法上は、損害てん補という給付であるが、

39　保険法13条。
40　保険法23条1項。任意規定であり、約款における取扱いは保険種目によって異なる。
41　山下友信＝永沢徹編著『論点体系　保険法1』（第一法規、2014年）147頁〔野口夕子〕。
42　山下友信『保険法』（有斐閣、2005年）415頁。
43　萩本修編著『一問一答　保険法』（商事法務、2009年）119頁。
44　損害防止費用の支払いは、本質的には、義務の履行に対する報いや履行へのインセンティブの制度として理解されるもので、本書のテーマである損害てん補の本質の問題からやや離れるため、本書の検討対象から外している。損害防止義務と費用については、給付の形態が損害てん補方式をとる場合に限定されるのかなど、更に研究が必要な論点は存在するように考えられる（筆者の問題意識として、拙稿「損害防止費用とは何か——損害防止費用における損害の意味——」保険学雑誌618号97頁（2012年）。）。

実際の保険契約においては、各種の付帯サービスの提供も契約に組み込まれている場合がある。保険契約に付帯されるサービスの内容は多様であり、損害保険に限らず、生命保険などの定額給付の保険にもみられる。

損害てん補という保険金支払い自体も保険におけるサービス（役務）の提供であり、そのことと、こうした付帯サービスとの関係をどのように理解すべきかについては、必ずしも明確とはなっていない[45]。特に、損害保険契約に付帯される各種サービスが、損害保険契約における損害てん補とどのような関係にあるのか、それらは損害てん補の一部であるのか、そうではないかは解明が必要である。この問題を解明するためには、付帯サービス自体についての考察が必要なことは当然であるが、同時に損害保険における損害てん補とは何かという点からの考察も必要であり、両面から考えていかなければならない問題である[46]。

3．損害てん補給付にかかる調整制度

損害保険における保険金は、以上の方式に基づいて算定されるが、この損害てん補は、変則的な事態においても確保される必要がある。そうでなければ抜け道が生じることになる。損害保険制度においては、変則的な事態においても損害てん補としての給付を確保するために、各種制度が存在している。それらは保険約款に規定されるが、その具体的内容は、保険種目によって、また会社によっても相違がある[47]。保険法は、損害保険契約に特有の規律として、それらの制度についてのデフォルト・ルールを定めている[48]。以下に、それらの制度についてみていく。

---

45 保険法や保険業法は、付帯サービスについて特に規定していない。なお、役務提供サービスが保険業に該当するかについては、金融庁の「少額短期保険業向けの総合的な監督指針」Ⅱ-1-1(1)に、金融庁の考え方が示されている。
46 付帯サービスについては、第11章において考察する。
47 自由化の進展により、同じ保険種目であっても約款規定の内容は、会社によっても相違がある。ここでは、保険法の規律を中心として、標準的な制度を概観するにとどめる。
48 保険法の一部の規律は、被保険者等に不利な変更が認められない片面的強行規定となっている。ただし、海上保険等の企業リスクの保険については、片面的強行規定の強行性は排除されていて、保険法の規律に反する合意が認められる（保険法7条、12条、26条等）。

（1）一部保険

保険は、本来、その物の価額（保険価額）に応じて適正な金額（保険金額）にて引き受けられるべきである。保険価額とは、前述したとおり、保険の目的物の価額をいう[49]。しかしながら、保険金額が保険価額に満たない場合がある。保険法は、これを一部保険と称し、その場合に保険者が行うべき保険給付の額は、当該保険金額の当該保険価額に対する割合をてん補損害額に乗じて得た額とすること[50]を規定する[51]。なお、約定保険価額がある場合には、ここでの保険価額とは、約定保険価額を指す。

物の保険の場合、通常、保険料は保険金額に保険料率を掛けて算出されるので、保険価額の一部にしか保険を付けていない人に、保険価額の全部に保険を付けている人と同じ保険金が支払われることは、保険料との関係において公平でない。価額の一部について保険を付けているのであるから、その比率に応じて保険金を支払うことが公平の観点からみて適切である。そのため、この制度が設けられている。

一部保険の制度は、保険料との関係で存在するものであるので、保険商品の設計にあたって、それ以外の方式を採用することは可能であり、実際に、家計分野の保険では比例てん補の適用を一定程度緩和する方式も利用されている[52]。

一部保険の制度は、保険金額の設定における変則的な事態に対応するもので、その本質は、保険料に関係する公平な取扱いを図ることにある。すなわち、この制度は、結果的には、支払保険金の額を変動させる効果を持つが、損害てん補としての給付金自体を導く上での制度ではなく、妥当な損害てん補額を算定した後に、保険金の支払いにあたり、引受割合を乗じて減額を適用する制度として理解することができる。

この制度の本質は、「損害てん補」の評価や方式自体についてのものとはいえないので、損害てん補の本質を考察する本書においては、考察の対象外とする。ただし、一部保険の判定において保険価額が基準となることに留意しておく。

49　保険法9条。
50　計算式で示すと、てん補損害額×保険金額÷保険価額　となる。
51　保険法19条。本条は、任意規定であり、当事者による変更が可能である。
52　海上保険の分野では例外はみられないが、消費者向けの住宅火災保険などでは、比例てん補による保険金調整に対する理解が得られにくいこと等を勘案して、てん補損害額に掛ける比率を保険金額÷保険価額×0.8（ただし、1を超えない。）などとする緩和策が利用されている。

（2）超過保険

　損害保険契約の締結の時において保険金額が保険価額を超えている場合がある。これを超過保険という。保険金額が保険価額を超えていながら、保険金額を基準として保険金が支払われれば、保険における損害てん補を超える給付がなされることになる。保険法では、損害てん補は、保険金額を基準とするのではなく時価に基づくことが規定されている[53]。改正前商法においては、保険価額を超える保険金額で保険を付けた場合、保険価額を超過する部分は無効となることが規定されていた[54]。しかし、保険法では、契約自体を無効とする立場はとられていないので、将来の価額の上昇などを見越して契約締結時に超過保険となる契約をしても、その契約は有効である。事故が生じた場合の損害てん補は、保険価額の約定がない場合には時価ベースとなっているので、保険金額は基準とはならない。したがって、保険価額を上回る保険を付けたとしても、その変則状況にかかわらず、損害てん補の基準は維持される。このことから分かるとおり、保険金額は、損害てん補の観点から見た場合、支払額の上限としての意義を有しているにすぎない[55]。

　超過保険の場合、結果的には、保険契約者は、保険価額を超える部分について無駄な保険料を負担していたことになる。そこで、保険法では、契約締結時において超過保険が生じていた場合で保険契約者及び被保険者が善意でかつ重大な過失がなかったときに、保険契約者は、その超過部分について当該損害保険契約を取り消すことが認められている[56]。

　損害保険契約の締結後に保険価額が著しく減少したときにも、保険金額と保険価額の乖離が生じるが、この場合は、保険契約者は、保険者に対し、将来に向かって、保険金額を保険価額まで減少させ、それに対応する保険料についての減額をそれぞれ請求することが認められている[57]。

　一部保険の場合は、保険価額に比べて少ない額の保険金額を設定した状態であ

53　保険法18条1項。ただし、約定保険価額があるときは、てん補損害額は当該約定保険価額に基づいて算出される（同2項）。
54　改正前商法631条。
55　保険料は、通常、保険金額をもとに算定されるので、その点で保険金額は重要性を有する。
56　保険法9条。本条は、片面的強行規定である。ただし、海上保険契約については、本条と異なる合意は認められる（保険法36条）。
57　保険法10条。本条は、片面的強行規定である。ただし、海上保険契約については、本条と異なる合意は認められる（保険法36条）。

るので、保険料の負担も少なくなっている。よって、保険契約者は保険料について損が生じている状況にはない。保険契約者は、一部保険となることを回避するためには、保険価額と等しい保険金額の保険を締結すればよい。一方、超過保険の場合には、超過分については保険料を支払っていながらもその分に対する給付は受けられない状態が生じていることになる。このことに着目すれば、一部保険の場合の保険金の減額に関する規律は、負担に応じた応分の事後措置の制度であり、超過保険の場合の規律は、保険料の負担に関する是正措置の制度とみることができる。

　このように、超過保険の制度も、保険でカバーしているリスクとそれに対する保険料という対価関係上の均衡に関する制度として理解することができる。したがって、超過保険の制度・規律の本質は、損害てん補に関する制度・規律とはいえない。

　なお、超過保険となっても保険金額を減額することは認められるが、保険価額と保険金額が乖離する状態はできるだけ回避することが望ましい。その方法としては、すでにみたとおり、保険価額の約定がある。約定によって、約定保険価額に基づく損害てん補がなされるので[58]、約定保険価額に対応する保険金額を設定することによって、超過保険の問題を回避することができる。この場合、保険価額の約定という方式を通じて、約定保険価額が損害てん補における基準に転換される。この約定保険価額は、損害てん補の基準となるものであるから、損害てん補の本質を検討する上で重要な価額概念となる。約定は無制限に認められるものではなく、一定の制限がある。保険法は、保険価額を約定しても、その額が保険価額を著しく超える場合には保険価額に基づいててん補損害額が算定されることを規定する[59]。この規定は、利得禁止原則に基づき強行規定と理解するのが通説である[60]。すなわち、約定は、著しく保険価額を超えない範囲においてのみ有効とされる。そこで、この「著しく超える」とはいかなる程度を指すかが問題となり、その比較の対象たる保険価額とは何かが問題となる。

　超過保険の制度も、一部保険と同じく、基本的には、保険料調整に関する規律と

58　保険法18条2項。
59　保険法18条2項但書。
60　これに対し、異を唱える学説も提唱されている。本問題について詳しくは、第7章で取り上げる。

して理解できるが、そこで利用されている保険価額の概念や、約定保険価額の法的拘束力の問題は、損害てん補の本質を考察する上で検討すべき論点といえる[61]。

（3）重複保険

変則的事態の第3は、保険が重複する場合である。この場合にも、損害てん補という給付額について調整が必要となる。同一の財物に対して複数の保険が手配されることがある。これは、意図的な場合もあれば、そうでない場合もある。こうした保険の重複が生じた場合に、同一損害に対して複数の保険契約から保険給付がなされ、何の調整もなされなければ、合算した金額が損害てん補の額を超えて、損害てん補としての給付に反することになる。そこで、それを調整する制度が必要となる。

保険が重複する事例には、同一種類の保険が同一の内容で複数契約されていたような場合（この場合は、超過保険の状況に近い。）から、同一種類の保険であっても、損害てん補の基準、保険金額等の内容が異なる契約が重複する場合、貨物保険と倉庫の保管貨物に対する保険というように異なる種類の保険の間で重複が生じる場合、さらには、日本の保険契約と外国の保険契約が重複するなど、適用法規が異なる保険契約間で重複が生じる場合など、様々な場合がある。海上保険で生じる典型的な重複保険の事例としては、輸出入の貨物が、輸送の途上で倉庫に一時保管中に火災等の事故を被り、イギリス法に準拠する外航の輸出入の貨物海上保険と日本国又は海外の国の倉庫の在庫保険が重複する場合である。そこでは、保険の種類、準拠法が異なり複雑な問題が生じる[62]。

保険法は、重複保険の場合について規定を設け、損害保険契約によりてん補すべき損害について他の損害保険契約がこれをてん補することとなっている場合においても、保険者は、てん補損害額の全額について保険給付を行う義務があるとし[63]、複数の損害保険契約における保険給付額の合計がてん補損害額を超える場合において、自己の負担部分を超えて保険給付を行って共同の免責を得た場合

61　保険価額については第6章、約定保険価額については第7章で考察する。
62　外航の貨物海上保険契約においては、通常、他の保険が付けられている場合には、他の保険の給付を優先させ、損害てん補を受けられない部分に対して支払いを行う他保険優先約款を設けている。このような約款が有効といえるかどうかは、その事項を判断する裁判所と適用法規のもとで判断されることになる。
63　保険法20条1項。

に、その保険者に、自己の負担部分を超える部分について他の保険者に対して求償する権利を認めている[64]。

この方式は、保険が重複した場合でも、それぞれの保険契約の効力は認めたうえで、保険者間の調整を図るものである。この調整は、被保険者が受ける損害てん補額を調整するものであるが、重複する複数の保険契約間において、約定保険価額が異なったり、支払基準が同一でない場合、適用法規が異なる場合などにいかに調整を図るかは難しい問題である。この制度を考察していくうえでは、なぜ重複給付が禁じられるのか、また、いかなる程度までであれば許容されるかが問題となる。特に、保険契約者は複数の保険契約においてそれぞれ保険料を支払っており、給付を調整する場合には、契約者の保険料負担にかかわらずになぜ調整がなされるのか、その理論的根拠が問題となる。これは、重複保険の場合において損害てん補としての給付方式をいかに確保することが相当であるかという問題といえる[65]。

（4）残存物代位

保険の目的物が全部滅失した場合には、全損事故として、保険金額の全部が支払われる。しかし、この場合に、残存物が存在する場合があり、その扱いが問題となる。例えば、船舶保険において船舶が座礁して全損となった場合の船骸の帰属、貨物保険において輸送中に美術品が盗難された場合の盗品の扱いである。保険法は、保険者は、保険の目的物の全部が滅失した場合において保険給付を行ったときは、当該保険給付の額の保険価額（約定保険価額があるときは、当該約定保険価額）に対する割合に応じて、当該保険の目的物に関して被保険者が有する所有権その他の物権について当然に被保険者に代位すると規定する[66]。

物が壊滅的な被害を受けた場合であっても、何らかの価値が存在しているのであれば、その価値を算定して、それを控除したうえで損害額を算定するのが、厳密には妥当な方法と考えられるが、その評価のためには長期間を要する場合があり、それを待っていたら保険金の支払いが遅れてしまい、経済制度としての保険

64　保険法20条2項。保険法20条は任意規定であり、これと異なる合意は可能である。
65　重複保険については、第8章で考察する。
66　保険法24条。本条は、片面的強行規定である。ただし、海上保険契約については、本条と異なる合意は認められる（保険法36条）。

の損害てん補の意義を減じることになる。残存物代位の制度は、正確な控除計算は行わずに、保険者に対して、ひとまずは全損金として保険金を支払わせるかわりに、残存物の所有権を保険者に移転させる方式で保険処理を行うものである。

　本制度の特徴は、保険金の支払いという保険制度上の金銭の給付が保険の目的物の物権という保険制度とは同一の次元にはない権利を保険者に取得させるという点にある。保険の目的物の物権は、そこから果実が生まれる場合もあるし、費用が発生したり、賠償責任が発生する場合もある。例えば、盗難された絵画が無傷で発見された場合、その間に、絵画の市場価値が増大して、支払保険金をはるかに上回る価値の財産となっている場合がある。また、津波で陸上に押し流されて全損となった船舶については、その撤去に莫大な費用が発生したり、燃料が漏出して環境損害に対する損害賠償責任が問題となる場合がある。

　残存物代位の制度においては、損害てん補としての保険金の金額的調整とは全く異なる次元の問題が発生する場合があるが、それは、残存物代位が物権に関係する制度であるためである。

　残存物代位の制度は、変則的事態において損害てん補の給付を確保する制度といえるが、物権の移転を生じさせる制度であるため、物権の移転と損害保険における損害てん補制度の関係をいかに調整するかが問題となる。残存物代位は、保険制度における損害てん補とは何かという本質を考察する上で重要な制度である[67]。

（5）請求権代位

　保険事故によって、被保険者は、保険金請求権を取得すると同時に、他の債権を取得する場合がある。例えば、運送中に運送人の過失によって貨物が毀損した場合、貨物の所有者は、貨物保険における保険金請求権を取得するとともに、運送契約に基づき運送人に対して損害賠償請求する権利の両方を取得する。こうした債権が重複する場合の調整の制度が、請求権代位である。この制度もまた、債権が併存するという変則的事態において、損害てん補の給付を確保するための制度とみることができる。

　保険法は、保険者は、保険給付を行ったとき、保険事故による損害が生じたことにより被保険者が取得する債権（被保険者債権）について当然に被保険者に代

67　残存物代位については、第9章で考察する。

位するとして、その額の限度としては、保険者が行った保険給付の額と被保険者債権の額（保険給付の額がてん補損害額に不足するときは、被保険者債権の額からその不足額を控除した残額）のいずれか少ない額となることを規定する[68]。また、保険給付の額がてん補損害額に不足する場合には、被保険者は保険者に先立って弁済を受けることが認められる[69]。

　請求権代位が残存物代位と共通する点は、損害保険の給付によって、保険以外の制度において被保険者が保有していたり、取得する権利を保険者が取得することになることである。また、保険者の意思表示を必要とせずに保険金の支払いによって法律上当然に保険者の代位権が生じる点も共通する。しかし、残存物代位は、全損の場合のみが対象であり、取得する権利は物権であるが、請求権代位は、分損の場合にも認められ、各種債権が対象となる点で相違がある。

　請求権代位は、保険事故によって被保険者が複数の請求権を取得する場合の債権の調整制度である点では、重複保険の場合に類似する。重複保険の場合には、複数の保険金請求権の調整が問題となり、保険法上の規律としては、被保険者にいずれの保険者に対する請求も認め、先に余分に支払うことになった保険者に他の保険者に対する求償権を認める。重複保険の場合においては、複数の債務者（保険者）の地位は並列である。一方、請求権代位においては、保険金を支払った場合に、保険者に被保険者が有する債権の取得を認める。したがって、保険者とその他の債務者間においては、保険者の損害てん補義務が後順位になる[70]。

　請求権代位も、残存物代位と同じく、保険以外の制度における被保険者の権利を保険者に移転させるものであるがゆえに、保険制度上の論理でもって他の制度上の被保険者の権利を調整させるに十分かが問われる。この制度が合理的であるためには、被害者が二重に給付を受けてはならないということに加え、第三者を最終的な損害の負担者とすることについての価値判断がなければ、保険料という対価を得て損害てん補している保険者が被保険者等の権利を取得すべき理由を説明することは困難である。そこで、請求権代位の制度は、複数制度間で債権が少なくとも重複し、かつ、保険者の義務を他の債権者の義務より後順位のものとさ

68　保険法25条1項。
69　保険法25条2項。
70　したがって、仮に、先に第三者が損害をてん補していれば、保険者は、その分についてのてん補責任を免れるものと解される。

せるべき合理的な理由が存在する場合でなければ正当化することは難しい。請求権代位の制度においては、損害保険における損害てん補とは何かという本質の問題とともに、複数の債権間で給付が重なるとはいかなる場合を指し、なぜ保険者の義務を後順位とさせるのかが吟味されなければならない[71]。

4．損害保険契約の目的

（1）契約の成立と被保険利益

損害保険契約において損害てん補という給付がなされるためには、有効な損害保険契約が成立していることが大前提であるので、その点についても触れておく。

損害保険契約が有効であるためには、民法[72]、消費者契約法[73]、その他の法律に従うほか、保険法における規律として3条の要件がある。同条は、「損害保険契約は、金銭に見積もることができる利益に限り、その目的とすることができる」と規定する。この利益は、講学上、被保険利益と呼ばれているが、それが存在しない契約は無効となる。本条は、絶対的強行規定と解されている[74]。3条は、改正前商法630条を維持したもので、そこからの実質的な変更は加えられていない。

被保険利益の定義、意義、損害保険契約における位置付けについては、過去には、多くの学説が展開された。特に、被保険利益の本質と地位については、絶対説、相対説、修正絶対説と学説が分かれていたが、学説によって直ちに具体的な問題の解決に差異が生じるわけではなく、論争は終息した状況にある[75]。いずれの立場に立つとしても、被保険利益の存在が損害保険契約の効力要件とされていることには争いはない。被保険利益は、損害保険契約が利得や賭博と峻別されるための契約段階での事前予防の規律として理解されている。

71　請求権代位については、第10章で考察する。
72　公序良俗（90条）、詐欺、錯誤などが問題となりえる。
73　10条など。ただし、消費者契約について適用される。
74　山下＝永沢・前掲注41) 60頁〔中出哲〕。
75　福田弥夫＝古笛恵子編『逐条解説　改正保険法』（ぎょうせい、2008年）20頁。この論争は、一見深刻に対立しているが、具体的な結果に差が生じないため非生産的な学説の対立と指摘されていた（西島・前掲注5）126頁）。

（2）被保険利益と損害てん補の給付方式との関係

保険法は、利益に損害保険契約の目的としての地位を与えている。その点から、損害てん補の対象としての損害とこの契約の目的である利益の関係をどのように理解するかが問題となる。

本章の2（1）でみたとおり、損害保険における損害てん補の対象は、契約で特定した種類の損害に限られる。この考え方を導く理論として、伝統的に利益概念が利用されてきた[76]。すなわち、ある経済主体に損害が生じる可能性がある場合、その経済主体は経済的な「利益」を享受しており、それゆえ事故が生じた場合に、その利益上に損害が発生するものと理解する考え方である。そして、損害とは、利益の減少又は利益関係上のマイナスの作用として認識し、保険はその利益に付けると考える結果、ある種類の損害がてん補の対象となるのは、その損害を生むところの利益が保険に付けられているからと理解することになる。

このように、てん補対象とする損害を、契約で目的とした利益から説明する立場に立つときは、損害の種類毎に利益を認識することになる。すなわち、被保険利益を財産の喪失、収益の喪失、費用の発生、賠償責任の発生といった種々の損害に対応する形で、種類に分けて、その利益がそれぞれ保険に付けられていなければ損害はてん補の対象とならないと理解するものである。その場合に、損害を利益の減少ととらえれば、てん補する損害の額は、保険で対象とした当該種類の利益の減少として把握することになる。

損害が発生するのは、その前提に利益関係が存在するためと考えることは理解できるとしても、そこから更に、損害てん補における損害を特定するために、被保険利益の種類を細分化していく理論を構成する必要があるかについて検討が必要であるように思われる。実際に保険約款においては、てん補の対象とする損害の種類については常に具体的な規定を設けているが、契約で対象とする利益の種類についての規定は設けられていない。したがって、てん補対象とする損害を説明する場合に利益概念を利用するのは、主として、損害てん補の本質を損害保険契約の目的から体系的に説明するための理論においてであるように考えられる。しかし、このような理解、すなわち、損害を利益の減少として表裏一体のものと理解する考え方が相当といえるかは疑問がないとはいえないように思われる。こ

---

[76] 詳しくは、第4章で扱う。

れは、保険における損害てん補の内容は、契約の目的（被保険利益）からいかに説明できるか、すなわちこの両者の関係をいかに説明することが相当であるかという問題である[77]。

5．まとめ

　本章においては、最初に、損害保険において、いかなる過程を経て支払保険金が算定されるかを観察することによって、損害保険契約における損害てん補の方式を示した。そこでの重要な点は、損害保険においては、まず、生じている損害が保険で対象とする種類の損害であるかが問題となり、対象損害であれば、それが生じた原因が保険で対象とする事象であり、除外されている事象によって生じたものではないことが問題となる点である。そのうえで、その損害の具体的評価が問題となり、その後は、契約上の限度額等の設定に基づき調整を受けて支払額が決まっていく。損害保険における損害てん補とは、このような方式をとって給付額が算出される制度であることを理解しておく必要がある。
　こうして算定される損害てん補は、保険制度における損害てん補方式と称してよいものである。そして、この方式によって算定される損害てん補は、変則的な事態においても確保されるようにしておく必要がある。変則的な事態に対応する制度としては、一部保険、超過保険、重複保険、残存物代位、請求権代位の制度をあげることができ、保険法は、それらについてのデフォルト・ルールを損害保険契約に特有の規律として示している。
　これらの制度・規律のうち、一部保険や超過保険は、損害保険に特有のものであるが、制度の本質は、リスク負担と保険料の関係における調整であり、損害てん補の方式そのものを形成する制度とみるべきではない。もっとも、そこで利用されている保険価額や約定保険価額の概念は、損害てん補に関する規律の骨格となる概念として重要であるので、損害てん補の本質を考察する上で重要な部分である。
　これに対し、重複保険、残存物代位、請求権代位は、いずれも損害てん補という給付方式を形成する制度といえる。重複保険の場合は、複数の保険契約間で、

77　損害と利益の関係については、第4章及び第5章で考察する。

損害てん補という給付について調整が必要となる。この問題が特に複雑となるのは、重複保険の態様には種々の場合があるためである。重複保険処理に関する規定内容が重複する契約間で相違する場合や、海上保険のように国際的に手配される場合において、例えば、イギリス法に基づく契約と日本法に基づく契約が重なる場合が存在し、複雑な問題が生じる。

重複保険は、複数の保険契約が存在する場合の変則的事態であるが、それでも重複が生じるのは、保険契約間であるので、保険契約における考え方に沿って解決を導いていくことが可能である。これに対して、保険制度を超える調整が必要となるのが、残存物代位と請求権代位の場合である。残存物代位は、保険金という金銭の支払いと残存物に対する物権の調整を図る制度である。そこで、保険制度の領域を超えるような物権に関わる状況について、保険における損害てん補をいかに調整するかが問題となる。請求権代位の場合には、損害賠償等の債権と保険金請求権の重複が問題となり、賠償制度等における債権と損害てん補としての保険給付をいかに調整するかが問題となる。

このように、損害保険における損害てん補という給付方式は、単独の契約における方式を基本とするだけでなく、更に、他の損害保険契約との調整、物権との調整、他の債権との調整にまで及ぶ制度である。こうした制度の全体を包含する基本的規範は、いかなるものとして説明できるであろうか。

また、損害保険契約が有効であるのは、被保険利益が存在する場合であり、これも、損害保険契約に特有の要件とされている。損害てん補という給付方式の全体を包含する基本的規範と被保険利益はどのような関係にあると理解することが相当であろうか。

損害保険契約に特有の各種制度の全体を包含する基本的規範は、理論的にいかに理解されるべきであろうか。一般に、損害てん補の各種制度を説明する場合には、「損害てん補原則」と称する原則が言及される場合が多いが、この原則こそをこの制度の全体を支配する基本的規範として理解してよいであろうか。また、過去においては、損害てん補にかかる各種制度は、被保険利益を利用しつつ、損害保険における損害てん補の位置付けから説明される場合があったが、その学説は、現在も有効な考え方といえるであろうか。さらに、近時では、損害てん補にかかわる各種制度の各論について、「利得禁止原則」と称する原則を用いて説明されることが多くみられるが、その原則こそが、この全体を支配する基本的規範

の地位に立つものであろうか。

　こうした問題意識をもって、本書の第Ⅰ部では、次に、損害保険の損害てん補の本質をめぐる過去の論争を分析するとともに（第2章）、損害てん補原則と利得禁止原則を取り上げて、損害保険において損害てん補を確保すべき規範について考察する（第3章）。さらに、海上保険を例として、損害てん補における損害と利益の関係を分析し（第4章）、利益と損害の関係についての仮説を提示して、損害てん補という保険の給付方式の特徴とその特徴の基礎に存在する考え方を分析し、損害てん補方式を形成する基本的規範を仮説として提示することとする（第5章）。

第2章　損害保険における損害てん補をめぐる学説の考察[1]

1．はじめに

　第1章において、損害保険における損害てん補の給付方式について、その内容とそれを確保する各種制度・規律をみた。この損害てん補方式の基本的な考え方は、保険法において一般原則のような形で示されているわけではなく、種々の規定や制度の全体から理解することになる。それでは、この損害てん補という方式は、学説において、どのように理解され、位置付けられているだろうか。

　損害保険における損害てん補の位置付けについては、本章で述べるとおり、古典的なテーマであり、かつては、被保険利益の位置付けの問題とも合わせて、学説上、華々しい論争が展開されてきたところにある。その論争は、現在でも多くの文献において紹介されているが[2]、その延長線上において新たな学説や論争が展開されているものではない。

　本章では、保険法制定より以前に展開された損害てん補の位置付けをめぐる過去の学説を概観したうえで（第2節）、保険法制定後の今日的視点から、それらの学説に考察を加えて示唆を得ることとする（第3節、第4節）。

　なお、保険法は、損害保険契約に関する各論においては、改正前商法を変更した部分が多くあるが、損害保険契約の定義に関する条文（2条1項6号）や損害保険契約の目的に関する条文（3条）については、改正前商法の規定を踏襲して実質的変更は加えていない[3]。

---

[1]　本章は、拙稿「損害保険における損害てん補の位置づけ」『寄附講座「保険学講座」十周年記念誌』（九州大学出版会、1998年）95頁をもとに、保険法施行後の状況を踏まえて、改題して加筆・修正したものである。

[2]　例えば、山下友信『保険法』（有斐閣、2005年）248頁。山下友信＝竹濱修＝洲崎博史＝山本哲生『保険法〔第3版〕』（有斐閣、2010年）104頁、福田弥夫＝古笛恵子編『逐条解説　改正保険法』（ぎょうせい、2008年）19頁。石山卓磨編著『現代保険法〔第2版〕』（成文堂、2011年）77頁以下。

[3]　保険法2条1項6号は、損害保険契約を「保険契約のうち、保険者が一定の偶然の事故によって生ずることのある損害をてん補することを約するものをいう」と定義する。一方、改正前商法629

2．損害保険における「損害てん補」をめぐる学説

　改正前商法は、保険法と同じく、損害保険契約を損害てん補の契約として規定していたが、損害をてん補する契約ということの意味とその位置付けについては学説に争いがあった。最初にこれらの学説を概観する[4]。

　その第1は、損害をてん補する契約ということの意味を、文字どおり、保険事故によって現実に発生した損害をてん補することを本質的な内容とする契約ととらえる立場で、この立場は、一般に、客観主義ないし絶対主義と呼ばれている。本稿では、この立場を「絶対説」と称することとする。この立場においては、被保険利益は損害と表裏の関係にあるものととらえられ、被保険利益は損害保険契約の成立・存続のための論理的・内面的・本質的前提としての地位を有するものと説明され、商法（改正前商法）が被保険利益をもって損害保険契約の目的と称していること[5]はこのことを示しているものと説明される。

　この立場に対しては、次のような疑問が提示されている。まず、評価済保険（保険法上の用語でいうと保険価額の約定）、新価保険など、保険事故によって現実に発生した損害の額を超えて保険金が支払われる場合がどのように説明されるのかという問題である[6]。また、厳密にみた場合に確定的に損害が生じたとはいえないような保険代位（残存物代位及び請求権代位）、海上保険における委付[7]、免脱型責任保険[8]などは、この立場からは説明が困難でないかという疑問である[9]。

　　条は、「損害保険契約ハ当事者ノ一方カ偶然ナル一定ノ事故ニ因リテ生スルコトアルヘキ損害ヲ塡補スルコトヲ約シ相手方カ之ニ其報酬ヲ与フルコトヲ約スルニ因リテ其効力ヲ生ス」と規定していた。また、保険法3条は、「損害保険契約は、金銭に見積もることができる利益に限り、その目的とすることができる」と規定する。改正前商法630条は、「保険契約ハ金銭ニ見積ルコトヲ得ヘキ利益ニ限リ之ヲ以テ其目的ト為スコトヲ得」と規定していた。

4　学説の要約について以下の文献を参照。大森忠夫『保険法〔補訂版〕』（有斐閣、1985年）58頁、同『続保険契約の法的構造』（有斐閣、1956年）1頁、田辺康平『新版現代保険法』（文眞堂、1995年）68頁、西島梅治『保険法〔第3版〕』（悠々社、1998年）121頁、坂口光男『保険法』（文眞堂、1991年）115頁。

5　改正前商法630条。

6　大森・前掲注4）『続保険契約の法的構造』15頁以下。

7　商法833条乃至841条。

8　責任保険における保険給付の方式は、先履行型、責任負担型、免脱型に分けることができる。先履行型は、被保険者が責任を負担して履行した場合にその損害をてん補する方式である（例として、船主責任保険のP&Iクラブで利用されている方式がある。）。責任負担型は、裁判上または裁判外で賠償責任の額が確定した段階で、その額を損害としててん補する方式である。免脱型は、被

前者の問題は、損害てん補原則のいわば量的例外であり、損害てん補の概念に若干の弾力性をもたせることによって説明が可能であるが、後者の問題は質的例外ともいうべきもので、損害保険契約の本質を損害てん補契約と解する見解では説明ができないという批判がある[10]。

これに対し、損害保険契約も、本質的には生命保険契約と同じく金銭給付契約ととらえるべきであって、ただその範囲が、原則として、生じた損害額のてん補に必要な額に限定されるにすぎないとして、こうした制限の根拠を公序政策に求める立場がある[11]。すなわち、この見解は、損害保険契約が損害てん補の契約とされるのは、保険契約がその射倖性のゆえに賭博行為に悪用されることを防ぐための政策的・外面的な制限であって、保険者が損害てん補義務を負うという場合のいわゆる「損害」は、保険者の負う金銭給付義務の範囲を外面的・政策的に調整し規定する機能を有しているにすぎない、と説明する[12]。この立場は、一般に主観主義ないし相対主義と呼ばれる。本稿では、この立場を「相対説」と呼ぶことにする。

この立場に対しては、損害保険契約を、本質的には、一定の偶然事実を条件とする金銭給付契約であるととらえた場合、すべての射倖契約がその中に含まれてしまい、結局、損害保険契約とは公序政策的に認められた射倖契約であるということと同じになり、損害保険契約を意義付けたことにならないとの批判がある[13]。また、損害保険契約においては、損害てん補原則は実際に大幅に破られていることも事実ではあるが、それは公序に反しない金銭給付契約という枠まで拡張されているものではなく、この見解は損害てん補原則の例外事象にも限界があることを見落としているという指摘がある[14]。また、損害保険契約を単に金銭給付契約と解することは、損害保険契約の実体や契約当事者の意思、更には商法（改正前商法）の諸規定に反するのではないかという批判がある[15]。

　保険者の責任が生じた場合に被害者に保険金を給付することにより被保険者の責任を免脱する方式をいう。被害者に保険者に対する直接請求権を認める方式は、免脱型といえる。
9　田辺康平『保険契約の基本構造』（有斐閣、1979年）35頁以下。
10　同上。
11　大森・前掲注4）『保険法〔補訂版〕』57頁。
12　大森・前掲注4）『保険法〔補訂版〕』58頁。
13　倉沢康一郎『保険法通論』（三嶺書房、1982年）59頁、野津務『新保険契約法論』（中央大学生協出版局、1965年）1頁以下。
14　田辺・前掲注9）125頁。
15　西島・前掲注4）123頁。

損害保険における損害てん補の位置付けをめぐる2つの学説に対して提唱されたのが「修正絶対説」である[16]。この学説は、損害保険契約における損害てん補を分析すると、厳密な意味では損害てん補の契約と解することに疑問がもたれる例外があり、その例外には、評価済保険、保険価額不変更主義、新価保険などのように「量的例外」と認められるものと、保険代位、委付、免脱型の責任保険、抵当保険などの「質的例外」と認められるものがあり、前者については損害てん補の概念に多少の弾力性を与えることによって絶対説の立場を維持することが可能であるが、後者については、損害保険契約の本質を損害てん補に求める考え方には決定的な修正が必要で、損害保険契約は、蓋然損害ないしは不確定損害の発生に対する救済を含むものと分析する。そして、後者については、必ず利得防止の措置が必要であるとする[17]。

　この学説は、相対説においては一括して例外現象ととらえられていた事象を量的例外と質的例外の2つに分け、後者については救済契約という新しい概念を持ちだしたところに特徴があり、また、かかる概念を持ち出すことによって、後者については利得防止の措置を講ずることが必須であることの理論的根拠を与えた点に実益が認められる[18]。しかし、この学説については、質的例外を救済契約とみて損害てん補の対象である損害に含めないという損害概念の狭隘さを指摘する批判がある[19]。例えば、質的例外の一つである保険代位（請求権代位）の場合において被保険者が第三者に対して損害賠償請求権を有している限り確定損害を被っていないとみることは保険制度における損害のとらえ方として適当でないとの批判がある[20]。そして、保険契約法における損害概念を確定損害に限定すべき必然性はそもそもなく、硬直的な損害概念には緻密な理論分析の道具としての機能は認められるがそれ以上のものではないとの指摘がある[21]。

16　田辺・前掲注9）35頁以下。
17　田辺・前掲注9）133頁。
18　田辺・前掲注4）70頁。
19　鈴木辰紀「田辺教授の『修正絶対説』について」同『損害保険研究』（成文堂、1977年）19頁以下、西島・前掲注4）126頁など。
20　鈴木・前掲注19）34頁。
21　西島・前掲注4）126頁。

3．損害てん補の位置付けをめぐる学説の検討

このように損害保険契約における損害てん補の位置付けをめぐっては異なる学説が提唱されていて、これらは理論的には相容れない対立する学説として理解するのが一般的である[22]。それぞれの主張内容に相違があることは明らかであるが、これらの学説は、どのような点において対立しているのであろうか。また、本当に対立する学説といえるのであろうか[23]。そのような問題意識をもちながら、それぞれの学説がもつ意味を考えてみたい[24]。

（1）絶対説についての考察

まず、絶対説の立場について考えてみたい。

この学説は、損害保険契約を、保険事故によって現実に発生した損害をてん補することを本質的内容とする契約ととらえる立場といえる。しかし、この場合に損害てん補の概念を狭く厳格にとらえれば、例外事象の説明が困難になることはいうまでもない。そこで絶対説といわれる立場の議論も、損害のてん補をこのような硬直的意味においてとらえているのでは必ずしもなく、損害の概念に弾力性を認め、そのうえで、損害保険を損害てん補を本質とする契約として理解する立場と考えられる。

このように絶対説の立場を理解した場合に疑問がでてくる点は、そもそも絶対説とはいかなる主張であるかという点である。損害保険における給付制度を損害てん補として特徴付けること自体については、特段、問題はないように思われる。しかし、損害保険は損害てん補の保険であることは議論の大前提であり、その点について学説に争いがあるわけではないのであるから、この学説に理論上の

---

[22] そもそも相対説の立場は、従来の通説を絶対説と称して、それと対照させて提唱された学説であり、修正絶対説も絶対説・相対説の対立を前提として提唱された学説といえる。

[23] 西島博士は「損害保険契約の『損害てん補』契約性および『被保険利益』論は一見深刻に対立しているが、具体的な結果に差が生じないため、非生産的な学説の対立といってよく、その意味では学説の無用な対立を克服することが今後の重要な課題である」と指摘される（同・前掲注4）126頁）。

[24] それぞれの学説は、被保険利益の位置付けやその他の問題にも関係しており、それぞれの意義は、全体系をもって検討されなければならない。しかし、ここでは冒頭述べたとおり、損害てん補の位置付けにしぼって議論をすすめていく。

特徴が与えられるべき点は、損害ないし損害てん補という考え方を中心に、そこから損害保険における給付制度の全体を演繹して説明しようとする点に求められるべきであろう。このような方法論を採用した場合には、当然、学説の中心に存在すべき概念は損害てん補、更にいえば損害てん補における「損害」の概念となり、それをどのように説明するかがこの立場を支える基礎となろう。

そこで損害の概念がこの学説においてどのように整理されているかをみてみると、この学説の立場に立つ研究者間において必ずしも確立した共通の理解があるわけではないように見受けられる。損害とは被保険者が特定の被保険利益について被る財産上の不利益として説明されたり[25]、また積極財産の保険においては、損害は被保険利益の減少ないしその消極面として理解されたりしている[26]。ここにおいて共通することは、損害を被保険利益といった概念を通じて理解する点である[27]。そうすると問題は被保険利益の概念となるが、今度は被保険利益とは損害を被る可能性であるとか、損害の前提となる利害関係として説明される。そしてその利益概念についても、実質的弾力的なものとして理解したり[28]、取引の通念に合うような弾力性を与える必要がある[29]といった指摘がなされている。

そもそも利益と損害とは、「同一概念の積極面と消極面であって、どちらがどちらを前提とするものでもない」[30]のかもしれない。しかしながら、このような論法をとった場合、論理は循環してしまい、結局、損害とは何かということを示したことになるのか疑問である。

そもそも絶対説と称せられる主張において、損害概念を明確に示した上で、それを出発点として損害てん補という給付の内容を説明していくといった手法はとられているのであろうか。損害てん補を絶対的なものと位置付ける立場の主張

---

25 野津・前掲注13) 330頁、石田満『商法Ⅳ（保険法）』（青林書院、1978年）64頁。
26 例えば、全損とは被保険利益の全部の消滅と理解されているが（加藤由作『海上損害論』（巌松堂書店、1935年）5頁）、このことは損害の認識にあたって被保険利益の量的認識が連動していることを示している。
27 加藤博士は、損害とは「一定危険の発生に因り、一定人即ち被保険者が財産上蒙る不利益を云ふ」と述べられ（同・前掲注26) 1頁)、「被保険利益に生じた」といった限定はしていない。しかし、これは損害の一般的定義であって、被保険利益との関係から、保険に付けた被保険利益そのものに生じた損害を直接損害、間接的な損害を間接損害として整理し、保険における損害てん補を被保険利益との関係で整理されている（同上）。
28 鈴木竹雄『新版商行為法・保険法・海商法 全訂第2版』（弘文堂、1993年）77頁。
29 田中誠二＝原茂太一『新版保険法〔全訂版〕』（19版）（千倉書房、1996年）139頁。
30 倉沢・前掲注13) 60頁。

も、結局は、損害保険における保険保護の全体を「損害てん補」という枠組みでもって整理して、その給付方式を損害てん補と称して、こうした給付方法は損害保険が損害保険として特徴付けられるためには不可欠な要素であると説明しているだけであるのかもしれない。もしそうであれば、ここでの議論は、損害保険の本質論であることには変わりないとしても、むしろそれは損害保険の特徴を示した議論といえるのではないかと思われる。

そもそも絶対説とは、いかなる立場として理解することが適当であろうか。この立場は、相対説が、自らの立場を説明する際に、従来の学説を整理してその名称を与えた学説である[31]。しかし、相対説が伝統的立場を絶対的と特徴付けるためには、伝統的議論においては、損害てん補という考え方が中核に存在して、そこから損害保険の給付制度の全体を形づくるような理論体系がとられていることを示す必要があるように思われる。しかし、伝統的な立場がこうした論理構成をとる立場であったかどうかは疑問ももたれる[32]。むしろ、絶対説という立場は、相対説という学説が、自らの立場の意義を示すために、従来の立場を純化させてつくりだした1つの抽象的な立場として理解した方がよいのかもしれない[33]。

このように結局は、絶対説と称される立場の主張も、損害てん補をもって損害保険契約を特徴付ける立場にすぎず、筆者が先に示したような論理構成をもつような純粋な意味での絶対説は実際には主張されていないのかもしれない。そして、純粋な意味での絶対説はそもそも理論的に成立しうるかどうかについても全く疑問なしとは思われない。ある種の抽象的概念でもって保険制度における損害てん補という給付の全体を論理的に示すこと自体、本当に可能であろうか。またその必要はあるであろうか。このように考えていくと、相対説が描いたような絶対説は実際に、また論理上も果たして成立しているのか疑問であり、相対説対絶対説という形で両説が対立関係にあるのか疑問がもたれる。しかし、こうした疑

---

31 大森・前掲注4)『続保険契約の法的構造』1頁以下。
32 野津博士は、「一方を客観主義または絶対主義と称し、他方を主観主義または相対主義というのは、まったく意味のない無価値なことである。損害保険の損害塡補性がその本質であるとしても、それは原則的な事項であって、特別の理由にもとづいて例外があることは当然許容されることであるし、例外があるからといって、原則としての価値が消滅するわけでもない」と述べられている(同・前掲注13)序文6頁)。絶対説と相対説を対峙させることが果たして適当であるのか検討する価値があるように思われる。
33 西島博士は、厳密な意味で絶対説を主張して損害概念の弾力性を否定する学説はないが、相対説との対比において、これと異なる学説としてきわだたせ、かつその理論を純粋に結晶させた場合の理論を絶対説と呼ぶだけのことと指摘される(同・前掲注4)122頁)。

問を提示するためには、相対説とはいかなる主張であるのか、その意味をあらためて検討する必要がある。相対説についての考察に入る前に、絶対説を改良したと考えられる修正絶対説について考察しておく。

（2）修正絶対説についての考察

　この学説は、損害概念の詳細な研究を出発点として、そこから損害てん補とはある人に生じた確定的損害をもとどおりに埋め合わすことと整理し[34]、かかる損害てん補の概念をもとに、損害保険契約は損害てん補に加えて不確定損害ないし蓋然損害の発生に対する救済契約を含む契約であると分析する。このようにこの学説の基本には損害概念があり、それを規定することが論理上の出発点となっている。それでは、この学説において中核的な位置を占める損害の認識は、どのようなものといえるだろうか。このことについて、請求権代位を例にとって考えてみたい。

　保険事故によって保険の目的物に損害が生じたものの、被保険者が第三者に対して損害賠償請求権を有している場合、この学説は、この時点では蓋然損害が発生しただけであって、厳密には損害は発生していないものと理解する。このような損害の認識は、被保険者の最終的な財政状態[35]を基準として損害を認識する方法と思われる。保険の目的物を失った場合であっても、他方で第三者に対する請求権を有するのであれば損害は未だ「蓋然」であるという認識は、経済主体の最終的な財政状態をもとに損害を判断することによって可能になるものと考えられる。

　この例から端的に示されるように、この学説においては、経済主体の財政状態をもとに損害を認識するという損害のとらえ方が基本となっていて[36]、損害のてん補とは、こうして理解した「損害」のてん補として説明される。このようにこの学説は、中心に損害概念を置き、その概念を規定したうえで、その概念から損害保険の給付制度の全体を説明する手法をとる。そして、このような分析をもとに、損害保険契約は、「損害てん補」の概念には含まれない蓋然損害の救済とも

34　田辺・前掲注4）70頁、詳しくは、同・前掲注9）45頁以下。
35　あるいは最終的な財産状態といえるかもしれない。
36　この学説は、被保険利益の本質については、財産財説ないし財産価値説に立脚するものであることは、責任保険における被保険利益のとらえ方の中にも示されている。なお、田辺・前掲注4）86頁参照。

みるべきものをも包含する契約であると主張する。この学説においては、かかる損害概念を基本におくことにより、損害保険の給付制度の特徴を明らかにし、また、蓋然損害の救済についてはそれが厳密には損害てん補ではないがゆえに利得防止策を講じる必要がでてくることを理論的に説明する。

　この学説は、精緻な損害概念を構築する一方で、論理的にきわめて明快であるのは、以上のような論理構成をとるためと考えられる。すなわち、この学説は、あくまで損害概念を中心に位置付けて、それを規定し、そこから損害保険契約を説明するという手法を採る。損害てん補の概念を中心に位置付け、そこから損害保険制度を説明しようとする立場が、純粋な意味での「絶対説」といえれば、修正絶対説における論理構成は、まさしくこうした論理を推し進めた到達点として評価されるものではないだろうか[37]。しかし、そのような論理を突き進めたがゆえに、結局、損害保険において提供される損害てん補とは、損害てん補とはいえないものを含むという結論に至ることになる。

　この学説については、その損害概念の狭隘さについて批判があることはすでにみたとおりである。しかし、筆者は、こうした批判に直ちに賛同することはできない。なぜならば、この学説において議論されている「損害」は、損害保険の損害てん補の全体を包含する概念としてではなく、むしろ損害保険における給付の本質を分析する手法として利用されているものであるからである。そもそもこの学説においては、かかる損害てん補の概念を用いて損害保険における損害てん補を包含的に説明しようとはしていないのである。したがって、この損害てん補の概念は、分析の道具としての機能を充分に果たしており、その概念が狭いかどうかは、次元の異なる問題であるように思われる。

　この学説に基づく損害保険における損害てん補の分析はそれ自体きわめて意義あるものと認められるが、それでも、結局、損害保険の「損害てん補」の全体はどのような概念を用いて統一的に説明されることになるのかという疑問が残る。この学説における損害概念の狭隘さについての批判は、実は、この学説の損害概念の欠陥を指摘しているのではなく、保険における損害てん補を包含する概念としての損害概念は、どのように説明されるのかという疑問の提示であるように思われる。

37　したがって、この学説を絶対説と相対説の中間に位置する学説ととらえることは適当でない。あくまで、修正「絶対説」なのである。

保険における損害てん補の全体を損害てん補と蓋然損害の救済との組合せとしてあくまで二元的に理解するとすれば、それらを包含する概念を求める必要性はあまりないのかもしれない。しかし、その場合には、そもそも質的例外と量的例外とに分断するような決定的な溝は存在するのか、また、蓋然損害はどこまで救済され、その範囲はどのような概念でもって限界付けられるのかについての説明が必要であろう。他方、全体を一体的にとらえようとするならば全体を特徴付ける概念が必要になり、それに何らかの名称を与えるとすると、そのことと損害概念をより広く理解することにいかなる違いがあるのか疑問がもたれるのである[38]。

（3）相対説についての考察

　最後に、相対説の立場を考察する。

　この説においては、保険契約は本質的には金銭給付契約ととらえられ、損害保険契約は賭博的な意図で利用される可能性があり、それを防ぐ政策的・外面的拘束として損害てん補が説明される。この説に立脚した場合、損害てん補を厳密にとらえた場合には説明が難しい各種の例外が無理なく説明できるものとされる。

　相対説においては、損害てん補は公序といった政策的・外面的な要請として位置付けられ、「損害」は必ずしも理論上の出発点とはなっていない。しかしながら、このような認識が導かれる前提には、賠償法における損害概念の研究があり、相対説は、その損害概念を詳細に検討し、そこにおける「損害てん補」の視点から保険制度を観察することによって、保険制度における損害てん補の相対性を導いているものと考えられる[39]。

　したがって、相対説の立場も、損害保険者の義務内容と範囲を、損害や損害てん補というものから完全に切り離すものでもなく[40]、この学説は、賠償法における損害概念との比較研究をもとに、広い立場から、保険制度における損害てん補の位置付けを示したものと理解できる。したがって、この学説の主張が、従来の

38　この学説に対する説明のなかで西島博士は、「被保険利益が少しだけ不足する場合でも量的例外と説明するか被保険利益が存在するものとして構成するかは紙一重の差にすぎず、また質的例外と説明するかそれとも拡大された損害概念を適用するかも用語の問題にすぎない」と主張される（西島・前掲注4）126頁）。
39　大森・前掲注4）『続保険契約の法的構造』5頁以下。
40　相対説は、損害保険が損害てん補の保険であることに疑問を投じるものでもない。また、被保険利益が損害保険契約の存立にとって重要な意義を有することは認めている（大森忠夫『保険契約の法的構造』（有斐閣、1952年）121頁）。

通説に対して本当に「相対的」であるかどうかは吟味する必要があるが、少なくとも、損害賠償における損害てん補という基準からみたら、保険における損害てん補は相対的であることを立証したものといえるのではないかと思われる[41]。

相対説に対しては、損害保険契約を単純な金銭給付契約として割り切ることに批判があるが[42]、この説は損害保険の本質を金銭給付契約ととらえながらも、必ずしも単純な金銭給付契約として割り切っているものとは思われない。相対説は、損害保険における損害てん補を、損害てん補という形をとった金銭給付であると議論し、かかる損害てん補という形をとることの必要性を公序から説明している点に特徴があり、損害保険を損害てん補の保険であるととらえることは議論の前提となっているように思われる。

一方、相対説が絶対主義・客観主義として整理した従来の学説も、保険における損害てん補を賠償法における損害てん補と同一の次元で議論していたものではなく[43]、保険制度としての損害てん補の本質をめぐる議論であって、そこでは保険の損害てん補は損害てん補という方式をとった金銭による給付の制度であることが前提となっているものと思われる。

更に、相対説が公序という点から損害てん補を説明する場合、それは「損害てん補」という形が保険制度において採用されなければならない理由を議論しているものと理解できる。一方、絶対説が、保険における損害てん補を損害てん補の本質から説明しようとするとき、結局、それはかかる保険契約の特徴を議論しているのであって、必ずしもその理由についての議論ではないことは、絶対説の項ですでに指摘したとおりである。

そして、絶対説の立場に対して、なぜ損害てん補なのか、損害てん補を超える保険契約は認められないかという根拠を問題にした場合には、公序といった保険制度における要請を説明しないわけにはいかないだろう。絶対説においては、損害てん補という考え方のなかに利得禁止といった公序的要請がすでに織り込まれているのである[44]。

相対説は、広い視点から損害保険における損害てん補をとらえることによっ

---

41 大森・前掲注4)『続保険契約の法的構造』5頁、特に、10頁以下。
42 西島・前掲注4) 123頁。
43 加藤由作『被保険利益の構造』(巌松堂書店、1939年) 199頁。
44 野津博士は、「損害保険の損害填補性も、公序政策的に原則的な目的乃至本質にまで高められているのである」と述べられている (同・前掲注13) 序文6頁)。

て、その特徴を浮かび上がらせ、損害保険契約が損害てん補の契約であらねばならぬ理由を示すことによって、損害保険の可能性と限界を明らかにしようとした点に注目されるが[45]、相対説が、従来の学説を絶対説と称して整理できるに十分な程、「相対的」な議論であるのか、両者の議論が本当に対立の関係にあるのかは疑問をもたざるをえない。

　相対説は、損害保険における損害てん補を保険制度の外から観察することによって、それが保険制度としてのものであることと、その方式が公序といった外的要請によるものであることを明らかにした点で意義が認められるものと考える。しかし、同時にこの学説については、次の疑問も感ぜずにはいられない。すなわち、保険における損害てん補において公序といった要請は確かに重要な要素であるが、それではその点から、損害てん補という現実の給付制度を十分に説明できるかという点である。相対説は、絶対説の立場では例外事象が説明できないと批判するのであるから、今度は、逆に、相対説でもって、例外以外の普通の事象を十分に説明できているかが吟味されるべきである[46]。

　この説に対して、実際の損害保険契約においては、損害保険契約の損害てん補原則は、たしかに大幅に破られていることは事実であるが、それは決して、公序に反しない金銭給付契約という枠まで広げられているものではないことから、この見解は損害保険契約の損害てん補原則の例外現象に限界があることを見落としているとの批判がある[47]。相対説は、損害てん補が求められるべき1つの制約条件を公序といった点から説明しただけであって、それだけで損害保険で採用されている具体的な保険金算出方法を含む損害てん補方式を説明できるか、疑問がある。

　この点を更に考察するためには、相対説における公序の意味を検討する必要があろう。一般的に、公序という概念自体、いろいろな意味に用いられるが、保険制度において議論する場合、公序とは具体的に何を意味するのであろうか。相対説の主張をみると、保険契約はその射倖契約性ゆえに賭博的意図で利用される可能性があり、それを排除することが求められるといった主張がみられる[48]。この

45　相対説の功績の1つとして、しばしば、新価保険などの新型保険をつぎつぎに生み出す突破口となった点があげられている。
46　相対説は、実体に即していないという批判があることはすでにみたとおり。
47　田辺・前掲注9)125頁。
48　大森・前掲注4)『保険法〔補訂版〕』66頁以下。同・前掲注40)152頁以下。

ような議論においては、公序という言葉の下で保険の賭博化の防止ということが想定されているものと理解できる。しかし、賭博化の防止だけでは公序の意味内容としては狭すぎるようにも思われる。例えば、時価を超える額の保険金が支払われる場合があるからといって、そのことだけで、契約自体が賭博に化すわけではないであろう。したがって、更に、保険制度の健全な運用、あるいは保険におけるモラル・ハザード（moral hazard）[49]やモラール・ハザード（morale hazard）[50]の防止が考えられているものと想定した方がよいかもしれない。

保険制度において公序を議論する場合のその具体的内容が何であれ、公序を、保険制度が健全な制度として存在するために守られなければならない要請として位置付けた場合、損害てん補を一種の強行法規性を有する原則に基づくものとして理解することになろう。なぜならば、損害てん補が公序からの要請であれば、損害てん補を逸脱することは公序に反することを意味するからである。しかし、例えば、残存物代位制度において残存物を被保険者のもとに残すことや、時価を超える約定保険価額が、このような意味における公序に反することになるであろうか。もちろん公序に反するといえるような場合もあり得るが、損害保険における損害てん補を超えることが直ちに公序に反するとはいえないのではないかと思われる。すなわち、公序は保険制度に対して求められる要請であるとしても、これは保険制度に全体的、一般的にかかってくるものであって、損害てん補という保険における給付方式をそのことだけで具体的・直接的に説明できるかどうかは疑問がある[51]。

もし相対説が、公序といった点から、損害てん補という形の給付方式の具体的内容を説明することはせずに、損害保険は、公序といった観点から、「損害てん補」という保険制度上のてん補方式が採用されていると説明するだけなのであれば、そこでは「損害てん補」が前提として存在し、損害てん補の位置付けを公序といった観点から説明する議論として相対説を理解することが適当であろう[52]。

---

49 保険学においては、hazardとは危険が発生する状況となる危険事情を指し、moral hazardとは、道徳的危険と称され、保険の存在が引き金になって人為的に保険事故を発生させたり、損害を拡大してしまう人的なリスクをいう。
50 morale hazardとは、事故の発生や損害の拡大に向けた通常人の注意力が、保険が存在することによって弱くなってしまうリスクを指す。
51 広い意味で公序を考えた場合には、これは損害保険にのみ求められる要請であるかについても検討を要するように思われる。
52 大森博士は、「公序政策的見地から要請される原則は、その性質上相対的であって、これをどこ

相対説は、公序といった理由を挙げて、損害保険が損害てん補の保険であるべき理由の１つを示し、絶対説が「損害てん補」として説明する中身が要請される理由を明らかにしようとした点に重要な意味が見い出される。しかし、損害保険に公序という要請が働いていることについてはもとより疑問はないが、それはかなり一般的かつ総論的な議論であって、この概念のみでもって、損害てん補という給付方式を具体的に説明することは難しいように思われる。一方、損害保険における損害てん補とは、このような公序上の要請と位置付ければ、公序上問題ない範囲で損害てん補に広い意味内容を与えることも可能になろう。

（４）３つの学説の関係

　以上挙げた学説は、対立する相容れない学説として展開され、また、一般にそのように理解されているが、本当に、対立する学説なのであろうか。

　このような疑問を感じるのは、それぞれの学説の視点が同一であるのか明らかでないように感じるためである。絶対説が示しているのは、損害保険は損害てん補という給付方式を本質とすることで、これは、損害保険が損害保険といえるために必要な特徴を示しているように思われる。そして、絶対説の核心は、更に、被保険利益と連動させて、保険契約の構造を示すことにあるように考えられる。一方、修正絶対説が示したのは、損害てん補方式の本質を説明する分析ツールであり、それによって代位その他の制度の存在意義をわかりやすく説明することに結びついた。そして、相対説が示したのは、損害てん補方式をとることの理由といえるように思われる。したがって、それぞれの学説の視座が同一でないとなれば、それらは、必ずしも対立する学説として理解することが妥当であるか疑問がでてくる。いずれの学説も、損害てん補方式の一側面を示しているといえる一方、いずれの説でも、それだけでは、損害てん補という制度の全体を理論的に説明するには十分とはいえないのでないかということにもなる。

　もしこのように３つの学説を理解すれば、逆にそれらの学説のそれぞれの意義を認めて、３つの学説を統合的に理解することも可能となろう。その試みとし

までつらぬくかは、これにともなう全般的な利害得失を考慮に入れて決せられるいわば程度の問題といいうるからである」と述べられている（同・前掲注４）『続保険契約の法的構造』16頁）。この説明は、損害てん補という方式の位置付けとしての議論としては理解できるが、損害てん補という様式を直接説明する議論とはなっていないように思われる。

て、これらの学説の重要な点を簡単にまとめれば、正確な記述とはいえないかもしれないが、例えば、損害保険における損害てん補とは、保険制度における金銭の給付が損害てん補と称される形をとるものであって、それ自体は1つの方式であるという点で、相対的なものであるが、その方式は、損害保険が損害保険といえるためには欠くことのできない特徴であり、その意味では損害保険において絶対的な位置付けのものであり、その内容を分析した場合には、被保険者の財政状況において必ずしも損害が確定的には生じたとはいえない場合にも救済を与える給付制度を含んでいて、この損害てん補の方式は、公序といった外的要請を踏まえたものとなっているとまとめることができるであろう。

4．まとめ——論争からの示唆——

　本章では、損害保険における損害てん補の本質に関して展開された論争を取り上げて、それぞれの学説について考察を加えた。この論争は、現在でも同じ次元で議論が展開されているものではなく、過去になされた論争といえるものである。研究者によって論争に対する評価に違いはあると考えられるが、いずれにせよ、論争からは、損害保険の損害てん補を考察するうえで、以下のとおり、有益な示唆が得られると考えられる。

　まず、いずれの立場に立つにせよ理解できることは、損害保険の損害てん補における損害とは何かを厳密に示すことが困難であることである。損害を利益概念を用いて説明すれば、次にその利益とは何かが問題になるが、それも簡単に定義付けられるものでなく、損害概念を示したことになるのか疑問が出てくる。修正絶対説は、損害概念をより精緻に定義化することに成功したといえる反面、損害保険においててん補する損害を損害のてん補と蓋然損害の救済という複合体としてとらえることになる。しかし、損害保険の損害てん補は両者を包含するものであるから、両者を包含する損害てん補とは何かが、かえって不明確になるようにも思われる。

　これらの議論をもとにすると、損害とは何かを一般的・抽象的に定義することがはたして可能なのか、また抽象的に定義付けることの具体的な意義がどこにあるのかを押さえておく必要があるように考えられる。損害てん補は、損害保険という経済・商業制度において利用されている給付方式を指すものであるとすれ

ば、その給付方式においててん補の対象となる損害の概念について、具体的な給付金が算定できるレベルまで厳格に理論上で定義化する必要はそもそもあるのだろうか[53]。その具体的範囲は、当事者が契約において合意すべき問題といえるのではないか。かりに損害概念を公式化して明確化すべきであるとすれば、それは何のためであるかを改めて考える必要があるものと考えられる。

　示唆されることの第2は、利益を通じた損害てん補の認識は、損害保険契約の目的である被保険利益と損害てん補を結びつけることになり、損害てん補が損害保険契約の本質であることが論理的に説明され、その結果、損害保険契約理論のいわば契約の入口から出口までの全体を一体的に説明することにつながっていることである。しかしながら、その中心に存在する損害と利益のいずれの概念についても、必ずしも明確に確立した概念とはなってはいないように思われるなか、損害と被保険利益を結びつける理論体系がはたして妥当といえるか、吟味する必要があるように考えられる。

　第3に、特に相対説の議論から、損害てん補という方式には、公序といった外的規範が関係していることは理解できるが、それだけでは、損害てん補方式そのものの内容を説明することはできないのではないかということが示唆される。そして、もし公序から損害てん補を説明するとすれば、それは当事者で変更が認められない強行的規範と位置付けることになるように考えられる。しかし、そもそも損害てん補方式に任意性が認められるとすると、その点と公序の関係をどのように理解すべきかを検討すべきである。そこで、損害てん補と公序の関係が考察すべき論点となる。

　このように、過去の論争は、今日的視点から見ても、損害保険の本質を考察する上での重要な意義を有している。その論争から、損害保険の基礎にある損害や利益、そして公序との関係などについて、改めて考察する必要があることが示唆

53　例えば、損害賠償法における損害概念のように、法律に基づき賠償義務が発生するその対象たる損害の場合は、その量的範囲が具体的に画されるように損害概念を明確化していく必要があるように考えられる。一方、損害保険契約は、保険制度という商業制度におけるいわば商品であり、そこにおいては、保険制度としての合理性と当事者のニーズに従った給付が求められ、そのような給付方式のために損害という概念が利用されている。その場合に利用されている「損害」の概念は、当該契約が、損害てん補契約に当たるといえるかその契約類型の判定においては意味を有するが、具体的な給付額の算定までを導くことが求められる概念といえるかは疑問がある。損害の概念が有する機能を踏まえるならば、必要なことは、損害概念を精緻化していくことではなく、具体的な保険契約において何を損害としててん補の対象としていくかを明確化していくことといえないであろうか。損害保険における損害の意味とその概念の意義については、第5章で詳しく考察する。

されるのである。
　以上を問題意識として持ちながら、次章以下で、損害てん補方式の本質についての考察を深めていくこととする。

第3章　損害てん補原則と利得禁止原則[1]

1．はじめに

　第1章では、損害保険における損害てん補給付の方式について確認し、第2章では、損害保険における損害てん補に関する過去の論争をみた。損害てん補の方式やその規律を説明する場合に、わが国の保険学や保険法学においてしばしば登場する原則として、損害てん補原則[2]、実損てん補原則、直接損害てん補の原則、利得禁止原則がある[3]。

　これらの原則は、一見したところ、原則というその名称から、それぞれ絶対的なものとして存在しているような印象を与える。しかしながら、それらの原則は、どこから生じていて、いかなる位置付けのものであろうか。また、その規範力や適用範囲はどうであろうか。

　これらの原則のうち、損害てん補原則は、その名称から明らかなとおり、本書の主題である損害保険の損害てん補の本質に直接対応するものである。また、利得禁止原則は、その名称から、更にその基礎に存在する根本原則を意味するように示唆される。そこで、第3章では、まず、わが国における損害てん補に関する各種原則を概観したうえで（第2節）、ヨーロッパ保険契約法原則とイギリス法における類似原則を確認する（第3節、第4節）。それらとの比較から得られた示唆をもとに、利得禁止原則を考察し（第5節）、また、利得禁止原則と損害てん補原則の関係を考察して（第6節）、最後に全体をまとめる（第7節）。

1　本章は、拙稿「『損害てん補原則』とは何か」石田重森＝江頭憲治郎＝落合誠一編集代表『保険学保険法学の課題と展望　大谷孝一博士古稀記念』（成文堂、2011年）423頁を、改題して加筆・修正したものである。
2　「損害てん補の原則」とも呼ばれるが、本書では、引用した個所を除き、原則、「損害てん補原則」と称しておく。
3　損害てん補の本質をめぐる絶対説、相対説、修正絶対説の説明においても、これらの原則がしばしば登場する。

2．損害保険にかかわる各種損害てん補原則

最初に、「損害てん補原則」という用語の用例を確認しておく。また、それに類似する名称の原則についても確認しておく。

（1）損害てん補原則

損害てん補原則は、保険学や保険法学において、しばしば登場する。以下に、使用例を挙げてみたい。

たとえば、大学の保険論や保険学の標準的テキストでは、「損害保険契約には利得禁止の原則が適用されるから、保険者は発生した損害額を限度に損害をてん補する（これを「損害てん補の原則」という）」との説明がある[4]。また、「損害塡補原則は、実際に被った損害を超えて保険給付を行うことができないとする「利得禁止原則」を指す」[5]との説明がある。これらの短い定義から判断することには慎重である必要があるが、前者では、利得禁止原則が別の原則として存在し、損害保険契約においてそれを確保する原則として損害てん補原則が示されているのに対して、後者は、基本的には、利得禁止原則と損害てん補原則を同一のものとして位置付けている印象を与える点で違いがあるように感じられる。ただし、いずれも、損害てん補原則を保険給付の額についての原則として位置付けている点では共通する。

また、保険用語に関する辞典をみると、「損害てん補の原則」という項目が置かれていて、以下の説明がある。「保険契約は、保険者の給付が一定の偶然な出来事の発生にかかっている点において射こう（倖）契約に属し、形式においてはとばくに似ているが、それがとばくと区別されるのは、『保険によって利得すべからず』といういわゆる利得禁止の原則が適用され、保険者の給付によって被保険者に利得を生じえない建て前になっているからである。利得を生ぜしめないためには、保険者の給付は、損害の生じたときその損害の金額を限度として行なわ

---

[4] 大谷孝一編著＝江澤雅彦＝李洪茂＝土田武史＝中出哲共著『保険論〔第3版〕』（成文堂、2012年）78頁。他の使用例として、今泉敬忠＝大谷孝一＝中出哲『海上保険法概論〔改訂第4版〕』（損害保険事業総合研究所、2014年）83頁では、「損害てん補の原則というのは、保険者の給付が発生した損害額を限度になされるという原則である。」としている。

[5] 下和田功編『はじめて学ぶリスクと保険〔第3版〕』（有斐閣、2010年）63頁。

れることが必要で、このことを損害てん（填）補の原則といい、この原則の適用される契約を損害てん補契約という。すべての損害保険契約は損害てん補契約である。(以下略)」[6]との説明がある。

保険法の体系書をみてみると、「損害てん補原則」という表題のもとで、損害額の算定や支払保険金額の算定等を説明する例がある[7]。

これらに基づけば、損害てん補原則とは、保険者が支払う保険給付額に関する限度を示す原則として理解されているように思われる。

一方、少し古い文献では、この原則を損害保険における基本原則として、そこから保険代位やその他の各種制度を説明している場合が多くみられる。例えば、加藤由作博士は[8]、民法上の損害賠償における二重利得禁止の原則は、衡平の観念に基づくのに対し、保険法にあっては、損害保険契約の基本的概念たる損害てん補の原則に由来するとして、損害てん補原則を中核的な原則として位置付けて、そこから損害保険契約に特徴的な制度を説明している[9]。また、田辺康平博士は[10]、「保険事故の発生により被保険利益に損害が生じた場合、保険金額の限度において、その損害を填補するというのがその典型的形態であり、それが一般に「填補原則」と称されている」として、この原則を中心において、その質的例外、量的例外として、保険代位を含む各種制度を説明している[11]。これらの説明では、給付額の基準のみならず、損害保険給付を規整する保険契約法理の全体を導く基本的な原則として、損害てん補原則が理解されているものと考えられる。

なお、最近の保険学や保険法の著作で、この用語を使用していない場合もみられる。

（2）実損てん補原則

「損害てん補」に類似する用語に「実損てん補」があり、この用語も、保険学

6　横尾登米雄編集代表『保険辞典〔改訂新版〕』（保険研究所、1978年）546頁。
7　山下友信『保険法』（有斐閣、2005年）396頁。ただし、同書は、損害てん補原則とは何かについて、その定義を示しているものではない。
8　絶対説の立場に立つとされる。第2章参照。
9　加藤由作「保険代位について——一部保険の効果——」保険学雑誌440号28頁（1968年）。なお、当該論文では、「実損害填補の原則」との用語が用いられているが、損害てん補原則と同義と考えられる。
10　損害保険の本質について、修正絶対説の立場に立つ。第2章参照。
11　田辺康平『保険契約の基本構造』（有斐閣、1979年）121頁。

や保険法の議論にしばしば登場する。また、「実損てん補原則」や「実損害てん補原則」という用法もみられるので、損害てん補原則を検討するうえでは、それらとの異同も確認しておく必要がある。

保険学や保険法の議論において実損てん補という表現が多く利用されるのは、比例てん補に関する説明においてである。損害保険では、一部保険の場合に比例てん補方式を適用することを原則とするが、それに対して、一部保険の場合であっても比例てん補を行わずに保険金額を限度として実際の損害をてん補する場合に、実損てん補という用語が用いられている[12]。そして、この方式の原則を指して「実損てん補原則」と称している場合がある[13]。

それとは異なり、損害保険契約における給付の損害てん補性を説明する場合に、「実損てん補原則」という語を利用している場合がある[14]。そこでは、この原則のもとで損害てん補を確保するための各種法理論を説明し、この原則から保険代位などを説明している例がみられる[15]。

このように「実損てん補原則」又は「実損害てん補原則」という場合にも幾つかの異なる用法がみられる。

(3) 直接損害てん補の原則

海上保険の分野で利用されている用語としては、「直接損害てん補の原則」がある[16]。保険事故によって保険に付けられた被保険利益そのものに生じた損害を「直接損害」、同一事故によってそれ以外の被保険利益について当該被保険者が被った損害を「間接損害」と呼び、保険者は、原則として直接損害をてん補する責めを負うことを「直接損害てん補の原則」と称するものである[17]。直接損害、

---

12 横尾・前掲注6) 374頁。実損てん補契約の説明を参照。山下・前掲注7) 399頁。
13 田畑康人＝岡村国和編著『読みながら考える保険論〔増補改訂版〕』(八千代出版、2013年) 179頁。同書では、実損填補の原則 (principle of non-average) と表記されている。
14 鈴木辰紀『火災保険研究〔増補版〕』(成文堂、1978年) 142頁～143頁、同『損害保険研究』(成文堂、1977年) 3頁等。
15 実損てん補原則から代位を説明する場合とそうでない場合がある。加藤由作博士は、「実損害填補の保険の原則」という表現を利用してそこから代位制度を説明する (加藤由作『火災保険論』(新紀元社、1950年) 169頁)。鈴木辰紀博士は、賠償請求権は保険関係以外において生じたものであり、保険代位による賠償請求権の取得を「実損填補原則」の当然の結果としてとらえることには異を唱える (鈴木・前掲注14)『損害保険研究』3頁)。
16 例えば、亀井利明『海上保険総論〔改訂初版〕』(成山堂書店、1979年) 146頁。
17 海上保険における直接損害てん補の原則を分析した論考の中で、亀井利明博士は、保険者は付保利益が曝されている一切の危険を負担し (これを「危険包括負担の原則」と称している。)、現実に

間接損害という概念を利用して損害てん補の範囲を示す方法は、さまざまな種類の損害を保険てん補の対象とする海上保険の学問研究においては頻繁に利用されているが[18]、その他の財物の保険に関する議論では、その利用は限られているようである[19]。

(4) 3つの原則についての検討

以下に、これらの3つの原則について、その意味や位置付けなどを検討しておく。

最初に、「実損てん補原則」を取り上げる。この原則には、2つの用法があることがわかる。第1は、一部保険の場合に比例てん補をしないで保険金を支払うという意味である。この意味であれば、この原則には特有の意味があるので、損害てん補原則とは切り離して理解してよいといえる[20]。第2の意味は、前述した「損害保険における基本的概念たる実損害填補の原則」といった用法における意味であるが、この用法の場合には、必ずしも損害てん補原則と別の意味で実損てん補の原則の概念が利用されているか疑問がある。両者は同義であるか、あるいは、実損てん補という場合に、損害てん補を強調しているものと解釈することができるであろう。用語の一般的な意味をみてみると、辞書では、実損とは「実際の損失・損害」を意味するものとの説明がみられる[21]。「実損てん補」とは、言葉としては、実際の損失・損害のてん補ということになる。しかしながら、損害てん補という場合も、実際の損失・損害をてん補することを想定しているとすれば、一般的な言葉の意味からも、両者は同義であり、単に、実損てん補は、「実際の」という点を強調した用語と考えるのが適当といえるであろう。

　　危険が付保利益に作用してその利益上に惹起した損害をてん補する（「直接損害填補の原則」）として、後者は前者と密接な関係があり、後者は前者の補完的、制限的な意義を有するものとする（「海上保険における直接損害填補の原則について」保険学雑誌408号42頁及び61頁参照（1960年））。
18　木村栄一『海上保険』（千倉書房、1978年）164頁、松島恵『海上保険論〔改訂第8版〕』（損害保険事業総合研究所、2001年）282頁、今泉ほか・前掲注4）174頁、184頁～187頁。
19　損害保険全般におけるこの原則の適用については、姉崎義史「損害填補の制限と緩和に関する約款の一考察」『現代保険学の諸相　松島恵博士古稀記念』（成文堂、2005年）131頁。火災保険における説明として、加藤・前掲注15）153頁。
20　ただし、このような原則があるとすると、用語としては、ややわかりにくいように思われる。比例てん補を原則と位置付ける一方で、その例外も原則として表示することが妥当であるかは議論があろう。
21　新村出編『広辞苑　第6版』（岩波書店、2008年）。

このように「実損てん補原則」という用語は、いくつかの用法があるものの、仮にそれを比例てん補しないことをいうとすれば、ここでの検討対象からは外すことが合理的となるし、損害てん補原則と同義であるとすれば、損害てん補原則の検討において消化すればよい問題となる。

続いて、直接損害てん補の原則について考えてみたい。「直接損害」は、言葉としては、直接の損害を意味するので、実損てん補、損害てん補という場合でも、間接の損害に対するてん補を意味していないとすれば、それらとの用語に内容上の相違があるのか疑問があるが、保険において「直接損害てん補の原則」という用法が利用されている場合には、その意味内容は明確化されているといえる。しかしながら、この用法は、海上保険の研究を中心に利用されていて、被保険利益との関係で説明される原則であることから、本章における検討対象からは切り離して、別途、検討することとする[22]。

以上を踏まえ、本章では、「実損てん補原則」と「直接損害てん補の原則」は検討の対象外とする。そこで、まず、「損害てん補原則」を検討の対象とするが、その意味が必ずしも確立したものとはなっていないことは、先に述べた用例をみれば明らかである。最初に掲げたいくつかの用法をもとに分析すると、その理解には、少なくとも以下の2つがあるように考えられる。

第1は、この原則を損害てん補における基準を示し、損害額の算定や支払保険金額の算定における原則と理解するものである。すなわち損害のてん補を「発生した損害額」または「損害の生じたときその損害の金額を限度として行なわれること」を示す原則として理解するものである。換言すれば「給付額算定上の原則」として位置付けられるものである。これを、本章においては、「狭義の損害てん補原則」と称しておく。

第2は、この原則を利得禁止原則そのものか、あるいは利得禁止原則が保険契約に投影された原則として広く解するものである。換言すれば、損害保険契約における給付は損害のてん補であり、損害を超える給付を受ける状態は禁じられるというものである。すなわち、「損害保険給付の特徴を規定する基本原則」といえるものである。これを、本章では、「広義の損害てん補原則」と称しておく。

これらの区分けに意味があるのは、それぞれで適用局面や位置付けに違いが生

---

22 直接損害てん補の原則については、第4章で考察する。

じてくるように考えられるためである。

　例えば、第1の意味であれば、これは、財物の保険にのみ特有の原則であり、その適用は、損害額の算定局面となる。また、時価基準の損害算定方式以外も許容されると考えれば、この原則は任意法規的な原則であり、契約で変更可能の原則として位置付けることが相当といえるであろう。

　第2の意味とすれば、この原則は、利得禁止が適用される範囲で同様に適用される原則として、財物の保険に限らず、損害保険契約に共通する一般原則と位置付けることになろう。その場合、保険金の支払基準にとどまらず、重複保険や保険代位などの各種損害保険契約に特有の法理論を基礎付ける原則として位置付けることにもなろう。また、利得禁止が保険契約において具体化された原則と位置付ける場合、利得禁止が強行法的に求められると仮定すれば、その範囲において、この原則も強行法的性格を有するものということになるであろう。

　なお、「損害てん補原則」と称する場合に、必ず上記のいずれかの意味であるとまでは断言はできない。一般的に損害保険契約の性格や特徴を「原則」と称しているにすぎない場合もあるかもしれない。

　このようにいくつかの解釈ができるが、いずれが妥当であろうか。その点を考察するために、他の国における類似の原則についても概観しておく。

3．ヨーロッパ保険契約法原則における損害てん補原則

（1）ヨーロッパ保険契約法原則における位置付け

　損害てん補原則にあたる原則が外国法において認められているかを知るために、「ヨーロッパ保険契約法原則（Principles of European Insurance Contract Law）。以下、PEICLと略す。」をみてみたい[23]。同原則は、ヨーロッパ各国の保険法を詳細に検討したうえで生み出されたものであり[24]、これを検討の材料とすることに合理性がある。

23　Principles of European Insurance Contract Law (PEICL)。翻訳書として、小塚荘一郎ほか訳『ヨーロッパ保険契約法原則』（原著書 Project Group Restatement of European Insurance Contract Law, *Principles of European Insurance Contract Law (PEICL)*, 2009）（損害保険事業総合研究所、2011年）（以下、「PEICL 翻訳書」という。）参照。
24　PEICLの意義について、小塚荘一郎「ヨーロッパ保険契約法原則（PEICL）の公表と日本にとっての意味」損害保険研究72巻3号1頁（2010年）。

まず、「損害てん補原則」に当たる英語は、同原則の条文本文には登場しないが、その解説のなかにでてくる。同原則の起草にあたったプロジェクト・グループによる解説書には、次の説明がある[25]。

「損害保険においては、保険事故が発生した際に保険者により支払われる保険金は、原則として、損害発生のときの保険金請求者にとっての現実の損失の額を超えてはならない。これが、損害てん補の原則（the Indemnity Principle）であり、すべての法制度において中心的な役割を担っている。すなわち、被保険者に不当な利得を生じさせることなく被った損失を補償する原則である。」

この解説は、損害保険に関する以下の条文の解説のなかにある。

「第2部　損害保険に共通する規定　第8章　保険金額及び保険価額
　第8：101条　支払い額の上限
　（1）保険者は、被保険者が現実に被った損失をてん補するために必要な金額を超える支払いをする義務を負わない。」

この第8：101条は、損害保険に共通する規定として位置付けられているが、強行規定ではなく、契約当事者はこの規定からの逸脱が認められている[26]。

本条の解説書では、上記の一般的説明のほかに、事例として新価保険を取り上げて、その場合には「厳密な意味においては、金銭的な利得を得ることになるが、被保険者を保険事故が発生しなかった場合と同じ状況におくことになるので、損害てん補の原則に従っても、有効である。」と述べられている[27]。

また、同解説書は、各国法の状況についても触れていて、「損害てん補の原則（principle of indemnity、（principe indemnitaire、principio indennitario 又は Bereicherungsverbot［利得禁止原則］））」は、オーストリア、ベルギー、フランス、イタリア、イギリス、その他ヨーロッパ各国の法律の多くに現れているとして、各国の

25　PEICL 翻訳書・前掲注23）278頁。
26　PEICL 翻訳書・前掲注23）解説 C2。278頁。
27　PEICL 翻訳書・前掲注23）解説 C2。278頁。

関係条文を紹介している[28]。ただし、スウェーデンでは、焼失した建物に対して古い建物より高額であっても、新しい建物を提供する新保険の開発を主たる理由として損害てん補原則が廃止され、ドイツにおいては、損害てん補原則に準拠していると考えられていた旧ドイツ保険契約法55条に類似する条文はドイツ保険契約法に承継されていなく、旧法においても、一般的な強行規定としての損害てん補原則は採用されていなかったとして、そのような解釈は最近のドイツ連邦最高裁判所判例とも一致するものと解説している[29]。

(2) PEICL に対する若干の考察

PEICL は、保険者は、被保険者が現実に被った損失をてん補するために必要な金額を超える支払いをする義務を負わないことを明文で示すとともに、損害てん補原則からこの条文を説明して、この条文自体は任意法規としている。

当該解説における損害てん補原則を考えてみると、以下の疑問が出てくる。

第1に、この解説では「損害てん補原則」を被保険者に不当な利得を生じさせることなく被った損失を補償する原則として、全ての法制度において中心的な役割を担っているものと位置付けている。この解説から判断すると、この原則は、不当な状態を禁止するもので、損害保険契約法における中核的な原則として、強行法的な位置付けに近い原則であるとの印象を与えるが、一方、それを具現した条文については、任意法規としているのである。そうすると、ここにいう損害てん補原則と条文で記載している内容はいかなる関係にあると理解したらよいか。

第2に、この原則を全ての法制度で中心的な役割を担っている原則として解説する一方で、スウェーデンやドイツではこの原則は廃止されていることが示されている。この点をどのように理解したらよいか。

第3に、新価保険は、厳密な意味においては金銭的な利得を得ることになるが、損害てん補原則に従っても有効であると解説をしている点である。その場合、利得を得ることになるとしつつ、損害てん補の原則に従って有効と考える場合の損害てん補原則とは、一体いかなる意味であろうか。

これらの疑問をもとに考察すると、私見では、PEICL の解説においても、損害てん補原則という場合に、給付額の算定に関する基準を指している議論と、そ

28　PEICL 翻訳書・前掲注23）注釈N1。280頁。
29　PEICL 翻訳書・前掲注23）注釈N1。280頁。

れより広い損害てん補性の原則を指している議論が混在しているのではないかと考える。すなわち、損害てん補原則と称する場合にいくつかの意味があり、あるいは、各国におけるその位置付けや意味に相違があり、PEICLの解説では、それらが併存しているのではないかという疑問である。たとえば、第8：101条は、損害てん補の算定基準に関する原則であるように考えられる。すなわち、本稿における「狭義の損害てん補原則」を示しているものであり、それゆえそれは任意法規の位置付けになり、スウェーデンやドイツで廃止したり存在を否定したのは、強行法としての狭義の損害てん補原則といえるように考えられる。そして、新価保険は、利得を得ることになるが損害てん補原則に従っても有効であると説明している場合の原則は、「広義の損害てん補原則」か又は損害保険給付としての特徴を保持していると認められるという意味であるように考えられる。その場合、後者の広義の原則は、第8：101条自体ではなく、その前提に存在している規範と考えることになろう。

　PEICLは、ヨーロッパ各国法のエッセンスのまとめと考えれば、そこには、異なる法や概念が交錯する状況が生じていることが容易に想像できる。ドイツでは、損害てん補原則は保険契約法の法文上も存在しなく、また強行性のある原則としての位置付けにないものとPEICLの解説では説明されているが、この原則にBereicherungsverbot〔利得禁止原則〕との表現が利用されていることから、ドイツでは、利得禁止原則の問題として議論が展開され、少なくとも狭義の意味における損害てん補原則は、法的な規範力のある原則という意味では否定されていると理解することができるように考えられる[30]。一方、PEICLにおいてprinciple of indemnityという用語があてられているその英語の意味については、イギリスでは、そのような狭義の損害てん補原則を指すものとして理解されているとは限らないのである。

　PEICLの説明を子細に考察すると、以上の疑問が出てくる。そこで、この英語の意味を解明するために、以下に、イギリスにおけるこの原則に対する理解について分析してみたい。

30　ドイツにおける利得禁止原則については、詳しくは、土岐孝宏「損害保険契約における『利得禁止原則』否定論(1)(2・完)」立命館法学291号217頁（2003年）、同293号256頁（2004年）参照。また、Manfred Wandt, *Versicherungsrecht*, 4. Auflage, Köln, 2009, p. 249参照。

4. イギリス法における損害てん補原則

(1) 辞書等における「損害てん補原則」の理解

まず、イギリスにおいて「損害てん補原則」に該当する概念が存在するかどうかからみてみたい。上記 PEICL では、indemnity principle、principle of indemnity という用語が利用されているが、イギリスの保険辞典などをみると、こうした用語が実際に存在し、利用されていることがわかる。

まず、イギリスの国内外で長く利用されている海上保険分野の Brown 著の辞典をみてみたい。同書では、以下のとおり説明されている[31]。

「被保険者が保険者から支払いを受ける金額は、被保険者が被った損害をてん補するためのものである。被保険者に権利がある損害てん補の金額は、保険契約の文言と条件による。損害てん補原則 [principle of indemnity] は、保険の根本原則の１つで、損害てん補を受けた被保険者は、損害が生じる前に享受していた状態 [status] と比較してより良い状態におかれることがあってはならないことを求めるものである。」（傍点は筆者による。）

同辞典では、以上のとおり保険契約に共通する一般原則を説明したうえで、この原則は、しばしば pure indemnity と称され、海上保険の実務では、常に守られているわけではないとして、貨物保険、船舶保険におけるこの原則の例外事象が説明されている。

また、保険全般に関する Bennett 著の辞書をみると、indemnity の項目において、「損害の後、被保険者が損害の直前に存在していたのと同じ経済的状態に置くことを意図する保険の原則」との説明があり、厳密な経済補償（exact financial compensation）は、不十分な保険金額、てん補限度、エクセス、フランチャイズによって否定される場合があること、この原則は、生命保険や人身傷害（personal accident）などの定額給付保険証券（benefit policies）には適用されないこと、損害てん補のリーディング・ケースは、*Castellain* v. *Preston* (1883) であること、

---

31 Robert H Brown, *Witherby's Encyclopaedic Dictionary of Marine Insurance*, 6th ed., London, 2005, p. 317 & 574. 訳文は筆者による。

並びに、代位（subrogation）と分担（contribution）[32]は、損害てん補から当然に導かれる結果（corollaries）であることが説明されている[33]。

なお、米国の辞書となるがイギリスでも利用されているBlack's Law Dictionaryでは、indemnity principleの見出しのもと、これは、保険の用語で、保険証券は被保険者が被った損害を超える額の便益（benefit greater in value）を与えてはならないという原則（doctrine）であると記載されている[34]。

（2）法学者による損害てん補原則に対する説明

一方、保険法に関するイギリスの主要文献をみてみると、ほぼいずれの文献においても、海上保険や火災保険等の保険（以下、本稿では便宜的に損害保険と称する。）[35]は、損害てん補の契約（contract of indemnity）であるとして、損害てん補の契約の本質から各種制度を説明する方式がとられていることがわかる。保険法の文献では、まず、保険をindemnityのものと、それ以外のものに分けて、indemnityの保険はindemnityの契約として、そこから各種法理論を説明する方式が採られている。そして、そのindemnityの目的とは、請求者を被保険損害が生じていなかった場合にいたところの状態に置くこととされている[36]。

こうした説明のなかで、principleという用語がしばしば利用されているが、何をprincipleと称しているかをみると、厳密には、次の2つがあるように思われる。

第1は、損害保険は損害てん補の契約であるということを指して、それをprincipleと称している場合である。すなわち、indemnity契約としての特徴が求められることをprincipleと称している場合である。

第2は、principle of indemnityとして、indemnity契約における特徴を説明して、損害が生じる前に享受していた状態より良い状態になる給付は認められないことなどを説明している場合である。

---

32 contributionとは、重複保険における保険者の分担を指す。
33 C. Bennett, *Dictionary of Insurance*, 2nd ed., London, 2004, p. 160.
34 Bryan Garner, et al., *Black's Law Dictionary*, 9th ed., St. Paul MN, 2009, p. 838.
35 わが国保険法では、保険契約を、保険給付の態様に応じて、損害保険契約、傷害疾病損害保険契約、生命保険契約、傷害疾病定額保険契約に類型化しているが、イギリスでは、このような類型化はされていない。しいていえば、契約類型を、損害てん補の保険（indemnity insurance）、定額給付の保険、傷害疾病関係の保険（PA insurance）の3つに分類しているといえる。
36 Malcolm Clarke, *The Law of Insurance Contracts*, 5th ed., London, 2006, p. 882.

この2つの次元で principle が登場するが、それらをまとめれば、損害保険は indemnity の契約であるべきことが principle であり、indemnity の契約では indemnity としての特徴が求められることが principle となっているといえよう。

さて、このように損害保険契約を損害てん補の契約であるとして、principle of indemnity が適用されると説明される場合に、その中身はいかなるものであろうか。

この点について保険法の各種文献[37]をみると、多少の違いはあるものの、indemnity の契約の本質から、あるいはその indemnity の論理的帰結として、損害てん補の算定基準に加え、重複保険や保険代位などが導かれていることがわかる。また、損害発生時に被保険利益の存在を求めることも、indemnity から説明されている[38]。さらに principle of indemnity の当然の結果として、同一の損害に対して第三者からすでに給付を受けていたら、その分については、保険者の支払責任額が減額されることも導かれている[39]。

このように、イギリスの法学者の文献においては、principle of indemnity とは何かについての厳密な説明はないものの、損害保険における principle として、indemnity の契約の特性と、その結果導かれる各種法制度、法理論が説明されていることがわかる。

(3) 判例法理

こうしたイギリスの法学者の理解の基本にある判例についても確認しておくこととしたい。

まず、損害てん補の古い判例としては、1816年の *Brotherston* v. *Barber* があ

---

37 Clarke, supra note 36; John Birds, *Birds' Modern Insurance Law*, 8 th ed., London, 2010; Robert Merkin, edited, *Insurance Law — An Introduction*, London, 2007; Andrew McGee, *The Modern Law of Insurance*, 3rd ed., London, 2011; Robert Merkin, *Colinvaux's Law of Insurance*, 9th ed., London, 2010; John Birds, et al., *MacGillivray on Insurance Law*, 12th ed., London, 2012 and its second supplement, 2014; Jonathan Gilman, et al., *Arnould: Law of Marine Insurance and Average*, 18th ed., London, 2013; Howard Bennett, *The Law of Marine Insurance*, 2nd ed., Oxford, 2006.
38 Birds, supra note 37, p. 301; McGee, supra note 37, p. 47; Gilman, supra note 37, p. 6-9; Barlow Lyde & Gilbert LLP, *Insurance Law Handbook*, 4th ed., London, 2008, p. 36.
39 Clarke, supra note 36, p. 880. Ivamy は、保険以外の損害てん補給付がある状況について indemnification aliunde と称して、独立の1章を当てて、その場合の判例法を説明している。E R Hardy Ivamy, *General Principles of Insurance Law*, 5th ed., London, 1986, Chap. 47.

り、そこでは、「保険法の偉大な原則は、保険は損害てん補のための契約であるということにある（the great principle of the law of insurance is that it is a contract for indemnity）」ということが確認されている[40]。

保険法の解説において、indemnityの法理の説明に必ず登場するのは、Castellain v. Preston[41]の控訴院判決で、そこにおける裁判官の次の言葉[42]は、その後の判決においてしばしば引用されている。

「保険法に適用される全ての規則のまさに根本は、私の意見では、海上保険や火災保険証券に含まれる保険契約は損害てん補の契約（contract of indemnity）であり、それ以外の何物でもないということである。そして、損害てん補の契約であるということは、被保険者は、保険証券が作成された対象たる損失が生じた場合には、損害てん補を十分に受けられるが、それ以上に損害てん補を受けることはあってはならないということである。これが、保険の根本原則であり、これとは異なる提案がなされた場合、すなわち、被保険者が十分なてん補を受けられることを阻んだり、十分なてん補以上の給付を与える提案は、明らかに誤っている。」

この判例の事件内容は、次のとおりである。不動産の売買について売主と買主の間で交渉がなされ、売買契約が締結され、売主はその家に火災保険を付けた。契約締結後、その売買の履行（completion of sale）の前に火災により家屋の一部に損傷が生じ、保険者は保険金を売主に支払った。その後、売買価格が決定され、買主は契約の義務の履行として火災事故にかかわらず代金を売主に支払った。保険会社は代位（subrogation）としてその支払代金のうちの保険金相当額を売主（被保険者）から回収しようとして争った。原審では、保険者が代位する対象たる権利はないと保険者敗訴の判決が下されたが、控訴院では、保険者に回収する権利があることが認められた。

この判例は、イギリス法における代位権に関する先例としても常に出されるものである[43]。ここで注目したい点は、この判決がその後の1906年海上保険法やそ

40　*Brotherston* v. *Barber* (1816) 5 M & S 418 at 425.
41　(1883) 11 Q. B. D. 380 (C. A.).
42　同上。Brett判事の判決文（p. 386）。翻訳は筆者による。
43　イギリス法における保険代位の概念と法律根拠については、拙稿「イギリス法における保険代位の概念と法律根拠」損害保険研究57巻3号125頁（1995年）以下参照。本書第10章で紹介する。

の後の判例法の基礎になっている点である。ここでは、契約の類型が損害てん補契約に該当する場合には、損害てん補を超える給付は認められないという原則が明確に認められている。

この判例では、損害保険における損害てん補性を、利得やその他の公序などから説明するのではなく、損害てん補契約であるので、その給付は損害てん補となると説明して、それを原則と称している。なお、こうした損害てん補は、契約の当事者の意思により、それを修正することが当然に認められている[44]。

第2に注目したい点は、この判例で見られるように、損害てん補契約であるという点から、代位あるいは重畳的給付事象における調整のためのその他の制度を導いている点である。

(4) イギリス法についての考察

このように、イギリスにおいても、損害てん補原則の英語にあたる principle of indemnity という概念が存在するが、そこでは、保険給付の基準についても触れられているものの、損害てん補の給付が与える状態についての原則として理解されていて、根拠となる判例をあたっていくと、保険における基本的な原則として位置付けられていることがわかる。

イギリス法において、特に着目されるのは、その論理構造と原則の射程範囲である。保険法の研究書や判例では、損害保険における給付は、損害てん補契約という契約類型から理解し、そこから各種法理論が導かれている。すなわち、この原則は、その契約類型を選択したことから生まれ、その点では、契約類型において絶対的な位置付けとなる。しかし、この絶対性は、契約自由の原則ゆえに相対的なものになる。次に、この原則の射程範囲である。先例として重要な *Castellain v. Preston* は、日本法でいうところの請求権代位が生じる事由[45]に含まれる事案といえるか疑問がある。すなわち、契約当事者における危険負担の問題から生じた超過てん補の事案までも、この原則を用いて判断しているのである。

また、イギリスにおける損害てん補原則について興味が持たれるのは、利得禁

---

44 この点は、その後の判例で繰り返し認められている。1906年海上保険法は、この立場を受けて「海上保険契約は、その契約によって合意した方法と範囲で（中略）てん補することを引き受ける契約である」（1条）と記している。
45 保険法は、代位する対象を「保険事故による損害が生じたことにより被保険者が取得する債権」と規定する（25条1項）。

止との関係である。イギリスでは、損害てん補を説明する場合の根拠の1つとして利得の禁止に言及する場合があるとしても、利得禁止自体を原則まで高めて、そこから損害てん補給付を導く議論は見られない[46]。すなわち、損害保険における損害てん補の確保は、損害てん補としての契約の合意から導かれていて、利得の禁止という外部的な規範を置いて、そこから損害てん補原則を導くことはしていないのである。イギリスでは、損害てん補原則は、損害てん補契約としての結果であり、したがって、契約自由の原則のもと、契約の修正が禁止されない領域においては、自由とされているのである。

以上からみると、イギリス法においては、損害てん補原則とは、損害てん補契約としての契約類型に求められる給付のあり方を原則という用語を用いて示しているものと理解することができるのではないかと考えられる。

5．利得禁止原則

（1）PEICLとイギリス法からの示唆

以上、損害てん補原則を中心として、日本法、PEICL、イギリス法をみてきたが、いずれにおいても、保険における利得の問題がところどころに出現する。しかし、注目したい点は、その位置付けである。ドイツでは、利得禁止は、原則としては廃止されたとの説明がPEICLの解説書でなされており、また、イギリスでは、保険法の議論において利得禁止原則という名称の禁止原則はそもそも存在していないことは、すでにみたとおりである。

一方、わが国では、冒頭に確認したとおり、損害てん補原則の説明をみても、利得禁止原則と結び付けて損害てん補原則を説明し、あるいは損害てん補原則は利得禁止原則そのものであるとする説明が存在する。それらの例からわかるように、損害てん補原則は利得禁止原則と結び付いた原則であることが示されている。

PEICLやイギリス法とわが国の議論を比較すると、それでは、わが国における利得禁止原則とは一体何を指すのか、また、わが国では損害てん補原則と利得禁止原則を、いかなる関係にあると整理しているのか、疑問が出てくる。そこ

---

[46] 1909年海上保険法（Marine Insurance Act 1909）は、賭博保険禁止を定めた法律であるが、利得禁止について一般的な禁止を定めた法律ではない。

で、以下に、わが国における利得禁止原則について考察する。

（2）わが国における利得禁止原則に関する議論

利得禁止原則という用語自体は、わが国において定着しているといえるが、この原則の意味や射程範囲は必ずしも明確とはいえず、研究者によって説明に違いがある。

利得禁止という概念は、保険法理論において、被保険利益、超過保険、保険代位、新価保険などの意義や機能に関する議論に常に登場する重要な概念である。わが国では、利得禁止は、被保険利益の地位をめぐる議論において盛んに言及されていたが[47]、主として、新価保険の許容性や被保険利益の法的地位の検討において利用されていたものであり、「利得禁止原則」という原則自体が直接の関心になっていたものではなかった[48]。

利得禁止原則自体の内容や射程範囲についての研究は、1990年代の保険代位をめぐる議論において本格化した[49]。こうした研究においては、利得禁止原則が言及される場合においても、それは必ずしも1つの意味内容ではないことが示され、その結果、それをいくつかに分けて、その本質の分析がすすめられ、近時は、保険法における利得禁止原則をいくつかに分けて理解する学説が有力となっている[50]。ただし、その場合の分け方とそれぞれの意味内容は、研究者によって異なる。

まず、狭義と広義に分ける学説（2分説）として、保険によって利得すべきではないという考えは保険種類を問わずに妥当し、これを広義の利得禁止原則とし、一方、損害保険においては実損害を超える給付が禁止されるという原則があり、そのもとで超過保険、重複保険などの諸規制がなされ、それを狭義の利得禁止原則として両者を分け、両者を強行法的な原則として位置付ける学説があ

---

47 一例として、大森忠夫「保険法における『利得禁止』について──ケーニッヒの所説を中心として──」『保険契約法の研究』（有斐閣、1969年）243頁、同「保険法における『利得禁止』をめぐるスイス学界の論議について」同書278頁。田辺康平「損害保険契約の本質──塡補原則の例外現象を吟味しての考察──」同『保険契約の基本構造』（有斐閣、1979年）35頁。
48 山下・前掲注7）248頁。
49 保険法学における利得禁止原則の沿革については、坂口光男『保険法学説史の研究』（文眞堂、2008年）384頁以下。また、保険代位の研究における利得禁止原則の議論について、岡田豊基『請求権代位の法理──保険代位論序説』（日本評論社、2007年）49頁以下参照。
50 岡田・前掲注49）25頁。松村太郎「超過保険・重複保険」金澤理監修　大塚英明＝児玉康夫編『新保険法と保険契約法理の新たな展開』（ぎょうせい、2009年）93頁以下。

る[51]。

　また、同様に利得禁止原則を広義と狭義に分けるが、損害保険における損害てん補は、保険制度を運営するうえで適合する損害概念に基づいていて、損害保険特有の各種法制度はそうした損害概念に適合するてん補方式を導く態様規整であり、狭義の利得禁止原則は、広義の利得禁止原則によって禁止されない枠内においては任意性のあるものとみる主張がある[52]。

　これに対し、広義と狭義に分けて議論することの妥当性を評価する一方、利得禁止原則が強行法的に妥当する範囲を広義の同原則のみとすることは妥当でなく、損害保険には定額保険とは異なる意味での利得禁止原則が妥当するとして、損害保険における保険給付は損害てん補しか許されないが、損害の評価については、時価を基準とするものだけではなくそれ以外の評価も許されるとするとして、前者を狭義の利得禁止原則として強行法的原則とし、時価を基準として商法（改正前商法）に示される各種規範を最狭義の利得禁止原則として任意法規的に位置付ける学説（3分説）が示されている[53]。

　さらに、利得禁止原則を広義、狭義、最狭義に分ける理論を支持したうえで、広義の利得禁止原則を2つに分けて、定額給付型の傷害保険及び疾病保険のうちの傷害保険給付や疾病保険給付までを射程範囲とする広義の利得禁止原則と、生命保険及び疾病保険の死亡保険給付の部分までを射程範囲とする最広義の利得禁止原則を分けるべきとの理論が、請求権代位に関する研究から提唱されている[54]。

　こうした議論に対して、利得禁止原則という原則の存在意義についての疑問も示されている。その主張は、ドイツにおける学説の展開等を踏まえたうえで、わが国で利得禁止原則と称する原則が、ドイツで称されている主義ないし指導理念

51　洲崎博史「保険代位と利得禁止原則（1）（2・完）」法学論叢129巻1号1頁、同3号1頁（1991年）。なお、当該論文においては、損害保険法理論における「実損填補原則」を狭義の利得禁止原則と称しているものと理解できる。また、山本哲生「保険代位に関する一考察(1)」北大法学論集47巻2号69頁以下（1996年）も参照。

52　拙稿「保険代位制度について──機能面から見た制度の本質──」経済学研究（九州大学）62巻1～6号487頁（1996年）、同「損害てん補と定額給付は対立概念か」保険学雑誌555号64頁（1996年）特に81頁以下。

53　山下・前掲注7）391頁。また、同「利得禁止原則と新価保険」岩原紳作＝神田秀樹編著『竹内昭夫先生追悼論文集　商事法の展望──新しい企業法を求めて──』（商事法務研究会、1998年）720頁以下。この説に対する考察として、神谷髙保「被保険利益と利得禁止原則──利得禁止原則を適用するか否かの判定基準」竹濱修＝木下孝治＝新井修司編『保険法改正の論点　中西正明先生喜寿記念論文集』（法律文化社、2009年）103頁。

54　岡田・前掲注49）52頁。

に該当するに過ぎず、法命題としての原則を語ることの危険性を提唱したうえで、固有の法的効果の不存在ないし一貫性の欠如、具体的適用における基準の不明確性から、最狭義、狭義、広義の利得禁止原則のいずれについても、その法原則としての存在を否定し、広義の利得禁止原則については公序則とは別に観念する必要があるか疑問を提起するものである[55]。

強行法としての利得禁止原則は存在しないとする立場からは、損害保険契約法の個別規定を客観解釈しても、いずれも被保険者の利得を禁止する内容の個別規定は存在しなく、また、損害保険契約法の諸規定から推論されるというわが国の学説に対しては、強行規定であるとする以上、公序良俗論に基づく法規範であることを前提としていると考えられるが、民法90条との整合性を踏まえると、利得禁止原則の強行性の説明において挙げられている賭博化防止、モラル・ハザード防止、焼け太りを不当とする倫理観の保険法的価値のいずれについても、民法90条の一般理論において、すでに承認を得られているものではないことを示し、民法90条との整合性が取れる主張をしていないとされる[56]。

（3）利得禁止原則に対する考察

保険法における利得禁止原則は、わが国独自の概念ではなく、ドイツにおける長い歴史を背景とする原則である[57]。わが国では、法文上で直接これを示す規定は存在してはいないものの、損害保険の損害てん補性の説明において繰り返し利用されてきた。近時では、利得禁止原則という場合のその内容についての考察が深められると同時に、ドイツにおける利得禁止原則の否定なども踏まえ、原則そのものを否定する学説も有力に展開されている。一方、イギリスにおいては、伝統的に利得禁止を一般的な原則として位置付けることはしていない。PEICLをみても、損害てん補原則は明文でもって条文に記されているが、利得禁止原則という表現は利用されていない。こうした状況を踏まえつつ、利得禁止原則について、以下に考察することとする。

---

55 土岐・前掲注30) 291号217頁 (2003年)、同293号256頁 (2004年)。この否定論に対する反論として、岡田・前掲注49) 49頁。
56 土岐孝宏「利得のある損害保険契約と民法90条（抽象的公序良俗）論との関係——賭博行為論との関係を中心に——」損害保険研究76巻1号27頁 (2014年)。
57 土岐教授によれば、プロイセン一般ラント法において、利得禁止原則が明文の法規範として示されていた歴史が指摘されている（土岐・前掲注56) 30頁）。

利得禁止原則が原則として有する特徴は、その名称に示されていると考えられる。利得の禁止という考え方は、一見してわかりやすい。また、禁止であるから、そもそもの位置付けは、強行法的な規範としての印象を与える。近時のわが国の研究では、利得禁止原則という場合の意味内容について考察が深められ、その意味を複数に分けて、強行性のない使用法と強行性があるものとに分類して考える研究が進んだ。そのような概念の分化は、分析のツールとしては有用であるが、同一の用語に対して複数の意味を与えることは、本来は、適切でない。この原則は、あくまで禁止としての原則であるから、この原則の存在意義は、強行法性のある原則として存在を認められるかどうかにある。更に、民法90条が存在する中で、それとは別に、保険契約法の法理論においても強行法性のある原則の存在を認めるべきであるかどうかが問われる。

保険法における利得禁止原則の存在自体を否定する学説は、この点で重要な示唆を与えるもので、禁止を強行法的に求める原則を法規範として認めることは、保険法の個別条文の解釈からも、また保険法全体の解釈からも難しいと問題提起する。そして、この否定説の立場においては、法的根拠も疑わしい中においても、利得禁止原則が存在するとの態度決定をして、その機能面から強行法としての利得禁止原則の意義を説明する立場が存在しているとの分析を示している[58]。

いずれの立場をとるにせよ、問題は、民法90条とは別に、保険契約の法理論において強行法として存在が必要な原則や考え方が認められるかどうかである。

この点について考察すると、私見では、保険価額を著しく超える保険価額の約定の効力、重複保険処理の否定の有効性、残存物代位や請求権代位の否定や権利放棄の有効性など、第1章で説明した損害てん補給付の方式と変則状況における規律、並びに被保険利益が存在しない場合の効果について、それらを全て任意法規と考えてよいかという点が問題になるように考える。さらには、物・財産についての定額保険は認められるかという問題がある。しかし、契約自由は一定の範囲に制限されると考える場合でも、その制限を民法90条から導くことができるのであれば、保険法における強行法的原則を観念する必要はないといえる。

この点は、損害てん補の方式を規定する各種制度についての各論においても検証する必要があるが、私見としては、民法90条の規律だけでは、それらの契約自

---

[58] 土岐・前掲注56) 29頁、31頁。

由は制限されないのでないかと考える。利得禁止否定論の立場からも、この点については、利得ある損害保険契約であっても、民法90条において法的効力を否定されるべき著しい射倖行為ないし犯罪行為としての賭博には該当しないとの見解が示されている[59]。私見では、例えば、一定の事象をトリガーとするデリバティブは、被保険利益の存在を必要としなく、また損害額の大きさに関係なく給付がなされる制度であるが、それでも、原則として、民法90条により無効となるものでない以上、損害保険という名前を利用したことで、利得を生む損害保険契約あるいは損害てん補原則から著しく離脱する運用が直ちに民法90条違反になるとは考えにくい。民法90条が作用するのは、麻薬についての保険契約の場合など、犯罪性があったり違法性がきわめて高い場合であり、損害てん補という保険給付の量的な問題に対して直接民法90条が適用される局面は限られているように理解される。また、民法90条は、原則として、契約そのものを無効とするものである。損害保険の契約理論においては、契約自体は有効としつつ、その効力範囲を制限する場合があり、その根拠を導く法規範として、民法90条の規制だけでは、十分に適合しない場面がありうるように考えられる。

　以上を踏まえれば、保険契約法の契約理論の中においても、損害てん補という制度をとる以上、給付について量的に越えてはならない限界線は存在し、その限界は、民法90条に関係はするものの、それ自体ではなく、保険制度の仕組みの中に、規範の存在を認めるべきと考える。これは、損害てん補という形式をとった場合の制約であり、法形式の選択によるという点では自由であるが、一旦、その形式をとったからには、そこからはみ出すことはその制度を破壊することになるので、たとえ契約当事者の明確な意思があっても認められるべきではなく、その点からこの制約は強行性があるということになる。そして、そのことを示す原則は、保険制度が社会的に健全な制度としてこれまで進化し、運用されてきた基礎になっており、決してその存在の意義を否定されるべきではないと考える[60]。

59　土岐・前掲注56）57頁。
60　なお、PEICL は、定額保険は、傷害、疾病、生命、婚姻、出生その他の人保険に限って契約することができるとして、物・財産についての定額保険を認めていなく、この規定を強行法として位置付けている（第13：101条）。本稿の議論に基づけば、理論的には、物・財産の保険であるからとして、その保険の対象によって直ちに定額給付方式が禁止されるのではなく、定額給付であってもよいが、定額方式が認められる範囲は、利得禁止原則に触れない範囲においてということになる。すなわち、保険金額を当事者が完全に自由に設定できるという意味での定額保険は認められないことでは PEICL の立場と同じになる。この筆者の主張は、結局は、保険価額の約定が認められる範

もっとも、この原則を適用すべき「利得」状態についての認定については、該当する保険種目の機能や役割、時代における考え方に応じて理解すべきと考えられる。禁止とする以上、当事者の契約自由を否定するという重みに対して十分説明できるレベルである必要がある。
　以上から、損害保険において強行法性を認める原則を観念することに意義があり、また、それは、損害保険の損害てん補性を確保する各種制度の契約自由の限界を画する原則という形でその意義が認められ、また、民法90条では代替できないといえるのではないかと考える。
　このような禁止原則は、損害保険の契約理論としては、その意義を認めることができるが、強行法的な位置付けの解釈原則を実定法上のいかなる条文から導くことができるであろうか。根拠となる条文としていくつか考えることができるので、以下に、それらについて考察する。
　まず、民法90条の公序則である。利得禁止という考え方は、公序則に調和するように見受けられ、利得禁止を保険における民法90条の適用として捉える考え方は可能かもしれない。しかし、ここでの議論は、民法90条で契約が無効となる水準でなくても、保険制度においては、損害てん補を著しく超える給付状態は制限されるべきとするものであるので、その制限は、民法90条が示す契約無効の規律そのものとはいえない。先に述べたとおり、民法90条によって契約自体が無効とされるレベルは、麻薬の取引など違法性がきわめて高い契約であると考えられ、例えば、時価を著しく超える給付の制限や残存物の重複取得を制限する考え方を、民法90条から直接導くことは無理があるように思われる。
　強行的な解釈原則を導く他の方法としては、民法1条2項の信義則も考えられる。信義則は、契約における最も基礎的な規範であり、保険契約にも適用される。契約当事者の意図が損害てん補の保険契約であるにもかかわらずに、当事者のいずれかがそれとは異なる扱いをする場合には、信義則違反の問題として、合意の効力を制限することは考えられる。しかしながら、ここでの議論は、当事者が明確に合意したとしても損害てん補からの著しい逸脱は強行的に認めないという考え方であるので、その規律を信義則から導くことは困難があるように思われる。

　囲において定額給付方式が認められるという主張といえる。

民法90条や1条2項が損害保険契約の有効性の基礎に存在することは明らかであるが、以上のとおり、それらの条文から強行法的な利得禁止原則を直接導くことには無理があるよう思われる。そこで、以下に、保険制度の規律を示す法律条文から、強行的な原則を導くことができるかを考察する。

まず、損害てん補を著しく超える状態は、損害てん補という契約類型の本質を失った状態といえる。逆にいえば、そのような状態を、損害てん補からの著しい離脱として認識することとする。この場合、損害保険としての外形をとっていても、その実質は損害保険とはいえない。こうした状態は、契約自由として認められるであろうか。

わが国では、損害保険は、保険業法上の認可事業として運営されているので、保険業法上は、認可の枠組みの中で保険事業を行うことになる[61]。損害保険業免許において、損害保険業は損害をてん補することを約する保険となっている（同3条5項1号）。したがって、実質的には損害保険といえない保険を損害保険として実施することは、保険業法違反となりえる。このことから、損害保険として実施する場合は、損害保険といえる実質が担保される運営が必要であるといえる。保険という経済制度を利用する場合には、その契約は、市場の枠組みや秩序をその前提とするものであるから、その前提に存在する市場の秩序を破壊するものであってはならず、市場の枠組みに従うべきという考え方を導くことはできるように考えられる。しかしながら、保険業法上における位置付けから、直ちに契約の私法上の強行法性を導くことは無理があろう[62]。

次に、保険法における位置付けであるが、保険法は、損害保険契約を損害てん補の保険として規定しているので、損害てん補から著しく逸脱して、もはや損害てん補を本質とする保険とはいえない保険は、保険法上の損害保険契約には該当しないことになる。このことからの論理的必然として、保険法上の損害保険契約といえるためには、損害てん補の契約としての本質が維持されてなければならないということができる。この考え方は、損害てん補からの逸脱を認めない強行法規性を、公序といった外的制約としてではなく、損害保険契約の本質から導く方

---

61 制度共済については、それぞれの根拠法に基づく。本書は、損害保険を対象として議論を進める。
62 無認可約款の私法上の効力については、山下・前掲注7）102頁～103頁参照。

法といえる[63]。

　それでは、このような損害てん補を超える給付が損害保険として認められる枠組みから逸脱することを示す根拠となる保険法条文は存在するか。この点については、まず、保険法18条2項が根拠となるように考える。同項は、約定保険価額が保険価額を著しく超えるときは、てん補損害額は保険価額によって算定すると規定する。この条項は、合意があっても合意の効果を認めないものであるから、条文の表現は禁止文言とはなってはいないが、その性格は、客観的な視点から契約自由を制限する条項として理解できる。また、保険法3条も、利得禁止原則に関係していると考えられる。同条は、損害てん補の量的規律を示すものではないが、損害保険契約は金銭に見積もることができる利益に限り、契約の目的とすることを認めるもので、金銭に評価できない価値に対するてん補は認められない。よって、自由に金額を設定できる定額保険も認められないということになる。ここにも、損害てん補としての給付が超えてはならない限界が示されていると考えられる。これらの条文から、損害保険契約という枠組みにおいては、著しい逸脱が損害保険の枠組みから外れることを示す条文が存在すると認めることができる。

　以上のように考えれば、保険法においては、損害保険の枠組みとして認められる限界を示す考え方が条文に存在するということができる。したがって、その限界を超える逸脱があれば、もはや損害保険契約とはいえないことになる。これは、損害保険契約という契約の枠組みを利用する上では、限界として存在することになるので、契約自由を制限するものとなる。

　損害てん補からの限界を超える逸脱は、損害保険契約としては認められないとしても、他の契約の枠組みとしては有効かどうかも考察しておく必要がある。保険法は、保険契約を損害保険契約、生命保険契約、傷害疾病定額保険契約に分けて規律を示す。これらの契約類型のいずれにも当てはまらない保険契約の場合、当該契約が民法の基本原則からみて無効ということがなければ、非典型の保険契約としてその有効性を認めるかどうかとなる。ここでの議論は、民法90条自体では無効にならない類型を対象としているので、それが前提となる。そこで考慮したい点は、類型外の保険契約が保険法の強行的な規律を潜脱することになるかで

63　これは、保険契約の本質を巡る絶対説の立場を参考としている。

ある。もし潜脱するような場合は、保険契約という形式を利用する以上は、契約自由は制限されるべきである。そこで、そのような潜脱を認めないほどの強行性ある規律が保険法に存在するかどうかとなる。その点について考察すると、ここでも保険法3条や18条2項が重要となる。すでに述べたように、3条や18条2項は、損害保険としての限界を示す根拠となると考えられるが、加えて、そこにおける趣旨は、契約が損害保険契約という形式をとらない場合においても守られるべき規律を示しているかどうかということになる。

3条や18条2項は、通説は、これを強行規定と位置付けているが、その根拠としては、その公益性、具体的には保険の賭博化の禁止、保険によるモラル・ハザードの抑止等がうたわれている。もしそうした公益性が趣旨であれば、これらの条文に存在する基本的な規律は、損害保険契約という契約形式をとらない場合においても貫徹されるべきということができる。しかし、保険契約としては、生命保険、傷害疾病等の人の保険については、定額給付方式の契約が認められていることから、それらの契約類型まで貫徹されるべき規律となっているとはいえない[64]。よって、3条や18条2項は、損害保険契約という契約方式をとる場合に強行法として位置付けられるとともに、その基礎に存在する強行的な規律は、定額保険が典型的契約としては認められていない領域（物・財産分野の非損害保険）の保険契約にまで及ぶものと理解できる。

以上の議論をまとめると、以下のとおりとなる。

利得禁止原則は、保険法の条文などに直接示されてはいないので、解釈原則として位置付けることになる。その解釈を導く実定法としては、いくつか候補をあげることができる。まず、民法90条の公序則と民法1条2項の信義則は、保険契約の基礎に存在するが、それらから利得禁止原則を直接導くことには難点がある。次に、保険業法との関係である。わが国における保険契約は保険制度の枠組みにおいて利用される契約であるから、その事業に関する規律から全く自由に存在するものではない。保険業法上の枠組みと秩序は、市場における契約自由の制限に事実上結び付いている。しかし、業法に基づく秩序から契約における強行法原則を導くことは難点がある。第3は、保険法3条や18条2項である。これら

---

64 人についての保険については、ほぼ同じリスクについて、損害てん補方式の保険と定額給付の方式が存在している。このような領域においては、3条や18条2項は、形式をかえれば許容され、損害てん補方式をとる場合にのみ適用されるものと考えてよいことになろう。

は、損害保険契約の契約自由に対する限界を示すものとして理解でき、その規律からの逸脱は、損害保険契約としての本質を失わせることになる。その結果、保険法上の損害保険契約の枠組みとしては逸脱を認めない根拠とみることができる。逸脱は損害保険契約という契約方式をとらなければ自由に認められるかであるが、3条や18条2項の趣旨は、モラル・ハザード等の排除という保険制度の公益性を理由としていると考えられ、契約方式を変えることで許容されるとすれば公益が守れないということになる。保険として行う契約である以上は、定額給付方式が保険法において認められている領域を除き、3条や18条2項の基礎に存在する規律は守られるべきということができる。

以上のとおり、損害保険契約における利得禁止という解釈原則は、民法及び保険業法とも密接に関係しているが、その強行法性の実定法上の根拠としては保険法3条と同18条2項を挙げることができると考える。

6．損害てん補原則と利得禁止原則の調整に向けた仮説

（1）損害てん補原則と利得禁止原則の関係

わが国では「損害てん補原則」という用語が存在し、また、ヨーロッパ主要国においてもそれに該当する外国語が存在し、利用されていることは明らかである。しかしながら、わが国において、その意味内容と射程範囲は明確でなく、またヨーロッパ各国においても、本原則について共通の理解が存在するのか疑問がある。

まず、わが国における損害てん補原則から分析すると、この用語は、単に損害保険給付の特徴を原則として表示しているにすぎず、そもそも原則としての規範的機能を有しているかどうかに疑問がある。仮にこれを原則として理解すれば、その意味には、損害てん補の基準、すなわち保険者が支払う保険給付の金額を算定する上での原則（狭義の損害てん補原則）としての理解と、より根本的な原則として、損害保険の各種法理の基礎にあたる原則（広義の損害てん補原則）としての理解の2つが存在するように考えられる。

そして、ヨーロッパ各国の保険法を研究して作り上げたPEICLとその解説をみると、この原則を「すべての法制度において中心的な役割を担っている」と位置付けていながら、スウェーデンでは廃止され、ドイツにおいても少なくとも強

行性のある存在としては否定されたと述べられている。各国の保険法において中心的役割を担っているような原則であれば、なぜそれを廃止している国があるのか疑問が出てくるが、そもそも「損害てん補原則」という場合のその中身が各国で同一かどうかに疑問があるのである。

この推測が妥当といえるかを考えるために、この原則を根本原則として位置付けているイギリス法をみると、損害てん補に関する各種法理を包含する広い概念として、この原則を位置付けていて、損害保険は損害てん補の契約であるので、その限りにおいて損害てん補原則をその必然的結果として導いていることがわかる。

スウェーデンやドイツにおいて損害てん補原則に対応する用語があるとしても、そのもとで意味されている内容は本稿で分析する狭義の損害てん補原則であり、またイギリス判例で繰り返し確認されてきた損害てん補原則は広義の原則であると理解すれば、イギリスにおいては、この原則を基本として種々の法理を説明していることと、スウェーデンにおいてはこれを廃止していることとを整合的に理解することができるように思われる[65]。

このように理解すると、わが国における損害てん補原則は、その両方の意味で利用されているのではないかという疑問がでてくる。これは、1つの概念に両方の意味を包含させて利用していると考えるか、研究者によって損害てん補原則という場合の意味が異なり、その結果、両方の概念が併存しているかであろう。このような状況は、複数の概念が併存するPEICLの説明において生じている矛盾と同じである。そして、わが国においては、外国における複数の概念が持ち込まれて利用されているものの、法文上の具体的な裏付けを欠くために概念が定まっていない状況といえるように思われる。もしそうであれば、わが国における概念の整理は、外国の概念を参考に、それらを再度整理することによって可能になるのではないかと考えられる。

また、わが国では、損害てん補原則の複数概念の併存に加えて、この原則と利得禁止原則との併存の問題も生じている。この問題に対する解決のヒントも、PEICLから得られるように考えられる。PEICLの解説では、損害てん補原則を

---

[65] 欧州保険市場の自由化に伴って実際に販売されている保険商品は同質化が進んでいるとすれば、運用上においても大きな差が生じているかには疑問がある。例えば、損害てん補原則を基本とするイギリスにおいても、新価保険は当然に有効とされている。

示すドイツ語の用語には、その直訳に当たる Indemnitätsprinzip といった用語を当てずに、Bereicherungsverbot（利得禁止原則）という用語を当てているのである。そこから推察すれば、この問題は、ドイツでは、利得禁止原則の観点から議論されていて、損害てん補原則（principle of indemnity）にあたる概念はあまり利用されてはいないのでないかということである。一方、イギリスでは、損害てん補を説明する場合のその根拠の1つとして利得の禁止に言及する場合があるとしても、利得禁止を原則まで高めて、そこから損害てん補給付の特徴や各種制度を導く議論は見られず、損害保険における損害てん補の確保は、損害てん補としての契約の合意から導いているのである。このように、ドイツでは利得禁止原則という形で学説が展開され、イギリスでは損害てん補原則という形で法理論が進化し、日本では、それらの国で利用されている概念の両方が併存しているということではないだろうか。

　もしこの推論が妥当するとなれば、わが国においては、同一内容を指す原則に異なる用語を当てる状況が生じ、その結果、損害てん補原則と利得禁止原則との間で概念に重複が生じている可能性があることになる。その観点から検討すると、仮に損害てん補原則を広義と狭義の2段階に分け[66]、利得禁止原則を広義、狭義と最狭義の3段階[67]の分類を利用すれば、「狭義の損害てん補原則と最狭義の利得禁止原則」、「広義の損害てん補原則と狭義の利得禁止原則」は、それぞれ同じ内容の原則を指しているのではないかという仮説も考えられる。すなわち、前者は、損害てん補給付金の算定上の基準を示す原則であり、後者は、損害てん補の各種法制度を基礎付ける原則を指している点で共通するように考えられるのである。もしこの仮説が妥当といえれば、損害てん補原則と利得禁止原則の違いは、広義の利得禁止原則を除けば、同じことを別な表現で示しているにすぎず、呼称上の問題として理解することができるであろう。

　しかしながら、利得禁止原則と損害てん補原則のそれぞれを細分化したうえでこのような対応関係を見つけることができたとしても、それらを同一の原則を示すものと理解してよいかについては、なお検討が必要であるように考えられる。わが国の「利得禁止原則」と「損害てん補原則」は、ドイツやイギリスにおける学説等を参考にして議論されていると考えられるが、ドイツにおいて利得禁止原

66　筆者による分類。本章2（4）参照。
67　山下・前掲注7）392頁。

則を議論し、イギリスにおいて損害てん補原則を持ち出す場合において、視座が同じといえるかについては疑問があるためである。ドイツでは、利得禁止原則[68]が否定されているとする場合のその原則は、損害保険契約の契約自由を制限する法的な規範として導かれ、またそのような機能を持つ規範として、その是非が議論されているように考えられる。一方、イギリスでは、損害てん補原則は、損害てん補契約としての契約類型を採用した場合のその論理的結果として導かれていて、もともと契約自由の原則のもとに存在するものである。このように、ドイツにおいて廃止された利得禁止原則とイギリスで確立している損害てん補原則とでは、視座に違いがあり、原則と称する場合のその機能が同じか疑問があるのである。したがって、この2つの原則をわが国で議論する場合には、同じ次元の原則として考えてよいかについて検討する必要がある。

(2) 仮説の提示

以上の考察から明らかなとおり、わが国における損害てん補原則と利得禁止原則を巡る用語の使用法と議論には混乱が見られるので[69]、改めて、両者を含めた全体を整理する必要があるように考えられる。そこで、調整の方向性について、以下に検討することとしたい。

まず、損害てん補原則という用法は、ヨーロッパ各国においても定着しており、わが国でも利用されてきた概念であるので、ここでそれを完全に否定すべき必要もないものと考えられる。イギリスでは、この原則は判例法の中で確認されて確立しており、PEICLではその内容に直接対応する条文（第8：101条）が存在する。それに対し、わが国の保険法には、それらのように直接対応する形の法規が存在しない。しかし、損害保険契約における損害てん補という給付方式を示す規律（デフォルト・ルール）を示す考え方として、その存在を解釈上認めることは可能であると考えられる。このように、損害てん補原則は、あくまで給付の態様規範として理解すべきであり、それ自体は、任意法規としての位置付けとして理解すべきである。もしこの原則を強行法として位置付けるのであれば、この原則

---

68 これがわが国における利得禁止原則の2段階、3段階説のどれを指すかは議論がありうるが、ここでは、2段階説の場合の狭義又は3段階説の場合の最狭義の利得禁止原則を指して、その強行法性が否定されたものとして理解しておく。
69 種々の議論が学問を進化させていくのであるから、これまでの各種学説の展開には大きな学問的意義が認められることは当然である。

について、その効果に従って任意の原則としてのものと強行性のある原則としての2つの異なる原則を認めることになり、狭義と広義といったように原則の意味内容を分けざるを得ないことになる。よって、この原則は、あくまで損害てん補の給付方式を示す任意性のある原則として位置付けるべきである[70]。換言すれば、損害てん補原則は、損害保険契約という典型契約における当事者の合意の論理的結果として位置付けて、この原則は、損害保険契約におけるデフォルト・ルールを示す場合の根本的考え方であり、原則という名はあるが、それは強行的に求められるのではなく、あくまで契約自由の中での契約方式における考え方を示しているにすぎないと理解するものである。

　一方、利得禁止原則についても、わが国では、種々の意味内容で理解され、それを分解すると、いくつかに分かれる状況になっていることを確認したが、こうした状況も適切でない。それでは、損害てん補原則だけで十分で、それ以外に、強行法性のある規律としては、民法90条以外には何も存在しなくてよいかであるが、先に利得禁止原則の個所で検討したとおり、民法90条だけでは損害保険契約における契約自由の限界を示すことが難しく、損害保険契約が健全な制度として存在するための外枠としての強行法性のある原則の存在を認めるべきであるし、保険法上の各種規律においてもそのことの意義が認められ、保険法3条や18条2項の存在から強行性のある原則を導くことができるのではないかという考えを示した。利得禁止原則は、その用語が示すように、より広い社会的な規範として、損害保険の契約に対して外部的・一般的に作用する法規範としてその意義を見い出せば、利得禁止原則は、保険給付の自由を制約する限界を示し、逆に、この概念によって、契約自由を当然認めてよい領域についてまで規律していくことの意義は薄れる。損害保険給付の特徴は、必ずしも外部的な制約のみから形成されているものではなく、取引の経済的合理性、慣習などによってその内容が形成されている。そのような領域の損害の給付の態様規範のすべてを外部的規範から導くことは適当ではないであろう。利得禁止原則は、約定保険価額の効力範囲（すな

70　これに対し、損害てん補原則を任意性のある原則としつつ、そこからの著しい逸脱は強行法的に認められないととらえる考え方もありえるが（この場合は、利得禁止原則という原則を利用しないことになる。）、その場合は、なぜ著しい逸脱が禁止されるか、その理由が問題となる。その考え方は、厳密には、任意性のある原則としての法規範と著しい逸脱を禁じる強行的な法規範の2つが併存しているものといえ、それぞれの効力に着目すれば、2つの原則に分けざるを得ないことになるのでないかと考えられる。

わち、定額給付方式が認められるかどうかを導く規範でもある。）や重複保険など損害てん補の規律における契約自由の限界を画する考え方を導く場合、保険代位やその他の重畳的給付状態などの保険制度と他の制度が交錯する領域の調整における契約自由の限界を導くための規範として、その機能を見い出すことに意味があるように考えられる。

　このような整理は、ドイツの議論やイギリスの議論とも異なる整理である。もしこの考えが妥当であるとすると、その限りにおいて、ドイツやイギリスの学説等には疑問があるということにもなろう。そこで、こうした視点に立ってあらためてドイツとイギリスの学説や法理論について考えてみたい。仮にドイツにおいて利得禁止原則が否定されたとした場合、それは、わが国でいうところの狭義の損害てん補原則あるいは最狭義の利得禁止原則についてであれば、十分に理解することができる。もとよりそのような領域を外部的な規範のみで規整することは適当と考えにくいからである。その一方、損害てん補給付を形成する各種法理論をどのように説明していくかということが課題として残ることにならないであろうか[71]。一方、イギリスでは、損害てん補原則から、損害保険契約に特徴付けられる各種法理論を体系的に説明していく。それによって、損害保険の各種制度の整合性が維持され、それが契約自由の事項であることも分かりやすく説明される。しかし、イギリス法では、この原則から、更に、保険の給付制度が他の制度と交錯する場合の法の調整、すなわち、保険代位や他の制度との重畳的給付における調整（indemnification aliunde）までを導いていくが、保険契約の制度外に存在する被保険者の権利についてまで、損害てん補原則のみから導くことに理論的に無理はないのだろうか[72]。保険制度外に存在する制度との調整を、保険契約上の合意から体系的に説明することには限界があるがために、結局は、衡平（equity）などの調整的価値基準、すなわち保険契約上の合意という内容の外に存在する一般的な規範を利用せざるをえなくなるのではないかと思われる。

　もしこのような批判が当てはまるとすれば、保険給付の社会的なあり方というしわば外部的な視点をとりこんで契約自由を制限する限界を示す規範として求め

71　また、わが国における広義の利得禁止原則まで否定してよいかについて疑問が残る。この点も更に検討すべき課題であると思われる。
72　本章注14）記載の論文の鈴木辰紀博士の保険代位の考察を参照。なお、これはイギリス法に対する批判として展開している議論ではないが、イギリス法を検討するうえで示唆に富む指摘である。

られる原則（利得禁止原則）と損害てん補方式とその論理的結果を含む規範（損害てん補原則）の2つの原則の併存を認める方向性は、法理論の1つの可能性として十分検討に値するように思われる。

なお、こうした考え方をとる場合、損害てん補原則は損害保険に特有の原則となるが、利得禁止原則については、損害てん補方式という給付の態様を導く原則ではなく、各種の重畳的給付や権利との調整を含め、保険金を受け取る人の全体的な財産状態・財政状態をもとに適用される規範であるので、原理的には、保険給付の方式が損害てん補であるかは関係ないということになろう。

ただし、利得禁止原則について、損害保険契約に関しては、すでに考察したとおり、保険法3条や18条2項から禁止原則としての強行法性を導くことができ、これらが実定法上の根拠にもなるものと考えられるが、定額保険契約については、民法90条以外に禁止原則が存在するか、禁止原則の存在を認めるべき実益があるか、存在するとすればその実定法上の根拠をどのように考えるかなど、更に考察が必要である。定額保険には、傷害・疾病の保険、死亡保険、年金を含む生存保険など、様々なものが存在し、損失に対する給付の制度から財産形成のための制度まで、保険商品や給付の機能に大きな幅がある。利得禁止を考察する場合には、保険給付が有する機能や保険制度の特徴を踏まえる必要があるが、損害保険については損害てん補としての共通性が存在するものの、定額保険については給付金の経済的な意義やその法的位置付けについて一元的に説明することが難しい面がある。したがって、定額という点のみでもって給付を規律する原則を一律に論じることは適当ではなく、各種の定額保険におけるそれぞれの特徴と機能をもとに、利得禁止原則の存否やその適用基準を考察する必要があるように考えられる[73]。

---

[73] わが国における広義又は最広義の利得禁止原則は、生命保険などの人の保険についてもあてはまる原則として理解されている。しかし、人についての保険における規範の問題は、人の保険についての特徴をもとに具体的に考察したうえで導く必要があり、本書の射程範囲を超えるため、ここでは、定額保険には多様性があり、定額保険として一律に議論することは適当でないという問題意識を示すことにとどめる。本書の考察に基づけば、物・財産の保険の領域においては、仮に定額給付方式をとる場合も利得禁止原則が適用されると考える。人の保険の領域でも利益禁止原則は存在すると考えられるが、禁止すべき程度は緩やかなものとなるものと考えられる。

7．まとめ

　本章では、損害てん補原則と利得禁止原則を取り上げたが、分析の結果、わが国では損害てん補原則と利得禁止原則が併存し、いずれについても複数の意味内容が認められ、両者の関係が複雑となっていることが明確となった。そして、こうした状況は、複数の国における内容や視座を異にする法理や概念がわが国において併存するために生じているのではないかという推論を示した。

　そして、こうしたわが国の状況をもとに、損害てん補原則と利得禁止原則の2つの原則のいずれもその意義を認めたうえで再整理する可能性を考察した。最も重要な点は、民法90条以外に、保険法において、強行法的性格の原則を認める必要があるかどうか、またその根拠である。本章では、保険法の法理論の中において、民法90条の枠組みとは別に、損害保険の契約自由の範囲を画し、当事者の各種権利等を調整するための考え方が必要で、かつ保険法の条文（3条及び18条の2項）からそれが推論されることを主張した。

　以上の議論をもとに、2つの原則の調整の方向性を考察したところ、損害てん補原則は、損害てん補の給付態様を示す任意法規的原則として理解し、利得禁止原則は、被保険者の損害保険によって生じる財政状況の視点から、損害保険の契約自由の限界を示す原則として理解し、2つの原則を共に認める方向性があるのではないかということを示した。

　このような理解と方向性が妥当といえるかは、これらの原則についてのみ検討するだけでは不十分である。これらの原則は、損害保険における損害てん補の本質に関する原則であるので、損害や利益概念とともに考察する必要がある。また、損害てん補方式に関する各種制度の各論の考察の中でも検証していく必要がある。そこで、次章以降において、これらの原則について、引き続き考察を深めていくこととする。

第4章　直接損害てん補の原則[1]

1．はじめに

　前章では、「損害てん補原則」について考察したが、その際に触れたように、その表現に似た原則として、「直接損害てん補の原則」がある。これは、わが国の海上保険の研究書において、海上保険契約における損害てん補の範囲を説明する際に言及される原則である。本章では、この原則を取り上げて、海上保険を題材として損害と被保険利益の関係について考察する。

　わが国の海上保険理論においては、船舶や貨物などの保険の目的物に事故が発生することによって被保険者に生じるさまざまの種類の損害のうち、保険に付けられた被保険利益そのものに生じた（正確にいえば、その概念に含まれていた）損害を「直接損害」、それ以外の被保険利益について当該被保険者が被った損害を「間接損害」として、海上保険でてん補対象とする損害は直接損害とすることを原則とし、その例外事象として、直接損害であってもてん補の対象としない事象である小損害免責[2]や、間接損害といえるが法律及び契約においててん補の対象とする事象として、共同海損分担額支払責任[3]、損害防止費用[4]、損害額算定費用[5]、貨物の継搬費用[6]及び衝突損害賠償金[7]が存在することが説明されている。この考えは、「直接損害てん補の原則」と称されている[8]。

1　本章は、拙稿「海上保険における直接損害てん補の原則について——海上保険における損害と被保険利益の関係——」早稲田商学433号31頁（2012年）を、改題して加筆・修正したものである。
2　商法830条。
3　商法817条。
4　保険法23条1項2号。
5　保険法23条1項1号。
6　貨物海上保険約款において支払対象として規定されている。なお、商法では、委付事由の1つとして、船舶の修繕不能が掲げられている（833条3号、ただし、835条により、船長が遅滞なく代船によって運送を継続した場合は除かれている。）。
7　船舶保険の契約上、支払いの対象として規定されているもの。商法に規定はない。
8　最近の著作として、松島恵『海上保険論〔改訂第8版〕』（損害保険事業総合研究所、2001年）

第 4 章　直接損害てん補の原則　　85

　直接損害てん補の原則は、わが国の海上保険の研究書においてはほぼ必ずといってよいほど言及される基本原則であるにもかかわらず、陸上保険の領域においては必ずしも言及されない。それはなぜなのだろうか。その違いは、海上保険と陸上保険の相違から生じているのだろうか。また、海上保険取引において重要なイギリスにおいても、同国の研究者の文献をみる限りは、わが国の学説に対応する名称の原則は示されていない[9]。本章では、この原則の意義を検討し、そのなかで海上保険における損害てん補の特徴、損害と被保険利益の関係について考察を進めていく[10]。

　その目的に沿って、最初に、直接損害てん補の原則についてその内容とそれに対する批判を確認し、そこから、この原則は、損害と被保険利益の関係に関する原則であることを明らかにする（第 2 節）。続いて、損害と被保険利益の関係について一般的に考えられる関係を提示し（第 3 節）、そのうえで、海上保険の領域における損害の態様を分析する（第 4 節）。それらの分析から得られた損害と利益の関係に関する考え方をもとに、間接損害と称される各種損害を分析する（第 5 節）。以上の分析をもとに、海上保険における損害と利益の関係について試論を提示し、それが商法及び保険法の条文と調和するかを検証する（第 6 節）。最後

---

282 頁以下、木村栄一＝大谷孝一＝落合誠一編『海上保険の理論と実務』（弘文堂、2011 年）237 頁、361 頁、今泉敬忠＝大谷孝一＝中出哲『海上保険法概論〔改訂第 4 版〕』（損害保険事業総合研究所、2014 年）174 頁。これらの著作は、ここで取り上げる論点について、従来からの海上保険理論の通説を踏襲するものである。同趣旨の理解として主要なものを挙げると、加藤由作『海上損害論』（巌松堂書店、1935 年）1 頁以下、同『海上保険新講』（春秋社、1962 年）183 頁以下、勝呂弘『海上保険〔改訂新版〕』（春秋社、1955 年）275 頁以下、葛城照三『条解貨物海上保険普通約款論』（有斐閣、1959 年）298 頁、葛城照三『貨物海上保険普通約款論　付・運送保険普通約款論』（早稲田大学出版部、1971 年）321 頁、木村栄一『海上保険』（千倉書房、1978 年）164 頁、亀井利明『海上保険総論〔改訂初版〕』（成山堂書店、1979 年）146 頁、姉崎義史「損害填補原則と保険条件について」『創立六十周年記念損害保険論集』（損害保険事業総合研究所、1994 年）941 頁などがある。なお、てん補する対象を被保険利益について生じる損害という考え方は示しつつ、海上保険における損害てん補の範囲を説明するうえで直接損害てん補の原則という概念は利用していない場合も見られる（小町谷操三『海上保険法各論 3 海商法要義下巻 8』（岩波書店、1967 年）1 頁以下）。

[9]　イギリス法においては、直接損害と間接損害とを因果関係をもとに区別する用法は存在する。しかし、理論的な観点から、それを妥当でないとする主張として、加藤由作「英、米保険法における直接損害、間接損害の意義」『創立三十周年記念損害保険論集』（損害保険事業研究所、1965 年）1 頁以下。なお、PEICL における各国法の解説においても直接損害てん補の原則は登場しない。

[10]　こうした理論問題は、観念的議論として実際上の重要性があるか疑問が持たれる場合があるかもしれないが、保険の自由化が進む中、新商品開発やその約款の起草に関係してくる基本的問題として実務上も重要である。また、わが国商法の海上保険に関する法規定の在り方やその内容を検討する上でも意義がある。

に、直接損害てん補の原則の考察から得られた結論をまとめる（第 7 節）[11]。

2．直接損害てん補の原則とは何か

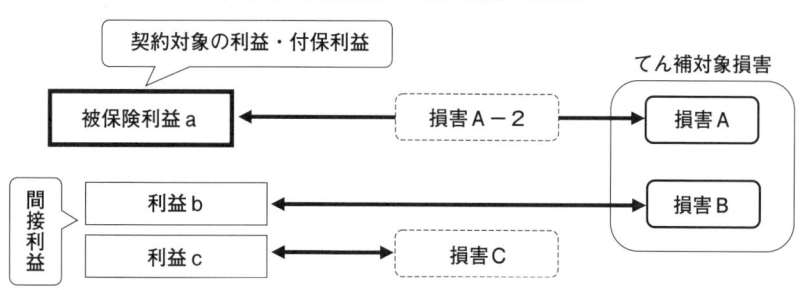

（1）直接損害てん補の原則の意味

　直接損害てん補の原則（本章において本原則という場合は、これを指す。）の内容は、冒頭に示したとおりであるが、言い換えれば、保険者がてん補する対象は、保険契約において契約の対象（目的）とした被保険利益上に直接生じた損害に限り、それ以外において（又はそれ以外の被保険利益上に）発生した損害をてん補する場合には、法又は契約による明示的な合意が必要である、という考えといえる。この原則の概念を明確化するために、その構造を図示すると〈図 1〉となる。

　本原則は、保険契約に適用される保険法や海上保険契約に適用される商法に法文として示されている原則ではなく、また、普通保険約款等に明示的に定められ

〈図 1〉　直接損害てん補の原則　概念図

```
           契約対象の利益・付保利益
                                                てん補対象損害
        ┌─────────────┐                  ┌─────────┐
        │  被保険利益 a   │◀── 損害 A-2 ──│  損害 A   │
        └─────────────┘                  │         │
   間   ┌─────────────┐                  │         │
   接   │   利益 b      │◀──────────────│  損害 B   │
   利   └─────────────┘                  │         │
   益   ┌─────────────┐                  └─────────┘
        │   利益 c      │◀── 損害 C ──
        └─────────────┘
```

〈概念図の解説〉
海上保険では、船舶や貨物等の保険の目的物について各種の被保険利益が存在する。それらのうち、船舶保険や貨物海上保険では、原則として、船舶や貨物の所有財産についての所有者利益（財産利益とも言い換えられる。図 1 の被保険利益 a）について保険を付けるものである。保険事故によって船舶や貨物には、いろいろな損害（A、A-2、B、C）が生じるが、保険でてん補するのは、被保険利益 a についての損害 A と A-2 とするのが原則であるが（商法816条）、少額の場合の例外的扱い（A-2）（商法800条）があり、また、間接損害であっても、法・約款によって特にてん補対象に含められているものもある（損害 B）（商法817条、保険法23条 1 項 2 号、同23条 1 項 1 号など）。損害 C は、保険で対象としていない利益 c 上の損害であり、法律・約款によって特にてん補対象とすることが規定されていないので、てん補対象外となるものである。

11　なお、本章では、比較法的手法から結論を導く方法はとっていない。しかしながら、イギリスでは直接損害てん補の原則という概念は利用されていないことを含み、イギリス法及びイギリスの文献から多くの示唆を受けている。

ているものでもない。本原則は、海上保険における損害てん補の範囲を体系的に説明するうえで利用されている理論上の概念といえる[12]。

なお、本原則が保険の経済的仕組みからみて合理的であることについては、以下の説明がある。すなわち、保険者は過去の経験と大数の観察から事故の発生とそれによる損害を測定して保険料率を決めるが、直接損害だけでも予測が難しいなか、間接損害までを測定して契約することは不可能であり、そのため、本原則の考え方が保険制度において合理的である[13]、というものである。

(2) 本原則と商法規定の関係

本原則は、海上保険において利用されている原則であるから、海上保険契約に適用される商法規定との関係においていかに説明されるかが重要である。そこで、その点について確認しておく。

まず、商法は、海上保険契約について、「海上保険契約ハ航海ニ関スル事故ニ因リテ生スルコトアルヘキ損害ノ塡補ヲ以テ其目的トス」（815条）と規定する。そして、海上保険者の損害てん補義務については、「保険者ハ本章又ハ保険契約ニ別段ノ定アル場合ヲ除ク外保険期間中保険ノ目的ニ付キ航海ニ関スル事故ニ因リテ生シタル一切ノ損害ヲ塡補スル責ニ任ス」（816条）と規定している。

航海に関する事故によって保険の目的物について発生する損害は多種多様である。船舶や貨物などの財物自体の損害に加えて、その事故による収入の減少、追加費用の発生、賠償責任の発生、期待収益の喪失など、さまざまの損害が発生する。商法816条は、「一切ノ損害ヲ塡補スル責ニ任ス」と規定することから、海上保険では、担保する事故（航海に関する事故）と因果関係があるあらゆる種類の損害をてん補することを原則としているようにも思われるが、学説は、このような字句通りの解釈は妥当でなく、この条文の趣旨は、契約において保険を付けた被保険利益に生じた損害のみを対象とすることが当然の前提であるとし、その解釈を導くのが直接損害てん補の原則である[14]。すなわち、本原則によって、保険者

---

12 したがって、この原則は、法的な規範力を有するものとは考えにくく、理論体系上の基本的な考え方といってよいであろう。
13 葛城・前掲注8）『貨物海上保険普通約款論』321頁。
14 加藤・前掲注8）『海上損害論』16頁、他前掲注8）の文献参照。なお、加藤博士は、816条は、「一切の損害」という表現をとるが、同条は、損害てん補の範囲を規定した条文ではなく、対象とする保険事故の包括性を示した条文と解釈する。加藤由作博士は、商法816条の「一切ノ損害ヲ塡

がてん補する対象は保険に付けた被保険利益についての一切の損害であって、あらゆる種類の損害ではないということが導かれるのである。

（3）直接損害・間接損害に係る他の用法

一方、商法816条にあたる条文は、損害保険一般について規定する旧商法及び保険法のいずれにも存在しなく、陸上保険の分野では、この原則を用いて損害てん補の範囲を理論的に説明する方法も採られていない。また、このような被保険利益に基づいて直接損害と間接損害に分けて損害を認識する方式も採られていない。

ただし、保険事故と損害との因果関係が直接か間接かを基準として、損害を直接損害と間接損害とに分ける用法は従前から見受けられる[15]。しかし、この因果関係を基準として直接損害と間接損害に分ける方法については、海上保険の研究者からは、少なくとも海上保険制度には適合しなく妥当でないとの主張がなされている[16]。その理由としては、海上保険では、例えば、船舶衝突の場合には、保険に付けた船舶の損傷のほか、相手船に対する損害賠償責任などが同時に発生し、因果関係からみた場合にはいずれも直接的な損害であり、船舶損傷と相手船に対する賠償責任のどちらも直接損害となって区別することができないため、因果関係の議論とは別の切り口で、直接損害と間接損害とを区別する必要があることが挙げられている[17]。

補スル」という真意は「一切の海上危険を負担する」ことにあるとする（加藤・前掲注8）『海上保険新講』60頁）。この考え方は、海上保険法の改正試案の検討においても支持されている（損害保険法制研究会『海上保険契約法改正試案理由書1995年確定版』（損害保険事業総合研究所1995年）5頁）。

15　勝呂・前掲注8）270頁。
16　同上。
17　同上。なお、ロイズ保険証券様式に基づく船舶保険の保険証券のもとで衝突賠償金が支払われるかどうかが争われた事件（*De Vaux v. Salvador*、1836年）では、原告は、この賠償責任は海上保険で負担している海固有の危険（perils of the seas）によって生じた損害であることから保険でてん補されるべきであると主張したが、裁判所は、この損害は、海上危険の直接的、不可避的結果として発生した損害ではなく、国際法上の仲裁規定に基づいて生じた損害に他ならないから、支払いの対象にならないとの判決を下した。この判決の結果、船舶保険の普通保険約款部分では、賠償責任は支払われないことが確立し、実務界では、それをカバーする特別約款を作ることになった。この判決は、保険における損害てん補の範囲を、付けられている被保険利益の観点からでなく、因果関係の問題として説明したことは適切でないとして、わが国では批判されている（その批判として、勝呂・前掲注8）391頁）。

(4) 直接損害てん補の原則に対する批判

　他方、直接損害てん補の原則に対する批判も存在する。例えば、保険で対象となっていない間接損害であっても法又は約款で担保されている場合はてん補されるとしていることについて、「付保されていない被保険利益に生じた損害をてん補するという命題自体は、はなはだ奇異なものであることは率直に認めなければならない」として、直接損害・間接損害という区分は、結局は、危険から直接に他の危険の媒介なしに生じた損害かどうかで区分する方式が妥当であるとする見解が示されている[18]。

　この批判からわかるように直接損害てん補の原則は、間接損害の扱いにおける整合性に難点が認められる。すなわち、上記批判が指摘するように、間接損害であるにも拘わらずてん補の対象とすると、損害と被保険利益を一対一の対応関係で説明する理論の根本が崩れてしまう。そこで、この原則の存在を支持する学説においても、例外事象については、損害てん補の範囲の拡大とみる説[19]（以下、「例外説」と称することとする。）と拡大された損害に対する被保険利益の設定とみる説[20]（以下、「利益拡大説」と称することとする。）に分かれている[21]。

　まず、例外説においては、商法で規定する損害防止費用、共同海損分担額支払責任などについて、それらが間接損害に当たるとしつつもてん補の対象となることを法による例外として説明する。そのように考えることによって、被保険利益上の損害をてん補するという本原則とで矛盾は生じるが、例外事象とすることで、海上保険契約で契約の対象としている被保険利益の概念自体には変動は生じない。一方、利益拡大説においては、商法で規定される損害防止費用、共同海損分担額などの損害に対応する利益は、保険契約で対象とした被保険利益概念に含まれると考えることによって、その損害を直接損害として認識する。このように考えることによって、間接損害はてん補しないとする理論が維持されて、論理的一貫性を確保することが可能となる。その一方、契約で対象とする被保険利益の内容が、てん補範囲が拡大した部分について拡張されることになり、それを被保

18　横尾登米雄編集代表『保険辞典〔改訂新版〕』（保険研究所、1978年）623頁。
19　加藤由作「間接損害塡補の理論　附、衝突損害賠償金塡補条項の解釈問題」保険学雑誌417号1頁以下（1962年）。
20　見解の相違について、加藤・前掲注19）2頁参照。勝呂・前掲注8）379頁は、商法上の共同海損分担額の支払責任を特則に基づく一種の責任保険が加えられているとみる。
21　例外説から利益拡大説への批判について、加藤・前掲注19）2頁以降参照。

険利益概念からどのように説明するかが問題となる。

（5）小括と問題提起

　直接損害てん補の原則は、その名称からは、損害保険においててん補する対象損害についての損害の範囲を画する原則であるような印象を与えるが、本原則をめぐる議論を確認すれば、損害自体に関する概念上の要素や特徴などは全く利用されていないことがわかる。また、事故と損害との因果関係の要素も含まれていない[22]。結局は、損害てん補の範囲の問題を被保険利益の概念を利用して、損害に対応する利益が保険に付けられているかどうか、すなわち被保険利益の問題として議論が展開されているのである。そして、本原則については、商法等における例外事象をいかに説明できるかを巡って学説に争いがあるが、その争いも、結局は、保険で対象としている被保険利益とは何かという問題が関係しているといえる。

　本原則の存在を肯定する考え方においては、その説明に違い（本章でいうところの例外説と利益拡大説）はあるが、いずれにも共通しているのは、損害てん補の範囲（いかなる種類の損害をてん補の対象とするかという問題）と被保険利益（いかなる利益を契約の目的としているか）とを直接連動させて理解していることである。さらに、損害を被保険利益上のマイナスとしてとらえることによって、損害と被保険利益とを一体的にとらえることにもつながっているといえる[23]。

　しかしながら、本原則の前提に存在するこのような考え方自体が妥当といえるか、本原則を評価するためには、その前提の是非についても考察する必要がある。そのような問題意識から、次節では損害と被保険利益の関係に着目しながら本原則について検討していく。

22　因果関係をもとに、直接損害と間接損害に分ける用法があるが、これは原因と事故との因果関係の問題も含む議論であり、ここにいう直接損害てん補の原則における用法ではないことはすでに述べた。

23　例えば、勝呂博士は、損害とは危険事故発生により利益の全部又は一部が消滅したことをいい、それゆえ、損害と利益は理論上まさに表裏照応の観念をなすと説明している（勝呂・前掲注8）269頁）。他の海上保険学者においても同様の理解がみられる。

3．損害と被保険利益の関係

（1）直接損害てん補の原則における被保険利益と損害の関係

本原則に対する例外事象のうち、質的例外と称されている間接損害てん補のとらえ方に着目して[24]、本原則における損害と被保険利益の関係を分析してみたい。

まず第1に、例外説は、間接損害てん補の例外事象を、被保険利益上の損害ではないから本来はてん補されないが、商法（及び保険法）や約款規定によって損害てん補の範囲が拡大されたものとして説明する。ここにおける理解を図示したのが〈図2〉である。

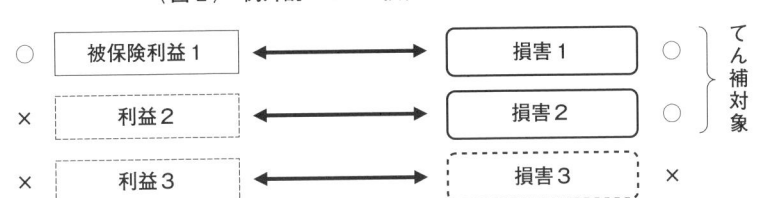

〈図2〉　例外説における損害と被保険利益の関係

	被保険利益		損害		てん補対象
○	被保険利益1	⇔	損害1	○	
×	利益2	⇔	損害2	○	
×	利益3	⇔	損害3	×	

すなわち、この説では、てん補されるのは保険に付けた被保険利益上の損害（直接損害）に限られ、それ以外は、本来は間接損害として保険てん補の対象外となる。したがって、「損害1」は、保険に付けられた被保険利益上の損害なのでてん補されるが、「損害2」は、その利益が（保険に付けることは可能な利益である場合であっても）契約の対象となっていないので間接損害としててん補の対象外となるが、法や約款によって、例外として、損害てん補の対象となると理解するものである。

この説明では、損害てん補の原理を説明しているときには、損害のもととなる利益が契約の対象外となっていることからてん補されないという理論（〈図2〉の利益3-損害3関係、すなわち×-×の関係）を示しつつ、例外としててん補対象

---

[24] 商法上の小損害免責についての例外規定は、てん補する損害の量的例外であり、学説に争いはなく、直接損害てん補の原則の存在自体に疑問を投げかける要素は含まれない。まさに例外事象といえる。

とする場合が存在することで、〈図2〉の利益2 - 損害2、すなわち× - ○の関係のような不整合が生じることになる。

一方、利益拡大説の考え方を図示すると、次の〈図3〉となろう。

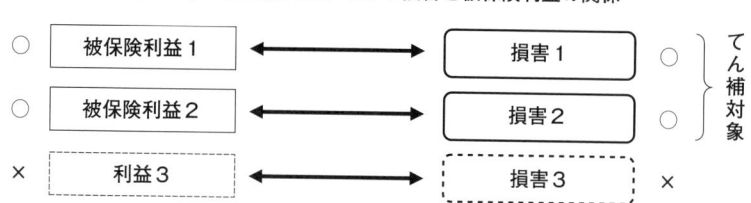

〈図3〉 利益拡大説における損害と被保険利益の関係

○ 被保険利益1 ⟷ 損害1 ○ ｜てん補対象
○ 被保険利益2 ⟷ 損害2 ○ ｜
× 利益3 ⟷ 損害3 ×

この説においては、商法（及び保険法）でてん補の対象とすることを、その利益を保険契約で対象としているとみるので、○-○と×-×の関係が維持され、整合的となる。ただし、ここにおける「被保険利益2」をどのように理解するかという問題が指摘されている。すなわち、商法（及び保険法）で例外として支払いの対象とする損害防止費用、共同海損分担額支払責任などの損害のそれぞれに対応する利益が、海上保険契約の目的とする被保険利益自体として存在しているといえるかという点である。

これらの2つの説に対して筆者が感じる疑問は、損害と利益の関係である。両者の関係は、そもそもこのように一対一の対応関係でとらえるほかないのかという疑問である。直接損害てん補の原則をめぐる学説では、損害と利益が一対一の表裏の関係（損害を利益の減少とみる関係）になっていることを前提としているように理解されるが、対応関係はそれに限られるのだろうか。

そこで、以上の問題意識をもって、損害と利益にいかなる関係がありうるかを考えてみたい。

（2）損害と利益との対応関係

損害と利益の関係を分析するにあたっては、被保険利益をどのように理解するかという問題がある。被保険利益の本質については学説の対立があるが[25]、以下

---

25 被保険利益の概念に関する主な学説としては、保険の目的物に保険事故が発生することにより損害を受けるおそれのある利益とする学説、保険事故が発生しないときに被保険者の有する利益又は

の議論では、保険事故が発生することにより被ることのあるべき経済的利益として理解して議論を進める[26]。このような被保険利益は、同一の保険の目的物について複数の経済主体に認められる場合もあるので、その関係を図示すると、〈図4〉となる。

〈図4〉 被保険利益と保険の目的物の関係

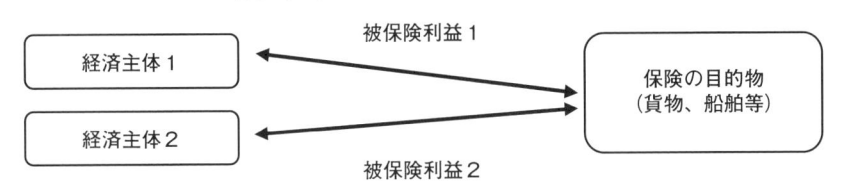

```
                   被保険利益1
  ┌──────┐  ←──────────→  ┌──────────┐
  │経済主体1│                │保険の目的物│
  └──────┘                │(貨物、船舶等)│
  ┌──────┐  ←──────────→  └──────────┘
  │経済主体2│
  └──────┘    被保険利益2
```

　保険の目的物に事故が生じた場合に損失を被る者は複数存在し得る。船舶の場合は、所有者と管理者が別法人である場合も多く存在し、それぞれ保険の目的物に対して利害関係を有し、損失を被る関係にあり、それらの利益関係は、いずれも保険に付けることができる被保険利益といえる。

　さて、このように保険の目的物に対して複数の経済主体がそれぞれ利益関係を有している場合があること[27]を前提としたうえで、損害を種類毎に分けた場合において、その損害とその前提に存在する利益との間でいかなる対応関係が認められるかを考えてみたい。

　まず、利益と損害とを一対一対応の関係としてとらえる見方が考えられる。これを【類型1】と称しておく。直接損害てん補の原則においては、この【類型1】が前提になっているように考えられる。損害の種類毎に異なる利益を認識し、その利益が保険に付けられてなければ、その利益上の損害はてん補されないという考え方である。この場合、損害と被保険利益は表裏一体の関係にあるとい

　　これを具現化する貨財の価値とみる学説、保険の目的物に対して被保険者の有する利害関係とみる学説などがあるが、その概念は、その位置付けを巡る議論とも重なって複雑となっている。被保険利益を文字どおり保険契約の目的とみる立場からは、保険に付けられるものであるので具体的なものでなければならないことになるが、被保険利益を保険契約の適法性とその個別化のための必要な条件とする学説からは、保険の目的物に対して被保険者が有する利害関係として理解すればよいこととなる（大森忠夫『保険法〔補訂版〕』（有斐閣、1985年）67頁参照）。
26　山下友信『保険法』（有斐閣、2005年）247頁以下参照。
27　例えば、船舶の運航に伴って第三者に対して負う賠償責任は、船主に生じるもの、管理者に生じるもののいずれも存在する。

え、損害とは、被保険利益上のマイナスとして認識される。経済主体は、保険の目的物に生じた事故によってさまざまの損害を受けることになるが、それは、経済主体が当該保険の目的物に対して種々の利益関係を有しているからであると理解することになる。それらの各種利益関係のうち、保険に付けることが可能なもの（a）と可能ではないものがあるが、保険に付けることが可能な利益（a）のうち、当該保険契約で契約の目的とした利益（β）とそうでない利益が存在する[28]。〈図5〉における「被保険利益1」とは、付保された被保険利益を指し、「利益2」は、付保可能な被保険利益で当該保険契約では対象とされていない利益か又はそもそも付保可能ではない利益を指す[29]。

なお、ここで注意しておきたい点として、〈図5〉において、「被保険利益1」と「損害1」は、保険の目的物の財産価値についての利益であれば、財産の価値下落を意味する損害は、その発現の態様にかかわらずにすべて「損害1」として考えるべきであることである。例えば、機械が破損した場合に発生する、その修理費用、交換部品代、保管料等は、費目としては異なる場合でも、機械自体の物的損害とみて、同じ範疇の損害としてとらえるべきである。ここにおける「損害2」に加え、「損害3」、「損害4」などとして並列的に位置付けられるものとしては、収益上の損失、責任の負担、事故場所の後片づけ費用などの各種費用支出などが考えられる。

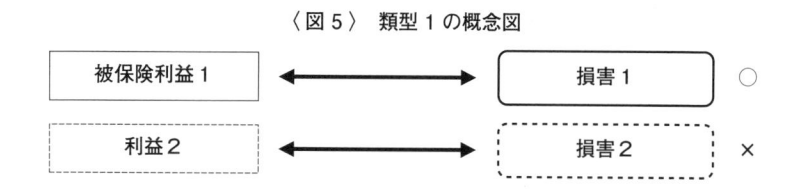

〈図5〉 類型1の概念図

| 被保険利益1 | ⟷ | 損害1 | ○ |
| 利益2 | ⟷ | 損害2 | × |

---

[28] わが国の保険契約理論においては、これらの利益のうち、aもβも被保険利益と呼んでいて概念上も区別していない。なお、ドイツでは、付保可能利益（versicherbares Interesse）と付保利益（versichertes Interesse）の概念の区別がある。藤岡康宏監訳『ヴァイヤース＝ヴァント 保険契約法』（原著書 Hans-Leo Weyers, Manfred Wandt, *Versicherungsvertragsrecht*, 3. Aufl., Luchterhand, 2003）（成文堂、2007年）176頁以下参照。

[29] 直接損害てん補の原則における説明のなかで、加藤博士は、付保利益という用語をしばしば利用している。これは、ドイツにおいて利用されている概念をもとにしたものといえる。

このような損害と利益の対応関係を前提とした場合、損害の種類毎に被保険利益を認識し、それぞれの被保険利益を独立の存在として、それぞれについて損害を認めて保険金を支払うことが可能となり、保険金額の制限も、損害（被保険利益）の種類毎に認める考え方を導くことができる。すなわち、被保険利益概念を利用して、多様な利益毎に別々に保険契約が成立することを導き、被保険利益が別であるから、それぞれについてその経済的評価額である保険価額[30]を認識することも可能となる。ただし、保険価額の概念は、費用支出や賠償責任発生の場合には当てはまらないので、所有者利益、収益利益、代償利益、希望利益など、積極利益と呼ばれる場合が該当する[31]。この考え方は、被保険利益に契約内容を確定させる機能を与えるもので、その点において有益性が認められる[32]。

なお、この場合に、複数の種類の損害をてん補するという合意は、契約で種類の異なる複数の利益を保険契約の目的としているとみることになろう。

このような【類型1】について、そもそも経済主体は保険の目的物について損害の種類毎に異なる利益を保有しているとみるのが妥当か、その場合のそれぞれの利益とは具体的に何を指すのか、という疑問を感じる。

そこで、1つの利益状態から異なる種類の損害が発生するという考え方【類型2】〈図6〉を示してみたい。これは、同一の利益からいろいろな種類の損害が生じると考えるものである。なお、この場合には、保険契約において契約の目的とした被保険利益から種々の損害が発生することから、被保険利益が保険で対象となっていることだけでもって損害のてん補の範囲までを示すことはできない。損害てん補の範囲を画するための別の原則や取決めが必要となる。

30　保険の契約理論においては、伝統的に、被保険利益の経済的評価額を保険価額と評している。ただし、保険法では、保険価額という用語は、保険の目的物の価額を指すものとして利用されている（9条）。この保険法の定義は、保険の目的物の価額をいうとしていて、物の所有者利益の保険の場合の表現となっている点で、定義として適切かについて疑問が示されている（木村ほか・前掲注8）『海上保険の理論と実務』118頁〔大谷孝一〕、また江頭憲治郎『商取引法〔第7版〕』（弘文堂、2013年）428頁も参照。）。保険法における保険価額の概念については、本書第6章で考察する。
31　これらの利益は、プラスの利益が事故によって減少し、その減少に対して損害を認識するものであるので、理論上は、保険価額の概念が当てはまるとされる。実際に、収益の保険などにおいては、実務上も保険価額の概念が利用されている。
32　山下友信教授は、被保険利益の機能として、①損害保険契約を賭博から峻別するとともに、モラル・ハザードを抑止する機能、②損害保険契約における保険の目的や保険給付が何かを確定する機能、③その経済的評価をすることにより保険給付の額を決定することを可能とする機能を挙げている（山下・前掲注26）249頁）。

96　第Ⅰ部　損害保険における損害てん補に関する基礎理論

〈図6〉　類型2の概念図

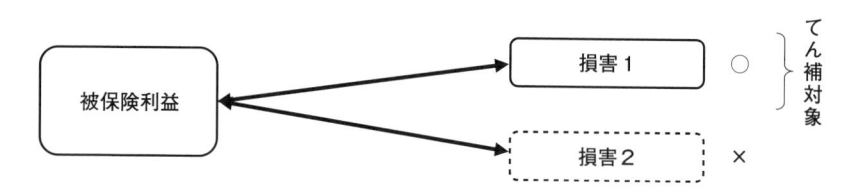

```
                                    ┌─────────┐
                    ┌──────────────→│  損害1  │ ○  ┐
┌─────────┐         │               └─────────┘    │てん
│ 被保険利益 │←────────┤                              ├補対象
└─────────┘         │               ┌ ─ ─ ─ ─ ┐    │
                    └──────────────→│  損害2  │ ×  ┘
                                    └ ─ ─ ─ ─ ┘
```

　この考え方では、「損害1」も「損害2」も、いずれも同一の被保険利益を前提として生じることから、被保険利益を用いて直接・間接を識別することはできない。そこで、直接損害てん補の原則における直接損害・間接損害という概念自体を否定することにつながる。

　なお、【類型2】は、【類型1】を排斥するものではないので、次の〈図7〉のような両者を組み合わせた類型も考えられる。この場合、被保険利益はいくつかの種類に分けられるが、損害の種類毎に利益を認識するほどの細分化は必要ないという考えになろう。

　〈図7〉の場合には、契約で対象としていない利益から生じた「損害3」は、もととなる利益自体が契約の対象外であるから本来はてん補の対象とならないが、法や契約に基づきてん補される場合として示したものである。一方、契約で対象とした利益からもいくつかの種類の損害が発生しうるので、仮に、「損害2」をてん補しないのであれば、「損害1」のみを支払うことか、「損害2」は対象としないことなどを法や契約でもって定める必要があるという理解になる。

〈図7〉　類型1と類型2の組み合わせた概念図

```
                                    ┌─────────┐
                    ┌──────────────→│  損害1  │ ○
┌─────────┐         │               └─────────┘
│ 被保険利益 │←────────┤               ┌─────────┐
└─────────┘         └──────────────→│  損害2  │ ○
                                    └─────────┘   ┐てん補範囲
                                    ┌─────────┐   │の取決めに
┌ ─ ─ ─ ─ ┐         ┌──────────────→│  損害3  │ ○ ├よりてん補
│  利　益  │←────────┤               └─────────┘   ┘
└ ─ ─ ─ ─ ┘         │               ┌ ─ ─ ─ ─ ┐
                    └──────────────→│  損害4  │ ×
                                    └ ─ ─ ─ ─ ┘
```

（3）類型についての評価

これまで述べたとおり、【類型1】においては、損害てん補の範囲の問題を保険で対象にしている利益から説明することができる。この場合、利益は契約の対象そのものとして、その結果として生じる損害がてん補されることを直接示すことになる。また、利益毎に保険価額を認識したり、支払額の基準がそれぞれ存在することを整合的に説明できる。ただし、【類型1】においては、損害の種類毎に利益を観念する必要が生じる。

一方、【類型2】においては、利益概念を細かく分ける必要はなくなるが、利益が保険の対象となっているかどうかで損害てん補の範囲を画することはできないので、別の基準や合意が必要となる。

【類型1】と【類型2】の相違点は、結局は、被保険利益をどのように理解するかという問題といえる。【類型1】の場合は、損害は利益上のマイナスとしてとらえているので、被保険利益は損害と表裏一体の概念となる。一方、【類型2】の場合には、被保険利益は損害の前提となるが、必ずしも損害の種類毎に対応する利益を認識するものではないので、被保険利益の問題とは別に、損害てん補の範囲（てん補する損害の種類）についての取決めが必要となる。

いずれの考え方が妥当か（あるいはここに挙げた類型以外の考え方が妥当かも含めて）を検討するためには、発生する各種損害をもとに具体的に検討する必要がある。そこで、次節では、海上保険の主要な種目である輸出入の貨物海上保険と船舶保険を取り上げて[33]、そこで問題となる損害について考察することとする。

4．貨物・船舶に対する事故によって生じる損失

（1）保険の目的物の損害と経済主体の損失

海上保険は、貨物や船舶を保険の目的物とする保険である。輸出入の貨物は、貿易取引の対象物であり、船舶は海運企業における収益獲得の手段である。そのため、それらの目的物に物的な損害が生じた場合には、単にその物の財産的価値が減少するだけでなく、経済主体に種々の経済的損失が生じる。ここでは、議論の混乱を避けるために、原則として、事故によって保険の目的物自体に生じるマ

33　理論的には、陸上保険分野と共通する面はあるが、ここでは、海上保険を射程範囲として検討する。

イナス[34]を「損害」、その結果、経済主体に生じる経済的悪影響を「損失」と呼ぶこととする[35]。概念図としては、〈図8〉のとおりとなる。

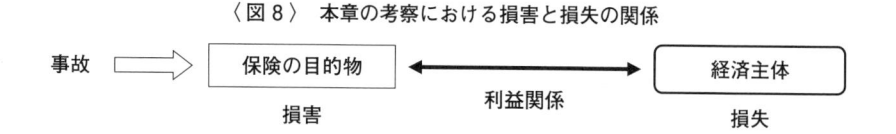

〈図8〉 本章の考察における損害と損失の関係

事故 ⇒ 保険の目的物 ←利益関係→ 経済主体
　　　　　損害　　　　　　　　　　　損失

（2）貨物の損害と経済主体の損失
① 貨物に損害が生じた場合

　輸出入貨物を対象として、貨物に損害が生じた場合に経済主体に発生する損失について、海上保険におけるてん補の処理などとも照らしながら考えてみたい。ほとんどの貨物は、商業上の目的により輸出入されるもので、処分財としての性格を有しているといえる[36]。売買や取引において損失が発生する経済主体は、取引の種類や契約条件によって異なるが、ここでは単純化して荷主と称しておく[37]。

　貨物に損害が生じた場合、その処理方法が問題となる。経済的価値がなければ廃棄処分となるが、その場合、経済主体には、その物の財産価値上のマイナスのほかに、廃棄のための移動、保管、処分等にかかる費用支出が損失として生じる。また、その物を利用して得ることを期待していた利益（海上保険では、これを希望利益という。）の損失[38]、生産計画等の遅れなどによる損失、取引先に対する

34　破損、損傷や変質など物理的な形状や質の変化を指すが、物的なマイナスは生じていなくても、盗難など占有を奪われて利用できない場合も、ここでいう損害に含める。損害とは、通常、被保険利益上に認識するものとなっているが、ここでは、その考え方の是非を議論するものであるので、このように用語を利用している。

35　損害保険の学説、法律、契約において、損害という用語は、いくつかの意味で使用されている。大きく分けると、①保険の目的物に対する物的マイナス、②物と経済主体との利益関係の評価におけるマイナス（被保険利益のマイナス）、③①によって生じる経済主体における財政上のマイナス、という用法が観察される。この損害の概念については、第5章で更に考察する。

36　これとは異なり、展覧会の美術品などは、一時的に利用して元の場所（国）に戻すものがほとんどである。

37　保険手配についても、メーカーや販売者などの貨物の利用者が貨物を輸入して保険も付ける場合、商社などが輸入者となって保険を付けて貨物をメーカーその他に引き渡す場合、メーカーが輸入して保険も付けるが商社などが輸入手続きや保険手配などの業務を代行している場合などが見られる。

ペナルティなどの損失が、状況によって生じる[39]。

　貨物に損害が生じても引き続き貨物に何らかの価値が認められる場合には、その処理方法が問題となる。処理は、貨物の種類・特徴、損害の範囲と程度、時期・タイミング、市況などのファクターの影響を受けるが、最も重要となるのは、予定していた利用者の能力と方針である。

　利用者自身で加工等の処理を施して使用可能であれば、損害貨物は予定どおりに利用者に搬入され、そこで処理される。貨物の損害のために余分な作業が生じ、その費用等が損失として認識される。原材料などで被損部分を除去して使用可能な場合は、被損部分の損害の資産評価額上の損失のほか、除去費用と該当箇所の廃棄費用が生じ、それらが損失となる[40]。こうした処理を第三者に委託して引渡しを受ける場合には、そのための搬送、保管、作業等のコストが発生し、それらが損失となる。

　予定していた荷主では損害貨物を利用できない場合、荷主の貨物受入基準を満たさない場合、又は受入れが経済的に合理的でない場合は、損害貨物を第三者に転売することになる[41]。転売の場合、事故品の状態のまま転売することもあれば、加工・処理を施したうえで転売する場合もある。この場合、転売による損失が生じる。転売による価格差の部分は、原則として、物の財産的価値における損失といえる。

　なお、転売価格との差額には、市況の変動がそのまま反映してしまうので、それを事故による損失とみてよいかという問題がある。貨物保険では、市況変動をできるだけ排除して損害額を算定する方式として、分損計算[42]によって損害額を

38　しかし、その期待利益上の損害を個別に評価することは難しい。貨物海上保険の実務では、期待利益を含めて CIF 価格の110％でもって保険価額として協定し、期待利益分についても価額協定のなかに織り込む場合が多い。この方式は、迅速かつ簡便に支払額を算定でき、合理的である。このように算出した損失額は、貨物の経済価値上の損失と期待収益上の損失を組み合わせたものといえる。

39　これらの損失の発生は、代替貨物の調達状況に依存する。代替貨物が低価格で直ちに得られれば、これらの損失は回避又は軽減できる。

40　原材料などの場合、例えば、元の貨物の価値が10で、使用不能部分の価値が 2、損失除去費用が 1、廃棄費用が 1、それぞれ生じるとすると、荷主は、損害品の価格を 6 以下で引き取ることが合理的に期待できる。しかし、他の業者に販売した場合には、その買取業者の取引利益（それを 1 とすれば）も存在するので、5 以下でしか売れないことになろう。この例からわかるように、分損処理などにおいては、廃棄費用などは、残存貨物の処分価値の中におり込まれることがある。

41　完成品の場合は、輸出者やメーカーに返送して修理等を行う場合もある。

42　計算式は次のとおり。損害額＝保険価額×（正品市価－損品市価）÷正品市価

算定する方式がとられている。分損計算に基づく損害額の算出は、市況変動を排除して財産上の損失を評価する方式といえる。一方、上で述べた原状回復費用の算出は、利益の回復のためのコストの積上げとなるが、分損計算では、物の財産価値上の減少の評価といえるので、厳密にみた場合、評価の基準に違いがある。分損計算は、損害品を実際に売却処分する場合や、売却はしない場合でも損品についての市場価値が存在する場合にしか利用できない。

　また、分損の場合も、状況に応じて、希望利益の損失、ペナルティ、その他の各種損失が発生することは、全損の場合と同じである。

　以上のとおり、貨物に損害が生じた場合には、荷主に各種損失が生じるが、特にそれが使用不能でなければ、それをどのように処理するかによって損失の種類と額が異なってくる。そして、その処理方法は、当事者に生じうるさまざまな種類の損失の全体を考慮して、最終的な損失を最も少なくする方策が選択されるものといえる。経済主体にとっての損失とは、基本的には、こうした処理を行った結果生じる状態と、貨物に損害がなかった場合の状態を比べた場合の差といえる[43]。

　このように、荷主は、基本的には、それまで享受していた利益状態や期待していた利益状態に戻すように原状回復のための対応をとることが基本になると考えられるが、そのために要する金額（損失）を損害として認めるか、物の価値上の下落を損害として認めるかで認定損害額に大きな違いが生じる。よって、何をもって損害てん補の対象として保険給付を行うかについての合意が重要といえる[44]。

② 貨物に損害は生じていないが輸送用具等に損害が生じた場合

　貨物の海上輸送中に積載船舶に損傷が生じた場合には、船舶と貨物の共同の安全のために、救助その他の各種行為がなされ、それらの行為が成功すれば、発生した救助報酬、共同海損犠牲損害、共同海損費用について、適用される法律や運

　　保険金は、次の計算式で算定される。保険金＝損害額×保険金額÷保険価額
　　ただし、海上保険の場合は、保険金額は保険価額と同一として協定されている場合がほとんどとなっている。
43　展覧会の絵画などは処分財ではなく使用するものであるので、損害は、全損の場合には、その価値となるが、それ以外では、原状に戻すための修復に要する諸費用となろう。特別展覧会などの主要作品に損害が生じて展覧会自体の中止や延期が生じれば、その関係の営業上の損害も発生する。
44　機械類に対する貨物海上保険の場合は、被損機械類が修理可能であれば、それを修理して利用することを基本としてそのための費用を支払うことを、通常、約款で取り決めている（英文約款としては、Institute Replacement Clause などがある。）。また、代替部品の航空輸送や追加品の関税も支払対象として定める約款もある。

送契約上の義務に基づき荷主に分担義務が生じる。この場合、貨物に損害が生じていなくとも、貨物の引渡しを受けるためには、分担金の支払いが必要となる。この分担金の支払いが損失となる。

　積載船舶が輸送中に航行不能となってその後の輸送が運送契約上で正当に打ち切られた場合には、荷主は、代替船舶を手配してその地から貨物を継搬しなければならない。荷主には、代船費用、積替費用、一時保管費用などの継搬のための諸費用が発生する。到着までに日時を要すれば、納期の遅れによる期待収益の損失や取引先に対するペナルティの発生などの損失が生じる。貨物が仕向地までの継搬に耐えない状態である場合は、貨物を中間港で処分する必要がある。貨物を処分した場合、輸入者は、購入価格と処分価格との差について損失を被るとともに、その物の利用から予定していた収益（希望利益）が得られないことになる。また、取引先に対してペナルティを支払わなければならない場合もある。この場合も、貨物の物理的な状態だけでなく、取引の内容と関係当事者の状態に照らして、当事者の全体としての損失を最小限にするために最も合理的な方策がとられる。

（3）船舶の損害と経済主体の損失

　続いて船舶について考えてみたい。船舶の所有、管理及び運航の形態は複雑であり、船舶に損害が生じた場合に誰にどのような損失が発生するかは、個々の事案における利害関係によって異なる。船舶の場合は、その所有と管理・運航主体が分離されている場合が多くみられ、関係当事者の契約関係、損害の種類や状況によって、損失の最終的負担者も異なってくる。

　船舶は、それを稼働させて利益を獲得する手段といえるものである。船舶に損害が生じた場合には、基本的には、各種損失の全体（総計）を最も減少させるための措置がとられる。その点は、貨物の場合と同じである。

　船舶に損害が生じて、修繕が物理的に不可能な場合や経済的合理性がない場合には廃船処理となる。その場合には、経済的価値の喪失に加えて、廃船に要する費用（撤去費用、廻航費用、その他）が生じる。また、新しい船舶を調達するまでの間の収益等の損失が生じる。修繕が可能である場合は、基本的には、船舶が運航可能となるように復帰させることに当事者の利益が認められる[45]。船舶を修繕

45　船主と用船者の利害が一致しない場合もないわけではない。例えば、高い用船料で契約し、その後、市場の用船料が下落すれば、用船者は、船舶が全損処理されて用船契約が破棄されることを望

する場合は、造船所における修繕費のほか、修繕地までの回航費用、修繕対応のための追加費用、運航停止期間中の運賃収入の喪失、給与などの経常費用の支出、機会損失などの損失が船舶の運航管理者等に生じる[46]。運航の停止による損失は多額に及ぶことから、損傷を被っても航行が可能な場合には、直ちには修繕せずに、定期点検や改造工事などの時期に合わせて海難工事を行う方式がとられる。仮修理を行っておいて、本修繕は将来の別の機会に繰り延べる場合もある。

　売船は特殊な場合の手段で、関係利害当事者の財政事情や運賃市況などを踏まえて決断される。したがって、売船による損失と事故損害による損失は区別されるべきものである[47]。貨物の場合は、事故品の処理として転売も1つの方式であるが、船舶の場合はその点がやや異なる。

　船舶が事故を被り、救助、その他の共同の安全のために各種措置が必要となる場合がある。この場合は、法律に基づき、船舶財産に対して、救助報酬や共同海損の船舶分担金の支払いが必要となる[48]。この点は、貨物と同じである。

　船舶は、運送主体として、積載貨物、乗客、乗組員、第三者（船舶外の財物、環境等）について種々の損害賠償責任を負う可能性がある。責任の種類や内容は、事故の態様、適用される管轄の法律等によって異なる。また、責任を負う主体も法律によって異なる。

（4）小　括

　以上、事故によって貨物や船舶に損害が生じた場合に経済主体に発生する損失について考えてみたが、以下のようにまとめることができるであろう。

　経済主体は、貨物や船舶を単なる財産として保有しているのではなく、それを利用して利益（profit）[49]を得ているか、得るために保有している。そのため、事故によって貨物や船舶に損害が生じた場合、それらの利益を確保し、損失をでき

　む場合が考えられる。
46　これらの損失の最終的負担者は、関係当事者の契約関係によって異なる。
47　したがって、損害を被った船舶を売船する場合には、売船に伴う損失と事故による損害についての損失とを区別する必要がある。貨物については分損計算方式が適用可能であるが、船舶には当てはまらない。各国の船舶保険約款は、売船の場合の未修繕損害の評価方法について詳細の規定を設けている。
48　用船者が別である場合に、用船料に対して共同海損の分担が求められる場合がある。
49　保険学においては、利益という用語の意味内容は明確には定まっていない。本章では、原則として、利害関係や利益関係を指す場合（英語の interest）を利益と称している。しかし、例外的に、収益について利益という場合もある。

るだけ少なくするために原状回復を図る。これが基本型といえる。そのために各種損失が生じるが、これらの損失は、物の財産としての価値を復元するとともに、多くの場合において、収益や期待利益の損失の回避、費用支出や賠償責任の回避のための損失でもある。このような原状回復が不可能であるか、それが経済的に合理的でない場合は、その物を処分する場合がある。その場合は、予定していた利益状態との差が損失となり、財産価値分についての損失に加え、代替物の手配までの期間に対する収益の喪失や余分な費用などが損失として発生する。このように、貨物や船舶は、財産的価値を有するとともに、それが営利事業の対象であるので、それに関係する各種損失が発生する。

　このような損失をもとに、その前提に存在する利益関係を考えてみると、(i)財産保有としての利益に加え、(ii)収益の手段として利用・運航していることの利益(interest) などを認識することができる。それゆえ、(i)については財産価値上の減少やそれを回復させるための費用等の支出という損失に結び付き、(ii)からは、収益上の損失や費用の支出、責任の負担などが生じてくるように考えられる。しかしながら、(i)と(ii)は相互に関係しているので、事故が生じた場合には、それらの合計を最小にするための措置が取られるといえる。

　このように、損失が生じる前提として存在する利益を考えてみると、所有していることや管理しているという利益状態があることは明確であるが、種々の形態をとって発現する損失の種類毎にそれぞれ異なる種類の利益が存在しているといえるか疑問がもたれる。

　仮に直接損害てん補の原則の前提に存在する考え方が必ずしも妥当とはいえないとなれば、被保険利益を基準にして、直接損害と間接損害とを区別する考え方も妥当といえるか疑問がでてくる。そこで、こうした問題意識をもって、間接損害と称されている損失に焦点をあてて、その前提に存在する利益について考察することとする。

5．海上保険における間接損害の分析

　直接損害てん補の原則において間接損害と称されている損害[50]について、その

50　以下の議論では、本章における用語の使用法と異なるが、本章において損失と呼ぶものであっても一般に損害と称されているものは、損害と称することにする。

もとに存在する利益に着目しながら、それぞれについて以下に考察する。

（1）損害防止費用

　海上保険の理論においては、損害防止費用は、間接損害の代表例として挙げられている。この費用のもとに存在する利益（interest）は何であろうか。

　損害防止費用とは、損害防止義務を背景として、損害の発生又は拡大の防止のために必要又は有益であった費用を指し、保険法は、それを保険者の負担とすることを定めている[51]。この保険法規定は任意規定であり、それとは異なる合意が可能である。海上保険の約款には、保険金とは別枠で、損害防止費用を支払う旨の規定が、通常、存在する[52]。

　損害防止費用のてん補は、損害防止義務を背景とするものであるが、その義務と費用てん補の内容は国によっても様々であり[53]、また約款規定も保険種目によって多様となっている。この義務と費用の位置付けについては、更に研究すべき問題を含んでいる[54]。

　本章における目的の範囲においてこの費用を検討すると、この費用は、保険事故が発生したことを知ったときに損害の発生及び拡大の防止に必要又は有益な費用をいい[55]、損害の防止軽減に成功して結果的には損害が発生しない場合でも[56]、てん補の対象となりうるものである。

　損害防止費用は、費用の支出という外形をとるが、その本質は、物自体や経済主体に生じる各種損害（損失）の軽減のために支出される費用である。もし損害防止という行為をとっていなければ、損害が生じている蓋然性が高いわけであるから、損害が事前の費用支出という形で代替したものとみることも可能であろう。このように考えれば、この費用は、保険で損害てん補の対象とした損害に代替する費用であるから、そのもとに存在する利益も同じ利益といえるであろう。

51　保険法23条1項2号。
52　保険約款の規定内容は、約款により異なる。
53　ヨーロッパ各国の法の内容については、小塚荘一郎ほか訳『ヨーロッパ保険契約法原則』（原著書 Project Group Restatement of European Insurance Contract Law, *Principles of European Insurance Contract Law (PEICL)*, 2009）（損害保険事業総合研究所、2011年）292頁以下。
54　損害防止費用については、更に研究すべき部分がある。筆者の問題意識として、拙稿「損害防止費用とは何か──損害防止費用における損害の意味──」保険学雑誌618号97頁（2012年）。
55　損害の発生及び拡大の防止義務は、保険法13条に規定されている。
56　本章の用語でいえば、損害防止費用を支出した場合、経済主体にはその費用支出についての損失は生じているということになる。

その意味では、同一の被保険利益上に生じているものといえる。

この費用を観察するといくつかの特徴がみられる。

まず第1は、そのもとに存在する利益の複合性である。事故が生じた場合の損害防止行為は、船舶や貨物の財産上の損害を防止軽減するだけでなく、事故によって生じる収益上の損失の防止軽減のためでもある。また、賠償責任の発生防止にも有益である場合がある。例えば、火災発生時の初期消火は、船舶・貨物の財産価値上の損害の防止軽減に加えて、船舶の運航利益、貨物の希望利益、海難事故による油濁損害等の賠償責任の回避など、種々の利益の確保や損害の防止軽減のためのものともいえる。すなわち、荷主や船主等は、船舶や貨物の所有と利用からさまざまな利益を得ているか得ることを期待している関係にあるので、貨物や船舶の損害の防止軽減は、関係する利益上のマイナスを回避・軽減するものである。もっとも、損害防止行為は、各種の利益の保全に効果を有するものであるので、いずれの損失の防止のためのものかを峻別するのが難しい場合が多い[57]。個別の保険では、いかなる費用をてん補の対象とするのかを明確にしておく必要がある。

第2に、損害防止費用は、事故から不可避的に生じる費用ではなく、事故後の防止軽減という人為的行為の結果として生じる点である。すなわち、事故と費用支出の間の因果関係の連鎖において人為的行為という要素が介在していて、因果関係において事故から直接導かれた損害ではないという点である。因果関係における変則性があるためにその扱いを明確化する必要が生じる。

このような2つの特殊性を考えれば、損害防止費用の取扱いを明確化しておく必要があることは十分に理解できる。しかしながら、この費用に対応する固有の利益概念を認識すべき必要性があるかどうかは疑問である。

（2）共同海損分担額に対する支払責任

事故が発生して、船舶・貨物の共同の安全のために異常な犠牲や費用が合理的に支出された場合には、助かった財産の所有者はその財産価額に応じて、かかる犠牲損害や費用損害に対して分担する責任を負う。この共同海損分担責任は、海法や運送契約に基づくもので、法的には、責任の負担の形をとる。

---

57 もっとも、賠償責任を回避するために財物を犠牲にするような場合には、その目的は明確である。

この支払いは、分担支払責任の負担という形態をとる点で、財産価値の下落や収益の減少などとは損失が発生する態様に違いがみられる。しかしながら、共同海損行為の目的は、財産価値の保全、収益や期待利益の確保、賠償責任の回避などであり、その前提として存在している利益は、損害防止費用の場合と異なるものとはいえないように考えられる。また、事故発生の不可避的結果として生じるものではなく、事故後の2次的な行為によって発生するものであるという点も同じである。異なるのは、損害防止費用が自らのためだけに費用を負担している場合を指すのに対し、共同海損の場合は、利害関係者の共同の利益のために支出した費用や負担した犠牲損害に対して、分担義務という形で負担が求められる点である[58]。

（3）貨物の継搬費用

航海の途中で輸送用具に事故が生じて運送不能となり、運送人が運送打切りを合法的に宣言できる場合がある。その場合、荷主は、自ら費用を支払って貨物を仕向地まで輸送するか、貨物が再輸送による航海の長期化に堪えない場合には、現地で売却等の処分を行う必要がある。このような場合の継搬費用は、貨物自体に損害が生じているものではないので、航海を完遂させて期待収益を得るための費用、すなわち期待利益に対する損害防止の費用といえる性格を有する。しかし、いかなる種類の貨物であっても貨物を長期間にわたって中間港で放置しておけばいつかは物的にも損害が生じるので[59]、継搬処理は、物の損害を回避する効果も有しているといえる。なお、貨物海上保険では、約款で、荷主が負担しなければならないこれらの費用を保険てん補の対象とすることを規定している[60]。

本費用のもとに存在する利益を考えると、物の財産的価値を維持し、それからの収益を確保するために必要な費用といえる。また、現地に放置しておけば撤去等の責任が発生するので、適切な処分は、貨物の管理責任者として求められる行為であり、継搬に伴う費用は、管理者としてとるべき措置に伴う費用としての性格も認められる。よって、この費用の前提に存在する利益関係も損害防止費用な

---

58 共同海損分担額支払責任の本質をどのようにみるかは議論があり、その本質を損害防止費用ととらえる考え方も存在する（小町谷・前掲注8）170頁以下）。
59 加えて、保管料などの費用も著しい額になる。
60 例えば、イギリスの2009年協会貨物約款（Institute Cargo Clauses）（A）12条。

どと同じとみることができる。この費用は、事故によって直ちに生じる損失ではなく、人為的な行為の結果の損失という点でも、損害防止費用等と同じ特徴が認められる。

(4) 船舶運航に伴う各種賠償金

船舶の運航においては、他の船舶との衝突、港湾施設との接触、油濁事故などのさまざまな事故によって第三者に対する賠償責任が発生する可能性がある。また、積載貨物の荷主に対する運送契約上の責任や乗組員等に対する賠償責任も発生する[61]。こうした各種の賠償責任は、事故によって直ちに生じるものといえ、事故と経済主体の損失との因果関係は直接の関係にある。ただし、賠償責任発生の原因となる事実は一様でなく、過失等の行為によって責任が発生する場合だけでなく、船骸の存在から撤去責任が生じる場合もある。

これらの責任が財産上や収益上の損失と異なる特徴は、現実に享受しているか享受する予定にある利益における減少という形の損失ではなく、新たに生じる損失であるという点と、発生する可能性がある損失額の上限が事前には不知である点にある。すなわち、その損害（損失）の態様と性格に特徴がある。しかし、これらの責任も、利益（profit）を得るために財物を保有・利用していることに伴って発生するものであり、前提に存在している利益関係については、他の種類の損失の場合と異なるといえるか疑問があり、少なくとも、責任負担という損害しか生じないような特別の利益関係が存在するものではない。

なお、海上分野において生じる賠償責任は、船舶所有者に対して課されるもの、その管理責任者に課されるもの、事故を起こした過失者に課されるものなど、根拠となる法律によって違いが生じる。いずれにせよ、賠償責任は、その法的責任が課せられる根拠となる利益関係から生じるものといえる。

(5) 損害額算定費用

保険法は、てん補損害額の算定に必要な費用は保険者の負担とすることを規定

---

61 なお、これらの賠償責任のうち、船舶間の衝突によって相手船・その積載貨物等の財産に対して負担する賠償責任については、船舶保険において船舶保険の保険金額を限度として引き受ける方式となっているが、その他の賠償責任は、P&I 保険の領域となっている。

する[62]。この規定は任意規定である。損害額算定のために必要となる費用は、事故がなかった場合には発生しない費用ではあるが、その目的は保険金を請求するためのものである。

　請求のために要する費用を保険給付の対象たる損失とみてよいかは疑問がある。すなわち、この費用は、経済主体がもともと享受していた利益関係を背景として発生する費用ではなく、保険金の請求という手続きのために必要となるものであるからである。保険金請求のための損害額の算定費用は、保険金請求に関わる付随的な費用として理解するのが適当であろう。

6．海上保険における損害と利益についての考察

（1）間接損害とその利益関係

　本章第5節において、間接損害と称されるいくつかの損害とその前提としている利益関係を考察したが、これらの損害は、いくつかの類型に分けることができる。

　第1の類型は、保険給付としての損害てん補の対象損害とは性格が異なる種類の損害である。損害額算定費用がこれにあたる。損害額算定費用は、保険の目的物と被保険者が有している利益関係において、またはそこから生じる利益に関係する費用ではなく、保険金の請求において必要となるもので、保険金を請求しない場合には費用支出の必要もない[63]。よって、これは、被保険者が保険の目的物に対して有している利益関係上の損害、又は、その利益関係を背景として生まれる損害とはいえない。この費用は、保険給付としての損害てん補範囲の問題とは切り離して考えるべきであり、その扱いは、保険請求における手続き上、その追加支出を保険者の負担とすべきかどうかという観点から判断すべきものといえる。その点で、損害額算定費用は、法律や契約上に明確な根拠がなければ、直ちには支払いの対象としては認めがたい損害といえる。

　第2の類型は、因果関係において特徴がある損害である。損害防止費用、共同海損分担額支払責任及び継搬費用については、自らが支出する場合には自己の費

62　保険法23条1項1号。
63　保険以外の制度、例えば、過失ある第三者に対する損害賠償請求のために必要となる場合もあるが、それは、その賠償請求のために支出するものといえる。

用支出、他者が支出した場合には、通常、分担責任の負担という形で発生する[64]。いずれも財産の保全や損害の軽減のために生じているものであり、前提に存在する利益関係をみた場合には、同じ範疇の損失といえる。これらの費用支出や賠償責任は、因果関係において事故から直接生じる損害ではなく、損害を軽減させるための人為的行為のコストである。その前提に存在するのは、貨物や船舶の利益関係であり、前提に存在する利益関係は同一といえる。

　第3の類型は、態様において特徴がある損害である。船主の各種賠償責任は、因果関係上は、事故から直接発生するものであり、既存の各種利益を軽減させるためのものでもない。これらの2つの点で第2の類型の損害とは性格が異なる。しかしながら、賠償責任が発生するのは、その前提に所有や管理という利益享受という状態があり、その責任としてマイナスの出来事に対する負担が発生する。したがって、前提に存在する利益関係自体に違いがあるものではない。違いがあるのは、利益の減少ではなく責任の負担という形で損失が発生するその形態面にある。

　このように、間接損害と称されているものを分析すると、いくつかの類型があり、それらを同一種類のものとしてまとめて議論することは適当でないことがわかる。第1の類型は、損害てん補の考察の対象外としてよいように思われる。第2の類型については、因果関係における変則的損害であるので扱いを取り決める必要がある損害といえる。第3の類型は、損害てん補の考え方における例外事象ではなく、損害の態様の問題であり、てん補の対象とするかを明確化すればよい問題といえる。

　第2と第3の類型に共通する重要な点は、それらに対応する利益の概念である。いずれの損害についても、その損害類型毎に対応する特定の利益が存在するとは考えにくく、ここにおいては、いずれの損害についても、損害を利益の減少としてとらえる見方が適切といえるか疑問がある。

　この点を考えると、これらの損害は、被保険利益上の直接のマイナスといえる損害と異なり、その意味において直接損害とは異なり、被保険利益に特徴があるという主張がなされるかもしれない。しかしながら、この点は、これらの損害に特有の事象ではなく、実は、直接損害といわれる財産上の物的損害の場合でも認

64　ただし、海難救助の場合は、救助者はその結果に対して相当の救助料を請求することが認められる（商法800条）。この場合は、救助者は積荷の上に先取特権を有する（同810条）。

められる点である。貨物や船舶保険は、財産価値に対する保険として一般に理解されているが、損害を被った貨物や船舶が利用できる限りは、修理や手直しによって利用することになり、原状回復のために合理的な処置がとられる。通常、そのために要する費用が損失として認識され、保険では、その処理費用をてん補する場合が多い。このコストは、財産の価値を復元するとともに、その他の各種利益の保全コストという性格も認められる。

　これに対し、このような各種利益を考慮に入れた損失がてん補対象になってくるのは原状回復の場合であって、物が使用不能の場合、例えば、全損や貨物の一部の全損の場合は、物の財産価値のみが損害として認識されるのではないかとの見解もあるかもしれない。これらの場合は、一見したところ、財産価値上の損失が損害てん補の対象となっているようにみえる。しかしながら、それでは、取引実態を踏まえた損失をカバーすることにはならないので、海上保険では、輸出入貨物の場合には、保険価額にその貨物の利用から得られると期待する希望利益を加算し、船舶の場合も、銀行融資やその他の担保価値としての評価、その他の評価を加味した額を保険金額として協定している。すなわち、資産としての時価評価ではなく[65]、保有する事業目的や期待利益を勘案したうえでの評価をもとに保険金額を設定しているのである。

　このように貨物や船舶に損害が生じた場合、その財産価値の減少に対するてん補ではなく、それを復旧させるための費用がてん補され、全損の場合も、事業用としての目的や期待利益を考慮にいれて協定した保険金額が支払われる実情にある。海上保険は、営利事業として利用する財物に対する保険制度であるので、給付の対象とする損害も、時価評価という保険法の原則を踏まえながらも、実際には、享受している利益を鑑みた損害てん補となっているのである。このように、損害とは、利益を種類毎に分けて、その単一の利益上の減少をいうとは必ずしも言い切れない状況が存在する。貨物や船舶などの財物の所有者利益についての財産価値の減少に対して損害てん補する保険と考えられている海上保険の中核的部分においても、所有・管理に係る複合的な利益状況を反映して損害を算定せざ

---

[65] 例えば、会社の資産についての保険であれば、船舶の保険金額を会社会計上の資産評価額とすればよいともいえる。しかし、これでは船舶が有する各種事業上の価値をカバーできないので、種々の利益を考慮した金額をもって保険価額として、それを保険金額として協定する実務がとられている。

を得ないし、そのような利益の複合的な実態を踏まえたうえで海上保険の給付制度が運営されているといえるのである。

（2）海上保険における損害と利益の関係

これまでみてきたとおり、直接損害てん補の原則は、損害てん補の範囲の問題を被保険利益が契約の対象となっているかどうかから説明するものである。すなわち、損害に対応する被保険利益が契約で対象となっているかを基準として、てん補対象の損害の種類を判定するものである。それゆえ、その前提には損害と被保険利益を対応させる考え方が存在する。しかしながら、この考え方は、間接損害と呼ばれる商法に規定される損害の扱いにおいて整合性に問題が生じ、その不整合をいかに説明するかで異なる見解が示されている。例外説をとれば、直接損害てん補の原則における例外が生じて原則としての一貫性が崩れるし、利益拡大説をとれば、被保険利益の内容における整合性に問題が生じるといえる。

直接損害てん補の原則の前提に存在する考え方は、このように、損害と被保険利益を連動させるもので、更にいえば、その前提には、損害と利益を一対一の対応関係として理解する考え方が存在する。しかしながら、本章で分析したように、この前提が妥当といえるかは疑問がある。損失が生じるのは、被保険者と保険の目的物との間の利益関係が存在するからであることは疑いないが、それは、貨物や船舶を所有したり管理したりしているという実態から生じるものであり、その点においては、間接損害と直接損害との間に本質的な違いはないように思われる。逆に損害の態様毎に対応するような異なる利益が実際に存在すると考えることが妥当といえるか疑問がある。

そもそも、損害の種類毎に異なる利益を認識する場合の利益とは、損害てん補の対象損害を一般的・抽象的に指すために利用されている概念であって、てん補する損害を利益として言い換えたものと考えられないだろうか。利益概念に転換することによって、損害てん補の対象である損害は、利益という側面から、保険契約における契約の目的としての地位を与えられ、保険を付けたところの被保険利益上のマイナスとして発現したものと考えることになる。こうした考え方によって、契約のいわば入り口から出口までを論理的に一貫して説明することが可能となっている。さらに付言すれば、このような体系において重要な意義を有するのが保険価額であり、保険価額は、伝統的学説において、被保険利益の評価額

として理解されているので、損害てん補の量的限度となる。加えて、保険価額を被保険利益の評価額と考えることで、損害てん補と被保険利益を数量的にも結び付ける機能も有しているといえる。

　しかしながら、この利益から損害までを一体として体系化した論理が必ずしも整合的ではないことは、間接損害の扱いが難しいという点に示されている。間接損害は、上記のような保険価額という評価とは調和しない。そこで、財物の被保険利益からは切り離して考えざるを得なくなる。その損害は、被保険利益の評価上の直接のマイナスではないからである。

　そして、こうした問題を考察していくと、契約の前提としての問題と損害てん補の範囲の問題とを切り離して考えてはどうかという問題提起に結び付く。この理解は、被保険者が享受している利益関係を把握する場合に、各種損害に対応する独立した各種利益を束ねて有しているとみるのではなく、貨物や船舶を所有し、利用しているという関係を被保険利益としてとらえるものである。このような利益状態は、損害てん補の対象自体ではなく、損害が発生する前提、換言すれば、事故の発生によって経済主体に損失が発生する可能性があるリスク状態といえる。したがって、それが存在しなければ、損害の発生可能性がないので、契約を無効とする必要がある。しかし、それ自体は損害の裏返しでもなく、その利害関係から状況に応じていろいろな種類の損害が発生するので、いかなる種類の損害をてん補の対象とするかについて契約で定めることが必要になる。そこで、損害てん補の対象を、財産評価上の減少とするのか、原状回復のための追加費用の支出による損失とするのか、収益上の減少とするのか、責任の負担額とするのかなど、事故によって経済主体に発生する種々の「損失」のうち、いかなる種類の損失とするかを取り決める必要があるということになる。この考え方における損害と利益の関係は、〈図6〉の【類型2】にあたる。

　以上をもとにすれば、損害保険契約において契約の効力要件として求めるべき事項は、そのような損害を導く可能性があるリスク状態（利益関係）が存在するかどうかといえるのではないだろうか。

（3）商法条文等との整合性

　このような考え方は、商法や保険法の条文と整合的といえるであろうか。その点も検討しておく必要がある。なぜなら、直接損害てん補の原則は、商法816条

の「一切ノ損害ヲ塡補スル責ニ任ス」という条文や損害防止費用等のてん補義務を定めた改正前商法（現保険法）の解釈に伴って主張されてきた原則であるからである。

まず、商法816条の「一切ノ損害」をどのように解釈するかである。816条は、「保険者ハ本章又ハ保険契約ニ別段ノ定アル場合ヲ除ク外保険期間中保険ノ目的ニ付キ航海ニ関スル事故ニ因リテ生シタル一切ノ損害ヲ塡補スル責ニ任ス」と規定する。本条文は、損害てん補の包括性を示したものではなく、対象とする保険事故の包括性を示したものと解釈すべきとの主張がある[66]。その主張の立場からは、816条の存在によって本書における主張は否定されない。そのような保険事故の包括性ではなく、文字どおりてん補損害の包括性を示していると考えた場合は、「……事故ニ因リテ生シタル」という点に注目すべきであろう。その場合、因果関係のあるあらゆる損害を損害てん補の対象とするというのが816条の趣旨とみることになる。しかし、それゆえ契約において損害てん補の具体的な対象を定める必要があり、定めなければ一切の損害をてん補することを原則として理解すればよいので、本稿の主張は商法の解釈上で矛盾を生まない。816条は、「本章又ハ保険契約ニ別段ノ定アル場合ヲ除ク外」と明確に規定していることも、このような解釈と調和する。

それでは、商法に規定がある共同海損分担額支払責任、保険法に規定がある損害防止費用及び損害額算定費用を理論的にいかに説明するかということになる。

まず、損害額算定費用に対する支払いについては保険法に規定があるが、これは、保険金の請求手続きのための費用であり、請求行為のために必要となってくるもので、事故によって直接生じる損害とはいえない。保険金請求に付随するものとして、保険給付における損害てん補の対象損害とは性格が異なるとみることが相当である。よって、この費用は、816条のもとでのてん補対象損害となるものではないことから、法律規定や契約において取扱いを定めておくべき費用といえる。その点で、保険法が損害額算定費用について規定を設けてデフォルト・ルールを明確化していることは理論的にみて相当である。

続いて、損害防止費用及び共同海損分担額支払責任についてである。これら

66　加藤・前掲注8）『海上保険新講』60頁。なお、海上保険法の改定の試案では、816条について、「保険者の負担する責任」の表題のもと、海上保険者の危険負担について包括責任主義をとることを示す条文として改正試案が提案されている（損害保険法制研究会・前掲注14）5頁）。

は、いずれも事故が発生した後に人為的になした行為に基づくという特徴をもつ。すなわち、事故と損害（被保険者の損失）との因果関係が直接でなく、二次的行為が介在することから、これらの損害は因果関係の原則からみた例外にあたるので、それをてん補するためには法や契約による明確化が必要といえる。これらをてん補の範囲とするかどうかは合意の問題といえるが、商法や保険法の規定は、契約当事者の利益の均衡においてこれをてん補対象とすることをデフォルト・ルールとすることを法律で定めたものと理解することができる。

このように商法や保険法にてん補についての例外規定が設けられているのは、いずれも損害発生の態様において変則的特徴があり、取扱いを明確化する必要があるためである。これらの例外は、規定を設ける意義を十分に認めることができるので、あえてそれらの取扱いを被保険利益の概念から導く必要はないように考えられる。

なお、直接損害てん補の理論においてしばしば挙げられている衝突損害賠償金の位置付けについても整理しておく必要がある。衝突損害賠償金については、商法に規定は設けられていない。すなわち、商法は、この支払いについては、特に法律で明示していない。賠償責任は、因果関係においては、事故から直接生じるものとみることができるので、損害防止費用などのその他の間接損害と称される損害とは性格が異なる。賠償責任における被保険利益をどのように理解するかについては、学説上も議論があるが、仮に利益という存在を観念すれば、船舶の所有や管理という利益状態から生じてくる責任といえ、その損害は、利益上に直接生じる損害とみることができる。この場合の概念図は、1つの利益状態から生じる損害の1つとして、〈図6〉の【類型2】のように捉えることができるし、仮に責任は物の所有者利益とは異なるとして両者を分離したとしても、〈図7〉のように理解して、船舶保険は、所有者利益と責任利益に基づく2つの異なる利益に対する保険を組み合わせたものと考えることができる。そのいずれの場合も、利益から生じる直接的な損害といえる点では同じである。したがって、問題は、保険契約でその損害を対象にしているかどうか、換言すれば、保険でそれをてん補の対象にするかどうかという問題であり、そこに何らの変則性も存在しない。よって、商法がその扱いを規定していないことは当然のことといえる。

商法816条は、「本章又ハ保険契約ニ別段ノ定アル場合ヲ除ク外 … 一切ノ損害ヲ塡補スル責ニ任ス」とあることから、816条の解釈によっては衝突損害もこ

の一切の損害に入るかどうかが議論となりうるが、保険契約においててん補の対象とするかどうかについてその扱いを明確化すればよい事項であるので、実務上においても特に問題とならないものといえる。

(4) 直接損害てん補の原則の意義

　海上保険の学説は、商法や保険法において特にてん補することが明示されている損害（間接損害）について、その扱いを被保険利益の観点から説明してきた。しかしながら、それらの損害については、それぞれ取扱いを明示すべき理由があるからであって、明示規定の必要性を被保険利益から導く必要はないという結論になる。被保険利益から間接損害を説明する学説に争いが生じていたのは、もともと被保険利益の観点からこれらの損害の特殊性を説明すること自体に無理があったことを示しているように思われる。

　直接と間接とを区分けする意味があるとすれば、事故と損害との因果関係においてであろう。因果関係は、原因事象と事故との間、事故と損害との間の両方において問題となりうる。後者の「事故と損害との間の関係」について、両者間に何の事象も介在しないことが原則であるが、そうでない場合を例外として、そのような意味において直接損害てん補の原則を理解するのであれば、この原則の存在を認めてよいと考えられる。なお、このような直接と間接の区分けをした場合、賠償責任は直接損害にあたることになり、その賠償責任を防止軽減するために人為的行為を行った結果生じる費用や犠牲損害などを間接損害として理解することになる。

　このような意味における直接損害てん補の原則は、条文上の根拠としては816条の因果関係にかかる文言の中に示されているということができる。しかしながら、この意味における原則は、海上保険に特有の考え方とはいえず、また、保険法における一般理論として当り前のことといえるのであれば、原則として掲げる意味があるかどうかは疑問となる[67]。

---

[67] この問題は、保険における因果関係の問題に関係してくる。もし、因果関係の考え方からは、保険における損害てん補の範囲について、事故後における二次的な行為の結果までを含める考え方が導かれるのであれば（たとえば、通説である相当因果関係説に基づく場合に、損害防止費用や共同海損分担額も因果関係のある損害として認定される場合）、直接損害てん補の原則は、保険における因果関係の原則を示す考え方としてその意義を認めることができると考えられる。

7. まとめ

　本章では、海上保険における直接損害てん補の原則を取り上げて、それを支持する学説においても、間接損害の取扱いを巡って見解の対立があり、いずれの説を採用しても理論としての矛盾が生じうることを明らかにして、その前提に存在する被保険利益と損害の関係についての理解、すなわち、損害と利益とを一対一の対応関係として、すなわち損害を利益のマイナスと捉えて、海上保険の契約理論を体系化する考え方に無理があるのでないかという問題を提起した。そして、その仮説の妥当性を示すために、海上保険における具体的な損害を分析して、間接損害と称されている損害の前提に存在する利益関係について考察した。

　これらの考察の結果、法律や約款で取扱いを明確にする必要がある種類の損害は、その利益関係に特殊性があるからではなく、損害発生における因果関係や損害の態様上に特殊性があるためと理解すべきとの結論が得られた。そして、このような考え方が商法等の解釈論としても成り立つことを示した。

　以上の考察から、被保険利益を基準として、直接損害と間接損害を区分し、直接損害を保険てん補の対象とするという意味における直接損害てん補の原則における問題点を示した。

　一方、本章では、その検討過程において、直接損害てん補の原則の議論における被保険利益の概念は、損害てん補の対象とすべき損害の種類を説明するうえでの観念的概念にすぎないのではないかという問題提起も行った。すなわち、海上保険に関する伝統的理論においては、損害てん補の範囲の問題と被保険利益の種類の問題を連動させた契約理論を構築しているが、貨物や船舶の損害の前提に存在する利益を、このように損害の種類毎に分化させて認識することが適当であるかは疑問があることも示した。また、損害と利益とを一対一の対応関係として結び付けるうえで重要な役割を担ってきたのが、保険価額の概念ではないかということの問題提起もした。そして、損害が生じる根源であり、前提となる利益関係の存在の問題と、損害の態様の問題とを切り離し、後者については、てん補する損害の種類と基準を法や契約で別に定めるべき領域の事項でないかということも問題提起した。

　直接損害てん補の原則は、被保険利益から損害てん補までを一体的に説明する

考え方を前提としていて、このような契約理論の基本構造に限界があることは、直接損害てん補の原則における矛盾から間接的に示されているのではないかと思われる。

　本章では、海上保険における損害てん補に焦点を当てて、その切り口から契約理論を考察したが、考察から得られた最も重要な点は、契約の有効性に関わる利益の存在の問題と、てん補する損害の種類や額を定める問題を切り離して理解する方向性である。契約の有効性の前提となる利益とは、損害が生じる前提として存在する利益関係であるが、はたして損害と利益を表裏として一対一の対応関係とみる必要はあるのであろうか。

　このことについて更に考察するためには、「損害とは何か」という問題、すなわち、損害保険において損害てん補という給付方式をとる場合にその損害とは何か、また、なぜそのような損害概念が必要であるのかについての考察も必要である。

　また、利益と損害とを一対一関係で結び付けるうえでは、保険価額の概念が重要な機能を果たしてきたと考えられるので、上記の問題提起が、保険価額の概念に照らして、矛盾しないことを示す必要もある。

　これらについて、次章以降において考察を深めることとする。

第5章　損害保険における損害と利益の関係についての考察[1]

1．はじめに

　これまで、第1章から第4章において、損害保険における損害てん補給付の本質について、種々の角度から考察を加えた。
　第1章では、損害保険における給付が各種の限定を経たものであり、その給付方式を貫くために変則的といえる状況における調整の制度が存在し、それが法律上も規律として示されていることを明らかにした。また、損害保険契約が有効となる前提として、利益の存在が必要であることも示し、損害保険における損害と利益に関する制度上の枠組みの全体を示した。
　第2章では、こうした損害てん補方式といえる給付の位置付けを確認するために、過去において展開された論争を題材として、絶対説、相対説及び修正絶対説をそれぞれ分析した。その結果、それらの学説は、視点が完全には同じであるとはいえず、対立する学説としていずれかのみが正しいというものでは必ずしもなく、いずれの学説も、損害保険の本質に対する分析として、そこから有益な示唆が得られることを示した。得られた示唆を並列的にまとめれば、損害保険における損害てん補方式は、損害保険契約において絶対的に求められる位置付けの方式であるが、その内容は、損害を厳密に定義した場合には損害から外れるような蓋然損害の救済をも含む制度であり、この方式には利得禁止という外的な公序要請が関係していると理解できることを示した。一方、論争の考察から、損害保険における損害の意味を厳密に定義することの困難性が明らかになるとともに、経済制度である損害保険において、損害の概念を一般的・抽象的に定義することの必要性がそもそもあるのか疑問があることを示し、また、公序という外的な要請の

---

[1] 本章は、拙稿「損害てん補と定額給付は対立概念か」保険学雑誌555号64頁（1996年）の主張内容を基本として、その後の学説の進展、本書の第1章から第4章の考察も加えて、全面的に書き直したものである。

みでもって、損害てん補方式そのものを導くことは難しいのでないかという問題提起も示した。

第3章においては、損害てん補に係る各種制度を説明する場合に用いられる原則を取り上げて吟味した。とりわけ、理論研究において頻繁に用いられる損害てん補原則と利得禁止原則は、研究者によって内容の理解に違いがあることを明らかにし、イギリス法やヨーロッパ保険契約法原則（PEICL）との比較も利用しながら、これらの2つの原則について、損害てん補方式を示す任意法的原則を「損害てん補原則」、給付についての契約自由を制限する強行法的原則として「利得禁止原則」をとらえる方向を試案として示した。

第4章では、海上保険研究において伝統的に支持されてきた「直接損害てん補の原則」を取り上げて、この原則における本質が、被保険利益と損害との関係の原則であることを明らかにした。そのうえで、この原則における論争と問題点を材料とし、更に、海上保険における各種損害を詳細に分析して、この原則が立脚する前提に存在する利益と損害の関係について再考する必要があることを示した。そして、そこから、契約の前提として求められるべき利益とてん補対象とする損害の態様とは、必ずしも一対一の対応関係にあるものではなく、両者を切り離した契約理論を導く方向性を示した。

以上のとおり、前章まで、損害てん補の本質について考察してきたが、そこに常に存在する根源的な問題は、損害とは何か、そして、損害と利益の関係である。本章では、この根源的な問題について、その本質について考察を深め、損害と利益に関して導かれること及びそれを踏まえた損害保険における損害てん補の本質について、その理解を仮説として提示することとする。

本章では、この目的のために、最初に、事例等をもとに損害の態様を考察して、損害の認識にはいくつかの次元があることを示す（第2節）。そのうえで、損害保険において損害てん補という場合の損害の意味について考察して、損害保険の損害てん補という給付方式の特徴点、及びそこにおける損害と利益の関係を考察する（第3節）。続いて、損害てん補方式が採られている理由を考察する（第4節）。以上をもとに、損害てん補方式の強行法性について考察する（第5節）。最後に、損害てん補の本質に関する考察から導かれたことを仮説として提示して、第6章以降における各種制度の具体的考察への橋渡しとする（第6節）。

2．損害とは何か

（1）損害の態様についての問題提起

　損害とは何かについての筆者の問題意識を示すために、最初に、最も典型的と考えられる物の損害を対象として、損害保険の保険金支払いに関する事例を利用しながら問題を提起しておきたい[2]。

　損害てん補の現実において遭遇する問題の第1は、価値評価の困難性である。保険金支払いの実務処理において、物の価値評価に関して様々な考え方が示される場合は少なくない。保険契約の当事者間で、物の価値を巡って主観的な評価に相違が生じることは、当たり前の事象である。ここで指摘したい問題は、商業取引において利用されている一般的な財物であっても、その価値の捉え方にいろいろな考え方が存在するということである。例えば、鑑定の専門家でも人によって評価額に大きな乖離が生じる場合があるが、これは物の価値評価はもともと難しい問題であることを物語る一例である。例えば、船舶保険において相手船の過失によって本船が全損となった場合、保険者は約定保険金額の全部を支払い、請求権代位に基づき相手船に対して賠償請求する。その際には、失われた船舶の価値が重要な争点の1つとなる。そのために、当事者は、それぞれ専門家の鑑定書などを取り付けて船価について争うことになるが、それぞれの専門家の鑑定数字に大きな開きが生じる場合が少なくない[3]。一般的に、物の価値の評価は、算定方式によって相違が生じる。代替性が少ない物であればあるほど、評価にばらつきが生じる[4]。

　このような価値評価の相対性を鑑みると、物の価値評価は、価値をいかに認識するかという問題であって、認識の基準や制度により異なりうるものといえるのではないか、すなわち、損害の評価とは、認識の基準や当該制度において損害を

---

[2] 本章の事例は、筆者が保険会社において保険金支払処理に携わっていたなかで蓄積した経験と認識をもとにしている。それらは、特殊例ではなく、一般的に観察される事象といえるものである。

[3] 鑑定は、市場における売船例、建造価格からの減価、その他の評価要素等を総合勘案して下される。

[4] 市場における取引価格は、具体的な証拠となる材料があるので客観性という点において信頼性があるが、市況によって大きく変動が生じる。また、取引例が少なければ、取引価格の一般性に対する信頼性は減る。

いかに認識するのが相当であるかという問題といえるのでないかと考えられる[5]。

第2は、物の付加価値性である。物はいろいろな情報やブランドなど、個人や企業にとっての価値を含んでいる場合がある[6]。物の物理的製造コストより、それに付加される情報価値の経済的価値が高い場合もある。その結果、物に損害が発生した場合には、付加された価値の損失が問題となる。また、物は、費用や責任の発生の原因にもなる。本来の用途に利用できない場合に、その代金をはるかに超える処分費用や責任が発生する場合があることはいうまでもない[7]。

第3は、損害の個別性である。物についての事故によって経済主体が被る損害は、物自体の物理的な損傷の程度に必ずしも連動するものでなく、物を所有する目的やその所有から現実に享受していた利益によって異なってくる[8]。経済主体が被る損害は、事故時における個別事情によって大きく影響を受ける。商品であれば、その時の市況や納期、代替品の在庫状況等が関係してくる[9]。経済主体に発生する損害は、個別的な要因によって現実には大きく影響を受けるものといえる。

第4は、損害の多様性である。物に対する事故によって物を所有していた経済主体が最終的に負担する経済的負担の種類にはさまざまなものがある。期待利益の喪失、ペナルティの発生、信用の喪失なども存在する。経済主体に生じる損害について、その種類を観察していくと、その内容は極めて多様になる。これらの損害は同時に生ずることもあれば連鎖していく場合もある。ここにおいても、何

---

[5] 例えば、被保険者が自助努力により自己の損害に対処する制度における「損害」と第三者がその過失に対してその責めを負う対象としての「損害」の具体的中身は同一である必要はあるだろうか。それぞれの制度において「損害」として認識する中身は、問題となる制度の考え方によって変わりうるように考えられる。
[6] パソコン等に搭載される個人情報や企業情報などは、その端的な例である。
[7] 典型例として、原油の油濁の場合、その回収・清掃・賠償コストは、原油の価格とは比較にならないレベルになる。
[8] 新品のブランド製品（例えばハンドバック）に雨濡れが生じた場合、物理的には同一の事故であっても、商品として輸入する過程で事故が生じたときと、個人がそれを購入した直後に生じた場合とで損害は同一であろうか。これは単純な例であるが、損害は、物理的には同一であっても、それを所有する人の経済的損害は、その物を所有する目的によって異なってくる。
[9] 貿易貨物など、物が売買の対象である場合、同一種類の商品の同一形態の損傷でも、その所有者の経済的損害は、それを処分する国、マーケット、更には買主の置かれた状況によっても異なりうる。商品に軽微な損傷が生じた場合で、買主側にそれをすぐに使用したい状況があれば、その損傷を問題とせずに損害品を受け入れることがある。他方、在庫品が多く存在したり市場の価格が下落しているときなどは、引取りを拒否して転売せざるをえない状況になる場合がある。その時の当事者の置かれた状況によって、物の処分方法も変わって、その結果生じる損害額も大きく変動する場合がある。

をもって損害として認識するかが問題となる。

 第5は、損害の複合性である。物に対する事故によって経済主体はいろいろな種類の損害を被るが、それらの個々の損害は、それぞれ独立している場合もあれば、相互に関係している場合もある。物に対する損害が生じた場合に、経済主体としては種々の損害の総体を最小化すべく行動し、またそうすることが合理的である。例えば、メーカーにとって、商品はブランドイメージの源泉であるだけでなく、アフターサービスの対象でもあり、賠償責任の発生原因にもなる。被損商品の修理が、物の価値の保存になると共に費用支出や賠償責任の回避にも合致する場合がある一方、費用や責任の発生を未然に回避するためには修理可能な損傷品を廃棄した方が合理的な場合もある。賠償責任の発生の回避、ブランドや信用の保存のために、物を犠牲にする場合もある。物の価値の損害とその他の損害は複合していて、物の損害の回避と経済主体におけるその他の損害の軽減が調和しない場合もある[10]。

（2）損害に関する異なる次元の認識

 以上、実際に生じる事故などを例として、損害の態様について感じられることを示したが、こうして損害について観察してみると、損害の意味内容は問題となる領域によっても異なり、損害を認識する対象もいくつか存在するのではないかとの問題意識をもつ。損害保険が問題となる場合において、物についての「損害」を議論する場合に、その損害が生じている対象に着目すると、少なくとも、次の3つの異なる次元があるのではないかと考えられる。

 第1は、物自体に損害を認識して、その状態を損害と称する場合である。例えば、「船体に甚大な損害が生じたが貨物の損害は未確認である」という場合の損害の概念である。この場合、損害は、その物自体の物理的形状や質の変化に対する概念である。これは損害が客観的に識別できるかどうかという点で重要な概念

---

10 その他の例として、輸出プラント機器の一部に軽微な損傷が生じ、修理のために機器の日本への返送、検査、修理、返送が必要となる場合を取り上げてみたい。事故が納期の直前に生じた場合、ペナルティの支払いを回避するために、その物を修理せずに代替品を送った方が輸出者の全体的な損害は少なくなるかもしれない。このように物の価値の保全という点では最も合理的な行動が、その経済主体にとって最も合理的な行動とはならない場合が存在する。また、梱包が雨濡れした電子部品・製品について、中身は濡れていないと合理的に判断できても濡れていないとは証明できないことがある。メーカーのリスク対策の点からみたら、製造物責任や信用上の損失を未然に回避するために物を犠牲にすることが合理的な場合もありうる。

で、この場合の損害は事故という意味に近いものと思われる。ここでは、「物自体の損害概念」と称しておく。一般的に、物自体の損害は次の利益や財政上の損害をもたらすことになるが、両者は必ずしも連動したものとはいえない。例えば、物の盗難、行方不明、拿捕、押収といった場合、物自体には直ちに物理的変化が生じているわけではない[11]。一方、物理的な損害が生じた場合であっても、その程度と被保険者の経済状態に生ずる悪影響の程度は、必ずしも比例してはいない。例えば、輸入貨物に損害が生じたものの、貨物を利用する買主の利用目的に照らしてあまり問題にならないとして、損害品の修理・加工等をせずにそのまま引き取る場合がある。また、例外的な場合であるが、建物について所有者が建替えのための解体を考えている場合、建物が全焼したとしても解体時期が早まっただけといえる場合もありえる。建物の損害程度と経済主体における損害認識とは、常に比例関係にあるわけではない[12]。

　第2に、物を有する経済主体の利益関係上に損害を認識する考え方がある。この場合、物と経済主体の間に利益関係といった概念を介在させて、損害はかかる利益上に生じる消極面として捉えることになる。ここでは、「利益上の損害概念」と称しておく。この見方は、損害を利益という概念を介して認識するものであり、利益概念を介在させることによって、物に生じた事故により不利益が発生する経済主体を特定することが可能になる。物から利益を享受している、あるいは物との間に利益関係が存在する経済主体は、単独とは限らないので、経済主体それぞれの利益における損害を認識することができる。例えば、船舶に損害が生じた場合、その所有者はその財産の保有という利益について損害を被り、その運航者は船舶の利用という利益において不稼働損失を被る。このように利益という概念を介在させることによって、異なる経済主体についてそれぞれの利益上に損害が生じることを認識することが可能となる。加えて、利益概念を利用することによって、物自体の物理的変化と必ずしも連動しない経済主体の不利益を認識でき

11　海上保険における委付の制度は、海上保険は物についての財産の保険であるが、海上保険で対象とする損害は、そのような概念に制限されていないことを示すものといえる。委付制度の本質については、第9章で考察する。

12　この場合には、意思によって建物を破壊する前に破壊が生じたものとみることができる。所有者が内心では取り壊すことを考えている物についての価値とその損害をどのように評価するかは難しい問題を含む。建替えを考えていた建物が火災によって全焼すれば、建物についての保険金は、そのまま新しい建物の建築資金として利用でき、建替えを実現するという利益を生む。

ることになる。その結果、例えば盗難など、物に物的変化が生じてない場合であっても経済的不利益が生じる場合の損害を認識できることになる。

利益上の損害概念は、利益の消極面として損害を理解するわけであるから、損害をいかに評価するかという問題は、利益をいかに評価するかという問題と密接な関係にあるものとなる。

第3は、経済主体の財政状態における変化として損害を捉える場合である。これは、事故によって、実際に経済主体にいかなる財政上の損失が生じたか、その変化をもとに損害を認識する方式である。ここでは、「財政上の損害概念」と称することとする[13]。財政上の損害をいかに捉えるのかも単純でない。経済主体の経済状態の変化の計測方式には、いろいろな考え方が存在しうる。例えば、会計上の企業の損失を指す場合としても、会計方式によってその損害の評価は異なる場合がある[14]。

ここで取り上げた損害の3つの概念について、図で示すと〈図1〉のとおりとなる。

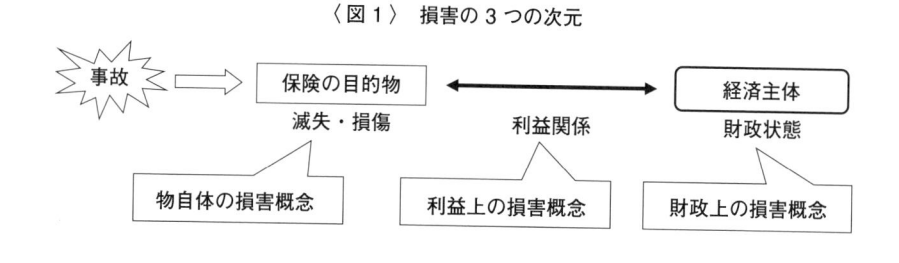

〈図1〉 損害の3つの次元

事故 → 保険の目的物（滅失・損傷） ←利益関係→ 経済主体（財政状態）

物自体の損害概念　　利益上の損害概念　　財政上の損害概念

これらの3つの損害概念の意味について、実例をあげて考えてみる。時価1,000万円の住宅が全焼し、再建までの半年間、持主は貸家に居住し、家の再建に2,000万円、家賃、その他の費用として500万円を出費した事例を考えてみる[15]。「家屋に全焼の損害が生じた」という場合、それは第1の損害概念と考えられる。また、「家屋の所有者は時価1,000万円の家を失う損害を被った」という場合

---

13 「財産上の損害」ということもできるが、利益上の損害との区別がわかるように、ここでは財政上の損害という用語を当てた。
14 同一の企業が、日本と米国でそれぞれ上場している場合、それぞれの会計制度に基づく財務会計の数字は異なってくる。
15 その他、種々の不都合が生じるが、現実の出費のみを損害額に含めた。

は、第2の損害概念で、その場合は、価値ある財産を所有しているという利益上において、時価で評価した場合の価値相当である1,000万円分についてその全部を喪失したという意味である。「家屋の所有者は、火災事故によって2,500万円の損害を被った」という場合、第3の損害概念になり、この家計は、実際に2,500万円の財政上の支出をしたという意味になる。

ここでいう利益上の損害と財政上の損害の違いは、利益上の損害は、利益という概念を介して損害を認識するのに対し、財政上の損害とは経済主体の財政状況から損害を直接把握する点にある。一般に、利益上の損害を議論する場合、そこでは財政上に損害が生じていることが想定されているものと思われるが、両者は必ずしも同じではない。利益上の損害は、利益という制度的観念を介在させたうえでの損害の評価であるから、その評価が経済主体の財政上の金銭の実際の動きと一致しているとは限らない。単純な例として、時価100万円の財物を失ったが、オークションで70万円で代替品を入手できたのであれば、その者に生じた財政上の損失は70万円とオークションの手続きに伴うコストといえる[16, 17]。しかし、財政上の損害を議論する場合であっても、その財政状況の評価にあたっては複数の方法が存在するものと考えられる。また、財政上の損害を議論する場合、事故を基点として連鎖して生じる悪影響の中で、どこまでを事故による損害と認めるかという問題が存在するように思われる。

ここで注意したい点は、利益という概念を通じて損害を捉える場合、利益の捉え方によって損害の中身が変わりうることである。建物と所有者の利益関係に注目すると、建物の所有を財産の所有として捉えると、損害は財産の減少として認識することになる。この場合、上記の家屋の事例でいえば、財産としての家屋の価値（1,000万円）の喪失が損害となろう[18]。一方、所有者がそこで生活をしていた

---

16 また、別の例として、経済主体がこの物を実際には不要と考えていて、その喪失にかかわらず代替物を手当てしないのであれば、財政上の金銭の動きは生じないことになろう。もっとも、その物を資産として認識（計上）していたかどうかは問題となる。
17 賠償責任の負担や費用の支出を考えた場合、これらの2つの損害の捉え方に具体的相違は生じないようにも思われるかもしれない。例えば、1,000万円の費用発生の事例について、これを費用利益という概念を通じて1,000万円の費用利益上の損害と捉えようが、財政上の変化から1,000万円の損害を認めようが、実質的な違いはないだろう。しかし、賠償責任が確定した後にその額を損害とする場合と、賠償請求が提起された時点で損害を認識する場合とでは、当然ながら、損害の評価に違いが生じる。賠償金を支出する前の時点で損害を認識するためには、利益上に損害を認識する方式をとらざるを得ない。
18 家の財産価値を新価ベースで捉える方法も考えられるが、その場合は中古と新築の家を同一価値

ことに着目すれば、その経済主体は家屋の所有から生活の場としての利益を享受していたとみることも可能であろう。家屋の全焼は財産の喪失だけでなく生活の場としての利益の喪失も意味することになる。このような考え方をとれば、生活を元どおりに復興するために必要な金銭の全体（この事例では2,500万円。更に、経済学における機会費用や精神的な損害なども考えられるが、これらについては、ここでは捨象する。）を利益上の損害として認識することも不可能ではないように思われる[19]。すなわち、利益の把え方によって、第2の「利益上の損害概念」は、結果的には第3の「財政上の損害概念」に近くなる場合もあるし、更にそれを超える場合もあろう。

経済主体が物を所有する場合、そこには何らかの目的が存在する。物は、売買の対象であったり、生産を行う手段であったり、生活の場であったりする。経済主体は物の所有により、財産としての価値の保有に加えて様々な利益を享受しているものと考えられるが、問題はかかる利益をどのように捉えるかである。その視点は、本来、いろいろあるものと思われ、利益の評価は、経済主体が享受する利益をどのような視点から評価することが、当該制度の趣旨からみて適当であるかという問題であるように思われる。財産価値に着目して物の利益を捉えるのは1つの捉え方ではあるが、それは必ずしも考えられる唯一の方法でもないように思われる。

このように損害の認識においてはいくつかの次元が考えられるが、損害保険の損害てん補における「損害」とは、いかなる意味においてであろうか。

で評価することになり、財産の評価として適当といえるか疑問がある。
19　家を他人に賃貸している場合、持主は、その家について少なくとも家の財産価値と賃貸収入について利益を有するものといえる。したがって、家が焼失した場合、その財産価値の喪失と収入の損失を認めることができる。持主がそこに居住する場合、賃貸収入という利益は実在しない。しかし、それは潜在的利益として存在していて、持主はその利益を放棄することによって自己が居住するという利益を受けている。したがって、家が焼失した場合、持主には収入の損失という形の損害は生じないが、他の住宅で居住するために家賃を支出するという形で損害を被ることになる。このような費用の発生は、必ずしも費用の利益として捉えずに、家の所有から得られる利益の喪失が費用の支出という形で発生したものと捉えることもできるように思われる。

3．損害保険における損害の認識

（1）損害の認識

　第1章で整理した損害てん補の給付方式を念頭に、損害保険における損害てん補の方式における損害の認識がいずれのレベルの損害に当たるかを考察することにする[20]。前提として、物の保険を想定して物自体に事故が生じている事象を取り上げる。

　まず、損害保険においては、物自体に損害が生じたかどうかは、保険事故としてのトリガーに該当するかどうかという点で問題となるが、てん補する対象は、その損害の種類毎に認識され、損害は、財産、収益、費用、責任などに分類されて、いずれの種類の損害であるかが問題となる。すなわち、同一の物自体について各種の損害が発生し、保険では、合意した種類の損害のみを対象として、それをてん補するものである。また、物の盗難、行方不明、拿捕など、物自体が存在している場合であっても、損害を認定して保険給付の対象としていることから、ここにおけるてん補の対象たる損害とは、物自体の損害ではないことは明らかである。また、損害保険では、過失ある第三者に対する請求権が併存する場合など、被保険者における損害が確定的に生じたとはいえない状況においても給付がなされる。この状況は、第2章で紹介した修正絶対説の立場から説明すれば、蓋然損害の救済とも呼ぶべきものであるが、こうした状態に対しても損害として認識する方式は、経済主体の財政状態に基づく損害の認識ではない。また、保険法における損害てん補の基準も、時価であり、一般的・客観的評価を前提とするものといえ[21]、実際に、その人の財政上において生じた変化の額自体ではない[22]。被

20　賠償責任保険や費用保険において経済主体が負担したか負担することが確定した金銭を損害てん補の対象とする場合は、損害の評価基準の問題は基本的には発生しない。これらの保険における損害の認識は、本稿における「財政上の損害」の認識に当たる。しかし、賠償請求を受けたり、費用支出が不可避となった時点で損害を認識する方法もありえるので、損害をいかに認識するかという問題は同様に存在する。

　なお、利益保険における損害の認識は、将来の損害を推測したものといえる。利益保険における損害てん補の問題については、拙稿「損害保険判例研究：建物の火災を保険事故とする企業総合保険契約における利益喪失保険において、企業の営業実態を踏まえて保険金を算定した事例」損害保険研究76巻3号291頁（2014年）において、判例をもとに分析した。本稿では、利益保険は考察における直接の対象とはしない。

21　この点について保険法は時価基準であることのみを示しているが、同一物の同一時の同一程度の

保険者の実際の財政状態は、被保険者によって差が生じうる。保険では、個別事情に基づく被保険者の状況ではなく、客観的な損害の評価をもとに保険金を算出している。このように、損害保険における損害とは、基本的には、利益上における損害の認識といえる。

（2）損害の認識における特徴

それでは、このような損害の認識には、どのような特徴があるかについて考えてみる。一般的に、経済主体が、例えば、物といった財産を有している場合、そこからいかなる利益を得ていたか、また将来どのようにその物を利用していく予定にあったかによって、経済主体が認識する損害は異なりうる。物を単に財産として有しているだけであれば、その財産としての価値の喪失が損害として認識されるかもしれない。当該経済主体は、損害のてん補を金銭で得た後には、再び同一の物を取得しようとはしないかもしれない。仮に物を手放しても良いと考えている経済主体に再製造コストをベースに市価を上回る金銭を支給して実際には再製造しないのであれば、当該経済主体には事故の発生により計画外の利益がもたらされることになる。一方、その物を引き続き利用して経済活動を行う予定であった経済主体の場合、経済活動を再開するために必要な費用支出の全体が物の喪失による損害と認識され、物の時価ベースの金額について損害てん補を受けても「物」について生じた損害が完全には償われたことにはならないと捉えるであろう[23]。更に細かくみれば、実際に代替品の調達に要するコストも経済主体の個別事情によって変わりうる。特定のルートにより市場価格より安く物品を調達できる立場にいる者に、一般的市場価格に基づいた給付を行えば、取得者に余剰がもたらされる場合がある。

このように物の所有という1つの利益状況を考えてみた場合においても、経済主体がその物から享受している利益の具体的内容は、個々の経済主体の間で必ず

損害について、人によって、時価が異なるという考え方は生じないであろう。すなわち、時価という概念は、その中に一般的・客観的価格という前提を内包しているのである。

22 もっとも、実務においては、代替品購入の領収書等に基づき損害をてん補する場合もあるが、これは、基本的には、時価の範囲内において認められている便法とみてよいであろう。また、特約によって、修理費の実費を負担する方式があるが、この方式は、原則を変更するものであるから、特約が必要で、その特約の下でなされている処理といえる。

23 この場合は、積極財産の喪失は、費用の支出として把握できることになる。

しも同じではない。当然ながら、事故に遭遇した経済主体の立場からは、損害はその主体が置かれた個別具体的な状況をもとに認識され、その経済主体にとっては、そのように認識される「損害」がてん補されることこそが損害てん補であると評価されるであろう。しかしながら、このような個別事情を反映させて事情に応じて損害の評価を変える方式は、保険制度では、原則として採用されていない。保険制度では、経済主体の主観的・個別的事情を排して、一般的に相当とみなせる損害の認識と評価をもとに、損害てん補の額が算定されているといえる[24]。

以上の考察をもとに、損害てん補における損害の認識における特徴を挙げると、以下のとおりとなる。

第1に、損害保険における損害てん補においては、損害を経済主体の財政状況から直接把握するのではなく、経済主体が物について有する利益関係にいかなる影響が生じたかをもとに損害を認識する方式を採用しているといえることである。

第2に、現実の事故によって生じる経済主体の財政状況は個別事情により大きく影響を受けた個別性の高いものといえるが、保険における損害の評価は一般的・客観的にその存在が認められる利益についての一般的・客観的評価であるので、保険制度における損害認定では、被保険者における個別の特殊事情は極力排除されることになることである[25]。

第3に、経済主体が物について有する利益関係は複雑かつ複合的であり、それゆえ実際に発生する損害も、本来は、複雑かつ複合的である。したがって、損害をてん補するためには、何らかの基準で損害を認識・評価することが必要となる。

以上のとおり、損害保険における損害てん補の方式は、第1章で詳しく分析したように、種々の限定がついたてん補方式といえるが、そこでは、損害の捉え方に一定の特徴が認められる。したがって、保険において損害てん補という場合、このような方式で認識される損害に対して給付を行うものであることに注意しておく必要がある。保険の損害てん補として給付する金額と経済主体が損害として

---

[24] このことは、経済主体が置かれた個別状況が全く考慮されないという意味ではない。社会通念上客観的に認められる主観的事情は考慮されうる。
[25] もっとも、損害サービスにおいては、個別の事情も極力勘案しながら、客観的に相当といえる範囲で、損害額を認定していく方式が採られているものと考えられる。

認識するものとに乖離が生じる場合はありえるが、そのような乖離は、保険給付の特徴を理解すればやむを得ないものといえる[26]。

　それでは、こうした利益上の損害の認識が実際の財政上の損失と乖離した場合でも、また、経済主体には余剰が生み出される場合があるとしても、原則として、それが許容されるのはなぜなのであろうか。筆者の仮説であるが、それは、給付が客観的に相当とされている範囲においては、その給付は社会的にも是認されるということでないかと考えられる。また、特殊なモラル案件などを除き、経済主体の財政上の損害の実態を保険会社がその都度調査していくこと自体も不経済でありかつ納得感がないであろう。よって、給付が社会的に相当といえるものである限りは、その額に対して経済主体がどのように認識するかは、保険制度においては捨象してよいのでないかと考えられる。

（3）利益を通じて損害を説明する利点

　以上の検討のとおり、保険制度においては、基本的には、損害を保険の目的物と被保険者との利益関係において認識する方式が採られている。このように利益概念を介在させるのはなぜなのであろうか。利益概念を介在させる利点について、筆者なりに考えてみたい。

　第1は、前述したとおり、同一の保険の目的物に対して複数人の利益関係が存在する場合があるので、利益概念を利用することによって、誰の損害がてん補の対象となるかを特定できることである。

　第2に、利益という抽象的な概念を利用することによって、被保険者の財政上の損害を具体的に計測する必要がなくなる点である。帳簿その他の財政状況の調査を行うことなく、客観的・一般的なものとして、損害を量的に算出することが可能となる。

　第3は、利益を介在させることによって、厳密にみた場合には、損害が確定的に生じているとはいえないような状況[27]の段階においても、損害てん補の対象損害を認定することが容易になる。すなわち、残存物や第三者に対する債権等が併

26　乖離が生じる事例はいろいろある。企業会計においては、保険に付けられた資産が災害によって滅失または損壊し、企業が保険金を受け取った場合、その資産の帳簿価額と保険金の差を保険差益として捉える。このような概念の存在は、保険給付と企業会計上の損害の認識に差が現実に有り得ることを示す一例である。

27　これは、損害てん補の本質を巡る修正絶対説の立場からは蓋然損害といわれる状態である。

存する場合は、被保険者の財政上においては、損害が確定的に生じているとはいえないが、保険の目的物を所有・利用している利益関係においては損害が発生していると説明できる。こうして、迅速に損害をてん補することが容易になる。利益は抽象的な概念であるから、その把え方によって損害の認識・評価を柔軟にできるのである。

このように、利益という抽象的な概念を利用することは、損害てん補方式の給付を迅速かつ合理的に行ううえで利点があり、利益という抽象概念を利用する意義があるように考えられる。

（4）損害と利益の関係

以上のとおり、損害保険における損害てん補は、物と経済主体の間に利益関係という概念を介在させて、利益上に損害を認識する方式が採られていると考えられ、利益という概念を利用することにいくつかの利点が認められる。それでは、利益を通じて損害を認識する場合のその損害と利益の関係はどのように理解できるであろうか。そして、利益上の損害という場合の利益とは具体的に何を指すものであろうか。以下に、損害と利益の関係について考察することとする。

損害と利益の関係については、第4章の考察で述べたとおり、次のいくつかの考え方がある。

第1は、損害の種類毎に異なる利益を認識する方法である。これを図示したのが、〈図2〉である。2種類の損害が生じているとすると、それぞれ異なる2種類の利益から損害が生じているとみる把え方である。この場合、損害は、それぞれの利益の減少として評価することができる。

〈図2〉 利益上の損害概念の場合に、利益は損害の種類毎に存在すると考える場合

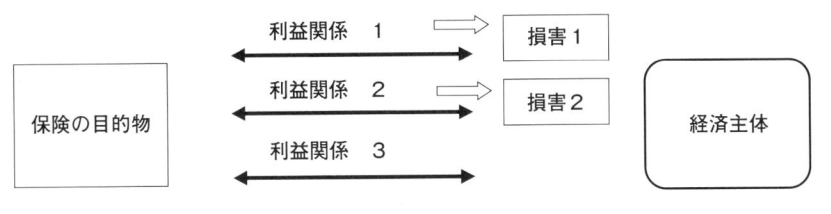

第2は、損害は利益関係のうえに認識するが、必ずしも損害の種類毎に異なる種類の利益を認識しない方法で、その概念は〈図3〉となる。この場合には、利益を損害の種類毎に認識するのではなく、損害が生じる前提として利益を理解するものである。この場合、損害を利益の減少として利益の評価から数量的に計測することはできない。

〈図3〉 利益上の損害概念の場合に、損害種類毎に利益を認識はしない場合

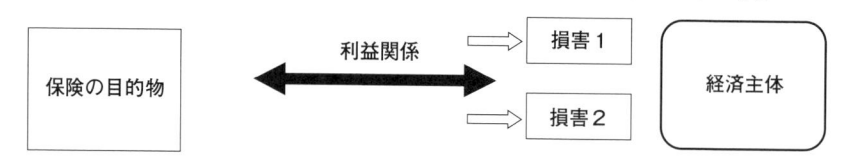

```
┌──────────┐                  ┌──────┐
│          │   利益関係  ⇒   │損害1│      ┌──────┐
│保険の目的物│ ⟷                └──────┘      │経済主体│
│          │             ⇒   ┌──────┐      └──────┘
└──────────┘                  │損害2│
                              └──────┘
```

　いずれの考え方が妥当とみるかは簡単ではないが、第4章で考察したように、海上保険における「直接損害てん補の原則」は、基本的には、〈図2〉の利益と損害の関係を前提にしているものと考えられる。海上保険においてこうした学説が存在する背景の1つとしては、海上保険の損害てん補に関する商法条文（816条）の存在があると考えられる。同条は、保険者は、保険期間中に保険の目的物について航海に関する事故によって生じる一切の損害をてん補する責めを負うことと規定し、「一切の危険の負担」ではなく、「一切の損害のてん補」となっている。その条文にかかわらず、法律や約款に規定がない場合であっても、保険者が負担するのは事故によって生じるあらゆる種類の損害のてん補ではなく、保険で引き受けている利益についての損害に限定されることを示すために、直接損害てん補の原則という理論が構築されてきた可能性がある。しかしながら、そこで前提とする損害と利益の一対一の対応関係が妥当といえるかどうかについては疑問があることは、第4章の考察で示したとおりである。

　損害を利益の裏返しとして一対一の関係でとらえた場合、損害の種類毎に利益を種類分けすることになる。しかしながら、現実には、その種類毎に別の利益が存在しているわけではない。所有や管理というレベルでは利益を認識でき（そのレベルでは利益は種類分けできる。）、その利益関係から各種の損害が発生してくる。しかしながら、そこから更に進んで、発生する損害の態様に応じて利益を認識し、その損害を利益の減少であるという場合、その利益とは、損害を説明する

ために利用されている抽象的な概念にすぎないのではないかと考えられる。その結果、損害保険でてん補対象とする損害の種類とその量は、保険制度において引き受けている利益を明確化することでは自動的には導くことはできないので、いかなる損害をいかなる評価基準によっててん補するかを取り決める必要があることになる。損害保険の実務においても、約款においててん補する損害を明確化していても、利益の種類について記載することはない。損害の裏返しとしての利益とは、その本質は、損害そのものの言い換えにすぎないのでないかと考えられる。

　本書におけるこのような損害と利益の関係の理解に基づくと、保険制度において損害は利益関係上に認識するが、利益関係は複合的なもので、利益から自動的には損害を数値化することはできない。そのため、てん補の対象とする損害の種類や評価基準を明確にしたうえで、その損害が発生する根拠（源）となる利益関係が存在しているかを問う流れになる。こうした考え方は、契約の有効性に関する利益の存在の問題と損害てん補の方式の問題を切り離すものである。この意味における利益は、損害が発生する源であるので、利益が存在しなければ、損害が生じる可能性がないということになる。

4．損害てん補方式をとる理由の考察

　損害保険における損害てん補は、保険制度としての方式であり、そこにおける損害の認識にはいくつかの特徴が認められるが、それでは、なぜこのような方式がとられているのであろうか。以下では、その理由を考えてみたい[28]。なお、今日の損害保険は、海上保険から始まる数百年の歴史の中で形成されてきたものであるので、この方式がどのような経過を経て形成されてきたのかを歴史的に実証していく研究も重要であるが、本稿は、損害てん補方式がなぜこの方式をとらなければならないのかその理論を考えるものであり、歴史研究については将来の課題としたい[29]。

28　先行研究では、現在の損害保険制度を前提にその趣旨等が説明されていても、なぜその方式をとらなければならないのかという観点から議論はされていないように考えられる。ここでの分析は、筆者の考察に基づくものである。
29　わが国は、海上保険の歴史研究において世界に誇る研究の蓄積がある。特に、木村栄一『ロイズ保険証券生成史』（海文堂、1979年）、大谷孝一『フランス海上保険契約史研究』（成文堂、1999

さて、損害てん補方式がなぜ必要であるのかを考察すると、大きくは(i)保険技術面の要請、(ii)経済制度としての要請、(iii)社会的な健全性の確保を挙げることができるのではないかと筆者は考える。それらについて、以下に述べる。

（1）保険技術面の要請

損害保険の損害てん補は、経済制度である保険における方式であるので、この方式は、保険制度の技術に密接に関係していると考えられる。保険制度の技術面について考察すると、損害てん補方式の特徴が生じている理由として、以下の4つをあげることができるように考えられる。

① 保険は金銭によって運営される制度であること

まず、前提となる点として、保険における損害てん補は、金銭給付という形をとる点である[30]。保険制度において保険者は、原則として、保険金の支払いという形で給付を行う。保険制度は、保険料という金銭を原資とする制度であり、制度において、入ってくるものと出ていくものをそれぞれ金銭的に把握して運営している。したがって、損害が生じた場合にそれをてん補するといっても、そこでは、その損害に対する金銭評価が問題となる。そのため、損害を金銭に評価・換算する制度として適合する方式でなければならないことを理由の1つとして挙げることができる。

② 保険は団体性に立脚した制度であること

第2は、保険制度における給付は、団体的な制度として運営できることが制度上求められている点である。保険は、大数の法則を利用した経済制度であり、個々には偶然な事象であっても観察集団を大きくすることによって一定の予測が可能となることを応用した制度である。したがって、保険制度は、多数の同種の契約が存在してはじめて全体が機能する。個々には保険契約としての外形をとっ

年）、近見正彦『海上保険史研究　14・5世紀地中海時代における海上保険条例と同契約法理』（有斐閣、1997年）は、いずれも世界的な研究書と評価されるものである。これらの文献に基づくと、損害てん補に関する制度の1つとして、保険の目的物の6カ月以上の消息不明についての推定主義による全損金の支払いの制度は、1397年のフィレンチェの保険証券にも記載されていて（木村・同書47頁）、また、1435年のバルセロナ条例においてもそのことに関する条項が存在するとされる（近見・同書344頁）。損害てん補方式は、各種の制度から形成されているが、それが契約の条項として、また法律の条文において示されていくうえでは、それぞれ長い歴史的経過が存在することがこの例からもわかる。

30　現物給付の場合でも、保険料は金銭で取得するので、金銭評価の問題は、保険制度の根底に存在していることは、すでに述べたとおりである。

たとしても、保険集団が存在しなければ、保険制度を形成する契約とはならない。損害保険における損害てん補は、このような保険制度における給付としての損害てん補であり、それゆえその方式は、団体性が求められる制度になじむものでなければならない。一般に、損害の態様と程度は様々であり、厳密に見た場合、経済主体の置かれた状況によっても被保険者の財政的損害は異なりうるが、保険制度として行う損害てん補は、このような保険の団体的特性に沿ったものでなければならないという制度上の要請があり、この点から、ある程度の標準化、一般化が求められるものといえる。

③ 保険は将来に生じる事象についての制度であること

第3は、保険は将来の不確実な出来事に対する制度であることである。保険における損害のてん補は、将来に対して事前に約束しておく制度であって、現実に損害が生じてから、その内容をもとに、そのてん補を取り決めるものではない。保険制度においては、将来のいかなる状態においていかなる給付を行うかを事前に決めておかなければならない。そのために一定の限定が必要となるが、そこで利用されるのが、損害の種類、対象とする原因（保険事故）、損害の評価等についての取決めである。したがって、保険制度においてなされる損害のてん補は、事前に合意した範囲と方法によるものであって、どういった事象が生じればどのような金銭が支払われるかについて予め相当程度約束したうえでの損害てん補となる。逆にいえば、このような将来の約束を行うことができる方式でなければならないということである。

④ 危険負担に対する対価を算出できる制度であること

第4は、第3の理由に関係するが、保険制度における損害てん補は、保険契約における給付としてなされるものであるから、保険者がその危険負担に対する対価を算定できることが前提となるという点がある。将来生じる損害をてん補することを約束することは、合意としては可能であるが、仮にその合意が合理的な保険料をもとになされるのでなければ、保険の契約とはいえない。保険の契約といえるためには、保険制度を形成する契約である必要があり、保険制度といえるためには、給付に対して合理的な保険料を算出できる必要がある。保険料を算出するためには、事故が発生する確率だけでなく、事故が発生した場合の損害の程度についても一定の予測が必要である。そのためには、対象とする損害の種類や原因、評価の基準などを一定の範囲に限定しておく必要が生じる。

（2）経済制度としての要請

損害保険は、非営利方式で営まれる場合もあるが、その運営方式を問わず、合理的に運営される必要がある。そこでは、需要としてのニーズに対応し、取引の効率性を高める必要がある。

① ニーズの存在

保険契約者が保険料という対価を支払ってでも保険契約を締結するのは、その必要（ニーズ）があるからである。必要に合致するほど、保険に加入することになり、保険者はその必要に応じて保険の内容を改善していく。損害てん補の中身は、必要に沿うようなものとして存在し、損害てん補方式は、この必要を踏まえて存在すると理解できる。

損害てん補の本質を巡る修正絶対説が分析したように、厳密にみた場合に損害とはいえないような蓋然損害に対する救済が、損害保険における「損害のてん補」に含まれる理由は何であろうか。その理由として考えられるのは、時間と手間（コスト）という要素である。保険における損害のてん補は、その必要が生じた場合に適時になされることが要請され、例えば、訴訟等の法的手続きを経たり、第三者の責任問題が解決したり、残存物の価値が最終的に確定するまで給付がなされないとすれば、保険に対する必要に沿わないことになる。保険に付ける経済主体における計画性の維持という点からは、すでに存在する財産の喪失や、責任や費用などの新たな出費が必要となる事態に即座に対応する制度が求められる。また、保険金を請求する上での手間も重要である。保険の利用者にとって事故はめったにあるものではなく、事故処理や紛争解決の手間や精神的負担は大きい。第三者に対する賠償問題等は、経験ある保険者に任せることを欲するであろう。請求権代位のように、先に保険金を受領して第三者への賠償問題は保険者に委ねる制度は、契約者のニーズにも合致する。

② 経済制度としての効率性

契約者からみた場合、できるだけ幅の広い損害てん補が望まれるかもしれないが、その場合には、支払うべき保険料が多くなり、その負担可否が問題となる。一方、あまりに小さな損害についてであれば、契約者はわざわざ保険料を支払おうとはしないであろう。また、理論的にいくら精緻な損害てん補の方式を考えたとしても、その損害を実際に計測するために種々の損害調査が必要となって事務コストが大きくなりすぎてしまっては制度としては効率的とはいえない。一般的

に、経済主体が現実に認識する損害にはかなり個別性があるものと考えられるが、経済主体に生じている負担の実態をみていくとなると、経済主体の真の財産状況という企業秘密やプライバシーの領域に入っていくことにもなる[31]。モラル・ハザードなどの不正疑義事案などを除いては、都度、保険者がこうした個別領域に踏み込んでいくことは民間の制度として適切とはいえないし、保険金を請求するために経済主体の財政にいくらの損害が発生したのかを立証するために帳簿や伝票等、個人の分野であれば、預金通帳やクレジット・カードの取引明細等を開示しなければならない保険を利用者は選択しないであろう[32]。

（3）社会的な健全性の確保

損害保険の制度は、利息を禁止するキリスト教の動きのなかで、14世紀後半、イタリアの商業都市において冒険貸借から融資と危険負担の制度が分離して生成されてきたとみるのが今日の通説である[33]。すなわち、損害保険は、その本質として、利殖のための金融商品の1つとして生成されてきたものではない。また、損害保険は、事前に金銭を拠出して一定の事由が発生した場合に、その拠出額に比較して多額の金銭を取得することがある点で、外形的には賭博に似た面をもつ。しかし、損害保険は、賭博とは区別されるものとして存在してきた。実際に、損害保険の歴史を見れば、賭博保険が流行する中で損害保険を健全な制度として守っていくことは、保険制度における重要なテーマであった[34]。特に、被保険利益の存在しない賭博保険証券については、法律上禁止されることにもなった[35]。

---

31 経済主体は物の所有について多面的な利益関係を有しているが、それゆえに、その財政状況をみていくとなると、それらの利益関係に立ち入ってそこにいかなる変化が生じたかを調査していくことになる。その調査は、著しいコストを伴う。
32 利益保険は、計算書類上の損害をてん補する保険であるので、例外となる。
33 木村栄一『海上保険』（千倉書房、1978年）1頁以下。木村栄一＝大谷孝一＝落合誠一編『海上保険の理論と実務』（弘文堂、2011年）48頁以下〔大谷孝一〕。
34 木村・前掲注33）『海上保険』43頁。
35 イギリスでは、当初、これらの賭博保険証券も無効とはされていなかったが、南海泡沫事件の頃から悪用が目立つようになり、密貿易にも利用され、これを禁止するために、1745年海上保険法（Marine Insurance Act 1745）が制定された（木村・前掲注33）『海上保険』44頁）。同法は、廃止され、その後1906年海上保険法4条にとってかわられた。1745年法は、賭博保険証券を禁止し、それを違法と規定していたが、1906年法は、単にその効力を無効と規定する立場をとった。そのため、1909年海上保険法（賭博禁止）（Marine Insurance Act 1909 (Gambling Policies)）が制定され、賭博のための保険は刑事罰の対象であることが規定された。しかし、その後、2005年賭博法

論理的に考えれば、上記（1）（2）で示した保険の技術的要請や経済制度としての合理性については、損害保険を定額保険化すれば実現は容易になる。すなわち、一定の事象が生じた場合に定額を給付する方式は、金銭評価、団体性、一般性、事前予測性、対価の算出、支払手続上の簡易・迅速性[36]など、種々の技術的側面からみて合理的である。合理的であるから、その分、制度運営コストも少なく、メリットが認められる。しかし、損害保険の歴史は、そうした給付方式[37]の方向には進化せずに、事務処理コストを要しても損害てん補の方式を作り上げてきた。なぜ、損害保険は、損害てん補の保険として運営されてきたのであろうか。考えられることは、損害保険は利得を得るための制度でなく、損害をてん補するという面で健全な経済制度であり、その事業もまた健全な事業であることが事業の発展にも資し[38]、それが一般人の倫理観にも沿い、法もその考え方を認めてきたからではないだろうか。

損害保険は、事故が生じた場合に給付を行う制度であるが、その制度が健全な制度であることを制度的に担保するうえでは損害てん補という方式が重要である。こうした損害てん補性とは、利得が生じる制度となることを排除する機能、すなわち、損害保険は事故によって儲けを得る制度ではなく、損失をてん補するものであることを中心に置くものである。

もっとも、海上保険においては、国をまたがって保険の目的物が移動し、損害の態様も多様で、損害の量的評価に争いを生じやすく、厳密に損害額を算出していくことにデメリットが存在するが、それに対しては、価額の約定（評価済保険）などの制度[39]を利用して、処理コストを最小にする工夫が採られてきた。こうし

（Gambling Act 2005）によって、1845年賭博法（Gambling Act 1845）が廃止され、賭博に対する一定の緩和がなされ、イギリスの法律委員会（Law Commission）は、1909年法の廃止を提案している状況にある（以上、Jonathan Gilman et al., *Arnould: Law of Marine Insurance and Average*, 18th ed., London, 2013, pp. 354-365.）。

36　損害額についての査定がない分、そのコストと査定をめぐるトラブルを回避できる。
37　これは、今日では、各種の保険デリバティブに相当するが、損害保険は、直接的にはデリバティブに向けて変化してはいかなかった。すなわち、保険デリバティブが生まれても、損害てん補方式の損害保険とは切り離して別の制度として運営されてきた。
38　その極端の問題としては賭博の問題がある。賭博から保険制度を守る問題は、ロイズの歴史の中でも見出される。ロイズにおいても賭博保険は18世紀に為されるようになり、保険という名の賭博が公然と為される中で、ロイズ・コーヒー店の名声も下がり、1769年には、トーマス・フィールディングによる新ロイズ・コーヒー店の開設により、純粋の海上保険取引のみ引き受ける者はそちらに移り、新ロイズは名声を高めていくが、その後、旧ロイズは自然消滅していったとされる（木村栄一『ロイズ・オブ・ロンドン』（日本経済新聞社、1985年）61頁〜66頁）。

た方式をとることによって、損害てん補方式のマイナス面を減らして、損害てん補という方式を維持してきたと考えることができる。

損害保険は、損害をてん補するという内容の給付方式をとることが、損害保険の制度の本質から求められているということができる。そのことによって、損害保険によって利得が生じること、損害保険が利得のための制度となることは排除されてきたといえるだろう[40]。

なお、本章においては、損害という場合に、利益上の損害概念と財政上の損害概念があることを示して、損害保険における損害てん補は、基本的に、利益上の損害概念をもとに、それに一般的な評価を下したものといえるのでないかということを問題提起した。このことをもとにすれば、損害てん補における給付は、利益関係上における一般的な評価をもとにしたものであるから、個別経済主体にとっては、財政上の損害額を前後する額の支給がなされることがありうることになる。しかし、財政上は損害を超える給付となる場合であっても、一般的な損害の評価に基づく給付であるから、社会通念上はそれを利得として排除すべきということにはならないのではないかと考えられる。すなわち、個別経済主体における立場からみた場合には若干の乖離が生じようとも、その給付が、一般的に損害の評価として妥当な額であれば、その額を受領することを社会的に制限する必要もないということである[41]。

以上をまとめれば、損害てん補方式に基づく保険給付は、利得の制度ではないという性格を有する給付となっていて、そのことを担保するうえで、損害てん補という形式に意味があるといえる。

---

39 推定全損における委付の制度も、その1つと考えられる。
40 なお、損害保険を損害てん補の保険として位置付ける考え方は、ヨーロッパ各国に共通する。例えば、「ヨーロッパ保険契約法リステイトメント」プロジェクト・グループによるヨーロッパ保険契約法原則(以下、PEICLという。)は、定額保険は、傷害、疾病、生命、婚姻、出生その他の人保険に限って契約することができるとして、物・財産に対する保険としては認めないことを規定し、この規定を強行規定としている(第13：101条)。なお、ここにおける定額保険とは、予め合意した金額が支払われ、金銭的損害を被ったかどうかは問題としない契約であり、評価済保険(保険価額が約定されている損害保険契約)とは区別されるものである。
41 会計上は、保険利益などの雑所得として認識されることになるが、そのことによって、当該保険給付が利得を与えるものとみる必要はないであろう。

5．損害てん補方式の強行性

（1）損害てん補方式の変更可否

それでは、このような損害てん補方式は、どこまで変更が認められる制度といえるだろうか。保険の技術的要請に基づく部分については、技術の発達に応じて変更が可能な領域の問題といえる。また、経済制度としての要請も同じである。問題は、利得との関係である。利得の程度の問題は別に存在するとしても、損害保険が利得のための制度として利用されたり、利得を生む制度であることは、排除されるべきである。すなわち、損害保険制度として運営する以上、損害保険の給付は、超えてはならない限界があると考えられるが[42]、問題は、いかなる状態を利得というかである。禁止されるべき利得の状態とは、なぜ利得が禁止されるか、その理由によっても変わってくるものと考えられる。そこで、利得とは何か、なぜ禁止されるべきかを考察する。

（2）利得の意味

まず、利得の意味である。一般に、利得を社会的視点から好ましくないものとして議論する場合、出来事の前と後の経済主体の経済状態を基準として、その経済状態と当該給付がいかなる関係にあるかをもとに、利得を捉える場合が多いように思われる。しかし、保険で利得禁止を議論する場合の利得とは、このような意味においてであるとは必ずしもいえない。一般に保険制度において利得という用語を利用する場合をいくつか挙げると、(i)損害保険において損害てん補として算出されるべき金額を超える額を利得という場合、(ii)算出されるべき金額を相当程度超える場合にその状態を利得という場合、(iii)同一種類の損害に対して複数のてん補が重なる場合に重なる部分について利得という場合、(iv)経済主体の経済状況からみて、事故前に比べてより良い状態となることを利得という場合、(v)保険価額を超える給付部分を利得という場合などがある。特に、改正前商法に関する議論においては、被保険利益が存在しない場合に加え、改正前商法に基づき算定される損害てん補額を超える額を利得として、利得禁止が議論される場合が多く

---

[42] 例えば、時価10万円の自動車が損傷を受けた場合に500万円受領できるとすればその制度を損害保険として認めることは難しいであろう。

みられた[43]。この認識は、損害てん補方式に基づく給付の在り方を外れる部分を利得とみるものであるので、損害てん補方式と利得禁止が同じ考えと水準を意味していたと考えられる。しかしながら、利得を社会的に禁じられる給付（すなわち、損害保険制度において禁じられるもの）としてとらえた場合には、利得を損害てん補方式の給付を超える部分と同義としてとらえることが適切といえるか疑問がある。このことを考察するためには、なぜ利得が排除されなければならないかという根拠を押さえておく必要がある。

（3）利得禁止の理由

利得禁止原則については、第3章において考察したが、ここで要点のみを再び挙げる。改正前商法における損害保険の本質をめぐる議論においては、利得が禁止されるとする場合の根拠について、大きく分けると、損害てん補の論理的帰結と捉える考え方と、公序政策から導く考え方が存在していた。保険法制定後の近時においては、更に、民法90条の他に保険法において利得禁止を求めることはできないとする考え方も主張されている。

まず、利得禁止を損害てん補の論理的帰結と考えた場合、問題は、その損害てん補の方式や規律を形成する原理は何かということになる。損害てん補の給付方式を説明する場合、「損害てん補原則」という表現が利用される場合があるので、その損害てん補原則と利得禁止はどのような関係にあるのかの考察が必要となる。

次に、利得禁止を公序政策に基づく要請と捉える議論においては、理由としては、賭博の禁止、道徳的危険（モラル・ハザード[44]）の排除、保険の存在による注意不足の助長（モラール・ハザード）の排除、保険に対する一般的倫理観といったことが挙げられている。

もっとも、損害保険契約に対して、利得を禁止するという法的規律は、保険法の中には存在せず、公序政策に基づく利得禁止は民法90条以外には存在しないとする立場があることは第3章でみたとおりである。

---

43 改正前商法における超過保険や重複保険の制度を議論する場合には、保険価額を超える給付部分を利得として把えて議論されていた。
44 用語の意味につき、鈴木辰紀監訳『ドーフマン保険入門』（原著書 Mark S. Dorfman, *Introduction to Insurance*, 3rd ed., 1987）（成文堂、1993年）7頁参照。

このように、利得禁止の考え方にはいくつか存在するが、問題は何をもって利得というかである。そこで、利得の意味を検討しながら、利得禁止について考察していく。

(4) 利得禁止を議論する場合の2つの次元

本稿では、損害の概念について、3つの次元があることを指摘した（本章2(2)）。物自体についての損害概念は利得には関係しないので、ここでは、利益上の損害概念と財政上の損害概念が問題となる。そもそも利得とは損害を超える部分を指すとすれば、損害の概念に異なる次元のものがあることをふまえると、利得の認識や利得禁止という場合にも同様に次元の異なる議論が併存するということが示唆される。すなわち、(i)損害保険における利益概念上にその損害を超える場合を利得と称し、それが認められないとする根拠を議論する場合と、(ii)被保険者の財政状態をもとに利得を認識し、それが認められない根拠を議論する場合があるように考えられる。すなわち、保険における利得禁止の根拠を議論する場合には、その対象たる利得の捉え方に応じて利得禁止の意味とその位置付けを考えてみることが有益であるといえる。

前者の場合、利得は禁止されるという場合のそのことの本質は、保険制度における損害てん補を超える給付を利得と称して排除するというものであって、損害てん補という保険給付方式を確保することを原則と称しているものと位置付けることができるだろう。この意味においては、利得とは損害てん補を超える給付をいい、利得禁止原則は、第3章で議論したように、損害てん補原則そのものと同義となる[45]。この場合における損害てん補は、任意性を認めてよいであろう。

一方、後者の場合は、給付を受けて事故後により良い財政状態となる場合を想定した議論である。そこで、利得とは、経済主体において実際に生じる余剰を利得ということになり[46]、その場合の利得禁止とは、保険給付によってより良い経

---

45 このような意味における利得禁止原則を、筆者は、かつて、「狭義の利得禁止原則」と呼んで区別することを主張した（拙稿「損害てん補と定額給付は対立概念か」保険学雑誌555号64頁（1996年）特に81頁）。
46 例えば、時価1,000万円の家屋が焼失して、同程度の家屋の再建に2,000万円を要したとすると、2,000万円の保険金給付を得たとしても、その状態について、利得が生じるとみる人は少ないように考えられる。なぜならば、事故によって、被害者は2,000万円の損害を被っているからである。一方、保険金のみによって、事故前に比べて2倍の大きさの家屋に住めるとすれば、大きくなった分について利得ととらえる人が多いように考えられる。これは、事故前より、経済的な状態がよく

済状態になってはならないことを指すことになる[47]。このような利得の存在は、モラル・ハザード等の誘因になり、一般の倫理観にも反するので、禁止されるべきと考えられる[48]。この意味の場合には、強行性のある考え方といってよいのではないかと考えられる。

　もっとも、禁止されるべき利得は、本来、被保険者の財政事情に基づいて個別具体的に判断されるべきと考えられるが、前述したとおり、損害保険制度においては、個々に経済主体の状態を精査して損害をてん補するものではなく、一般的・客観的な評価をもとに、損害をてん補する制度となっている。したがって、損害てん補としての給付が個別経済主体の財政上において余剰を生み出す場合もありうるが、前節で議論したように、損害額の評価として一般的な水準であれば、仮に当該経済主体にとっては余剰利益が生じたとしても、そのことだけで、社会的に禁じられる余剰を得ているとみる必要はないであろう。大まかな記述となるが、損害てん補としての給付が、保険の目的物の事故によって経済主体に生じる経済的必要の範囲に収まっている水準においては、禁じられる利得ととらえる必要はないように考えられる。すなわち、損害額の一般的評価を超えるだけでなく、それが財政上の損害を大きく超える水準の場合を禁止すべきということになる。

　損害てん補原則と利得禁止原則については、第3章において、既に考察したが、本章における損害概念をもとに、これらの原則を当てはめれば、損害てん補原則とは、保険制度上の保険給付の方式であり、それは、保険制度の技術面に加えて利得の制度でないことをも踏まえて形成されているが、厳格に守らなければならない限界を示すものではなく、任意性のあるものといえる。一方、禁止されるべきであるのは、経済主体の財政状態をもとに判断されるべき利益状態における余剰で、事故によって経済主体の財政上で生じる経済的必要を超える給付である。そのような余剰は、利得として排除されるべきであるとすれば、そのような余剰を一般的・客観的に生むレベルにまで、損害てん補原則を変更することは許

なるからである。
47　損害を被っていない人が保険金を受け取ることも利得として、利得禁止原則の射程範囲に入れてよいように思われる。この場合は、被保険利益が存在しない契約として、その点からも、契約自体が無効となる。
48　筆者は、この場合の利得禁止原則を「広義の利得禁止原則」と呼んで狭義の利得禁止原則と区別することを主張していた（前述注45）参照）。

されるべきではないといえる。それを禁じ、損害てん補の契約自由に制限を与える考え方を利得禁止原則と呼んでよいものと考えられる。

公序のほかにこうした禁止の法理を保険法において認める必要はないとする議論はあるが、その点は、第3章で考察したとおり、民法90条に基づき契約自体を無効とするレベルではなくとも、保険給付が利得といえるレベルになる場合にはそれを禁ずる考え方（逆にいえば、そのレベルまでであれば、損害てん補方式は変更可能な任意性があるといえる。）が、保険の法理論には存在していると考えることが妥当であると考える（その実定法上の根拠としては、第3章で考察したとおり、保険法18条2項と3項を挙げてよいように考えられる。）。

6．まとめ：損害保険の契約理論に関する仮説

ここでは、本章における考察と、その前提となる第1章から第4章の考察を踏まえて、損害保険における損害てん補の本質について私見を示す。これらは、損害保険契約の考察の結果のまとめであるが、仮説というべきものである。以下に示すまとめが妥当といえるかは、損害保険における各種制度からの帰納的な検証が必要である。

(a) 損害とは何か

物や財産の価値評価は、価値をいかに認識するかという問題であって、認識の基準によって、また問題となる制度によって異なりうる。損害は、多様な態様を有し、損害の評価についても、問題となる制度において損害をいかに認識するのが相当であるかという問題といえる。保険制度において損害という場合においても、認識の対象に応じて、物自体、利益関係、財政状態などのいくつかの異なる次元が存在する。

(b) 損害保険における損害てん補原則の意味

損害保険は損害てん補という給付方式をとる保険の類型である。そこでは、損害てん補という方式が契約当事者において利用されている。その合意を形成する法形式が損害保険契約であり、そこでは、当事者は、保険制度における損害てん補給付という方式を利用し、その内容に合意しているといえる。

この損害てん補方式とは、保険金の算出基準にとどまらず、損害てん補給付を確保する各種制度の総体を指すものとして理解されるものであり、保険給付の重複、保険給付と物権の重複、保険金請求権と他の債権との重複などの変則的な場合における調整制度も含む。

損害てん補方式は、保険の歴史の中で構築されてきた制度であり、各種の具体的制度・規律によってこの方式が確保されるが、それらの制度の全体を説明する基本的規範に名称を与えるとすれば、「損害てん補原則」と呼ぶことに合理性がある。

(c) 損害保険における損害概念

損害保険において損害を認識する対象にはいくつかのレベルがあるが、物・財産保険において損害てん補するその損害の概念を観察すれば、それは、物と経済主体との利益関係上に損害を認識するものであり、原則として、経済主体の財政上の変化から損害を計測する方式は採用されていない。

利益関係上に損害を認識することによって、複数の利害関係者がある場合の対象損害を識別でき、また、利益という概念を利用することで、利益関係の実情を踏まえた損害の柔軟な評価が可能となり、財政上においては確定的には損害が発生したとはいえない段階においても直ちに損害を認識することが可能となっている。

しかし、利益上に損害を認識する方式が取られているといっても、損害の種類毎に異なる種類の別々の利益が実際に存在していると理解することは相当でなく、損害を利益の減少として説明する場合の利益とは、単に損害の反対概念を利益として言い換えたものにすぎない。このように利益概念を用いても、利益を出発点として演繹的に損害てん補の対象となる具体的な損害の種類と数量的な評価までを導くことはできない。それゆえ、誰の何を損害として認識してそれをいかなる基準で評価するかについて、契約において明確に合意することが必要である。そして、こうしたてん補の対象とする損害を明確化することで最大損害額（保険価額にあたる。）が明確となり、保険金額等の設定を経たリスク量をもとに、保険者は保険料を算出することができる。

損害の認識は、社会経済上の必要を前提とし、経済制度として利用される保険制度においては、金銭に評価できる方式でなければならない。しかし、その損害

の認識については、社会的・経済的ニーズを踏まえて、柔軟性をみとめてしかるべきである。

(d) 損害てん補方式を支える原理

損害てん補原則を理論的に支えるものとしては、(ⅰ)保険技術面の要請、(ⅱ)経済制度としての要請、(ⅲ)社会的な健全性の確保が挙げられる。そのうち、(ⅰ)と(ⅱ)は、任意性が認められるが、(ⅲ)は社会的な問題であるので、一定の制限が存在する。損害てん補方式は、(ⅲ)を内包するものであり、すでに損害保険制度の健全性を織り込んでいる。

(e) 損害てん補方式の絶対性と相対性

損害てん補方式は、社会的な健全性の確保も踏まえた標準的な方式であるので、その方式をとる限りは、社会的健全性も満たされる（その点で、十分条件といえる。）。しかし、この方式は、一般的に問題ない水準をもとに設定しているので、社会的健全性における限界を示しているものではない。したがって、社会的に許容される範囲においては変更が認められる任意性のある原則として理解できる。

損害保険は、損害をてん補する契約という法的形式をとって実施される以上、その契約の本質が損害てん補といえるものでなければならない。しかしながら、契約の類型が損害保険に当たるためには損害てん補方式がそのとおりに充足されることをも必要条件とみることは適切でない。損害てん補方式は、標準的な方式であるが、厳格にそのとおりに充足されるべき絶対的なものとはいえない。

このような損害てん補方式を形成する制度の考え方を損害てん補原則と称すれば、この原則は、損害保険契約において標準的に求められる方式で、それを示した保険法上の規律も、損害てん補方式という制度を利用している契約におけるデフォルト・ルールを示したものと解される。したがって、その規律からの契約自由が全く認められないという理屈は理論的には出てこない。

(f) 保険契約における強行法規範としての利得禁止原則

保険給付の態様について、契約自由を制限する場合には、その給付がなぜ社会的に許容されないか、その理由に基づいてその水準を判定すべきである。許容さ

れない理由を挙げると、賭博の禁止、モラル・ハザード（及びモラール・ハザード）の抑止、一般の倫理観が挙げられる。これらをもとに判断すると、許容されない給付のレベルは、事故によって経済主体の財政上に生じる余剰であり、一般的には、事故によって個別の経済主体に生じる「必要」を超える給付のレベルと理解される。こうした余剰の禁止を導く考え方に呼称を与えるとすると、「利得禁止原則」とするのが合理的である[49]。このように禁止を導く考え方は、保険給付による経済主体の財政状況に着目する考え方といえる。

　こうした給付レベルの禁止を導く規律は、民法90条だけでは十分といえない場合があり、保険法の法理論のなかに存在すると理解すべきで、保険法の規律（18条2項及び3条）からもその存在を認めることが可能である。この原則は、損害保険契約という方式を利用する限りは、充足されなければならない強行法規範として位置付けられる。

(g) 損害保険の契約自由が利得禁止原則によって制限される場合

　損害てん補原則は、給付の態様に関する方式を示す原則であるので、そこからの一定の逸脱は許容され、当事者の合意によって、そこからの契約自由は認められるべきである。それが禁じられるのは利得禁止原則に触れるレベルの場合である。禁止されるべきレベルの事案としては、損害を被っていない者への給付、損害の有無にかかわらない完全な定額保険、保険価額を著しく超える保険価額の約定で、かつ被保険者の個別事情を踏まえても財政上の余剰を生むと考えられる場合、経済主体に生じる必要を明らかに超える残存物の取得や請求権の重複取得などを挙げることができる。

(h) 物・財産についての定額給付方式の保険

　損害保険契約は、損害てん補の契約であるので、損害てん補の契約として認識

49　利得禁止原則という用語を否定して、損害てん補原則のみその存在を認めて、損害てん補原則からの著しい逸脱は認めないとする考え方もありうる。しかし、その場合には、同一の原則のなかに、任意性のある原則と強行法性を認める原則の併存を認めざるをえないことになり、理論の整理としては望ましくない。また、利得禁止原則という用語のみ利用することにした場合には、利得禁止原則を任意法的なものと、強行法的なものに分けることになり、原則に対する呼び方として適当といえない。利得禁止という用語は、強行法的に禁止を説明する用語として利用した方が、一般にも理解しやすい利点があり、適切と考える。

できるものでなければならない。ゆえに、当事者が全く自由に金額を設定できる定額保険は、損害保険契約には該当しないことは明らかである。物・財産の事故による保険において、全く自由に金額を設定できる契約は、事故によって財政状況における余剰を生じることになるので、利得禁止原則に反するものとして強行法的に認められないと解される。

しかしながら、給付の方式は定額給付であっても、損害に対応する給付を被保険者の財政上の損失の範囲内において行うような方式の場合は[50]、損害てん補原則からは逸脱するが、なお利得禁止原則には触れないものと考えられ、少なくとも、禁止されるべき給付方式とはいえないように考えられる。問題は、そのような方式をとる契約は、保険法で規定されていない保険契約の類型とみるか、なお損害保険契約の範疇の契約とみるかである。その認定は、具体的な保険の内容に従って判断されるべきであるが、損害てん補方式からは逸脱していても、給付が、経済主体の財政状態において生じる経済損失に直接対応するものであれば、その給付の本質は、金銭に評価できる利益に対する損害のてん補にあるものといえ、損害保険契約に当たる契約として、保険法の規律を適用させることに意味があると考えられる。

損害の概念が多様であることを踏まえれば、損害てん補という契約類型における要件としての損害概念についても柔軟性を認めてよいと考えられる。

(i) 損害保険の契約理論における利益の意義

損害保険契約において、損害は利益関係上に認識するが、その利益関係は複合的であるために、そこから種々の種類の損害が生じる。そのため、利益を特定する方法で損害の種類とその量的評価を導くことは困難である。たとえそれを行うために利益の細分化をしても、その本質は損害の言い換えとなってしまう。損害保険契約においては、誰のいかなる種類の損害をいかなる基準で評価するかをまず決めなければならず（その際は、デフォルト・ルールとしての保険法の規律が出発点となる。）、それを元に、保険金額等の設定を経て、保険者が負担することのある損害てん補の最大額を求め、そのリスク量を元に保険料を算定することになる。

---

[50] 例えば、火災によって住宅が燃えた場合には、緊急対応の保険給付として、住宅の価額に比較して著しく少ない金額、例えば100万円を定額で支払うといった方式の契約である。給付金は、物・財産の損失によって生じる経済主体の損失に充てることができる。

当該経済主体にそのような損害を生む利益関係[51]が存在しないのであれば、損害をてん補するという契約の目的が存在しないことになるので、契約は原始的に無効となる。このように損害を生ずる原因となる利益は、契約の有効性の要件となるが、理論上の位置付けとしては、まず利益があってそこから演繹的に損害を導く考え方ではなく、契約の目的といえる損害てん補の内容を設定した上でその根拠となる利益状態が実際に保険給付を受ける者に存在するかを確認する流れが相当である。この考え方によれば、損害保険の契約理論の体系は、利益を中心においてそこから損害てん補を導くのではなく、損害てん補の合意を出発点としてその契約の有効性（損害が発生する前提となる利益状況の存在、当該損害をてん補する契約の適法性）を判断する考え方が相当ということになる。

以上は、本書の第Ⅰ部における考察から導かれる考え方をまとめたものである。ここで示した考え方が、損害保険における損害てん補の本質を説明するうえで相当といえるかについては、第Ⅱ部において、損害てん補方式にかかる各種制度や法理に関する各論の考察のなかで、具体的に検証していくこととする。

---

51 財物であれば、所有や管理という利益関係があれば損害を生む可能性があるということができる。ここにおける利益関係とは、PEICLにいうinsured riskに近い概念といえる（第6章3（3）を参照）。

第Ⅱ部

損害てん補給付にかかる各種制度の考察

第6章　保険価額[1]

1．はじめに

　保険法は、保険契約にかかる改正前商法の規律について、消費者等の保護も踏まえて抜本的な見直しを図り、その射程範囲も広げた。多くの論点が立法的に解決され、保険取引の実情を踏まえた規律の整備が図られた。損害保険に特有の事項をみても、超過保険、一部保険、重複保険、残存物代位、請求権代位を含む多くの事項に変更が加えられた。しかし、損害保険契約の目的に関する保険法3条（改正前商法630条）や損害てん補の基準を示す同18条1項（同638条）については改正前商法条文を踏襲したものであり、実質的な変更は加えられていない。そのため、損害保険契約の基本構造については、変更は生じていないようにみえる。

　被保険利益は、損害保険の本質に関係する問題としてこれまで盛んに研究され[2]、わが国では被保険利益概念を用いて損害保険契約の特徴や規律を体系的に説明してきた背景がある。一方、近時では利得禁止原則を巡る議論によって損害保険契約に関する基礎理論の考察がすすんできていることは、本論文第3章で述べたとおりである[3]。しかし、保険法の制定においては、損害保険の基礎的な規律を示す3条や18条1項については特段の見直しはされなかった[4]。それでは、損害保険契約の基本構造については、保険法はこれまでの学説に対して中立で、従前

1　本章は、拙稿「保険価額について──保険法における定義とその意義──」保険学雑誌624号183頁（2014年）を、改題して加筆・修正したものである。
2　各種学説の比較研究として、木村栄一「被保険利益の本質」博士論文要旨・一橋論叢53巻6号112頁（1965年）、藤田仁『被保険利益──その地位と機能──』（成文堂、2010年）が有益である。
3　なお、学説の流れとして、山下友信『保険法』（有斐閣、2005年）389頁、坂口光男『保険法学説史の研究』（文眞堂、2008年）377頁。また、利得禁止原則と被保険利益の関係について、笹本幸祐「保険給付と利得禁止原則」『近代企業法の形成と展開　奥島孝康教授還暦記念論文第二巻』（成文堂、1999年）596頁、神谷高保「被保険利益と利得禁止原則──利得禁止原則を適用するか否かの判定基準」竹濱修＝木下孝治＝新井修司編『保険法改正の論点　中西正明先生喜寿記念論文集』（法律文化社、2009年）103頁。

の議論は基本的にはそのまま将来に継承されていると理解してよいだろうか。

こうした問題意識から注目したい点は、保険法では、9条に保険価額の定義規定が新たに設けられている点である。本章では、この定義規定に焦点を当てて損害保険契約の基礎理論について考察して、第5章で示した仮説が、保険法の枠組みから見て適合するかを検証する[5]。

最初に、保険法における保険価額の概念と従来の学説を確認し、保険法に存在するいくつかの価額概念について論点を示す（第2節）。続いて、イギリス法、ドイツ法及びヨーロッパ保険契約法原則（PEICL）を概観して示唆を得る（第3節）。これらを材料として、保険価額の機能、保険価額と損害の関係、及び被保険利益と損害の関係を考察し、これらの考察をもとに、保険法の意義と価額概念の解釈について私論を展開する（第4節）。最後に、本章の考察から得られた結論を示す（第5節）。

2．保険法における「保険価額」と従来の学説

(1) 保険法における保険価額

改正前商法には保険価額を定義する規定はなかったが、保険法では、超過保険に関する規定のなかに「保険の目的物の価額（以下、この章において「保険価額」という。）」として保険価額の定義規定が挿入されている（9条）。9条に対応する改正前商法631条は、「保険金額カ保険契約ノ目的ノ価額ニ超過シタルトキハ其超過シタル部分ニ付テハ保険契約ハ無効トス」と記していた。保険法9条は、超過保険につき、超過部分を直ちに無効とする改正前商法の立場を変更し、善意で重大な過失がない場合には超過部分を取り消すことができる方式に変更したが、それに伴い、超過保険において基準となる価額概念を「保険契約の目的の価額」から「保険の目的物の価額」に変更している。保険契約の目的とは、講学上、被保険利益を指すので、超過保険の判定基準が「被保険利益の価額」から「保険の目的

4　例えば、萩本修編著『一問一答　保険法』（商事法務、2009年）113頁、122頁。
5　本章における問題意識につき、特に以下の文献から有益な示唆を得ている。笹本幸祐「保険代位に関する議論の推移と保険法改正」竹濱ほか・前掲注3）159頁、竹井直樹「超過保険・一部保険、損害保険てん補原則と保険金額の計算――超過保険と一部保険に関する実務上の考察」竹濱ほか・前掲注3）139頁、落合誠一＝山下典孝編『新しい保険法の理論と実務』（経済法令研究会、2008年）152頁〔土岐孝宏〕。

物の価額」に変更されたといえる。

　保険法において「保険価額」の用語は、超過保険（9条）のほか、保険価額の減少（10条）、損害額の算定（18条2項）、一部保険（19条）、残存物代位（24条）の条項でも利用されていて[6]、損害保険制度上の重要な基礎概念となっている。

（2）従来の学説と保険法条文に対する問題指摘

　保険価額は、商法には定義規定はなかったが、学説上は被保険利益の評価額を指すと理解されてきた。被保険利益の概念やその意義については学説に対立があったが、保険価額の定義について争いはなかった[7]。責任保険や費用保険には保険価額の概念が当てはまらないことも一致していた。それでは、なぜ保険法はこれまでの学説の定義を利用していないのだろうか。

　実際、この保険法の定義に対しては、一部の研究者から批判が示されている。例えば、この定義は、所有者利益の保険であれば特段の問題はないとしても、被保険利益は所有者利益だけに限らないので、適合しない場合があるとして、海上保険の領域で例を挙げると、債権者が担保物について有する担保利益、運送人の運送賃、用船料、用船利潤に対する利益、乗組員の有する利益、船舶の艤装に要した費用を支出した運送人の代償利益等を保険に付ける場合において、船舶の価額でもって保険価額とすることはできないこと、複数の当事者がそれぞれの立場で被保険利益を有しているが、船舶の価額でもってそれぞれの保険における保険価額とすることは適当でないとの指摘がある[8]。また同様の指摘として、物の所有者利益を被保険利益とする保険については保険の目的物の価額イコール被保険利益の評価額であるからこの定義でも差支えないが、一般的にはこれらの価額は一致せず、保険法の制定前から例外なく被保険利益の評価額を保険価額としてきた経緯にあり、保険法において保険価額の語が用いられている規定（9、10、18

6　保険価額は、改正前商法では重複保険の規定（632条、634条）でも利用されていたが、保険法では重複保険の規定（20条）には利用されていない。

7　例えば、絶対説の立場として、加藤由作『被保険利益の構造』（巌松堂書店、1939年）5頁、同『海上保険新講』（春秋社、1962年）35頁。相対説の立場として、大森忠夫『保険法〔補訂版〕』（有斐閣、1985年）74頁、155頁。修正絶対説の立場として、田辺康平『新版現代保険法』（文眞堂、1995年）91頁。これらのいずれにおいても、保険価額は被保険利益の評価額として理解されている。

8　木村栄一＝大谷孝一＝落合誠一編『海上保険の理論と実務』（弘文堂、2011年）118頁〔大谷孝一〕。

（2）、19、24条）は、適用対象として物保険しか想定していない規定であると解される、との見解がある[9]。

　超過保険、一部保険などの状況は、所有者利益についての保険に限らず、収益や担保権などを対象とする保険にも生じるので、保険法の定義はそれらの場合にそぐわない。また、実務では、収益の保険等など積極利益の保険と呼ばれる保険種目においても保険価額の概念を利用して、超過保険、一部保険、その他の処理を行うことが定着しているので、保険法の新たな定義が適合しない場合がある。保険価額の定義としてみた場合、上記の批判や解釈は的をつく指摘といえる。

　また、文献によっては、保険価額とは被保険利益の評価額をいうとの学説を踏襲したうえで、物保険の場合の規定として保険法上の保険価額の定義を理解する立場も見られる[10]。

（3）保険法の定義の妥当性について

　以上のとおり、保険法における保険価額の定義は、損害保険契約の一般規定として妥当といえるかどうか疑問があるが、それではこの定義によって具体的な支障は生じるであろうか。

　まず、保険法のこれらの条文は、物保険を想定していて、そのことは保険価額の定義からも明らかである。そこで、物保険以外の保険の場合には、それに対応する規定が存在しないことになるので、ここで示されている規律を類推適用することになる。逆にいえば、類推適用すればよいともいえるので、保険法の適用面において具体的な問題が生じるとまでは考えにくい[11]。

　実務面からみて問題といえるのは用語の混乱である。いくつかの文献をみても、保険価額とは、保険の目的物の価額をいうとするもの、被保険利益の評価額をいうとするものの両方がみられる。2通りの意味が存在し、保険法の条文と保険法学で定義が異なるとすれば一般にはわかりにくい。例えば、保険用語の辞典、保険約款などでいかに定義すべきか。保険用語のなかでも最も基礎的な用語

9　江頭憲治郎『商取引法〔第7版〕』（弘文堂、2013年）428頁。
10　たとえば、潘阿憲『保険法概説』（中央経済社、2010年）46頁以降。
11　もっとも、物の所有者利益の保険においても、保険に付ける対象はその被保険利益であってその被保険利益の経済的評価と物の価額は必ずしも同じとはならないとの考え方もありうる。その場合、保険法の定義は物保険の場合であっても妥当でないことになるが、この場合も類推適用が不可能ということはないであろう。

について内容が異なる定義が併存することは好ましいことではない。約款等においては、誤解が生じないように定義規定等が必要となろう。

以上をまとめると、保険法は、形式的には損害保険の一般理論として規律を提示しながらも、保険価額の定義は物保険を想定した文言となっているので、不完全な印象を与えることは否めない。そうであれば、保険価額は被保険利益の評価額とする学説の立場を踏襲したうえで、最も典型的な物保険の場合として定義を示す方法もあり得たかもしれない。しかし、保険法はそのような方式は取らなかった。改正前商法631条では「保険契約ノ目的ノ価額」としていたところを、保険法は「保険の目的物の価額」に変更した。なぜ変えることになったか。そしてより重要な点は、この変更が損害保険の契約理論に対していかなる影響を与えるかである。

（4）保険法におけるいくつかの価額の概念

損害保険契約は、損害てん補という給付方式を特徴として定義付けられているので[12]、理論上、価額の概念は重要な位置を占める。保険価額は最も基礎的概念といえるが、保険法条文をみると、以下のとおり、他にも価額に関係する点があるので、考察においてはそれらも対象とする必要がある。

まず、保険法3条である。3条は保険契約の目的を「金銭に見積もることができる利益」に限定している。それでは、ここにおける利益を金銭に見積もったときの価額とは保険価額であろうか。もしそうであれば、それと保険法9条の保険価額とは別の概念となるであろうか。

第2に、保険法18条1項は、損害保険契約によりてん補すべき損害の額は、「その損害が生じた地及び時における価額」によって算定すると規定する。それでは、ここにおける「価額」とは、保険法上の保険価額であろうか、別の価額であろうか、あるいは3条の利益の評価額であろうか。

第3に、保険法18条2項は、損害額の算定において、約定保険価額があるときは、てん補損害額は、当該約定保険価額によって算定するものとし、ただし、当該約定保険価額が保険価額を著しく超えるときは、てん補損害額は当該保険価額によって算定することを規定する。それでは、9条の保険価額、すなわち「保険

---

12 保険法2条1項6号。

の目的物の価額」は、18条の規定が契約で変更されていない場合は、「その時の地及び時における価額」を指すと理解してよいか。

第4に、約定保険価額の効力に関係して（18条2項）、それと比較すべき保険価額は、約定時の保険価額か、事故時の保険価額のいずれか。

また、仮に保険法上の保険価額を「保険契約の目的の価額」又は「被保険利益の評価額」とした場合にいかなる違いがあるかも検討する必要がある。

3．外国法からの示唆

保険価額について考察するにあたり、視野を広くするために、イギリス法、ドイツ法及びヨーロッパ保険契約法原則（PEICL）における保険価額の概念を概観することとしたい[13]。

(1) イギリス

イギリスでは保険価額に当たる用語として insurable value と insured value という用語がある。前者は保険に付けることが可能な価額、後者は保険に付けられた価額、主として協定により設定した価額を指す[14]。しかしながら、各種文献をみる限りでは、わが国の学説でいうような「保険価額は被保険利益の経済的評価額をいう」といった抽象的な説明は見当たらない。

それでは、法律上の表現についてはどうか。イギリスでは、保険契約全体を対象とする体系的な制定法はなく、判例法が中心となるが、海上保険の場合には過去の判例を体系的に整理した1906年海上保険法（Marine Insurance Act 1906）があるので、その中で保険価額という概念が条文上でどのように扱われているかをみてみる。

1906年海上保険法には、保険価額（insurable value）を定義する規定はないが、船舶、運送賃、貨物、その他の保険についてそれぞれ保険価額の算定基準が示さ

---

[13] 本章における問題意識を示すための限られた比較であることをお断りしておく。なお、本書の考察は、イギリス法との比較を基本として、PEICL も参照して補完する方式をとっている。しかし、ここでは、保険価額という日本の保険法の用語の概念についての解釈論を展開する上で有益と考えて、ドイツ法における保険価額の概念についても参照している。

[14] 例えば、Robert H Brown, *Witherby's Encyclopaedic Dictionary of Marine Insurance*, 6th ed., London, 2005における該当項目の解説参照。

れている（同16条）[15]。保険価額が協定されていない場合（評価未済保険証券の場合）には保険価額が保険金支払いの限度となる（同67条乃至72条）。また、保険価額は一部保険（同81条）の判定基準となる。評価未済保険証券において超過保険の場合には保険料が返還されるが、その条文（84条）には保険価額は利用されていないものの、てん補の限度は保険価額となるので（67条乃至72条）、保険価額が超過保険の判定における基準となる。なお、重複保険の定義規定（32条1項）、及びその場合の分担請求権（80条）においては、てん補額や責任額が基準となり、保険価額は利用されていない。ただし、重複保険において評価未済保険証券の場合には、他の保険証券のもとで受け取った額をその保険価額（insurable value）から控除すると規定する（32条2項(c)）。代位については、保険価額は利用されていない（79条）。

　続いて、被保険利益（insurable interest）についてみると、同法は、被保険利益を有せず、かつその取得の見込みがなく締結される契約を射倖契約又は賭博契約とみなすことを規定し（4条）、航海事業に利害関係を有する全ての者は被保険利益を有すると規定する（5条）。被保険利益が必要な時期は損害の発生の時とする（同6条）。なお、同法は、被保険利益を契約の目的としては位置付けていない。被保険利益を、契約が射倖又は賭博から区別されるうえでの要素として位置付けているといえる。

　以上をまとめれば、イギリス法においては、保険価額にあたる用語が存在し、超過保険や一部保険等の基準となるが、保険価額の概念は、必ずしも被保険利益の量的評価として理解されているわけではないことがわかる。一方、被保険利益は、保険契約が賭博等から区別されるために必要な要素となっている[16]。以上から、保険価額と被保険利益は切り離されていて、それゆえ、契約の有効性の問題と損害てん補の量的規律は分離されていると理解できる。

15　16条は、保険価額の算定基準を海上保険の種類毎に記載する。船舶の保険は危険開始時の船舶の価額に各種支出費用を加算した額、運送賃の保険は運送賃の総額に保険料を加算した額、貨物の保険はCIF価額、その他の目的物の保険は契約の効力開始時に危険にさらされている額に保険料を加算した額である。
16　なお、立法により被保険利益の要件を柔軟化すべきという議論がある。損害てん補原則があるので、被保険利益要件はなくてもよいとの議論もある。John Birds, *Birds' Modern Insurance Law*, 8th ed., London, 2010, pp. 64-66参照。

(2) ドイツ

ドイツでは、保険契約に適用される法律として保険契約法（Versicherungsvertragsgesetz、2008年施行、2010年改正、以下、VVGという。）がある。ただし、同法は、海上保険と再保険には適用されない（209条）。

VVGにおいて興味深いのは、法律の条文の中で保険価額（Versicherungswert）を付保利益（versichertes Interesse）[17]の用語を用いて説明している点である。VVG第2章損害保険第1節総則第74条は、超過保険に関する規定であるが、その中で超過保険を示す上で「保険金額が付保利益の価額（保険価額）を著しく超える場合には」と規定し、付保利益の価額を保険価額ということが示されている[18]。保険価額は、一部保険の場合の基準としても利用されている（75条）。約定保険価額に関する76条では、「約定保険価額は、保険事故発生の時において付保利益の有する価額ともみなす」との規定がある（この規定も旧法57条とほぼ同じである。）。保険価額は、重複保険（78条）でも利用されているが、損害賠償請求権の移転（86条）では利用されていない。

また、VVGでは、物又は物の集合物を目的物とする場合は第2章損害保険第2節物保険（88条）、運送貨物の場合は第3章運送保険136条において、保険価額の算定基準がそれぞれ規定されている。

一方、被保険利益の概念をみてみると、VVGにはわが国保険法3条に直接対応する条文はないが[19]、有効な損害保険契約といえるためには付保可能利益（versicherbares Interesse）についての契約である必要があると理解されている[20]。なお、保険価額が問題となるのは物保険（Sachversicherung）においてであって、賠償責任や費用保険などの消極財産の保険（Passivenversicherung）では該当しないとされている[21]。

VVGは保険価額を「付保利益の価額」と規定しているので（74条）、その点からみるとわが国の改正前商法やわが国の学説の立場に類似する。しかしながら、

---

17 ドイツでは、付保可能利益（versicherbares Interesse）と付保利益（versichertes Interesse）とが区分され、VVG74条以下では後者の用語が利用されている。
18 この条文は、改正前の旧法51条とほぼ同じである。
19 ただし、被保険利益不存在の場合の保険料返還に関する規定（80条）がある。
20 Manfred Wandt, *Versicherungsrecht*, 5. Auflage, Köln, 2010, p. 240, Prölss/Martin, Versicherungsvertragsgesetz, 28. Auflage, C. H. Beck, 2010, p. 518以下。
21 Wandt, supra note 20, p. 242.

注意したいのは、この規定を置くVVG74条は積極財産を対象とする規定であり、一方、わが国の保険法3条に対応するような損害保険契約に共通する被保険利益に関する一般規定はVVGには存在しないことである。したがって、74条の「付保利益の価額」という表現に、わが国において被保険利益概念に求められる強行法的規範まで含まれているわけではないと考えられる。もしこのように理解できれば、VVGにおいても、損害保険契約の有効性の問題と損害てん補の各論を切り離して理解できる条文になっているといえる[22]。

（3）ヨーロッパ保険契約法原則

ヨーロッパ保険契約法原則（以下、「PEICL」という。）[23]は、イギリスを含むヨーロッパの保険法学者のグループがヨーロッパ諸国における保険契約法のあるべき内容を準則化したもので、ヨーロッパ諸国の立法上のみならず、グローバル・スタンダードとなりうる意義を有するとされるものである[24]。

PEICLでは、第8章の標題が「保険金額及び保険価額（insured value）」となっている。insured valueは正確には「保険に付けた価額」といえる。第8章には、支払額の上限、一部保険、超過保険及び重複保険に関する規定が設けられている。しかしながら、PEICLの条文ではこのinsured valueの用語は利用されてなく[25]、その定義規定もない。利用されている価額概念をみると、支払額の上限（第8：101条）では「現実に被った損失」、価額協定に関する条文では「保険の目的物の価額」、一部保険において保険金額と比較するのは「保険事故発生時の価額」（第8：102条）、超過保険の場合の条件変更において保険金額と比較するのは「保険契約のもとで生じ得る最大の損失額」（第8：103条）となっている。また、重複保険（第8：104条）や代位（第10：101条）に関する条文で利用されているのは「損失」や「てん補額」である。

---

22 これは筆者による条文分析であり、ドイツの学説については更に調査する必要がある。
23 Project Group Restatement of European Insurance Contract Law, *Principles of European Insurance Contract Law* (PEICL), Munich, 2009.
24 小塚荘一郎ほか訳『ヨーロッパ保険契約法原則』（原著書 Project Group Restatement of European Insurance Contract Law, *Principles of European Insurance Contract Law (PEICL)*, 2009）（損害保険事業総合研究所、2011年）内、推薦のことば〔山下友信〕。また、久保寛展「ヨーロッパ保険契約法原則（PEICL）の生成と展開」保険学雑誌616号111頁（2012年）、小塚荘一郎「ヨーロッパ保険契約法原則（PEICL）の公表と日本にとっての意味」損害保険研究72巻3号1頁（2010年）。
25 ただし、各国法等に関する説明では、保険価額の用語を一部利用している。

また、被保険利益についてみると、注目されるのは insurable interest 又はそれに当たる用語が条文にない点である[26]。PEICL では、給付のトリガー（保険事故、担保危険にあたるもの）を insured event と称しているが、それとは別に insured risk という概念を利用していて、第12：101条は、その欠如の場合の保険料支払義務や契約終了に関する条文である。わが国の保険法等でこれと同一の概念が存在するかは疑問があるが、しいていえば、被保険利益に対応すると考えられる[27]。PEICL には、この insured risk の定義規定はないが、同解説では「保険事故が生じる可能性」と言い換えられている[28]。なお、この insured risk を量的に評価した概念は示されていない。

他にも着目したいのはこの insured risk に関する条文の位置である。損害保険共通規定は第2部であるが、その最初に第8：101条として「支払額の上限」として損害てん補原則が示されている。その後に、一部保険、超過保険、重複保険、保険金請求権、因果関係、損害軽減費用、代位、保険契約者と被保険者が異なる場合などが規定されていて、最後（第12章）に、insured risk の規定が置かれている。同章では、insured risk の欠如（第12：101条）、物件の移転（第12：102条）という例外状況に関する規律が示されている。以上の条文配置をもとにすると、損害保険の損害てん補の給付方式については、損害てん補原則から説明していく体系が取られているといえる。

以上、イギリス、ドイツ及び PEICL について概観したが、法制度に違いがある外国との比較は簡単にはできないものの、被保険利益に関する規律と損害てん補給付に関する規律は、必ずしも一体のものとなっているわけではないことがわかる。

26　ただし、各国法等に関する説明には、被保険利益に関する説明は存在する。
27　PEICL の注釈 N2は、同条に当たる各国法として、イギリス1906年海上保険法4条、VVG80条1項などのいずれも被保険利益に関係する条項を挙げている。
28　同解説 C1。

4．保険価額概念の意義についての考察

（1）保険価額の機能

以上を踏まえ、わが国保険法における保険価額概念の意義について考察したい。考察にあたっては、これまで保険価額の概念がいかなる機能を発揮してきたかを押さえておく必要がある。これまで学説は、保険価額を被保険利益の評価額としてきたが、その場合に、保険価額には次の機能が与えられていたと考えられる。

第1に、保険価額は、それを超える金額は被保険利益を超えるものとして無効となるので、契約締結時の保険金額設定における基準として機能した。

第2に、事故時の超過保険を判断するうえでの基準となった。保険価額は被保険利益の経済的評価額とされていたので、保険価額を超える部分は被保険利益が量的に存在しない部分として無効となる考えが導かれていた。

第3に、保険価額は一部保険を判断する基準として、保険金額に比例して保険料を徴収する方式において比例てん補の考え方を導く際の基準となった。

第4に、保険価額は被保険利益の経済的評価であるから、保険価額の減少を損害とみることになり、保険価額がてん補すべき損害額の上限となった。例えば、全損は被保険利益の全部の減失として保険価額がてん補額の上限となった。

第5に、重複保険、残存物代位、請求権代位においても、保険価額は、重畳的給付を調整する上での基準となる価額として利用されてきた。

（2）損害保険理論において保険価額概念が有してきた意義

このように保険価額は、損害保険契約に関する種々の規律における基礎概念として機能してきたといえるが、更に重要と考えられるのは、損害保険契約の理論体系における意義である。損害保険契約に関するわが国の学説では、様々な立場があって濃淡はあるが、被保険利益を用いて損害保険契約の本質と各論までを体系的に説明してきたといえる[29]。そして、そこにおいて重要な機能を有していたのが保険価額であった。すなわち、被保険利益を量的概念に変換することで、損

29　第2章及び第4章参照。

害保険契約の有効性の問題として存在している被保険利益から損害てん補の各論までを体系的に説明していた。

被保険利益の位置付けについては、大きくは絶対説、相対説、修正絶対説と学説が展開されてきた[30]。絶対説は、被保険利益を契約の目的それ自体と位置付けるところから被保険利益の論理的必然として損害てん補の規整を説明した[31]。それに対する相対説は、被保険利益を契約に対する外部的な公序要請に基づく制度として位置付けたが、その考え方を損害てん補の給付様式に具体的に適用する際にはその経済的評価が必要となり、外的要請を発動する上での基準として保険価額概念を利用していたといえる[32]。また、修正絶対説は、物・権利・将来の確実な利益等（積極保険における利益）に被保険利益を限定することで、保険価額を被保険利益の評価額として位置付けて、絶対説と同じ効果を理論的に説明していたといえるのではないかと考えられる[33]。

このような体系において重要な点は、被保険利益の存在は損害保険契約において強行法的に求められる点である。それゆえ、被保険利益が存在しない場合は契約の無効が導かれ、また、被保険利益は経済的利益であるがゆえに、その経済的評価額を超える状況が無効となることが論理的に導かれていた。

（3）損害と利益の関係

こうした体系において前提となっていたのは、損害と利益の対応関係である。利益と損害を一対一の関係でとらえ、損害を利益の減少として理解していたといえる。保険に付けた利益が被保険利益であるから、損害は被保険利益のマイナスとして理解することが可能となった。そして、この利益から損害へ数量化（変換）する機能を有していたのが保険価額であった。

しかしながら、この利益と連動した損害の概念は責任や費用の発生の場合にはうまく適合しなく、被保険利益の概念（定義）をめぐる論争を導いた。また、各論としての損害てん補の規整は一定程度の柔軟性があってよいという考え方が強くなった。すなわち、被保険利益は強行法的規整に結びつく概念で、そこから導

---

[30] 第2章において考察した損害保険の本質論は、被保険利益の位置付けに関する議論でもある。この点に関する論文は膨大となるが、学説史のポイントとしては、坂口・前掲注3）377頁以下参照。
[31] 加藤・前掲注7）『被保険利益の構造』125頁。
[32] 大森・前掲注7）74頁。
[33] 田辺・前掲注7）87頁、91頁。

かれる損害概念との間で不整合が生じてきたといえる。

(4) 利得禁止原則との関係

　強行法としての被保険利益の存在の問題と損害てん補という給付制度上の損害概念との間に存在する不整合を示し、新たな理論的枠組みを導くうえでは、近時の保険法における利得禁止原則に関する研究が果たした役割が小さくないと思われる。その研究によって、従来、保険における利得禁止原則と考えられてきたものにいくつかのレベルがあることが示され、これまで損害てん補性を確保するうえでの原則として一様に理解されてきた利得禁止原則の適用においても、強行法的に求められるものと、より柔軟であってよいもの（任意性のあるもの）とを分ける考え方を理論的に導くことが可能になったといえる[34]。

　保険法における利得禁止原則については、第3章においてすでに紹介したが、研究者によって考え方が分かれている[35]。第3章乃至第5章において提起した仮説に沿って、損害保険契約に強行法的に求めるべきレベルの規範として「利得禁止原則」[36]、損害てん補という給付方法を確保するために利用されている各種制度や法理論を導く規範として「損害てん補原則」[37]の2つの原則を利用して考えてみたい[38]。この考え方を用いた場合、損害保険としての契約の有効性にかかわる利益の存在の問題は、賭博の禁止やモラル・ハザードの防止などの公序から必要とされる要請に基づくものであるので、利得禁止原則を損害保険に適用した原則と位置付けることになる。したがって、損害保険契約における経済的利益の存在を規定する条文（保険法3条）は利得禁止原則に沿うものと考えられ、強行法的性格の規定といえる。一方、いかなる基準で損害をてん補するかという問題は、給付算定に係るもので、損害の評価（基準）の問題となる。損害の評価は、時価

34　利得禁止原則を分ける考え方を示して学説の展開を導いた論文として、洲崎博史「保険代位と利得禁止原則（1）（2・完）」法学論叢129巻1号1頁（1991年）、3号1頁（1991年）。
35　保険における利得禁止原則は、学説により、2分説、3分説、4分説、否定説に分かれる。岡田豊基『請求権代位の法理──保険代位論序説』（日本評論社、2007年）48頁以下。
36　これは、筆者はかつて「広義の利得禁止原則」と呼んでいたものである。本書では、同一の原則について強行法的な効果が異なる2つの原則を利用することは望ましくないと考え、強行法的な禁止の原則を「利得禁止原則」と称している。
37　これは、筆者はかつて「狭義の利得禁止原則」と呼んでいたものである。第3章の考察で示したように、この原則は、「損害てん補原則」と呼ばれている原則に等しいものと理解できる。
38　この2分説は、筆者が次の論文において提唱した考え方である。拙稿「損害てん補と定額給付は対立概念か」保険学雑誌555号64頁（1996年）。

という基準を含め、さまざまな考え方が存在してよい事項であり、それを規定する保険法の条文は、利得禁止原則に照らして問題となるレベルでない限りは、原則として、任意規定として理解されるべき（ただし、消費者保護の観点から片面的強行規定とするかどうかという別次元の問題は存在する。）といえる。このように理解すれば、保険価額とは、損害てん補の方式の考え方を示す損害てん補原則に関する規律を示すために利用される制度概念ということができる。

（5）保険法における保険価額の定義の意義

　従来の損害保険の法理論は、被保険利益を中核において損害保険に特徴的な規律を体系的に説明してきた。そして、それを可能にしていたのが保険価額の概念であり、それこそが契約の有効性にかかわる強行法的な問題と損害てん補の量的規整の問題を接合していたのである。しかしながら、本来、両者は別次元の問題といえる。したがって、被保険利益の評価額を保険価額として、被保険利益と保険価額の間で一対一の変換関係を作り出せば、両者はうまく調和しない。その一方で、強行法的に求められるべき利益の存在は必要である。よって、両者の概念は存続させつつも、その対応関係を分断する必要が出てくる。そこで保険法は、両者を連結していた保険価額の定義を変更せざるを得なくなったと考えられる。

　保険法の制定にあたって直面していた理論構造上の問題は、実は、この部分にあったのでないかと筆者は考える。すなわち、強行法として求められるべき3条（利益の存在の問題）は変更すべき論点とはなっていないが[39]、一方、超過保険、一部保険、重複保険、保険代位など、損害保険理論の各論といえる部分では柔軟な対応を図る必要があった。両者の規律の次元が異なるにもかかわらず、利益概念から超過保険等の各種制度を導くことは適切でない。他方で、損害保険における損害てん補性を確保するための規律としては、てん補すべき損害の額を規定する条文（改正前商法638条1項）がすでに存在していた。各種制度を説明する場合には価額概念が必要となるが、典型的な場合は物保険であるから保険法はそれについて規律を示し、被保険利益から導くことはしなかったが、このように考えれば、それは当然のことといえる。

　以上のように、保険法は、伝統的な保険理論の体系、すなわち被保険利益を中

39　強行法規として明確化する案もあったが、当然のことであるとして条文上は示されていない（大串淳子＝日本生命保険生命保険研究会編『解説 保険法』（弘文堂、2008年）201頁参照。）。

核において入口から出口までを体系化する考え方を抜本的に変更し、利益の存在の問題と損害てん補性の量的規整の問題をひとまず切り離していると理解できる。そうであるとすれば、9条において保険価額を被保険利益の評価額としなかったことは、理論体系上における最も重要な改定点と認めてよいであろう。

もっとも保険法に対する以上の解釈は、筆者による問題提起にすぎず、保険法制定に関する審議会の議論や立法担当者がこのような解釈や趣旨を直接示しているものではない[40]。また、保険法の条文の解釈としては、被保険利益の評価額を保険価額とするこれまでの学説を踏襲したうえで、保険価額の用語を用いた規律は典型的な事例である物保険を想定して原則を示し、それゆえ保険の目的物の価額を保険価額として呼ぶ方式をとっているという解釈も可能であるように思われる。すなわち保険法は、これまでの学説に基づいた解釈をとることも、また、本論文で示した被保険利益と損害てん補給付を分離する解釈のいずれも可能となるような枠組みとなっているといえる。

しかしながら、被保険利益を利用して各論まで説明するこれまでの考え方を踏襲する場合は、被保険利益は損害の裏返しの概念としての利益概念となるので、それが3条で求められる利益概念と同じといえるかという問題が生じる。また、責任や費用の保険の場合の被保険利益をいかに考えるか、その被保険利益をいかに定義するか、強行法的存在である3条の利益とてん補様式上の概念をどのように関係付けるか、さらには、9条で定義し、その後利用する保険価額の概念によって、逆に3条で求められる利益概念が制約を受けることにならないかといった種々の論点が出てくるであろう。これらの論点はこれまで盛んに議論され、かつ結論が出ていない被保険利益の概念をめぐる問題に結びつき、そこにまた戻ることになる。

保険法において被保険利益という言葉を使う場合、法文上はこれまで存在しない言葉を示すことになるからその定義規定が必要となるし、定義を巡っては終焉のつかない議論になることは明らかであるので、被保険利益という言葉を使用しなかったことは被保険利益概念の定義化をめぐる実際上の困難とも関係しているかもしれない。そのような立法技術上の背景もあるかもしれないが、被保険利益

---

40 なお、立法担当者は利得禁止原則を保険法における公序として考えていたとする指摘がある（落合ほか・前掲注5）163頁以下〔土岐孝宏〕。その根拠として、保険法部会第21回議事録39頁が例として示されている。

という用語を利用しないでも改正前商法631条の「保険契約の目的の価額」の文言を残す方法もありえたように考えられるところ、保険法は、「保険契約の目的の価額」という文言を利用せずに「保険の目的物の価額」と記したことの意味は大きい。いずれにせよ、出来上がった保険法の条文文言からは、利益の存在の問題と損害てん補の給付規整を分離して考えることがより自然になっているということができる。

（6）保険法における各種価額の解釈

利益概念と損害てん補給付を分離する解釈が他の条文との関係において矛盾が生じないかどうかについて、本章の2（4）にあげた疑問点を中心に検討する。

最も重要であるのは保険法3条である。保険法は、改正前商法と同じく、「金銭に見積もることができる利益に限り、その目的とする」として、利益を契約の目的とすると記している。この利益を経済的に評価した額が保険価額であると解釈すれば、その額を超えるものは利益を欠き無効とすべきこととなり、保険法の各論の部分と矛盾する。したがって、3条をこのように解釈することはできない。「金銭に見積もることができる」というのは、単に経済的な利益という意味であって、保険価額を導く概念ではないと解釈すべきであろう。また、この利益は、損害保険契約全般に対して求められ、賠償責任保険、費用保険など、いわゆる消極利益の保険と称される場合についても適合する概念として理解すべきといえる[41]。

保険法18条の「損害が生じた地及び時における価額」についてはどうであろうか。ポイントは「地と時」という点であり、保険法は、それ以外の評価基準は定めてはいない。価額概念は、本書でいう損害てん補原則（過去に筆者が呼んでいた狭義の利得禁止原則）に沿って考えればよく、3条の利益概念から導く必要はなく、契約で変更可能なものといえる。本条は任意規定として位置付けられているが、本書におけるこれまでの考察からみてもそれが理論的に相当といえる。

保険法18条2項における「保険価額」は、それとの比較において著しく超過する約定保険価額の効力を失わせる効果が与えられているので、その点で、利得禁止原則にも関係している。しかしながら、この効果が与えられるのは「著しく超

---

[41] その場合の利益とは、保険で支払対象とする経済損失が生じる可能性が生まれる根拠となる利益関係を指すように考えられる。

えるとき」に限られるので、保険価額の概念自体が強行法的な利得禁止原則を示すものとはなっていない。この場合の損害てん補は、「当該保険価額」によって算定されるが、これは、事故時点の「物の価額」として、損害てん補原則上の概念として解釈してよく、その結果、18条2項但書の規律は利得禁止原則の範囲内で任意性が認められると考えてよいであろう[42]。

保険法9条他の「保険の目的物の価額」における価額については、18条1項の規律の変更自体がそもそも可能であるので、例えば、てん補基準を新価ベースとした場合は、9条等における価額も新価として考えればよいということになる。

以上のように、3条の利益に関する規律と保険価額を切り離してとらえても、解釈上で問題が生じないように保険法は起草されていると考えられる。

5．まとめ

保険法は、9条で保険価額を保険の目的物の価額と定義することによって、超過保険等に対する規律としてみた場合には、物保険に限定した、その点からは十分とはいえない規定になったが、その一方、3条の規律から損害てん補の原則（18条1項）や損害てん補の各論を切り離して考えることができる体系となった。保険価額の定義に被保険利益という概念を利用しないことによって、損害てん補原則の問題、換言すれば、いかなる基準で損害をてん補するかという給付方式に関する規律と、3条に規定される契約の有効性にもかかわる規律を切り離して理解することがより自然になった。さらに、保険価額を被保険利益の評価額とはしなかったことにより、被保険利益を各論における価額概念に支配されずにとらえること、すなわち被保険利益概念をより柔軟にとらえることも可能になったといえる[43]。

保険法の新たな保険価額の定義規定は超過保険の規定の中に織り込まれている。一見したところ、このことと全体の理論体系とに関係はないようにも見受けられるかもしれない。特に、損害保険契約の骨格を形成する基本原則である3条や18条1項はほとんど改正前商法条文のままの形で踏襲されているので、理論的

---

42 保険法18条2項の問題については、第6章で考察する。
43 その結果、被保険利益は、価額を評価しにくい利益関係も包含できる概念として理解することが容易となった。

枠組に変更が生じているようには見えにくい。しかしながら、筆者は、保険価額の定義の変更のなかに損害保険契約の理論構造における最も重要な革新部分が存在しているといえるのではないかと考える。

保険法は、利得禁止原則をめぐる近時の議論も十分に踏まえ、利益概念に関する3条の文言にはほとんど手を付けることなく、より柔軟な枠組みを作り上げている。そして、その枠組みは、わが国の法の条文をできるだけ残しつつも、PEICLに示されるような新しい理論的フレームワークとも調和的といえるように考えられる。

本章における保険法の解釈は、筆者の解釈であり、立法過程の議論において直接示されていたものではない。しかしながら、ここで示したように、保険法の条文は、第5章において仮説として示した考え方、特に、利益と損害てん補の関係についての私論に親和的であるように考えられる。すなわち、利益や損害の概念、及び両者の関係について本書で示した仮説は、保険法の条文構造や文言の解釈からも裏付けられるといえるのではないかと考える。

第7章 約定保険価額[1]

1．はじめに

　海上保険をはじめ、物・財産の損害保険においては、保険価額[2]を約定する[3]場合が多い[4]。保険法は、てん補損害額は時価に基づいて算出することを原則としつつ（18条1項）、保険価額の約定があれば、それに基づいててん補損害額を算定することを規定する（同2項）。ただし、それには重要な制限があり、約定保険価額が保険価額を著しく超えるときは、てん補損害額は当該保険価額によって算定することとなる（同条2項但書）。すなわち、保険価額の約定は、保険価額から「著しく超えない」範囲においてのみ認められる。それでは、いかなる程度の場合に「著しく超える」と評価されるであろうか。また、この但書は強行規定といえるであろうか。強行規定であるとすれば、その根拠は何に求められるであろうか。

　約定保険価額の効力の問題が訴訟の争点となることはまずない。契約当事者が価額に合意し、自らそれを否定することは考えにくい。しかし、どの範囲内で約定が有効かは、実務上、常に留意しておくべき事項といえる。

　保険価額の約定については、改正前商法にも規定が存在したが[5]、約定が認められる具体的範囲については裁判例も少なく学説もほとんど展開されてこなかった[6]。しかし、この問題は理論面で重要である。なぜならば、損害保険における契

---

[1] 本章は、拙稿「約定保険価額の拘束力──損害保険契約における利得禁止原則に関連して──」損害保険研究75巻4号69頁（2014年）を改題して加筆・修正したものである。
[2] 保険法において保険価額とは保険の目的物の価額をいう（9条）。
[3] 従来から「保険価額の協定」と称され、保険価額が協定された保険証券を「評価済保険証券」、協定されていない証券を「評価未済保険証券」と呼んできたが、保険法の文言に従い、本稿では原則として「約定保険価額」「保険価額の約定」という。
[4] この実務の歴史は海上保険の歴史とともに長く、PhillipsⅡの法典にもみられ、Le Guidon de la Mer（1566-1584）他にも規定があるとされる（今村有『海上保険契約法論　上巻』（損害保険事業研究所、1978年）469頁）。
[5] 改正前商法639条。
[6] 山下友信『保険法』（有斐閣、2005年）403頁。

約自由の範囲をいかに画するかという問題であるからである。約定の効果を広く認めれば、損害てん補契約と定額給付契約の境界が薄れていく。限界があるとすれば、その限界を画する原理は、損害保険契約の本質を特徴付ける重要な原理ということにもなる。

第1章から第6章において繰り返し述べてきたとおり、わが国では、損害保険の本質を巡る議論は、伝統的には被保険利益を中心に展開されてきたが、近年では利得禁止原則を用いて学説が展開され、更には、利得禁止原則の存在を全面的に否定する学説も主張されている[7]。保険価額約定の有効性の範囲の考察は、損害保険における損害てん補性の限界に関する考察となるもので、利得禁止原則の存否の問題にも関係する。

本章では、保険価額の約定の拘束力について考察することとして、それを検討するために、最初に保険価額の約定に関する実務を概観し、設例も示す（第2節）。そのうえでわが国の判例と学説を概観する（第3節）。わが国の立場をより客観的に位置付けるために、ヨーロッパ保険契約法原則（PEICL）を概観し（第4節）、更に、ヨーロッパ各国の中で約定の効力を広く認めている国と推定されるイギリスを取り上げて、その判例と学説を分析して、示唆を得る（第5節）[8]。これらを材料に考察を加えて（第6節）、結論を示す（第7節）。

2．保険価額の約定と問題設例

（1）保険価額の約定の実務

保険価額の約定が広く利用されている保険として、海上保険がある。

外航貨物海上保険では、到着時の価額を保険価額として協定する実務がとられている。積出地における原価に到着地までの運送に必要なコスト（運送賃、保険料）を加算したCIF価格に、貿易によって得られる輸入者の利益分（希望利益）や諸掛等を想定した10％の加算を行い、CIF価格の110％で保険価額を協定して

---

[7] 土岐孝宏「損害保険契約における『利得禁止原則』否定論（1）（2・完）」立命館法学291号217頁（2003年）、同293号256頁（2004年）。落合誠一＝山下典孝編『新しい保険法の理論と実務』（経済法令研究会、2008年）157頁～158頁〔土岐孝宏〕。

[8] イギリス法との比較は、保険価額の約定が定着している保険に海上保険があり、海上保険はイギリス法に準拠する場合が多くわが国実務に影響があるので、その点からも意義がある。

これを保険金額とする実務が取られている[9]。この場合、契約者から申告された CIF 金額をもとに保険価額と保険金額が設定される[10]。価額の約定のために鑑定等の手続きが取られることはまれである[11]。

船舶保険は、1年間の期間建て契約が中心で、その場合は、期間の始期価額を保険価額として約定するのが実務である。船舶の保険価額は、建造価格をもとに、経年減価や管理状況、融資残高等をもとに約定される。

陸上の財産保険では、時価ベースによる損害額の算定が困難ではない場合が多く、それが基本となっているが、保険価額が約定される場合もある。

自動車の車両保険では車両価額協定保険特約が車両保険に自動付帯されている場合が多い。文言は会社間で同一ではないが、保険契約締結時における被保険自動車と同一の用途・車種・車名・型式・仕様及び初度登録年月の車の「市場販売価格相当額」を車の価額として協定し、それを車両保険金額とする。市場販売価格相当額は、保険会社が別に定める「自動車保険車両標準価格表」等に記載された価格をいう。この特約では、全損の場合には協定保険価額が支払われるが、分損の場合には、協定保険価額を限度として修理費から残存物の価額を引いた残額がてん補される。更に、車の初度登録から一定年月の場合の特約として、新車の市場販売価格相当額を新車保険価額として、それを限度に損害てん補する車両新価保険特約も存在する。

なお、住宅向けの火災保険でも、契約締結時に保険価額を合意する方式がある。これは、約定の方式により、保険金は時価または新価ベースで支払うものである。

保険価額の約定は物の保険に限定されない。例えば、収益損失をてん補する船舶不稼働損失保険では過去の平均的収益をもとに保険価額を約定する方式が利用されている。

(2) 約定保険価額と保険価額が乖離した事例

保険価額の約定は契約時に行うものであるので、事故時に約定保険価額が保険

---

[9] 地域により、輸入税等のコスト等も勘案し、CIF130％などで協定される場合がある。国内の海上輸送では CIF105％や CIF 価額を保険価額として約定する場合もある。
[10] こうした簡単な方法で協定がなされている背景には、仕切状（invoice）等の書類が存在し、誤った申告は告知義務違反になることなどがある。
[11] 美術品等については、契約時点で鑑定等を入れる場合がある。

価額より「著しく」超えることが判明する場合がありえる。議論を深めるために事例を設定してみたい。議論を単純にするために、いずれも全部保険として全損事故を想定する。

① 市況・為替の変動による保険価額の下落【事例１】

> 外航貨物海上保険において、CIF価額１億円をもとに1.1億円を保険価額として約定したが、相場、為替その他の変動によって、輸入地到着時の事故発見時点での時価は6,000万円となっていた。

貨物海上保険の保険期間は比較的短いが、期間中に商品相場や為替が大きく変動する場合がある[12]。また、航海の遅延やその他の要因で変動が生じる場合もある。典型例は、クリスマス用品が航海の遅延によって時期を過ぎて到着した場合である。また、原発事故の風評等で日本輸出の海産物の現地価格が急落するなど、その他の原因を契機とする場合もありうる[13]。なお、こうした相場の下落は船舶保険でも生じる。船舶価額の算定は種々の方式があるが、売船価額は市場の需給によって短期的にも大きく変動する[14]。

② 時価とは異なる観点から保険価額を約定している場合【事例２】

> 船舶建造時のコストと銀行借入金をもとに初年度１億円で保険価額を約定し、５年たったが、銀行融資の残債も考慮して保険価額を8,000万円とした。しかし、売却した場合の価額は4,000万円を下回る見込みである。

ここでは、船舶に抵当権、保険金請求権に質権が設定されている場合を想定した。同様の事例は工場建物等でも生じうる。

---

[12] 売買価額と保険金額とが同じ通貨の場合とそうでない場合がある。ドル建ての売買価額の輸入品を円建てで付保すれば、為替変動リスクを一定程度保険で消化することになる。
[13] 製造者の信用を失う事故によって、現地の相場価格が下がる場合がありうる。
[14] 船舶は建造に長い年月がかかり、世界で運航されている船舶の数に限りがあるため、需要が高まると船舶価額は急激に上昇する。

③ 安売り業者で安く購入していた場合【事例3】

> 物についての保険において、一般販売業者の販売価格をもとに保険価額を800万円で約定したが、当該物品は安売り販売業者から400万円で購入したものであることが判明した。

商品の種類によるが、今日、商品の販売ルートは多様化し、ネット販売などを含めて、販売価格を大幅に下げた販売が存在し、一般的小売価格をもとに約定した価額と取得価額に差がある場合が存在する。

④ 主観的な価額と客観的な価額との乖離【事例4】

> 100万円で購入した美術品について100万円を約定保険価額としたが、事故後に偽物であることが判明し、時価は1万円であることが判明した。

これは極端な例であるが、種々の理由によって、事故時において客観的に認定できる価格が約定保険価額から著しく低い場合がある。引越貨物などの場合、契約の引き受け時に1品1品ごとに鑑定を入れることはほぼ不可能でコストがかかり合理的でない。申告において善意であっても、客観的には著しく価額が低いことが事故時に発見される場合は生じうる。

なお、ここに例としてあげたいずれにおいても、保険者は、約定保険価額を基に保険金額を設定し、それに応じた保険料を受領していることに留意しておきたい。そのため、仮に保険者が約定の効力を否定しようとした場合、被保険者は、保険価額の合意の拘束力についての主張に加え、保険者は高い保険価額に見合う保険料を受領しており、約定に基づく支払いを行うべきと主張するであろう。約定保険価額に基づかないとするのであれば、対価を得ているにも拘わらずに、給付を行わない理由が求められる。一方、約定保険価額に基づいて保険金を支払えば、事故がなかった場合には被保険者に生じていた評価損等に対してまで保険でてん補することになる。両者の問題をどのように考えたらよいだろうか。

以上の問題意識をもって、約定保険価額の拘束力に関して、最初にわが国の判例と学説をみていきたい。

3．わが国における判例と学説

（1）判　例

　保険法18条2項は、但書の部分を含めて、改正前商法639条とほぼ同じ内容であり、立法者も規律の実質は変更していないとする[15]。そこで、改正前商法における裁判例をみてみると、裁判で約定保険価額が保険価額を著しく超えるとみるレベルの基準の考え方自体が直接の争点となったことはなく、著しく超えるとの認定が下された事案も限られていて、裁判例から一般的基準を抽出することは難しい状況にある[16]。

　古い判例となるが、船舶保険の裁判例（大正6年3月10日大審院判決）[17]では、実際の価額が9万5,000円の船舶を12万円（126%強）で協定していて、これは著しく超えると認定された。また、火災保険に関する裁判例（昭和16年8月21日大審院判決）[18]では、実際の価額が500円の建物を1,200円（240%）で協定したものが著しく超えるとされた。いずれも著しいとする根拠を特に示していないので、これらの判例からそれ以上の検討をすることは難しい。

　平成になってからの裁判例（平成10年12月16日大阪高裁判決）[19]があり、それを詳しく見ておく。中古のBMW社製自動車が協定保険価額800万円（内付属品部分100万円）として車両保険（自家用自動車総合保険の価額協定条項付）に付けられたが、それが盗難されたとして損害保険会社に車両保険金の請求がなされた。価額協定条項では、同種の自動車の市場販売価格相当額を被保険自動車の価額として協定し、その価額を保険金額として定め、市場販売価額は自動車保険車両標準価格表により定めることとなっていた。標準価格表によれば、同等の車両の価格は585万円から750万円であった。しかしながら、当該車両は、通信販売の安売り業者から365万円（車体価格328万円＋税金・自賠責・その他の費用）で購入したものであることが、事故後に判明した。

　保険会社は、(i)契約時に購入代金が告知されていれば800万円の契約を締結し

15　法制審議会保険法部会（以下、保険法部会という。）第23回議事録14頁参照。
16　以下は、山下・前掲注6）403頁以下参照。
17　民録23巻484頁。
18　民集20巻1189頁。
19　判例タイムズ1001号213頁。

ていなかったとして錯誤無効、(ⅱ)購入金額の2倍以上は公序良俗に反するとして無効、その他、(ⅲ)通常利用していない代理店を飛び込みで利用したことや経営状態が苦しい中で800万円の車両保険（保険料年間40万円）を付けたこと、国産社有車を自宅マンション1階の駐車場で管理していながら外国車を管理が十分でない駐車場に放置していたことなどの疑問点があると主張した。また、商法（改正前商法）649条によるてん補額の削減として、(ⅳ)協定保険価額が著しく過当であり、(ⅴ)再調達価格によるとしても通信販売の安売り業者における価額によるべき、と主張した。被控訴人は、契約の無効・解除については、(ⅰ)再調達価額をもって保険価額としたもので、たまたま購入額が低かったとしても公序良俗違反とはならない、(ⅱ)保険会社の疑問点は憶測にすぎず、外車修繕等で有名な会社との付合いから通常とは異なる代理店に付けた、(ⅲ)価額協定は再調達価額を協定したもので保険の目的物の価額を協定したものではない、(ⅳ)保険会社が定めた標準価格表に基づいて価額を定めていたものであるので過当ということはあり得ない、と主張した。

これに対し裁判所は、(ⅰ)購入価格は契約上の要素に当たるとは認められないので錯誤無効は採用できない、(ⅱ)事実を隠蔽し、虚偽の事実を述べた証拠はなく、購入価格が協定保険価額よりかなり低いことから直ちに保険契約の締結が公序良俗に反するとはいえない、(ⅲ)盗難事故を偽装して保険詐欺を企てたといった事案であれば別として、契約が公序良俗に反するということはできない、(ⅳ)告知義務については、価額を評価するために必要と定めて照会した事項に限るべきで、何らかの照会をして違反があったこともない、(ⅴ)2.1倍は、損害てん補を目的とする損害保険の存在意義や社会通念に照らせば著しく過当に当たり、(ⅳ)本車両を購入した激安業者と呼ばれる中古車販売業者では350万円程度で販売されていることが認められ、時価は購入価額を上回ることはない、として契約の有効性は認めつつ、商法639条に基づき、保険価額は353万円として保険金を支払うよう判決を下した。

本判例は、保険者の主張から、モラル疑義事案として保険金支払いを拒んで争いとなったことがわかる。しかし、事故発生における不正は立証されてないとして、裁判官は、実際に支出していた車両代金を超える部分の支払いを否定する（逆にいえば、実際に支出した代金分の損害てん補は認める）解決を示し、その結果を導くために商法639条を利用したといえる。

本判決については商法条文の適用に問題があるとの批判がある[20]。すなわち、約定保険価額の妥当性の判断基準は保険価額であり実際の取得額ではなく、車両価額協定特約では標準価格表によって保険価額を協定するとしているので、実際の購入価額を基準としたことは約款に反して不当とする批判である[21]。

本判決を検討すると、この批判のとおり、実際の取得額をもとに損害てん補を行うと財産価値のある財物を現実に享受しているにもかかわらず、たまたま市場価格より低く調達した場合にその価値がてん補されないという問題が生じる。それは適当でないことは明らかである。しかしながら、本判決は、現実に支出した代金でもって保険価額とした根拠として、事故後に同様の激安店で購入したら購入時の価格を上回ることはないと説明していることから、保険価額を標準価格表によるとする約款上の合意も否定し、市場で調達可能な価額を保険価額として採用したものと理解できる。いずれにせよ、何をもって保険価額とするかは議論があろうが、仮に、認定できる保険価額が353万円とすれば、本件では約定保険価額の2.1倍の状態を、著しい超過と認定したことになる。本稿の主題から見て重要なのは、2.1倍を著しく過大とみた根拠である。判決文では詳しくは論じられてないが、「損害填補を目的とする損害保険の存在意義や社会通念に照らせば、(中略)著しく過当に当たる」とした点、評価済保険と新価保険が混合したものであっても「損害填補という損害保険の本質上、利得禁止の原則は働く」とした点は参考になる。また、契約の公序良俗違反は認定しなかった点も参考となる。

(2) 学　説
① 改正前商法についての解釈論

保険価額の約定は、保険価額を超える給付をも可能とするので、損害保険契約が損害てん補の契約であることとの関係から約定をいかに説明するかが問題となる。わが国では、評価済保険は、被保険利益を中核に置く損害保険契約の本質論という視点から考察が加えられてきた。その結果は、被保険利益の位置付けを巡る学説(絶対説、相対説、修正絶対説)によって説明に違いは生じたが、その効果

20　山下・前掲注6）404頁。
21　本判決の判例評釈として、山野嘉朗・判例タイムズ1010号（1999年）66頁、永井裕之『平成11年度主要民事判例解説〔判例タイムズ臨時増刊1036号〕』所収（2000年）210頁、齋藤雅弘『説明義務・情報提供義務をめぐる判例と理論〔判例タイムズ臨時増刊1178号〕』所収（2005年）111頁。

を認めることに異論はなかった[22]。なお、改正前商法639条は「其の塡補額ノ減少ヲ請求スルコトヲ得」と、約定の効果の否定ではなく減額請求権として規定していたので、その権利の法的性格を巡っては議論があった[23]。

保険価額の約定の効果については、わが国では、イギリス法とドイツ法を対比して議論する場合がみられた[24]。イギリス法は約定に絶対的拘束力を認める立場、ドイツ法は著しく過当な場合に約定保険価額の効力を否定する立場でわが国と同じ立場と理解され[25]、ドイツ法の立場は改正前商法639条の解釈にも影響を与えてきたとされる[26]。

さて、わが国では、事故時の保険価額と約定保険価額との差がどのくらいあれば著しく過当と判断されるかは「社会通念による」問題とされ[27]、またその点が裁判で争われることもほとんどなく議論も深まらなかった。改正前商法639条の解釈論として示された数少ない見解では、2・3割実際の価額より大きい場合に著しく過当であるとみるものであった[28]。しかしながら、この見解も2・3割の基準を積極的に示したものではなく、大審院における船舶保険の裁判例（126％）などを示したうえで「これに反対という学説も見当たらないので、（中略）2ないし3割、実際の価額よりも大きいという場合には過大であると考えられているのであろう」と示しているに過ぎない[29]。また、この見解は、ドイツでは実際の価額の10％を超える場合に過大であるといわれている、と脚注で示している[30]。いずれにせよ、当事者間で合意される以上、契約者側に詐欺的な事情がない限りは保険者側からこの主張がなされることはあまり考えられず、基準を突き詰める意味はあまりないとされていた[31]。

22　多くの議論があるが、特に、大森忠夫『保険法〔補訂版〕』（有斐閣、1985年）77頁、大森忠夫『保険契約の法的構造〔第3版〕』（有斐閣、1956年）103頁〜107頁参照。
23　西島梅治『保険法〔第3版〕』（悠々社、1998年）144頁。
24　例えば、損害保険法制研究会『損害保険契約法改正試案　傷害保険契約法（新設）試案理由書1995年確定版』（損害保険事業総合研究所、1995年）（以下、改正試案という。）18頁、西島・前掲注23）147頁など。
25　改正試案18頁、西島・前掲注23）147頁など。
26　この点の指摘として、落合ほか・前掲注7）168頁。
27　西島・前掲注23）144頁。
28　山下・前掲注6）403頁。
29　同上。
30　同上。
31　同上。

② 保険法18条2項の立法趣旨

　保険法は、著しい超過の場合のてん補額減額請求権を規定していた改正前商法を変更し、約定保険価額に関する当事者の合意を無効にする条文とした。立法担当者は、拘束力を否定する根拠を利得禁止原則（公序）から説明し[32]、「著しく超えるとき」に該当するかは、公序（利得禁止）に反する場合であるので、ごくごく例外的な場合に限られると説明している[33]。また、この但書は、利得禁止原則に基づくものであるので、強行規定としている[34]。

③ 「著しく過当」の解釈論

　立法担当者は、18条2項但書の「保険価額を著しく超える」とは、「単に約定した価額が保険価額を上回っているだけでは足りず、公序良俗に反する程度に極端に保険価額を超過している場合に限られ」るとする[35]。しかし、それがどの程度を指すかについての考え方は示していない。なお、立法担当者は、保険会社が損害調査の現場でこの規定を濫用的に適用することがないように十分に注意すべきとする[36]。

　他の見解として、過大な給付を公序良俗違反として合意の有効性を否定するのであれば、2・3割の過大で公序良俗違反とするのは厳格すぎ、「たかだか2・3割過大であるということで保険者の責任額が調整されることになるものと解してはならない」との見解がある[37]。しかしながら、なぜ2・3割の過大が公序則に照らして厳格すぎると考えるか、逆に、どの程度までであれば許容されるのか、その基準の考え方は示されていない。

　いずれにせよ、基準の解釈は18条2項但書の趣旨によってこよう。

④ 18条2項但書の趣旨と法的性格

　立法担当者は、但書を公序に基づく強行規定と説明し[38]、多くの文献はこの見

32　「保険法の見直しに関する中間試案の補足説明」（以下、補足説明という。）38頁、保険法部会第21回議事録39頁、保険法部会第23回議事録15頁。
33　保険法部会第21回議事録39頁～40頁。
34　「保険法の見直しに関する中間試案」（以下、中間試案という。）における説明では、18条2項は任意規定とされているが、但書が利得禁止原則に係る規定であるので、それに反する規定は効力を否定されることがありうるとされている（中間試案10頁、補足説明38頁）。
35　萩本修編著『一問一答　保険法』（商事法務、2009年）123頁。
36　同上。
37　落合ほか・前掲注7）163頁。
38　萩本・前掲注35）123頁。

解を受け入れている[39]。しかしながら、本条を完全に任意規定とみる見解も最近示された[40]。この見解は、民法90条とは別に利得禁止原則という具体的法命題が保険法に存在することを否定する立場に立ったうえで、18条2項但書を次の理由から任意規定とみるものである。まず、法文言上、任意規定である1項と同じく、2項但書も「算定する」と記載していて、例えば「算定しなければならない」という禁止命題の体裁を取っていないことから、文理解釈上、強行規定としてとらえることは困難で、任意法規と解釈するのが法文言に忠実な客観解釈であるとする。また、規定の本質は、強行法としての利得禁止原則ではなく、「約定保険価額を合意する根拠となった損害査定の困難性に係る問題が保険事故後に確定的に生じなくなったという事情変更を受け、損害てん補という契約当事者が欲した合意の効果を、より忠実に実現することにある」とする。この主張は、改正前商法639条は、約定保険価額が保険価額を著しく超える場合に約定保険価額の拘束力を否定するドイツ旧保険契約法57条（ドイツ新保険契約法（VVG）76条）に対応する規定と考えられて、ドイツの議論を参考に解釈論が展開されてきたことを指摘したうえで、VVG76条2文後半の規律に関するその後のドイツの学説展開、特に、連邦通常最高裁判所（BGH）2001年4月4日判決（利得禁止原則の廃止に関係する判決）後のドイツの学説を参考として、約定保険価額の拘束力の判断は、契約当事者の意思ないし動機をもとにすべきとするものである[41]。

（3）小　括

いかなる状態であれば著しい超過とみるかは、判例も乏しく、学説も十分展開されているとはいえないが、約定保険価額の効力を否定する根拠として異なる学説が提唱されている点には注目される。立法担当者や通説は、これを利得禁止や公序から説明し、18条2項但書を強行規定とするが、それに対し、保険法上の利

39　福田弥夫＝古笛恵子編『逐条解説　改正保険法』（ぎょうせい、2008年）59頁、潘阿憲『保険法概説』（中央経済社、2010年）112頁、岡田豊基『現代保険法』（中央経済社、2010年）104頁、落合誠一監修・編著『保険法コンメンタール（損害保険・傷害疾病保険）』（損害保険事業総合研究所、2009年）57頁、石山卓磨編著『現代保険法〔第2版〕』（成文堂、2011年）93頁、今井薫＝岡田豊基＝梅津昭彦『レクチャー新保険法〔新版〕』（法律文化社、2011年）90頁、大串淳子＝日本生命保険生命保険研究会編『解説 保険法』（弘文堂、2008年）222頁。
40　土岐孝宏「損害てん補にかかわる諸法則といわゆる利得禁止原則との関係——ドイツにおける利得禁止原則否定後の評価済保険規整、重複保険規整、請求権代位規整の議論を手掛かりとして——」保険学雑誌626号1頁（2014年）特に17頁以下。
41　土岐・前掲注40）19頁。

得禁止原則を否定する立場から、同規定を任意規定とみて、当事者の意思や動機をもとに説明する学説が示されていることに注目される。前者の立場では、著しく超過するかどうかは公序に照らして判定することになる。後者の説は、この規律の趣旨を、損害てん補という契約当事者が欲した合意の効果をより忠実に実現することに求め、合意時に損害てん補と観念したところからの乖離が許容限度を超えた場合に、当初の意思に従って調整する制度とみる。よって、想定外といえるかが基準になるものと考えられる。しかし、この規定を完全に任意規定とすれば、当事者が損害てん補を超える範囲の給付を行うことを明確に想定して合意すれば調整は必要とならないことになるものと考えられるので、例えば、実際の保険価額に全く関係しない約定も、民法90条違反とならない限りは可能とみることになるのかなど、必ずしも明らかでない点があるように考えられる。かりに、損害保険の契約類型を利用する以上は約定の有効性は損害てん補といえる範囲に限定されるとするのであれば、その限界はいかなる考え方や根拠をもとに導かれるかが問題となるように考えられる。

4．ヨーロッパ保険契約法原則における約定保険価額

（1）ヨーロッパ保険契約法原則における扱い

ヨーロッパ保険契約法原則（以下、PEICLという。）[42]は、すでに述べたとおり、イギリスを含むヨーロッパの保険法学者のグループがヨーロッパ諸国における保険契約法のあるべき内容を準則化したもので、ヨーロッパ諸国の立法上のみならず、グローバル・スタンダードとなりうる意義を有するとされるものである。そこにおける約定保険価額の扱いを確認することは、わが国の立場をより客観的に知るうえで意義があると考えられる。

PEICLでは、約定保険価額の効果について、以下の規定がある[43]。

---

42 Project Group Restatement of European Insurance Contract Law, *Principles of European Insurance Contract Law (PEICL)*, Munich, 2009.
43 訳文は、小塚荘一郎ほか訳『ヨーロッパ保険契約法原則』（原著書 Project Group Restatement of European Insurance Contract Law, *Principles of European Insurance Contract Law (PEICL), 2009*）（損害保険事業総合研究所、2011年）に基づく。

「第8：101条　支払額の上限
(1)　保険者は、被保険者が現実に被った損失をてん補するために必要な金額を超える支払をする義務を負わない。
(2)　保険の目的物の価額について合意する条項は、合意された価額が目的物の現実の価額を超えているときでも、価額についての合意がなされた時に保険契約者又は被保険者の側に合意成立に対して影響を与えた詐欺又は不実表示がない限り効力を有する。」

PEICL の解説書では、第1項は、損害てん補原則を示すものとされる。この原則は、強行原則とはされていない[44]。第2項では、損害てん補原則は、保険価額の約定によって逸脱することが認められ、その場合、たとえ協定する価額が保険の目的物の現実の価額を超えているとしても協定が認められることを記し、価額の協定の役割は、損害賠償額を予定する条項の役割になぞらえられるとしている[45]。

価額の合意の効力が認められない場合としては、契約当事者の合意に瑕疵がある場合で、その例としては、(a)規定されている価額が重大な錯誤に基づく場合、(b)物の価額が保険引受リスクに関して重要な事項であるときに、規定されている額が不実表示又は不開示に基づく場合、とりわけ(c)詐欺に基づく場合、があると解説されている[46]。このうち、条文では、詐欺と不実表示のみが明記されている。

(2) ヨーロッパ各国法の状況

PEICL の解説書によると、保険価額の約定については、ほとんどのヨーロッパ諸国の保険契約法に規定が存在するが、その約定の効果については、国によって立場に違いがあるとされる[47]。

効果についての規律は国によって相違があり、①一般契約法の適用を妨げることはないが、合意により価額が一義的に決定され、当事者間でその価額を争点とすることを認めない立場(イングランド、スコットランド、ベルギー、イタリア、ルク

44　PEICL 解説第8：101条、C1。
45　同 C5。
46　同 C7。
47　以下は、PEICL 解説書第8：101条 N2〜N7（同翻訳書280頁〜281頁）を利用している。

センブルクなど)、②協定された価額よりも実際の価額が低いことを立証させる可能性を保険者に認め、価額協定は、価額に関する証明責任を保険者に移転する制度として効果を認める立場（フランス、デンマーク、スイス)、③協定された価額と実際の価額との差異が重大であることを保険者が証明した場合に限り、保険者は価額を争うことができるとする立場（ドイツ、オーストリア、スペインなど)、④価額協定が被保険利益の実際の価額を誤って協定していることが明白である場合には、価額協定は効力を持たないとする立場（ポルトガル)、⑤事前に専門家の価額評価に基づいて契約当事者による価額協定の合意がなされた場合にのみ、損害てん補の例外が認められるとする立場（オランダ）がある。

また、上記とは別に、合意の有効性においては、保険契約者側に詐欺や不実表示がないことなどが前提となっている（その点に関する各国法の規定文言には違いはあるものの、ほぼ同様の規律が存在するとされている。)。

(3) 考　察

以上のとおり、PEICL では、わが国とは異なり、約定保険価額が保険価額を著しく超える場合に効果を認めないという方式はとらず、合意に瑕疵がない限りは、効力を認める立場をとっているものといえる。問題は、こうした価額の合意は、実際の価額を大幅に超えてどこまで可能かであるが、その点については PEICL は具体的に規定していない。しかし、この価額の合意は、損害保険契約としての特徴を保持する範囲内でのみ認められると考えられるように思われる。なぜならば、PEICL 第13：101定額保険の規定では、定額保険は、傷害、疾病、生命、婚姻、出生その他の人保険に限って契約することができるとされていて、同規定は強行規定と位置付けられていることから、約定保険価額の合意の効果を認める条文は、あくまで損害保険といえる制度の枠内における考えを示したものと理解できる。

ヨーロッパ各国の法律を簡単に比較すると[48]、価額の約定を制限的に解している国が多く、広く拘束力を認める国としてはイギリスがあることが分かる。全般的にみれば、約定保険価額の拘束力を認める PEICL の条文は、イギリス法に影響を受けたものであるようにも考えられなくもない。いずれにせよ、イギリスに

48　それぞれの法制度が同一でないので厳密な比較はできない。ここでは、PEICL における解説の中で着目される点を述べるにとどめる。

おいては、詐欺等を別にすれば、合意の拘束力を認めるもので、ヨーロッパ各国の中でも、最も合意の拘束力を広く認める立場と考えられる。

それでは、そのイギリスにおいては、詐欺等がない場合にはいかに大きな乖離があっても無制限に価額の合意が認められることになるのであろうか。もしそうであれば、限りなく定額保険に近い契約も認められることになるのであろうか。そこで、以下に、イギリス法を取り上げて検討することとする。

5．イギリス法における約定保険価額

（1） 1906年海上保険法の規定

わが国において、約定保険価額の効力に関する立法例として参照されるイギリス法は、1906年海上保険法（Marine Insurance Act 1906、以下、MIAという。）27条である。同条3項は「この法律の諸規定に従うこととして、かつ、詐欺がない場合には、保険証券で決められた価額は、保険者と被保険者との間においては、損害が全損であると分損であるとを問わず、保険に付けることを意図した目的物の保険価額として決定的なものとする」[49]と規定する。この文言をもとに、わが国では、イギリス法は、詐欺がない限りは当事者は約定に拘束される規律として理解されている。しかしながら、この理解がイギリス法の理解として十分かどうかは疑問がある。本条文では、「この法律の諸規定に従うこととして、かつ」と記されている[50]。また、MIAは海上保険に関係する法を法典化したもので[51]、制定以前の判例やその後の判例、各種の制定法はいずれもイギリス法を形成している。したがって、それらも合わせて法を理解する必要がある。なお、保険価額の約定は、海上保険に典型的であるが、陸上保険にも共通する制度であることは判例でも確立している[52]。そのため、イギリス法を理解する上では、陸上保険の判例を含めて法を確認する必要がある。

---

[49] 訳文は、葛城照三＝木村栄一＝小池貞治共訳「1906年英国海上保険法」損害保険研究39巻2号123頁（1977年）に基づく。
[50] MIAでは、他の条項に基づき修正を受ける規律は、「この法律の諸規定に従うこととして」という文言が付加されている。
[51] MIAは冒頭で、「海上保険に関する法を法典化する法律」と記している。
[52] *Bruce* v. *Jones* (1863) 1 H. & C. 769; *Barker* v. *Janson* (1868) L. R. 3 C. P. 303、その他。

(2) 約定保険価額の効力に関係するイギリス判例法

約定保険価額に関する法がいかに理解されているか文献をみてみる[53]。

まず、MIA の条文にそって判例法を整理した文献をみてみると[54]、保険者は約定保険価額に基づいて保険料を受け入れた以降は、いかなる場合でも評価（valuation）について争うことは認められないが[55]、その例外として(i)評価の提示において被保険者に詐欺（fraud）がある場合、(ii)被保険者が重要な（material）程度に過大評価し、評価について告知義務違反又は不実表示がある場合（MIA18条2項）及び(iii)船名等未詳保険証券の下で個々の通知（declaration）が正直になされていない場合が挙げられている。

また、海上保険に関する他の文献（Arnould[56]）では、(i)詐欺、(ii)告知義務違反のほか、(iii)善意の保険契約（bona fide insurance）ではなく投機（gamble）となる場合も挙げられている[57]。

一方、保険法一般の文献（Clarke[58]）では、拘束力が認められない例外として、(i)錯誤（mistake）によって価額が記された場合（ただし、契約が無効となるのは錯誤が重大な場合）、(ii)詐欺（fraud）、(iii)告知義務違反又は表示違反、(iv)賭博（wagering）[59]が挙げられている。

更に、他の文献（Colinvaux[60]）では、例外として、(i)詐欺、(ii)告知義務違反、(iii)賭博のほか、(iv)ワランティ違反となる場合が挙げられている。

---

53 以下に個別に掲げたほか、次の文献でも説明に大きな違いはない。Howard Bennett, *The Law of Marine Insurance*, 2nd ed., Oxford, 2006; John Dunt, *Marine Cargo Insurance*, London, 2009; John Birds, et al., *MacGillivray on Insurance Law*, 12th ed., London, 2012 and its second supplement, 2014; John Lowry, et al., *Insurance Law: Doctrines and Principles*, 3rd ed., Oxford, 2011; Andrew McGee, *The Modern Law of Insurance*, 3rd ed., London, 2011; Donald O'May, Julian Hill, *Marine Insurance Law and Policy*, London, 1993; D. Rhidian Thomas, edited, *The Modern Law of Marine Insurance*, volume 3, London, 2009.
54 Robert Merkin, *Marine Insurance Legislation*, 4th ed., London, 2010, p. 39.
55 その規律を示した判例としては、*Barker* v. *Janson* (1868) LR 3 CP 303; *Herring* v. *Janson* (1895) 1 Com Cas 177; *Muirhead* v. *Forth & North Sea Steamboat Mutual Insurance Association* [1894] AC 72; *The Main* [1894] P 320.
56 Jonathan Gilman, et al., *Arnould: Law of Marine Insurance and Average*, 18th ed., London, 2013 (本書では Arnould という。) pp. 432-434.
57 Ibid., p. 433.
58 Malcolm A. Clarke, *The Law of Insurance Contracts*, 5th ed., London, 2006, p. 892.
59 *Lewis* v. *Rucker* (1761) 2 Burr 1167, 1171; *Lidgett* v. *Secretan* (1871) LR 6 CP 616.
60 Robert Merkin, *Colinvaux's Law of Insurance*, 9th ed., London, 2010, p. 443.

(3) 各例外事由の内容

挙げられている例外事象のそれぞれについてみてみたい。

① 錯　誤

錯誤の事例として火災保険の判例がある[61]。錯誤は、契約の効力に関する一般法から導かれるものであり、ここではこれ以上の説明は不要といえる。

② 詐　欺

詐欺は、MIA に示されている事由であるが、判例[62]に基づくもので海上保険以外にも適用される。MIA 制定以降の判例もある[63]。詐欺の場合に約定の効力が否定されることは契約の一般的効力から考えても当然といえる。興味がもたれる点は、詐欺と過大評価の関係である。著しい価額の超過は詐欺を推認させるがそれだけでは詐欺とはならないと判例で示されている[64]。

③ 告知・通知義務違反

これも常に挙げられる例外事由である。保険の目的物の価額は保険引受における重要事項で、その価額が過大評価された場合、重要な事実に該当することは判例で確立している[65]。価額はリスクに対して重要であるので、その告知や表示に違反があれば、保険契約は解除可能となる。なお、イギリスでは、保険契約者(被保険者)は重要事実を自発的に保険者に伝える義務を負い(MIA18条。同条はその他の保険にも同様に適用される。)、重要事実とは、慎重な保険者が保険料を定め、又は保険引受の決定の判断に影響を及ぼす一切の事情をいう[66]。保険契約者

61　*Elcock* v. *Thomson* [1949] 2 KB 755.
62　そのもととなった判例として、*Lewis* v. *Rucker* (1761) 2 Burr 1167; *Haigh* v. *De La Cour* (1812) 3 Camp 319.
63　MIA 以降の判例として、*Thames & Mersey Marine Insurance Co Ltd.* v. *"Gunford" Ship Co. Ltd.* [1911] AC 529, *General Shipping and Forwarding Co.* v. *British General Insurance Co. Ltd.* (1923) 15 Ll LR 175; *Papadimitriou* v. *Henderson* (1939) 64 Ll LR 345.
64　*Thames & Mersey Marine Insurance Co Ltd.* v. *"Gunford" Ship Co. Ltd.* [1911] AC 529. Lord Shaw の判決文 p. 542による。その事件では、9,000ポンドの船の評価額が1万8,000ポンドとなっていた。
65　*Ionides* v. *Pender* (1874) LR 9 QB 531では、貨物海上保険においてインボイス価額を20-30％超過する場合、リスクは投機的となるとして重要な事項とされた。*Gooding* v. *White* (1913) 29 T.L.R. 312では、2,000ポンドの貨物が5,000ポンドの評価となっていたことは、告知されるべき重要な事実であるとされた。*Eagle Star Insurance Co.* v. *Games Video Co (The Game Boy)* [2004] EWHC 15 では、係留されていた船舶が180万ドルで保険に付けられていたが、実際に評価したところ10万から15万ドルであり、この差は重大な事実とされた。
66　MIA18条2項。MIA の厳しい効果は、現在、消費者保険では一定程度緩和されている。消費者分野の告知に関する制定法については、中村信男「イギリス2012年消費者保険(告知・表示)法の

は、保険に付ける対象物とその価額を保険者に伝え、保険者と保険価額を協定する流れとなるが、申告された価額が実際の価額から著しく超過していた場合、告知義務違反として契約は取消可能となる[67]。

問題は、どの程度の乖離があれば重大（material）となるかであるが、その基準は明確に定められるものでないとされる[68]。船舶についての議論であるが、保険者も船舶の価額を算定することは可能であり、高い評価額としている場合には、その背後に、それが必要な商業上の利益があることが多く、適切な船舶管理のもとで合理的な商業上の理由があれば評価に重大な超過があるとはいえない、との見解が判例で示されている[69]。また、評価額が高い場合、その分、推定全損にはなりにくくなり、また保険金額が高く設定されてその分保険料が高くなるので、契約者に不利益が生じ、保険者が利益を受けることも指摘されている[70]。これは、適正な保険価額を設定することのインセンティブが存在し、評価は柔軟であってよいとの考え方と思われる。

④ ワランティ違反

保険契約上で保険契約者が特定の時の価額を約束したならば、その違反はワランティ違反として保険者は責任負担の義務を免れる。ワランティ（warranty）は英米法の概念で、法領域によって意味と効果に違いがあるが[71]、保険で利用されるのは、確約的担保（promissory warranty）で、特定のことが行われること又は行われないこと、もしくはある条件が充足されることを被保険者が約束する担保、又は特定の事実状態の存在を被保険者が肯定もしくは否定する担保をい

概観と比較法的示唆」保険学雑誌622号21頁（2013年）、同「イギリス2012年消費者保険（告知・表示）法の概要」比較法学47巻2号103頁（2013年）参照。また、Insurance Act 2015（2015年2月12日成立、2016年8月12日発効）により、海上保険等の企業保険についての告知義務制度も大きく変更される。新たに、duty of fair presentation という義務の概念が導入されるが、重要な情報を自発的に保険者に伝えなければならない義務については同じである。また、義務違反の効果も違反の事情に分けて細分化される。

67 MIA の厳しい効果は、消費者保険では一定程度緩和されている。The Consumer Insurance (Disclosure and Representations) Act 2012。同法の解説として、中村・前掲注66）参照。
68 Arnould, supra note 56, p. 434.
69 *Strive Shipping Corp v. Hellenic Mutual War Risks Association (The Grecia Express)* [2002] EWHC 203 Comm; [2002] 2 Lloyd's Rep 88 at 158-159.
70 Arnould, supra note 56, p. 434, footnote 75.
71 ワランティの種々の用法の整理として、Robert Merkin, edited, *Insurance Law An Introduction*, London, 2007, p. 85.

う[72]。保険価額がワランティとして利用された先例として自動車購入価額について契約者がワラントした事件[73]がある。

⑤ 賭博禁止

これは、過大な評価額によって契約は賭博となり、その結果、契約は無効になるという考えで、MIA以前の複数の判例に加え、その後の判例がある[74]。海上保険は損害てん補の契約であり、給付は損害てん補としてのものでなければならないことは、MIA制定前から繰り返し確認されてきたが、*Glafki Shipping* v. *Pinios Shipping (The Maira (No. 2))*[75]において、ホブハウス（Hobhouse）判事は、先例に疑問を示し、被保険利益が存在する契約については、保険金額が著しく過大であったとしても、そのことによって有効な保険契約が賭博契約に替わることはないのでないかとの意見を述べている。

賭博となる場合に保険契約が無効となることは、MIAでも明確化されており、その点に争いはないが、こうした裁判官の指摘もあり、過大評価によって賭博となるかについては文献によって見解に違いがみられる。

例えば、クラーク博士は、過大評価の結果、実際の損害額より相当程度多く保険金を受け取れることになるのであれば、賭博を禁ずる被保険利益の法理に違反すると説明する[76]。バーズ教授は、著しい過大評価は賭博契約として1845年賭博禁止法（Gaming Act 1845）により無効と述べていたが[77]、その後、同法の廃止を受けて、この解説は著書から削除されている[78]。また、Arnouldの編者は、その16版では、賭博契約とみなされる場合を規定するMIA4条2項は網羅的でなく、賭博を含めるための超過評価は、当事者が合意していて当事者の一方が他方を欺くという不公正行為がないとしても、賭博のためのものという観点から契約の全

---

72 MIA33条1項。これは、海上保険法における定義となるが、それ以外の保険でも同様といえる。なお、Insurance Act 2015（2015年2月12日成立、2016年8月12日発効）により、海上保険等の企業保険についてのワランティの制度は大きく変更される。ワランティ違反が生じた場合、その時以降に発生した損害について、違反との因果関係を問わずに、保険者は免責されるルール（MIA33条1項）は廃止され、違反期間中の事故は支払いを免れるが、違反の事実が解消された場合には、その後に生じた損害に対しては支払いの義務を負う。
73 *Allen* v. *Universal Automobile Insurance Co.* (1933) 45 Ll LR 55.
74 それらの判例として、*Lewis* v. *Rucker* (1761) Burr. 1167; *Irving* v. *Manning* (1847) 1 H. L. C. 287 at 308; *City Tailors* v. *Evans* (1921) 38 T. L. R. 230.
75 [1984] 1 Lloyd's Rep. 660.
76 Clarke, supra note 58, p. 892.
77 John Birds, *Birds' Modern Insurance Law*, 7th ed., London, 2007, p. 292.
78 John Birds, *Birds' Modern Insurance Law*, 8th ed., London, 2010, p. 309.

体が無効となると述べていた[79]。しかし、同書の17版、18版の編者は、上に記した1984年の The Maira (No. 2) 事件におけるホブハウス判事の見解をもとに、以前の版の見解を修正し、MIA 4条で求められる賭博契約又は射倖契約無効の規定は、その2項で記載されているように、被保険利益を有せず、又は名誉保険証券（policy proof of interest）の場合を排除するためのもので、著しい超過によって契約が賭博契約となるものではないと主張している[80]。そのうえで、著しい超過は、保険者がそれを知りえない場合であれば、告知義務違反や詐欺的評価の問題として保険契約の無効取消しを導くべきものであると述べている[81]。

（4）イギリス法についての考察

以上のとおり、イギリスでは、約定の効力が否定される場合として、詐欺以外にも、錯誤、告知義務違反、ワランティ違反、賭博禁止があげられている。

特に告知義務は重要である。イギリスでは、契約当事者の保険価額の約定の拘束力を認める前提に、自発的申告を求める告知義務の制度が存在していることに注目する必要がある。逆にいえば、そのような告知の義務が前提となって、保険者の合意に対する拘束力が担保されているように考えられる。過大な保険価額は重要な告知事項とされているので、著しい超過の問題は、告知義務の問題として消化される。この場合の「著しい超過」は、告知義務の観点から判断され、保険者が保険を引き受けるかどうかを判断するにあたって影響を与えるレベルかどうかが基準となっている。

価額の著しい超過は、価額の妥当性がワランティとして設定されれば、著しいかどうかの問題ではなく、約束した事項が正確に充足されていたかどうかの問題となり、違反があれば保険者は責任を免れることになる。

その他の例外としては賭博の問題がある。詐欺、錯誤、告知義務違反、ワランティは、いずれも契約当事者間の権利義務のバランスを問題とするが、賭博の問題は、当事者間の権利関係に関係なく、客観的に賭博にあたるかどうかが問題となる。MIAは、射倖（gaming）又は賭博（wagering）のためにする保険契約は無

---

79 J. Gilman and M. J. Mustill, *Arnould's Law of Marine Insurance and Average*, Volume 1, 16th ed., London, 1981, p. 293.
80 J. Gilman, et al., *Arnould's Law of Marine Insurance and Average*, 17th ed., London, 2008, pp. 332-333, J. Gilman, et al., *Arnould*, 18th ed., supra note 56, pp. 364-365.
81 Arnould, 18th ed., supra note 56, p. 365.

効とする[82]。そして、射倖契約又は賭博契約とみなされる場合として被保険利益を有しない場合などが示されていて[83]、被保険利益は、射倖契約や賭博契約と保険契約を区別する重要な要素となっている。賭博のための保険契約を無効とする法理は、被保険利益の法理を利用して説明されることがあるが、契約に存在が求められる被保険利益や賭博契約の問題と評価の問題は切り離すべきとの考え方がある点には注目される。イギリスでは、賭博のための保険は無効となることはMIAに示されているが、それとは別に、賭博法（Gambling Act 1845）18条によって賭博契約は無効となっていた。しかし、賭博法の同規定は2007年に廃止となり、合理的な経済的目的のための金融契約等は合法であることが明確化された状況にある[84]。

なお、イギリスでは、約定保険価額の拘束力の否定を利得禁止原則という概念から説明する文献は見受けられない。イギリスでは、損害てん補の原則（principle of indemnity）は損害保険における基本原則として理解されているが、保険価額の約定は損害てん補を修正するものとして理解されている。合意の結果、損害てん補を超える給付がなされるとしても合意の拘束力は認められるが、無制限に合意が許されているわけではないことに注目される。そこで登場するのが賭博との関係である。イギリス法では、利得禁止という用語は利用されていないが、損害保険制度の枠組みを超えて賭博となる場合には契約を無効とする法は存在し（MIA 4条1項）、約定の限界を画する規範となっている。そこで、賭博契約との関係からどこまでの約定が許されるかが問題となる。

以上から、イギリスでは、(i)賭博契約自体が認められるかどうかという問題と、(ii)保険契約という契約類型をとりながら実質的に賭博契約を行うことが認められるかという2つの論点があるように思われる。前者は、賭博法の廃止などによってより緩やかになっていると考えられるが、後者は、MIA 4条で規定するとおり無効となる。ただし、どのような要素でもって賭博とみるかは議論があり、約定保険価額の著しい超過を賭博に近いものとみる古い判例に基づく考え方と、保険契約における賭博排除の問題は被保険利益の有無の問題であり、過大評価を理由として賭博とみることは適当でないとの最近の見解があることは先に見

---

82 MIA 4条1項。
83 MIA 4条2項。
84 Financial Services and Markets Act 2000, s. 412.

たとおりである。しかしながら、後者の見解も、著しい超過があっても合理的な経済ニーズを背景にしているのであれば賭博とはいえないとする議論であるので、経済的なニーズを離れて著しく超過するのであれば賭博にあたるとみることになるのでないかと考えられる。このように考えれば、両者の考え方に本質的な相違はないことになる。

イギリスでは、利得禁止の用語は利用されてないが、保険制度が際限なく自由であるわけでなく、賭博という概念を利用して当事者間に認められる契約自由の範囲を制限する考え方があることに留意する必要がある。

6．考　察

（1）PEICL 及びイギリス法との比較から得られる示唆

日本法、PEICL 及びイギリス法をみてきたので、それらの違いをもとに考察を進める。比較から種々の示唆が得られるように考えられる。

① 拘束力が否定される事由

PEICL においては、約定の拘束力が否定されるのは、その合意に瑕疵がある場合として整理されていた。また、イギリス法においては、約定の拘束力が否定される場合として、錯誤、詐欺、告知義務違反、ワランティ違反及び賭博があげられていた。いずれも契約全体について解除権を発生させたり契約を無効とするものである[85]。その結果、価額の約定だけが無効となるのではなく保険者はてん補責任を一切免れることになる。

それでは、これらの事由は日本法に当てはまらないか。これらは約定保険価額に関する保険法の条文には示されていないが、日本法でも同様に問題となりうる。PEICL は合意の瑕疵の問題を挙げているが、それは、日本法においても同様に当てはまる。イギリスであがっている詐欺、錯誤、告知義務違反、賭博契約の問題は、契約の存在や有効性そのものに関係し、わが国でも同様に問題となる。また、ワランティは日本法には存在しないが、保険給付責任の前提条件として特定の事項を契約上で設定すれば、ワランティと同様の法的結果を導くことは

---

[85] 理論的には一部無効の考え方はありえるが、イギリスでは、実際には、契約全体の問題として争われ、その結果が判例法となっている。保険価額の著しい超過の問題は、モラル事案として主張されている背景が考えられる。

可能で、特定保険価額の妥当性をてん補責任発生の前提条件として設定することができないわけではない。このように PEICL やイギリス法において挙げられている例外事象は、わが国においても同様に当てはまるものである[86]。

こうしてみると、わが国保険法の特徴は、著しい超過の場合に価額の約定は否定するが、なお保険価額に基づくてん補を認める点にあるといえる。すなわち、事故時に保険価額が明らかになり、それが約定と大きく乖離している客観的状況によって給付額を調整する規律を設けている点である。わが国の法制度は、著しい超過が生じた場合について、契約全体の問題として処理する方法が別途存在する中で、損害てん補の調整制度を設けていることに特徴があるといえる。これは、契約全体が無効となる前の中間段階として、価額の約定のみを再調整させて妥当な給付を導く制度といえる。

② 乖離を問題とする根拠

特にイギリス法から示唆される点として、乖離を問題とする根拠がある。イギリスで挙げられている詐欺、錯誤、告知義務違反、ワランティは、契約当事者間の権利義務関係で問題となる事象である。したがって、これらは当事者間で争いがなければ問題とならない。すなわち、実際の価額からいくら乖離したとしても当事者が理解して合意したのであれば問題とならない。一方、賭博性の問題は、当事者間の利益のバランス上の問題ではなく、保険が賭博化することに歯止めをかけるものである。

わが国保険法は、約定と実際の価額との乖離が生じた原因を問題とすることなく、客観的に生じた乖離の大きさをもって約定の効果を否定する。したがって、契約当事者が明確に了解して保険価額からの著しい超過を合意した場合でもその効果は否定される。この制度はイギリスでは賭博性の問題に対応するように思われる。ただし、イギリスでは契約を無効とするかどうかの問題となるところ、わが国では給付制限の効果を与える制度として規律が設けられている。その点から、わが国では、契約全体の賭博性の問題とは別に、著しい超過を制限する規律が存在していると解釈することが自然ではないかと思われる。

---

[86] 保険法の審議過程においては、18条2項（改正前商法639条）の規定がなくても、保険者は詐欺や錯誤をもとに協定の効力を否定することが可能であるとしてこの規定を設けることの要否が議論されたが（保険法部会第3回議事録24頁）、この規定を維持することになった。

③ 著しい超過の基準

イギリス法から示唆が得られる3点目は、著しい超過の基準である。イギリスにおいても何が著しい超過に当たるかは抽象的な形で基準が示されているわけでなく事実問題とされている。しかしながら、著しい超過の約定の否定は、その根拠に照らして判定されていることに注目すべきである。告知義務違反を問題とする場合、保険者が保険を引き受けるかどうかという観点、賭博の場合は賭博となるかという観点で検討されている。

このことから示唆されることは、わが国において「著しい超過」とみる基準は、約定を否定する根拠から導かれるべきであるという点である。保険法は、約定を無効とする法的な原因は「著しい」という状態であり、その原因は問題としない。著しいという事実のみで約定が否定されることになるので、著しいことがなぜ問題なのか、その根拠が重要となる。保険法立法者のコメントや通説は、根拠を公序に基づく利得禁止に求めている。しかし、利得禁止とはいかなる状態を指すかは示していないので、結局、ここでは、利得とは「著しく超過した状態から得られる利益」を指すことになろう。そうすると、「著しく超過する約定は、著しい超過による利益が公序から禁止されるので、無効とする」といっていることになる。結局、「著しい超過」の中身はブラックボックスのままとなる。したがって、著しい超過の基準は、保険価額の約定の意義（効果）とその弊害を考察し、弊害を制御するために必要な制限を考えることによってしか理解できないことになる。そこで、以下では、保険価額の約定がいかなる効果を持ち、またいかなる弊害を生むかを考察する。

（2）保険価額の約定の効果

保険価額約定の効果については、わが国の学説では、一部保険となることによる比例てん補の回避、保険価額の評価にかかわる紛争の回避、損害額算定基準の合意などが挙げられている[87]。ここでは、それ以外についても広く効果と考えられることを挙げて考察する。

---

[87] 山下・前掲注6）401頁、東京海上日動火災保険株式会社編著『損害保険の法務と実務』（金融財政事情研究会、2010年）255頁。今井ほか・前掲注39）では、被保険者の不安を取り除くことも挙げられている（90頁）。

① 一部保険となって比例てん補が適用されることの回避

保険価額は物の価額であるから保険期間中に変動する。その結果、契約締結時は全部保険であったが損害発生時には一部保険となって比例てん補が適用される場合がありうる。保険価額の約定は、比例てん補を回避する機能を有する。これは、通常挙げられている約定の効果である[88]。

② 超過保険の回避

保険価額の約定は、事故時に超過保険となった場合の超過保険処理を回避する効果も有する。事故時の保険価額が保険金額を下回る場合、保険給付は保険価額を基準としてなされるので、高い保険金額を付けていても保険金算定の基準にはならない。保険料は保険金額に応じて算定されるので、超過保険の場合、差額の部分については、保険契約者は保険料を負担したにも拘わらず、それに対する給付は受けられないので結果的には無駄な保険料支出となる[89]。価額の約定は、こうした超過保険処理を回避する効果を有する。これは、約定の効果として通常挙げられてはいないが[90]、重要な効果である。

③ 保険価額の算定における紛争回避

保険価額を保険事故発生時に評価する場合、評価を巡って争いが生じやすい。物の価額をいかに評価するかは種々の考え方が存在し、紛争になりやすい[91]。海上保険などの場合は、航海中に船舶や貨物が沈没して現物が存在しない場合や、いつどこで事故が発生したかが分からない場合など、事故の場所と時における保険価額の算定が物理的にも不可能な場合がある。保険価額の約定は、保険価額算定に伴う紛争を回避する機能を有する。これも約定の効果として一般的に指摘されている点である。

④ 変動リスクの転嫁

上記①や②は、保険価額と保険金額の乖離によって生じる問題を回避する機能であるが、価額の約定は、価額の変動リスクを一定程度被保険者から保険者に移

---

88 山下・前掲注6) 401頁。
89 保険価額が増加する可能性があるなかで保険料を支出しているので、対価がない全くの無駄とはいえない。途中で保険金額を減らしてその後の保険料を減らすことも認められるので、このことが法的に問題ともいえない。
90 この効果は、厳密な損害てん補からは離れる事象であるので、これを制度の存在理由として説明しにくい面があるが、現実の効果としては認められる。
91 費用保険や賠償責任保険では、いかなる種類の費用や賠償責任をてん補対象とするかを決めておけば、負担が生じた額を支払いの対象とすればよく、評価の問題はあまり生じない。

転させる効果も有する。物の価額は、算定方式にもよるが、市況や為替レート等によって大きく変化する。物の価額を約定しておけば、事故時において変動が生じていても、変動リスクを保険者が負担することになる。例えば、契約時に買主が10億円で購入した貨物に保険を付け、それが全損となり、事故時の時価は9億円である場合、事故時の時価ベースであれば9億円が支払額となるが、保険価額を10億円で約定して10億円の保険金額を付けていれば10億円が支払われる。荷主としては、10億円を支出しており、それをベースに損害てん補を受けることができれば、支出額を前提とした決済処理が可能となって事故の場合に価額変動のリスクを負担しないでよいことになる。

⑤ 物損害以外の損害のてん補

物に損害が生じた場合に被保険者に経済的に生じる損害は、物の財産価値の減少に限定されない。再調達が必要な場合には、物の価額の損失に加えて再調達のためのコストが生じるし、期待利益の喪失、付随的費用の支出など、種々の損害が発生する。物の保険は物の財産価値に対する保険であり、それ以外の損害をてん補するのは別の保険となる。しかしながら、付随的損害や期待利益等に対する保険を別の制度として運営することは、コストがかかり合理的でない場合が多い。付随的損害への対応としては、物損害の保険金に一定の給付を加算する方式もあるが[92]、保険価額の評価に織り込んでおけば、正確な損害てん補とはいえない面はあるが、その他の損害のてん補も一定程度可能となる。この場合、保険価額とともに保険金額も増加され、保険者も増加分の対価を得ることができる。これは、便宜的方式ではあるが、別に保険を手配することや別に保険金を算出するコストが不要となる合理的方法である。実際に、貨物海上保険では、CIF価額の110％（貿易の実態を踏まえて120％や130％とする場合もある[93]。）で保険価額を約定することが実務となっているが、この10％は費用や利益（希望利益[94]）などに対応している。

⑥ 担保利益の保全

船舶保険では、保険契約締結時に保険価額を設定するとき、その時の売船価格

---

92 この方式は、火災保険などで利用されている。
93 輸出先の地域と貨物の種類によっては10％では種々の利益や費用に対し十分でなく、それ以上の額とする場合がある。多くは、輸入税などに対応する場合で、税に対する保険を別途手配するのが妥当であるが、便宜的な方法として利用される場合がある。
94 海上保険における概念で、買主が当該貨物の輸入から期待する利益である。

などの時価だけでなく、融資残高なども総合勘案して保険価額を約定している。融資残高等を踏まえて保険価額を約定し、実際の市場価額は大幅に下落した場合、財産利益は時価相当とすれば、約定保険価額との差は担保利益のみに対応する部分といえる。船舶のファイナンスでは、船舶に抵当権、保険金請求権に質権を設定する実務が定着している[95]。その場合、船舶保険は債権者の担保としての機能も併せ持つ。ファイナンサーの被保険利益は、債権保全保険という別の保険で付保する方式があり、担保利益に対する保険としてはそれが直接対応する方式となる。保険金請求権に質権を設定する方式は、便宜的手法といえるが、合理的な方式として実務上で定着している。こうした場合に保険価額を担保上の価値も踏まえて約定することは、保険の担保保全機能をより高めることになる。

(3) 約定による弊害

一方、保険価額の約定には、それによる弊害も存在する。

① 実際の保険価額より低い価額で約定していた場合

この場合、被保険者は全損の場合でも完全な損害てん補を受けられない。この状態は、被保険者からみて問題である。しかし、保険制度上の弊害とはいえない。保険料は、通常、保険金額に応じて算出されるので、この場合、保険契約者はその分の保険料を支出していないので、不利益を被っているとはいえない。

保険給付が、修繕費などの実費を支払う方式をとる場合で、保険契約者が全損の生じる可能性は少ないと考えるか、又は、全損の場合に実際の価額と約定保険価額との差によって生じる損失を別の保険でカバーしようとして、保険価額を低く約定して、相対的に安い保険料で比例てん補を適用されることなく分損の損害てん補を全額受ける方式を選択する場合がある。これは、保険金額に比例して保険料を算出する制度の盲点を突いた方法で、保険の原理から見た場合には適切な運用とは言い難いものである。直接的には保険者の不利益となるが、保険者と保険契約者間で調整すべき問題といえる[96]。

---

95 外国船籍の船については、英文の保険証券（ロンドンの協会期間約款）を利用した引受けがなされることが多い。その場合は、質権ではなく、保険契約上で Loss Payable Clause を加えて、債権者に保険金請求権が生じる譲渡（assignment）方式が利用されている。詳しくは、拙稿「船舶金融と保険契約」箱井崇史＝木原知己編集代表『船舶金融法の諸相　堀龍兒先生古稀祝賀論文集』（成文堂、2014年）235頁以下。

96 船舶保険では、保険価額は低めに約定して、全損のみてん補条件の安い保険料率でもって、船費

② 約定保険価額が保険価額を上回る場合

この場合は、モラル・ハザード、保険に対する社会通念、賭博性の問題があると指摘されている。それぞれについて以下に検討する。

まず、モラル・ハザードの問題としては、厳密には、モラル・ハザード（moral hazard）とモラール・ハザード（morale hazard）の2つが存在する[97]。モラル・ハザードは、故意による事故招致など、保険金を得るための不正である。実際に生じる損害以上の保険給付が得られるとなれば、このリスクが高まることは明らかである。特に、処分財の場合、同様の財物を市場で容易に得られるので、市場価格を超える保険金が得られる場合には不正が生じやすい。モラール・ハザードは、保険の存在によって事故防止・損害削減の努力を払うインセンティブが薄れるリスクである。事故によって損害額より大きな金銭が得られるとなれば、事故の回避や損害削減の努力をあえてしないことになりかねない。いずれのハザードも、乖離が大きければ大きいほどリスクが高まる。

第2は、社会通念、すなわち社会一般人の損害保険制度に対する認識である。事故によって実際の損害に比べて更に大きな給付が得られることは健全でないと考える意識は一般に定着している。時価1万円のカメラを旅行中に盗難されて10万円もらえるとすれば、それを健全と考える者は少ないであろう。これも乖離が大きければ大きいほど問題となる。

第3は、賭博である。何が賭博にあたるかは、乖離幅だけで判断できる問題でないことはイギリスにおける議論が参考となる。ただし、実損害からの乖離が大きければ大きいほど賭博性が高まるということは疑いない。

以上の弊害は、乖離が大きくなればなるほど生じるが、どの程度の乖離が生じれば制限すべきであるかが問題となる。

（4）約定の合法性

約定を制限すべきレベルを検討するにあたり、そもそも約定が合法的であるか、上記（2）に挙げた効果について、その合法性を検討しておく。

保険などを締結する場合がある。この方式では、十分な保険料を得られなくなるため、保険契約ではこのような契約者の保険手配を一定程度に制限している。それが船舶保険における船費保険契約制限特別約款（イギリスでは、Disbursement Warranty と称される。）である。

[97] 大谷孝一編著＝江澤雅彦＝李洪茂＝土田哲史＝中出哲共著『保険論〔第3版〕』（成文堂、2012年）16頁〔中出哲〕。

まず、上記（2）に挙げた効果①比例てん補の回避、②超過保険の回避、③価額算定上の紛争回避のいずれにも共通するのは、保険制度上の問題（支障）に対応して、契約当事者間における円滑な処置を確保するもので、保険の合理的運営に沿うものであることである。保険制度は、契約時の状態で設定し、保険料はその時の条件で確定するものの、保険給付は時間が経過した後の状況においてなされるというタイムラグが存在し、その間に生じうる変動が保険制度上で問題を引き起こす。保険価額の約定は、この問題を回避する処置の1つである。この制度は、保険制度に内在する問題点を解決する合理的制度といえる。しかしながら、約定は弊害を伴うので、弊害も踏まえて合法性を判断する必要がある。社会的に許容されない弊害は、当事者間の契約自由に制約を設けることで制御すべきである。よって、弊害が顕在化しない範囲内で約定の合法性を認めるべきということになろう。

　それでは、④変動リスクの転嫁、⑤物損害以外の損害のてん補、⑥担保利益の保全はどうか。これらは、保険制度上の問題点に対する対処ではなく、さまざまなリスクを消化するための便法である。④は物の価額の変動リスクへの対処を含み、⑤は付随的損害等を合わせててん補するための方法であり、⑥は担保者の利益を裏返したものである。物の保険における損害保険とは、物の価値減少分に対してのみ損害てん補するものと考えるならば、これらはいずれも損害てん補としては認めがたい方式といえる。しかしながら、物に生じた物理的事故がもたらす損害の概念に幅を持たせれば、これらも、弊害が生じない範囲で許容してよいといえるであろう。保険法9条は保険価額を物の価額と定義するが、物の価額とは何を意味するかは定義していないし、その規定は任意規定であり、例えば、新価ベース、すなわち再調達のためのコストを保険価額とすることも許容されると解されている[98]。被保険利益と損害を一対一の対応関係として厳密にとらえ、物についての保険は物の財産上の価値に対する給付に限定されると解すれば、④⑤⑥はいずれも許容しがたい問題があることになるが、被保険利益概念と価額概念の関係を柔軟にとらえれば[99]、経済的損失に対応するための方式である限りは、④

98　中間試案（9頁）では、同条は任意規定であり、新価保険等も許容されると説明されている。
99　第4章及び第5章の考察参照。そのもととなる論文として、拙稿「海上保険における直接損害てん補の原則について──海上保険における損害と被保険利益の関係──」早稲田商学433号31頁（2012年）。

⑤⑥のいずれについても約定を認めてよいであろう。当然ながら、約定には弊害を伴うので、弊害が生じない範囲で認めるという制限が必要なことは①②③と共通する。また、④⑤⑥は、厳格な損害てん補では損害に対する補償として十分でないという経済的必要が存在する場合に初めて正当化される。したがって、経済的必要を逸脱する約定はそもそも正当化されないと考えてよいだろう。

（5）約定保険価額の効果を否定する根拠

先に分析したように、保険法18条2項に示されるわが国の規律は、契約全体が無効となるレベルでなくても、著しい超過の場合に契約そのものは有効としたうえで保険価額の約定についてのみ効果を否定するものであるので、このことから、民法90条によって契約の全体が無効となるレベルではなくても、その前の段階として、価額の約定部分のみを否定する規律として理解することが自然である。この考えが妥当といえれば、約定の効果のみを否定する制度は、民法90条自体を具体化したものではなく、保険制度における量的調整制度として理解すべきといえる。

そうすると、民法90条とは別の保険法の調整制度が強行規定であるかどうかが問題となる。その場合、損害保険は損害てん補の保険としているので、その枠組みを利用するうえで強行的に無効にすべき範囲がありうるかどうかとなる。本稿の分析でみたように約定はいくつかの弊害を伴い、その弊害は社会的に問題であることから制御が必要といえる。契約時において社会的に許容されないレベルの約定を行った場合は、契約自体について賭博その他公序違反として契約全体を無効とすればよいであろう。契約自体は有効といえる場合でも、結果的に著しい乖離が生じ、それが弊害を生むレベルであれば、それを是正する制度が必要である。これは、保険制度を健全に運営するための内部的な自衛措置といえるが、それも強行的規整として理解することができるであろう。結局、約定の弊害を事故時点において阻止することがこの制度の直接の目的で、その歯止めが存在することで行き過ぎた約定を未然に防止する効果も併せ持つ制度とみてよいであろう[100]。

しかしながら、ここで注意したいのは、弊害が生じる限界を超える給付を生む

---

[100] 多額の約定をしても無効となって保険料が無駄になるので、モラル・ハザードを有する側に制御機能が働く。

約定を無効とするとしても、その場合に、基準を保険価額まで下げる必要があるかどうかである。保険価額を超える約定は著しい場合でなければ容認されるのであるから、理論的には、著しいといえない範囲までてん補額を下げる必要はあるが、それは保険価額と同一ではない。約定が否定された場合、一般的には、合意がない白紙の状態に戻るので、保険価額に基づくてん補という結果が導かれると理解することはできる。しかしながら、保険価額とするのは1つの方法にすぎないので、もし約定における趣旨が明確であれば、その趣旨からみて著しいとはいえない範囲までてん補することは認められるべきであろう[101]。その点については任意法規と考えるべきである。

本制度の全体を任意法規と捉える学説[102]についても検討しておきたい。この説では、先に述べたとおり、規定の本質は「約定保険価額を合意する根拠となった損害査定の困難性に係る問題が保険事故後に確定的に生じなくなったという事情変更を受け、損害てん補という契約当事者が欲した合意の効果を、より忠実に実現することにある」と捉える。この場合は、損害てん補という点に契約当事者の意図があるので、その意図から現実が大きく変動した時に調整を行う制度として説明される。この説に基づくと、上に示した効果のうち④⑤⑥は約定の目的として認められることになるのか疑問が生じる。もっとも保険法の規定をそもそも任意法規としているので、その点から④⑤⑥も許容するという考え方をとることができるかもしれないが、約定の機能を限定する考え方は、現実のニーズにそぐわない面があるように思われる。また、この説では、保険法の規律を任意法規と解するので、その場合の歯止めは、民法90条で契約が無効となるレベルしかないことになる。しかしながら、それだけでは、約定に対する弊害措置として十分かどうか疑問がある。

(6) 著しく超過する場合の考え方

約定保険価額と実際の保険価額との乖離が著しい場合に約定の効果を否定する根拠をその弊害から導く場合、その弊害がどのような状況において発生するかを

---

101 保険契約者は保険料を支払っているので、そのことを考えると、著しくない部分までは救済されるべきといえる。18条2項は、保険契約者の帰責性を問わずに適用されることを考慮する必要がある。
102 土岐・前掲注40）参照。

分析する必要がある。そこで、その点も検討する。

① モラル・ハザード

これには、不正な保険事故招致と事故防止・損害軽減に向けた注意力欠如の2つの問題があることは先に述べた。ここでは、両方を含めて、モラル・ハザードと称しておく。モラル・ハザードについては、事故によって被保険者にいかなる損害が生じるかが問題となり、被保険者が被る損害と保険給付とのバランスが問題となる。時価は物の客観的な評価の1つにすぎないので、それが被保険者に生じる実際の損害と一致しているとは限らない。一致している場合には、時価を超える給付は、超えた時点でモラル・ハザードを誘発するという結論となるが、時価と実際の損害とは必ずしも一致していないことは、住宅の再建を考えれば明らかである。例えば、時価1,000万円の住宅の再建に3,000万円が必要な場合（被保険者が価額について知っていることを議論の前提とする。以下、同じ。）、仮に時価の2倍となる2,000万円で保険契約を契約したとしても、モラル・ハザードを著しく高めるとはいえないであろう。一方、時価と再建費用が3,000万円である住宅について、4,500万円で約定することは、そこからは50％増としても、モラル・ハザードを著しく高めることは明らかである。

一方、保険の対象財物が、その損害によって所有財産が減るだけで、代替物を市場で容易に入手できる処分財であれば、財産上の損失以上に大きな損害が生じるとは考えにくい。例えば、時価200万円の自動車について市場で200万円で入手できる場合において、これを3割増として260万円で約定した場合、自動車が盗難されれば60万円程度の利益が生じる。これは、モラル・ハザードの原因となりうるであろう。しかし、こうした約定も、修理費実費を支払う方式であれば、分損である限りはモラル・ハザードは低くなろう。モラル・ハザードは、実際の損害の態様にも関係してくる。

また、約定と保険価額の差額の絶対額も重要である。処分財の保険において、1万円の物を1万3,000円で約定した場合、3,000円の利益のために不正な行動を能動的にとるインセンティブはそれほど大きくない。しかし、100万円の物を130万円、1,000万円の物を1,300万円で約定する場合、モラル・ハザードは高くなるのではないか。すなわち、乖離の割合だけでなく、生み出される利益の絶対額もモラル・ハザードに影響してくるように考えられる。モラル・ハザードは心理に基づくものであり、人の心理は、乖離幅という数値割合ではなく、事故から得ら

れる利益の実額に向く。

このようにモラル・ハザードの問題は被保険者の事故に対する心理にかかわるので、被保険者が置かれている経済状況において保険給付がいかなる効果を有するかによって異なってくる。保険の種類、対象財物の種類、てん補損害の態様、損害額の大きさなどによっても違いが生じてくるだろう。

② 損害保険に対する社会通念

損害保険が損害てん補の保険であることは、保険法の定義であるとともに社会通念といえる。よって、損害保険によって「利益が出て儲かった」という状態はこの認識に反するといえる。儲かったとみるかどうかは、事故を受けた人や企業が置かれている全体的な状況に基づく。例えば、建物が全損となって再築せざるを得ない場合、時価を超える給付であっても生活の再建のためのものといえるレベルであれば一般に許容されるであろう。一方、200万円で調達できる中古車に260万円支払われることは、一般の認識としては利益を得たと認識されるのではないだろうか。それが210万円程度であれば、付随的な費用支出やその他の不自由が存在するので、容認されるのではないだろうか。ここでは、一般的に、事故が生じた場合に生じる経済的な必要の幅に入るか超えるかが基準となろう。

（7）利得禁止原則との関係

わが国では、損害保険における損害てん補性を確保する各種制度を説明するうえで、利得禁止原則という概念がしばしば利用されている。しかしながら、利得禁止原則については、本論文の第3章で詳しく述べたとおり、これを広義と狭義に2分化する考え方（そのうちでも、学説は分かれる。）、広義、狭義、最狭義に3分化する考え方、最広義、広義、狭義、最狭義に4分化する説に分かれている[103]。これらの学説のいずれにも共通するのは、損害保険において強行法的に課せられる利得禁止原則が存在するという点である[104]。一方、こうした利得禁止原

---

103 第3章参照。そのもととした論文として、拙稿「『損害てん補原則』とは何か」石田重森＝江頭憲治郎＝落合誠一編集代表『保険学保険法学の課題と展望 大谷孝一博士古稀記念』（成文堂、2011年）440頁以降。
104 筆者は、利得禁止原則という場合に2つの考え方があるとして、強行法的に適用されるものと損害てん補という様式を確保する技術的なものの2つがあることを示した（拙稿「保険代位制度について──機能面から見た制度の本質──」経済学研究（九州大学）62巻1～6号487頁以下（1996年）。）本書では、その考察を更に発展させて、利得禁止原則を狭義と広義に2分化して利用する方式ではなく、損害てん補原則と利得禁止原則という2つの原則として整理する方向を提言している

則は存在しないとして、民法90条の公序則に加えて保険法において利得禁止原則を観念することを否定する学説も提唱されている[105]。

　利得禁止原則については、本論文の第３章及び第５章においてすでに考察したが、本章における考察から、民法90条とは別に、保険法における内在的な規律として、約定による弊害を回避するための規律を認めることに合理性があるといえるのではないかと考えられる。立法担当者は、保険法18条２項の規律を公序に基づく利得禁止の制度として説明するが、本章における検討では、この規律を公序そのものといってよいかどうかは民法90条との関係があるので慎重である必要があるが、契約自体は無効としない場合でも価額の約定の弊害を制御するために保険法の中に設けられた強行法的な規律と見る点では同じとなる。

（８）問題事例に対する所見

　以上の考え方をもとにして、最初に示した事例についても考えてみたい。

① 市況・為替の変動による保険価額の下落【事例１】

　この事例では、約定と時価に２倍近い乖離が生じているが、貨物の取得においてその代金を支出しており、財物はその調達コストに対応する物として存在している。約定の拘束力を認めることは、保険期間中の相場の変動を保険制度で消化することとなるが、本稿で示した約定の効果を是認して、調達コストをもとに保険をつけたと考えれば、合理的な経済ニーズを反映した約定として、約定の拘束力を認めてよいといえる。この場合、保険価額を約定することがモラル・ハザードの原因となるとは考えにくいし、社会通念上の問題があるともいえない。よって、前提に存在する経済ニーズや利害が明らかであれば、結果的に生じた乖離を問題とする必要はなく、「著しい超過」は問題としないことでよいと考える。

　ただし、損害原因について考慮すべき問題は存在する。海上保険では、遅延を原因とするいかなる損害もてん補対象外とすることが約款で明確化されている[106]。航海の遅延によってクリスマス用の物品の価値が下がるような場合、その損害は遅延による損害とみるべきものである。分損の場合には、分損計算方式で

　　（第３章及び第５章参照）。
105　土岐・前掲注７）及び注40）参照。
106　MIAも明記しているが（55条２項b）、わが国の保険法や商法（海上保険法）には、その旨の規定は存在しない。

損害額を計算することで、遅延による相場における下落損を一定程度てん補対象から除外することができるが、遅延した貨物が全損の場合、約定保険価額が支払われれば結果的には遅延損害をそのままてん補することになる。しかし、これは全損の中に遅延損害も吸収されたと考えるほかなく、上記のとおりの約定の効果は認めざるを得ないのでないかと考えられる。いずれにせよ、保険価額の約定の効果の問題と担保危険（又は免責危険）の問題とは切り離して理解すべきであろう。

② **時価とは異なる観点から保険価額を算定している場合【事例2】**

事例2は、保険担保の必要から、時価より高い金額で保険が付けられている場合である。財産には抵当権、その保険金請求権には質権が設定された事例である。こうした場合、所有者の物保険でありながら、経済的実質は、所有者と担保者の利益に対する複合的な保険となっているといえる。この利益関係の実態を考えれば、残債が時価以上に存在する場合、残債に見合った保険価額が約定されたとしても、そこには経済的なニーズが存在するといえる。こうした約定は、合理的な行為として認められる。しかしながら、借入金の返済のために財産の不正事故が発生するモラル・ハザードは存在するので、対象財産の担保価値から大きく乖離することは認められるべきでない。事例2は、判断が難しいレベルである。市場価額からの2倍の差は、モラル・ハザードと十分なりうる。船舶経営が悪化していれば、廃船させて保険金で残債を一括返済しようとするモラル・ハザードが生じるだろう。しかし、船舶が現に稼働していて近い将来にわたっても稼働されることが期待できる場合（長期の傭船契約などが存在しているなど）は、モラル・ハザードは低いといえ、約定の効力を認めてよいのでないかと考えられる。これは、船舶が実際に稼ぐ主体となっていてその利益を踏まえる考え方ともいえる。逆に、長期に係船されて利用されていない実態があれば、約定の効果を認めるべき根拠はないといえる。

③ **一般的な調達コストと実際の取得コストの相違【事例3】**

この事例は、前述した大阪高裁判決を参考にしたものであるが、これも微妙なレベルの問題である。価額のばらつきは日常的にも多く存在する。商品の種類にもよるが、店によって値段が異なることは当たり前で、50％引などの格安販売は珍しくない。こうした場合に、たまたま時価よりも安く調達したからといって、その価額を保険価額とするのは不当といえる。しかし、実際に安く調達していて、代替品も同様に安く調達できる場合、事故によって明らかに利潤が生じると

みるべきであるように思われる。しかし、一般市価をもとに約定した保険価額8,000円の物が、激安店で4,000円で調達可能としても、その約定の効果を否定するレベルかどうかは疑問がある。再調達のためにはコストもかかり、またこの程度の少額がモラル・ハザードのインセンティブとはならないからである。一方、事例3のように、800万円と400万円の差であればモラル・ハザードの誘因となりうるであろう。この額は、勤労者の年間労働報酬に比較しても相当の額にあたる。社会通念からみても疑問が出るであろう。結局、何をもって一般的市価とみるかであるが、安く調達できる販売チャネルが存在し、信用できる代替物をその調達ルートから誰でもいつでも調達可能かどうかなどによって、その市場が一般的といえるかを判断するほかないであろう。もしこれらの点を満たす市場が存在しないのであれば、たまたま安く調達できていたと理解すべきであり、約定保険価額を否定する「著しい超過」とはいえないように考えられる。

④ 主観的な価額と客観的な価額との乖離【事例4】

偽物で本来の価値が判明したような場合、ここにおける損害とは何かが問題となる。この事例では、外形的には、保険契約後に生じた相場下落の場合とで類似性があるように見受けられるかもしれない。これは、錯誤による価値表示の過大が生じていた事例であり、たまたま保険期間後にその事実が顕在化しただけで、相場変動による価値下落とは本質的に異なるものである。もともとの価額が低かったものであるので、保険金額を減額し、その分の保険料を返還すべき錯誤事案とみることが妥当であろう。

7．まとめ

本章では、保険法18条における保険価額の約定の拘束力について考察した。そのために、最初に、保険価額の約定がどのように実務で利用されているかをみたうえで、約定の価額と現実の価額が乖離した状況を示すことで、問題を具体的に示した。続いて、わが国の判例と学説を分析したうえで、この問題が、損害保険契約における中核的問題である利得禁止原則をいかにとらえるかという問題に結びついていることも示した。

そのうえで、視野を広くもつ観点から、PEICLにおける規定とヨーロッパ各国法についてごく簡単に概観したうえで、合意の拘束力を広く認める立場と考え

られるイギリスにおける法と学説を詳しく分析した。

　これらの分析から得られた示唆をもとに、わが国の制度は、契約の全体を無効とすることなく、損害てん補の調整を行う制度であるところに特徴があることを示した。そのうえで、この制度の意義を改めて考察するために、約定が有する効果とその弊害を分析した。

　その結果、経済的合理性のある必要を背景とする価額の約定は合法的であるが、弊害の制御が必要であり、それを保険制度の中に織り込んでおくことが求められること、保険法はこのことを条文で示したもので、これは強行法的な規整として理解すべきとの結論に至った。

　そして、このような強行法的規整は、有効な契約が事後的に適切でない状況となった場合を調整するために、民法90条における契約無効とは別に、保険法の内部的規整として必要であることを導いた。ただし、約定の効力を否定した場合であっても、保険価額の評価の仕方には柔軟性があってよいので、時価ベースによる給付に必ずしも限定されるべきでなく、合理的と認められる範囲で当事者の約定における意図が認められるべきであり、その点までは強行法とはいえないとの結論を示した。

　そして、約定を否定する強行法規整の目的は、約定による弊害の回避にあると考えられることから、その弊害を排除する観点から約定の限界を判断する必要があり、その弊害から分析すれば、保険価額と約定との数学的な乖離率ではなく、事故によって実際にいかなる余剰利益が被保険者に生じるかをもとに判断されるべきで、その判断は、保険種類、対象物の種類（特に、生活や生産基盤としてのものであるか、調達容易な処分財であるかなど）、事故の態様（全損か分損か）、乖離によって生じる実額（比率でなく実際の額）などを総合的に考慮して判断すべきであることを示した。「著しい超過」は、事案ごとに判定せざるを得ないことにはなるが、その物を利用している被保険者の全体的な財政状態における変化に基づいて禁止されるべき利得状態が生じるかをもとに判定すべきということになる。

　以上の議論から、民法90条とは別に、保険法における内部規律として強行法性を認めるべき利得禁止原則[107]を観念すべき意義が見出されるということも、導くことができると考えられる。

107　第3章及び第5章における利得禁止原則を指す。利得禁止原則を細分化して本質を分析した過去の筆者の議論においては、広義の利得禁止原則を指す。

第8章　重複保険[1]

1．はじめに

　保険法において、損害保険契約（傷害疾病損害保険契約を含む。）には、損害てん補を確保する各種規律が適用されるが、その1つとして重複保険に関する規律があり、保険法20条に規定されている。

　重複保険については、改正前商法（以下、改正前商法という。）では、632条において同時重複保険の場合の調整方式（保険金額按分主義）、633条において異時重複保険の場合の調整方式（優先負担主義）が定められていた。しかしながら、これらの方式では保険者間の公平が図れない場合が生じるため、実際には、保険約款において独立責任額按分主義に基づく調整方法が規定され、改正前商法の立場を変更する実務が採られていた[2]。

　これに対し、2009年施行の保険法は、改正前商法における重複保険の規律を抜本的に見直し、実務で利用されている方式とも異なる新たな方式を導入した。それが、独立責任額全額主義とも呼ばれる方式で、各保険者は、それぞれてん補責任額の全額に対して保険給付を行う義務を負い、自己の負担額を超えて支払った部分について他の保険者に対して求償する権利を取得するものである。

　重複保険を巡る法理は、わが国では、従来、被保険利益概念を利用して説明される場合が多かったが、それは、改正前商法の規律を前提とするものであった。それでは、法律の変更に伴い、保険法の下でこの法理をいかに理解することが適切であろうか。

　この点につき、保険法の立案担当者は、重複保険の新たな規律について説明しているが、そのもとに存在する法理論については、詳しくは解説していないよう

---

[1] 本章は、拙稿「重複保険の法理――保険法の下での新たな枠組み――」早稲田商学439号207頁（2014年）を改題して加筆・修正したものである。
[2] 山下友信『保険法』（有斐閣、2005年）409頁以下。

に見受けられる。規律の変更に伴い、損害保険の契約理論面においていかなる変更が生じていると理解することができるだろうか。

　重複保険の規律の趣旨については、利得禁止の観点から説明される場合が多い[3]。しかし、最近、この法理を利得禁止原則から説明することに反対する見解が示されている[4]。利得禁止と重複保険の規律は、どのような関係にあるといえるだろうか。

　本章では、保険法20条の重複保険をとりあげて、その元に存在する損害保険契約の基礎理論を考察し、第5章で示した損害てん補の一般理論としての仮説が、各論においても適合するかを検証する。

　そのために、最初に重複保険の態様を示して重複保険に多様な類型が存在することを確認し、問題意識を具体化するためにいくつかの事例を提示する（第2節）。次に、わが国の改正前商法及び保険法における重複保険の規律と学説を検討し、主として理論体系面に関する疑問点を示す（第3節）。これらの問題意識をもったうえで、イギリスの法と学説、ならびにヨーロッパ保険契約法原則（PEICL）を比較材料として参照し[5]、それらとの比較から示唆を得る（第4節、第5節）。以上をもとに重複保険に係る法理の本質について考察を加え（第6節）、結論を示すこととする（第7節）。

　なお、本章において重複保険という用語を用いる場合、学説・実務において一般に重複保険と呼ぶ事象を指すものとする。ただし、それをいかに定義するかは、その本質の理解そのものと関係するため、考察を行ったうえで重複保険とは何かという問いに答えていくこととする。

3　例えば、山下・前掲注2）409頁。
4　土岐孝宏「損害保険契約における『利得禁止原則』否定論（1）（2・完）」立命館法学291号217頁（2003年）、同293号256頁（2004年）。同「損害てん補にかかわる諸法則といわゆる利得禁止原則との関係——ドイツにおける利得禁止原則否定後の評価済保険規整、重複保険規整、請求権代位規整の議論を手掛かりとして——」保険学雑誌626号1頁（2014年）。同「利得のある損害保険契約と民法90条（抽象的公序良俗）論との関係——賭博行為論との関係を中心に——」損害保険研究76巻1号27頁（2014年）。また、超過保険等に関する考察として、落合誠一＝山下典孝編『新しい保険法の理論と実務』（経済法令研究会、2008年）152頁以下〔土岐孝宏〕参照。
5　重複保険に関するドイツの学説については、土岐・前掲注4）の各論文において詳しく論じられている。

2．重複保険の態様と事例

　重複保険の法理を検討するうえでは、現実に生じる重複保険の態様を踏まえておく必要がある。ここでは、視野を広くもつために、損害の発生によって生じる給付が重複する場合を紹介して、その多様性を示す[6]。また、問題意識を具体的に示すために、事例も示す。

（1）重複保険の態様
① 同種の保険種目間の重複
　まず、同じ保険種目間（例えば、火災保険と火災保険）で保険の重複が生じる場合がある。この類型には、すでに締結している保険の存在を忘れていて新たに保険を付けるような場合もあるし、知っていて複数の保険契約を締結する場合も存在する。前者は、長期火災保険を付けていたところ、その存在を忘れていて、他の保険会社で1年毎の火災保険を付けたような場合である。また、後者の例としては、価額が高騰するなかですでに締結している契約の保険金額が十分でないと考えて新たに保険を付ける場合がある。例えば、貿易貨物の場合でCIF条件の売買契約の下で売主が手配した1,000万円の貨物保険について、それとは別に買主が500万円の貨物保険を手配するような場合がある[7]。また、保険会社が倒産するリスクを懸念して複数の会社に保険を付ける場合もありえる[8]。適法性の問題は別として、複数の保険から給付を得ることを意図して、重複して保険に付ける場合もありえる。

---

[6]　重複保険に該当するかどうかが問題となるケースは種々あり、また、実務上の運営においても、調整のための条項が設けられていない場合など、実務処理が必ずしも明確になっていない場合がある。山下友信＝永沢徹編著『論点体系　保険法1』（第一法規、2014年）191頁〜198頁〔坂東司朗〕参照。

[7]　これは、増値保険（increased value insurance）と呼ばれる場合である。保険契約者が同一であれば、すでに締結している保険契約について、約定保険価額を増額すればよいが、貿易取引においては、売主から買主に保険証券が譲渡され、買主が、売主が手配した保険では十分でないと考えたときに、追加の保険を手配する場合がある。

[8]　これは、保険者が数多く存在し、保険会社の倒産が珍しくない国においてみられる。わが国では、この動機から重複して保険を締結する例はあまり聞かない。しかし、輸入貨物などにおいて売主が輸出国の保険会社と保険を付けているが、その会社の保険金支払に不安がある場合などにおいて、わが国の買主がわが国でも保険を付ける場合がある。

② 異なる保険種目間の重複

保険の重複は、異なる保険種目や保険商品間でも生じる。例えば、締結している火災保険で家財も保険カバーの対象となっていて、購入した商品についてもその商品に対する保険が付いている場合である。あるいは、家族用の普通賠償責任保険、火災保険において付帯されていた賠償責任担保、クレジット・カードに賠償責任保険が付帯されているような場合も、補償が重なる場合がある。こうした保険の重複は、損害保険と損害てん補型の共済とで生じる場合がある。生命保険商品の中には、治療実費を保障する特約も存在するので、それとの重複が生じる場合もある[9]。

③ 重複する損害保険契約間における価額に関する相違

損害保険契約間で重複が生じる場合でも、それぞれの保険契約における保険の目的物の価額等について、契約間で同一の場合もあれば、相違する場合もある。例えば、同一物に対する重複保険において、約定保険価額が定められている契約と定められていない契約が重複する場合である。また、約定保険価額が複数の損害保険契約において異なる場合もこの例である。更に、損害てん補を行ううえでの損害算定基準について、締結されている保険の間で相違がある場合もある。

④ 重複保険の扱いに関する契約上の合意内容の相違

重複保険の処理には、いくつかの方式があり、通常、約款に重複保険の扱いが規定されている。これらの規定内容が保険契約間で異なる場合がある。更には、他の保険契約における給付を優先的に充当して損害額に不足する場合に初めて給付を行うことを規定する条項[10]や、他に保険契約が締結されているか締結される場合には、そのリスク部分については保険責任を負わないとする条項が加えられている場合がある[11]。また、他の保険契約の存在を告知義務の対象として、その

---

9 松浦秀明「保険法第20条『重複保険』の保険金支払実務への影響」損害保険研究73巻1号87頁（2011年）。
10 これは、イギリスにおいては一般的に見られる条項である。わが国における例としては、時価ベースと新価ベースの2つの火災保険があり、時価までの損害については時価に対する保険を先に適用し、それを上回る部分を新価保険で支払う旨の規定などが考えられる（東京海上日動火災保険株式会社編著『損害保険の法務と実務』（金融財政事情研究会、2010年））362頁。
11 わが国では、外航貨物海上保険において、陸上保険との重複を調整するための条項が入れられている例がある。例えば、東京海上日動火災保険株式会社の外航貨物海上保険約款（英文保険証券）（2009年10月）の本文約款には、以下の条項が挿入されている。

"This insurance does not cover any loss or damage to the property which at the time of the happening of such loss or damage is insured by or would but for the existence of this Policy be

告知がなかった場合に告知義務違反として契約の解除が可能となっている場合がある。これらの条項は、広い意味では重複保険に関する調整規定といえるが、厳密には、給付の重複が生じないための規定といえる[12]。

⑤ 準拠法が異なる場合

重複は、適用法規が異なる契約間で生じる場合がある。例えば、輸入貨物が陸揚げされて倉庫保管中に事故が生じた場合に、荷主が手配したイギリス法準拠の外航貨物海上保険と倉庫業者が倉庫保管中の物品のために手配したわが国の法に準拠する倉庫保険との間で重複が生じる場合である。

(2) 損害保険類似制度における給付との併存

保険法における重複保険の規律は、損害てん補方式の保険契約（損害保険契約及び傷害疾病損害保険契約）間で重複が生じる場合に適用される。保険法の射程範囲を超えるが、事故によって発生する給付が併存するのは、そもそも損害保険契約間に限らない。

定額方式の保険や各種共済等の給付制度、社会保険などにおける補償が同時になされる場合がある。例えば、出張中にけがによって入院した場合に、家族を対象とする定額給付の傷害保険、損害てん補型の医療保険、出張中の傷害を補償する旅行保険、生命保険契約における特約、労災保険による補償など、同一の事故によるけがに対して種々の制度から給付が可能となる場合がある。

こうした給付の併存は、損害保険と保険デリバティブとの間で生じる場合もある。例えば、台風によって工場に物損が生じて稼働不能となった場合に、火災保険と利益保険による損害てん補と台風デリバティブにおける給付が同時に得られる場合がありえる。

これらの類型は、保険法の規律が適用される重複保険には該当しない。これらは、給付がそもそも「重複」するといえるのかも明確でない事象である。

---

insured by any fire or other insurance policy or policies except in respect of any excess beyond the amount which would have been payable under the fire or other insurance policy or policies had this insurance not been effected." また、同様の内容の和文条項が外航包括予定保険契約に含まれていて、その解釈が争点の1つとして争われた事例として、東京地裁平成24年10月5日判決（LEX/DB データベース・文献番号25498316）がある。

12 これは、いかなる事象をもって重複保険と呼ぶかによるが、給付が重なる場合に重複保険という場合には、これらの約款は、給付が重ならないためのものといえる。その本質は、支払いの対象とする危険や損害部分を限定するものである。

視野を更に広げれば、給付を得るために自ら備えた結果ではない給付が同時に得られる場合もある。例えば、事故の結果、義捐金や贈与を受ける場合である。これらは、義務に基づかない給付であるが、それらが損害を被った経済主体に対してなされる場合には、その給付の目的はその経済主体が被った損害（より広くいえば不利益）の軽減にあるとみることができる。

また、各種給付の1つとしては、第三者によって事故が生じた場合の賠償責任や契約上の補償に基づく給付も存在する。商品などに保証がついていて、そこから補償金が得られる場合があり、それらと損害保険とが重なる場合がある。例えば、1年以内の事故については無償で新品に交換されるような場合である。これらは、事故によって生じた損害のてん補のための金銭の支払いや現物の給付に相当する。この場合は、同一の損害に対して、賠償制度や補償制度と損害保険とが重複することになる。この場合の調整は、多くは、請求権代位の問題として規律される。その本質は、事故によって発生する異なる請求権の調整である。なお、保険法のもとでは、保険給付が定額方式であった場合には保険代位が生じないので、被保険者は、原則として損害賠償と定額給付の両方の保険給付を得ることができる[13]。

以上、いろいろな事象を掲げてみたが、同一の事象が原因となって給付が生じる制度には様々な類型があり、対象を損害保険契約における給付に限定した場合でも、その態様は多岐にわたることがわかる。

本章の考察は、保険法における重複保険の法理を考察するものであることから、射程範囲を複数の損害保険契約の重複に限定するが、さまざまの給付の併存事象が存在することも視野に残しながら、重複保険の法理を検討していくこととしたい。

（3）設　例

重複保険の態様は多岐にわたるが、重複保険の法理を考えるために、いくつかの事例を挙げてみたい。以下は、いずれも架空のもので、基礎理論を考察するために事象を単純化したものである。

13　賠償制度における損益相殺の対象に定額給付が含まれるかどうかの問題はあるが、その問題はここでは扱わない。

① 価額の約定がない複数の火災保険の重複【事例１】

> 時価1,000万円の家屋につき、再建築に2,000万円必要であった。２つの保険会社に、それぞれ保険金額1,000万円とする保険に入っていた。保険料は、いずれも５万円であった。家屋が全損となって再建することとなった。保険価額は約定されていなく、約款には重複保険に関する特約はなく、他の火災保険の存在は、告知義務の対象とはなっていなかった。

これは、同じ火災保険で重複保険が生じている例である。保険契約者がそのことを知っていて重複保険が生じる場合もあれば、忘れて契約した場合もある。この事例の場合、保険法18条に基づくてん補損害額は、時価である1,000万円となる。保険法における重複保険の規律により、被保険者が受領できる金額は1,000万円となり、1,000万円を先に支払った会社は、他の会社に半分の500万円を求償できるという理解でよいであろうか。また、この事例において保険料は返戻されるであろうか。

② 責任保険契約の重複【事例２】

> 家族が負担する賠償責任を対象として、てん補限度額を1,000万円とする賠償責任保険に加入して保険料１万円を支払った。一方、自転車を購入した際に、自転車の総合保険に入って保険料5,000円を支払った。その保険には、1,000万円をてん補限度額とする賠償責任カバーが含まれていた。自転車事故によって2,000万円の賠償事故が発生した。約款には、他保険との調整の条項はなく、免責控除も設定されていなかった。

この事例においては、いずれの賠償保険においても、保険法18条に基づくてん補損害額は1,000万円となるが、この場合に、保険法20条に基づき、被保険者が受け取れる保険金の限度は1,000万円となるか。また、保険料は返戻されるか。

③ 貨物海上保険と倉庫保険の重複【事例３】

> 輸入貨物が国内に到着して倉庫保管中に火災が生じて全損となった。輸入者は、CIF価格の110％を約定保険価額として、保険金額1,100万円とする外

航貨物海上保険に入っていた。倉庫業者は、荷主（所有者）を被保険者として、在庫貨物についての火災保険（在庫貨物についての価額の約定はなし。）に入っていた。事故時の貨物の時価は1,100万円であった。輸入者は、そのほかに、納期遅れのペナルティーと期待収益の損失として合計300万円の損害を被った。外航貨物海上保険には、保険者の責任と決済についてはイギリス法に従う準拠法約款が挿入されていた。また、同保険には、別に国内倉庫保険等が存在する場合には、それをまず利用して不足する場合にのみ保険金を支払う旨を記載する他保険優先約款が挿入されていた。倉庫貨物の保険においては、重複保険は独立責任額按分主義で処理する旨の規定が含まれていた。

この事例の場合、倉庫業者のてん補損害額は、約款に特約がない場合には、保険法18条に基づき1,100万円となる。倉庫の保険には独立責任額按分主義の条項が入っているので、貨物保険で支払われるべき金額と按分して責任を負担する旨が規定されていたことになる。外航貨物海上保険において支払われる保険金はいくらとなるか。また、荷主は、300万円の損失について自己負担しなければならないか。保険料の扱いはどうなるか。

以上、いくつかの事例を示してみたが、これらを、具体的な問題意識として持ちながら、重複保険の法理を検討していくこととしたい。検討のための材料として、最初に、わが国の法と学説、続いて、イギリスの法と学説、最後にヨーロッパ保険契約法原則（PEICL）において、それぞれ重複保険の法理がどのように理解されているかを確認し、重複保険の法理を考察していく。

3．わが国の重複保険に関する規律

本章では、最初に、改正前商法の規律、次に、保険法の規律を確認したうえで、保険法の規律の特徴と若干の疑問点を提示する[14]。

14　保険法20条の適用対象を示す解釈論とその意義について、土岐孝宏「重複保険」竹濱修＝木下孝治＝新井修司編『保険法改正の論点　中西正明先生喜寿記念論文集』（法律文化社、2009年）119頁参照。本論文は、この論考から多くの示唆を受けている。

（1）改正前商法
① 重複保険の定義

重複保険に関する規律は、改正前商法においては、632条乃至635条に規定されていた。この規律の対象は、632条で「同一ノ目的ニ付キ同時ニ数箇ノ保険契約ヲ為シタル場合ニ於テ其保険金額カ保険価額ニ超過シタルトキハ」と規定されていたので、この場合が重複保険の規律が適用される重複保険の定義となっていた。学説は、重複保険の規律の要件として、(i)同一の保険の目的物について[15]、(ii)保険事故・保険期間を同一とする複数の損害保険が存在し、(iii)その複数の保険金額の合計額が保険価額を超過することを挙げていた[16]。もっとも、(ii)における保険期間の同一とは、重なる部分があればよいので、保険期間の始期から終期までが完全に一致していることを意味するものではない[17]。ここにおける同一性の要件は「保険の目的物」や「保険事故」についても同じで、重なる部分があればよいということになる。

② 改正前商法の重複保険の規律の内容

改正前商法は、保険金額が保険契約の目的の価額、すなわち保険価額を超える超過保険が締結された場合に、その超過した部分について、保険契約を無効とする規定を設けていた（631条）。それと同じ論理に基づき、重複保険については、契約が同時に締結された場合と異時の場合に分けて、同時の場合には[18]、保険金額を合算して保険価額を超える場合に、各保険者の負担額は、その各自の保険金額の割合でもって按分することにし（632条1項）、異時の場合には、先に締結された契約は、それ自体が超過保険となっていない限りは、その契約の全体を有効とし、後に締結された契約は、すでに締結されている契約において保険金額が保険価額に不足する部分についてのみ有効として、超過する部分を無効とする規律を規定していた（633条）。改正前商法では、契約締結の時間的先後関係で優先を定めるが、この考え方（優先主義と呼ばれる。）は、この原則の例外として認めら

---

15 複数の保険において保険の目的物が重複するかどうかは、具体的事例において重要な問題となる（その例として、最高裁平成21年6月4日判決・民集63巻5号982頁）。
16 鴻常夫『保険法の諸問題』（有斐閣、2002年）1頁以降、山下・前掲注2）409頁。
17 この点での定義の表現について、イギリス法についての議論であるが、大谷孝一「英国海上保険法上の重複保険についての若干の考察」関西大学商学論集45巻4号33頁（2000年）における定義に関する議論（同37頁）を参照。
18 改正前商法632条2項は、契約の日付が同一であるときは、契約が同時になされたものと推定することを規定する。

れる場合を示す634条にも現れている。

③ 改正前商法における法理論

　改正前商法は、保険価額を超える部分の保険契約を無効とし、それが単独の契約によって生じた場合（超過保険）、複数の契約の合算によって生じた場合（重複保険）のいずれも同様の扱いとして論理的整合性を図っていた。この理論は、保険価額の絶対性の考え方に基づくものである。そうでなければ、保険価額を超えることが直ちに契約の無効を導くことにはならない。ここでは、保険価額とは、被保険利益の経済的評価額であり、その被保険利益とは、損害保険契約の目的そのものであるので、その論理的帰結として、保険価額を超える金額部分について契約の無効が導かれていた。こうした理論構成は、損害保険契約における被保険利益の地位を巡る絶対説の立場を最も純粋な形で示しているものといわれている[19]。

④ 改正前商法の規律に対する批判

　こうした改正前商法の立場に対しては、理論、実務の両面から批判がなされ、規律を抜本的に改正すべきことが提言されていた。

　まず、保険価額を超える保険金額の契約を契約時点で無効とする考え方に対して批判が高まった。保険価額を超える部分を無効とする考え方は、超過部分を有効とすれば被保険者に利得が生じることになるのでそれを防ぐためと考えられてきたものである。しかし、損害てん補の確保は、保険給付は保険事故によって生じる損害の額を超えてはなされない規律（改正前商法638条）が存在することで確保されるので、超過保険について契約時における契約無効を導くことの必要性が疑問視され、また、損害てん補の規律があることから、保険価額の上昇を見込んだ保険金額の設定は許容されてよいとの考えが主張され、超過保険を直ちには無効としない法制が望ましいと主張されていた。この超過保険の位置付けと連動して、重複保険においても、契約時の契約（一部）無効の規律に対する批判が有力に主張されていた[20]。

---

[19] 山下・前掲注2）410頁。また、本書第5章、第6章参照。また、被保険利益の本質を巡る各学説からみた超過保険・重複保険の説明については、田辺康平＝棚田良平「保険法演習3　超過保険と重複保険との競合」損害保険研究33巻4号180頁（1971年）が詳しい。

[20] 大森忠夫『保険法〔補訂版〕』（有斐閣、1985年）115頁、西島梅治『保険法〔第3版〕』（悠々社、1998年）165頁、金澤理『保険法上巻〔改訂版〕』（成文堂、2001年）127頁以下、石田満『商法Ⅳ（保険法）〔改訂版〕』（青林書院、1997年）110頁以下など。

こうした超過保険や重複保険を巡る規律の見直しの背景には、損害保険契約における被保険利益の地位に関する学説の展開が存在する。被保険利益を絶対的に位置付ける立場（絶対説と呼ばれる。）に対しては、相対説や修正絶対説からの批判があり、より柔軟な枠組みへの学説の変化が存在する[21]。

また、商法規律については、保険価額を超過する保険金額の扱いのほか、時間的先後関係を基準として調整する方式についての批判も有力に主張されていた[22]。

そして、わが国の立法の在り方としては、諸外国の立法なども踏まえ、被保険者は選択するいずれの保険契約に対しても損害てん補を全額請求することができることとし、各保険者の責任額は、各保険契約に基づく独立責任額の、すべての保険契約に基づく独立責任額の合計に対する割合として、この分担額を超えて損害をてん補した保険者は、その超過額を他の保険者に求償できる規律（独立責任額による連帯主義）が望ましいと提示されていた[23]。

⑤ **実務運営**

一方、実務においては、改正前商法規定は、時間的先後で規律を分けることに問題があり、また保険金額を基準として按分することは一部保険の比例てん補、免責金額などがあるために公平とはいえないことから、改正前商法規定を任意規定と理解して、約款で改正前商法とは異なる規律を規定して対応していた[24]。

わが国の実務で採用されてきた方式は、「独立責任額按分主義」と呼ばれている。この方式は、各保険者が他の保険契約がない場合に支払うことになる支払保険金の額（独立責任額）を算出し、その割合に応じて、被保険者に対する損害てん補義務をそれぞれ独立して負うというものである。また、海上保険契約の場合は、保険価額を約定する評価済保険が実務原則となっていることから、重複保険の場合に、約定保険価額が異なる場合があり、その場合には、最も高い保険価額を基礎として算出した損害額を基準に分担する旨の規定が設けられていた[25]。

---

21 山下・前掲注２）389頁以下。
22 田辺康平『新版現代保険法』（文眞堂、1995年）101頁。
23 損害保険法制研究会『損害保険契約法改正試案 傷害保険契約法（新設）試案 理由書 1995年確定版』（損害保険事業総合研究所、1995年）7頁以下。また、その理論と外国法について、鴻・前掲注16）1頁以下。
24 甘利公人＝山本哲生編『保険法の論点と展望』（商事法務、2009年）115頁〔黒木松男〕。
25 山下・前掲注２）411頁、木村栄一『海上保険』（千倉書房、1978年）55頁以降では、過去の船舶保険における実務が紹介されている。

また、実務では、モラル・ハザードの抑止や保険者が自己の負担責任を知る観点から、通常、重複保険に関する告知義務・通知義務が契約で課されていた[26]。

⑥ 重複保険の規律と保険料の関係

改正前商法の規律は、契約時点において重複保険を無効とするものであったので、無効となった部分に対する保険料については、原則として、保険契約者に返還される規律となっていた[27]。また、約款で採用されていた独立責任額按分主義においては、各保険者は按分後の金額に対してのみ支払責任を負うので、保険金額の一部分に対しては責任を負担していないことになる。その結果、責任を負わない部分に対応する保険料は、理論上は返還可能となっていたといえる。もっとも、支払責任額で按分する場合、比例てん補、免責金額等の要素が存在するので、返還保険料をいかに算出するかは、技術的に容易とはいえない面が存在すると考えられる[28]。

(2) 保険法の規律の概要[29]
① 保険法における新たな規律

保険法においては、まず超過保険の規律について、保険金額が保険価額を超過した場合に超過分について契約を無効とする改正前商法規律を変更して超過保険を有効とし、善意かつ重大な過失がない限りは超過部分について契約を取り消すことができる規律に変更した（9条）。また、保険期間の途中で保険価額が著し

---

26 山下・前掲注2）411頁。
27 改正前商法643条は、保険契約の全部又は一部が無効の場合の効果について、保険契約者及び被保険者が善意でかつ重過失がなければ、保険契約者は保険者に対して保険料の全部又は一部を返還請求することができると規定していた。
28 これらの場合に返戻保険料がいかに計算されるかは、文献等からは明らかではない。責任保険や費用保険においては、保険料はてん補限度額に直接には比例しないので、返戻保険料の計算は更に難しい。
29 保険法の理解について、脚注で個別に示しているほか、以下も参照している。江頭憲治郎『商取引法〔第7版〕』（弘文堂、2013年）431頁以下、石山卓磨編著『現代保険法〔第2版〕』（成文堂、2011年）98頁以下〔中村信男〕、今井薫＝岡田豊基＝梅津昭彦『レクチャー新保険法〔新版〕』（法律文化社、2011年）96頁以下、潘阿憲『保険法概説』（中央経済社、2010年）117頁以下、山野嘉朗＝山田泰彦編著『現代保険・海商法30講〔第8版〕』（中央経済社、2010年）49頁以下、岡田豊基『現代保険法』（中央経済社、2010年）108頁以下、嶋寺基『新しい損害保険の実務』（商事法務、2010年）85頁以下、落合誠一監修・編著『保険法コンメンタール（損害保険・傷害疾病保険）』（損害保険事業総合研究所、2009年）62頁以下〔小林登〕、福田弥夫＝古笛恵子編『逐条解説　改正保険法』（ぎょうせい、2008年）63頁以下、大串淳子＝日本生命保険生命保険研究会編『解説　保険法』（弘文堂、2008年）228頁以下〔藤井誠人〕。

く減少した場合は、将来に向かって保険金額を減額請求できる方式にした（10条）。こうした規律の変更に合わせ、重複保険については、重複によって契約が無効となる規律とはせずに、それぞれの契約を有効として、保険者は他の損害保険契約に拘わらずてん補損害額の全額について保険給付を行う義務を負うことを定め（20条1項）、保険者の保険給付の額の合計額がてん補損害額を超える場合において、保険者の一人が給付を行うことで他の保険者の共同の免責を得た場合には、他の保険者に対して分担請求できる方式を採用した（20条2項）。

それまで実務で利用されていた独立責任額按分主義においては、保険者は、自己の分担部分に対してしか責任を負っていないため、被保険者は、すべての保険者に対してそれぞれの負担額を請求しなければならない立場にあった。しかし、保険法は、被保険者は自己が望む順序でいずれの保険者に対してもてん補損害額の全額まで回収できるようにして、契約者の保護と利便性の向上を図った[30]。一方、保険者間における分担割合は、実務で採用されていた独立責任額按分主義に基づく割合として、その負担責任を超えて支払った場合に他の保険者に対して求償できることにした[31]。この方式は、独立責任額全額主義、独立責任額連帯主義又は独立主義と呼ばれている[32]。

② 被保険者のてん補損害額に対する権利の確保

複数の保険契約においては、てん補損害額が契約間で異なる場合がある。例えば、保険価額が約定されていない契約と約定されている契約が重複していて保険価額に相違が生じる場合、各保険契約においてそれぞれ保険価額が約定されているがその価額に相違が生じている場合には、てん補損害額も異なってくる。保険法は、その場合には、被保険者はそのうちの最も高い額までの給付が認められることとして（20条2項）、被保険者の権利の保護を図った。

以上の①及び②は、いずれも被保険者の保護を高めた規律といえる。しかしな

---

[30] 独立責任額按分主義においては、それぞれの保険者の責任は自己の負担分に限定されているので、いずれかの保険者が倒産すれば、被保険者はそれに対する回収を図れない立場にあった。その点で、保険法は、被保険者の権利保護をより強める規律といえる。

[31] 負担部分を超えて保険給付を行った場合に、保険者は、自己の負担部分を超える部分に限って求償が認められている。

[32] この場合、全額を支払った保険者は他の保険者に分担請求するが、回収できなければそのリスクを負うことになる。しかし、これは、各保険者が連帯責任を負うことを意味するものではない。立案担当者は、この制度を「独立責任額連帯主義」と呼ぶのは誤解を招き適当でなく、むしろ「独立主義」と呼ぶべきとする（萩本修編著『一問一答　保険法』（商事法務、2009年）129頁）。

がら、被保険者の保護の観点から実務運営上において配慮すべき点は、なお存在している。ただし、それらの事項については、本稿では扱わない[33]。

③ 対象とする損害保険契約

改正前商法において、重複保険は、保険価額の概念を用いた規律となっていたので、原則として、保険価額の概念が当てはまる保険種目についての規律であった[34]。一方、保険法の重複保険の規律は、物保険に限定するものではなく、複数の損害保険契約が同一の損害をてん補する場合の一般ルールとして位置付けられている。したがって、責任保険契約や費用保険契約にも同一のルールが適用される[35]。なお、生命保険商品等における特約の下で医療費実費が支払われる場合の調整については、引き続き検討すべき論点といえる[36]。

④ 規律の性質

20条1項は、保険者が損害保険契約に基づき負担すべき義務の範囲を定めるものであるので、任意規定とされている[37]。2項も、保険者間の求償ルールであるので、任意規定とされている[38]。したがって、従来から実務で利用されてきた独立責任額按分主義を規定する約款も有効となっている。

⑤ 保険料の返還

改正前商法のもとでは、保険価額を超える保険金額の部分は無効であったので、重複保険によって超過保険が生じた場合も、超過する部分については契約が無効となり、それに対応する保険料は返還される理論となっていた。一方、保険法においては、いずれの保険契約も有効となる関係から、保険料の返還が生じない立場に立つものと推定される[39]。ただし、この独立責任額全額主義をとる場合に保険料の返還を認めないことが正当化されるかについては疑問の余地があると

---

33 松浦・前掲注9）80頁以下は、(i)保険金請求漏れの可能性（1つの保険契約でその契約における全額を回収することによって、他の保険の下で付随的な保険金等を請求することが漏れる可能性）や(ii)保険金請求順序により保険金の支払額が異なる場合が生じることを指摘し、そのために、保険者による適切な対応が必要であることを説明している。
34 もっとも費用保険や責任保険については、類推適用する方法はあった。
35 萩本・前掲注32）127頁。
36 松浦・前掲注9）86頁以下。
37 萩本・前掲注32）129頁。
38 萩本・前掲注32）131頁。
39 ただし、この点については、条文に記載がなく、立案担当者の解説も明快とはいえない。甘利＝山本・前掲注24）119頁〔黒木松男〕は、保険法が独立責任額連帯主義を採用した理由のうちの1つには、保険者による保険料全額取得を合理的に根拠付けるために独立責任額全額主義の採用が不可欠であった背景があると指摘する。

の見解がある[40]。もっとも、契約時の認識に齟齬があってそれによって重複保険となったような場合には、錯誤、事案によっては詐欺といった民法上の契約法理から保険契約者を救済する方法が残されていることが指摘されている[41]。

⑥ 保険者間の求償ルール

保険法20条に規定される分担の求償権は、保険法において初めて導入されたものである。保険者間の求償の運営については、実務上、詰めるべき点が残されている。それらの問題点としては、独立責任額按分主義と独立責任額連帯主義が併存する場合の調整方法、被保険者の質権者と求償債権者との優先関係、各保険者の損害査定に違いがある場合の調整、被保険者による一部保険者に対する保険金請求権放棄の効果、及び各保険者間の情報共有ルールの策定が挙げられている[42]。これらの求償権に係る運営上の問題については、本稿の主要テーマから離れるので直接には取り上げない[43]。

(3) 保険法における規律の意義と理論面の問題提起

以上述べたとおり、保険法は、改正前商法の規律を抜本的に変更し、それによって、保険契約者、被保険者、各保険者の法的関係に大きな変更が生じている。新たな規律のもとに存在する法理論を考えるために、以下にいくつかの切り口から保険法の規律を分析して疑問点を提示することとしたい。

① 保険法における重複保険規律の立ち位置

改正前商法のもとでは、重複保険は、超過保険と並んで、契約の効力の問題に関係する事項として位置付けられていた。しかしながら、保険法では、超過保険（9条）は「第2節　効力」の事項として、重複保険（20条）は「第3節　保険給付」の事項として位置付けられた。すなわち、超過保険と重複保険の規律は、これまではいずれも保険価額を超える契約の無効という法理論における異なる局面

40　甘利＝山本・前掲注24）121頁〔黒木松男〕。同見解では、この点は、保険法部会においても、消費者保護の観点から異論が出されていたこと（法制審議会保険法部会（以下、保険法部会という。）第3回議事録、8頁以下）を挙げている。また、金澤理監修　大塚英明＝児玉康夫編『新保険法と保険契約法理の新たな展開』（ぎょうせい、2009年）120頁〔松村太郎〕は、保険給付と保険料の対価的不均衡の是正を趣旨とする保険法9条の類推適用によって重複保険においても契約取消権を認めて保険料の一部返還を可能とする方式を提言している。

41　甘利＝山本・前掲注24）121頁〔黒木松男〕。また、保険法部会第3回議事録9頁。

42　甘利＝山本・前掲注24）122頁以下〔黒木松男〕、松浦・前掲注9）参照。

43　求償権の実務運営につき、嶋寺・前掲注29）参照。

(単一契約上の事象か、複数契約による事象か)に係る規律として理解することができた。一方、保険法においては、両者は分離され、重複保険は保険給付の問題として位置付けられた。すなわち、重複保険は、保険者のリスク負担に係る制度とみるのではなく、給付調整の制度として位置付けられていると理解できる。

② 重複保険の定義とその概念

上記の①と関係するが、改正前商法と保険法の相違点として、改正前商法では、重複保険の定義にあたる部分があったが(632条)、保険法では、重複保険という表題はあるものの、その定義にあたる部分は条文に示されていない。その点から、両法の間において、そもそも重複保険の概念自体に変動が生じているかどうかについて疑問がでてくる。

保険法に関する解説書では、ほとんどの場合、重複保険の概念(定義)については、これまでの学説上の定義がそのまま踏襲されている[44]。立案時の資料でも重複保険について、「同一の保険の目的物について被保険者、保険事故、保険期間を共通にする複数の損害保険契約があり、各保険金額の合計額が保険価額を超える場合をいう。」と定義されている[45]。立案担当者の解説書においても、定義に変更が生じていることの説明はない。しかしながら、この定義は、保険法制定に係る中間試案において示されたものであり、その後の成立法の内容は中間試案とは異なる点があり、その部分についての修正が必要であるほか、解釈で補うべき点が存在するとの指摘がある[46]。定義は、規律が適用される要件にも関係することから重要であるうえ、法理の本質の理解を表す点でも重要である[47]。制定された保険法のもとで、中間試案時に示された定義は果たしてその後も有効といえるであろうか。

③ 求償権の本質

次に興味がもたれるのは、新たに創設された20条2項の求償ルールである。これは、保険契約当事者間の権利義務に関する制度ではなく、保険者と別の保険者(すなわち、保険契約上は第三者)間の調整ルールである。この規律は、保険法に規

---

44 例えば、大串ほか・前掲注29) 229頁以降〔藤井誠人〕、甘利＝山本・前掲注24) 114頁〔黒木松男〕。
45 保険法部会「保険法の見直しに関する中間試案の補足説明」(以下、補足説明という。) 39頁。
46 竹濱ほか・前掲注14) 126頁〔土岐孝宏〕。
47 それに加えて、保険用語の解説や辞典などで、どのように定義するかも問題となる。現状では、各種辞典等では、改正前商法下における概念が引き続き利用されている。

定はされているが、保険契約上の権利義務上に存在する権利についてのものといえるかは疑問がある。この請求権は、重複保険の法理とどのような関係に立つ権利と理解したらよいだろうか。

④ 任意規定性

保険法20条は、任意規定とされており、これまでのところ、その点についての異論や疑問は特に示されていないようである。しかし、ここで注意したいのは、重複保険の法理の説明においては、一般に、利得禁止からその規律の趣旨が説明されていることである。例えば、立案担当者による解説書では、「重複保険について規定を設ける趣旨は、同一の損害をてん補するために複数の保険者から保険給付を受けることによって被保険者に利得が生ずることを防ぐ点にあ」ると記されている[48]。この説明自体は、一見したところ常識的であるが、よく考えてみると疑問がでてこなくもない。利得禁止は公序に関係すると考えられるところ、利得禁止から法理を説明しながら、なぜその規律を完全に任意法規といえるか。重複保険に関する規律は、果たして任意法規として理解してよいのだろうか。

⑤ 利得禁止原則との関係

わが国では、伝統的に、被保険利益の概念を利用して、損害てん補性の確保に関する損害保険契約理論の本質から各論までを説明してきた学説の歴史があり、重複保険についてもこうした観点から説明されてきたが、近年では、利得禁止原則という概念を利用して損害保険契約理論を理解する考え方が広がっている[49]。しかしながら、利得禁止原則という概念を利用する場合であっても、その概念のとらえ方には研究者によって違いがあり、これを広義と狭義に2分化する考え方（そのうちでも、学説は分かれる。）、広義、狭義、最狭義に3分化する考え方、最広義、広義、狭義、最狭義に4分化する説に分かれていることは、第3章他において繰り返し説明してきたところである[50]。しかし、これらの学説のいずれにも共通するのは、損害保険において強行法的に課される利得禁止原則が存在するという点である[51]。一方、こうした利得禁止原則は存在しないとして、民法90条の公

---

[48] 萩本・前掲注32）128頁。
[49] その端緒となった論文として、洲崎博史「保険代位と利得禁止原則（1）（2・完）」法学論叢129巻1号1頁（1991年）、3号1頁（1991年）。
[50] 第3章、第5章、第6章、第7章参照。また、第3章のもととなる論文として、拙稿「『損害てん補原則』とは何か」石田重森＝江頭憲治郎＝落合誠一編集代表『保険学保険法学の課題と展望 大谷孝一博士古稀記念』（成文堂、2011年）440頁以下。

序則に加えて、保険法において利得禁止原則を観念することを否定する学説も提唱されている[52]。

重複保険は、これを利得禁止のための制度として説明するのが通説といえ[53]、保険法の立案担当者も、上記のとおり、この規律を利得禁止のためのものとして説明している。これに対し、利得禁止原則の存在を否定する学説の立場からは、近時のドイツにおける学説の展開を踏まえ、重複保険についても、これを利得禁止といった公益上の命令ではなく、損害てん補を合意している契約当事者の標準的意思を中心として、重複保険にかかる調整の規律（共同免責の法理）を理解すべきと主張されている[54]。

この利得禁止原則否定論は、民法90条とは別に利得禁止原則という具体的法命題を保険法に認めることを否定する立場に立ったうえで、保険法20条1項については、「全額主義は、損害てん補を合意した契約当事者が欲するであろう標準的効果意思を表現しているにとどまり」、「保険者の給付を縮減する規律ではなく、保険給付に制約を加えることに反対するという意味で、むしろ利得禁止原則とは対極にある考え方」と捉える。また、2項については、ある保険者からの給付によって他の保険者が免責されるという共同免責の法理を前提とし、他の保険者の保険給付の制限に作用することから利得禁止の考え方が共同免責の法理の根拠にあると考える余地がないわけではないが、そのように考える法文上の根拠に欠き[55]、2項が規律する共同免責の法理は、「利得禁止原則により命じられた結果（公益的当為）ではなく、損害てん補を合意している契約当事者が重複保険関係という特殊状況下に置かれれば有するであろう標準的な効果意思に基づき、損害て

51　筆者は、利得禁止原則という場合には2つの考え方があり、強行法的に適用されるものと損害てん補という様式を確保する任意法的なものの2つの原則として分類する考えを提言してきた経緯にある（拙稿「保険代位制度について――機能面から見た制度の本質――」経済学研究（九州大学）62巻1～6号487頁以下（1996年））。本書では、これまでの学説の分析ではなく、新たな理論の構築という視点から、同一の名称の原則において、狭義と広義の2つの原則を認める方法は望ましいとはいえないことから、損害てん補原則と利得禁止原則という呼称を利用している。第3章及び第5章参照。
52　土岐・前掲注4）「損害保険契約における『利得禁止原則』否定論（1）（2・完）」。また、落合＝山下・前掲注4）152頁以降〔土岐孝宏〕も参照。
53　山下・前掲注2）409頁。
54　土岐・前掲注4）「損害てん補にかかわる諸法則といわゆる利得禁止原則との関係」22頁。
55　この理由として、注54）の論文では、保険法20条は、例えば、「被保険者は、全体で、損害を超える給付を要求できない」といった保険給付の制限を積極的に命令する行為規範を用意することで共同免責を定めているものではないことが挙げられている（同21頁）。

ん補合意を処理する場合の、その結果(契約意思による必然)そのものであると解すべき」として、それを前提として求償のルールを用意したものとして、利得禁止原則とは距離のある規定とする[56]。なお、この主張は、ドイツ保険契約法(VVG)76条2文後半の規律に関する学説展開、特に、ドイツ連邦通常最高裁判所(BGH)2001年4月4日判決(利得禁止原則の廃止に関係する判決)後のドイツの学説を参考として、わが国の損害保険契約に関する各種規律を論じたものである。

それでは、重複保険の法理と利得禁止原則は、どのような関係に立つと理解するのが妥当であろうか。重複保険の法理は、利得禁止原則とは関係ないとみるべきであろうか。

(4) 小 括

以上、わが国における改正前商法と保険法の規律について概観し、重複保険に関する保険法の規律について重要な変更が生じていることを確認した。そして、このような変更を踏まえると、重複保険という概念自体についても従来と同じに考えてよいか疑問があることを示した。また、利得禁止原則との関係から、この法理論をいかに理解すべきかが問題であることも示した。

これらを問題意識として持ちながら、最初に、イギリス法、続いてヨーロッパ保険契約法原則を確認し、そのうえで考察を深めていくこととしたい。

4. イギリス法における重複保険

(1) 重複保険に関するイギリス法

イギリスにおいて保険契約に関する法は、判例法と制定法から形成されている。主要な制定法として1906年海上保険法(Marine Insurance Act 1906、以下、MIAと略す。)がある。MIAは、海上保険に関係する判例法を法典化したものであるが[57]、そのうちの多くの規定は、陸上保険にも当てはまるものである。MIA制定後、100年間を超える中で更に多くの判例が蓄積され、それらの全体がイギリスの法を形成している。イギリス法を理解する上では、陸上保険の判例を含め

---

56 土岐・前掲注54)同上21頁。
57 MIAは冒頭で、「海上保険に関する法を法典化する法律」と記している。

て、保険に関係する法を確認する必要がある。以下では、まずは条文の形に整理されているMIAを中心に他の判例法も加えて、イギリス法の内容を観察していく[58,59]。

MIAでは、以下のとおり、重複保険に関係する規定は3か所に分かれている。なお、重複保険は陸上保険にも共通する制度であることが判例でも確立している。

まず、32条は、1項において重複保険の定義を示し、2項において、わが国保険法と同じく独立責任額全額主義をとり、被保険者はいずれの保険者に対しても自己が望む順序で保険金を請求できることを規定している。ただし、「この法律で認められたてん補額を超える額を受取る権利はない」と記している。また、約定保険価額がある場合の調整規定や被保険者がてん補損害額を超える給付を受けた場合の規律も示している。

これらの32条の規律は、被保険者（assured）[60]と保険者という保険契約の当事者間の関係に係る規律を示しているものといえる。

「第32条　重複保険
(1) 同一の危険および同一の利益またはこれらの一部について、二つ以上の保険契約が被保険者によってまたは被保険者のために締結される場合において、保険金額の合計額がこの法律で認められたてん補額を超えるときは、これを被保険者が重複保険によって超過保険を付けたものという。

58　訳文は、葛城照三＝木村栄一＝小池貞治共訳「1906年英国海上保険法」損害保険研究39巻2号123頁（1977年）に基づく。
59　以下の記載内容は、脚注に示しているほか、次の文献に基づく。H. Bennett, *The Law of Marine Insurance*, 2nd ed., Oxford, 2006; J. Dunt, *Marine Cargo Insurance*, London, 2009; J. Birds, et al., *MacGillivray on Insurance Law*, 12th ed., London, 2012 and its second supplement, 2014（以下、MacGillivrayとして参照する。）; J. Birds, *Birds' Modern Insurance Law*, 8th ed., London, 2010; M. A. Clarke, *The Law of Insurance Contracts*, 5th ed., London, 2006; J. Lowry, et al., *Insurance Law; Doctrines and Principles*, 3rd ed., Oxford, 2011; A. McGee, *The Modern Law of Insurance*, 3rd ed., London, 2011; D. O'May, J. Hill, *Marine Insurance Law and Policy*, London, 1993; D. R. Thomas, edited, *The Modern Law of Marine Insurance*, volume 3, London, 2009; F. D. Rose, *Marine Insurance: Law and Practice*, 2nd ed., London, 2012; R. Merkin, *Marine Insurance Legislation*, 4th ed., London, 2010; R. Merkin, *Colinvaux's Law of Insurance*, 9th ed., London, 2010; J. Gilman, et al., *Arnould: Law of Marine Insurance and Average*, 18th ed., London, 2013.
60　わが国では、保険契約の当事者は、保険者と保険契約者であり、被保険者は関係者の立場となる。イギリス法では、保険契約者と被保険者の概念が分かれていなく、assuredは、被保険利益を有し、自己のために保険契約を締結する契約の当事者といえる。

(2) 被保険者が重複保険によって超過保険を付けた場合には、
　(a) 被保険者は、保険証券に別段の定めがない限り、自己の適当と考える順序に従って各保険者に支払を請求することができる。ただし、被保険者はこの法律で認められたてん補額を超える額を受取る権利はない。
　(b) 被保険者が保険金を請求する保険証券が評価済保険証券である場合には、被保険者は、保険の目的物の実価のいかんにかかわらず、他の保険証券の下で受取った額をその評価額から控除しなければならない。
　(c) 被保険者が保険金を請求する保険証券が評価未済保険証券である場合には、被保険者は、他の保険証券の下で受取った額をその保険価額の全額から控除しなければならない。
　(d) 被保険者がこの法律で認められたてん補額を超える額を受取った場合には、被保険者は、その超過額を保険者相互間の分担請求権に従って、各保険者のために受託したものとみなされる。」

　80条に分担請求権に関する規定があるので、次にその規定をみてみる。80条の規定は、「損害の支払に伴う保険者の権利」という表題の下で、代位権（79条）とともに掲げられている。80条は、保険者間の求償関係に関する規定となっている。
　まず、80条1項は、重複保険の保険者は責任負担金額の割合で損害を分担することを規定する。2項は、分担割合を超えて支払った場合の他の保険者に対する求償権を規定するものである。

「第80条　分担請求権
　(1) 被保険者が重複保険によって超過保険を付けた場合には、各保険者は、自己と他の保険者との間においては、自己の契約上その責めを負う金額の割合に応じて、比例的に損害を分担する義務を負う。
　(2) 保険者の一人が自己の分担割合を超えて損害を支払った場合には、その保険者は、他の保険者に対して分担請求のための訴えを提起する権利があり、かつ、自己の分担割合を超える債務を支払った保証人と同様の救済手段をとる権利がある。」

MIA は、保険料の返還について詳細な規定を設けていて、重複保険の場合の扱いについても84条で規定している。保険料が返還対象となるのは、少なくとも被保険者（保険契約者）が重複保険を知っていない場合に限られる。

「第84条　約因の欠如による返還
(3)　特に、（中略）
(f)　前諸規定に従うこととして、被保険者が重複保険によって超過保険を付けていた場合には、それぞれの超過部分に対する保険料は返還されるものとする。

　　ただし、二つ以上の保険契約が時を異にして締結された場合において、前の保険契約が既に危険の全部を負担したとき、または、ある保険契約によってその保険に付けられた金額の全額について保険金が支払われたときは、その保険契約に関しては、保険料は返還されないものとする。また、被保険者が重複保険であることを知りながらこれを契約した場合には、保険料は返還されないものとする。」

（2）重複保険の定義

上に見たように、32条1項は、重複保険の定義となっている。ここでは、同一の危険、同一の利益、同一被保険者について複数の保険契約があり、保険金額の合計がてん補額を超える場合に、重複保険による超過保険が存在するとみることが記されている。

しかし、この MIA の定義は問題があるとして批判がある[61]。この定義には保険金額の概念が利用されているが、重複保険の法理は、賠償責任を含む損害てん補の保険に共通して適用されるものであり、そのことは判例でも確立している。また、この定義では、損害てん補を超える給付が与えられることが要件となっていなく、重複保険による超過保険という用語が利用されている。MIA の定義は、物保険を想定したものであると指摘されている[62]。

判例法から抽出される重複保険の要件について、イギリスの学説では、(a)複数

61　わが国の研究者も、イギリス法における重複保険の定義に問題があることを指摘している。大谷・前掲注17）36頁以下。
62　Rose, supra note 59, p. 613.

の保険契約、(b)同一被保険者、(c)同一の被保険利益、(d)同一の保険の目的物、(f)同一のリスク、とされている[63]。更にこのことを単純化して、重複保険の要件は、つまるところ被保険者が損害に対して複数の保険契約から回収できるかどうかである、としている見解もみられる[64]。

（3）被保険者の請求権

　イギリス法は、重複保険の場合であっても、各保険契約の有効性を認める。この方式は、保険者のうちの1つに倒産が生じた場合でも被保険者に利点がある[65]。各保険契約の有効性を認める結果、損害額を超える給付を受ける可能性があるので、損害てん補を超える額の保険金を受け取ることはできないことを明文化している。これは、判例法でも確認されている点である。

　MIAは、約定保険価額がある場合の扱いについても規定している。この方式の場合、複数の保険契約間で約定保険価額の額に違いがある場合、請求の順序によって、受取保険金の額に相違が生じるという問題があることが指摘されている[66]。そのため、実務上は、約定保険価額が低い保険契約から請求する方式を採ることになる。

　MIAでは、被保険者は、法律上で損害てん補として認められる額を超える額を受け取ることができないことが規定されているが、イギリスでは、この考え方は、単独の保険契約におけるルールが、契約が複数になった場合も同じ結果となるべきことから導かれていて、損害てん補原則（principle of indemnity）から説明されている。この損害てん補原則は、損害保険（indemnity insurance）[67]は、損害てん補の契約（contract of indemnity）であるので、その給付は損害てん補の性格のものでなければならないというものである[68]。損害てん補の原則は、コモン・

63　Rose, supra note 59, p. 612; *MacGillivray*, supra note 59, pp. 744-752.
64　O'May, supra note 59, p. 496.
65　Merkin, *Legislation*, supra note 59, p. 44. このことは、MIA制定前の多くの判例で確認されているとされる。
66　大谷・前掲注17）40頁。
67　イギリスでは、保険契約を損害保険契約、生命保険契約等に体系的に分類する考え方がなく、わが国における「損害保険」に完全に一致する概念はない。契約類型は、個々の保険契約の特徴に基づき判断する方式がとられている。判例により、海上保険、火災保険、自動車保険などは、損害てん補の保険（indemnity insurance）とされている。
68　イギリスにおける損害てん補原則については、第3章（そのもととなる論文として、拙稿「『損害てん補原則』とは何か」前掲注50）423頁参照。

ロー上の法理に基づくもので、契約上の意図に基づくものである。なお、この損害てん補の原則は、筆者が参考文献をみる限りにおいては、不当利得 (unjust enrichment) という用語を用いて説明はされていない。また、利得禁止 (prevention of unjust enrichment) から説明されてもいない。イギリスでは、損害てん補を確保する各種規律は、その契約が損害てん補の契約であることの論理的帰結 (corollary) として理解されているといえる[69]。

(4) 分担請求権
① 法的性格

MIAは、80条で分担請求権について規定しているので、その点からこの権利は制定法においても確認されているが、分担請求権は、もともとは不当利得 (unjust enrichment) を救済するためのエクイティ (衡平法) 上の法理とされている[70]。分担請求権は保険契約上の権利義務に基づくものではなく、他人が負担すべき分まで支払った者が負担を免れている人に対して分担請求を認める制度で、保険契約の契約法理とは別の法理論に基づくものである[71]。この制度は、重複保険の場合にのみ生じるものではなく、保証契約 (contracts of suretyship) などにおいても認められている[72]。

なお、分担請求権は、もっぱらエクイティ上の性格しか有していないということはなく、保険者は被保険者に対して告知義務違反等の抗弁を有していて分担請求を拒否できるなど、保険者の分担義務は、保険契約上のコモン・ロー上の権利も関係していると説明されている[73]。

② 分担請求権の発生時期

分担請求権の発生時期については、損害発生時点とする考え方と分担請求がなされた時点とする考えがあり、判例上、対立している[74]。前者とした場合、分担

---

69 第3章参照。
70 Bennett, supra note 59, p. 821; Clarke, supra note 59, p. 907.
71 Clarke博士は、分担請求の問題は、保険の契約理論の問題ではないので、同博士の著書 (The Law of Insurance Contracts) では、その範囲から離れるので同書では取り上げないと記している (Clarke, supra note 59, p. 907)。
72 Birds, supra note 59, p. 351. 更に、他人が被った損害に対して責任を有する者に対する、より一般的な分担請求権についての制定法として、1978年民事責任 (分担) 法 (Civil Liability (Contribution) Act 1978) がある。
73 Merkin, *Legislation*, supra note 59, p. 114, Bennett, supra note 59, p. 821.
74 Bennett, supra note 59, p. 827.

請求を受ける保険契約において事故後の被保険者の義務違反（事故通知の義務違反など）があって、それに対する制裁を保険契約上で規定していても、分担請求を受ける保険者はそれに対する抗弁が認められないことになる。この問題に対する判例は分かれている[75]。

③ 分担義務、分担請求権が生じない場合

保険者の締結した保険契約が無効となる場合には、他の保険者に対する分担義務は生じない。また、任意で保険金を支払った場合には、その保険者は、他の保険者に対して分担請求する権利を有しない[76]。例えば、独立責任額按分主義の条項が契約上に存在していた（この場合、比例按分した後の部分に対してしか責任を負わない。）にもかかわらず、損害の全額に対して支払った場合、自己が負担すべき金額を超えて支払った金銭は、義務のない任意の支払いにあたるので、支払った保険者に他の保険者に対する分担請求権は発生しない[77]。

（5）分担の基準

MIAは、保険者間の分担請求の基準について、「自己の契約上その責めを負う金額の割合に応じて」(in proportion to the amount for which he is liable under his contract) と規定している。この意味するところは明確ではなく、次の3つの基準が提唱されているが、判例において基準が確立されているとはいえない状況である[78]。

(a)最大責任方式 (maximum liability method)

それぞれの保険者が保険契約上負担する責任の最大額に比例して分担する方式である[79]。これは、物保険の場合であれば、保険金額に基づいて分担する方式である。MIAの文言からみるとこの方式が適合するが、賠償責任保険の場合には、保険金額の概念が存在しないので適合しない。賠償責任保険の場合にこの方式を利用すると、最大責任額はてん補限度額となるが、てん補限度額を基準にして分担することが適切でないことは明らかである[80]。

---

75 Merkin, *Legislation*, supra note 59, p. 114.
76 Ibid.
77 このことを確認した判例として、*Legal and General Assurance Society* v. *Drake Insurance Co.* [1992] 2 QB 887.
78 Rose, supra note 59, p. 630; Bennett, supra note 59, pp. 833-839.
79 これは、わが国改正前商法632条に規定される保険金額按分主義に相当する。

(b)独立責任方式（independent liability method）

他の保険契約がなかった場合に、生じた損害に対して支払義務を負う金額に比例して分担する方式である[81]。

(c)共通責任方式（common liability method）

各保険者が負う責任額が等しくなる部分までは、その損害を半分ずつ負担し、一方の保険者の責任額を超える部分については、その保険者が単独で負担する方式である。

（6）保険約款上の特約の効果

保険契約には、重複保険の扱いについて多様な条項が織り込まれている。それらは、分担条項（contribution clause）、共同保険条項（co-insurance clause）、他保険条項（other insurance clause）と称されるもので、以下のようなものが存在する[82]。

- 責任を比例分担分に制限する条項
- 他の保険から支払われる場合には、その支払いによっててん補されない損害部分に対してのみ責任を負うこととする条項
- 被保険者が他の保険カバーを手配する場合には、保険者に通知して承諾を得ることを保険契約者の義務として、義務違反があれば支払責任を負わないとする条項

これらの条項は、超過てん補の不正リスクから保険者を守り、保険金請求の調査を促進させて、他の保険者からの分担請求を容易にするうえで意味があるとされる[83]。これらの特約はいずれも有効として認められているが、保険者の利益のために保険契約上に加えられる条項であるので、保険者の不利（contra proferentem）に解釈され、条項が意味をなさない場合には効力は否定される[84]。例えば、2つの保険契約が重複する場合で、いずれの契約にも他に保険があれば保険責任

---

[80] 物保険では、保険金額に比例した保険料を受領するのが原則であるが、責任保険では、てん補限度額に比例して保険料を受領しているものではない。また、てん補限度額を無制限としている場合もある。その場合には、そもそも比例分担の計算もできないことになる。
[81] これは、わが国の実務で利用されていた独立責任額按分主義に相当する。
[82] Rose, supra note 59, p. 636; Clarke, supra note 59, p. 907.
[83] Clarke, supra note 59, p. 907.
[84] Ibid.

を負わない条項が入っていた場合、それぞれの効果を認めればいずれの保険からも保険金が支払われないという結果になる。その場合には、両方の条項の効力が否定され、特約がなかった状態とみることが判例で確認されている[85]。

なお、重複保険の存在は、保険引受けにおける重要事項に該当することが判例で確立している。イギリスでは、被保険者（保険契約者）は重要事実を自発的に保険者に伝える義務を負っている（MIA18条。同条はその他の保険にも同様に適用される。）。重要事実とは、慎重な保険者が保険料を定め、又は保険の引受けの決定の判断に影響を及ぼす一切の事情をいう[86]。保険契約者に義務違反があれば、告知義務違反として契約は取消可能となる[87]。

（7）分担請求の対象契約

重複保険の場合に分担請求権が発生するが、分担請求権は、先に記したとおり、保険の場合に限るものではなく、保証契約などでも生じる。こうしたことから、損害てん補の保険における保険請求権と契約上の補償請求権が併存する場合に、分担請求権が認められるかがイギリスで争われている。契約上の補償責任を負う者と保険者の間において分担請求を認めた判決[88]があったが、この判決は上院で否定され、契約上の補償義務を負う者には分担請求権は認められず、先に保険者が支払えば保険者は補償義務者に対して代位権を有し、先に補償者が支払えばその分について保険者は損害てん補義務を免れることが明確にされた[89]。

（8）分担と代位の相違

分担（contribution）と代位（subrogation）は、MIAの条文上、いずれも保険金

85　Rose, supra note 59, p. 637.
86　MIA18条2項。
87　MIAの厳しい効果は、現在、消費者保険では一定程度緩和されている。消費者分野の告知に関する制定法については、中村信男「イギリス2012年消費者保険（告知・表示）法の概観と比較法的示唆」保険学雑誌622号21頁（2013年）、同「イギリス2012年消費者保険（告知・表示）法の概要」比較法学47巻2号103頁（2013年）参照。また、Insurance Act 2015（2015年2月12日成立、2016年8月12日発効）により、海上保険等の企業保険についての告知義務制度も大きく変更される。新たに、duty of fair presentationという義務の概念が導入されるが、重要な情報を自発的に保険者に伝えなければならない義務については同じである。また、義務違反の効果も違反の事情に分けて細分化される。
88　*Elf Enterprises (Caledonia) Ltd. v. London Bridge Engineering Ltd.* [2000] Lloyd's Rep. IR 249.
89　*Caledonia North Sea Ltd. v. British Telecommunications Plc.* [2002] Lloyd's Rep. IR 261, [2002] 1 Lloyd's Rep. 553.

の支払いに伴う保険者の権利として位置付けられている[90]。代位についてのイギリス法については、本論文第 9 章及び第10章において詳しく検討するが、両者の異同について整理すると、主な点は以下のとおりとなる。

(a) 類似する点
・どちらもエクイティを源とする衡平法上の原理である。ただし、いずれもコモン・ロー上の権利としても認められ、生成されてきたものである。
・保険契約に限らずに認められる救済・権利である。
・不当利得の観点から、その法理が説明されている。

(b) 相違する点
・他の保険者に対する分担の請求権は、保険者に発生する。したがって、保険者は自分の名前で他の保険者を訴えることができる。一方、代位においては、第三者に対する請求権自体は被保険者に残り、保険者は被保険者の立場に代位してその利益を得ることができるにとどまる。
・代位では保険料の返還は生じないが、分担の場合には、一定の条件のもと、保険料の一部返還が認められる。

イギリス法において、分担と代位は、以上の法的相違が認められる。両者の本質について、Arnould の著者は、両者は、保険者が損害てん補を行い、その損害に対して、他にてん補義務が存在する場合の制度として共通するが、分担請求権は、被保険者に対する保険者の責任と第三者の責任が同等（co-ordinate）である場合の権利であり、保険者の代位権は、保険者と第三者で、第三者の責任が第一義的（primary）で保険者の責任が第二次的（secondary）である場合の権利であるとして、保険者の責任が二次的であるかは、保険者の責任が被保険者に対する第三者の責任に対して無関係の事項（res inter alios acta）となるかによって判断されるものと整理している[91]。

（9）保険料の返還

MIA84条 3 項(f)が規定するとおり、重複保険の場合には、一定の条件のもと

---

90 イギリスの文献では、代位に関する章の後に分担に関する章を設けているものが多くみられる。MIA でも、79条代位権、80条分担請求権となっている。
91 Gilman, supra note 59 p. 1634. 同書におけるこの整理は、*Caledonia North Sea Ltd.* v. *British Telecommunications Plc.*, 2000 S.L.T. 1123. の判決に従ったものとして説明されている。

保険料の返還が認められる。MIA84条は、約因の欠如の場合の保険料返還を規定するが、84条3項(f)の規定は、約因が完全に欠如している場合にはその対価たる保険料が返還されるという原則と、一度、保険者の危険負担が発生したら保険料は返還されないという原則の2つが元になっている[92]。重複保険となることを知りながら保険を契約した場合であっても、重複保険となって保険請求が認められなくなる点では約因の欠如に当たるように考えられるが、こうした場合に保険料返還を認めないのは、重複保険をさせないようにするための規律として説明されている[93]。

(10) 小 括

重複保険についてイギリス法を見てきたが、そこから次の点が理解できる。

(i) 保険契約関係に関する法理と保険者間の公平性に関する法理の分離

イギリス法では、被保険者と保険者の関係は保険契約により規整され、一方、保険者間の分担請求は、それとはまた異なる法理に基づく権利として理解されている。そして、前者はコモン・ロー上の法理、後者はエクイティ上の法理と歴史的にも異なる源によるものとなっていて、後者は、保険契約に限定されない法理となっている。

(ii) 保険契約上の重複保険の規律

重複保険の場合の規律のポイントは、以下となる。

- 他に保険契約があっても保険契約は有効で、その保険契約が単独で存在した場合と同じ請求権が被保険者に認められる。
- 契約上の重複保険に関する特約は、原則として、有効であるが、保険者不利に解釈され、他の保険との関係で矛盾が生じる条項はその効力が否定される。
- 被保険者は自己が選ぶ順序で保険金を請求できるが、法律上の損害てん補額を超える額を受け取る権利はない。
- 知らないで重複保険を締結した場合など一定の条件が満たされる場合に保険料返還が認められる。

---

92 Merkin, *Legislation*, supra note 59, p. 116.
93 Bennett, supra note 59, p. 820.

ここで、法律上の損害てん補額を超えないというのは、「損害てん補の原則」と呼ばれ、損害てん補の契約としての論理的帰結とされている。法源としては、コモン・ロー上の原則とされている。

また、重複保険の場合の保険者の分担請求権は、被保険者の損害に対するてん補義務者が他に存在する場合で、かつそれらの請求権が同等の地位にある制度として理解され、その点で、第三者が一次的責任を負う場合の代位権と区別されている。

5．ヨーロッパ保険契約法原則における重複保険の規律

（1）規定内容

次に、ヨーロッパ保険契約法原則（以下、PEICLという。）における規定もみておく[94]。

「第8：104条　重複保険
(1) 同一の利益が1以上の保険者により独立に補償されているときは、被保険者は、いずれか1以上の保険者に対して、被保険者が現実に被った損失をてん補するために必要な限度まで請求をすることができる。
(2) 請求を受けた保険者は、他の保険者に対する求償権の行使を妨げることなく、自己の保険証券上の保険金額に達するまでの金額を、損害防止費用が支出されているときはそれとともに支払わなければならない。
(3) 保険者間においては、第2項に定める権利及び義務は、それぞれが被保険者に対して独立に責任を負う金額に比例するものとする。」

同原則の解説によると、この原則は、同一の被保険利益が同一のリスクに関して複数の保険者により補償される場合に適用され、その判定時点は、契約締結時ではなく、損失発生時とされている[95]。被保険者は、いずれの保険契約のもとで

---

94 訳文は、小塚荘一郎ほか訳『ヨーロッパ保険契約法原則』（原著書 Project Group Restatement of European Insurance Contract Law, *Principles of European Insurance Contract Law (PEICL)*, 2009）（損害保険事業総合研究所、2011年）による。
95 同解説C2、同翻訳書287頁。

も請求権が認められるが、損失が発生したことに起因して被保険者が利得することがないように、「被保険者が現実に被った損失をてん補するために必要な限度まで」という制限が設けられていると説明されている[96]。

他保険優先条項などの特約（ダブル・インシュランス条項、エスケープ条項）は、権利濫用的な条項として、PEICL の第 2 : 304 条（不当項）によって無効となると説明されている[97]。

分担請求の基準は、独立責任額按分主義によるものとされている[98]。

（2）PEICL における重複保険の規律についての考察

重複保険に関する法の内容は、ヨーロッパの国により相違はあるが、ドイツ、フランス、イギリスを含むほとんどの国（例外は、ポルトガルとスイス）では、被保険者は他の保険がなかったのと同じように請求できる全額主義の立場がとられていて、追って保険者間で分担請求する制度となっているとされる[99]。

PEICL の規律について、背後に存在すると考えられる理論を考えながら検討すると、以下のとおり、いくつかの点で疑問がでてくる[100]。

① 重複保険の規律の条文配列上の位置

重複保険の規律は、「第 8 章 保険金額及び保険価額」に入れられていて、第 8 章は、「支払額の上限」、「一部保険」、「超過保険の場合の条件変更」及び「重複保険」の規律から構成されている。PEICL の解説書では、重複保険の判定時期は損害発生時となると説明されているので、そこから、この規律は保険給付の調整に関する規律として理解されているようにも思われるが、条文が置かれている個所は、保険金額や保険価額の規律と同列になっている。そこから、この規律を理論的にどのように位置付けているのかがわかりにくいように思われる[101]。

② 保険金額の概念が利用されている点

上記①に関係するが、重複保険に関する第 8 : 104 条では、その 2 項で「自己

---

96 同解説 C7、同翻訳書288頁。
97 同解説 C5、同翻訳書288頁。
98 同解説 C9、同翻訳書289頁。
99 同注釈 N7〜10、同翻訳書290頁〜291頁。
100 これは、筆者個人が PEICL から理解した意見である。
101 この点は、MIA の条文構成にも共通するが、MIA では、被保険者の保険金請求権の問題は前半に設けられているが、保険価額の項目とは分けられていて、かつ、分担請求は代位と並ぶ位置に置かれている。

の保険証券上の保険金額に達するまでの金額を」と記載されていて、限度を示す概念として保険金額（sum insured）が利用されている。イギリスでも、MIAでは重複保険の定義に保険金額の概念が利用されているが、重複保険は責任保険等にも当てはまる損害保険共通の規律であることから、物保険を想定したMIAの規定は適当でないとの批判がイギリスで存在することはすでにみたとおりである。PEICLでは、保険金額という概念をあえて利用せずに他の用語を用いることができないわけではないようにも思われるが、この点は、重複保険が「第8章 保険金額及び保険価額」の項目に入れられていることとも合わせ、いかなる理論体系上に重複保険を位置付けているのか疑問がもたれる。また、免責控除が存在する場合など保険金額より少ない額が支払いの限度となる場合がありうるので、保険金額に達するまでの金額という用語が厳密にみて正確といえるか疑問がある。

③ 保険金請求の限度

　第8：104条1項は、「被保険者が現実に被った損失（losses actually suffered by the assured）をてん補するために必要な限度まで請求をすることができる」と規定している。また、第8：101条（支払額の上限）の1項は、「保険者は、被保険者が現実に被った損失をてん補するために必要な金額を超える支払をする義務を負わない」と規定している。第8：101条1項は、任意規定とされているので契約における逸脱が認められており、同2項では、保険の目的物の価額の合意は、目的物の現実の価額を超えている場合でもその効力が認められている。この条文の意図は、解説によれば、損害てん補から逸脱することを認めて、再調達価額によるてん補や新価保険も許容するためであると記されている[102]。単独保険では現実の価額からの離脱が認められていて、現実に被った損害額を限度とする規定も任意規定となっている。一方、重複保険では、現実に被った損害額が限度となるが、これらの条文をどのように解釈したらよいかが問題となろう。「現実に被った損害額」という表現は新価を含めて幅のある表現と理解すれば矛盾は生じないことになるが、いずれにせよ「現実に被った損害額」が何を指すのかは曖昧であるように思われ、この点、条文の意図が明確でないようにも思われる[103]。

102　同解説C2、同翻訳書278頁。
103　この点で、時価ベースの保険と、時価より高い約定保険価額の保険や新価保険と重複した場合には、それらの保険の中で、最も高い支払額を限度とすることが妥当と考えられ、その点からは、

④ 損害防止費用の扱い

第8：104条2項は「保険金額に達するまでの金額を」としたうえで、「損害防止費用が支出されているときはそれとともに」と記している。重複保険の規律のなかに損害防止費用の扱いまで記す必要があるのかは疑問がある。もっとも、PEICLは、保険金額の外枠で損害防止費用を支払う義務を規定しているので（第9：102条）、保険金額を限度として規定したために、損害防止費用についても触れておかなければならなかったことが考えられる。

⑤ 分担基準

第8：104条3項における「それぞれが被保険者に対して独立に責任を負う金額」(the amounts for which they are separately liable to the assured) は、解説書では、独立責任額を指すものであると説明されている[104]。しかしながら、そのように条文が読めるのかは、以下の理由から、やや疑問がある。条文の1項では「同一の利益が1以上の保険者により独立に補償されているとき (If the same interest is separately insured by more than one insurer)」と、利益 (interest) が保険に付けられている (insured) 場合の規定としていて、この1項が、保険契約における危険負担責任（すなわち最大損害責任額）の重複を意味しているのか、実際に支払う責任を負うてん補額（免責控除があれば、それも差し引いたてん補損害額）を意味しているのかが明確ではなく、そのことと連動して、3項における「責任を負う金額」の意味もいずれを指すのかが明確ではないように思われる。イギリスでは、MIAにおける「自己の契約上その責めを負う金額の割合に応じて」という文言が、最大責任を意味するのか最終責任を意味するのか、あるいはそれ以外の責任分担方式を意味するかが明確でなく批判されているが、PEICLの文言も同様に明確性に欠けているように感じられる[105]。

⑥ 保険料返戻

保険料については、PEICL第5章で規定されているが、重複保険の場合にどのような扱いになるのかが明確でないように思われる。超過保険の場合の条件変更の場合については、保険料の減額請求権が規定されている。重複保険の規定は

わが国の保険法の規定方式が適切であるように考えられる。
104 同解説 C9、同翻訳書289頁。
105 この点、わが国の保険法は、18条における「てん補損害額」を基準としていて、給付責任額を意味していることが明確となっている。

超過保険に並んで規定されていることからも、重複保険における保険料の扱いがどうなるのか疑問が出てくる。

この点、わが国の保険法は重複保険の規律を支払額の調整としていることから、それと危険負担の問題は直接には連動していないので、理論的には、超過保険は保険料返還には結び付かないものと考えられる。一方、PEICL の場合、給付額の調整規定として重複保険を位置付けているかどうかが曖昧で、その点から、保険料の問題をどのように位置付けているのか疑問がもたれる。

6．重複保険の法理についての考察

わが国、イギリス及び PEICL の法と学説等をみてきたが、これらの検討を踏まえて重複保険の法理について考察することとしたい。

（1）保険法における重複保険の規律の意義

重複保険に関する改正前商法と保険法の規律の相違点はいろいろと存在するが、理論的にみて重要と思われるのは、その理論的構造である。改正前商法は、重複保険の調整問題を保険金請求権が発生する根源に存在する契約の有効性の問題にまで遡って重複部分の契約無効を規律していたのに対し、保険法は、保険契約の全部を有効として保険金請求権自体は認めたうえで、限度を超える給付がなされた場合の調整として保険者間の求償制度を取り入れた。すなわち、改正前商法は、被保険者の権利の問題のなかに保険者間の調整の問題までを一体化していたが、保険法は、被保険者と保険者間の関係の問題と保険者間の調整の問題を分離したといえる。

このように改正前商法のもとでは、重複給付の調整の問題が契約の有効性の問題として扱われていたが、その理論的根拠となっていたのが、被保険利益とその経済的評価である保険価額の概念にあったといえる。改正前商法は、被保険利益を中核に置いて、その経済的評価額である保険価額を利用して各種損害保険の規律を導き、損害保険の有効性という契約の入口の事項から保険給付の態様規整までを一貫して説明する理論をとっていた。それを利用して、重複保険の場合を、保険価額を超える状態としてとらえ、それによって超過部分の無効を導いていたのである。しかしながら、こうした理論では、契約の有効性に関わる問題（絶対

的な事項）と本来任意性があってよい給付の態様の問題が一体化されてしまい、現実にそぐわない状況となっていた。重複保険の規律についても、硬直的な被保険利益論の体系を利用した理論では無理があり、保険法はそこから決別し、新たな理論的フレームワークを構築していると理解することが適当であろう[106]。その結果、重複保険の規律は、給付の調整規律としてのみ位置付けられることになり、その規律が任意法規であることも容易に説明することが可能となった。

　このような保険法の重複保険の規律は、イギリス法やPEICLに見られるヨーロッパ諸国の法律と整合的である。保険法の条文は、100年以上前にできたMIAの条文に比べてはもちろんのこと、更には新たに生み出されたPEICLの規定と比べて、むしろ論理構造においてより明確であるように思われる。イギリスでは、MIAの条文は物保険を想定した規定になっていることや、重複保険が契約成立上の問題か損害てん補の調整の問題かが明確でないこと、分担請求の基準が明確でないことなどの種々の問題点が存在し、研究者から批判され、また、判例もMIAの規定からは離れる法理論を展開してきていることはすでにみたとおりである。また、PEICLも、筆者が先に指摘したとおり、理論的な明確性を欠く部分があるように思われるが、わが国の保険法の条文は、重複保険について、条文上の位置付けに加え、それを損害保険一般に共通する給付時の調整規律として明確化していて、その点では、より明快な構造を示しているといえる。

　しかしながら、イギリス法やPEICLとの比較からみて、保険法について検討が必要と考えられる点が存在する。イギリス法やPEICLでは、重複保険の法理は、(i)他に保険契約が存在しても保険契約の有効性に影響はなく、給付請求が認められること、(ii)複数の保険から損害てん補（PEICLでは、現実に被った損失）を超える保険金を受領することはできないこと、及び(iii)保険者間の求償ルール、から構成されているといえる。一方、保険法は、(i)と(iii)については条文上で明確であるが、(ii)の禁止規定については、重複保険の条文である20条には明確には記されていないように思われる。この点こそが、保険法とMIA、PEICLとの一番大きな相違点である。それでは、この点について、どのように理解すべきであろうか。

---

[106] この保険法における新たなフレームワークを理解するうえで重要な点は、保険価額の定義の変更である。これまでの学説では、保険価額を被保険利益の評価額として理解してきたところを、保険法は、単に保険の目的物の価額と定義して、被保険利益の量的概念とする考え方をとらなかった。この結果、保険契約の有効性に関わる被保険利益の問題と損害てん補の量的規律を分離することが可能となった。保険価額の概念が有する意義については、第6章参照。

以下に、この点に焦点を当てながら、重複保険の法理の本質について考察していきたい。

（2）損害てん補を超える給付の禁止

　MIA や PEICL では、損害てん補を超える給付の禁止が条文に織り込まれているが、もっともその具体的表現には相違がある。MIA では、「この法律で認められたてん補額を超える額を受取る権利はない」（32条1項）、PEICL では「現実に被った損失をてん補するために必要な限度まで」（第8：104条1項）とされている。共通するのは、いずれにせよ被保険者の請求権を制限する規律が明確に示されていることである。一方、保険法では、重複保険の条文には、このような禁止文言は存在しない。そこで、この点をどう考えるかが問題となる[107]。この点につき、以下に考察する。

　まず、保険法は、損害保険契約を「損害をてん補することを約する契約」（2条6号）としているので、保険給付の重複によって損害てん補の枠組みからはみ出す状態が生み出されるのであれば、それは損害保険契約としての本質から外れることになるとして、そこから、損害てん補を超える給付は禁止されていると導く方法が考えられる。保険法の立案担当者の解説書では、損害保険契約は被保険者に生じた損害をてん補する保険契約であること（2条6号）から、重複保険において、保険者の1人が被保険者に保険給付を行えば、その限度で被保険者の損害がてん補されたことになるので、当該被保険者はいまだ保険給付を受けていない損害の限度でのみ他の保険者から保険給付を受けることができるにすぎないと説明されている[108]。この説明は、給付を制限する規定が他にない中で、2条の定義を利用して、この問題を損害保険契約の本質から説明する立場といえる。

　しかしながら、2条は、保険法が適用される契約の定義規定であり、またその定義は「損害をてん補すること」が何を意味するかまでは示していないので、禁止されるべき具体的な限界がこの定義規定から直接導かれると解釈することは難しいのでないかと考えられる[109]。

107　実務上は、保険約款においてその点を明確にして契約上の合意とする方式が可能である。ここでは、保険法における理論の問題としてとらえているので、契約上の合意文言がない場合を想定して議論をしている。
108　萩本・前掲注32）128頁～129頁。

次に、20条2項である。この項は、「各保険者が行うべき保険給付の額の合計額がてん補損害額を超える場合において」と求償権が発生する要件を示している。てん補損害額を基準としてそれ以上の給付は求償権の対象となるので、そこから被保険者に請求権がないことを導くことができるかもしれない。しかしながら、この項は、保険者間の権利調整の規定であるので、ここから直ちに被保険者の権利制限を導けるのかは明確でないように思われる。また、この2項では、「を超えて給付を行い、これにより共同の免責を得たときは、」と規定していて、「てん補損害額を超える場合には」としていないし、これによって共同の免責が得られると記しているわけでもない。共同の免責がどの段階で得られるのかについては、この条文のみでは明確にならないように考えられる。この条文は、共同免責を得た後についての規定であって、いかなる場合に共同免責が得られるかを規定するものではないと考えられる。

第3の解釈として、20条において「てん補損害額」を合算の限度と理解して、その根拠として、てん補損害額は保険法18条に基づくので、同18条における損害てん補の考え方から、重複保険における合算限度まで導く方法が考えられるかもしれない。すなわち、共同の免責が得られるのは、てん補損害額を超過する給付が禁止される反射的結果であり、その禁止は18条の論理的帰結として導かれるという考え方である。この考え方について、以下に考えてみたい。

まず、18条においては、てん補損害額は、「その損害が生じた地及び時における価額によって算出する」（1項）と規定され、これは、任意規定となっている。また、約定保険価額があれば、それが保険価額を著しく超えない限りは、てん補損害額は約定保険価額に基づいて算定することになっている。すなわち、18条は、著しい逸脱でなければ当事者の合意が認められる規定である[110]。このように、任意性のある損害てん補の基準が、合算の場合の給付制限に論理的に結びつくかを説明する必要がある。

---

109 例えば、事例1において、両方から1,000万円ずつ受領したからといって、その状態によって、それぞれの損害保険契約が損害保険契約にならなくなるとまで導くことはできないのでないか。
110 そもそもいかなる状態が著しい逸脱になるかが問題であり、それは、利得禁止原則から判断されるべきと考えられる。この問題については、第7章（そのもととした論文として、拙稿「約定保険価額の拘束力——損害保険契約における利得禁止原則に関連して——」損害保険研究75巻4号69頁(2014年)）参照。

第2に、18条は、単独の契約を想定したものであるので、それと複数契約を同じに考えてよいかという点がある。単独の契約の場合と重複保険の場合の大きな違いとしては保険料の問題がある。保険契約者は、保険料という対価を支払ったうえで保険カバーを得ている。時価より高い約定保険価額が存在する場合、損害てん補は約定保険価額ベースになるが、その場合、保険契約者は約定保険価額に応じた高い保険料を負担しているのである。このようにてん補基準と対価である保険料との間には一定のバランスが存在している。一方、重複保険の場合、被保険者（保険契約者）は、両方の保険に対して保険金額全額に対応する対価を支払っていたにも関わらずに、受領できる給付が制限されるのである。このように対価関係が不均衡となる。そうすると、対価を保険者に取得させながらも、給付制限を認めるべき十分な理由が存在するかどうかが問題となる。

　このように、保険料の点も考えると、18条の損害てん補基準の条文文言だけでもって、直ちに重複保険の給付制限までを論理的に導けるのかは疑問がある。MIAやPEICLでは、給付制限に関する明確な規定を設けている。それは、そうした制限規定が必要であるから明確化しているのではないかとも推察できる。そうすると、わが国の保険法の立場ではどうであろうか。このことは、条文の文言のみから直ちに導くことには限界があるように考えられるので、そもそもなぜ重複給付の受領が禁止されるのか、その理由を検討し、そこから制限の理由を導く必要があるように考えられる。また、重複給付を受けられる限度は、それ以上の受領が禁止されるべき理由に基づいて導くことができると考えられるので、その点でも禁止されるべき理由が重要といえる。そこで、この問題を検討するために、重複保険の規律の趣旨を検討することとする。

(3) 重複保険規律の趣旨に関する学説とその疑問点

　複数の保険が存在する場合に、重複する給付の受領はなぜ禁じられるべきか。重複保険における重複給付を禁止する理由としては、近時の学説等をもとにすれば、わが国では、利得禁止から説明する立場（本章では、これを利得禁止説と呼ぶ。）と損害てん補を合意している契約当事者の標準的意思から理解する立場（本章では、これを契約意思説と呼ぶ。）があることは、すでに第3章で述べたとおりである。

　利得禁止説は、損害に対して複数の保険から損害を超える給付を得ることは利得になるので、これを禁止するのがこの制度の目的と説明するものである。この

場合、どのような状態が利得として認識されるかが重要となる。契約意思説は、保険における利得禁止原則の存在を否定し、損害てん補を合意している契約当事者の標準的意思を中心として、重複保険にかかる調整の規律（共同免責の法理）を理解すべきとするものである。以下に、それぞれの考え方が重複保険の場合に適合するかどうかを検討する。

まず利得禁止説であるが、この考え方については次の疑問がある。第1に、その場合の利得とは具体的にいかなる状態を指すかである。てん補損害額を超えると直ちに利得といえるのかが問題となる。第2に、利得禁止は、公序に基づく要請と考えられるところ、そうであれば、重複保険の規律は強行法となるのではないかという疑問である。一般には、保険法20条は任意法規と考えられていることと、この規律が利得禁止の趣旨にあることとが調和するかという疑問である。

一方、契約意思説についての疑問は、第1に、契約当事者の標準的意思内容とは、具体的にいかなる内容を意味するかである。その内容は、てん補損害額がてん補対象となることのみならず、重複保険の場合の合算限度まで意味するかである。第2に、それぞれの契約は契約意思による合意が形成されているにも拘わらずに（例えば、約定保険価額があれば、その契約においては、それを基準として給付がなされるという合意が存在する。）、それを調整することまでの意思も個々の契約の意思になっているといえるかどうかである。特に、それぞれの契約でその契約に応じた保険料を負担しているにも関わらずに調整がされること（ほとんどの場合においては保険料に無駄が生じること）までの意思が保険契約者に存在するといえるかである。第3に、重複てん補の制限は標準的な契約意思の結果と考える場合、合意内容が明確であれば、単独の場合のてん補損害額（の最高額）を超える重複てん補を受けることも許容されるといえるかである。

（4）重複保険と利得禁止

これらの疑問を検討するためには、保険給付と利得禁止の関係を検討する必要がある。そこで、簡単な例として本章第2節（3）に掲げた【事例1】を利用して検討することとしたい。

事例1は、時価1,000万円の家屋につき、再建築に2,000万円が必要で、保険金額1,000万円の火災保険を2つの会社と締結していて、それぞれ保険料を5万円ずつ支払っていた場合で、家屋が全損となったケースである。保険価額は約定さ

れていなく、重複保険に関する特約もない想定となっている。

この場合に、被保険者は保険金をいくら受け取れるか。てん補損害額は時価ベースと考えれば、1,000万円が限度となる。それぞれの契約の意図が時価ベースの損害てん補と考えれば、被保険者は1,000万円までしか受領できないとの考え方を導くことができる。一方、これを利得禁止の観点から考えると、2つの考え方が存在するように思われる。1つは、1,000万円が重なっているので、時価1,000万円を超える部分の支払いが利得になるという考え方である。もうひとつは、実際に2,000万円のコストが必要でそれが損失として実際に生じるのであれば、両方の保険から給付を得ても2,000万円であり、利得が生じているとはいえないという考え方である。

利得禁止を議論する場合に、損害に対する給付が重なることでその重なる部分を直ちに利得として禁止又は制限する考え方（この本質は、損害てん補としての給付の態様規整であるので、本書では、これを損害てん補原則と称している[111]。）と被保険者が事故によって生じた財政上の損失を超えるものでない範囲では利得とはとらえず、それを超える場合に利得とみて禁止する考え方（本書では、これを利得禁止原則と呼んでいる[112]。）に分けることができるように考えられる[113]。こうした2つの原則に分けて考える意義は、前者（損害てん補原則）は、損害保険契約を効率的に運営する上での規律といえるが、給付様式における1つのパターンであり、絶対的な規律ではなく任意性を認めてよいが、後者の利得禁止原則は強行法性があるとして、両者の原則の位置付けを分けることができる点にある。

この考え方をとれば、重複して保険給付を受けることは、利得禁止原則の範囲内においては任意性があるといえる。保険法18条では、損害てん補の基準として、約定保険価額がある場合には、保険価額を著しく超過する場合でなければその拘束力が認められている。また、著しく超える場合に約定が認められない理由は公序から説明され、これは、強行法性のある規律として理解されている。その点との整合性を考えれば、重複保険の場合も、公序に違反しない範囲で重複てん

---

[111] 第3章参照。利得禁止原則という名のもとに理解する場合には、狭義の利得禁止原則として理解されるものである。
[112] 第3章参照。いずれも利得禁止原則と呼ぶ場合には、後者は広義の利得禁止原則として理解されるものである。
[113] 拙稿・前掲注51)「保険代位制度について――機能面から見た制度の本質――」、同「損害てん補と定額給付は対立概念か」保険学雑誌555号64頁（1996年）参照。

補を認めてよいという考え方を認めることができるだろう。すなわち、事例でいえば、2,000万円までの給付は、公序違反とはならないという考え方である。

このように、利得禁止という場合であっても、損害てん補方式を確保する考え方と利得の禁止の考え方を区別すれば、後者の利得禁止原則は強行法性のある公序要請であり、この考え方を利用すれば、例えば事例1であれば2,000万円が超えてはならない限界となることを説明できる。それでは、前者の損害てん補原則についてはどうか。前者の考え方の本質は重複てん補の制限であり、それが公序的要請でないとすれば、強行法規とはいえないものである。すなわち、これは、損害保険契約という契約様式を利用した場合の合理性に基づく運営であるので、その効果は、契約当事者の標準的な意思内容から導くことになると考えられる。そこで、そのような契約意思が存在するかどうかの問題となる。よって、この問題は、利得禁止だけでなく、契約上の当事者の意思からも検討する必要があるということになる。

（5）重複保険と契約当事者の意思内容

損害保険契約においては、物保険の場合であれば時価を基準とするてん補損害額に対して損害てん補を行うものであることは、保険法において明確な原則として記されているので、契約当事者の意思内容もそれを前提としているとみることができる。この時価基準は、任意法規であるので、当事者が保険価額を約定すれば、時価基準の保険価額を著しく超える場合を除き（すなわち、利得禁止原則の範囲内において）、有効である。この場合は、当事者が価額について合意しているので、それに基づく損害てん補について当事者間において意思の明確な合致が存在するといえる。

それに反し、重複保険の場合、状況はやや異なる。先に掲げた第2節（3）の【事例1】を考えてみたい。その場合、合算して2,000万円までは利得禁止原則で許容されるとしても、それぞれの保険においては、各保険者は、1,000万円を保険価額と理解してその額を保険金額としているので、契約当事者の意思について考えてみると、少なくとも保険者は、時価基準による損害てん補を意図していたといえ、それを前提として引き受けていたといえる。少なくとも、公序からみて問題のない範囲で2つの保険から保険金を受領してもよいとまでの合意があるとは考えにくい。このように、それぞれの契約における契約意思は、時価ベースの

損害てん補であることが明らかであれば、複数の契約になっても、そのベースは同じというのが意思内容であると考えることに一定の合理性がある。これは、契約意思説の立場でないかと考えられる[114]。

しかしながら、契約意思を確認する場合、対価関係にある双務契約においては、給付の側面を見るだけでなく、一方の保険料についても確認する必要がある。損害保険契約は、損害てん補という給付の約束とそれに対する保険料の支払いからなる対価関係のある契約として成立していて、その給付水準に対応する保険料が支払われることが前提となっている。そこで、以下に、保険料の問題についても考察することとする。

（6）重複保険と保険料の返戻

保険給付義務を負う危険の負担とそれに対する保険料は対価関係に立つ。したがって、保険が重複する場合に、保険者はもともと給付義務を負わない場合には、原則として、それに対する対価を取得する理由はなくなる（ただし、制裁としての取得はありうるが、それは政策的な判断であり、別次元の問題といえる。）。改正前商法においては、重複保険の規律は契約の有効性から説明されていて、重複保険による調整によって無効となった契約部分に対する対価（保険料）が返還される理論となっていた。一方、保険法では、重複保険においていずれの保険も有効であることを認めたうえで、損害発生後の給付調整の問題となっている。よって重複てん補の制限は、論理的には、危険負担の問題ではないので保険料の返還に結び付きにくい。そうすると、給付制限を行うことと保険料を完全に保険者が収受することの均衡をどう図るかが問題となる。

この点について、先の【事例1】を利用して考えてみたい。被保険者（契約者）は、2つの保険においてそれぞれ5万円を支出している。仮に同じ建物について、再建価額の2,000万円を約定保険価額として1つの契約を行い、その保険料が10万円であった場合、10万円の対価で、2,000万円までの給付が得られることになる。すなわち、保険契約者（被保険者）は、全く同じ対価を負担していながら、一方では、2,000万円が支払われるのに、一方ではなぜ1,000万円に限定されることになるのか。これは公平といえるか疑問である。仮に、重複保険の場合に

---

[114] この点は、イギリス法も同じと考えられる。重複保険は、損害てん補の原則（principle of indemnity）から導かれている。

は、保険給付は1,000万円が限度となるが、その分、保険料も調整されて半分となって保険料が返還されるというのであれば、対価関係の調整がなされて、バランスは維持できる。

保険者は、重複保険が存在しないことを前提とした保険料を受領している[115]。保険者は、たまたま他に保険契約が締結されることによって、給付が削減され、保険料の返戻が求められないとすれば、利益を得ることになる。これは、保険契約者の負担によるものといえ、こうした制度がなぜ正当化できるかが問題となる。

この点については、1,000万円の時価てん補が契約当事者の意思であるとしても、余分になった保険料を保険者が取得してしまうことまでもが当事者間の契約上の意思と考えることには無理があるのではないかと考えられる。被保険者の保険契約上の権利である給付の受領を制限するのであるから、それは、一般的社会的要請である場合に初めて正当化できるのではないだろうか。

もし保険契約の当事者が時価基準（1,000万円）の損害てん補が上限になることを十分に理解していて、それが契約の意思となっているとすれば、価格上昇を当てにした長期保険などを別にして、1年間に倍まで時価が上昇すると考えていたとはいえないので、当事者の意思通りの契約にはなっていなかったということではないだろうか。その場合は、むしろ錯誤による契約として認識すべきもので、いずれかの保険をなしにするか、それぞれの保険金額を500万円にして保険料を返還すべき事案といえるように思われる。もしそうではなく、2つの保険契約を合算しても1,000万円の損害てん補しか受けられないにも関わらずに、合計で2,000万円分に対応する保険料を保険会社が受領して一切返還しないことは、理論的な説明が難しい。例えば、重複保険を契約したことに対するペナルティーとして位置付けることはできるかもしれないが、その場合は、重複保険を締結してはいけないことの説明も必要であろうし、保険料の返還はないことの明確な合意が必要であろう。いずれにせよ、そのような合意の効力は保険者不利に解釈されるべきと考えられる。

115　これに対し、代位については、該当する保険種目において被保険者から第三者に対する損害賠償請求権の発生が想定される分野であれば、保険料もその点を踏まえて算出されているといえる（すなわち、第三者からの一定程度の回収が想定されている。）。例えば、貨物海上保険では、求償権放棄特約を付帯する場合には、通常、その分の追加保険料が必要となるが、その理由は、代位回収が期待される分がなくなるからである。

一方、【事例1】において、独立責任額按分主義の特約が挿入されていた場合はどうであろうか。この場合には、時価基準の保険で、てん補損害額1,000万円を2つの保険会社で分担することになる（それぞれは、1,000万円×1,000万円÷(1,000万円＋1,000万円)＝500万円の分担責任を負う。）。この場合、もともとの責任は半分ずつしか負ってないのであるから、保険者は、保険料をそれぞれ半分ずつ保険契約者に返還しなければならないことになる。この独立責任額按分主義は、保険料の問題を考えた場合には、個別の保険契約における損害てん補基準と保険料が対応するので、論理的一貫性がある調整方式といえる。

なお、ここでイギリス法の立場についても考察しておこう。イギリスでは、法律上で規定される損害てん補までしか重複して保険金は受けられないことが、判例法及び制定法で定められている。【事例1】でいえば、1,000万円までとなる。これは、本書でいうところの損害てん補原則に対応するものである。しかしながら、この場合に、被保険者（保険契約者）が知らないで重複保険の状態になっていた場合には保険料の返還を認め、知っていた場合には返還を認めない立場をとる。約因がない場合には、保険料を返還することがイギリス法における原則であるが、知っていながら重複保険を締結することを避けさせるものと説明されている。これは、一種のペナルティーとしての位置付けに近いのでないかと思われる。イギリス法の立場は、一方では、全額請求権を認めつつ、保険料返還も取り入れている点がわが国と異なるが、損害てん補を超える給付を法律上で制限すると同時に、保険料の調整がなされる制度になっているので、給付と対価のバランスは取れているといえる。

(7) 重複保険の法理の趣旨

保険料の問題もみたので、ここで、再度、重複保険の法理の考察に戻ることにしたい。

保険法に基づく重複保険の規律（20条）については、これを利得禁止から説明する利得禁止説と契約当事者の意思から導く契約意思説の2つの立場があることは、すでにみたとおりである。これに対し、筆者は、この考え方はいずれも20条自体についての趣旨の説明といえるか疑問を感じる。すなわち、重複保険の法理は、イギリス法やPEICLとの比較からわかるように、(i)他に保険契約が存在しても保険契約の有効性に影響はなく、給付請求できること、(ii)複数の保険から損

害てん補を超える保険金を受領することはできないこと、及び(iii)保険者間の求償ルール、という3つの部分から構成されているといえる。しかしながら、保険法20条は、(ii)の禁止規定については直接定めているとは解釈しにくい。保険法20条は「共同の免責を得た場合に」としか記していなく、どの場合に共同の免責が得られるかは定めていない。被保険者の保険給付の請求権を制限する場合には、その明確な根拠が必要である。特に、保険料という対価を得ているにも拘わらず給付を制限するのであれば、その妥当性が問われる。このような制限的な禁止の規律を20条からは引き出すことは適当でないであろう。すなわち、20条は、(i)と(iii)の規律として理解すべきであるということになる。よって、学説がいうところの重複保険の趣旨は、(i)(ii)及び(iii)の全体、特に利得禁止や契約意思の趣旨の部分は(ii)についての根拠であるように考えられる。

　保険法条文の解釈としては、(ii)の制限規定に当たる部分は、20条には記されていなく、いかなる損害てん補を行うかという問題として理解すべきことになる。保険法は、損害てん補の枠組みについては、いずれの方式であっても（すなわち、損害てん補の在り方が損害てん補原則に基づく損害てん補に制限される場合でも、利得禁止原則に反しない限りは任意性のある損害てん補とする場合であっても）、適合できる柔軟な枠組みを提供していると解釈できる。結局、(ii)を形成するのは、利得禁止原則に反しない限りは、契約で定めればよい事項となるので、契約自由の問題となる。もっとも、(ii)は保険料という対価関係も踏まえて契約の合意を導くべきものであるので、保険料の観点から見ても正当化できるものでなければ、(ii)の合意の効果は制限的にみるべきであろう。このように、重複保険の法理は利得禁止のためのものといっても、その利得禁止に関係する部分は、実は、20条ではなく、18条によるということになり、かつ、その場合の利得禁止の本質は、本論文の主張に基づけば、損害てん補原則に基づく給付の態様規整であり、その給付に制限が課されるのは、利得禁止原則に抵触する場合ということができるであろう。

　利得禁止原則に抵触する状態となった場合には、強制的に超過給付を認めない立場に立つので、無駄となる保険料が生じたとしても、公序に違反するレベルまで契約者が複数契約を付けた結果であるから、制裁的な対応として、保険者が保険料を取得することは正当化できるであろう[116]。一方、てん補損害額を超えれば給付を受けられないことは、てん補基準の問題であり、契約意思説が示すよう

に、標準的な契約意思から導かれるものであろう。しかしながら、その場合の契約意思は、給付の側面だけでなく、保険料の支払いも含めて意思内容を理解すべきである[117]。

具体的に考えるために、再度、【事例1】を取り上げてみたい。この場合、両者の給付によって利得は生じないといえるのであれば、それぞれの保険契約における対価関係を破って契約合意を否定して強行的に保険給付の制限を行うことを正当化できる根拠があるとはいえない。20条は、デフォルト・ルールを示すが、【事例1】が「共同の免責を得たとき」といえるだけの要件を満たしているとは認めがたい。同様に、責任保険が重複する【事例2】を考えてみたい。この場合も、2つのてん補責任額の合計額を限度とするのが妥当であろう。これらの場合、保険料の返還は生じない。

一方、保険者の契約上の意思は、時価による損害てん補、あるいは最初からの賠償額の部分（1st layer）について重複保険処理をすることにあり、保険契約者もその前提で合意しているので、重複てん補は受けられないというのであれば、少なくとも多くの保険料を受領していて、契約が意思どおりの形になっていないということになる。その場合は、錯誤などの契約法一般の規律を利用して、当事者の意思に沿った処理にすればよいといえる。

なお、この【事例1】や【事例2】では、重複保険に関する特約がないことを前提としている。保険者としては、てん補損害額を超えれば直ちに重複保険の処理を行うこと（損害てん補原則を適用すること）が契約意思であれば、例えば、独立責任額按分主義の約款を挿入するか、独立責任額全額主義としつつ、合計で時価額等の実損害を限度として、その場合にてん補の限度を超える分の保険料は返戻する旨を契約で明確に合意する方式が考えられる。その場合は、契約当事者の損害てん補基準に対する意思内容は、その対価との関係でも論理的矛盾を伴うことがなくなる。

（8）重複保険の法理の任意法規性

以上の議論をもとに、重複保険の法理の性格を検討したい。

116　超過保険に準ずる処理を行うことも可能であろう。
117　合算してもてん補損害を限度とする法律論をとり、それを標準的規律とするのであれば、保険料も返戻される理論となっていなければ、整合的でないように思われる。

保険法20条は、重複保険の法理のうち、すでに述べたように(i)と(iii)の部分しか規定していないのであるから、この条文は、当然、任意法規とみることで問題ない。20条の1項は被保険者の権利、2項は保険者間の調整であり、いずれも任意法規と理解できる。

重複てん補を禁ずる(ii)の規律は、条文上の根拠としては、基本的には18条に基づくほかないが（2条の定義も補完的役割は有する。）、その18条は、時価を著しく超える約定保険価額を認めないこととなっていて、それによって損害てん補において禁止されるべき制限を示し、この規定を公序に基づく強行的規定として位置付けていると理解できる[118, 119]。

したがって、重複保険の法理のうち、(ii)の部分には、公序に基づく利得禁止原則が適用されるもので、その範囲で強行法規性を有しているといえる。

以上をまとめれば、20条を利得禁止から説明することが相当といえるか疑問は残るが、本条を任意法規とする立案担当者の説明は妥当ということになる。重複保険の法理は、利得禁止の部分を含むが、その部分は18条等から導かれるので、18条等の中に一部分、強行法規性の問題が織り込まれていると理解できる。

（9）重複保険とは何か

わが国において重複保険は、保険価額や保険金額の概念も利用して定義される場合が多い。これは、改正前商法における重複保険の位置付けを前提としているといえる。一方、保険法には、定義規定が存在しない。

そもそも重複保険を定義する意義は、それに関する規律の適用範囲に関係する。その点から見た場合、保険法における規律は、損害保険に共通して適用されるものであるから、被保険者が被った損害に対して重複して損害保険の給付を得られる場合を指すといえるのでないかと考えられる。重複保険の定義のなかに、保険価額や保険金額の概念を取り入れることは、物保険を前提とする概念で妥当とはいえないといえる。保険法の条文を素直に読めば、重複保険の概念には、保険の目的物、保険価額、保険金額という概念のいずれも不要となっているように

118　保険法部会中間報告補足説明38頁、保険法部会第21回議事録39頁、保険法部会第23回議事録15頁。
119　中間試案における説明では、18条2項は任意規定とされているが、但書が利得禁止原則に係る規定であるので、それに反する規定は効力を否定されることがありうるとされている（保険法部会中間試案10頁、同補足説明38）。

考えられる[120]。もっとも、保険価額や保険金額の概念を利用した定義は、物保険の場合を典型例として示したもので、その概念と規律を物保険の場合以外にも適用するものと考えて、定義自体の文言を議論すべき実益はないという指摘があるかもしれない。しかしながら、そのような定義は、この規律が出口（給付調整）の規律であることの本質を示していなく、むしろ入口（契約の有効性）の問題と混同する意味で適当ではないといえる。保険法の規律は保険給付に関する出口規律となっていて、保険「契約」の重複ではなく、保険「給付」の重複に関する規律として、損害保険契約一般に共通する規律として位置付けていることから解釈すれば、本規律における重要な要素は、「同一の被保険者に同一の損害に対して重複して損害てん補の給付請求権が発生してその合計額がてん補損害額を超える場合」となるのではないかと考えられる。価額概念に関する保険の目的物、保険価額、保険金額は、いずれも要件として不要であり、さらにいえば、給付の調整制度としての性格からみると「同一の保険事故」という点さえも不要と考えられる。原則として、同一の損害は同一事故をカバーしている保険の場合に給付が重複すると考えられるためである[121]。

　このような重複保険の理解は、要は、同一損害に対して保険給付が重複してその合計が損害額を超過する場合を意味し、イギリスの研究者の一部が指摘している考え方[122]に類似すると考えられる。そして対象とする事象は、保険法20条の条文をみれば導かれるので、重複保険の定義を条文に示すことも不要といえる。よって、保険法が重複保険とは何かを定義していないことは、むしろ妥当といってよい。なお、この理解は、明らかに中間試案の段階で示された重複保険の定義

120　責任保険や費用保険については、保険金額という概念も当てはまらない。保険の目的物は、該当する場合もあれば、該当しない場合もある。
121　しかし、仮に、異なる保険事故がどちらも同一損害を生じさせる場合があれば、因果関係上はいずれの原因も損害と相当因果関係があるということになるので、いずれの保険契約においても支払責任が発生し、その場合に、20条の調整ルールを類推適用することが考えられるかもしれない。これまでの重複保険の定義であれば、このような事例は重複保険には当たらないが、本稿の議論に基づけば重複保険の規律を類推適用してよいことになる。例えば、火災と地震それぞれがいずれも建物の全損をもたらしたとして、火災保険契約上は火災との因果関係ある損害として認められ、地震保険においても地震による損害として認められるような場合、両方の保険におけるてん補責任が発生し、その給付を調整するルールとして重複保険の法理を利用する方法である。なお、火災保険と地震保険において、その給付が重なるといえるかどうかは、簡単な問題でなく別の考察が必要である。地震保険は、火災保険の契約を前提として引き受けられる保険であるが、その本質を財産価値の喪失に対する保険とみてよいか、筆者はやや疑問をもっている。
122　O'May, supra note 59, p. 496.

とは異なる。条文文言も最終的には中間試案段階から変更されているので、定義についても制定された条文においては変動が生じていると理解すべきであろう[123]。

(10) 代位との異同

重複保険における保険者の権利に注目すると、分担請求の求償権は当該保険契約外の第三者（保険者）との関係のものであるので、それと請求権代位とで類似する機能が認められるように考えられる。

イギリスでは、代位（subrogation）と分担（contribution）は関連して論じられることが多く、いずれもエクイティを法源とするもので、不当利得の点から説明される法理論となっている。そのようななか、契約による損害てん補責任に対して分担請求権が適用されるか代位権が適用されるかが争われて判例法を形成していることをすでにみたが、こうした点が争いになるのは、分担請求権と代位権が類似していることの証左といえる。

代位については、第9章及び第10章において詳しく考察するが、分担請求の求償権と請求権代位権を比較すると、いずれも同一の事故が端緒となって損害に対する法的な請求権が発生し、損害てん補のための債権が重なる点で共通する。しかし、分担請求の求償権では、保険金請求権という同じ種類の債権間における調整であり、代位権（請求権代位）の場合には、法律に基づき発生する損害賠償権などの債権と被保険者（保険契約者）が自ら対価を負担して加入した保険契約上の損害てん補との間での調整が必要となる点で違いがある。分担請求権の場合は、てん補責任者間の関係は並列であるが、請求権代位では、賠償義務者などの債務者を最終的な損失負担者とすることになる。

このように、代位と分担との本質的相違は、てん補義務における優先度に見出すことができる。しかしながら、この優先という意味から、さらにすすんで、代位制度は賠償義務者に対する制裁等を目的とする制度であるという考え方まで持ち出す必要はない。単に、被保険者が対価を支払って加入した保険制度における損害てん補を、二次的な位置付けとみればよいものといえる。すなわち、保険給付によって、他の制度における賠償義務等の責任には影響を与えないという意味として理解されるべきである。請求権代位の本質については、第10章において詳

123　しかしながら、この点は立案担当者の説明では特に触れられていない。

細に考察するが、請求権代位は、異なる制度における債権との間で重複が生じた場合に、他の制度における債務者の義務の内容に影響を与えることなく、損害てん補の給付方式を確保する制度として理解することができる。

一般に、事故が生じた場合に、複数の債権が重なる場合がある。保険債権が重なる場合は、同じ種類の債権であるので分担する方式を採用し、異なる制度における債権との重複が生じた場合には、他の債権における義務に変動を生じない形で、損害てん補を行う方式を保険制度としては採用していると考えられる。前者が重複保険の法理であり、後者が請求権代位の法理ということができる。両者は、債権が重複する変則的な状況において損害てん補を確保するという点では同じ目的の制度であり、統一的に理解してよいものと考える。

重複保険と請求権代位は、重複債権の調整という効果面においては共通性があるが、両者の相違点の1つとして、契約当事者間の対価関係における相違点がある。代位の場合、保険者は、代位によって回収金が得られる可能性がある領域の保険契約においては、そのことを前提とした保険料を収受しているといえる。なぜならば、他に賠償請求権などが生じる可能性があることは、法律に関する一般情報であるからである。一方、重複保険は、保険者が知らない事情において生じる例外にあたり、保険者は、保険料の算定において重複保険による調整を織り込んではいないといえる。わが国の保険法は、改正前商法や MIA と異なり、重複保険の場合も保険料の返還が生じない理論構成をとっている。重複保険を想定した求償権は、理論的には、保険料に織り込まれていないとすれば、保険者の求償権は、保険者に利益が生じるとみることもできる。このことを考えると、保険法20条2項に規定される、保険者が「共同の免責を得たとき」という発動要件は、保険料収受という対価関係を踏まえた上で判定されるべきといえる。さらに、請求権代位については、第10章で詳しく論じるが、保険者は代位を前提とした保険料を負担していると理論的に位置付けられることに加え、少なくとも対応原則が該当する範囲においては、被保険者有利に保険者の代位権が認められるが、重複保険では、理論的には重複保険を前提としない保険料を受領している状況にあると位置付けられるうえ、代位のように被保険者有利の調整制度が示されているわけでもない。これらの点を踏まえれば、共同の免責は、被保険者に禁止されるべき利得が発生するレベルの場合を指すものとして理解することが相当である。

(11) 事例に対する筆者の見解

最後に、本章における考察に基づき、第2節（3）で問題提起した事例について考えてみたい。

① 価額の約定がない複数の火災保険の重複【事例１】

この事例は、時価1,000万円の２つの保険が重複する事例で、再建価額が2,000万円で、家の焼失によって2,000万円の損失が生じる場合で、約款には重複保険に関する規定が存在しない場合である。この場合に、それぞれの保険は時価基準の保険であるので、その金額をもとに超過給付を制限し、保険者の求償権を認めるかどうかとなる。

【事例１】については６節（６），（７）で詳しく考察したが、保険料は保険者が取得して返戻されないという状況とのバランスで考えると、1,000万円を超えた状態で、保険者が共同の免責を得られるといえるか疑問がある。保険法18条でも、公序に反しない範囲でのてん補の合法性が認められている。したがって、1,000万円以上を超えても、2,000万円までは利得禁止原則には反しないので、被保険者の重複給付を認めてよいのでないかと考える。

こうした解決は、保険法20条2項の文言と乖離があるように解されるかもしれないが、18条の損害てん補の基準はデフォルト・ルールとしての基準であり、ここでは、重複して保険契約が締結されているという変則状況における調整を問題とするものである。損害てん補基準を貫くべき正当性は、契約の対価関係におけるバランスの上で初めて成立する。保険契約者にペナルティを課す場合は別として、そうでなければ、個々に有効に成立した保険契約上の給付をさらに制限するだけの根拠が必要である。すなわち、契約外に生じている外部事情によって有効な契約における被保険者の給付受領権を制限するに値するに十分な理由が必要である。それは、利得禁止という外部的かつ強行法的規範が適用されるべき場合といえる。よって、20条2項の解釈上、「共同の免責を得たとき」は、対価関係を含めて免責を主張できるレベルを指す場合として理解すればよく、このように解釈すれば、20条2項の文言に反するということにはならないと考える。

仮に、契約当事者の意図は、時価基準のてん補であったといえるのであれば、意図に反した保険契約となっていたといえるので、給付調整の法理を利用するのではなく、契約の錯誤等の契約の有効性の法理を利用して、契約そのものを意図どおりに修正して保険料も返還する方法を検討すべきである。

② 責任保険契約の重複【事例2】

　責任保険は、賠償責任の額毎に特定部分を引き受ける方式（例えば、0から100万円は自己負担、そこから5億円までをA保険会社、それを超えて20億円までB保険会社など）もあるが、そうでない場合には、てん補限度額の意味は、0からの損害額を対象とする責任の限度を意味していると考えられる。事例における2,000万円の賠償事故に対して、それぞれ、0円から1,000万円部分の責任を負担するのが趣旨であると考えられるので、重複保険の事例といえる。その場合、1,000万円までの賠償責任が保険金支払いの限度となる。

　しかしながら、両保険者は保険料対価を取得していることを考えると、保険者の反対の意図が明らかでないのであれば、強行法的な意味での利得禁止の観点からは、重複が許容されるといえるので、被保険者に2,000万円の保険金受領を認めてよいのでないかと考えられる。もし、保険者の意図がそうではないことが契約上明確であれば、複数保険者を合算して1,000万円までの支払いとなるが、その場合には、保険料の返還も行うべきといえる。

③ 貨物海上保険と倉庫保険の重複【事例3】

　この事例の場合、倉庫保険におけるてん補損害額は、保険法18条に基づき1,100万円となる。外航貨物海上保険は、保険責任とその決済についてはイギリス法準拠となっており、イギリス法の下で重複保険をどのように処理するかということになる。この事例では、約款に他保険優先の条項が含まれており、この条項は、イギリス法の下で有効であるので、荷主は倉庫保険から1,100万円を受領し、貨物保険からは保険金は支払われないことになる。保険料の返還については、イギリス法が適用されるか日本法が適用されるか明確とはいえない面はあるが、保険期間が開始し、主要な危険負担区間である海上運送中の危険を保険者はすでに負担しているので[124]、いずれの法の下でも返還されないと解すべきであろう。また、300万円の損失は、保険で支払いの対象としている損失ではないので、いずれの保険においても、てん補されない[125]。荷主は外航貨物海上保険に対する保険金請求権自体を有していないので、倉庫貨物の保険者は、分担請求権を

124　貨物保険では、航海を1単位として保険料を算定している以上、保険期間の一部における事象について給付義務を負わないからといって、その部分について保険料の返還が認められると考えることは難しいであろう。
125　事例1は、同じ種類の損害評価の問題であり、ここでは、損害てん補の対象とする損失の種類に相違がある点が異なる。

取得しないと解すことが妥当であろう。

7．まとめ

　本章の議論をまとめれば、以下のとおりとなる。
　重複保険に関して、わが国保険法は、商法の規律を変更して、イギリスを含むヨーロッパの主要諸国の法と整合する新しい規律を整備した。わが国の新保険法では、損害保険契約の理論についての大きな変動が生じていて、被保険利益概念を利用して契約の有効性の問題から保険給付の態様規整までを一貫して説明する理論から決別し、両者を切り離し、重複保険の規律を保険給付が重なる場合の給付調整の規律に変更したと理解でき、そのことが一番大きな変更点といえる。
　しかしながら、保険法20条をイギリスのMIAやPEICLと比較すると、MIAやPEICLでは示されていて給付調整における最も重要な部分と考えられる「損害額を超える重複受領を禁止する規定」が保険法には明記されていないことに注目される。本来であれば、その部分が重複保険の法理の中核になるのでないかと考えられるので、その部分が、保険法のどこから導かれるかが問題となる。その際、保険法の規律は、理論的には保険料の返還が生じない考え方となっているので、保険料を収受しているにも関わらずに、重複てん補が禁止される理由を十分に説明できなければならない。
　そこで、重複保険の規律の趣旨の考察が必要となるが、学説を見ると、規律の意義を利得禁止から説明する立場と契約当事者の標準的意思内容から説明する立場がみられる。利得禁止から導く場合、利得禁止原則に触れる範囲で重複受領を禁止する理論を導くことができ、公序要請に基づく調整制度として、保険料の返還がないことも説明が一応つく。この理論は、給付の重複によって利得禁止原則に触れる場合に調整を行うのであれば適合する。しかしながら、てん補損害額を超える給付の受領を認めないこと（重複てん補の排除、すなわち損害てん補の態様規整である損害てん補原則の適用）までを導くことは難しく、契約当事者の合意を根拠としてそこから導くほかない。しかし、合意から導く場合、支払った保険料を保険者が収受することとの関係を理論的にいかに説明するかは容易でない。いずれにせよ、これらの学説は、保険法20条自体についての解説といえるか疑問がある。

以上の考察を踏まえ、本書は、重複保険の法理とは、理論的には、(i)他に保険契約が存在しても保険契約の有効性に影響はなく、給付請求できること、(ii)複数の保険から損害てん補を超える保険金を受領することはできないこと、及び(iii)保険者間の求償ルール、という3つの部分から構成されていると分析し、保険法20条は、このうちの(i)と(iii)の規定であり、(ii)は20条自体には規定されてなく、これを18条の損害てん補の基準の規律から導く考え方を示した。そして、学説がいう利得禁止と契約意思は、18条の問題として考察されるべきもので、そのいずれもが18条の趣旨を説明する上で重要な考え方になることを示した。

　このように考えた結果、18条では、公序に触れない範囲で任意性のある損害てん補が認められていることをもとに、重複保険の場合には、保険者が保険料を受領する理論をとる限りは、保険料とのバランスから、重複する受領は、利得禁止原則によって禁止されない限りは、許容されてよいことを示した。また、この重複てん補の制限の問題は、損害てん補性に関する態様規整であるので、契約当事者間で明確化すればよい問題であることから、重複保険の場合も合算して時価に基づく実損害のてん補を貫くことが保険者の意図であれば、それに応じた条項を設けて明確化し、その条件に対応する保険料を受領すればよいとの結論を導いた。実務的には、重複が生じた場合の措置について保険契約で明確化し、その内容が保険料との関係も踏まえたうえで妥当といえれば、契約で規定する処理方式は、利得禁止原則に触れない限りにおいて有効であると考えることになる。

　以上の理解をもとに、保険法の重複保険の規律の意義を評価すると、保険法の新しい規律は、イギリス法やヨーロッパ保険契約法原則のモデルと大枠においては整合し、MIAやPEICL条文文言には理論面でやや不明確と考えられる点があることに比べ、論理的な一貫性が更に認められる規律となっているように考えられる。20条では、重複てん補の禁止規定は明文化されてはいないが、それは保険法の欠点とはならないように考えられる。逆に、この問題は18条の損害てん補基準の問題として消化され、18条における任意法規性と強行法規性の問題として判断できるようになっている。また、保険料の扱いについても規定されていない点も、外観的には、わが国の保険法の難点とみれるかもしれないが、それは、重複保険の扱いに連動するので、一律に重複保険の場合の規律として定めることが適当でないのでむしろ当然といえる。理論的に考えると、保険料は、20条の問題ではなく、危険負担とその対価関係の問題として整理されるべきものである。この

ように、保険法の重複保険の規律は、全体としては、理論的整合性が高く、かつ柔軟な枠組みとなっているといえる。さらに付言すれば、20条で新たに規定された求償権は、代位権と対比できるものであり、代位権は制度の異なる債権と重複が生じた場合の制度で、他の制度における債務者の義務を変更することなく損害てん補を確保する方法であり、分担請求の求償権は同じ保険金請求権における重複であることから並列関係における分担を行う制度として、2つの権利の意義を統一的に理解することが可能な条文になっているように評価できる。

　このように、新しい保険法の枠組みについては、改正前商法と比較して、大きな理論的変革が生じているものといえる。また、重複保険に関する保険法の構造は、本書における損害てん補の理論、特に第5章でまとめた仮説（任意法的原則としての損害てん補原則と強行法的原則としての利得禁止原則の分離、契約の前提としての被保険利益の問題と損害てん補の給付規整の分離）に整合的であるといえる。

第9章　残存物代位[1]

1．はじめに

　第1章でみたとおり、損害保険に特有の制度として残存物代位がある。物が壊滅的な被害を受けても、残存物に何らかの価値が存在している場合がある。もしその価値分を控除するとすれば、残存物の評価に時間を要し、保険金の支払いが遅れる。残存物代位の制度は、全損金として保険金を支払うかわりに、残存物の所有権を保険者に移転させる制度である。もし物を移転させなければ、被保険者は、保険給付を受けながら残存物の価値も享受することが可能となるので、その重複の享受を阻止する制度ともいえる。

　残存物代位は、保険給付が保険の目的物の所有権などの物権を被保険者から保険者に移転させる効果をもつところにその特徴がある。すなわち、保険者から被保険者に支払われるのは損害てん補としての保険給付であるが[2]、被保険者から保険者に移転するのは所有権などの物権であり、この制度は、支払保険金の金額調整[3]や超過支払額の返還[4]の制度ではない。保険者は、物権の取得によって、利益を得たり[5]、責任等を負担する場合[6]も生じる。

　この制度の考察は、損害てん補としての保険給付がいかなる性格の給付であるかを明らかにするうえで重要な切り口になる[7]。また、保険制度における利得禁止

---

[1] 本章は、保険法施行前に発表した拙稿「残存物代位制度について」損害保険研究58巻4号141頁（1997年）をもとに、保険法施行後の状況を踏まえて、改題して加筆・修正したものである。ただし、骨格となる主張内容は同じである。
[2] 現物給付の形態をとる保険も存在するが、本稿では金銭給付を前提として議論を進める。
[3] その場合、残存物の代金の確定後に代金を保険者に入金する方式となる。
[4] その場合は、残存物の代金の確定後に、多めに払ったことになる保険金部分を返還する方式となる。
[5] 例えば、盗難された絵画に対して全損金を支払って所有権を保険者が代位取得後に、絵画が発見されて保険金額を超える価値を有する場合。
[6] 例えば、船舶などの残骸の撤去に価値に比べて多大な費用が必要となる場合。
[7] 倉沢康一郎博士は、保険代位と損害保険契約の本質論の関係について、「いうまでもなく、保険

の意味を明らかにするうえでも有益である。

ところで、残存物代位に類似する制度として、委付（保険委付とも呼ばれる。）がある[8]。委付は、一定の事由（委付事由）において、被保険者がその単独行為として保険の目的物を保険者に委付して保険金額の全部の支払いを受ける制度である。委付は、海上保険に固有の制度であるが、物権の移動と全損金支払いという要素が存在する点で、残存物代位に似た特徴を有する。残存物代位の考察は、委付の本質とその意義を明らかにするうえでも重要である[9]。

本章では、委付との関係も含めて、残存物代位の本質を考察する。そのうえで、第5章で示した仮説（特に、損害てん補の本質、損害てん補原則と利得禁止原則の関係、被保険利益と損害てん補の関係）が残存物代位制度にも適合するかを検証する。

考察においては、最初に、残存物代位に関する保険法の規律と残存物代位制度の趣旨を確認して（第2節）、比較の対象としてイギリス法を取り上げて、この制度に対応すると考えられる制度を考察して示唆を得る（第3節）。続いて、日本法における残存物代位の趣旨をめぐる学説を分析して考察すべき論点を明らかにして（第4節）、それらの論点について、イギリス法の研究から得られた示唆をもとに考察を試みる（第5節）。最後に、本章で得られたことを総括する（第6節）。

なお、本章においては、ヨーロッパ保険契約法原則（PEICL）との比較考察は行わないが、それは、同原則には残存物代位に対応する条文が設けられていないためである。

2．残存物代位に関する保険法の規律と残存物代位制度の趣旨

(1) 条　文

保険法24条は、「保険者は、保険の目的物の全部が滅失した場合において、保険給付を行ったときは、当該保険給付の額の保険価額（約定保険価額があるときは、当該約定保険価額）に対する割合に応じて、当該保険の目的物に関して被保険

代位の根拠の理解は損害保険契約の本質論から演繹される反面、損害保険契約の本質論は現行の制度たる保険代位から帰納的な検証を受けざるをえないという関係にある」と述べられている（同「保険代位について」『保険契約の法理』（慶応通信、1975年）129頁）。なお、ここで保険代位という概念は、残存物代位と請求権代位の両方を包含する。

8　商法833条乃至841条。
9　この点は、現行商法の委付に関する規定の必要性を考察するうえでも重要である。

者が有する所有権その他の物権について当然に被保険者に代位する」と規定する。この規定は、文言を一部修正しているが、改正前商法661条[10]の規律を維持したものである[11]。保険法24条は、片面的強行規定となっているので（保険法26条）、被保険者に不利な特約は認められない。ただし、海上保険契約については、本条と異なる合意が認められる（保険法36条）。

（2）要　件

　残存物代位の要件は、(i)保険の目的物の全部が滅失したことと、(ii)保険給付を行ったことである。

　まず(i)については、改正前商法では「保険の目的」とされていたところを保険法では「保険の目的物」に改められているが、実質的変更はない。保険の目的物の全部の滅失とはいかなる状態を指すかであるが、これが、文字どおりに目的物が物理的に完全に滅失した場合を指すのであれば、残存物の帰属について規定を設ける意義はないものと考えられ、全部の滅失とは、このような状態に限定されるものでないことは明らかである。これは全損の場合を示すものと理解され[12]、全損とは、一般に、保険の目的物がその本来の経済的機能を全部的に失った場合と解されている[13]。分損の場合には、残存した目的物の価値を控除して損害額が

10　同条は「保険ノ目的カ全部ニ滅失シタル場合ニ於テ保険者カ保険金額ノ全部ヲ支払ヒタルトキハ被保険者カ其目的ニ付キ有セル権利ヲ取得ス但保険価額ノ一部ヲ保険ニ付シタル場合ニ於テハ保険者ノ権利ハ保険金額ノ保険価額ニ対スル割合ニ依リテ之ヲ定ム」と規定していた。

11　保険法における残存物代位について、以下の文献を参照している。山下友信＝永沢徹編著『論点体系　保険法1』（第一法規、2014年）、江頭憲治郎『商取引法〔第7版〕』（弘文堂、2013年）、陳亮「保険者の残存物代位について」『明治大学法学部創立百三十周年記念論文集』（明治大学法学部、2011年）287頁以下、石山卓磨編著『現代保険法〔第2版〕』（成文堂、2011年）、今井薫＝岡田豊基＝梅津昭彦『レクチャー新保険法〔新版〕』（法律文化社、2011年）、潘阿憲『保険法概説』（中央経済社、2010年）、山野嘉朗＝山田泰彦編著『現代保険・海商法30講〔第8版〕』（中央経済社、2010年）、岡田豊基『現代保険法』（中央経済社、2010年）、嶋寺基『新しい損害保険の実務』（商事法務、2010年）、落合誠一監修・編著『保険法コンメンタール（損害保険・傷害疾病保険）』（損害保険事業総合研究所、2009年）、福田弥夫＝古笛恵子編『逐条解説　改正保険法』（ぎょうせい、2008年）、大串淳子＝日本生命保険生命保険研究会編『解説　保険法』（弘文堂、2008年）。

12　改正前商法における残存物代位に関する文献として、大森忠夫『保険法〔補訂版〕』（有斐閣、1985年）180頁、田辺康平「保険者の残存物代位」『創立四十周年記念損害保険論集』（損害保険事業研究所、1974年）223頁、西島梅治『保険法〔第3版〕』（悠々社、1998年）177頁、江頭憲治郎『商取引法〔第2版〕』（弘文堂、1996年）398頁、坂口光男『保険法』（文眞堂、1991年）158頁など。

13　大森・前掲注12）180頁、田辺・前掲注12）223頁、西島・前掲注12）175頁、坂口・前掲注12）158頁。なお、「本来の経済的効用」という表現を使わずに「従来有していた経済的効用」との表現もみられるが、意味するところに大きな違いはない。また、最近の解説において、物質固有の価値

算定されるから、この原則の適用の余地はないものと一般に解されているが[14]、保険の目的物が可分である場合には、その可分な部分についてこの原則を適用するのが妥当と考えられている[15]。

次に(ii)の要件であるが、改正前商法では、保険金額の全部の支払いが要件となっていたが、保険法は、保険給付を行った場合として、「保険金額の全部」という要件を変更した。改正前商法においても、超過保険の超過部分についての保険金支払いまで要件とされるはずはないので、これは保険者が有効な保険契約に基づき具体的に支払義務を負担する金額の意味に解すべきものとされていた[16]。また、保険者が被保険者にその負担額の一部を支払った場合においても、被保険者の利得を生じさせない範囲内においてのみ、保険者の代位権を認めることが妥当であると主張されていた[17]。保険法は、全部保険であるか一部保険であるかを問わず、保険者が実際に行った保険給付の保険価額に対する割合で保険者は物権を取得することを明確化した[18]。

保険者が、例えば、資力不足等の原因により、負担すべき金額の全部の支払いがなくとも実際に保険給付を行えば残存物代位が生じるかについては、改正前商法において説が分かれていて、多数説は、負担すべき金額の全部の支払いが必要であるとし、保険者が保険金の他に損害防止費用などの費用を負担すべき場合においても、それらの費用が全部支払わなければ残存物代位は生じないと解するの

とその付加価値に分けて損害を説明するものもある（山下＝永沢・前掲注11）『論点体系 保険法1』222頁〔土岐孝宏〕）が、その趣旨にも大きな違いはないと考えられる。

14 改正前商法における文献として、大森・前掲注12）181頁、小町谷操三＝田辺康平『小町谷 商法講義 保険』（有斐閣、1971年）67頁注3、石田満『商法Ⅳ（保険法）』（青林書院、1978年）202頁。しかし、分損の場合でも一定の場合には残存物代位の適用を肯定する立場もある（田辺・前掲注12）「保険者の残存物代位」226頁、西島・前掲注12）177頁）。保険法においても同様と考えられる。

15 西島・前掲注12）177頁、石田・前掲注14）202頁、坂口・前掲注12）159頁。なお、可分な部分の全損の場合については、それを改正前商法661条の解釈から可能としたり（小町谷操三『海上保険法各論四』（岩波書店、1968年）660頁）、約定により可能とする立場（大森・前掲注12）181頁）もあった。損害保険法制研究会の損害保険契約に関する商法改正試案（以下、「改正試案」という。）は、可分な部分の全損の場合における保険の目的物についての権利の代位の規定を設けてこの点について明文をもって明らかにしていたが（同『損害保険契約法改正試案 傷害保険契約法（新設）試案理由書1995年確定版』（損害保険事業総合研究所、1995年）68頁）、保険法ではその旨の規定は設けられていない。

16 田辺・前掲注12）「保険者の残存物代位」227頁、西島・前掲注12）177頁。

17 田辺・前掲注12）「保険者の残存物代位」228頁、西島・前掲注12）178頁。

18 萩本修編著『一問一答 保険法』（商事法務、2009年）138頁。

が多数説であった[19]。

　その点については、保険法のもとでも見解に違いがあり、保険者がその負担額の全部を支払うことを要件とする立場[20]とそうではない立場がある[21]。前者は、改正前商法における多数説の立場と同じである。後者は、保険法24条の条文が「保険給付を行ったこと」のみを要件としていることを理由とするものである。また、損害防止費用などの支払いを残存物代位の要件とするかについても、保険法のもとで争いがある。保険法では、条文の定義上は保険給付の用語に損害防止費用は含まれないが、その支払いが不履行となっていながらも保険者に代位権が生じることは不公平であるので、その支払いがなされることも要件とする説がある[22]。それに対し、保険法の立法趣旨に基づき、以前の学説とは異なり、要件とすることには慎重であるべきとする説も主張されている[23]。この論点は、残存物代位の趣旨をもとに考察されるべき問題である[24]。

（3）保険者の権利取得

　以上の要件が満たされれば、保険者は「保険の目的物に関して被保険者が有する所有権その他の物権について当然に被保険者に代位する」。改正前商法では、「被保険者カ其目的ニ付キ有セル権利ヲ取得」するとなっていたところ、保険法は文言を一部変更している。文言上は、「権利ヲ取得ス」から「当然に代位する」と改められている。改正前商法においても、保険者による権利の取得は、法律の規定による権利の当然の移転であって、被保険者の意思表示に基づく移転ではな

19　加藤由作『海上損害論』（巌松堂書店、1935年）404頁、野津務『新保険契約法論』（中央大学生協出版局、1965年）266頁、西島・前掲注12）177頁〜178頁、坂口・前掲注12）159頁、山下友信「火災保険における保険者代位」田辺康平＝石田満編『新損害保険双書1 火災保険』（文眞堂、1982年）377頁。一方、費用の支払いは要件でないとする説として、今村有『海上保険契約法論　下巻』（損害保険事業研究所、1980年）571頁。
20　江頭・前掲注11）473頁。
21　山下＝永沢・前掲注11）『論点体系　保険法1』225頁〔土岐孝宏〕。
22　落合・前掲注11）『保険法コンメンタール』80頁〔岡田豊基〕。
23　山下＝永沢・前掲注11）『論点体系　保険法1』225頁〔土岐孝宏〕。なお、陳・前掲注11）297頁は、前者の学説は、24条の解釈論として誤りと指摘する。
24　この論点は、実際に紛争の争点となることは考えにくいが、請求権代位の権利がいかなる原則から導かれているかを考察する上で重要な問題といえる。筆者は、本章で考察するように、残存物代位の本質を全損処理の制度と理解し、損害てん補という給付方式に伴う調整の制度として理解するので、損害防止費用や他の給付金の支払いにかかわらずに、残存物代位権の発生を認める立場になる。しかし、保険者が保険契約上の他の義務を履行していない場合に、契約の一般法から、権利行使に制限を課すべき場合はあり得ると考える。

いと解され[25]、権利移転の事実をもって第三者に対抗するために対抗要件を必要としないとされていた[26]。また、移転の時期は、保険事故発生のときではなく、保険金支払いの時と解されていた[27]。これらの点については、保険法においても同じであり、法律効果に変更がなされたものとは考えられていない[28]。

改正前商法においては、残存物代位は、有体物についてのいわゆる物保険に限定されず、例えば、保証保険において、保険事故である保険契約者（債務者）の債務不履行により保険者が被保険者（債権者）に保険金額の全部を支払った場合に、債権者が債務者に対して有する債権を保険者が取得する場合も、残存物代位にあたると理解されていた[29]。保険法24条は、有体物を想定した規定となっていて、移転する権利も「所有権その他の物権」として明示されている。保険法25条は、1項のカッコ内に、「債務の不履行その他の理由により債権について生ずることのある損害をてん補する損害保険においては、当該債権を含む」と明示しているので[30]、保険法は、債権の移転の制度は請求権代位として位置付ける立場と理解できる[31]。

所有権は負担を伴う場合があり、残存物代位により所有権が移転する場合に、かかる負担もまた保険者に移転するかが問題となる[32]。この点については、議論はあるが、所有権制度の本質からして、所有権に伴う負担も保険者に移転すると理解されている[33]。各種の保険約款では、残存物の帰属についての規定が設けら

---

25 大森・前掲注12) 181頁、西島・前掲注12) 179頁、石田・前掲注14) 204頁、坂口・前掲注12) 160頁など。
26 同上。
27 同上。
28 福田＝古笛・前掲注11) 78頁。
29 大森・前掲注12) 182頁、石田・前掲注14) 204頁。
30 保証保険における原債権は、これに当たる。
31 江頭・前掲注11) 472頁、山下＝永沢・前掲注11) 226頁〔土岐孝宏〕。なお、筆者は、保険法の条文上は、このように解することが妥当と考えるが、債務の不履行による損害をてん補する保険において原債務を取得する制度は、契約の対象自体を交換（肩代わり）するものであり、理論的には、残存物代位の法理によると理解すべきであるようにも考えられ、保険法25条の整理方法が理論的に妥当であったといえるのか疑問は残る。代位する対象が債権であるという形式的理由から請求権代位の類型とすることは、請求権代位の本質と整合するのか疑問が残る。また、残存物代位は、制度として、物保険に限定されるのか疑問は残る。残存物代位の適用を物保険に限定する理由が乏しく、立法論として疑問が残るとする指摘として、陳・前掲注11) 299頁。
32 残存物に付帯する負担の種類とその問題については、次の注に掲げた文献の他、花房一彦「残存物代位によって取得した所有権を原因とする保険者の負担」保険学雑誌476号49頁（1977年）。
33 田辺康平「保険代位における残存物の負担の帰属」『保険法の理論と解釈』（文眞堂、1979年）125頁以下、坂口・前掲注12) 161頁、西島・前掲注12) 179頁。なお、負担は移転せず、被保険者

れている。例えば、火災保険では、保険金支払時に残存物の所有権を取得する意思を保険者が示さない限りは、その権利は保険者に移転しない趣旨の規定が設けられている（その代り、残存物取片付け費用が一定条件のもとに支払われる旨の規定が設けられている。）。特に、海上保険では、残存物の扱いが問題となることから、約款に詳細な規定が設けられている。例えば、貨物海上保険普通保険約款（運送保険普通保険約款も同じ。）では、(i)保険会社が取得する意思を表示しないかぎりは残存物の所有権は保険者に移転しないこと、(ii)物権を取得する場合でも、貨物に対して留置権、先取特権、質権、抵当権、賃借権、その他の権利が存在するとき、又は損害を受けた貨物を取り除く義務その他の義務が存在する場合には、その明細を保険者に通知し、それらを消滅させ、その費用は被保険者が負担すべきことなどが規定されている[34]。船舶保険でも同様の趣旨の規定が設けられている[35]。

　このような約款の規定は、残存物代位による所有権取得に伴う負担を保険者が免れるために設けられたものといえるが、改正前商法のもとでこれらの約款は有効として解されていた[36]。保険法24条は片面的強行規定であるので、海上保険などの適用除外を除くと、保険契約者・被保険者の不利になる約款規定は、保険法上認められないこととなるが、その有利不利は、具体的な残存物によって判断されるものではなく、約款の規定が保険法に定める残存物代位の規律に比べて有利か不利かによって判断されるものとされる[37]。上記の各種条項は、保険法のもと

において負担を除去する義務があると解する見解として、葛城照三「残存物代位によって保険者が取得する権利——取得当時権利に付帯する負担も保険者に移転するか——」損害保険研究37巻1号1頁（1975年）。倉沢康一郎博士は、残存物に化体されている利益の額と、その負担の履行のために要する費用の額を比較し、その差額がなお被保険者として不当に利得せしめるものでない限り、残存物は代位の対象外と解すべき、という見解を示されている（同「保険代位の対象たる『残存物』」『保険契約法の現代的課題』（成文堂、1978年）219頁）。なお、負担は移転しないという商慣習ないし商慣習法から負担移転否定論を正当化するための試みとして、久留島隆「残存物代位制度のもとにおける負担移転否定論の根拠」保険学雑誌531号1頁（1990年）。

34　東京海上日動火災保険株式会社の2010年7月改訂約款32条、33条による。なお、内航貨物海上保険約款について、松島恵『貨物海上保険概説』（成文堂、1991年）86頁も参照。
35　東京海上日動火災保険株式会社の2010年7月改訂約款31条、32条による。船舶保険約款における立場については、松島恵『船舶保険約款研究』（成文堂、1994年）158頁も参照。
36　大森・前掲注12）182頁、西島・前掲注12）180頁。なお、山下友信教授は、この点について、被保険者が残存物に伴う負担を背負う場合は、被保険者は残された権利の価値以上の損失を被ることになり、残存物代位を排除する約款の規定を無制限に認めることは、被保険者の救済という点からきわめて問題であるといわざるをえないが、現在では約款により取除費用等のてん補が行われることを鑑みて、規定の有効性を認める、という説明をされている（同・前掲注19）379頁）。

でも有効と解されている[38]。物についての保険は、その財産価値上の損害をてん補するものであり、物から生じる賠償責任や費用負担をてん補する制度ではない。そのことから考えれば、全損になった場合には、物の財産価値の損失に加えて、賠償責任等も保険者の負担と解することは、保険制度の趣旨からみても適切でない。上記の約款規定は、保険法に定める制度に照らして被保険者に不利ということはないといえる[39]。

　保険法から乖離する個別合意は、片面的強行規定が適用される保険種目においては被保険者等の不利にならないことが条件となる。加えて、それ以外の保険種目においても、保険法から乖離する合意がどこまで有効であるかは論点となる。例えば、当事者の全損擬制の特約を無制限に認めることや保険者の残存物代位権を無制限に放棄することまで可能といえるか。この点は、改正前商法においては、利得禁止との関係で認められないとする考え方がみられたが[40]、保険法においても同様に論点となる[41]。この点は、損害保険において強行法的に適用される利得禁止の考え方が存在するかどうかという問題となる。

(4) 残存物代位の趣旨に関する学説

　残存物代位の趣旨については、保険法は改正前商法661条の規律を基本的に維持しているので、最初に、改正前商法の下で展開されてきた学説をみたうえで、保険法制定後の学説を確認することとする。

　改正前商法下においては、利得防止説と技術説の対立があった[42]。まず、利得

37　萩本・前掲注18）139頁。
38　江頭・前掲注11）474頁。
39　これに対し、約款による保険者の残存物代位放棄について疑問を提示する見解も存在する。坂口光男「残存物代位と負担の帰属」損害保険研究65巻1・2号121頁（2003年）
40　田辺・前掲注12）「保険者の残存物代位」232頁、西島・前掲注12）180頁、倉沢・前掲注7）「保険代位について」159頁、坂口・前掲注12）162頁。なお、田辺康平博士は、立法論としては、被保険者に著しい利得を生ぜしめる可能性がないかぎりにおいてのみ、保険者の権利の放棄が認められるべきとする（前掲注12）232頁）。山下・前掲注19）379頁も同趣旨。
41　落合・前掲注11）『保険法コンメンタール』82頁〔岡田豊基〕、竹濵修＝木下孝治＝新井修司編『保険法改正の論点　中西正明先生喜寿記念論文集』（法律文化社、2009年）168頁〔笹本幸祐〕、陳・前掲注11）305頁。
42　学説の要約は次の文献も参考にしている。坂口・前掲注12）157頁、西島・前掲注12）175頁、田辺康平『新版現代保険法』（文眞堂、1995年）134頁、田辺康平＝坂口光男編著『注釈　住宅火災保険普通保険約款』（中央経済社、1995年）222頁〔松村寛治〕。

防止説であるが[43]、簡単に要約すると次の考え方である。保険者がてん補すべき損害額は減損した被保険利益の額であり、保険の目的物がその本来の経済的効用を全面的に失ったときは、たとえ価値ある残存物があっても全損であることに変わりはなく、保険者は保険金額の全部を支払う必要がある。しかし、価値ある残存物が存在している場合、それを被保険者のもとに留めておくと被保険者は全財産関係において利得をすることになり保険制度の目的に沿わなくなる。そこで、被保険者の利得を防止する措置として残存物代位が認められるとするのが、利得防止説である。改正前商法のもとにおいては、利得防止説が多数説であった[44]。

この学説に対しては、次のような批判があった。まず、商法は一部保険の場合にも残存物代位の適用があることを規定するが、利得防止の観点だけではそれを説明できないのではないかという批判である[45]。また、全部保険の場合であっても、利得防止からだけでは保険者に残存物を移転させることまでを積極的に説明することはできないのではないかという批判も出されていた[46]。

利得防止説に対して提唱されたのが技術説である[47]。この学説は、概略次のとおりである。保険の目的物がその本来の経済的効用を全面的に失った場合でも、なお価値ある残存物が存在するときは、その価額を被保険利益の価額に準じて取り扱い、減損した被保険利益の価額から残存物の価額を控除して損害額を算定するのが本来のあり方であるが、そのためには残存物の価額の算定が必要で、時間と費用を要し、しかも紛争のもとになる。そこで迅速に保険保護を付与すると同時に、正確な損害てん補を実現する方法として、保険者は保険金額の全部を支払うとともに、残存物を取得するところの、残存物代位が認められる、と説明するものである。

---

43 大森・前掲注12) 179頁、小町谷・前掲注15)『海上保険法各論四』585頁、田中誠二＝原茂太一『新版保険法〔全訂版〕』(19版) (千倉書房、1996年) 191頁、石田・前掲注14) 201頁。
44 西島・前掲注12) 176頁、坂口・前掲注12) 157頁。
45 田辺・前掲注42)『新版現代保険法』135頁など。
46 同上。
47 今村・前掲注19) 566頁、加藤・前掲注19)『海上損害論』403頁、伊沢孝平『保険法』(青林書院、1957年) 304頁、田辺・前掲注42)『新版現代保険法』133頁、山下・前掲注19) 376頁他。なお、倉沢康一博士は、「残存物代位は保険制度の効用を減殺しないための便宜的規定といわれているが、実は、残存物がある場合にも全額において保険者の塡補義務を認める「全損」制度の中に、右の目的は包含されており、代位はその制度からの必然的な事後処理である」と主張される（同・前掲注7)「保険代位について」158頁)。この主張は、技術説の延長線上にある見解と考えられるが、残存物代位制度の趣旨を全損概念の本質に遡って考察する点で、上に要約した技術説とはやや次元を異にする見解である。本書は、この考え方から大きな示唆を得ている。

技術説に対しては、保険の目的物の従来の用法における経済的価値の全滅を全損とする以上、そもそも差引計算ということはありえないのではないか、といった批判があった[48]。

これらの利得防止説と技術説に対して、両説は必ずしも対立する学説とはみない主張もなされた。両説において被保険者の利得防止は当然の前提とされており、この点で両説に差はなく、また、被保険者の利得防止と残存物価額の評価の困難を回避して被保険者の迅速な保護をはかることは必ずしも矛盾しないという主張[49]や、この制度が残存価値の評価困難に対処するための技術的処理システムであること、残存価値が小さい場合は別として、それが大きくて被保険者が利得すると認められる状況の発生を防止する必要があることはどの説も承認しているから、両説は必ずしも矛盾するものではないとする見解[50]などが示された[51]。また、このような2つの考えが併存することを商法の立法理由から説明する立場も、同様に両説の併存を示唆する立場と認められる[52]。利得防止説と技術説はそもそも対立する見解であるかどうかも疑問があり、両説は、1つの制度を別の視点から説明したものであるとの問題提起が示され[53]、その後の学説は、両方の考えが投影された制度としてみる見解が主流となっている[54]。

保険法制定後の残存物代位の趣旨に関する解説でも、利得禁止と迅速な支払い処理の両面から残存物代位を理解する立場が支持されていて、それが通説と考えられる[55]。ただし、利得禁止を法原則として認めることを否定する立場の学説からは、この制度は、「契約当事者が欲した（標準的）内容の損害てん補合意を実現させなければならないという要請と、保険給付を迅速に行わなければならないと

48　田中＝原茂・前掲注43）191頁。
49　坂口・前掲注12）158頁。
50　西島・前掲注12）176頁。ただし、両説の優劣は、主として体系的一貫性の見地から判断されるべき問題として、技術説が支持されるとしている（同書176頁）。
51　石田満博士は、技術説の利得防止説に対する批判（田辺康平博士の主張）を批判されて、利得防止説と技術説は対立する見解でないと主張されている（同・前掲注14）202頁）。山下友信教授は、技術説の立場が基本的には支持されようとするが、「いずれの説も、被保険者の利得の禁止ということは当然の前提とされており、ある意味では両説は必ずしも対立するものではないといえる」と述べられ、両説の併存も示唆されている（同・前掲注19）376頁）。
52　田辺＝坂口・前掲注42）224頁。
53　この点は、筆者が、本章の元となる拙稿・前掲注1）「残存物代位制度について」において主張したものである。
54　山下友信『保険法』（有斐閣、2005年）419頁。
55　例えば、大串ほか・前掲注11）248頁〔西脇英司〕。

いう要請とを同時に適える便宜的制度」として、強行法としての利得禁止原則がその趣旨ではないとする主張も提示されている[56]。

このように、残存物代位の趣旨を巡っては、利得禁止説と技術説の対立が過去に展開され、現在は、利得禁止と迅速な支払いの両方を趣旨とみる学説が通説となっているが、利得禁止原則を否定する立場からの新たな問題提起がなされており、改めて利得禁止という側面からこの制度を説明することの是非が論点となっている。

以上、残存物代位に関する保険法の規律と趣旨をみてきたが、その趣旨を更に考察するうえで視野を広くもつ観点から、イギリス法についてみてみることとする。

3．イギリス法における残存物代位[57]

（1）制度の呼称

イギリス法における残存物代位を考察する場合に、まず考えなければならないのは、日本法における残存物代位は、イギリス法においてはいかなる制度に対応するかである。これは最初の問いであるとともに、全体像を理解したうえで下すべき結論でもある。このことをはじめに取り上げるのは、この制度に関するイギリスの制度と日本法における残存物代位の対応関係に注意が必要であるからである。

かかる問題意識をもとにイギリスの文献にあたると、損害てん補の保険において全損の場合に被保険者が残存物について有する利益を保険者が取得する制度（以下、誤解を避けるために、残存物代位とはいわずに、残存利益取得の制度又はその法理と便宜的に記す[58]。）がイギリスに存在することには疑いないが、その制度の呼称

---

[56] 土岐孝宏「損害てん補にかかわる諸法則といわゆる利得禁止原則との関係──ドイツにおける利得禁止原則否定後の評価済保険規整、重複保険規整、請求権代位規整の議論を手掛かりとして──」保険学雑誌626号1頁（2014年）、特に25頁。

[57] 残存物代位制度に関するイギリス法の研究を日本法の研究に生かすものとして次の研究があり、参照した。葛城・前掲注33）「残存物代位によって保険者が取得する権利──取得当時権利に付帯する負担も保険者に移転するか──」、倉沢康一郎・前掲注7）「保険代位について」、加藤由作「保険代位について──一部保険の効果──」保険学雑誌440号25頁（1968年）。

[58] 本稿で明らかになるとおり、この制度は保険の目的物についての財産的権利（proprietary rights）に関する制度である。この制度を規定するイギリスの1906年海上保険法（Marine Insurance Act 1906）79条は「保険の目的物に残存する部分について被保険者が有する利益を承継する

は必ずしも一様でないことがわかる。それらの用法を分類すれば、次の3つになろう[59]。

第1に、この制度を subrogation（代位[60]）という用語をあてて説明するものがある[61]。例えば、Ivamy は、これを全損の場合の代位として説明する[62]。すなわち、Ivamy は、保険者が代位できる権利としては、不法行為（tort）から生ずる権利、契約から生ずる権利、制定法上の権利及び目的物（subject-matter）についての権利の4つの場合があり、目的物についての代位は全損の場合に生ずるとする[63]。また、一般的に、海上保険法についての著作では、代位についての説明の中で、全損の場合の残存利益取得の制度が説明されている場合が多い[64]。しか

権利を有し（becomes entitled to take over the interest of the assured in whatever may remain of the subject-matter)」と表現しているので、本稿ではこの規定方式にそって、残存利益取得という用語をあてた。ただし、うえの承継（take over）の意味は取得と解して取得という用語をあてた。なお、ここで利益とは interest で、イギリス法の interest は right（権利）やそれに準じるものを含む概念である。

59 筆者がイギリスの文献をみて分類したもので、イギリスでこのように分類されているものではない。

60 イギリス法における subrogation（代位）は、後述するとおり、権利の移転を伴わないもので、その点から保険以外についても認められる種々の場合の代位と共通して用いられる用語である。日本法においては、代位という用語は、権利が移転しない場合のもの（債権者代位、その他）と移転する場合のもの（損害賠償者の代位や保険代位）の2つの用法が認められる（法令上の用法として、吉田一郎ほか共編『法令用語辞典〔第9次改訂版〕』（学陽書房、2009年）、代位の項を参照）。イギリスの subrogation は、権利が移転しないという点で、厳密には日本法における保険代位とは法的性格を異にするものと考えられるが（債権者代位の場合の代位の意味に近い面がある。）、以下の説明では、subrogation を「代位」と訳すこととする。ただし、そのイギリス法上の意味を強調する場合には、英語のまま subrogation と記す。イギリス法における保険代位の概念については、第10章（その原論文として、拙稿「イギリス法における保険代位の概念と法律根拠」損害保険研究57巻3号125頁（1995年））で詳しく説明している。

61 Ivamy 以外の例として、木村栄一＝越知隆訳『ハンセル　保険の原理』（原著書 D. S. Hansell, Elements of Insurance, 4th ed., Reprinted (with Update), London, 1987)（損害保険事業総合研究所、1995年）212頁以下参照。ただし、同書は、別の箇所では、salvage という用語を用いているが（同翻訳書201頁参照）、残存利益を差し引く場合には salvage として、保険者がその権利を行使する法理については subrogation という用語をあてているようである。

62 E. R. H. Ivamy, General Principles of Insurance Law, 6th ed., London, 1993, p. 498 & 502.

63 Ibid.

64 その例として、D. O'May, J. Hill, Marine Insurance Law and Policy, London, 1993, Chap. 16；木村栄一＝大谷孝一訳『テンプルマン海上保険――その理論と実際――第6版』（原著書 R. J. Lambeth, Templeman on Marine Insurance: Its Principles and Practice, 6th ed., London, 1986)（損害保険事業総合研究所、1991年）617頁以下参照：E.R.H. Ivamy, Chalmers' Marine Insurance Act 1906, 10th ed., London, 1993（以下、Chalmers として参照する。）p. 131；E. R. H. Ivamy, Marine Insurance, 4th ed., London, 1985, Chap. 40；木村栄一＝近見正彦訳『ターナー＆アレキサンダー海上保険の原理　第7版』（原著書 E. V. C. Alexander, revised and edited, The Principles of Marine Insurance; A primer, 7th ed., London, 1986)（損害保険事業総合研究所、1994年）116頁参照)、姉

し、後にみるように、最近の文献ではそうではない立場がみられる。

第2に、この制度を salvage[65]として説明する立場がある。Clarke は、これを salvage として説明し[66]、salvage は subrogation とは異なると指摘する[67]。同様に、Eggers は、これに salvage という表題をあてて、subrogation とは区別して説明する[68]。Merkin は、全損の場合の保険者のこの権利について、a common law right of salvage という用語をあてている[69]。一般に、海上保険以外の保険種目に関する文献では、この制度を salvage として説明している場合が多くみられる[70]。

第3は、この制度を abandonment[71]として説明する立場である。MacGillivray[72]は、abandonment という用語は、全損の請求を行う場合の自発的な財産引渡し（voluntary cession）を意味する場合と、損害てん補の保険において物（res）についての現実全損に対する支払いがなされた場合に被保険者がその物につき有する利益を保険者に対して放棄しなければならない原則を指す場合の2つがあり、第2の原則については、subrogation に類似する面もあるが、abandonment と subrogation は基本的に異なる原則であると説明する[73]。Derham は、全

崎義史監修 大正海上火災保険株式会社海損部訳『ビクター・ドーバー海上保険法』（原著書 V. Dover, *A Handbook to Marine Insurance*, 8 th ed., London, 1975, Chapter V）（成山堂書店、1988年）173頁以下参照）；R. H. Brown, *Introduction to Marine Insurance Training Notes for Brokers*, 2nd ed., London, 1995, Chap. 13 など。

65 salvage という用語は、法律分野で種々の意味に使用される。海法上の救助、救助行為、救助報酬、救助物の他、より一般的に、救助、売得金等の意味でも使用される。以下の議論では、特定の日本語に訳さず、そのまま salvage という用語を使用する。

66 M. A. Clarke, *The Law of Insurance Contracts*, 5th ed., London, 2006, p. 890.

67 Ibid., p. 975.

68 H. G. Beale, et al., *Chitty on Contracts*, 31st ed., London, 2012, vol. 2, Chap. 41 (Insurance) by P. J. S. M. Eggers, p. 1375.

69 R. Merkin, *Tolley's Insurance Handbook*, Croydon, 1994, p. 110. ただし、後述するように、同氏は、別の著作においてこの法理を abandonment として説明している。

70 salvage という用語をあてて説明するその他の例として、D. C. Jess, *The Insurance of Commercial Risks: Law and Practice*, 2nd ed., London, 1993, p. 325.

71 abandonment という用語も、法律上、種々の意味に使用される。一般的には「委付」と訳されることが多いが、イギリス法における abandonment の意味及びその法理は、後に検討するとおり、日本法における委付及び委付の法理と必ずしも同じではない。したがって、以下の議論では、誤解を避けるために、この用語を特定の日本語に訳さずに abandonment と記すか、「放棄」という一般的な用語をあてる。

72 J. Birds, et al., *MacGillivray on Insurance Law*, 12th ed., London, 2012. 以下、MacGillivray として参照する。

73 Ibid., pp. 691-692.

損の場合の残存利益取得の法理を doctrine of abandonment と称して、これはイギリスの判例の中でしばしば subrogation と混同されてきたが、これらはいずれも損害てん補の原則（principle of indemnity）を確保する点では共通するが、本質的に異なるものと指摘する[74, 75]。また、Colinvaux は、abandonment を全損の場合の法理として説明し、abandonment と notice of abandonment が区別されなければならないことに注意喚起する[76]。すなわち、abandonment は保険者に残存物取得の権利（right of salvage）を与えるもので、これは海上保険に限定されない原則であるが、notice of abandonment は海上保険において解釈全損を現実全損に変換するための手続きとする[77]。（ただし、同書を執筆している Merkin は、別の著書において、1906年海上保険法（Marine Insurance Act 1906、以下、単に海上保険法と略す。）79条の規定は[78]、salvage と subrogation という別の制度を規定していて、前者は、海上保険法63条1項の保険者の権利と関係するとして、保険者の salvage の権利として説明している[79]。）

　残存利益取得の制度を abandonment という用語を用いて説明する立場は、保険契約法一般についての文献にみられるが、そのような指摘は海上保険の文献にも見られる。Arnould[80] は、subrogation についての章において、海上保険法79

74　S. R. Derham, *Subrogation in Insurance Law*, Sydney, 1985, pp. 14-22. なお、同書はオーストラリアで出版された文献であるが、イギリス法を詳しく分析している。

75　なお、Derham は、海上保険に特有の制度は、doctrine of constructive total loss であり、doctrine of abandonment を損害てん補の保険に共通する法理として説明する（Ibid., p. 15）。

76　R. Merkin, *Colinvaux's Law of Insurance*, 9th ed., London, 2010, p. 1164. 第9版は、Merkin による改訂版であるが、以下では本書を Colinvaux として引用する。

77　Ibid.

78　海上保険法79条は次のとおり規定する。なお、翻訳は、葛城照三＝木村栄一＝小池貞治共訳「1906年英国海上保険法」損害保険研究39巻2号123頁以下（1977年）による。
　第79条　代位権
　(1)　保険者が、保険の目的物の全部、または貨物の場合には保険の目的物の可分な部分の全損に対して保険金を支払ったときは、保険者は、これによって、保険金が支払われた保険の目的物の残存する部分について被保険者が有する利益を承継する権利を有し、かつ、これによって、損害を引起した災害の時から、保険の目的物自体についておよび保険の目的物に関して被保険者の有する一切の権利および救済手段に代位する。
　(2)　前諸規定に従うこととして、保険者が分損に対し保険金を支払った場合には、保険者は、保険の目的物またはその残存する部分に対していかなる権原も取得しない。ただし、保険者は、損害に対する支払によって、この法律に従って被保険者が損害てん補を受けた限度において、損害を引起した災害の時から、保険の目的物自体についておよび保険の目的物に関して被保険者の有する一切の権利および救済手段に代位する。

79　R. Merkin, *Marine Insurance Legislation*, 4th ed., London, 2010, p. 108.

80　J. Gilman et al., *Arnould: Law of Marine Insurance and Average*, 18th ed., London, 2013. 以下、

条1項は、Right of Subrogation との表題があり、基本的には subrogation に関するものではあるとしたうえで、1項は abandonment の制度についてのものであると記している[81]。また、Hodges も、79条1項は、abandonment and proprietary rights を含む利益取得の権利と subrogation の権利についての2つの原則を含み、それらはどちらも損害てん補の原則のもとにおける同類の原則であるが、それらは異なるものであり、それらが異なることを認識しないことが法律上、混乱を生ぜしめたとする[82]。また Bennett は、subrogation の用法上の問題を指摘し、subrogation の章では残存利益取得の制度は取り上げていない[83]。そして、abandonment については、それを現実全損と解釈全損に共通する制度として説明する[84]。Gauti も同様に整理する[85]。

このように全損の場合の保険者による残存利益取得の制度がイギリス法に存在することは、数多くの文献で取り上げられていることからみても明らかであるが、その呼称についてはいくつかの用法があることがわかる。呼称に違いがある背景には、この制度の本質の捉え方に見解の相違が存在することが想像できる。

それでは、見解の相違はどこから生じてくるのであろうか。また、いずれが適切なのであろうか。この点の検討は、残存利益取得の制度の本質を探求することを意味する。そのために本稿では、まず全損の場合の残存利益取得の制度の全体像を概観したうえで、次に、この制度が、その他の制度、すなわち第三者に対する権利についての代位や海上保険における委付の制度とどのように関連し、また区別されるものかを考察することとする。

（2）残存利益取得の制度の概要
① 適用領域

まず、全損の場合の残存利益取得の制度が法理として適用される保険種目をみておく。

Arnould として参照する。
81 Ibid., p. 1628. また、abandonment は現実全損と解釈全損とを問わずに、全ての全損に共通するものとする（Ibid., p. 1576）。
82 S. Hodges, *Law of Marine Insurance*, London, 1996, p. 8.
83 H. Bennett, *The Law of Marine Insurance*, 2nd ed., Oxford, 2006, Chap. 25.
84 Ibid., p. 692.
85 Gauti は abandonment を損害てん補の保険に共通する法理として整理する（D. R. Thomas, edited, *The Modern Law of Marine Insurance*, London, 1996, Chap. 6 by G. Gauti, p. 204）。

すでに述べたように、この制度に関する規定を含む海上保険法は海上保険契約に適用されるので[86]、そこに示される規律が海上保険[87]に適用されることに疑問はない。問題となるのはその他の保険における扱いである。イギリスでは保険契約の全体についての網羅的な制定法は存在しないので、海上保険以外の保険契約は判例法に基づくこととなるが、残存利益取得の法理は海上保険に特有のものではなく損害てん補の契約 (contract of indemnity) に適用されることは多くの判例で確認されている[88]。

それでは、イギリス法において損害てん補の契約とは具体的にいかなる契約を指すのであろうか。この点を簡単にみておく。

まず、損害てん補 (indemnity) の一般的な意味としては、(i)偶発的被害、損傷もしくは損失に対する保証もしくは保護、又は(ii)行為の過程で生じた罰もしくは責任を法律上免じることを意味するとされる[89]。損害てん補の契約とは、損害のてん補を目的とする契約を指し、損害てん補とは保険に特有の考え方ではない[90]。

損害てん補の契約として理解されている保険契約としては、海上保険契約[91]、火災保険契約[92]、その他、日本において「損害保険」[93]として一般に理解されてい

---

86 海上保険法は、海上保険に関する法を法典化する法律 (An Act to codify the Law relating to Marine Insurance) であることは、その法律の最初に示されている。
87 海上保険の定義は、海上保険法1条に示されている。
88 *Dane* v. *Mortgage Insurance Corp.* [1894] 1 Q. B. 54 において、Esher 卿は、この制度は、法律上、損害てん補の契約 (contract of indemnity) とされるあらゆる保険契約に共通するものと述べた (Ibid., at 61)。その他、この法理が損害てん補の保険に適用されることを示した判例として次がある。*Rankin* v. *Potter* (1873) L. R. 6 H. L. 83 at 118 per Blackburn L.; *Kaltenbach* v. *Mackenzie* (1878) 3 C. P. D. 467 at 470 per Brett L. J.; *Moore* v. *Evans* [1918] A. C. 185 at 196 per Lord Atkinson; *Holmes* v. *Payne* [1930] 2 K. B. 301. なお、この点については、abandonment の法理として更に検討する。
89 *The Compact Oxford English Dictionary*, 2nd ed., Oxford, 1991. また同書では、indemnity の類似語として indemnification という用語があるが、これは実際に生じた損害や損失を補償する行為、又はこの目的でなされた支払いを指す。
90 R. Merkin, *Colinvaux's Law of Insurance*, 6th ed., London, 1990, p. 4.
91 海上保険法1条。海上保険契約では、保険価額を事前に協定することが一般的で、保険価額の協定は、詐欺がない限り当事者において拘束力をもつ (海上保険法27条参照)。かかる保険価額の協定は損害てん補の保険契約であることの性質を変えるものではないと理解されている (Ivamy, *General Principles of Insurance Law*, supra note 62, p. 9)。
92 *North British and Mercantile Insurance Co.* v. *London, Liverpool and Globe Insurance Co.* (1877) 5 Ch. D. 569.
93 日本法における損害保険契約という概念は、イギリス法において、indemnity insurance contract という言葉に対応するが、イギリスでは、保険契約を損害保険契約と生命保険契約、又は損

る保険種目が大体において対応する[94]。保険法において損害保険契約の規律が適用される傷害疾病損害保険契約に対応する保険は、イギリスでは personal accident insurance で[95]、これは、偶発的身体傷害（accidental bodily injury）による死亡、永久高度障害、又は一時的障害の場合に、約定した金銭が支払われる保険で[96]、一般に、損害てん補の保険としては理解されていない[97]。当然ながら、生命保険、疾病保険（sickness insurance）は、損害てん補の保険ではない[98]。

さて、これらの損害てん補の保険において残存利益取得の法理が適用されるのは、一般的には、有体物（res）についての保険であるが、イギリス法において財産（property）には、動産（chattel）の他に、無形財産（intangible property）[99]も含まれるので、この法理は、無形財産についても適用されるものと考えられている。例えば、有価証券を保険に付けたような場合である[100]。また、保証保険（guarantee insurance）や信用保険（credit insurance）のように、保険者が取得する権利が債権の場合も、この法理の適用例として認められているようであるが、それを第三者に対する債権が対象となる代位の場合と区別して理解しているかは明白でない[101]。

害保険契約と定額保険契約などに分類する考え方自体が必ずしもとられていない。イギリスでは、法の適用範囲が問題となる場合には、その法の目的に照らして個々にその適用を判断するアプローチがとられている。

94　Ivamy は、生命保険、傷害保険（personal accident insurance）、疾病保険（sickness insurance）以外の保険はすべて損害てん補の保険であると記している（Ivamy, *General Principles of Insurance Law*, supra note 62, p. 9）。

95　日本語の傷害保険を英語に直訳すれば、injury insurance といった言葉があげられるかもしれないが、injury insurance という用語は一般的でない。

96　C. Bennett, *Dictionary of Insurance*, 2nd ed., London, 2004. 同書の personal accident insurance の項（p. 238）を参照。ただし、イギリスにおいては、いろいろな種類の保険商品が販売されており、一概に論ずることは適当でない。

97　*Theobald v. Railway Passengers Assurance Co.* (1854) 10 Exch. 45 at 53.

98　しかし、損害てん補の保険としては理解されていないこれらの保険種目についても、それらの保険が特定の経済的に識別できる損失に対して手配される場合には、損害てん補の原則から導かれるところの代位（subrogation）の法理を適用すべきであるとの議論がある。例えば、債権者が債務者に対して債権の額を保険金額として生命保険をつける場合や、企業がその経営幹部などを被保険者としてその人の死亡が企業に及ぼす損失をカバーするためにつける要人保険（keyman insurance）の場合に、代位の法理を適用させるべきであるとの議論があるが、生命保険という形式を利用した場合には代位は適用されないと考えることが安全であるとする（J. Birds, *Birds' Modern Insurance Law*, 8th ed., London, 2010, p. 322）。

99　株式や債権などの無形の財産。

100　*Dane v. Mortgage Insurance Corp.* [1894] 1 Q. B. 54.

101　Derham は、保証保険（debt insurance；注 guarantee insurance と同義として理解されているようである。）のように債権を保険に付けた場合の保険者による債権の取得を abandonment とし

それでは、残存利益取得の法理が適用される事例にはいかなるものがあるのであろうか。その例を判例から拾ってみると、海上保険における沈没した船舶の残骸や回収された貨物の取得[102]、火災保険における火災後の残骸物の帰属[103]、動産についての全危険担保の保険において無くした宝石が保険処理後に発見された場合の宝石の帰属[104]、などがある。また、全損処理を行う場合に保険者が残存物を取得するか、あるいはその相当金額を入手することは、自動車保険や航空保険の実務でも一般的に行われているようである[105, 106]。

このように残存利益取得の制度は、その呼称は別としても、損害てん補の保険において確立した制度であることに疑いはないものといえる。

② **法律根拠**

保険者による残存利益取得の制度は、保険証券の契約条項に規定される場合も多く存在し[107]、その場合、それは当事者の契約上の合意として効力が判断されることになるが[108]、以下では、この制度が、損害てん補の契約における法理として適用される場合の法律根拠をみてみる。

まず、海上保険については、この法理は海上保険法のなかに規定されていて[109]、制定法により裏付けられていることはいうまでもない。問題は、この法理が損害てん補の契約に共通する法理として認められるところの法源である。

全損の場合の残存利益取得の法理は、海上保険法の制定の以前から、判例法上、確立されたものであることは、先に掲げた適用例についての判例の年代をみ

　て、subrogation とは区別して理解しているが（Derham, supra note 74, pp. 38-39）、これを subrogation という用語をあてて説明する判例も存在する（*Parr's Bank Ltd.* v. *Albert Mines Syndicate Ltd.* (1900) 5 Com. Cas. 116; *Meacock* v. *Bryant and Co.* [1942] 2 All. E. R. 661）。また、同様に subrogation として扱う文献もみられる（MacGillivray, 12th ed., supra note 72, p. 1110）。
102　*Kaltenbach* v. *Mackenzie* (1878) 3 C. P. D. 467.
103　*Oldfield* v. *Price* (1860) 2 F. & F. 80.
104　*Holmes* v. *Payne* [1930] 2 K. B. 301.
105　自動車保険における適用例について、Colinvaux, 9th ed., supra note 76, p. 550.
106　航空保険における実務として、原茂太一『イギリス法における航空保険』（損害保険事業総合研究所、1991年）p. 125参照。
107　例えば、オールリスクスの財産の保険（All Risks Property Insurance）に通常挿入される条項では、事故が生じた場合、保険者は、損害が生じた場所に入って対象の財産を取得するための処置をとれること、被保険者はその財産を保険者に対して放棄（abandonment）することはできないこと等が規定されている（その条項の例として、J. Hanson & C. Henley, *All Risks Property Insurance*, London, 1995, p. 167参照）。
108　かかる条項の有効性は契約法の解釈原則により判断されることになろう。
109　海上保険法79条。

れば明らかである。しかし、この法理がイギリスにおいていつ頃からいかなる形で認められてきたのか、その正確なところははっきりしていないようである。Derham は、残存利益取得の制度を abandonment という用語を用いて説明する立場をとるが、同氏は、1897年の海事事件記録（Admiralty Records）[110]は、保険の目的物の残存物について保険者の権利を認めた事件として1573年の事件を参照している、とする[111]。この指摘を認めるならば、この法理は、海上保険のイギリスへの伝播と大きな時間的隔たりなく、イギリスで認められてきたものとなる[112, 113, 114]。

　さて、イギリス法において法律根拠を論じる場合に問題となるのは、当該法理がイギリス判例法の2つの源流であるコモン・ローとエクイティのいずれから発するかという点である[115]。この点は、法理の性格を理解して実際に適用していくうえで重要な点である[116]。

　残存利益取得の法理が、コモン・ローとエクイティのいずれによるかについては、必ずしも盛んに議論されているわけではないようであるが[117]、この問題は、

110　(1897) 11 Selden Society 149.
111　Derham, supra note 74, p. 14. ただし、Derham は、その事件は保険の目的物の残存物に関する保険者の権利を認めたものと思われるものの、その権利の性格や根拠についてはそこに記されていない、とする。
112　木村栄一博士の研究によると、海上保険がいつロンドンに伝えられたかその正確な記録はないものの、1547年及び1548年に作成された保険証券が残されているとされる（同『ロイズ保険証券生成史』（海文堂、1979年）292頁以下、同『海上保険』（千倉書房、1978年）11頁）。なお、1547年証券は海事裁判所関係のファイルの中から発見されたもので、その証券についての争いの中では、委付の通知や救助物の取得が問題となっている（同・前掲『ロイズ保険証券生成史』297頁）。
113　この制度の起源を解明するためには、海上保険がイギリスに伝播される前の大陸諸国における法や商習慣を研究する必要がある。木村栄一博士の前掲注112）『ロイズ保険証券生成史』に掲載されている各種の保険証券をみると、そこには委付や全損の場合の放棄に関する記述が多く含まれており、この制度が長い歴史をもつことが推察される。なお、委付制度の起源については、木村・前掲注112）『海上保険』217頁以下が詳しい。
114　この歴史認識は、この制度の法理が、コモン・ロー又はエクイティのいずれの法理として生成してきたのかを吟味するうえで重要である。
115　コモン・ローとエクイティについて、その内容、起源、相互関係などを説明した日本語の文献として以下を参照。島田真琴『イギリス取引法入門』（慶應義塾大学出版会、2014年）2頁以下、戒能通厚編『現代イギリス法事典』（新世社、2003年）36頁以下、高窪貞人『イギリス法入門』（三訂版）（中央大学出版部、1994年）44頁以下、メイトランド著トラスト60・エクイティ研究会訳『エクイティ』（有斐閣、1991年）特に、第1、2、12講、田中英夫『英米法総論　上』（東京大学出版会、1980年）特に10頁以下、望月礼二郎『英米法〔改訂版〕』（青林書院、1985年）特に30頁以下、末延三次『英米法の研究　下』（東京大学出版会、1960年）389頁～422頁。
116　代位（subrogation）の法源の重要性については、第10章で詳しく述べる。
117　日本法の請求権代位に相当する場合の代位（subrogation）は、エクイティ上の法理とみるか、

この法理の性格を理解するうえで重要であるだけでなく、それを他の制度、例えば代位（subrogation）についての法理と同一視できるかどうかを吟味するうえでも重要である。

Derham は[118]、残存利益取得の法理は古いエクイティの判例[119]のなかにも見出されるものの、保険者のこの権利は実際にはコモン・ロー裁判所で進化し[120]、またコモン・ロー裁判所によって行使されてきたものとする[121]。同氏は、判例の中にはこの法理をエクイティから説明するものも存在するが[122]、この法理がコモン・ロー裁判所で発達してきたことは明らかで、裁判官がエクイティという言葉を用いて説明している事例においてもそれは自然的正義（natural justice）[123]という意味でエクイティと述べているにすぎないものと指摘する[124]。また、代位（subrogation）の法理と全損の場合の残存利益の取得の法理は判例のなかでもしばしば混同されてきたが、これらを峻別すべきと主張し、代位はエクイティ上の法理であるが、全損の場合の残存利益取得の法理は、損害てん補の契約において損害てん補の契約であることを確保するためのコモン・ロー上の法理であるとして、この2つを区別すべきことを法源に遡って裏付けようとする[125]。

Merkin は、この制度を salvage として説明する記述の中で、"the insurer has

損害てん補の契約に存在する黙示的条項（implied term in contract）に求めるか（つまりコモン・ロー上の法理とみるか）で論争があった。学説の対立が生じた理由、その重要性、判例、問題点などは、第10章で説明する。ただし、残存利益取得については法源をめぐる論争は筆者が調べたところでは見受けられない。

118　Derham, supra note 74, p. 14. ただし、残存利益取得の研究としてではなく、subrogation の本質を吟味する観点から取り上げた議論である。
119　その例として、Derham は、次の判例をあげている。*Pringle* v. *Hartley* (1744) 3 Atk. 195; 26 E. R. 914; *Randal* v. *Cockran* (1748) 1 Ves. Sen. 98; 27 E. R. 916.
120　Derham は、この原則の進化には、Mansfield 卿が果たした役割が大きいとし、その例として次の判例をあげている。*Goss* v. *Withers* (1758) 2 Burr. 683; 97 E. R. 511; *Hamilton* v. *Mendes* (1761) 2 Burr. 1198; 97 E. R. 787; *Milles* v. *Fletcher* (1779) 1 Dougl. 231; 99 E. R. 151; *Kulen Kemp* v. *Vigne* (1786) 1 T. R. 304; 99 E. R. 1109.
121　Derham, supra note 74, p. 14.
122　*Rankin* v. *Potter* (1873) L. R. 6 H. L. 83 at 118 per Blackburn J.; *Moore* v. *Evans* [1918] A. C. 185 at 196 per Lord Atkinson.
123　Walker は、エクイティの存在は大陸法にも確認できるが、それは純粋に観念的なもので自然的正義とほとんど同義であり、イギリスにおいては、自然的正義は裁判官が法の適用にあたり解釈に影響を与えるものであることは疑いないが、イギリス法の判決の根拠を形成する概念ではない、と説明する（R. J. Walker, *Walker & Walker The English Legal System*, 6th ed., London, 1985, pp. 42-43)。
124　Derham, supra note 74, p. 14.
125　Ibid., pp. 14-22.

a common law right of salvage" という表現を使っている[126]。法源についての記述ではないものの、a rule of equity といわずに a common law right of salvage と記している点から、Merkin も、これをコモン・ロー上の権利として理解しているものと推察できる。

③ 残存利益取得の制度の特徴

さて、残存利益取得の制度はいかなる特徴をもつ制度といえるだろうか。この制度の内容を理解するために、保険契約当事者の権利義務をみてみる。

まず、保険者の立場であるが、保険者は、保険の目的物の全損[127]に対して保険金を支払ったとき、保険の目的物の残存する部分について被保険者が有する利益を取得する権利を有する[128]。ここで注意したい点は、まず、イギリス法では、この残存利益の取得は保険者の権利とされていて[129,130]、被保険者の意思あるいは保険金支払いによる法律効果として移転が生ずるものではないことである[131]。したがって、保険者の側からみた場合、この制度は、保険者は全損金の支払いにより保険の目的物に残存する利益を、それを希望すれば、取得することが認められる制度といえる。

第2に、ここにいう利益とは interest であって、財産 (property) についての

---

126 Merkin, *Tolley'sInsurance Handbook*, supra note 69, p. 110.
127 海上保険法79条1項は、貨物の場合には保険の目的物の可分な部分の全損に対して保険金を支払った場合についてもこの原則が適用されることを明示しているが、この点は、貨物海上保険にのみ認められる特則ではなく、損害てん補の保険に共通すると考えられる。そのことは、盗難保険における保険の目的物の可分な部分の全損の場合に、この原則を適用している判例があることからみても明らかであろう。
128 海上保険法79条1項。この立場は判例法も同じと考えられる。
129 Hodges, supra note 82, p. 8; Lord Goff of Chieveley & G. Jones, *The Law of Restitution*, 7th ed., London, 2007 (以下、Goff & Jones として参照する。), p. 158; Clarke, supra note 66, p. 890.
130 この点について海上保険法は、保険者は保険金が支払われた「保険の目的物の残存する部分について被保険者が有する利益を承継する権利を有する (entitled to take over the interest of the assured in whatever may remain of the subject-matter)」(79条) と明確に示している。なお、63条 (委付の効果) でも似た表現がとられている。63条1項は次のとおり規定する。翻訳は、前掲共訳による。
　第63条　委付の効果(1)有効な委付がある場合には、保険者は、保険の目的物の残存部分についての被保険者の利益、及び保険の目的物に付随するすべての財産権を承継する権利がある。
　O'May は、下院の委員会において、海上保険法案のなかの entitled to the interest という表現が entitled to take over the interest という表現に変更されたというエピソードを記している (O'May, supra note 64, p. 467)。
131 しかし、過去の判例のなかには財産が自動的に移転するという立場をとるものもあり (例えば、*Simpson v. Thomson* (1877) 3 A. C. 279 at 292 per Lord Blackburn)、この点の判例法の立場は必ずしも確立されたものとはいえない面を残している (O'May, supra note 64, p. 466)。

権利 (right) や権限 (title) を意味する[132]。したがって、保険者がその物の利益の取得を選択した場合、保険者はその物についての財産的権利 (proprietary rights) を享受することになる[133]。

次に被保険者の立場であるが、被保険者は、全損として保険金を請求する場合には、保険の目的物に残存する利益を手放さなければならない[134]。もちろん、保険者が取得を選択しなければ、被保険者は保険の目的物の権利を引き続き有することができる。保険の目的物の権利は、保険者がその取得を選択してはじめて被保険者から保険者に移転するのであって、全損金の支払いにより自動的に移転が生じるものでも、また、被保険者の単独行為として移転が生じるものでもない。

このように物についての財産的権利は保険者がそれを選択する場合にはじめて保険者に移転することになるが、それでは保険の目的物に費用や責任などが付帯して残存物がいわゆるマイナスの財産である場合や、逆に残存物が支払保険金以上の価値を生むような場合には当事者はいかなる立場になるのであろうか。次の疑問点がでてこよう。第1に、保険者がその物の取得を選択した場合、保険者はその物から自己が支払った金額以上の回収金を得ることが認められるのか、第2に、その物に保険価額には反映されない個人的・精神的価値が存在する場合は、当事者の権利関係はどのようになるのか、第3に、保険者がその物の取得を選択した場合には、その物に付随する費用負担や責任などの消極的利益も保険者に移転するか、第4に、保険者がその物の取得を選択しない場合にその物は誰に帰属するのか、という点である。以下、これらの点についてイギリス法の立場をみてみる。

a. 残存物の取得による保険支払額以上の回収の可否　全損は、物が物理的かつ経済的に完全に滅失した場合に限定される概念ではない以上[135]、全損の場合

132　イギリス法における interest には幾つかの意味があるが、ここでは財産についての権利、権原の意味にあたる。イギリス法の interest の意味については、E. R. H. Ivamy, *Mozley and Whiteley's Law Dictionary*, 10th ed., London, 1988における interest の項を参照。

133　ただし、海上保険法63条1項には「及び保険の目的物に付随するすべての財産権 (proprietary rights)」と記されているが、79条1項にはこの文言はない。したがって、79条1項において保険者が取得する対象に「保険の目的物に付随するすべての財産権」が含まれているのか条文上ははっきりしない問題があるように感じる。しかし、イギリスの判例をみると、全損の場合に保険者が取得する権利の中身について、解釈全損の場合と現実全損の場合で差は設けられてはいないことから、保険者の取得する権利の中身について、63条1項と79条1項で差は想定されてないと考えられる。そうすると海上保険法はなぜ63条にのみこの表現を加えたか疑問もでてくる。

134　この義務の内容は、abandonment の法理として追って取り上げる。

に、その対象となった物に経済的な価値が残る場合や、被保険者の占有は離れても保険の目的物がそのままの形で存在している場合がある。全損金の支払いの後に保険の目的物が、支払保険金を超える価値を有する場合は理論的に考えられるだけでなく実際にも生じうる。例えば、盗難を担保する保険において、保険金の支払い後に、犯人の逮捕により盗難された物が発見された場合や、前掲の判例で扱われた事件のように、紛失による全損処理の後に宝石が発見されたような場合[136, 137]である[138]。この場合に保険者は、保険の目的物の権利の取得によって支払額以上の回収金を得ることは認められるのであろうか。

　この点についてのイギリス法をみてみると、全損金の支払いにおいて放棄された財産を保険者が取得する場合、保険者はその財産的権利（proprietary rights）を取得し、財産の所有権（ownership）は保険者に移る[139]。これは、損害が発生した時点において残存する保険の目的物を売買（sale）によって取得するのと同じ効果をもつものとされる[140]。したがって、保険者は残存物を取得した場合、残存物が支払保険金を超える価値を有する場合でも、その物は保険者の所有となり、保険者がそこから支払額を超えて利益（profit）を得ることが認められる[141, 142]。この

135　海上保険において全損は、現実全損（actual total loss）と解釈全損（constructive total loss）に分けられる（海上保険法56条2項）。保険の目的物が破壊される場合、もしくは保険に付けられた種類の物として存在することができなくなる程の大きい損傷を被る場合、又は、被保険者が保険の目的物を奪われてその回復が不可能である場合に、現実全損があるものとされる（同57条1項）。この定義から明らかなとおり、イギリス法において全損とは、現実全損の場合においても必ずしも客観的に経済的な価値が全てなくなった状態をさすものではない（H. Bennett, supra note 83, p. 693参照）。イギリス法における海上保険の全損概念については、石田清彦「イギリス法における全損制度について――船舶・貨物を中心として――」『海法会誌』復刊第36号（1993年）135頁参照。
136　*Holmes* v. *Payne*, supra note 88.
137　なお、イギリス法においては可分な部分についての全損概念が存在することは既述のとおり。
138　その他、海上保険法58条は、船舶の相当期間の行方不明の場合は現実全損と推定することができるものと規定する。行方不明として全損金を支払った後に船舶が発見されることはありうる。具体的判例として、*Houstman* v. *Thornton* (1816) Holt NP 242. 通信技術が発達した今日、船舶の行方不明とその後の発見はまれな出来事かもしれないが、輸送用具（例えばトラック）の行方不明とその後の発見は生じることもあろう。
139　Ivamy, *General Principles of Insurance Law*, supra note 62, p. 502; Derham, supra note 74, p. 14.
140　H. Bennett, supra note 83, p. 695; Ivamy, *General Principles of Insurance Law*, supra note 62, p. 502. この点の先例として、Derham は次の判例をあげている（Derham, supra note 74, p. 15）。*Davidson* v. *Case* (1820) 2 Brod. & B. 379 at 387; 129 E. R. 1013 at 1016 per Dallas C. J.; *Miller* v. *Woodfall* (1857) 8 El. & Bl. 493 at 503; 120 E. R. 184 at 188 per Lord Campbell C. J.; *Rankin* v. *Potter* (1873) L. R. 6 H. L. 83 at 144 per Martin B.; *The Red Sea* [1896] P. 20 at 24 per Lord Esher M. R.; *Glen Line Ltd.* v. *A. G*. (1930) 36 Com. Cas. 1 at 13 per Lord Atkin.

点は、残存物の価値が保険事故の発生後に増加した場合も同じである[143]。また、残存物を取得した以降にその物から生まれる収益はその所有者たる保険者に帰属する、とされている[144]。

このように保険者が取得する権利は財産的権利であり、それが保険金の額を上回るような価値をもつことがあっても保険者はその利益を得ることができるものと理解されている[145]。この点ではこの制度は、第三者に対する権利についての代位（subrogation）の場合と根本的に異なる。第三者に対する権利の代位は、保険者が支払った金額を減少させる範囲内においてのみ認められる。保険者は自己が支払った金額を超える金銭の回収は認められない[146]。

b．保険の目的物に保険てん補額に反映されない価値が含まれる場合　保険における損害てん補（indemnity）は経済的に評価可能な価値に基づくものであり、被保険者が保険の目的物に対して有する主観的な価値は、そのてん補の対象には含まれない[147]。しかし、保険の目的物に被保険者が個人的な価値を認めてい

141　*Glen Line Ltd.* v. *A. G.*, supra note 140, at 14 per Lord Atkin; *L. Lucas Ltd.* v. *Export Credit Guarantee Department* [1973] 1 W. L. R. 914 at 924 per Megaw L. J. その他、O'May, supra note 64, p. 466; H. Bennett, supra note 83, p. 695; Hodges, supra note 82, p. 9; Derham, supra note 74, p. 17.

142　船舶の行方不明による現実全損の場合の事例として、*Houstman* v. *Thornton*, supra note 138.

143　*Roux* v. *Salvador* (1836) 3 Bing. (N. C.) 266 at 286; 132 E. R. 413 at 421 per Lord Abinger; *Rankin* v. *Potter*, supra note 140, at 119 per Blackburn J. MacGillivray は、アンティークが紛失してその後発見される間に価値が増加した場合に保険者はその所有権を行使して利益（profit）を享受することができるであろうと述べる（MacGillivray, 12th ed., supra note 72, p. 692）。

144　Hodges, supra note 82, p. 9. なお、保険の目的物から生まれる収益の問題は、イギリス法においては、主として解釈全損として処理した場合の問題として（例えば、委付された船舶によって生み出される運賃収入の帰属の問題として）議論されている（海上保険法63条2項参照）。しかし、それは現実全損の場合（例えば船舶の行方不明）も同様と考えられる。

145　Hodges は、abandonment を承諾した場合に保険者は保険の目的物から自己が支払った金額以上に回収を得て利益を受けることがありうるが、保険者は物の取得により利益だけでなく費用負担や責任も合わせて取得するものであり、その点から報い（reward）を受けることは正当化できるのではないかとする（Hodges, supra note 82, p. 9）。

146　代位（subrogation）の権利により保険者が回収できる金銭は、支払保険金の額が限度となることは判例でも明らかになっている。海上保険法79条2項は、保険者が分損について保険金を支払った場合には、保険者はこの法律に従って被保険者が損害てん補を受けた限度において代位するとの文言があるが、全損の場合を記した1項にはそのような文言がなく、保険者は全損金を支払った場合に有責第三者から保険支払額を超える回収金を入手できるかが問題となったが、代位として保険者が回収できる金銭は自己が支払った金額が限度であるものとされた（*Yorkshire Insurance* v. *Nisbet S. S. Co.* [1962] 2 Q. B. 330.）。ただし、保険者は支払いを行った以降の利息についても権利が認められる（*H. Cousins & Co. Ltd.* v. *D. & C. Carriers Ltd.* [1970] 2 Lloyd's Rep. 397）。

147　Clarke, supra note 66, p. 882. 海上保険における保険価額の算定基準については、海上保険法16条参照。

るような場合も考えられる。被保険者の大切な所有物が盗難され、保険金の支払い後にそれが発見されたような場合、被保険者としては出現した物の取得を希望するかもしれない。もちろん保険者がそれに同意することは十分考えられるが[148]、法律上はいかなる立場になるのであろうか[149]。

この点が直接問題となった判例は報告されてはいないようであるが、Merkinは、このような場合においても、保険者の残存物取得の権利は、その他の場合と同じであろうと述べ、保険者に全損の支払義務が生じて全損金を支払った場合、物の出現によって保険者は支払保険金の返還を主張できない一方、被保険者もまた保険金を払い戻して物を取得することはできないのでないかとする[150]。

c. 消極的利益の帰属 全損処理をした保険の目的物に費用や責任が伴う場合がある[151]。沈没した船舶の撤去義務などがその例としてあげられる[152]。イギリス法においては、このような場合に、費用や責任が保険の目的物自体に付帯するのであれば[153]、それらは所有権とともに移転すると考えられている[154]。イギリス

---

148 Clarke は、このような場合、保険者はその物を被保険者に売却するだろうと述べる（Clarke, supra note 66, p. 890）。
149 美術品の保険証券における残存物の取扱いに関する条項について、Clarke, supra note 66, p. 890 参照。
150 Merkin, *Tolley's Insurance Handbook*, supra note 69, p. 110. *Holmes v. Payne* [1930] 2 K. B. 301 においては、被保険者は真珠の首飾りを失い、保険者が首飾りの交換に合意し、被保険者が代替品を入手した後に、首飾りが発見された。保険者は事故は発生していないとして、交換の合意を無効とし、代替品の返戻を求めて訴訟になったが、保険証券上の支払義務が発生して保険者が交換を合意した以上、保険者はそれを錯誤による合意として撤回することはできず、発見された物の取得ができるだけであると判決された。この事件に関連して、Merkin は、財産に精神的な価値（sentimental value）があって被保険者が財産を保有したいと考える場合でも立場は同じで、法律上は、保険者は残存物を取得することができるだろうとする。
151 保険の目的物に目的物の価値を上回る責任などが課せられていてマイナスの財産となっている場合、イギリスでは、damnosa hereditas（不利益な相続財産）というラテン語で呼ばれる。例えば、*Allgemeine Versicherungs-Gesellschaft Helvetia v. Administrator of German Property* [1931] 1 K. B. 672, at 688.
152 Hodges, supra note 82, p. 9.
153 一般的に、費用や責任の負担は、その原因を生ぜしめた経済主体に対して求められるものと考えられるので、問題となる責任や費用がそもそも残存物それ自体に付帯するかどうかを吟味する必要があろう。
154 Ivamy, *General Principles of Insurance Law*, supra note 62, p. 502; Hodges, supra note 82, p. 9. Hodges は、その具体的な事例として、船骸の撤去費用と油濁による損害に対する責任をあげる（Ibid.）。Arnould は、abandonment についての説明において、abandonment が保険者によって承諾されれば、それは放棄された財産の残存するものに対して権利を有することだけでなく、損害の時点から所有権（ownership）のあらゆる権利とあらゆる責任に身をまとうことになると述べている（Arnould, 18th ed., supra note 80, p. 1613）。なお、Arnould は、後述するとおり、abandonment を海上保険に特有の法理として捉えてはなく、ここで abandonment の効果として説明して

法においては、何人も自己の承諾なしに財産の移転を強制されることはないという一般原則があるが[155]、保険の目的物を保険者が取得した場合には、その物に付属する費用や責任も合わせて保険者に移ることとなる[156]。

d. 保険者が残存物を取得しない場合の物の帰属　それでは保険者が残存物の取得を選択しない場合、その物は誰の帰属になるか。この点が問題となるのは、残存物に費用や責任が付帯する場合などで、残存物がいわゆるマイナスの財産になっている場合である。この問題は、海上保険における解釈全損の場合の議論の中で取り上げられることが多いが、残存物の帰属の問題は解釈全損の場合に限らず現実全損の場合にも生じる。

被保険者が残存物の権利を放棄した後に保険者がそれを取得しない場合の残存物の帰属の問題については、これまで判例の中では次の3つの見解が示されている[157]。第1は、海上保険法制定前の判例に見られる考え方で、物は保険金の支払いにより自動的に移転するという見解である[158]。このような見解をとれば、物は保険者の帰属となる。第2は、その物は無主物に（res nullius）になるとする見解である[159]。第3は、放棄された目的物を保険者が取得するまでは、その物は被保険者に帰属するとする見解である[160]。これまで判例のなかで示されてきた3つの見解の内、現在、支持されているのは第3の見解で、第1、第2の見解を支持する見解は見受けられないようである[161]。

　　　いることは、全損における残存利益取得の制度に共通するものである。
155　*Foundling Hospital* v. *Crane* [1911] 2 K. B. 367 at 377 per Farwell L. J.; O'May, supra note 64, p. 467.
156　そのため、実務上は、このような責任や費用の発生が見込まれる場合においては、保険者は残存物の取得を選択しないことになろう。O'May, supra note 64, p. 466 参照。
157　Hodges, supra note 82, p. 10.
158　*Simpson* v. *Thomson*, supra note 131, per Lord Blackburn; *North of England Steamship Insurance Association* v. *Armstrong* (1870) L. R. 5 Q. B. 244, at 248 per Cockburn J.
159　*Mayor & Corporation of Boston* v. *France, Fenwick & Co.* (1923) 28 Com. Cas. 367, at 373.
160　*Oceanic Steam Navigation Co.* v. *Evans* (1934) 50 Ll. L. Rep. 1, at 3 per Greer L. J. また、この見解を支持する判例として、*Blane Steamship Ltd.* v. *Minister of Transport* [1951] 2 K. B. 965, at 990 per Cohen L. J.; *Pesquerias y Secaderos de Bacalao de Espana SA* v. *Beer* (1946) 79 Ll. L. Rep. 417, at 433; *Dee Conservancy Board* v. *McConnell* [1928] 2 K. B. 159, at 163; *Allgemeine Versicherungs-Gesellschaft Helvetia* v. *Administrator of German Property* [1931] 1 K. B. 672, at 688.
161　Hodgesは、第1、第2の見解は、海上保険法63条及び79条の規定からみて支持できないことに加え、解釈全損の場合は、被保険者は分損の処理も選択できるが（61条）、所有権を失うことと分損の処理は矛盾することを指摘する（Hodges, supra note 82, pp. 10-11)。しかし、筆者は、後者の理由は妥当であるか疑問に感じる。なぜならば、過去の判例で自動的移転が生じる、あるいは無主物になると議論している場合は、被保険者が全損処理を選択し、そのための手続きを取り、保

④ 小 括

　以上、イギリスの残存利益取得の制度の内容についてみてきたが、その特徴を整理しておく。保険者は、全損金の支払いにより、保険の目的物について残存する利益を取得することができる。この利益の取得とは、財産についての権利や権限の取得であって、損害の発生時点でその物を購入するのと同じことを意味する。したがって、目的物の取得によって保険者は支払保険金を超える額の金銭の回収を得ることが認められる一方、それがマイナスの財産になっていれば損失を被ることにもなる。このような権利は、保険金の支払いにより自動的に移転するものでも、被保険者の単独行為で移転するものでもない。財産的権利はうえにみたような特徴を有するがゆえに、それを取得するか否かの選択権が保険者に認められているといえる。イギリス法における残存利益取得の制度を理解するにあたっては、それが財産的権利についての制度である点に注意する必要があろう。

(3) 残存利益取得と代位

　それでは、イギリスにおいて、残存利益取得の制度は代位 (subrogation) なのであろうか。はじめに紹介したとおり、これを代位として説明する文献とそうでないとする文献があることをみた。以下に、残存利益の取得と代位の異同を考察することとする。

　まず問題となるのは代位とは何かである。しかし、イギリス法において、保険契約における代位という言葉の意味とその法理の中身は、明確に整理されているとは必ずしもいえないという問題がある。したがって、代位の意味、その法理の本質をいかに捉えるかによって、残存利益取得の法理も、その中に含まれたり、

険者が全損金を支払う場合のことであり、分損処理を選択した場合にも共通する議論ではないからである。Goff & Jones は、コモン・ロー及びエクイティ上、財産 (property) の所有者はその財産を単に放棄 (abandon) することによってその財産の所有権 (ownership) から逃れることはできず、被保険者は、放棄の通知 (notice of abandonment) によって、目的物を保険者に対して放棄したにすぎず、世の中全体 (whole world) に対して放棄したものではないとして、保険者が目的物を取得しない場合には、目的物は被保険者の財産であり続けるものと考えるのが妥当であろうとする (Goff & Jones, supra note 129, p. 159.)。O'May の主張も同様である (O'May, supra note 64, p. 469)。なお、残存物を放棄したとしても、被保険者は自己又はその使用人の過失による責任を免れることはできないということの例として、スクラットン判事 (Scrutton L. J.) が、郵便配達人に噛付くことがわかっている犬が、郵便配達人に噛付いた場合に、その犬の所有者は、犬を放棄することでその責任を免れることはできないという例を示したこと (*Dee Conservancy Board* v. *McConnell* [1928] 2 K. B. 159, at 163) をあげている (O'May, supra note 64, p. 469)。

区別されたりすることになる。イギリス法における保険代位の概念については、詳しくは第10章で扱うが、ここでは、代位という言葉のもとで認められる用法を簡単にみたうえで、残存利益取得と代位の異同を考察する。

まず、代位という用語にあたる subrogation という言葉は、一般的には substitution を意味し[162]、法律上の意味としては、ある者（C）が、他の者（X）が第三者（D）に対して有する現在又は過去の権利や救済手段を利用するために、他の者（X）の立場に立つことを指すものと理解されている[163]。したがって、代位の権利とは、他の者の立場に立ってその者が第三者に対して有する権利を行使する権利を指す。このような権利は、保険に特有のものでなく、保証（surety）における代位権、貸主の代位権、銀行の代位権、信託における債権者の代位権なども存在する[164]。かかる意味において保険における代位を議論する場合、代位権とは、被保険者が第三者に対して有する権利の利益を保険者が享受するために、保険者が被保険者の立場に立つ権利を意味し、その法理を指して代位の法理（doctrine of subrogation）ということになろう。

しかし、保険における代位の法理に関する指導的判例としてその後の多くの判例で支持されてきた Castellain v. Preston[165] は、うえに掲げた代位の用法がそのままあてはまるような事案ではない[166]。すなわちこの事件では、不動産が売買され、売主が火災保険を手配していた。火災が生じて売主は火災保険金を得たが、売主は火災事故にかかわらずに買主から売買代金を取得したため、保険者は売買代金のうち保険金相当金額を被保険者から回収することができるかが問題となった。控訴院の裁判官は、保険者は、損害てん補の契約のもとにおいて、被保険者が有するあらゆる権利を享受する権利があるものとして、保険者の回収を認めた。そしてこの結論を代位の法理（doctrine of subrogation）の適用として導いたのである。

この事件は、保険金の給付と売買代金の重複により、被保険者が損害額以上の給付を受けることになった場合の保険者の権利を扱った事件ではあるが、この事

---

162 *The Compact Oxford English Dictionary*, supra note 89.
163 A. Burrows, *The Law of Restitution*, 3rd ed., Oxford, 2011, p. 145.
164 Ibid., p. 145; Goff & Jones, supra note 129, p. 131.
165 (1883) 11 Q. B. D. 380.
166 本判決における事件内容、判決内容については、第10章の5（1）「イギリス法における保険代位の概念」を参照。

例における保険者の権利を厳密にみれば、この事例は、被保険者が結果的に超過てん補を受けた場合の超過額についての保険者から被保険者に対する人的請求権が問題となったものであり、保険者が被保険者の立場に立って、被保険者が第三者に対して有する権利を行使したような事例ではない。保険者の権利を認めたこの判決が妥当であるか否かの問題は別として、かかる事案における保険者の権利が代位の法理として示されたことで、法理としての代位の意味は、先にみた代位の意味からは拡張されることになったことは否めない。この判例で示された考え方に基づけば、損害てん補の保険のもとで損害てん補の原則（principle of indemnity）を確保するために保険者に認められる種々の権利や救済手段が、代位の法理の名のもとで認められることになる[167]。

更に、保険契約の全体に関係する制定法としてイギリスで唯一の海上保険法は、代位権（Right of Subrogation）という表題のもとで、第三者に対する権利についての保険者の権利と全損の場合の残存利益取得の保険者の権利の2つを規定するが[168]、そのように整理したため代位権とは、これら2つの権利を包含するものであるのかが不明確になってしまったように思われる[169]。

残存利益取得の制度を代位とみるかどうかという問題は、したがって、代位の本質をいかに捉えるかということによって決ってくることになる。

残存利益取得の制度を議論する場合に重要なことは、これを代位と呼ぶことが適当であるかを論ずることより、むしろ、代位という概念自体に捉え方の差が存在することを認識し、残存利益取得の制度の内容を理解する場合には、代位に関して確認された法がそのまま適用されると考えてよいかを慎重に吟味することである。例えば、第三者に対する権利についての代位が問題となった事例における判例が、同じ代位の法理として、残存利益取得の場合にも適用されるものと単純に考えることは適当でないであろう。

このような混同を避けるためには、残存利益取得の法理と権利の移転を伴わない狭義の意味における代位の法理がそれぞれいかに異なるのかを明らかにしてお

---

[167] 保険における代位の法理の意味の拡張に対する批判として、C. Mitchell et al., *Subrogation Law and Practice*, Oxford, 2007, pp. 315-318 を参照。
[168] 79条の条文は、前掲注78のとおり。
[169] 海上保険法の編纂に関するこの問題については、第10章で扱う。結論として、筆者は、海上保険法は、代位権という表題を付けただけであって、2つの異なる権利を代位権として整理したものではないと解釈することが妥当であるように考える。

くことが重要である。そこで、2つの制度の相違点について以下に整理しておく[170]。

第1に、残存利益取得の制度は全損の場合に適用されるが[171]、代位はそれに限定されない。

第2に、残存利益取得の法理のもとでは、保険者が残存利益の取得を選択すれば、その財産的利益が保険者に移転する。したがって、保険者は自己の名義でその権利の行使が認められる。一方、代位においては被保険者の権利は保険者に移転しない。保険者は被保険者の立場に立ってその利益を享受することが認められるにすぎない[172]。

第3に、残存利益取得においては、財産的権利が保険者に移転する結果、保険者は、そこから支払保険金を超える金額の回収を得ることが認められる。一方、代位においては、権利自体は移転せず、保険者は支払保険金の額を限度として、自己が負担した金銭を減少させることが認められるにすぎない[173]。

第4に、残存利益取得の法理は、損害てん補の契約において損害てん補の原則を確保するという点から、コモン・ロー上、認められてきたものと考えられるが、代位は、学説に争いはあるものの、少なくともその起源については、エクイティによるとの考え方が有力である[174]。

このように両者の相違点をみてみると、これら2つの制度に共通する点は、そのどちらも損害てん補の保険に適用され、損害てん補の原則を確保するために重要な機能を担っていること、そして保険金を支払った保険者に認められる権利であるという点にあって、厳密にみた場合、それぞれの権利の法的性格、効果、法源はかなり違ったものであることがわかる。これらの相違点を踏まえれば、代位と残存利益取得は異なる制度であり、それらを区別すべきであるとする主張に説

---

170 以下の整理は、うえで述べてきたことの総括であるが、特に以下の文献における整理を参照にしている。H. Bennett, supra note 83; Hodges, supra note 82; O'May, supra note 64; Clarke, supra note 66; Arnould, 18th ed., supra note 80; Colinvaux, 9th ed., supra note 76; Derham, supra note 74, Merkin, supra note 79.
171 可分な部分についての全損を含む。
172 したがって、代位においては、保険者の名で訴えを提起することはできない。また、被保険者が倒産した場合には保険者の回収に困難が生じる (Derham, supra note 74, p. 17)。ただし、上院の判決では回収金に対する保険者のエクイティ上の権利を認めている (*Lord Napier and Ettrick* v. *Hunter* [1993] A. C. 713)。
173 Derham, supra note 74, p. 17.
174 代位の法源について、詳しくは、第10章で扱う。

得力があるように思われる。少なくとも、これらの相違がある部分に関係するような場合には、両者を混同してはならないといえるだろう。

（4）残存利益取得と委付

次に、残存利益取得の制度は委付といかに関係し、また相違するのかを検討する。この制度を abandonment として説明する見解があることは冒頭に述べたとおりであるが、abandonment という用語から、この制度は海上保険における委付[175]と関係があることが想像できる。abandonment[176]とは何であろうか。まず、その言葉としての意味からみてみる。

① abandonment の言葉の意味

abandonment とは、一般的には、権利や財産を自らの意思で放棄することを指す[177]。この用語の意味は文脈において常に同一ではないが、それはこの用語が法律で用いられる場合も同様である[178]。Arnould は、この用語が幾つかの意味に使用されることに注意を喚起し、以下の3つの用法を示しているので[179]、その内容をみておく[180]。

その第1は、解釈全損（constructive total loss；推定全損とも呼ばれる。）[181]に関して、全損に対する請求を行う前になされなければならない保険の目的物に残存す

---

[175] 日本法において、委付とは、被保険者が一定の場合に保険の目的物に関する権利を移転すると同時に、保険金額全部の請求権を発生せしめようとする単独行為をいう（加藤由作『海上保険新講』（春秋社、1962年）226頁。委付は商法833条乃至841条に規定される。保険委付という場合も多いが、本章では、委付という用語を使用する。
[176] abandonment の本質を考察することが目的であるので、以下では、この言葉を英語の意味としてとらえるときは日本語に翻訳せずに、abandonment と記すこととする。
[177] *The Compact Oxford English Dictionary*, supra note 89.
[178] Ivamy, *Mozley and Whiteley's Law* Dictionary, supra note 132; R. Bird, *Osborn's Concise Law Dictionary*, 7th ed., London, 1983.
[179] Arnould, 18th ed., supra note 80, pp. 1488-1489.
[180] Chalmers も abandonment の意味について3つの用法をあげるが、その内容は、本文で示した Arnould の定義のうち、第1の意味を解釈全損の場合の abandonment と現実全損の場合の abandonment に分け、それに Arnould における第2の意味を加えて、3つの用法を示したものである（Chalmers, supra note 64, p. 98）。
[181] この用語は、海上保険に関する文献や保険実務においては、推定全損という用語に翻訳される場合も多いが、本書では、損害保険法制研究会『海上保険契約法改正試案理由書　1995年確定版』（損害保険事業総合研究所、1995年）（以下、海上保険契約法改正試案として参照する。）にならって、解釈全損という用語を使用している。なお、イギリスの法律用語の constructive total loss の訳語としては擬制全損という語がより適切とされている（鴻常夫「海上保険契約法改正試案について」海法会誌　復刊33号3頁（1990年）特に16頁、西島梅治「保険委付制度の廃止──解釈全損に関する規定の新設」海法会誌　復刊35号59頁（1992年）特に63頁）。

るもの全てについての被保険者から保険者に対する自発的な引渡し（voluntary cession）である[182]。この意味における abandonment は、保険者が全損金を支払う場合に、被保険者からの自発的な abandonment が必要でない場合には、法によって（by operation of law）なされる、とする[183]。

第2は、日常的な用法として、notice of abandonment を指して abandonment と呼ばれる場合がある、とする。

第3は、上の2つとは全く異なる意味として、物理的に放棄すること、又はなくなったものとして断念することを指す場合があるとする。Arnould は、海上保険法60条1項における abandon という言葉は[184]、この意味で理解すべきであるとする。

これらの3つの用法のうち、第3の意味における abandonment は財物を放棄することそれ自体を指す用法と考えられる[185]。したがって、この用法自体は保険契約法上の法理に対応する用法ではないものと考えられるので[186]、以下の議論で

---

182 Arnould は、これが海上保険法61条乃至63条における abandonment の意味とする。
183 この部分は、現実全損の場合をさすものと考えられる。
184 解釈全損について規定する60条1項は次のとおり。なお、翻訳は、前掲注78）共訳による。
　　第60条　推定全損の定義(1)　保険証券に明示の規定がある場合はこれに従うこととして保険の目的物の現実全損が避け難いと思われるため、又は、費用を支出した後における保険の目的物の価額を超える見込の費用を支出しなければ現実全損を免れることができないため、保険の目的物が正当に遺棄（abandon：筆者挿入）される場合には、推定全損があるものとする。
185　海上保険法60条1項の abandon は、それ以外と異なる意味で用いられているとする Arnould の解釈は次の点から妥当なものと考えられる。すなわち、abandon という用語は、次の61条（前掲共訳による）にも登場する。
　　第61条　推定全損の効果
　　推定全損がある場合には、被保険者は、その損害を分損として処理することもできるし、保険の目的物を保険者に委付（abandon：筆者挿入）してその損害を現実全損の場合に準じて処理することもできる。
　　60条において abandon することは解釈全損の事由として説明されているのに対して、61条では、abandon することは解釈全損がある場合の効果として説明されている。この2つの条文をみると、abandon することとは何を意味するのか、abandon は解釈全損が認められるための条件であるのか、解釈全損が認められる場合の権利であるのか、明確になっていない。もしこれらの2つの条文における abandon が同じ意味の概念であるのであれば、60条と61条は論理的には矛盾した規定となろう。60条における abandon とは、その物を手放すこと、すなわち財産の帰属する相手を特定しない放棄を指し、61条では「保険者に」対する abandon という文脈からわかるとおりそれは保険者に対する放棄の制度を指すものと解釈するのが妥当であろう。海上保険法の上記の翻訳は、60条の abandon を「遺棄」、61条の abandon を「委付」と区別して訳出し、このように意味に違いがあることを反映したものとなっている。
186　この意味における abandonment は海法上の免責委付の制度との関連で理解することが適当であろう。海法上の abandonment については、D. W. Steel and F. D. Rose, *Kennedy's Law of Salvage*, 5 th ed., London, 1985, para. 465-473を参照。

はこの意味の場合を除いて考察をすすめる。

さて、上記の第1の用法をみると、abandonment は、解釈全損のみならず現実全損を含めて全損処理に共通する制度として理解されていることがわかる。したがって、abandonment の概念は日本法における「委付」と同義ではなく、現実全損の場合にも共通するものであることがわかる[187]。全損に共通するという点から捉えれば、それは日本法における残存物代位に対応する概念として理解することもできるかもしれない。

次に Arnould は、第2の用法として、notice of abandonment を指して abandonment と称せられることがあると指摘する。ただし、Arnould はこの用法は日常的なものとしており、厳密にはこれらの2つは区別して理解されるべきであるとの主張がそこに読み取れる[188]。

以上の Arnould の説明に基づくと、abandonment という用語は、保険契約法においていくつかの意味で用いられることが理解でき、abandonment が関係する場合は、少なくとも、解釈全損の場合、現実全損の場合、並びに notice of abandonment を指す場合の3つがあることがわかる[189]。

それではそれらはいかなる関係にあるものであろうか。法理としての abandonment の本質はいかなる内容のものであろうか。そしてうえの説明はイギリス法の理解として妥当なものといえるのであろうか。これらの点を考察するために、Arnould が参照している判例等を吟味して、そこで abandonment がいかなる内容の法理として理解されているかを考察することとする。

② 保険契約法における abandonment の法理

この法理を吟味するうえで、最初に、制定法の立場を確認しておく。海上保険法は、解釈全損の場合に全損処理を選択する際に求められる通知（notice of abandonment）とその効果（effect of abandonment）について規定するが[190]、abandonment とは何か、その法理自体についての定義規定は設けていない。したがって、海上保険法は、abandonment の法理について、それまでの判例法の立場は変更してはいないものと理解できる。そこで、この法理の中身を知るために判例

---

187 このことから、文脈によっては abandonment を委付として理解する（翻訳する）ことはできても、abandonment と委付は同義であるとはいえないことがわかる。
188 Chalmers は、この用法は誤りであるとする（Chalmers, supra note 64, p. 98）。
189 Chalmers の説明からも同様の結論が得られる（Chalmers, supra note 64, p. 98）。
190 62条及び63条。

法にあたることとする。

先にみたように、Arnould は、abandonment は全損に共通する制度であるとする。また Chalmers も abandonment には解釈全損の場合と現実全損の場合があることを記している[191]。これらの主張の根拠としてあげられているのは、*Kaltenbach* v. *Mackenzie*[192] である。この判例は海上保険を扱ったものであるが、海上保険以外の保険についての著作においても引用されており[193]、損害保険契約法における基本的な判例として理解されていることがわかる。それではこの判例において、abandonment とはいかなるものと示されたのであろうか。

本判例において、Brett 控訴院判事は、abandonment は海上保険に限定されるものでなく損害てん補の契約に共通する法理として、次のとおり述べた[194]。

「私は、Blackburn 卿が abandonment は海上保険契約に特有のものではなく、あらゆる損害てん補の契約（contract of indemnity）の一部であると述べたこと[195]に同意する。したがって、損害てん補の契約があって、完全なてん補に対する請求がなされる場合には、てん補を請求する者の側において、てん補を受ける対象に対して自己が有するすべての権利の放棄（abandonment）がなければならない。」

そして Brett 控訴院判事は、この法理が海上保険において適用されるのは全損の場合で、この法理は解釈全損と現実全損のいずれにも共通するものとして、次のとおり述べた[196]。

191　Chalmers, supra note 64, p. 98.
192　(1878) 3 C. P. D. 467. 事案は海上保険におけるもので、被保険者は、保険の目的物が全損になる差し迫った危険にさらされていることの信頼できる情報を入手したにもかかわらず、保険者に対して abandonment の通知をしなかった。解釈全損が認められるためには、abandonment の通知が必要であり、その後に保険の目的物が正当に売却されたとしても、被保険者は通知を怠ったことの弁解はできない、と判決された。
193　その例として、MacGillivray, 12th ed., supra note 72, p. 691; Colinvaux, 9th ed., supra note 76, p. 1163.
194　(1878) 3 C. P. D. 467 at 470-471.
195　訳者注：*Rankin* v. *Potter* (1873) L. R. 6 H. L. 83 at 118.
196　Supra note 194, at 471.

「一つは現実全損と呼ばれ、もう一つは法律用語で解釈全損と呼ばれる2種類の全損があるが、そのどちらにおいても被保険者は全損に対して請求をするものである。abandonment は、請求が現実全損に対するものであろうが、解釈全損に対するものであろうが、全損の請求に適用される。もし abandon できる何かがあるのであれば、abandonment がなされなければならない。例えば、損害が現実全損で船舶に残存するものがいわゆる鉄板材（planks）の寄せ集めと称されるものであれば、その残骸物についての abandonment がなされなければならない。あるいは、Roux v. Salvador[197]のように、貨物を完全に失ったものの、その損害から貨物そのものではない何かが生み出され、それに何らかの価値があるのであれば、それは abandon されなければならない。しかし、abandonment は請求の支払い時に生じ、その前になされる必要はない。」

　さて、これらの判決文から何がわかるであろうか。
　まず注意したい点は、abandonment の法理は、現実全損と解釈全損のいずれを問わず、全損の場合に適用されるものと明確に述べられていることである。このことから、abandonment の法理を解釈全損に固有の法理として理解することは適当でないことがわかる。
　第2に、船舶と貨物の例を出し、全損とは必ずしも価値の完全な喪失を意味するものでないことを示している点が注目される。ここに掲げられた2つの例は、海上保険における現実全損として認定された事例である[198]。これらの例は、現実全損とは必ずしも保険の目的物が経済的価値を完全に喪失した場合を意味するものではなく、abandonment の法理が適用されるべき状況が存在することを示している。このことから、現実全損の場合には abandonment に意味がないと考えることは適当でないことがわかる[199]。

197　訳者注：(1835) 3 Bing N. C. 266.
198　先例として、*Bell* v. *Nixon* (1816) Holt N. P. 423; *Irving* v. *Manning* (1847) 1 H. L. Cas. 287 を参照。後者の貨物の種の喪失の事例については、Arnould, 18th ed., supra note 80, p. 1470 以下を参照。また、*Montoya* v. *London Assurance* (1851) 6 Exch. 451（海水濡れによって腐敗した獣皮の臭気が煙草について煙草としての価値がなくなった事例）、*Asfar* v. *Blundell* C. A. [1896] 1 Q. B. 123（海水の浸入によりナツメヤシが人間の消費には適さなくなった事例）も参照。
199　このような場合、保険の目的物の処分（いわばその物の運命）はすでに定まっているのであるから、全損処理に先立って被保険者に abandonment の通知を求めるべき必要性はないであろう。abandonment の必要性と abandonment の通知の必要性は区別して議論される必要がある。

第3に注目したい点は、abandonment を全損金支払いによる効果として説明するのでなく、全損の請求をする場合に被保険者に求められる原則として説明している点である。すなわち、ここでは abandonment は被保険者の単独行為として残存物を被保険者から保険者に一方的に移転させる制度として理解されているわけでもないし、全損金の支払いによって保険者に発生する権利として理解されているわけでもなく、損害てん補の契約において完全なてん補を請求する場合に請求者に対して求められる原則として説明されているのである。このようにこの原則は、完全なてん補（全損金の請求）を受ける場合には、持っているものは手放さなければならないという考え方として理解されていることがわかる。

　第4に興味がもたれる点は、Brett 控訴院判事は、abandonment は請求の支払い時に生じ、その前になされる必要はないと述べている点である。これは、現実全損についての説明でなく、解釈全損にも共通した全損制度全体についての説明である。この説明から理解できることは、abandonment がなされる時期について、現実全損と解釈全損とに考え方に差はないということである。筆者は、この説明から、解釈全損において支払いに先立ってなされるべき部分は、実は、物の権利の放棄自体ではなく、その通知（意思表示）であるということが読み取れるのではないかと思える[200]。

　Brett 控訴院判事の説明は、abandonment の法理を考える上で極めて示唆に富むように思われるが、上の説明をまとめれば、少なくとも、Arnould や Chalmers が説明する abandonment は全損に共通するものであるという点は、判例から十分に裏付けられているものと判断できよう。

③ abandonment と notice of abandonment の識別

　Arnould や Chalmers は、abandonment は慣習的に notice of abandonment の意味で用いられることがあるがその用法は正しくなく、それらは本来区別されるべきであると指摘する[201]。このような主張は他にも見られる。Colinvaux は、

---

[200] 解釈全損の事由において全損処理をするための要件は、物の放棄自体でなく、物の放棄の通知（意思表示）にあるものと理解できるのではないかと考えられる。なお、Arnould は、保険法における解釈全損とは、適切な notice of abandonment をして、被保険者に保険金額の全部の請求を可能にするものと定義している（Arnould, 18th ed., supra note 80, p. 1485）。この定義は、Arnould の原著者の言葉で、判例でも支持されている（Ibid.)。「適切な abandonment をして」といわずに「適切な notice of abandonment をして」と定義し、通知の制度を解釈全損処理における要件として記述している点に興味がもたれる。

[201] Arnould, 18 th ed., supra note 80, p. 1488; Chalmers, supra note 64, p. 98.

この用法は正しくなく、この 2 つを明確に分けて理解する必要があると注意を促す[202]。すなわち、notice of abandonment は、海上保険において解釈全損が認められる場合における手続きであり、これは損害てん補の保険に共通して適用される abandonment の法理と根本的に違うとするのである[203]。

そこで notice of abandonment の位置付けを考察するために、通知を怠った場合の効果を扱った前述の判例[204]において、notice of abandonment がいかなる性格のものとして説明されているかをみておこう。Brett 控訴院判事は、次のとおり述べている[205]。

「notice of abandonment についてであるが、私は、海上保険の契約の場合を除いて、損害てん補の契約において notice of abandonment が必要とされる場合を知らない。損害が現実全損である海上保険の場合は、notice of abandonment は必要でない。解釈全損の場合には、それが免ぜられる場合を除いて、通知が必要である。それでは、いかにして notice of abandonment が海上保険契約に取り入れられることになったのであろうか。解釈全損の場合に、保険者が、放棄された物がさらに悪くならないように保存するために最も適切と考える方策をとる選択肢をもつことは当然のエクイティである、と述べた裁判官もいる。しかし、私は、これが notice of abandonment の必要性の起源であるかどうか疑いをもつ。私には、これは、その他の多くの規定と共に、船主と保険者の合意によって海上保険契約に取り入れられて契約の一部分となったもので、解釈全損に対する請求が有効となるための先行条件（condition precedent）であると思われるのである。船主と保険者によってそれが取り入れられた理由は、海上損害の特殊性のためである。」

Brett 控訴院判事は、以上のとおり述べたうえで、海上保険における特殊性を説明し、海上における事故については保険者側がそれを直ちに知ることが難しい状況があるなかで、被保険者が市場の動きをみながら保険処理方法を選択するこ

202　Colinvaux, 9th ed., supra note 76, p. 549.
203　また Bennett もこれらを区別すべきであると指摘する（H. Bennett, supra note 83, p. 693以下）。
204　*Kaltenbach v. Mackenzie* (1878) 3 C. P. D. 467.
205　Ibid., at 471.

とを回避するために、契約両当事者が、このような通知の制度を解釈全損の場合に全損処理をするために求められる条件として取り入れたものと説明した[206]。

このような通知の制度が取り入れられた背景についての Brett 控訴院判事の見解が史実に照らして妥当であるかについては、なお吟味する必要があるかもしれないが[207]、notice of abandonment は、解釈全損の場合の制度で、海上保険独自のものであることが確認できる。

このように notice of abandonment は、解釈全損の場合で全損処理を行う際に求められる制度であることがわかるが、この通知の制度の本質については、The Kyriaki[208]で更に考察が加えられることになった。

本事件では、出訴期限の起算点が問題となり、それを事故時点とするか notice of abandonment の時点とするかが争点となったが、全損の請求権を発生せしめるのは解釈全損の事由である事故の発生であり、notice of abandonment は、その場合の手続きにすぎないものとされた。この事件では、解釈全損の処理の事案において出訴期限法（Limitation Act 1980）における訴訟原因（cause of action）が何にあたるかが問題となったが、Hirst 判事は、解釈全損の場合における訴訟原因は事故の発生であり、notice of abandonment は訴訟原因の構成要素でなく、全損処理と分損処理の2つの選択肢における被保険者の選択を通知するものにすぎない、とした[209]。

これまでみてきた判例の中で示されている考え方を整理すれば、完全な損害のてん補、すなわち全損金の支払いを受けようとする場合には、持っているものは全て手放さなければならないという考え方があって、それは損害てん補の契約に共通する。一方、notice of abandonment は海上保険において解釈全損の場合に全損処理を選択する際の手続きであり、それが海上保険に独自である理由は、海上保険には解釈全損という制度がありその制度が海上保険に独自であるから、となる。

このように物の放棄の制度自体は損害てん補の保険に共通のもので、海上保険の独自性は解釈全損という制度とその場合の手続きにあると理解できる。それで

---

206 *Kaltenbach* v. *Mackenzie* (1878) 3 C. P. D. 467 at 472.
207 判決文のなかには、そのように考える根拠や裏付けは特に示されていないため。
208 *Bank of America National Trust & Savings Association* v. *Chrismas* [1993] 1 Lloyd's Rep. 137.
209 Ibid., at 151.

は、解釈全損とはいかなる本質のものであるのか、それはどのような点で海上保険に特有の制度なのであろうか。次にその点について検討する。

④ 解釈全損の法理とその適用領域

解釈全損が海上保険における制度であることは再三にわたり触れてきたが、この制度は原理的に海上保険にのみ認められる制度なのであろうか。また、仮に解釈全損は海上保険にのみ認められるものとすると、海上保険以外の損害てん補の保険においては、全損とは海上保険上の現実全損の場合を意味することになるのだろうか。それらを検討したうえで、全損の概念について、海上保険とそれ以外の保険においてどのように整理できるのかを考えてみたい。

まず、解釈全損という制度は海上保険に特有のものであるという認識は、イギリスで一般的で[210]、判例でも確認されている[211]。例えば、*Moore* v. *Evans*[212]では、解釈全損が海上保険以外の保険にも認められるかどうかが争われたが、上院の裁判官は、海上保険は海上貿易の独自の特性に基づく保険で、海上保険における解釈全損の制度はそれ以外の損害てん補の保険には認められないとした[213, 214]。

しかし、このような解釈全損を海上保険に特有の制度とする判例法の意味については、注意が必要である。Clarke は、陸上保険においても契約において解釈全損の制度が規定されていれば、その効力が与えられることは疑いないとする[215]。イギリス法において解釈全損が海上保険に特有の制度であるという意味は、そのような制度が法定されていて、被保険者に解釈全損に対する請求が法律上も認められるという点である[216]。海上保険において解釈全損にあたる事由はいろいろあり、それらのすべてが海上保険以外では全損とは認められないのかどうかが問題といえる。海上保険とその他の保険で全損の概念はどのように対応するものであろうか。

---

210 Arnould, 18th ed., supra note 80, p. 1485; Clarke, supra note 66, p. 890. ただし、これらの文献は、解釈全損は海上保険以外の保険では認められるべきではないと必ずしも主張するものではない。
211 本文中に紹介した判例以外に重要な先例として次がある。*Assicurazioni Generali* v. *Bessie Morris Co.* [1892] 2 Q. B. 652.
212 [1916] 1 K. B. 458 (C. A.); [1918] A. C. 185.
213 [1918] A. C. 185, at 193.
214 また、保険における議論ではないが、*ICI Plc.* v. *MAT Transport Ltd.* [1987] 1 Lloyd's Rep. 354) において、解釈全損という概念は陸上運送には適用されないとの意見が見られる (at 358-359 by Staughton J.)。
215 Clarke, supra note 66, p. 443.
216 Ibid.

この点について Colinvaux（6th ed.）において、海上保険における解釈全損がノンマリンの保険において認められるかどうかについて興味深い議論があるので、その内容をみてみる。同書は、海上保険法60条に掲げられた解釈全損の事由を次の5つに分ける[217]。

(i) 保険の目的物の現実全損が避け難いと思われるため、保険の目的物が正当に放棄（abandon）される場合。

(ii) 費用を支出した後における保険の目的物の価額を超える見込みの費用を支出しなければ現実全損から保険の目的物を守ることはできない場合。

(iii) 被保険者が保険の目的物の占有を奪われて、相当の期間内に回収できる見込みがない場合。

(iv) 被保険者が保険の目的物の占有を奪われて、回収する費用が回収した後の価額を超えるような場合。

(v) その損傷の修理が、船舶の場合は修繕後の価額、貨物の場合は到着時の貨物の価額を超えるような場合。

そして、同書は、ノンマリンの保険では、うえの(iii)の事例は全く損害としてみなされないことを前掲の *Moore v. Evans* をあげて説明するが[218]、その他については、技術的には分損であるが、実際には保険者は全損として処理するだろう、述べている[219]。

このように解釈全損の概念は、海上保険に特有のものとしても、解釈全損の事由の一つ一つをみた場合に、それらのすべてが原理的に海上保険に限定されるものであるかは疑問がもたれる。実務上は全損処理がなされるだろうとの Colinvaux の説明は、今日、全損処理をする事由は、海上保険とそれ以外の損害てん補の保険において明確に区別されるようなものではなくなってきているのではないかという疑問をいだかせる[220]。しかし、上の(i)(ii)(iv)(v)についてはこのようにい

---

217 Colinvaux, 6th ed., supra note 90, p. 141. なお、同書の9版では MIA の解釈全損との詳しい比較分析は割愛されている。
218 ただし、保険に付けた商品が失われたものと、どうみても（in all probability）考えざるをえない場合には損害は認められる、とする（Ibid.）。
219 Ibid. なお、相当期間内の回収の見込みがない場合は、全く損害の発生を認めない一方、経済的な回収不能（上の（iv））については、技術的には分損であるが全損処理されるだろうとして区別する点は興味深い。
220 Arnould は、解釈全損は海上保険に特有のものであるからといって、ノンマリンの保険において全損とは物理的滅失や占有の完全な喪失のみを意味するものと理解してはならないとする（Arnould, 18th ed., supra note 80, p. 1485, note 6）。

えたとしても、問題は(iii)である。これこそが、先に述べた *Moore v. Evans* で問題となった事由である。そこでこの判例の事案を吟味して、なぜそれが海上保険に特有であるのかを考えてみたい。

本件の事案は次のとおりである。イギリスの宝石商が、その宝石についてイギリス国内国外の運送を含む1年間の期間建動産保険を付けた。その保険は、宝石に対するあらゆる危険を担保する条件であった。一部の宝石が売買のためにブラッセルその他に送られたが、英独開戦に伴いブラッセルがドイツにより占拠され、宝石商はブラッセルにあった宝石を取り戻すことができなくなった。宝石がドイツ当局により押収されたことの証拠はなかった。裁判官は、この保険証券は物そのものの保険であり、冒険（adventure）をカバーするものではないとし、解釈全損による請求を否定した。

事例が海上保険であれば、航海の喪失（loss of adventure）による解釈全損に該当するものとして請求が認められた可能性があるものと思われるが[221]、筆者がこの判例を読んで疑問に感じる点は、この判例では、解釈全損という考え方自体が海上保険に特有のものとして請求が否定されたのかどうかという点である。むしろ、貨物の海上保険では航海の完遂が担保されるという基本原則があり[222]、それが貨物海上保険に特有の原則であるため[223]、その点から請求が認められなかったのではないか、と疑問を感じるのである。もしこのように考えることができるのであれば、解釈全損という概念自体は、今日、原理的には海上保険に限られないものであるが、海上保険法に掲げられた解釈全損の事由の中には、航海の完遂の担保という点での海上保険の特殊性が織り込まれた事由が含まれていて、その事由は海上保険に特有の原則を含んだ事由であるという点から、海上保険以外の保険には適用されないと考えることになろう。

このような理解が可能であれば、解釈全損という制度自体を海上保険に特有の

---

[221] 貨物海上保険は、物自体に対する保険であると同時に航海事業に対する保険でもある。このことは海上保険法の制定以前から確立している（*Rodocanachi & Others v. Elliott* (1873) L. R. 8 C. P. 649; (1874) L. R. 9 C. P. 518 参照）。しかし、海上保険法はこの原則についての明文の規定を欠くことから海上保険法が判例法を変更したかが問題となったが、判例法の立場は変更されていないことが確認された（*British and Foreign Marine Insurance Co., Ltd. v. Samuel Sanday & Co.* [1916] 1 A. C. 650 参照）。この原則については、Hodges, supra note 82, pp. 26-27；木村＝大谷・前掲注64）318頁を参照。

[222] 注221の文献参照。

[223] 厳密には、この原則は、運賃、希望利益についての海上保険についても適用されるが、船舶保険には適用されない（Hodges, supra note 82, p. 27）。

ものとする論拠は弱くなろう。もちろんこれは筆者の分析であって、イギリスにおいて解釈全損は海上保険に特有の制度であると考えられていることは否定できない。しかし、上に見た Clarke の批判のように、今日、海上事業者とそれ以外の事業者を区別するべき理由もまた少なくなってきているのではないだろうか。解釈全損という概念を海上保険にのみに限定して考える根拠は薄らいできているのではないかと思われる。

　そして、さらに重要な点は、このような解釈全損の制度自体は、イギリス法において、最終的には契約上の合意の問題として理解されているという点である。これまで解釈全損の内容とその適用領域について考えてきたが、これは、個別の保険契約で解釈全損についての特段の合意が存在しない場合の議論である。前述したとおり、Clarke は、解釈全損の場合に全損金が支払われることが保険証券上に示されるならば、それが効力をもつことはいうまでもないと述べていることである[224]。このような考え方から理解できることは、全損の概念についての海上保険における特殊性とは、結局、解釈全損という形で全損処理をする制度が、法律上、示されているにすぎないということではないだろうか。

（5）イギリス法における残存利益取得の制度とその示唆
① 残存利益取得の制度の本質

　これまでイギリス法における残存利益取得の制度について、種々の角度から考察してきたが、この制度は、いったい何と呼ぶことが適当なのであろうか。これを subrogation として説明する見解、salvage とする見解、abandonment とする見解があるが、いずれが適当なのであろうか。このことを考えながら、これまでの議論を整理しておく。

　まず、この制度は損害てん補の保険において全損処理を行う場合の制度である。この制度の背景には、損害てん補の契約において完全なてん補を受ける場合には、てん補の対象となったその物について持っている権利は手放さなければならないという考え方が存在する。この考え方はしばしばエクイティと称されるが、それは法源としての意味ではなくむしろ自然的正義という意味であって、この法理自体はコモン・ロー上のものと考えられる。

224　Clarke, supra note 66, p. 443.

この制度が保険に適用されるのは、その保険が損害てん補の契約にあたる場合で、そこでは、全損金の支払いが損害の完全なてん補であるという前提があるものと考えられる。全損とは、保険の目的物が物理的、経済的に完全に滅失した場合に必ずしも限定されない概念で、経済的価値がなお残っている場合が含まれることは判例からみても明らかである。言い換えれば、保険制度における全損の概念は、経済制度としての保険の機能を反映したものとなっているものということができるかもしれない。

　権利の放棄は、保険者による全損金の支払いに対するものであるから、保険者は、被保険者が保険の目的物について有していた権利を取得することができる。イギリス法では、一般的に、物の権利を当事者一方の単独の行為で移転させることは認められない。したがって、保険者への権利の移転は、保険金の支払いにより自動的に生じるものでも、被保険者の単独の行為として生じるものでもなく、保険者が選択してはじめて可能になるのである。

　物の権利を取得した場合、保険者はその物についてのあらゆる権利を享受するとともに責任を負うことになる。それは、損害の発生時点の状態において、保険者がその物を購入したのと同じ効果をもつ。したがって、その物の取得によって保険者は、支払保険金の額を超える回収を得ることが認められるのと同時に、その物に責任が付帯するのであれば、その責任を負担することにもなる。以上の制度は、損害てん補の保険に共通して適用されるものである。

　次に、海上保険では、解釈全損という制度があり、全損は現実全損と解釈全損の2つに分類される。解釈全損は、一定の場合に被保険者に全損処理と分損処理の選択を与える制度で、被保険者が全損処理を選択する場合には、被保険者は保険者に対して物の権利の放棄の通知をしなければならない。これは、全損処理を選択する場合に要件として求められる手続きであって、この放棄の通知自体が保険の目的物の権利を被保険者から保険者に移転させるものではない。保険者がその物の取得を選択すれば、それはその物の取得と全損金支払いの承諾を意味することになる。保険者がそれを拒否した場合には、物の移転は生じないことになるが、その請求が解釈全損の事由を満たしているのであれば、被保険者は求められる手続きを果たしているのであるから全損金の支払いが認められることになる。

　このような形の解釈全損の制度は海上保険に特有のもので、海上保険の特殊性は、このような全損処理をする範囲が一定程度拡大されていることと、その場合

の通知の手続きに認められ、全損の場合の残存物取得の制度自体は、海上保険に固有の制度ではない。

しかし、海上保険に特有と考えられる解釈全損の制度も、その事由を分析すれば、今日、海上保険のみで認められる特殊性に基づいているものといえるのかは疑問ももたれる。海上保険における解釈全損の事由の全てが海上保険以外の保険では全損に認められないとは必ずしもいえない状況にあるものと認められる。海上保険における特殊性は、解釈全損という全損の範囲を一定程度拡大する制度が、法律上、認められていることにあり、このような制度自体は、海上保険以外の損害保険においても、契約当事者の合意により、契約に取り入れることができるものと理解されている。

以上のとおり整理したとすると、残存利益取得の制度は何と呼ぶのが適当であろうか。全損の処理に関係する制度の全体を観察すれば、そこには、全損の事由に関する制度、そのための手続き、全損の請求を行う場合に被保険者に求められる義務と全損金支払いを行う保険者に認められる権利についての制度が存在することがわかる。そしてそれぞれに対応する用語をあげれば、海上保険における全損処理の事由を拡大する制度が constructive total loss であり、その場合において被保険者が全損処理を選択する際に求められる通知（意思表示）の手続きが notice of abandonment である。そして、これらの制度を包含する法理が doctrine of constructive total loss と呼ばれるものであろう。それが成立した場合、保険者は、残存物についての権利の取得が認められるが、この法理の部分自体については、全損の形態を問わず、また海上保険であるか否かを問わずに認められるものである。つまり解釈全損という法理によって残存物を取得するのではなく、それは全損共通の法理に基づくものである。全損の請求をする場合、被保険者は物の権利を手放す duty of abandonment があり、一方、保険者はそれを取得する right of salvage が認められることになる。

このように、イギリス法を理解する場合には全損処理の事由に関する制度と物の権利の取得の制度を切り離して理解するのが適当であるように考えられる。そして後者の物の権利の取得の制度については、この制度を salvage と称したり abandonment と称したりしているが、この違いは、実は、同一の制度の全体についてどの部分に着目して説明するかの違いにすぎないのではないかと思われる。つまり、salvage として説明する場合は、この制度を保険者の側から、

abandonment という場合はこの制度を被保険者の側から捉えたものといえるのではないかと思われる[225]。なお、ノンマリン分野の文献には、この制度に salvage という用語をあてているものが多く見受けられることはすでにみたが、これは、全損の場合の残存物の処理の制度と海上保険における解釈全損制度のもとで使用される abandonment の各種用法と誤解がないように区別する観点からこのように呼ぶのが一般的になっているのかもしれない。

他方、この制度を subrogation と呼ぶ用法について考察すると、保険金の支払いによって生じる権利という点では共通点をもち、また、法理としての subrogation の中身を広く捉えれば、その中にこの制度も含められるかもしれないが、物の財産的権利の取得の制度と権利自体が移転しない subrogation の制度は、先に分析したとおり、種々の面で性格を異にするものであり、これらを同一視することは適当でないだろう。

② 日本法との対応関係

これまでの考察から、残存物代位についての日本法とそれに対応すると考えられるイギリス法とは、種々の相違点があることが明らかになったが、問題は、両者の間に、原則の細部において差があるだけでなく、構造的ともいうべき差が認められることである。このことは、イギリス法と日本法を比較する場合に重要である。その重要性を具体的に示してみたい。

まず、abandonment は日本法における「委付」と同一ではないとしても、類似の制度と考えてよいのだろうか。

日本法における委付は、被保険者が一定の事由において保険者に保険の目的物に関する権利を移転すると同時に、保険金額全部の請求権を発生せしめる単独行為をいい、海上保険において認められる[226]。委付制度では、保険の目的物を移転させて全損金請求権が生ずるのであるから、移転は制度の不可欠の要素である。委付においては、移転は全損処理を行うための条件として位置付けられていて、

---

225 Colinvaux, 9th ed., supra note 76, p. 548 では、このような見方が示されている。
226 加藤・前掲注175)『海上保険新講』226頁、小町谷・前掲注15)『海上保険法各論四』271頁以下、木村・前掲注112)『海上保険』217頁以下、田中＝原茂・前掲注43)239頁他参照。なお、江頭・前掲注11)474頁は「保険の目的物につき全損が発生したと推定される場合又は全損に準ずる損害が発生した場合に、被保険者が保険の目的物に対して有する一切の権利を保険者に移転する旨を通知することにより保険金全額を請求できる制度（下線筆者)」と説明し、権利移転をこの制度の条件に必ずしも位置付けていない。

被保険者は、一定の場合にこのような移転を被保険者の単独行為として行う権利が認められる。

　日本法における委付の制度は、海上保険において全損処理の事由が拡大されているという点では、イギリス法における constructive total loss の制度に対応し、そのための手続きである委付の通知は notice of abandonment に対応するが、目的物の移転については、日本法では単独行為として行われ、イギリス法では、被保険者の放棄の義務（assured's duty of abandonment）と保険者の残存物取得の権利（insurer's right of salvage）という2つの側面から理解され、この権利取得の制度については、イギリス法では解釈全損に限らず全損共通のものとして構成されているのである。換言すれば、日本法においては、委付によって全損処理が可能となるが、イギリス法では、全損処理を可能とするものは、解釈全損の事由において物の放棄を宣言するという解釈全損の制度自体にあり、物の移転の制度ではないのである。日本法の委付制度は、イギリス法からみた場合には、constructive total loss、notice of abandonment、duty of abandonment、right of salvage という海上保険における全損の制度の全体に対応する概念であるように思われる。

　次に、日本では、残存物代位と請求権代位という2つの異なる制度を包含して保険代位として理解するのが一般的であるが[227]、このような保険代位に相当する概念はイギリス法では何であろうか。

　イギリス法においては、doctrine of subrogation という場合に、そのもとに性格の異なる複数の権利や救済手段が含まれることがあることはすでにみたとおりである。しかし、subrogation は権利が移転しないところにその特徴が見出されるもので、財産的権利の放棄と取得の制度である残存利益取得の制度とは区別して理解されるものと考えられる。イギリス法においては insurance subrogation という言葉が少なくとも一般的でないことからもわかるように、subrogation は

---

[227] 改正前商法における議論であるが、そうでない説も存在した。例えば、倉沢康一郎博士は、改正前商法661条と同662条はそれぞれ根拠を全く異にする規定であると主張されていた（同・前掲注7）「保険代位について」127頁以下）。また、鈴木辰紀博士は、残存物代位に関する661条の規定は、保険代位というよりも全損決済についての便宜規定にすぎず、それはむしろ委付の制度と共通し、両者は共に保険の「内部関係」についてのものであるが、662条の請求権代位は保険の「外部関係」と保険の関係を規定したものとして、そこに根本的な差が存在するとされる（同「保険者の請求権代位についての再論」『損害保険研究』（成文堂、1977年）39頁以下）。

保険に特殊な原則ではない。厳密に考えた場合には、日本法における保険代位の概念に直接対応するようなイギリス法上の概念は存在しないものと考えるのが適当であろう。

このようにみてくると、委付は abandonment であり、保険代位は subrogation であるとして、イギリス法を理解することはできないように考えられる。そして、このようにイギリス法を理解した場合、それはこれまでのわが国におけるイギリス法の理解とは同じでないかもしれない。いくつかの例からその点を考えてみたい。

まず、小町谷操三博士は、日本法における残存物代位の趣旨を利得防止に求め[228]、委付と残存物代位の違いについて詳しく検討され、保険委付があった場合には、委付した物の価額が、被保険者が保険者から支払いを受けた額より偶然に多かった場合でも保険者はこれを取得することができるのに対し、残存物の代位は被保険者の利得を防止することを目的とするだけであって保険者に利得を生ずることまで認めるものではないとし、イギリス法の立場と文献をその注釈にあげられている[229]。

日本法における残存物代位の趣旨を利得防止から説明できるかについては次節以下で検討するが、ここではこのような理解がイギリス法から導かれるかを考察する。

---

228 この点から、その学説は、利得防止説として理解される。
229 小町谷・前掲注15) 590頁。その注では、2 Arnould, 14th sect. 1227, 15th sect. 1216 をあげ、次のとおり述べられている（同上）。「この点は、イギリスでも、1870年に *North of England Iron SS. Ins. Assoc. v. Armstrong* において、2人の裁判官が誤った傍論を述べ、アーノルドの執筆者によって、その誤謬が指摘された（2 Arnould, 15th sect. 1219, earlier eds. sect. 1230）。スクラットンも、*Thames & Mersey Ins. v. British Chilian SS. Co.*, 13 Asp. Mar. Cas.135 at p. 136 で、この傍論が理論に反すること、及び保険委付と保険代位との区別を、看過したものであることを判示している。」
　上の North of England の事件は、実価£9,000に対し、保険上は£6,000で評価協定されていた船舶が他船に衝突して全損になったケースで、不法行為責任に基づき他船から回収した£5,700について、保険者は実価と協定保険価額の差にかかわらず他船からの賠償金の全額を回収できるかが問題となったケースである。すなわち、このケースは、日本法で言うならば、評価済保険証券のもとにおける請求権代位の権利の範囲が問題となった事例である。確かに、Arnould は、この判例の分析の中で、abandonment と subrogation を区別する必要について注意を喚起している。しかし、ここにおける subrogation とは日本法における残存物代位の意味ではなく、請求権代位のことであることは事案をみれば明らかである。そして、ここで abandonment と Arnould が述べているのは、Arnould が abandonment の説明の中で述べているとおり、残存物の放棄に関する制度のことで、日本法でいうならば、残存物代位の場合にも対応するものなのである。

イギリス法において、第三者からの回収金に関する保険者の代位（subrogation）の権利は、保険者が支払った金額を限度とすることが判例法上明らかになっているが、保険者が残存物を取得した場合には、たとえその物から保険者に利益が生じようとそれは財産的権利の移転による当然の結果であり、むしろそこに残存物の権利取得の制度と代位に違いがあるものと理解されているのである。そして、この点について海上保険における解釈全損の場合とそれ以外の場合とで差はないのである。この点は、すでにみたとおり、イギリスの判例法上も確立しているのであるが、小町谷博士の見解は、abandonment は委付として、subrogation は保険代位であるとの前提に立って、後者には残存物代位と請求権代位が含まれるという形で、すなわちイギリス法と日本法が同じような構造にあるという前提で、イギリス法を理解する立場と考えられる[230]。しかし、本章で分析した結果に基づけばこの前提は正しくなく、小町谷博士が説明した残存物代位と委付の違い及び残存物代位制度の趣旨を利得防止に求める考え方は、その考え方が妥当かどうかは別として、イギリス法の立場からも裏付けられていると理解することは適当でないといえる。

次に、加藤由作博士は、次章でみるとおり、残存物代位の制度の本質を、準損益相殺あるいは保険法における交叉計算と捉え、保険の目的物についての代位は海上保険における委付の制度を取り入れたものとした[231]。この立場は、前述の利得防止説に対して、一般に、技術説の立場として理解されている[232]。

加藤博士は、その見解を示された説明の中で、イギリス海上保険法についての Arnould の説明を紹介し、Arnould は、海上保険法79条は Right of Subrogation なる見出しの下に2種の保険代位を併合的に規定しているが、この両者はその性質を異にするものであるからこれを区別して論ずべきものとし、保険の目的物の代位を abandonment の一種となすべしとしている、と述べられている[233]。このようにイギリス法の立場を紹介して、abandonment と subrogation が異なる制

---

[230] ただし、小町谷博士は、委付の説明の箇所では、厳密にいうと abandonment は現実全損の場合と解釈全損の場合とに共通の観念で、一切の全損に付随するものである、と述べられている（同・前掲注15）279頁）。
[231] 加藤・前掲注19）『海上損害論』402頁以下。ただし、その後の文献では、「保険の目的についての代位」という用語をあてられている（同・前掲注57）「保険代位について──一部保険の効果──」25頁、その用語を使用した理由として、29頁）。
[232] 本章2参照。
[233] 加藤・前掲注57）「保険代位について──一部保険の効果──」27頁。

度であることを示され、また、イギリス海上保険法では委付に現実全損発生の場合と準全損発生の場合があるものと述べられている。

　この加藤博士の説明は、subrogation と abandonment を分けて、残存物についての権利取得の制度は abandonment の制度であるとする点で注目されるが、abandonment と委付を同義に捉えられて、そこから一歩進んで、保険の目的物の代位は海上保険の委付の制度を取り入れたものという考え方を導かれているように思われる。しかし、筆者が理解するに、abandonment は、その用語がいろいろな意味で使われるというわかりにくさは存在するが、その本質は権利放棄の制度であって、その点では、これは海上保険独自の制度でなく、解釈全損の制度とは区別して捉えるべきものであるように考える。この点は、先に紹介した判例から確認できるように、全損の形態を問わず、海上保険であると否とを問わずに、損害てん補の契約である保険契約に共通して認められる考え方である。もちろん、海上保険の歴史的古さから、この考え方自体が海上保険において早くから確立していたことは想像できるが、それは損害てん補の契約という点から出てきた考え方であって、海上保険に特殊な制度から生まれてきたものとはいえないのでないかと思われる。そして海上保険に特有の制度として考えられている部分は、物の権利移転の制度ではなく、解釈全損の制度にあるのである。

　このように理解するならば、残存利益取得の法理自体は、海上保険における「委付」の制度をそれ以外に取り入れたものという主張は、それが考え方として妥当であるかは別として、イギリス法がその考え方を裏付けることになるのか、筆者としては疑問を感じるのである[234]。

　さらに、委付についての一般的説明をみると、イギリス法についての記述として、「英法においては委付は契約であるとする説もあるが、それが単独行為であることは、イギリス海上保険法第62条第4項が、委付の通知が正当に発せられた場合は、保険者が委付の承認を拒んだことによって被保険者の権利が害されないことを規定していることからあきらかである」との記述がある[235]。この説明につ

---

[234] また、イギリスの文献をみても、この制度について必ずしも日本法にいうところの海上保険の「委付」の制度（解釈全損の制度とその場合の手続きと効果）を損害保険一般に導入したものと理解しているものではないように思われる。
[235] 横尾登米雄編集代表『保険辞典〔改訂新版〕』（保険研究所、1978年）41頁（委付；保険委付の項）。なお、イギリス法における委付を契約として説明する文献の例として、加藤・前掲注175)『海上保険新講』234頁。

いては、「委付」という日本語が何を指しているかを考えてみたい。

　イギリス法における残存利益取得の制度は、物についての権利の放棄と保険者がそれを取得する権利からなるものと理解することが適当であるように筆者は考えるが、そのように考える背景には、物を単独の行為として移転させることはイギリス法において認められていないことがある。したがって、権利移転が認められるとするとそれは当事者双方の合意（契約）によってなされることになる。他方、海上保険上の解釈全損の事由においては、被保険者は、一定の手続きを行うことを条件として、全損の請求が認められることが法律上定められているが、もちろんこのような全損処理は被保険者の単独の意思で選択できるものである。

　イギリス法の制度に対する上のような疑問は、日本法における委付の概念にそのまま対応するようなものがイギリスに存在するという前提でイギリス法を理解しようとしているために出てくる疑問であるように思われる。

　また同様にイギリス法についての批判として、「裁判所が、訴訟提起の礼状の送達された時の状態が解釈全損成立の要件をそなえていると判断すれば、保険者が承諾しなくても委付は有効に成立するのであるから、単独行為として変則であるのと同様に契約としても極めて変則なものということになる。それにしても、相手方が承諾しなくても有効であるような契約の申込みを考えることは、あまりにも契約の概念を逸脱していると言わなければならないから、（省略）、英法においても委付は、変則ではあるがやはり単独行為と考えるべきである」との指摘がある[236]。

　海上保険における解釈全損の事由においてabandonmentの通知を保険者が承諾すれば、それは全損金の支払いと物の取得の選択を合意することとなろうが、拒否した場合は、物の移転の合意はできないことになるが、もし請求の事由が解釈全損の事由を満たしているのであれば、被保険者は通知という手続きを果たしたのであるから、全損金の請求は認められることになろう。このような考え方は、別段、変則的でもないように筆者には思われる。イギリス法を理解する場合、物の移転の制度と全損の範囲に関する解釈全損の制度を分けて考えることが適当なのではないかと思われる。

236　横尾登米雄（松田和也改訂）『貨物海上保険〔改訂第7版〕』（損害保険事業総合研究所、1992年）234頁。

③ イギリス法から得られる示唆

これまでの検討から明らかになったように、残存物代位の制度について日本とイギリスとで構造的ともいえる差が認められる。したがって、イギリス法の議論を日本法の解釈問題にそのまま持ち込むことはできない。しかし、このような差があるからこそ、残存物代位や委付の本質、更にはそれらの立法論を考察する場合に、イギリス法の内容は示唆に富むといえる。

イギリス法においては、残存利益取得の制度と subrogation の制度は、損害てん補を実現する制度として、すなわち被保険者が損害額以上の給付を受けないことを実現する制度として共通するところがある。しかし、それらが大きく異なる点は、残存利益取得の制度は目的物の財産的権利の移転に関する制度である一方、subrogation は被保険者が第三者に対して有する権利を享受するために保険者が被保険者の立場に立つ制度であり、両者に根本的な違いがある点である。このような特徴から、subrogation は、保険契約以外の場合の subrogation と統一的に理解される一方、財産的権利の移転を可能とする残存利益取得の制度は、日本法でいうところの委付の制度と残存物代位の制度に共通する原理として捉えられていることである。

このような構造は、保険代位として請求権代位と残存物代位の2つの制度を理解し、委付は海上保険に特有の制度として、保険代位とは区別して捉える日本法の考え方が、唯一絶対的な考え方とはいえないことを示している。

第2に、損害てん補の契約においては、完全なてん補を受けた場合には、そのてん補の対象となった目的物の権利を手放さなければならないという、自然的正義ともいうべき考え方がこの制度の根本に認められることである。この点を述べた Brett 控訴院判事の定義は、次の2点からとても示唆に富むように思われる。まず、この法理を損害てん補の契約に共通する法理として説明し、保険制度に特有の法理として位置付けてはいないことである。この点は、この考え方自体は保険制度に限定されない広がりをもつ一般的な考え方であることを示唆するように思われる[237]。次に、「完全なてん補を受けた場合」と述べていて、「全損金を入手した場合」とは言っていない点である。この点に着目するならば、保険契約における全損金の支払いは完全なてん補を意味することが、この法理の前提にあることがわかる。物はいろいろな価値や責任を含む存在であるように思われ、保険制度上の保険価額を全損金として支払った場合でも、それは常に損害の完全なてん

補と同義と考えてよいのか、今日的視点から改めて検討する余地があるのではないかと思われる。

第3に、残存物の移転は、当事者の合意によってはじめて可能になるのであって、一方の意思や行為では移転は生じないという点である。物という存在は、当該保険契約において評価されていない価値や責任を伴う存在であるものと認めると、その権利の移転を一方の単独行為として、又は保険給付の効果として行うためには、そのような移転が正当化されるべき十分な理由がなければならないというのは、イギリス法に限られない一般的な考え方と思われる。すなわち、日本法において、残存物代位において保険金の支払いにより残存物の権利が当然に保険者に移転したり、海上保険において特定の事由において被保険者が単独行為として目的物を保険者に移転できる制度自体が特殊なのではないかと思われ、そのような移転の制度を正当化する根拠について検討する必要がある。

第4に、abandonment の義務と salvage の権利、すなわち全損の場合に残っているものを手放す義務とそれを保険者が取得できる権利は、損害てん補の保険に共通するものと考えると、海上保険における特殊性は、全損処理をする事由が法律上広がっている点に見出されることである。海上保険における解釈全損を、全損という形の処理を行う事由を一定程度拡大する形で法律上明らかにした制度として理解すると、海上保険における特殊性は、全損処理という形の給付を認める「事由」が拡大されていて、それが法律上も明らかにされているということにすぎないのではないかと思われるのである。そこにおける両者の差は、全損金の支払いを認める事由の範囲の差にすぎないのではないかと思われる。さらに、このような解釈全損の事由も、結局は契約当事者の合意事項であるという点である。つまり、海上保険の特殊性は、その保険の背景として存在する海上取引や商業上の必要性から、保険金額の全部を支払う事由が、法律上、一定の程度、拡大されていることに見出すべきであって[238]、この問題は、本質的には、当該保険種目の保険契約において、どのような場合に全損という処理を認めることが適当かということから導かれる問題として位置付けることが適当であるように思われるのである。

237　日本民法における損害賠償者の代位（民法422条）と残存物代位の関係を示唆するようにも思われる。しかし、筆者の調べた範囲では、イギリス法において日本法の損害賠償者の代位に該当するような法理が存在するかは明確でないようである。

第5は、この制度の根拠である。イギリスにおいて subrogation の法源をめぐっては、それをエクイティに求めるかコモン・ローに求めるのかで学説の争いが存在することは触れた。その一方、残存利益取得の制度については、コモン・ロー裁判所により古くから認められてきた原理であることが確認されている。そして、この制度は、損害てん補の原則を確保するものとして理解されていて、その法理論は、完全なてん補を受ける場合には持っているものは手放さなければならないといった形で説明されても、必ずしも利得の排除、あるいは利得禁止という法理から説明されているわけではないことである[239]。損害てん補という形の中に利得を排除する考え方が折り込まれていることは考えられるが、利得禁止という法命題を利用してそこから直接にこの制度を説明しようとしてはない点に興味がもたれる[240]。このことから逆に日本法を考えた場合、日本法の議論において利得禁止又は利得防止という場合、その利得とは具体的に何を意味するのか、またなぜ排除されなければならないのかについて、あらためて検討する必要があるのではないかと考えられるのである[241]。

以上のイギリス法についての考察も踏まえて、日本法における残存物代位の本質について考察することとする。

4．日本法における残存物代位の考察

（1）利得防止説と技術説の検討

すでにみたように、わが国では、残存物代位の趣旨をめぐって利得防止説と技術説が展開されてきた背景にある。現在の学説は、その両方を趣旨として認めるのが主流となっていることは最初に見たとおりである。そこで、最初に、両説の

---

238 もちろん notice of abandonment という通知の制度も、このような全損概念の拡大の制度に伴うものである。
239 こうした背景には、イギリス法における不当利得に関する法をめぐる問題があるかもしれない。その点については、本論文第10章で触れる。
240 ただし、海上保険の著作でこの原理を不当利得という用語を用いて説明する例がある。Bennett は、全損として損害てん補を得て、保険の目的物に残存する価値を保有するならば、その価値分だけ不当利得（unjust enrichment）を生み出すことになろうと説明する（H. Bennett, supra note 83, p. 692）。残存利益取得の制度の説明において、不当利得という用語を用いている点に注目される。もしこれが不当利得を構成するのであれば、この法理は原状回復（restitution）の1つとして位置付けることになるのか興味がもたれる。
241 請求権代位の局面で用いられる利得禁止の意味については、第10章で考察する。

関係を含めて、これらの学説を分析することによって、残存物代位の本質を分析する手がかりとしていく。

① 全損の事由における保険給付の在り方

最初に、技術説と利得防止説が、それぞれ保険制度における給付をいかにとらえているかを考えてみたい。

まず、技術説については、いわば差引計算による全損処理という見方をとるところに、残存物代位の保険技術的特徴を見出すものといえるのではないかと思われる。この考え方においては、損害てん補の給付を行う場合、本来は、残存物の価額の算定が必要になるが、残存物代位はこのような問題を省略できる制度として位置付けられることになる。残存物代位は、保険制度にこのような利便性を与え、保険の給付が経済的な要請にあうような給付の制度となることを可能にする制度として位置付けているものといえる。そこに、保険制度が経済的な要請にそった給付の制度であることについての基本的認識がこの学説に存在することが理解できる。また、この学説は、残存物代位を適正な保険給付を確保することを満たす制度として捉えている点も見逃せない。すなわち、そこには適正な保険給付がなされるべきという基本的な考え方があり、保険制度は健全に運用されなければならないという認識が前提として存在しているのである。

次に利得防止説であるが、この学説は、残存物代位を利得防止という観点から説明するが、保険が経済制度であり、その技術的要請を否定する学説とは思われない。一定の経済的利益の全部的滅失があれば、価値ある残存物が存在するにもかかわらず、保険金額全部の支払義務を認めること自体に、保険制度における給付が経済的要請に合致したものであることを評価しているといえる。

このように技術説及び利得防止説は、そのどちらも、価値ある残存物が存在する場合であっても、一定の場合には、保険金額の全部の支払いがなされる必要性を認めていることに変わりはなく、そのような保険給付の在り方を認めている点で差はない。すなわち、保険制度が、経済的合理性や商業的要請を満たしながらも、健全な制度として運営されるという前提について、両説に考え方の対立はないものと認められる。

このように、全損の事由における保険給付の在り方について両説に考え方の対立があるわけではないものと認められる。

② 利得の意味

次に、利得の意味について分析する。利得防止説、技術説、そのどちらにおいても利得の防止という考え方が存在することは確認できるが、そこにおける利得の概念は同一であろうか。

まず、利得防止説についてであるが、利得防止説の立場に立つ主張において、利得の意味について特に明示されているわけではないように思われるので、個々の主張において利得のもとで観念する中身が同一であるかははっきりしないが、いくつかの例から利得がいかなる意味で理解されているのかを分析してみる。

まず、利得防止説の立場に立つと考えられる小町谷操三博士は、被保険者が被保険利益の全損につき、保険者から損害のてん補を受けながら、いわゆる残存物について依然として所有権を保有するならば、その価額だけ利得することとなる、と述べられている[242]。「その価額だけ利得する」という説明において、その価額とは残存物の価額部分を指し、それを利得とされているのである。

それでは、残存物の価額がなぜ利得に当たるのであろうか。そこには、全損金の給付が損害の完全なてん補にあたるという前提があるものと考えられる。全損金の上限は保険価額であるから[243]、結局、ここでは保険価額が物の価値（又は物を所有することの利益）に等しいという前提があり、それゆえ、保険価額を超える部分が「利得」として認識されているものと考えられる。つまり、この議論において残存物の価額が利得として認識されるのは、それが保険価額を超える価値部分にあたるから、と理解できる。

次に大森忠夫博士であるが、大森博士は残存物代位の説明のなかで、小町谷博士のような形で利得の部分をはっきりと明示されているわけではないように思われる[244]。つまり、そのような利得を実際に生む可能性を秘めた残存物を被保険者のもとに留め置くこと自体に「利得」を認識するか、あるいは利得自体は現実に残存物から経済的利益を被保険者が享受する場合において初めて発生するがその可能性を排除することの全体に対して利得防止という考え方をあてていることも考えられる。しかし、保険価額の全部の滅失の場合に残存物を留めおくことを利

---

242 小町谷・前掲注15)『海上保険法各論四』585頁。
243 全部保険を前提とする。全損の場合には保険金額の全部が支払われるが、その上限は保険価額であるから、ここにおける重要な基準は保険価額である。
244 大森・前掲注12) 180頁。

得とするのであるから、保険価額を超える部分を「利得」として認識されているものと理解してよいであろう[245]。

次に技術説の立場をとる見解における利得の捉えかたはどうであろうか。

この説を主張される田辺康平博士は、残存物代位が利得防止という要請をそこに内在させていることを否定するものではなく、技術説が主張する「正確な損害てん補の実現」のうちには、当然に、被保険者の利得防止の趣旨が含まれているものとされる[246]。技術説においては、前提としての考え方として、正確な損害てん補の実現という考え方が存在し、保険の目的物がその本来の経済的効用を全面的に失った場合でも、なお価値ある残存物が生じたときは、その価額を被保険利益の価額に準じて取り扱い、減失した被保険利益の価額から残存物の価額を控除して損害額を算定するのが損害てん補という点での本来のあり方という基本認識が存在する。つまり、被保険者が被った損害は、厳密には、保険価額と残存物の価額との差額と認識されることになる。もし「利得」という言葉を使うならば、こうして認識される「損害」を超える部分が「利得」にあたることになるものと考えられる。

しかし、技術説の立場の見解における「利得」の意味を、筆者の分析のように一般化してよいかは慎重であるべきである。例えば、加藤由作博士は、残存物代位制度の説明において、利得という言葉をそもそも使われてないように思われる[247]。

---

[245] 大森忠夫博士の残存物代位についての説明における利得禁止の意味は、損害保険契約における損害てん補性についての同博士の研究の全体をふまえて理解すべきものである。大森博士が利得禁止原則から各種の保険契約の法理を説明される場合、被保険利益（その経済的評価額として保険価額）を超える部分を利得と想定して議論をされているものと筆者は理解し、その前提で上の分析を行った。利得禁止原則に対する大森博士の考え方を示すものとして、特に次の文献を参照。「保険法における『利得禁止』について」「保険法における『利得禁止』をめぐるスイス学界の論議について」『保険契約法の研究』（有斐閣、1969年）、「保険契約における被保険利益の地位」「超過保険の効力について」『保険契約の法的構造』（有斐閣、1952年）、「損害保険契約の『損害塡補』契約性」「新価保険の効力について」『続保険契約の法的構造』（有斐閣、1956年）。

[246] 田辺・前掲注42)『新版現代保険法』135頁。

[247] 加藤由作博士は、もともと改正前商法661条に規定される法理を「準損益相殺」と呼び、同662条に規定される請求権代位を代位と呼び、両者を区別して議論されている（同・前掲注19)『海上損害論』402頁、413頁）。その後の著作では、改正前商法661条に「保険の目的についての代位」という用語をあてているものの、この制度は保険契約の内部の問題であるのに反し、請求権代位はその外部との関係において起る問題として、それらを区別して議論することの重要性を主張されている（同・前掲注57)「保険代位について——一部保険の効果——」29頁）。これらの著作における保険の目的物についての代位の説明のなかでは、利得という概念は利用されていない。

利得が何を意味するか、その認識が学者の間で同一であるかは十分に分析する必要はあるが、利得防止説と技術説の間で、禁止すべき対象として捉えている部分自体について考え方の対立があるわけではないことは理解できる。結局、残存物の価額に相当する部分を利得として議論しているのである。

③ 利得禁止の根拠

利得防止説、技術説ともに、そこには利得は排除されなければならないという考え方が前提として存在するものと理解できる。この考えを「利得禁止」と呼ぶこととすると[248]、利得禁止の根拠はどこに求められるのであろうか。「利得」又は「その可能性」はなぜ排除されなければならないのであろうか。

まず、利得防止説の立場に立つものと考えられる見解を分析する。

大森忠夫博士は、損害保険契約の「損害てん補」契約性は、保険事故発生により被保険者が不当に利益を受けることを防ぐためのいわば政策的見地からする要請にほかならないという観点から、残存物代位の制度を説明されている[249]。このような認識を踏まえれば、上記の「利得」あるいは「その可能性」は、不当なものであり、だからこそ公序政策的観点から防がねばならないものとして認識されることになるものと考えられる。

石田満博士は、残存物代位の趣旨を利得防止に求められているが、それは、別段、損害保険契約の「損害てん補」契約性を保険事故発生により被保険者が不当に利益を受けることを防ぐための政策的な見地からする要請と考えなくても理解できる、と主張されている[250]。

このように利得防止から残存物代位を捉える学説においても、利得防止の拠り所については見解の相違が見られる。

他方、技術説の立場についてみてみると、この学説は、必ずしも利得防止という観点から残存物代位を説明するものではないが、その前提には、損害額を超える給付は排除されるべきであるという考えがあることはすでにみたとおりである。この場合、損害額を超える給付が排除されるべき根拠は、損害保険契約の損害てん補契約としてのいわば論理的帰結として説明されることになるのではない

---

248 以下の議論では、残存物代位の趣旨に関する学説の1つである利得防止説の場合は、「利得防止」という用語を用いるが、より一般的な命題として利得の排除を議論する場合は「利得禁止」という用語を用いることとする。
249 大森・前掲注12）180頁。
250 石田・前掲注14）201頁。

かと考えられる。

このようにみていくと、利得は排除されるべきであるという考え方は共通するものと考えられるが、その拠り所については、それを外部的・社会的規範から説明しようとする立場と、そのような利得禁止の要請を損害てん補という考え方自体から説明しようとする立場があることがわかる。しかし、これは必ずしも利得防止説と技術説という形で対立しているものではないのである。

④ 利得防止説と技術説の対立点

以上、3点から利得防止説と技術説を分析したが、両説の差がどこにあるかを考察する。

まず、全損の事由における給付のあり方については見解に相違はみられない。どちらも、一定の事由においては価値ある残存物の存在にかかわらずに保険金額の全部を支払うという保険制度における給付に疑問を投げかける見解ではない。

次に、保険制度において排除すべき対象と捉える部分を分析すると、それは残存物の価額部分であることがわかり、その点についても見解に相違はない。しかし、それを「利得」として認識する過程に違いは見られる。技術説においては、残存物の価額分は保険における損害てん補の対象たる損害額からもともと排除されるべきという認識があり、その観点から残存物の価額分が利得に当たることになる。一方、利得防止説においては、全損の場合における損害を、残存物の存在にかかわらずに、保険価額の全部であることを認め、そのような認定をする結果、残存物の価額分が利得として認識されるのである。ここにおける両者の違いは、結局、保険の損害てん補における損害をどのように認識するかにあるのであって、利得として捉える対象に対立があるわけではない。

そして、かかる利得を排除すべきと捉える理由を考えていくと、利得防止説はそれを利得防止という点から説明するが、この考え方は技術説にも前提として存在する。技術説においては正確な損害のてん補という考え方が前提にあるが、利得として排除すべきと認識する対象が両説の間で同一であるならば、正確な損害てん補ということと利得防止ということは、結論において同じことを意味することになる。つまり、利得防止という理由を損害てん補という言葉で言い換えたのと同じことになる。そして、技術説においては、損害の認識の過程で残存物の存在を利得として認識し、それゆえ残存物代位の技術的側面がクローズアップされることになるが、利得防止説においては、残存物の存在にかかわらずに損害を認

識するからこそ、残存物を利得として捉えることになる。技術説がとらえる、残存物の価額の算定を省略する技術的な要素は、利得防止説においては、実は、かかる残存物の存在を事後の問題として全損金の支払いを認める考え方の中に消化されているのである。

更に、利得防止説におけるこのような残存物の存在にかかわらずに全損を認める捉え方は、技術説にも存在するように考えられる。技術説の立場において、それではどのような場合にかかる差し引き計算の制度が認められることになるのか、という疑問を提示すれば、それは結局、全損の場合ということになり、全損の場合を何らかの形で概念規定することになるのである。ここにおいて両説の違いは、どのような場合に、かかる給付を行うかという全損の事由を、被保険利益の全部の滅失と説明するか、あるいは厳密にはそうでないとするかの違いである。それは被保険利益の概念の捉え方の問題であって、両者が想定している全損の事由に相違はないのである。

このように考えると、利得防止説と技術説は、残存物代位の趣旨の説明に違いがあることは明らかであるが、両者の間で残存物代位の趣旨について対立があるのか筆者は疑問をもつ。2つの学説の違いの本質は、保険における損害概念の捉え方にあり、そこから説明に差が生じてきていることは認められるが[251]、その問題は、残存物代位の説明において、損害概念や被保険利益についてのそれぞれの認識のどちらがより適しているかという問題であって、2つの考え方が、残存物代位の趣旨をめぐって対立する考え方になっているのかどうかという点では必ずしもそうではないと考えられる[252]。

その一方で、利得禁止という考え方の根拠については、それを損害てん補契約に原理として内在するものと捉えるか、公序政策といったところからの要請として捉えるかという点で、2つの考え方があることは先に分析したとおりである。

---

251 したがって、技術説と利得防止説は異なる学説と考えられ、また、そのように学説を対比させることは、その背後にある損害概念の捉え方の問題を、残存物代位という局面で吟味することになり、意義がある。
252 これは全部保険を前提とした議論であり、一部保険における場合についてではない。田辺康平博士は、利得防止説と技術説は一部保険において具体的差が生じ、技術説が妥当であると主張される(同「住宅火災保険契約における一部保険者の残存物代位の範囲——利得防止説と技術説との比較検討——」損害保険研究56巻4号1頁(1995年))。一部保険の場合の残存物代位については、一部保険の意味や比例てん補の原則なども合わせて考察する必要があるように感じるため、本稿では、全部保険を想定した議論をしている。

これは、必ずしも利得防止説と技術説という形で対立している点ではない。しかし、筆者は、この見解の差こそは、残存物代位の適用をめぐって具体的対立点になる重要な論点であるように考える。

これまでの議論においては、残存物の価額あるいはその存在が利得として認識されて議論されていることをみた。残存物の価額部分は、保険制度における損害てん補を超える部分にあたるから、それが排除されることになる。保険の損害てん補という給付制度において排除されるべきと考える部分が、公序政策的要請からとらえた場合に禁止されるべき部分と一致しているのであれば、そのような部分の排除を、保険制度の損害てん補原則から説明しても、公序政策からの要請として説明しても、具体的差は生じてこないように思われる。しかし、このような等式は本当に成立しているのであろうか。もし、そうでない場合があるとすれば、この問題は、利得禁止の拠り所の問題だけでなく、利得として認識する具体的対象も変わり、種々の局面における残存物代位制度の適用において差が出てくることになるのではないかと考えられる。

残存物代位が問題となる状況において、利得とは何か、それはなぜ排除されるべきなのか、検討が必要であるように思われるが、そのためには、前提となる全損概念の位置付けも明らかにしておく必要がある。これらの点を考察するにあたり、まず論点を整理しておく。

（2）残存物代位制度の本質に関する論点

保険法は、保険の目的物の全部が滅失した場合と規定するが、これは全損の場合を指すと理解されていることはすでにみた。それでは、全損とは何であろうか（**論点1**）。

第5章で検討したとおり、物についての保険において、保険の目的物の物理的な損害の程度と被保険者が保険事故によって被る経済的損害の程度は、多くの場合、相関関係をもつものとはいえ、必ずしも同一ではない。保険制度が経済制度として機能するためには、損害とは、物の保険であっても、その物の物理的損傷自体ではなく、それによって生ずるところの被保険者の経済的損害でなければならないものと考えられるが、それゆえ、いかなる場合に、いかに損害を認識するのかが重要な問題となる。しかし、問題となる全損の概念について保険法は規定していない。残存物代位は、保険制度上は「全損」として保険金額の全部の支払

いを認めるべき状況にあるものの、客観的には目的物に評価できる価値が認められる場合に機能する制度と考えられる。そこで、全損の場合において、物自体の物理的損害と被保険者の経済的損害はいかなる関係にあるものと説明できるだろうか。

また、この制度は、全損の場合の制度であることと物の権利の移転を伴う点で、海上保険における委付の制度と類似する面を有している。残存物代位と委付はどのように関係し、また異なるのか（**論点2**）について検討が必要である。

次の論点は、物の権利を被保険者から保険者に移転させる根拠である（**論点3**）。保険法はその根拠を示してないため、過去の学説を利用しながら論点を提示することとする。

まず利得防止説であるが、技術説が批判するとおり、利得防止という点から被保険者に物を留め置くことの不適切を説明できても、それだけでは、物の権利を保険者に移転させるところまでは説明できないのではないかと思われる。また、所有権の移転は、保険者にその支払保険金を超える金銭の回収を可能にする場合も考えられ[253]、それは所有権を移転させる制度に伴う結果と考えざるをえないが[254]、かかる場合をも利得禁止という考え方のみから説明することは難しいのではないかと考えられる[255]。

この制度に利得防止という考え方が投影されていることは間違いないとしても、そのことだけで、物の移転まで説明することは適当であるか疑問がもたれる。この点を検討するためには、利得とは何か、なぜ利得が禁止されるべきなのか（**論点4**）を考察する必要がある。

---

253 例えば、絵画が盗難されて保険者が全損金を支払い、その所有権を取得した場合、その後に、犯人が逮捕されて絵画が出現し、その間に絵画の市場価値が上がっていれば、保険者は支払保険金以上の回収金を得ることになる。かかる事例が存在しうることは、イギリス法における議論のなかで触れたとおりである。

254 この点は、イギリス法における議論でみたことが日本法にもあてはまるものと筆者は考える。物の所有権が移転する以上、その所有権に負担が伴うのであれば、その負担は所有権を享受する者が負うべきであるのと同様に、その所有権から利益が生み出されたとしても、それはその所有権者が享受できるものと考えるべきである。

255 小町谷博士は、委付の場合には委付した物の価額が、被保険者が保険者から支払いを受けた額より偶然に多かった場合でも、保険者はこれを取得することができるが、残存物の代位は、被保険者の利得を防止することを目的とするだけであって、保険者に利得を生ずることまで、認めるものではない、とされる（同・前掲注15）『海上保険法各論四』590頁）。この主張内容については、筆者は、所有権の移転という制度をとる以上、この点について委付の場合と残存物代位の場合で結果に違いは生じないように感じる。

他方、技術説について考えてみると、この説は、物の移転による全損処理という形で残存物代位の制度を説明するものであるから、移転を無理なく説明できるのはむしろ当然かもしれない。しかし、この考え方をとった場合、全損が認められるような一定の事由において、保険金額の全部を支払うためには、そもそもかかる物の権利の移転が必要か、必要であればその理由は何かを検討する必要がある。そしてその理由を考えていった場合は、損害保険における損害概念が問題になる。そして、そのような損害を超える給付を排除する理由まで遡って考えれば、損害保険における給付と利得の意味、利得禁止の理由をいかに考えるかという問いにたどり着くことになるのではないか。つまり、この学説の立場に立脚した場合であっても、利得の意味とその禁止の根拠（**論点4**）を分析しなければならない。

　以上の疑問をもつと、それではこの制度はそもそもいかなる機能をもつ制度であるのか（**論点5**）という疑問がでてくる。制度の本質を考察するうえでは、このような機能面の分析が不可欠である。

　以下に、これらの5つの論点を切り口として、残存物代位制度の考察を試みる[256]。その際には、イギリス法の検討から得られた示唆も踏まえて議論を進めていくこととする。

5．残存物代位制度の考察

（1）全損の意味と機能（**論点1**）[257]

　残存物代位が生じるのは「保険の目的物の全部が滅失した場合」であり、これは全損を意味すると解されている。そこで、全損の概念が問題となるが、全損とは「保険の目的たるものがその本来の経済的機能を全部的に失ったとき」[258]とか、「保険の目的物が保険事故により、従来有していたその経済的効用の全部を

---

[256] なお、残存物代位制度を考察する場合、民法422条（損害賠償者の代位）との関係をどのように捉えるかという論点も存在するが、本書では、両者の関係を議論するうえでも、まず残存物代位の本質を解明することが先決問題であると考えて、残存物代位制度の考察において、422条の議論は持ち出していない。

[257] 全損制度の意義の考察においては、特に、倉沢康一郎博士の次の論文に示唆を受けている。前掲注7）「保険代位について」、同「保険代位の対象たる『残存物』」『保険契約法の現代的課題』（成文堂、1978年）203頁。

[258] 大森・前掲注12）180頁。

失ったこと」[259]と説明される。つまり、物の経済的機能や効用を基準として判断される概念と理解されている。イギリスの判例にみられたように[260]、食料が人間の消費に適さなくなって飼料用に供されるような場合が例としてあげられる。物に損害が生じた場合でも、物が物体として存在しなくなることは少ないわけであるから、その物の経済的機能や効用から全損を判断することは自然な考え方である。

　しかし、ここで筆者が疑問をもつ点は、それでは全損とは、物の状態を基準とする概念であるのかという点である。上にいう経済的効用の全部的喪失とは、物の損害状況がその物の本来の機能を全部喪失させる程度になっているかどうかという基準であって、その損害の認識は物自体にあることに変りない。つまり、このような全損概念は、物自体を損害の客体として捉える考え方と理解できる。しかし、このような物を基準とする全損概念は妥当であろうか。

　物の盗難、船舶の拿捕などの例を考えてみると、このような場合にも全損の処理を否定する見解は少ないように思われる。しかし、このような場合、物には物理的に何の変化も生じていないかもしれない。物が盗難されても、必ずしもその物が「その本来の経済的機能を全部的に喪失する」わけではない。つまり、ここで損害が生じているのは、物自体ではなく、物を所有する人の経済的利益状況である。

　一般的に、物の損害程度とそれを所有する人の経済的損害の程度は、多くの場合に相関関係をもつものとしても、必ずしも連動するものではない。また、物理的には同一の損害であっても、それを所有する人の経済的損害に大きな差が出てくることもある。つまり経済主体の経済的損害は、その主体がその物の所有からいかなる経済的利益を享受していたか、また享受しようとしていたかによって、変わってくるのである[261]。

　翻って、保険は何に対してつけるものかを考えてみる。物についてのいわゆる物保険の場合であっても、保険は物自体ではなく、その物を所有する利益に対し

259　西島・前掲注12) 181頁。
260　*Asfar v. Blundell C. A.*　前掲注198)。
261　例えば、同一の新品の商品を個人がそれを利用する目的で所有している場合と、それを販売するために商店が所有する場合で、その商品に生じた物理的な損害（例えば軽微な擦り傷）がもつ経済的な意味は同じではない。差が生じる場合があるのは、物を使用する場合と販売する場合とで経済主体が享受する経済的利益の中身に差があるからである。

て保険をつけると考えることが適当と考えられる。もし保険の対象が利益であるのであれば、保険金支払いの発動要件になる損害も、物自体ではなく、利益上に認識すべきものと考えられる。このような点から考えると、前述した全損の定義は全損の事由の1つの場合を示しているものの、全損の一般的定義として妥当であるのか疑問がある。もちろん、物の物理的な状況は、損害が客観的にも識別できるかどうかという意味では意義がある。しかし、物自体の損害概念は、経済主体の利益上の損害の十分条件になるとしても必ずしも必要条件ではないのでないかと思われる。

損害は物を所有することの利益を基準として判断されるべきものと考えると、次にでてくる疑問は、全損とは、そのような利益が全部なくなった状況を指すのかどうかである。仮に保険に付ける利益を被保険利益とすれば、全損とは、被保険利益の全部の滅失を指すのであろうか。このことを考察するために、以下に、全損を被保険利益の全部の滅失として理解した場合とそうでないと考えた場合に分けて考察する。

まず、全損を被保険利益の全部の滅失として理解したとすると[262]、全損とは、被保険者が保険の目的物について有していた経済的利益を全て失った場合を意味することとなろう。しかし、このように考えると次の疑問がでてくる。すなわち、残存物代位が問題となるような状況においては、客観的に評価できる価値ある残存物が存在し、当該経済主体はそれをなお有しているのである。食用として輸入した穀物が食用としては使用できなくなったとしても、なおそれは飼料用や工業用としての価値は有しているのである。被保険者が保険の目的物に経済的に評価できる利益関係を有している状況は、被保険利益の全部の滅失にあたるのであろうか。

そこでこのような場合について、「保険に付けた物」としての経済的利益は失われたとする考え方ができるかもしれない。つまり、損害は保険に付けた被保険利益に生じているのであって、その被保険利益はこのような場合には、たとえ価値ある残存物が存在しようとも全部喪失したことになる、と理解するものである[263]。

---

262 これは大体において、利得防止説の立場に対応する。大森忠夫博士は、この場合に被保険利益の全部滅失を認める（同・前掲注12）180頁）。
263 例えば、食用の穀物が海水に濡れて食用としては使えないが飼料用としては使用できる場合、

しかし、この場合、被保険者は保険の目的物を所有して、その所有関係（具体的には所有権）ゆえに残存価値分についての経済的利益をなお有しているのであって、結局は、同一の所有関係の上に、「保険に付けたものとしての利益」と「残存物の存在から得られる利益」の2つの利益の存在を認めることになるのではないかと思われる。この2つの利益は、概念的には切り離せても、その経済主体からみれば、結局、その物を所有することによる損失は、2つの利益の差額にすぎないのではないかと思われる。つまり、経済主体は保険の目的物を引き続き所有し、それゆえに残有価値についての経済的利益を有しているのであり、経済主体がその物について有する経済的利益は完全に失われているわけではないのである。

それでは、上にいうところの「保険に付けた特定の被保険利益に全部の損害がある場合」とは何を意味するのであろうか。このような利益は、残存物の所有から独立して存在するものとは考えられない。したがって、その本質は実体的なものでなく、観念的なもので、保険に付けた意図の対象としての利益状態であるのである。

それでは、このような利益概念を持ち出す理由は何であろうか。それにいかなる機能が認められるのであろうか。筆者は、「保険に付けた特定の被保険利益に全部の損害がある場合」という場合の「保険に付けた特定の被保険利益」という概念は、観念的なものであり、そのような観念を持ち出す意義は、「全損としての処理をすることが保険契約上で求められるべき場合」を示すところにあるものと考える。つまり「保険に付けた利益」という考え方は、当該保険において全損として処理するかどうかの判断の基準として意味をもつものであって、そのような利益がそうでない利益と区別されて実際に存在すると考えることはできないのではないかと考える。

このように全損を被保険利益の全部の滅失と考えると、被保険者が残存物を有する場合の経済的利益は何であるのか理解が難しくなる。そして「保険に付けた利益」として残存物の所有者利益を区別した場合、その利益は、保険制度において全損という形の給付を認める場合を指す観念的な利益概念になるのではないかと考えられる[264]。

経済主体はその物を食用として所有していたのであるから、その利益はすべて失われたと考えるものである。

それでは、残存物代位が適用される全損の場合を、厳密には被保険利益の全部の滅失にはなっていないが保険金額の全部の支払いが要請される場合と理解した場合はどうであろうか[265]。

　このように考えた場合には、上に述べたような被保険利益の二重構造の問題[266]はでてこない。しかし、この場合、被保険利益に全部の滅失が生じていないものの、なお一定の場合には残存物代位という制度を利用して全損という形の給付を行うわけであるから、このように考えた場合であっても、どのような場合にそのような全損の処理を行うかという問題が残る。そうすると、結局、上と同じように物が「保険に付けたものとしては」存在しなくなった場合というような形で、全損という処理をする場合を説明することになるのではないかと思われる。結局、全損とは何かという最初の問いに戻ることになる。

　残存物代位が問題となる場合の全損の概念を考察する場合、それを被保険利益の全部の滅失として理解しても、それを被保険利益の全部の滅失の場合に準じた場合と理解しても、問題はいかなる状態をそのように捉えるかにある。この点を考察するためには、全損という概念が保険制度上で有する機能を明らかにすることが必要であろう。

　そこで全損という概念が保険制度において担っている機能を考えてみると、全損とは保険制度において保険金額の全部を支払う事由である[267]、といえるのではないかと筆者は考える。全損とは、全損処理という形の保険処理を行う状態を指すために用いられる保険制度上の概念といえるのではないだろうか[268]。

264　このような概念は全損という形の給付を認めるための制度的なものであるから、例えば、先にあげた穀物の海水濡れ損害の例でいうと、穀物を食用の穀物ととらえずに穀物として輸入したものと考えれば、それが食用から飼料用に転用することになっても、なお、穀物としての特性は有しているのであるから、全損とはみなされないことになろう。
265　これは大体において技術説の立場における損害の認識に対応する。
266　所有者利益という同一の利益上に、保険に付けたものとしての利益の全部の滅失と、残存物の存在から得られる利益という2つを認めることになるのではないかという疑問。
267　本章では、全部保険の場合を想定して議論を進めている。一部保険や超過保険の場合にはこのような結果にならない。
268　興味深い分析として、高尾厚教授は、保険の本質的構造を経済学の観点から分析して、本来的な意味の損害保険とは、被災物件を事前の約定価格で保険者に「売りつける権利」（プット・オプション）であると分析される（同「自動車保険における無事故割引と『空』契約の構造——コール・オプション・オン・プット・オプション——」保険学雑誌549号25頁（1995年)、また、同「保険市場とオプション市場との対応関係について——保険取引の基本構造をめぐる理論的考察——」（田村祐一郎＝高尾厚編著『現代保険学の展開』（千倉書房、1990年）第14章）も参照）。このような保険の本質の分析は、全損概念の機能や残存物代位の位置付けを理解するうえでも有益と考えら

このような機能面に着目すれば、全損の概念とは、必ずしもその概念を抽象的に構築してそこから全損処理を認める範囲を限界付けることができなくても、保険制度において約定した保険金額の全部をどのような場合に支払うのが適当であるかという点から全損処理を認める範囲を形作ってもよい問題であるように思われる。そのような全損の処理、すなわち約束した保険金額の全部を支払う場合とは、経済主体がその物の所有によっていかなる経済的利益を享受し、また享受しようとしていたかに基づいて判断されるべきものであろう。そしてどのような状態において保険金額の全部の支払いが求められるかである。そうするとその事由は、保険の種類によっても異なってこよう。更にいえば、かかる経済的利益の中身は経済主体の置かれた状況で異なりうるもので、個別性があると思われる[269]。したがって、保険金額の全部を支払う事由の範囲は、本質的には、経済主体が置かれている利益関係をどのように評価して、どのような事由の場合に全損という処理をするかについて、契約当事者間で取り決めておくべき問題であると考えられる。保険制度は、大数の法則を前提とする仕組みであるので、その取決めは、個別経済主体ごとに異なる内容とすることは適切ではないが、該当する商取引の実態や慣行等を踏まえて設定すべきといえる。また、具体的な取り決めがない場合にも、当該経済主体が置かれていた状況や商取引の慣行に照らして、契約当事者の意思がどこにあったかを元に全損を認定すべきといえる[270]。

このように全損概念の役割を捉えると、それは保険という制度において保険金額の全部を支払う場合を指すわけであるから、被保険利益が完全に失なわれた状況として説明する必要がそもそもあるのか筆者は疑問を感じる[271]。つまり、被保険利益という存在は、損害保険契約の成立に必要な要素であるとしても、保険給付の態様を決定するうえでの基準としての役割もそれに負わせる必要があるのか

れる。
269 保険を利用する者の立場からみた場合、その利用者が置かれている利益状況の実態に適合した給付がなされることが望ましいといえる。
270 ブランドのハンドバックの包装に汚損が生じた場合、個人が使用する分には問題ないとしても、ブランド品として販売することは適切でなく、処分をせざるをえない場合がある。また、精密機器についての同様な問題が生じる場合がある。物についての処分は、商取引の実態を踏まえて判断されるものであり、基本的には、保険制度もその取引慣行を前提として損害を認定すべきといえる。
271 なお、全損という処理により、事故発生の前に比べてより良い経済状態が生み出されることは認められるべきでないと同時に、そのような状態を防止すべき手当が講じられていることが必要であることは言うまでもない。

疑問がある。

　この問題は保険契約の構造に関係してくる重要な問題であるが、もし保険給付の態様を決定するうえでの基準としての役割をも被保険利益に求めることは適切ではないといえれば、この点は、第5章で示した仮説のうち、損害を被保険利益の裏返し又は被保険利益の減少として理解することは適切ではなく、被保険利益と損害の量的評価を分離してそれぞれの意義を捉えるべきとする本書の考え方が理論的にも妥当であることを裏付けることになる。

　このような考え方が、少なくともありえない考え方ではないことは、イギリス法から示される。

　まず、イギリス法において全損はいかなる概念として理解されているかについてみてみる。Arnould は「保険法にいう全損とは、これにより被保険者が保険者からその引受金額の全額を回収しうるところのもの」との定義を示している[272, 273]。筆者がこの定義に注目したい点は、全損概念がもつ機能面の意義に着目したものとなっていることである。そして、Arnould は、全損概念の抽象的定義に入り込まず、全損として認められる事由を、現実全損と解釈全損の場合に分けて、その具体的事由、すなわち全損処理という形の保険処理が認められるべき事由にどのようなものがあるのか、その事由の分析に移るのである。このような記述は、イギリスのその他の文献でも認められる[274]。

　次に、イギリスにおいて全損が被保険利益という点からどのように説明されているかをみてみると、全損とは被保険利益の全部の滅失として説明されているわけではないことがわかる[275]。つまり、全損という概念を被保険利益の残存程度から説明しようとするアプローチは必ずしもとられていないのである。

272　Arnould, 18th ed., supra note 80, p. 1452.
273　この定義に早くから注目されているのは倉沢康一郎博士で、同博士は、保険法における全損概念の本質を考察し、その中で Arnould（15版、1961年 vol.2、p.1192）のこの定義に着目されている（倉沢・前掲注7）「保険代位について」155頁）。
274　本章で掲げた海上保険に関する文献では、一般的に、Arnould と同様の論理構成が確認できる。ただし、ノンマリン分野の著作では、そもそも全損について特別に取り上げていない場合も見受けられる。その理由として、筆者の推論として、海上保険では、全損のみ担保の引受条件が存在して、利用されているが、ノンマリン分野ではそうではないことがあげられるだろう。
275　イギリス法の文献では、全損とは被保険利益の全部の滅失という形で必ずしも説明されてはいない。海上保険法68条（全損）は、保険の目的物の全損がある場合において、保険証券が評価未済保険証券であるときは、損害てん補の限度は保険の目的物の保険価額とする、と規定し、保険価額をてん補の限度として示しているが、全損とは被保険利益の全部の滅失であるという説明はしていない。

以上のイギリス法におけるアプローチを参考にすれば、全損という概念は保険金額の全部を支払う場合を指すために機能する概念であって、その具体的中身は、どのような場合に全損処理をすることが認められるべきかという問題として扱い、そのような全損処理を認める事由の範囲は保険カバー上の範囲の問題として捉えることが決して不適当なことではないことを示しているように思われる。

　物の保険において保険の対象とは、物それ自体ではなく、物を所有する経済主体の所有者利益と考えられ、保険給付の対象となる損害は利益状況をもとにしたものでなければならないであろう。しかし、その場合であっても、全損とは、利益の全部の喪失という形で必ずしも捉えなくてよいのではないだろうか。逆に、全損を利益の全部の喪失としてしまうと、その利益概念自体は、全損処理を行うべき事由が包含できるような形で形作られることになり、結局、そうした利益は、客観的に存在するような性格のものではなく、全損という給付を行うことが求められるような事由を示すための概念になってしまうように思われる。

　このように全損は、抽象的に定義付けることが難しい概念であることがわかる。そしてこの概念の機能に着目するならば、問題は、それぞれの保険種目において、また個別の保険契約において、いかなる場合に保険金額の全部の支払いが求められるか、その範囲をいかにして定めるのかという点にあるのである。Arnould が示したように、全損とは引受金額の全部が支払われるものであると一種のわりきりをして、その具体的事由の分析に移るアプローチは示唆に富むように思われる。

　また、イギリス海上保険法は、全損を現実全損と解釈全損に分けて理解する。しかし、全損をこのように分けた場合であっても、現実全損と解釈全損の境界は明確ではない[276]。また、海上保険法におけるかかる全損の分類がその他の保険種目にどこまで適用されるのかも必ずしも明確ではない。しかし、イギリス法における現実全損と解釈全損の境界の不明確さの問題は、全損における分類の困難性から生じているものでは必ずしもなく、実は全損の処理を認める範囲を抽象的に公式化することの難しさから生じているようにも考えられ、このような全損概念をめぐる問題はイギリス法に特有の問題と考えるべきではないだろう[277]。

276　イギリス海上保険法は、全損を現実全損と解釈全損に分けるが、両者の境界は必ずしも明確ではない。例えば、Ivamy は、両者の間にははっきりした境界線は存在しないと述べている（Ivamy, *Marine Insurance*, supra note 64, p. 343）。

全損の概念とは、それ自体として範囲をもつような概念としてとらえるのではなく、むしろ問題はどのような場合を全損事由にするかという点にあり、このような全損概念の機能から考えていくアプローチをとるならば、全損概念の不明確さはむしろ当然であり、それゆえに全損処理という形の給付を行う場合を保険契約において明確にすることが重要であることが理解できることになる[278]。

このように全損という概念を理解すると、残存物代位の制度は、全損というものが客観的にまず存在して、全損金支払いの効果として生まれてくる制度と考えるのが適当であるか疑問がでてくる。全損が認められるべき事由の範囲は、全損の概念からその範囲が限界付けられるものでもなく、本質的には、その範囲は柔軟性を含んだものであるがゆえに、一定の形をとった支払処理が重要性を持ってくるのである。保険法24条の残存物代位制度は、このような保険処理の全体を示すものであって[279]、このような形による全損処理の有効性を示したことに、その意義を認めるべきであろう。すなわち、保険法は全損金支払いの場合の効果を規定する形で残存物代位を規定するが、そこに織り込まれた重要な要素は、客観的にはなお価値のある物が残っているような場合においても、一定の場合には保険金額の全部が支払われること、保険とはそのような制度であるということ、そしてそこに保険の給付とはすぐれて経済的な要請に沿ったもので、またそのように運用されるものであることを示した点に見出し、保険法24条はこのような全損制度を示した点にその意義を認めるべきであろう。そして、どのような場合にこの方式による全損処理を認めるか、その事由については、保険が経済制度であることから考えれば、経済主体が物について有する経済的利益関係の実態に沿ったものである必要があり、それは、保険の種類、目的物、更には経済主体が物から享受している利益関係の実態を踏まえて設定されるべきであるといえる。

改正前商法も保険法も、問題となる全損の概念は示していない。全損の概念は

---

[277] 例えば、経済的修理不能は、ノンマリンの保険種目においては全損か分損か。物が奪われてその回収の見込みがない場合はどうであろうか。

[278] 海上保険では、全損のみ担保、全損と特定の損害のみ担保という引受条件が存在する。これは、古船や船齢の高い船舶などで、保険料を下げて必要な備えをするうえで有用な条件である。全損の具体的範囲を当事者間で明らかにしておくことは、このような保険条件が存在することからも重要である。

[279] 倉沢康一郎博士は、全損が制度的概念であると主張され、残存物代位を全損制度に遡って考察されている（同・前掲注7）「保険代位について」）。うえに述べてきた筆者の考えは、倉沢博士のこの論文から大きな示唆を受けている。

決して自明なものではないとの立場に立つと、全損の定義規定がないことは一見すると法律としては不十分であると思われるかもしれない。しかし、全損とは、その定義を抽象的に示すことによって保険金額の全部の支払いを行う範囲を具体的に示していくような概念ではない、すなわち抽象的概念から帰納的に導かれる問題ではないと理解できるからこそ、かかる抽象的な定義規定を法律に設けていないと解釈できるかもしれない。全損とは、保険種類毎に、保険契約の中で、経済主体の利益関係の実態に応じてその範囲を明らかにしていくべき問題と捉えれば、法が全損の定義を下していないことはもっともなことと理解できるのである。

また、保険法の「保険の目的物の全部が滅失した場合」という表現は、もしそれが全損の定義であるとすれば、妥当であるか疑問がもたれることはすでに議論したとおりである[280]。しかし、これは全損処理の事由を象徴的に示したものと理解するならば、その規定内容は必ずしも問題であるとはいえない[281]。このように、保険法24条は、残存物が存在しても全損が認められるという全損制度の本質的な特徴を示した点に着目すべきであるように思われる。

（2）残存物代位と委付（論点2）

さて、全損の概念をこのように理解すると、そのような全損の制度は委付といかなる関係にあるのだろうか。次にその関係を考察する[282]。

まず、日本法における委付は、被保険者が一定の事由において[283]保険者に保険の目的物に関する権利を移転すると同時に、保険金額全部の請求権を発生せし

---

280 改正前商法661条の「保険ノ目的ノ全部カ滅失シタル場合」という文言について疑問を投げかけるものとして、倉沢・前掲注7）「保険代位について」157頁参照。
281 加藤由作博士は、「商法は保険の目的の全部が滅失したる場合のみを挙げて居るが、保険の目的が回収の見込なく失はれたる場合に於ても同様に解して差支ない。畢竟本條は一般に全損の発生せる場合に付て云はんとしたるものである」と述べられている（同・前掲注19）『海上損害論』404頁）。解釈としては、この理解が妥当であるものと考える。
282 なお、委付の制度は、商法に規定されるが、この制度は「委付制度」という形では、実務上は利用されてなく、わが国の船舶保険、貨物保険の約款では、委付を認めないことが明記されている。本稿は、残存物代位の本質を考察する観点から委付制度を取り上げてその相違を検討するものである。委付制度の廃止については、鴻・前掲注181）、西島・前掲注181）、及び両論文に掲げられている諸論文を参照。
283 商法833条は、次の5つの事由をあげている。①船舶が沈没した場合、②船舶の行方が知れざる場合、③船舶が修繕不能になった場合、④船舶又は積荷が捕獲された場合、及び⑤船舶又は積荷が官の処分によって押収され6ヶ月間解放されない場合である。

める単独行為をいい、海上保険に認められる[284]。この制度を分析すると、そこには、全損と認定できるか議論となるような一定の事由において全損金の支払いを認めること、すなわち全損として処理する事由に関する部分と、保険の目的物の権利の移転に関する部分の2つがあることがわかる。

日本法の委付の制度はこれらの2つの部分が組み合わさったものと認められるが、この制度の本質を考察する場合には、イギリス法の検討から示唆を受けたように[285]、この2つを分けて検討することが有益と考えられる[286]。

この2つを分けて考えると、前者の部分は、全損処理を行う事由を示す部分であり、これは委付の事由という形で商法に示されている部分に対応する。このような全損処理を行う事由については、必ずしもそのすべてが原理的に海上保険に特有のものとは考えられないことは、イギリス法の議論でみたとおりであるが、このことは日本法についてもあてはまるのではないかと考えられる[287]。海上保険の特殊性は、このような全損処理を行う事由が法律で示されていることに見い出すべきであって[288]、イギリス法でいう解釈全損の考え方は、海上保険に特有のものとは必ずしもいえないのではないかと考えられる[289]。

さて、日本法における委付制度のもう一つの部分は、権利移転の制度である点

---

[284] 加藤・前掲注175)『海上保険新講』226頁、小町谷・前掲注15)『海上保険法各論四』271頁、木村・前掲注112)『海上保険』217頁、田中＝原茂・前掲注43) 239頁。

[285] 解釈全損の法理（doctrine of constructive total loss）と abandonment の法理を切り離してイギリス法をとらえる立場。

[286] 損害保険法制研究会は、委付に関する条文は削除し、代わって現実全損と解釈全損に関する規定を新設する改正案を提示していることは前述のとおり。本論文で述べてきたとおり、日本法における委付は、全損の概念の範囲に関する制度（解釈全損）と物の移転の制度が組み合わさったものと認められるが、それらを分けて捉えることが理論的に適当であるように筆者は考える。改正試案は、委付制度の中の2つの側面を分けて整理したものと理解できる。

[287] 日本法においても、商法833条に掲げられた委付事由や海上保険の実務において解釈全損の事由として考えられている事由の全てが、原理的に海上保険にのみ限って認められる全損処理の事由とはいえないのではないかと思われる。例えば、経済的修理不能や相当期間の行方不明といった事由は、船舶や貨物の海上保険にのみ認めるべきものとはいえない。

[288] 海上保険においては、海上取引の実情を踏まえて、全損処理を認める範囲が、それ以外の保険における一般的範囲より、一定程度拡大されているものと認められる。そのような拡大は原理的に海上保険に特有のものではなく、海上保険の実情を踏まえて、法がかかる全損を認める事由を示したものと理解すべきであるように考える。商法は、企業保険である海上保険についてのデフォルト・ルールとして、商業上の要請を踏まえた全損事由を示していることに意義が認められる。

[289] もちろん委付事由の中には、海上保険の特殊性から認められる全損の事由も含まれようが、かかる具体的な全損の事由は、それぞれの保険種目の特徴に基づいて導かれるものであって、海上保険に特有の全損の事由が存在することは、解釈全損という考え方を海上保険に特有とする根拠にはならないものと筆者は考える。

である。委付制度においては、保険の目的物の移転は全損処理の前提として位置付けられる。しかし、全損という形の処理をすることがこの制度の目的であるとすれば、保険の目的物の権利移転はそのために不可欠の要素であろうか。また、全損の処理をするために「事前に」物の権利の移転が必要か。

委付における物の権利移転を考察するためには、全損処理における物の権利移転の必要性を検討しておく必要がある。そのうえで、委付事由に該当するような場合に物の権利移転が「事前に」なされるべき特殊事情が認められるかを検討することとする。

(3) 全損と権利移転（論点3）

日本法における残存物代位は、全損金の支払いによって物の権利が被保険者から保険者に移転する制度である。また、委付は、物の権利を保険者に移転させて被保険者に全損金の請求を認める制度である。このように全損の処理に物の権利の移転が伴うのであるが、全損金支払いという保険給付を行ううえで、物の権利移転は不可欠の要素であろうか。

物は、今日、さまざまな価値や潜在的責任を含む。厳密にいうと、物自体にいろいろな価値や責任が含まれているというかは、物を所有することによる利益関係がさまざまであるということである。このような利益関係の評価は決して一元的にできるような絶対的なものではないとすれば、その評価は、本質的には、問題となる制度毎に、その制度における価値感に照らしてなされるべき制度的なものと捉えることになろう。そうした価値評価の相対性を踏まえれば、保険価額という評価も、本質的には、制度的な評価の一つとして認めざるをえないのではないかといえる。

保険制度における評価は、保険制度において合理的な評価であるとしても、それだけで、その他の制度における価値評価をも否定できるほどのものではないかもしれない。とすれば保険金の支払いが様々な価値を有する物の権利を自動的に移転させるためには、それなりの根拠がなければならない。

イギリス法においては、前述したとおり、abandonmentの法理に関する約120年前の判例のなかで、残存物についての制度の前提には、「損害てん補の契約があって、完全なてん補に対する請求がなされる場合には、てん補を請求する者の側において、てん補を受ける対象に対して自己が有するすべての権利の放棄がな

ければならない」という考え方があることをみた。しかし、このような考え方は、イギリス法に独自のものでは決してなく、日本商法の基本にも存在するのではないかと考えられる[290]。

しかし、今日、この前提を吟味した場合、全損金の支払いは物について経済主体が被る損害の完全なてん補といえるのであろうか。損害保険は損害てん補の保険であるとしても、それは、本当に損害の完全なてん補を意味するといえるであろうか。

経済主体は物に対していろいろな利益関係を有している。例えば、家を所有してそこに住んでいる場合、その経済主体は家という財産価値を有しているが、それに加え、経済主体はそこで生活するという利益も享受しているのである。したがって、家が焼失した場合、経済主体が被る損害は財産価値の減少だけでなく、生活の場の喪失という損害をも被ることになる。その損害は、資産の減少というだけでなく、同一場所に同様の家屋を立てる費用とその間の各種費用の支出という形でも発現することになる。もちろん数値化しにくい損害も存在する。

物の所有により経済主体が享受している利益のすべてが、物についての保険制度において消化されているとはいえないのであれば、保険制度における全損金の給付は、被保険者の損害の完全なてん補と同義であるとはいえないことになる。もちろん、全損金の支払いが損害の完全なてん補になっているものと経済主体から認識できるような場合もあろうが、常に、そうであるとはいえないであろう。

今日、全損という金銭の額と被保険者が保険の目的物について有している各種の経済的利害関係の総和とが一致していないとすれば、全損金の支払いが物の権利を被保険者から保険者に対して自動的に移転させるための前提条件は、必ずしも常に成立しているとはいえないことになる。

更に、今日、物には種々の負担や責任が付帯するような場合もある。そのような物を移転させる場合、物の損害に対して全損金を支払った保険者に、その物に付帯することになった負担や責任をも負わせる場合が生じる。それは、保険者が保険価額(保険金額)を超える給付を行うことを意味する。こうした事態は、保険制度としては合理的でない。物についての保険においては、物の価額を保険価額として評価し、それをもとに保険料を算出する。保険価額の全額に対応する給

---

[290] それゆえに全損金を支払った場合の残存物の存在が利得として議論の対象になるのである。

付を行った結果、さらに別の種類の損害（責任負担）について追加の給付を行うことになることは制度として矛盾する。そのような損失のリスクも含めて保険料を算出することは物保険において合理的とはいえない。賠償責任等のリスクの高さは、必ずしも物の価額に比例するものではないので、こうしたリスクは別の保険制度で消化されるべきものである。

それでは、全損の制度において所有権及びその他の物権の移転は、実際にいかなる機能を担っているのであろうか。その視点から、この制度の意義を探ってみたい。

第1は、利得の防止である。この観点は、日本における残存物代位についての学説の基本に認められる点である。問題は、残存物という存在が禁止されるべき利得にあたるかどうかである。この問題については、残存物代位と利得禁止の関係として次項で検討する。

第2は、利益関係の終結である。物を移転させることによって、被保険者はその物から利益を享受することはできなくなる。例えば、物の盗難の場合を考えると、犯人が逮捕されて盗難された物が出現したような場合、被保険者がその物を取得すれば、そこから再び利益を享受することになる[291]。つまり、利益関係が復活する。また、経済的な全損の場合[292]も、被保険者はその物を実際に修理してまた使うのか、あるいは転売して売得金を得るのかわからない場合がある。物の移転は、被保険者の利益関係を終結させる効果を持つ。

全損とは、物が物理的にも滅失して被保険者の利益関係が完全に終結した場合に限定される概念ではない。それゆえに、全損処理を行う事由の範囲を保険契約において明確にした場合であっても、物の運命が客観的にははっきりせず、被保険者の利益状態が確定していない場合が生じる。全損という形の給付を行ううえでは、このような物の運命の確定は、制度運営上、意味がある。

このような利益関係の確定という要素は、実は、委付制度において、委付の通知が担っている役割でもある[293]。委付の通知は、保険の目的物の処分（物の運命）が客観的には定まっていない事由において、それをどうするかという意思を被保

291　捕獲や官の処分のように、占有を奪われて回復の見込がないような場合もこの例にあたる。
292　例えば、修理の見積金額が修理後の価額を超えるような場合。
293　この点については、前掲注192）の判例における Brett 控訴院判事の notice of abandonment の必要性についての説明を参照。

険者に表明させることにその意義を認めることができるように考えられる。

　しかし、利益関係の確定は状況から明らかな場合もある。例えば、家屋が火災により全焼となった場合、残骸の帰属を決めなければ被保険者の利益関係の終結がはっきりしないとはいえないであろう。このような場合に、残骸を被保険者のもとに残したからといって、被保険者の家屋を所有する利益関係に大きな変化は生じない。

　このように権利移転がもつ効果を考えると、そこには利益関係の確定という要素が確認できるが、利益状態の終結は、状況から明らかな場合もあり、その場合には、権利の移転を行うべき必要性は弱まる。また、利益関係の終結が保険給付を行ううえで必要であり、権利移転の制度がこのような役割を担っていると認めるとしても、逆に、利益関係の確定のために、保険者に物の権利を移転させることが必要かどうかは別の問題である。この点は、イギリス法でみたように、被保険者に物の権利の放棄の意思表示をさせ、実際に物の権利を保険者に移転させるかは保険者の判断に委ねる方法であっても、その目的は適えられるものと思われる。

　このように理解するならば、委付制度において、利益関係の終結が不確定である場合に利益関係の終結を確認することは、全損処理を行ううえで「事前に」必要であることは理解できる。しかし、権利を事前に移転することは必要な部分とはいえないのではないかと思われる[294]。

　以上をまとめれば、商法の委付の制度については、海上保険の商業的な要請を踏まえた全損事由を、デフォルト・ルールとして、具体的に示している点に意義があり、物を実際に被保険者から保険者に移転するかどうかは、理論的にみて不可欠な部分とはいえない。しかし、全損処理を行う上では、物の運命（被保険者との関係）の終結が客観的に明らかではない場合には、それを確認する必要があるので、そのために一定の手続きが必要であることは認められる。

294　この点につき、Arnould が、解釈全損の制度について、abandonment の通知をして保険金額全部の請求を被保険者に認めるものと説明して、この制度の説明において要件を通知の部分に求め、abandonment 自体には求めていないことが思い起こされる（Arnould, 18th ed., supra note 80, p. 1485)。

（4）残存物代位と利得禁止（論点4）

次に、残存物代位と利得禁止の関係を考察する。

① 利得の意味

　残存物代位が問題となる状況において利得とは何であろうか。残存物代位において問題となるのは、いうまでもなく残存物の存在である。それではなぜ残存物の存在が利得として認識されるのであろうか。物の損害に対して現物給付を行う場合を考えた場合、物に損害が生じて代替の物を給付されれば残存する物を給付者に引渡すというのはごく自然の考え方である。代替物を入手したのに価値ある残存物をなお所有することは、代替物が前の物に比べて劣るものでない限り、利得にあたるといえるだろう。しかし、保険制度においては損害を金銭で評価して保険金として給付する。そこには損害の金銭評価という評価制度が存在するのである。

　保険制度において残存物の存在を利得と認識するためには、全損金が損害の完全なてん補にあたるという前提が満たされてなければならない。しかし、全損金とは、保険価額という保険制度における評価に基づいて支払われるものである。そのような損害の評価は、保険制度としての考え方や合理性に基づいたものと考えられるが、他の基準から見ても、常に同じように評価できるものであるかは慎重に検討する必要がある。

　一般に、利得という場合、そこにいかなる意味が込められているであろうか。ある出来事の結果、特定の経済主体が利得したかどうかを議論する場合には、その経済主体の全体としての経済状況が、その出来事の前と後でどのように変わったのかを比べて利得を判断することが多いように思われる。例えば、時価かつ保険価額1,000万円の家屋が全焼し、再建に6ヶ月、同等の建物の再建費用として2,000万円、それまでの各種付随費用として500万円がかかったとする。50万円相当の残存物が存在する場合に、全損金1,000万円と残存物の両方をもつことは、保険で利得を得たと認識されるであろうか。このような場合、経済主体に利得が生じたかは、経済主体の全体的な経済状態をもとに判断することも多くあるのではないかと思われる。

　利得とは、保険制度において議論する場合には、保険制度において認められる「損害」を超える部分を指すとしても、それは1つの考え方であり、当該経済主体の全体的な利益状態が事故の前と後でどのように変化したかによって、利得の

有無を認識する考え方も存在し、むしろ一般に利得という言葉からイメージするのは後者であるようにも考えられる。

一方、50万円の絵画が盗難され、損害てん補を受けた後に、犯人の逮捕により絵画が発見されたような場合はどうであろうか。この場合に、保険金に加えて当該絵画を被保険者に与えることは、一般にも、利得として認識されるのではないかと思われる。それは、全体としての経済主体の経済状況に利益（profit）が生み出されているものと認識できるからである。

このように利得の意味を考えた場合、保険制度においては、保険制度上の考え方に基づいて、保険価額を超える給付を「利得」として認識するとしても、それは保険制度における損害てん補の考え方をもとに認識される利得であって、経済主体の全体的な利益状況を判断基準とした場合にも利得にあたるとは必ずしも言い切れないように考えられる。

② **利得禁止の根拠**

次に、残存物代位が問題となる局面において利得禁止が要請される根拠を考えてみたい。改正前商法における議論においては、大きく分けると、利得禁止を損害てん補の原則の中に位置付ける立場[295]と公序といった点から説明する立場があることをみた。現在、利得禁止の捉え方には、いくつかの学説が示されていて争いがあることは本論文の第3章においてみたとおりである。ここでは、改正前商法において展開された利得禁止の議論を利用して利得禁止の根拠を考えてみたい。

まず、利得を排除すべき理由を損害てん補の論理的帰結として考えてみる。この場合、利得とは損害てん補の額を超える部分を指すのであるから、利得禁止の要請と損害てん補の原則は実質的に同じことを意味することになる。つまり残存物の存在を利得禁止の対象とする理由は、損害保険において損害てん補すべき金額は本来残存物の価額を控除した残額であるから、このような残存物が利得禁止の対象として認識できることになる。このように考えた場合、保険における損害てん補という考え方は、物についての保険において絶対的に要請されるものかその位置付けが問題となろう。

次に、利得禁止を公序といった外部的要請から導く場合、このような点から残

---

295 損害てん補という考え方の中に、利得禁止の考え方は折り込まれているという見方。

存物の存在を利得禁止として説明できるかを考えてみる。公序という概念自体は、それ自体大きな観念であり、それが問題となる局面においてその概念の中身が同一であるとは思われないが、保険契約法において公序が議論される理由を考えてみる[296]。

　第1は、保険の賭博化の禁止である。保険は偶然の一定の出来事に対して給付を行う制度であるが、それが健全な保険制度として存在するためには、物についての保険においては、その給付は損害に対するてん補の制度でなければならないという点は、保険の賭博化の禁止という点から導くことができるであろう。しかし、先にあげた火災保険の例を考えてみた場合、焼け跡の残存物を被保険者に残すことが保険制度を賭博化させるといえるであろうか。保険の賭博化の禁止は、損害保険の基本にある考え方であるとしても、そこから残存物の取得禁止までを直接導き出すことには無理があるように思われる[297]。

　第2は、事故招致の排除と保険による注意不足の助長の防止である[298]。この場合は、被保険者の心理状態が問題となるが、その場合の心理的な判断基準は、事故による全体的な経済状況が基準になるのではないかと考えられる。このような基準は、保険における損害てん補の額と被害者の全体的な経済的損害に乖離がない場合にはじめて可能となると考えられる。例えば、上にあげた建物の全焼の例をとるならば、残存物50万円相当分を被保険者に残すことが事故招致あるいは注意不足の助長につながるといえるであろうか。全体としての経済状態からみて保険の給付が利益を生むような状況になっていない限り、残存物の存在や全損となった場合にも残存物を取得できるという予測が、事故招致や注意不足をもたらすとはいえないのではないかと考えられる。他方、前述した絵画の盗難の例においては、残存物を被保険者に帰属させる制度が、事故招致や注意不足の助長につながることは明らかであろう。それは、全体としての経済状況に利益（profit）が生み出されるからである。

296　保険における利得禁止の意味について、洲崎博史「保険代位と利得禁止原則（1）（2・完）」法学論叢129巻1号1頁（1991年）、3号1頁（1991年）参照。
297　換言すれば、このような場合に残存物を保険者が取得しなくても、それは必ずしも保険の賭博化にあたるものではない、ということができよう。
298　ここで想定しているのは、道徳的危険事情（moral hazard）と心理的危険事情（morale hazard）である。これらの危険事情の意味については、Dorfman, M. S., *Introduction to Risk Management and Insurance*, 5th ed., New Jersey, 1994, p. 5, 鈴木辰紀監訳『ドーフマン保険入門』（原著書 Mark S. Dorfman, *Introduction to Insurance*, 3rd ed., 1987）（成文堂、1993年）7頁参照。

このように分析していくと、残存物の存在を利得禁止として導く場合に、それが公序から説明できるかは、残存物の存在自体が、公序的な観点から見ても「利得」に当たるかどうかにあることがわかる。すなわち、公序から利得禁止を導く場合、その利得概念は、経済主体の全体的な利益状況が基本にあるのであって、そこから保険における損害てん補を超える部分の排除を直接導くことに困難を伴う場合が生じうるのは、損害保険における損害てん補は経済主体の全体的な利益状況についての完全な損害てん補を必ずしも意味してはいないからということになる。

保険において利得禁止を議論する場合には、利得禁止の要請を、保険制度における損害てん補の原則にもとづいて、その制度上、認められるべき損害を超えて給付はされてはならないという意味での利得禁止（この本質は、損害てん補原則の適用そのものであるので、そのことを確保する原則は、損害てん補という給付方式の態様規整とみることができる[299]。）と、経済主体の全体的な経済状態を基準にして、事故によってよりよい状態になってはならない、という意味の利得禁止（以下、利得禁止原則と称する[300]）の2つに分けて考えてみることが有益である。これらは、結果的に同じことを意味する場合もあるが、常に同一であるとはいえない[301]。

前者の意味の利得禁止は、損害てん補という形式の保険給付の態様を確保するためのものであって、利得禁止と称する場合があっても、必ずしも「利得禁止」そのものではない。このような考え方の基本には、保険価額という評価が存在することはいうまでもない。このような損害てん補の方式自体は、保険制度としての合理性に基づいたものと考えられるが、そこにおける価値（損害）の評価が1つの制度的な認識であるのであれば、絶対的に要請されるものとはいえないのではないか[302]。

---

299 かつて筆者は、これを狭義の利得禁止として、区別する方式をとった。
300 筆者は、かつてはこれを広義の利得禁止と呼んでいた。
301 保険における利得禁止の原則については、洲崎・前掲注296）の他、山本哲生「保険代位の根拠と保険契約類型からみた代位の適用基準（1）（2）（3・完）」法学（北海道大学）57巻5号67頁（1993年）、58巻1号100頁（1994年）、58巻4号93頁（1994年）及び「保険代位の根拠と適用基準」私法58号217頁（1996年）から有益な示唆を受けている。なお、洲崎教授は、保険法における利得禁止原則を、広義の利得禁止原則と狭義の利得禁止原則に分けて議論されており（同・前掲注296）2頁）、筆者の2分法は、洲崎教授の論文に示唆を受けている。しかし、筆者の2つの利得禁止の中身は、洲崎教授の2つの利得禁止原則の中身と同じではない。筆者は、洲崎教授が狭義の利得禁止原則とされるものの中身を2つに分けて、そのうち、筆者が広義の利得禁止という場合、筆者はそれを洲崎教授の広義の利得禁止原則と関係づけるものである。本書の第3章参照

他方、公序といった点から導かれる利得の禁止は、保険制度が健全な社会制度として運営されるために必要な考え方であり、そこに強行法的な性格を認めてもよいと考えられる[303]。

(5) 残存物代位制度の本質とその位置付け (論点5)

これまでの議論を整理すれば、保険法24条の残存物代位の規律は、保険における全損という制度を示した点にその意義が認められると考えられる。つまり、客観的には価値ある残存物が存在してもそれを全損とすることを示した中に、保険という経済制度における給付の本質を示しているのである。

このように24条の意義を認めた場合、同条は形式的には保険金を支払った場合の保険者の権利を規定する形式をとるが、この条文は、実は、保険契約における全損給付の制度を示したものであって、そこには約定した保険金額の全部を支払う事由を示す部分と、物の権利の移転の部分という質的に異なる2つの部分が存在するものと理解することが相当である[304]。それらの2つの要素は、改正前商法661条の趣旨を巡る対立する学説の中にも確認できる要素である。前者は、保険の給付が経済的な要請に沿うものであることを確保するもので、技術説はそれを技術的側面において評価し、一方、利得禁止説はそれを全損の場合に被保険利益の全部の減失を認める点に折り込んでいるものと考えられる。また、後者の権利移転の部分については、保険の給付が損害てん補という考え方から逸脱しないために認められる要素で、技術説においては、損害てん補という考え方のなかで、

---

[302] 洲崎教授は、物・財産保険については、狭義の利得禁止原則 (洲崎教授のいう狭義の利得禁止原則) をストレートに適用することが可能であり、またそのような取り扱いがなされるべきであるとし、実損のてん補という原則を実質的に担保する改正前商法631条 (超過保険)、同632・633条 (重複保険)、同662条 (保険代位) の各規定は、物・財産保険に関しては強行法規として働き、これらの規定の趣旨に実質的に反する特約は無効と解すべきである、と主張したものである (同・前掲注296) 28頁)。筆者は、この場合であっても、損害保険における損害てん補の原則は制度的なものであって、それが筆者のいうところの広義の利得禁止原則 (本書では、これを利得禁止原則と呼んでいる。) に反しないのであれば、それは変更可能と考える。また、洲崎教授は、661条については議論されていないが、その論理から導けば、661条についても、それが損害てん補という原則を実質的に担保するものとすれば、661条を実質的に変更する特約は無効と解すべきという結果になるものと思われるが、筆者は、次節で議論するとおり、利得禁止原則 (広義の利得禁止原則) に反しない限りは、変更の有効性を認めるべきものと考える。

[303] このように利得禁止原則を理解するならば、それは、本来、物保険に限らずに適用されるべきものとなる。本書第3章及び第5章参照。

[304] いうまでもなく、このような考え方はイギリス法の研究から得られた示唆に基づいている。

そして利得防止説においては、それを利得禁止という言葉で消化しているのである。

このように全損の制度を理解した場合、全損処理という形の給付を行う事由を示す第1の部分については、それは保険制度においていかなる場合に約束した引受金額の全額を支払うかという問題であり、これは委付の事由と同じく損害てん補の範囲に関する問題である。したがって、その具体的範囲については、物の所有から享受している利益の実態にあわせて保険契約で合意すべき問題である。よって、この部分は任意法的部分といえる。

一方、物の権利移転については、そこに利益関係の終結という要素と利得の禁止という要素が見出され、これらの2つの要素は、保険が健全な社会経済制度として存在するうえで重要である。残存物代位において、物の権利移転はそれらの要素を満足させる十分条件になる。この点は、海上保険における委付制度にも共通する。しかし、物の権利を移転させることは、これらの要素を満足させる十分条件といえるとしても、利益関係の終結と利得禁止という点からみた場合に、常に必要かどうかといえば必ずしもそうではないことは、これまで分析してきたとおりである。つまり、権利移転は必要条件ではないのである[305]。

このことを残存物代位の強行法性として議論すると、残存物の帰属の問題が利益関係の確定のために必要であり、また残存物の存在が、利得禁止原則（利得禁止を2つに分けた場合には広義の利得禁止原則）から排除が要請されるような存在である場合には、この制度は、強行法的に適用されるべき原則であると考えることになる。前にあげた例でみれば、絵画の盗難の事例である。他方、建物焼失のように利益関係の終結が状況から明らかで、残存物の存在が排除されるべき利得といえる程のものでないような場合、その部分に対する利益の重複は損害てん補原則からは逸脱するとしても、社会的に排除されるべき「利得」とみる必要はないであろう。よって、その帰属の扱いは、当事者の任意であってよいだろう。

残存物代位制度は、利得禁止という考え方がその趣旨に折り込められているとしても、一般的に想起できる「利得」という意味の利得の禁止から直接導くことは困難で、それは保険制度における損害てん補という考え方を確保するための制

---

305 しかし、イギリス法の解釈全損の事由に当たるような場合は、多くの場合、かかる利益状況の終結が確認できないため、その点の意思を被保険者に求めることは保険制度を運用するうえで必要になろう。この点は、解釈全損の場合に限らず、盗難などの場合も同様であろう。

度として理解するのが適当であるように考えられる。つまりこの制度は損害てん補という方式の給付の態様（狭義の意味における利得禁止原則）を確保する制度なのである。それゆえこの制度は、強行法的に適用すべきと考えられる利得禁止原則に反しない限りにおいて、変更が許されるものと考えるべきであろう。

6. まとめ

　本章では、損害保険契約に適用される特有の規律である残存物代位の制度を取り上げて考察した。最初に、日本法の内容を確認したうえで、比較の対象として、イギリス法を分析して、そこから得られた示唆をもとに、日本法における残存物代位の趣旨に関する学説を分析して考察すべき論点を明らかにした。この制度は、全損の場合の制度であり、保険の目的物の物権の権利移転を伴うところに特徴が認められる。そのため、全損とは何か、利得とは何か、なぜ利得が排除されなければならないか、権利移転の必要性などについて、それぞれ考察を加えた。

　考察の結果、全損を被保険利益の全部の滅失として定義付けることは適切でなく、利益関係がなくなれば全損といえるが、利益関係が存在していてもなお全損としての給付を行う場合があるので両者は同義ではなく、全損を利益の量的評価として理解することは適当でないことを示した。このことも、第5章の仮説において示した利益と損害てん補の関係についての仮説の妥当性を裏付けるものと考える。

　また、保険法24条は、全損に関する制度の全体を示したところにその意義を見出すべきと理解し、物権の移転は、物の利益関係を終結させ、損害てん補という給付の態様を確保する機能を有することを明らかにした。そして、利得という場合でも、その意味は、単に損害てん補の態様から超える部分をいうにすぎないので、経済主体の状態から見て、物権を被保険者に残しておくことが社会的に排除されるべきとまではいえない場合があることを示した。また、利益関係の終結は事実関係から明らかな場合があり、その場合に、物権を移転させなくても排除すべき利得状態が生じているとはいえないのであれば、残存物の移転は強行法的に求められる部分ではないことを示した。

　以上から、残存物代位の制度は、損害てん補原則を確保するための制度として

理解することが相当であり、それゆえ、第5章の仮説において示したとおり、利得禁止原則に触れない範囲において契約自由を認めてよく、その制度を示した保険法24条もこの理解に基づいて解釈することが妥当であるとの考え方を導いた。第5章で示した仮説（その内の損害てん補原則と利得禁止原則の関係）は、残存物代位制度についても適合する理論ということができる。

　また、商法に規定される海上保険の委付については、全損が客観的には確定していない場合に全損の処理を行うことと、そのための要件として、被保険者から保険者に保険の目的物を移転させることの2つの部分から成り立っているが、前者については、海上保険の商業的な要請を踏まえて、全損事由をデフォルト・ルールとして法律に示した点に意義が認められるが、後者の物の所有権の移転は全損処理のために理論的にみて不可欠な部分とはいえないことを本章の考察から示した。保険の目的物と被保険者の関係の終結（いわば、物の処分・運命）が客観的には明らかでない場合、保険者はそれを確認する必要があるので、確認のための被保険者の意思表示は必要である。すなわち、理論的に見て必要な部分は、物自体の移転ではなく、物の処分についての意思表示である。よって、委付通知については、その手続きについては意義を認めることができる。このように、委付制度において要件とすべきことは、理論的には、物を委ねてもよいという意思表示の部分といえる。

　委付制度は、商法には規定があるものの、現在、わが国の実務では利用されず、約款においても否定されている。その理由は、委付制度が、現代の社会・経済の状況に適合しなく、その上、残存物に付帯する責任の帰属等の問題を伴い、一方、残存物の事後処理の問題は残存物代位制度があって対応可能となっているからと考えられる。委付制度の問題点は、被保険者の単独行為として保険の目的物を保険者に移転させる部分にあり、一定の事由において全損金を支払うことを示した点と被保険者に意思表示させる点については、理論的な意義が認められる。もっとも、後者の意義が認められる部分の本質は、いかなる場合に保険金額の全部の支払いを認めるかというてん補の範囲の問題とその場合の手続きといえる。そして、てん補の範囲は、第5章の仮説で示したとおり、被保険利益から論理的に導かれる問題としてではなく、契約当事者の合意によって定めるべき問題として理解すべきと考えられる。委付について規定する商法の意義は、デフォルト・ルールとして、損害てん補の範囲を示した点にあるが、その具体的内容は、

約款の規定に委ねてよい事項といえる[306]。

---

306 この点で、現行商法における委付の規定（商法833条乃至841条）は、見直しが必要である。損害保険法制研究会の海上保険契約法改正試案理由書（前掲注181）は、委付制度の廃止とともに、船舶保険、貨物保険それぞれについて、全損、解釈全損の事由を規定することを提言している。全損処理を行う事由を示すことは、デフォルト・ルールを示すという点で意味がある。しかしながら、商法条文に、それを網羅的かつ具体的に示すことまでは必要とは考えにくい。法律に示すとしても、原則に当たる基本的な考え方で十分であり、詳細は約款に委ねることで問題はないと考えられる。

第10章　請求権代位[1]

1. はじめに

　第1章でみたとおり、損害保険契約には請求権代位が適用される[2]。請求権代位[3]とは、保険者が、保険給付を行ったことにより、保険事故による損害が生じたことによって被保険者が取得する債権に代位する制度で、多くの国の保険法において、規律が法定されている[4]。請求権代位は、「保険代位」[5]又は単に「代位」といわれる場合も多く、本章で単に代位という場合は、請求権代位を指す。

　請求権代位の制度は、その趣旨をめぐって学説に争いはあるが[6]、保険事故の発生によって保険金請求権のほかに第三者に対する債権が同時に発生した場合に、被保険者、保険者、第三者の利害関係を調整し、迅速な保険金の支払い、被保険者の利得の排除、債務者の免責阻止を同時に確保する機能を有する制度として理

---

[1] 本章は、拙稿「イギリス法における保険代位の概念と法律根拠」損害保険研究57巻3号125頁（1995年）、同「保険代位制度について——機能面から見た制度の本質——」経済学研究（九州大学）62巻1～6号487頁（1996年）、同「Subrogation in Insurance and Unjust Enrichment ——An Examination of English and Japanese Laws from a Comparative Standpoint——」経済学研究（九州大学）63巻4・5号57頁（1997年）を基本とし、同「請求権代位により保険者が取得する権利——保険者は保険給付により被保険者の損害賠償請求権に係る遅延損害金請求権に代位するか——」早稲田商学431号633頁（2012年）を一部利用して、保険法施行後の状況を踏まえて本書の趣旨に沿うように、全面的に書き直したものである。しかし、骨格となる主張内容は、上記論文から変更していない。
[2] 保険法25条。
[3] 求償権代位とも称される。
[4] 欧州各国法における請求権代位に関する規定内容については、小塚荘一郎ほか訳『ヨーロッパ保険契約法原則』（原著書 Project Group Restatement of European Insurance Contract Law, *Principles of European Insurance Contract Law (PEICL)*, 2009）（損害保険事業総合研究所、2011年）302頁以下参照。
[5] 保険代位とは、請求権代位に加え、全損の場合の残存物代位を含める用語であるが、一般に、請求権代位を指して保険代位という場合が多い。
[6] 請求権代位は、研究者により盛んに研究されてきた法制度であり、被保険者の利得禁止、第三者の免責阻止、保険者の権利取得という3つの要素をいかに説明するかをめぐって各種学説が展開され、多くの論文がある。過去の学説の整理として、岡田豊基『請求権代位の法理——保険代位論序説』（日本評論社、2007年）17頁以下参照。

解されている。例えば、船舶が、他船によって衝突されて損傷を受けた場合に、被害船主は、過失ある相手船の運航者・所有者に対する損害賠償請求権を取得するとともに、船舶保険のもとで自船の修繕費用を請求できる。この場合に、被害者が、賠償義務者と保険者の両方から給付を受ければ、損害の額を超える給付を得ることになって適切でない。それを排除するために、保険給付の分については損害賠償請求権を減じることにした場合は、加害者は、被害者の費用負担によって手配された保険によって賠償義務が減免されることになり、それも適切とはいえない。第三者の損害賠償額では不足する差額分を保険でてん補することにした場合は、被害者は、損害賠償額が確定するまで保険給付額が確定せずに迅速な保険給付を受けられなくなり、これも問題である。こうした状況において、請求権代位制度は、保険者には、第三者からの賠償有無にかかわらずに直ちに保険給付責任を発生させ、被保険者の利得を排除するとともに、有責第三者の免責を阻止するという機能を併せ持つ。

　この例からわかるように請求権代位は、保険契約から生じる制度であるが、保険者と被保険者という保険関係者間の利害調整だけでなく、被害者と加害者との利害調整という保険契約外の関係をも調整する機能を有する。そこにこの制度の特徴があるが、それゆえに保険関係を超える問題を伴うことになる。

　この制度の考察は、損害てん補としての保険給付がいかなる性格の給付であるか、損害てん補における対象の損害とは何かを明らかにするうえで重要な切り口になる。また、保険制度における利得禁止の意味を明らかにするうえでも重要である。本章では、請求権代位の本質を考察し、第5章で示した仮説（特に、損害てん補原則と利得禁止原則の関係）が請求権代位にも適合するかを検証する。

　考察においては、最初に、請求権代位について、保険法の規律内容、他の制度との相違点、約款規定、争いとなっている論点を概観し（第2節）、請求権代位の趣旨について、商法改正前の議論と近時の学説を分析して検討する（第3節）。次に、比較の対象として、ヨーロッパ保険契約法原則（PEICL）における代位に関する規定とその解説を確認したうえで（第4節）、イギリス法を取り上げて、代位の概念、その法源に関する法理論、代位の対象と遅延損害金の扱いなどについて詳細に検討して示唆を得る（第5節）[7]。以上の材料をもとに、わが国における請求

---

[7] わが国では、請求権代位に関する外国法の研究が充実している。本章は、イギリス法との比較を行うものであるが、比較法研究として、以下の文献から多くの示唆を得ている。なお、保険代位と

権代位の趣旨について考察する（第6節）。最後に、本章で得られたことを総括する（第7節）。

2．請求権代位に関する保険法の規律

（1）保険法の規律[8]

請求権代位を規律する保険法25条は、改正前商法662条における規律を基本的には維持したもので、損害保険契約（傷害疾病損害保険契約を含む。）に特有の規律となっている[9]。

の表題がある論文においても、主として請求権代位制度が論じられている。ドイツについて、洲崎博史「保険代位と利得禁止原則（1）（2・完）」法学論叢129巻1号1頁（1991年）、同3号1頁（1991年）、土岐孝宏「損害保険契約における『利得禁止原則』否定論（1）（2・完）」立命館法学291号217頁（2003年）、同293号256頁（2004年）、同「損害てん補にかかわる諸法則といわゆる利得禁止原則との関係——ドイツにおける利得禁止原則否定後の評価済保険規整、重複保険規整、請求権代位規整の議論を手掛かりとして——」保険学雑誌626号1頁（2014年）、陳亮「保険者の請求権代位と利得禁止」法学研究論集（明治大学）23号21頁（2005年）、同「ドイツ保険契約法における請求権移転の範囲」法学研究論集（明治大学）20号27頁（2004年）。フランスについて、大森忠夫「保険者の求償権」同『続　保険契約の法的構造』（有斐閣、1956年）82頁、同「人保険と保険者代位——フランス法を中心として——」同『保険契約法の研究』（有斐閣、1969年）128頁、金澤理「損害保険者の代位権の法的性質」同『保険と民事責任の法理』（成文堂、1966年）155頁、野津務「保険代位——特に第三者に対する賠償請求権について——」『創立三十周年記念損害保険論集』（損害保険事業研究所、1965年）61頁、笹本幸祐「フランスにおける保険代位制度の立法及び解釈論の展開について」文研論集105号173頁（1993年）など。アメリカについて、山本哲生「保険代位の根拠と保険契約類型からみた代位の適用基準（1）（2）（3・完）」法学（北海道大学）57巻5号67頁（1993年）、同58巻1号100頁（1994年）、58巻4号93頁（1994年）など。イタリアについて、岡田・前掲注6）。なお、イギリス法との比較研究として、笹本幸祐「イギリスにおける保険代位制度をめぐる理論の展開について」関西大学大学院法学ジャーナル62号45頁（1994年）も参考としている。中国について、栗津光世「中国保険法における請求権代位」文研論集119号109頁（1997年）。

8　保険法25条の論点の整理として、山下友信＝永沢徹編著『論点体系　保険法1』（第一法規、2014年）228頁以下［土岐孝宏］参照。また、保険法の解説として、個別に挙げたほか、以下の文献を参照している。江頭憲治郎『商取引法〔第7版〕』（弘文堂、2013年）、甘利公人＝福田弥夫『ポイントレクチャー保険法』（有斐閣、2011年）、石山卓磨編著『現代保険法〔第2版〕』（成文堂、2011年）、今井薫＝岡田豊基＝梅津昭彦『レクチャー新保険法〔新版〕』（法律文化社、2011年）、潘阿憲『保険法概説』（中央経済社、2010年）、山野嘉朗＝山田泰彦編著『現代保険・海商法30講〔第8版〕』（中央経済社、2010年）、岡田豊基『現代保険法』（中央経済社、2010年）、嶋寺基『新しい損害保険の実務』（商事法務、2010年）、萩本修編著『一問一答　保険法』（商事法務、2009年）、落合誠一監修・編著『保険法コンメンタール（損害保険・傷害疾病保険）』（損害保険事業総合研究所、2009年）、落合誠一＝山下典孝編『新しい保険法の理論と実務』（経済法令研究会、2008年）、福田弥夫＝古笛恵子編『逐条解説　改正保険法』（ぎょうせい、2008年）、大串淳子＝日本生命保険生命保険研究会編『解説　保険法』（弘文堂、2008年）。また、岡田豊基「請求権代位に関する規律の現代的意義」損害保険研究73巻2号57頁（2011年）。

9　したがって、生命保険契約、傷害疾病定額保険契約には適用されない。

保険者が代位取得する被保険者債権としては、不法行為に基づく損害賠償請求権、契約に基づく損害賠償請求権、損害賠償義務者間の求償権、不当利得返還請求権、共同海損分担請求権、消防法29条3項に基づく損失補償請求権などが存在し、保険給付の発生事象と同一事象によって被保険者が取得する権利であれば、その種類を問わないものとされる[10]。

　保険者の代位がなされる要件としては、保険事故の発生により保険者が保険給付を行ったことと、被保険者が第三者に対して債権を取得したこととなる。代位の要件が満たされれば、保険者は、保険給付の額又は被保険者債権の額を限度として、被保険者債権について当然に被保険者に代位する。これは、法律上当然の権利の移転であり、指名債権譲渡の手続きも必要ない[11]。また、代位によって権利が移転しても、権利の同一性に影響はないと考えられている[12,13]。権利移転の結果、被保険者は保険給付を受けた金額の限度で第三者に対する請求権を失う[14]。

　保険法25条は、保険者の代位の限度については、保険者が行った保険給付の額と被保険者債権の額（保険給付の額がてん補損害額に不足するときは、被保険者債権の額からその不足額を控除した残額）のいずれか少ない額となることを規定する[15]。保険給付の額がてん補損害額に不足する場合には、被保険者は保険者に先立って弁済を受けることが認められる[16]。

　以上の保険法25条は、改正前商法662条において争いがあった論点について、改正を図ったもので、主な改正点は、以下のとおりである。

　まず、改正前商法662条のもとで、一部保険の場合の保険者の代位取得につい

10　山下友信『保険法』（有斐閣、2005年）552頁。
11　山下・前掲注10）558頁、山下＝永沢・前掲注8）236頁、大串ほか・前掲注8）253頁。
12　山下・前掲注10）558頁。
13　権利の同一性の問題は、保険者の代位権の消滅時効の起算点の問題にも関係してくる。車両保険における代位の場合の消滅時効の起算点を事故日とした裁判例として、福岡高判平成10年6月5日判決・判例タイムズ1010号278号。人身傷害補償保険における保険者の求償債権の消滅時効の起算点について、訴訟基準差額説を相当としたうえで、損害賠償請求権を代位取得した時点ではなくもとの債権の時効の起算点とした裁判例として東京地裁判決平成23年9月20日・平成22年（ワ）23977号求償金請求事件・金融・商事判例1382号57頁（2012年）がある。同判決に対しては、人身傷害補償保険の特徴を踏まえたうえでの批判がある（石田満「判批」保険毎日新聞2012年1月25日）。
14　山下＝永沢・前掲注8）236頁。
15　保険法25条1項。
16　保険法25条2項。

て争いがあり、判例は、支払った保険金の額の損害額に対する割合に応じた債権を代位取得するとしたが（この立場は、比例説と呼ばれる。）[17]、学説では、被保険者による損害の回復を優先する立場（差額説）が有力に主張されていた。保険法は、被保険者保護の観点を踏まえ、差額説の立場をとり、このことを25条1項で明確化した。

　差額説の立場をとっても、賠償義務者の資力が十分ではない場合がある。そこで、その場合に、被保険者を保護する観点から、保険法は、保険者が行った保険給付の額がてん補損害額に不足する場合（一部保険の場合、または全部保険であるが免責控除などの自己負担額が設定されている場合が該当する。）に、代位が生じた後にも被保険者に残る被保険者の債権が保険者の代位債権に優先することを規定した（25条2項）。

　そのほか、保険法と改正前商法とで異なる部分を挙げると、以下がある。

　保険者が取得する権利については、改正前商法では「保険契約者又ハ被保険者カ第三者ニ対シテ有セル権利」と規定されていたところ、保険法では「保険事故による損害が生じたことにより被保険者が取得する債権」に変更されている。保険法では、改正前商法とは異なり、保険契約者が第三者に対して有する権利については、請求権代位の対象からは除かれている[18]。

　また、保証保険契約等の債権に対する保険において保険給付によって保険者が原債権を取得することは、改正前商法のもとでは、残存物代位制度として理解する考え方が主張されていたが、保険法では、これを請求権代位の対象として、条文に関係する規定が設けられている（25条1項かっこ書）。

　更に、改正前商法においては、「損害カ第三者ノ行為ニ因リテ生シタル場合ニ於テ」という要件があったが、保険法では、この要件が削除された。請求権代位により取得する被保険者債権は、不法行為に基づく損害賠償請求権、契約の債務不履行に基づく損害賠償請求権、損害賠償義務者間の求償権、不当利得返還請求権、共同海損分担請求権などの各種の債権が存在すること[19]はすでに触れたが、保険法の規定は、それらの債権を包含できる表現になっている。

　また、「権利ヲ取得ス」という文言は、「債権について当然に被保険者に代位す

17　最高裁判例昭和62年5月29日民集41巻4号723頁。
18　保険契約者は、保険給付の受領主体ではないためである（萩本・前掲注8）142頁）。
19　山下・前掲注10）552頁。

る」に変更されている。保険者が保険給付を行った場合には、被保険者債権は、当事者の意思表示を要せずに、法律上、当然に保険者に移転する。第三者対抗要件（民法467条）は必要なく、保険者は第三者に対して権利移転を対抗できる。この効果の部分については、条文文言に変更はあるが、権利の移転を意味するものとして理解されている点では同じといえる[20]。

　保険法は、以上のとおり、それまで争いがあった事項につき、被保険者の保護を高める改正を行っているが、請求権代位の制度の骨格としては、改正前商法662条の規律を維持したものといえる[21]。なお、保険法25条は、片面的強行規定となっているので（同26条）、被保険者に不利な特約は認められない。ただし、海上保険契約などの特定の契約については、本条と異なる合意が認められる（同36条）。

（2）請求権代位制度と他の制度との異同

　請求権代位は、損害保険の給付によって保険者が保険以外の制度において被保険者が有する権利を取得する点で、残存物代位と共通する。また、保険者の意思表示を必要とせずに保険金の支払いによって法律上当然に権利移転が生じる点も同じである。しかし、残存物代位は、物の保険における制度で[22]、それが全損となった場合のみが対象であり、取得する権利は物権であるが、請求権代位は、物以外の保険においても適用され、また分損の場合にも権利移転が発生し、各種債権が対象となる点で相違がある。

　また、請求権代位は、被保険者が有する複数の債権を調整する制度である点では、重複保険に類似する機能を有する。重複保険の場合には、複数の保険金請求権間の調整が問題となり、保険法上の規律は、被保険者にいずれの保険者に対する請求も認め、先に余分に支払うことになった保険者に他の保険者に対する求償権を生じさせる（保険法20条）ものである。重複保険の場合、複数の債務者（保険

---

[20] 山下＝永沢・前掲注8）238頁。なお、「当然に…者に代位する」という表現は、民法422条（損害賠償による代位）と同じである。すなわち、保険法は「権利の取得」という制度から民法と同じ「当然に代位する」制度に変更したことになる。保険法は民法の特別法にあたり、保険法25条がある以上、民法422条の類推適用は生じない（奥田昌道編『新版　注釈民法(10)Ⅱ債権(1)債権の目的・効力(2)』（有斐閣、2011年）677頁〔山下純司〕）。しかし、保険法における代位権に関する文言が変更されている以上、代位権の法的性格について、改正前商法から全く変更が生じていないと言い切れるかは疑問があるように思われる。代位権の効果は、民法における「当然に代位する」という法概念からはなれて解釈してよいかは疑問は残る。

[21] 大串ほか・前掲注8）251頁〔西脇英司〕。

[22] 保険法25条1項かっこ書。萩本・前掲注8）142頁参照。

者）の地位は並列である[23]。一方、請求権代位においては、保険者は、保険金を支払った場合に、被保険者が有する債権の取得が認められる。すなわち、請求権代位においては、保険者とその他の債務者間において、保険者の損害てん補義務が後順位になる[24]。

以上の類似点・相違点を踏まえれば、請求権代位は、保険給付が保険以外の制度における被保険者の債権を保険者に移転させる効果をもつところに、その本質的な特徴を認めることができる。そこで、この制度の趣旨を考察するうえでは、なぜ保険給付によって、保険者は、保険以外の制度における被保険者の債権を取得することになるのか、その理論的根拠が問題となる。

（3）請求権代位に関する約款規定

損害保険の各種契約においては、通常、普通保険約款に請求権代位に関する規定が設けられている。請求権代位の考察を行うにあたり、それらの規定を確認しておく。ここでは、海上保険における約款例を取り上げる[25]。

① 海上保険契約の普通保険約款における条項例

保険法25条は、片面的強行規定であるが、海上保険契約については契約自由が認められる。海上保険の和文約款では、請求権代位に関する条項が例外なく設けられている。例えば、船舶保険普通保険約款では、「保険事故によって損害が生じたことにより、被保険者が第三者に対して権利を取得した場合に、当会社が被保険者に損害をてん補したときは、当会社は、てん補額の範囲内で、かつ、被保険者の権利を害さない範囲内で第三者に対して有する被保険者の権利を取得する」との規定がある[26]。また、貨物海上保険普通保険約款の例として、請求権代位において移転する債権は、会社が損害の額の全額を保険金として支払った場合は、被保険者が取得した債権の全額、それ以外の場合は、被保険者が取得した債権の額から、保険金が支払われていない損害の額を差し引いた額として、後者の場合に、会社に移転せずに被保険者が引き続き有する債権は、会社に移転した債

---

23 ただし、契約上における合意（例えば、他保険優先条項）があれば、それに従うことになる。
24 その結果、仮に、先に第三者が損害をてん補していれば、保険者はその分についててん補責任を免れるものと解される。
25 普通保険約款の請求権代位に関する条項は、保険法に沿ったものである点で、陸上保険においても大きな違いはない。
26 東京海上日動火災保険株式会社の2010年制定約款による。文言は会社によって異なる。

権よりも優先して弁済されるものとすることの規定がある[27]。

これらの条項は、保険法制定後に、同法の規定を踏まえて作成され、当局の認可を得て実施されている普通保険約款におけるものである。これらの条項は、基本的には、保険法の規定内容に沿ったものと認められる。

② 代位権不行使特約及び損害賠償請求権放棄承認条項

貨物保険においては、代位権を行使しない合意を行う場合がある。これは、損害賠償請求権放棄特別約款と称されている[28]。例えば、運送業者がその運送品について、荷主を被保険者として保険を付ける場合、被保険者である荷主が当該運送人に対して有する運送契約上の損害賠償請求権は保険者に移転しない旨を規定する特別約款を追加する。この約款では、過失による損害の場合のみが請求の放棄対象として記されている。

また、被保険者が特定の損害について運送人や取扱業者の過失による賠償責任を放棄している場合に、それを保険者が承認する損害賠償請求権放棄承認条項も存在する[29]。

これらの不行使特約や放棄承認条項を加える場合、原則として、保険者は、追加保険料を徴収する。保険契約は請求権代位制度の存在を前提としていて、それを踏まえた保険料を算定しているためである。

なお、これらの約款・条項では、過失の場合を対象としているので、故意・重過失による損害の場合には、保険者に代位権が発生することになる。故意がある場合においてまで代位権を不行使とすることは、公益の観点から問題があると解されており、その考え方に沿ったものになっているといえる[30]。

(4) 請求権代位に関する論点

保険法制定により、改正前商法において争点となっていた事項については、明確化が図られた。しかし、新しい保険法においてもなお請求権代位に関する論点は存在するものと考えられる。ここでは、制度の趣旨に密接に関係すると考えられる論点として、以下の2つを取り上げることによって、請求権代位の本質の考

---

27 東京海上日動火災保険株式会社の2010年制定約款による。同社の運送保険普通保険約款における請求権代位に関する条項の文言も同じ。
28 東京海上日動火災保険株式会社の2010年制定特別約款集による。
29 同上。
30 山下・前掲注10) 559頁。

① 代位権の範囲に関する問題

請求権代位は、保険制度においててん補する損害とその他の債権における損害が重なる状況における制度である。代位の対象となるのは、保険によるてん補の対象と対応する損害についての債権に限られると考えられている（この原則は、対応原則と呼ばれている[31]。）。しかし、保険制度上の損害てん補における損害の概念と損害賠償における損害の概念とが必ずしも一致しているとは認められない場合、この対応関係をいかに考えるかは難しい問題となる[32]。

保険法は、一部保険において保険者が代位できる範囲については差額説をとることを明確化した。一方、自動車保険の人身傷害補償保険においては、その基準となる被保険者の損害額を巡って、保険契約において定められた被保険者の損害額と裁判によって認められた被保険者（被害者）の損害が食い違う場合に、保険者の代位権をいかに適用するかが争いになっている[33]。この問題については、複数の裁判例があるが、最高裁は、裁判によって決められる損害額を基準として訴訟基準差額説を適用する判決を下した[34]。その後、保険約款においては、保険金支払いと加害者からの損害賠償金の支払いの先後によって被保険者が受領する金額に差が生じることがないように約款を改定している。この問題は、損害保険で認識する損害と被保険者が有する損害賠償請求権における損害が異なる場合が生じ得ることと、その場合に対応関係が問題となることを示している。

損害保険における損害てん補としての給付と損害賠償請求権の対応関係が常に問題となりうる場合として、債権についての遅延損害金の扱いがある。例えば、第三者に対する損害賠償請求権が発生した場合、被害者には、その債権が弁済されるまでの期間について弁済を受けられないことによる損害が生じ、債権者には、債権が遅滞となっている期間に対して損害賠償請求権が認められる。この遅滞の期間の損害は、遅延損害金（又は遅延利息）と称されている[35]。争いが長期に

---

31 この原則は、ドイツで認められている原則であるが、わが国でも妥当とされる（山下・前掲注10）553頁）。この原則を紹介した論文として、洲崎・前掲注7）9頁。また、ドイツの対応原則について、陳・前掲注7）「ドイツ保険契約法における請求権移転の範囲」参照。
32 山下・前掲注10）553頁～554頁。
33 保険者の代位取得の範囲については、多くの議論となり、絶対説、比例説、人傷基準差額説、訴訟基準差額説が示された。本論点については、山下＝永沢・前掲注8）366頁以下参照。
34 最高裁平成24年2月20日判決。民集66巻2号742頁。
35 その本質は、履行期に弁済しないという債務不履行（履行遅滞）による損害に対して賠償するも

及ぶ場合には、遅延損害金は相当の額となり、保険代位の対象となるかが問題となる[36]。

　この論点について、最高裁は、保険契約が損害の元本に対する遅延損害金をてん補するものではないと解される場合に、保険者は、その遅延損害金に対する支払請求権には代位しないとの判決を下している[37]。本事件は、交通事故によって死亡した者の両親が、加害車両の運転手を民法709条の不法行為に基づき、また加害車両の保有者を自動車損害賠償保障法3条に基づき請求した事案で、被害者が被った損害に対して、自動車保険の人身傷害条項に基づいて保険給付を行った保険者の代位権が問題となり[38]、最高裁は、遅延損害金の支払請求権に対する代位については、「…保険金を支払った訴外保険会社は、その支払時に、上記保険金に相当する額の保険金請求権者の加害者に対する損害金元本の支払請求権を代位取得するものであって、損害金元本に対する遅延損害金の支払請求権を代位取得するものではない」とした。その理由としては、「上記保険金は、被害者が被る損害の元本を填補するものであって、損害の元本に対する遅延損害金を填補するものでない」ことを挙げている。このように、最高裁は、損害賠償請求における元本と遅延損害金請求権を明確に分けたうえで、保険給付に対応する部分は元本部分のみであることを示したものである[39]。

　のであるので、「遅延損害金」である（中田裕康『債権総論　新版』（岩波書店、2011年）50頁）。ただし、一般に遅延利息と称される場合もある。また、民法上では遅延損害金に対して「利息」と称している場合もある。本稿では、主として、遅延損害金という用語を利用する。ただし、イギリス法ではinterestという用語が利用されており、これを「遅延損害金」と訳すことは適当とは考えにくく、本章のイギリス法についての解説では、「利息」と訳している。
36　本問題の詳細な研究として、拙稿・前掲注1）「請求権代位により保険者が取得する権利——保険者は保険給付により被保険者の損害賠償請求権に係る遅延損害金請求権に代位するか——」参照。そこでは、イギリスの貨物海上保険に関する判例を参考として、論点を示して、日本法における解決を探っている。本章では、この論文の一部を利用している。
37　最高裁平成24年2月20日判決。民集66巻2号742頁。その他の裁判例等については、山下＝永沢・前掲注8）369頁〔永沢徹〕参照。
38　最高裁は、本判決において、他の争点として、被害者に過失がある場合に、保険金を支払った保険会社は、保険金の額と過失相殺後の損害賠償請求権の額との合計額が裁判基準損害額を上回る額の範囲で損害賠償請求権を代位取得することも示した。
39　本判決には、裁判官宮川光治の補足意見があり、そのなかでは「…同保険では、被保険者は迅速な損害填補を受けることができるのであるから、判決による遅延損害金をも填補している賠償責任条項とは異なって、損害金元本に対する遅延損害金を填補していない。保険代位の対象となる権利は、保険による損害填補の対象と対応する損害についての賠償請求権に限定されるのであるから（対応の原則）…」と述べている。なお、被保険者は迅速な損害てん補を受けられているのであれば、遅延損害金請求権を被保険者に認める必要はないように思われるが、なぜそれを被保険者に認めるのか、この理由付けについては特に触れられていない。

なお、この遅延損害金と保険給付の対応関係の問題は、社会保険であるが損害てん補方式をとる労働者災害補償保険においても問題となる[40]。交通事故損害賠償を巡る平成22年の2つの最高裁判決[41]は、保険代位を正面から扱ったものではないが、それらの訴訟においては、不法行為に基づく損害賠償事案において、その遅延損害金と労災保険金との充当関係が争点となり[42]、最高裁は、労災保険金給付が損害賠償請求権における事故時の損害の元本を減じ、それによって加害者に対する遅延損害金の請求権自体が発生しないとの考え方を示した[43]。一方、先に示したとおり、平成24年の最高裁判決[44]は、任意自動車保険の人身傷害条項に基づいて被害者の損害に対して保険金を支払った保険者が代位取得するのは損害の元本のみであり、遅延損害金請求権は別の債権であるとして、代位権の対象としては認めない判断を示した。これらの判決では、最高裁は、前者では、債権自体が発生しないとの理論をとりつつ、後者では、債権は発生するが保険者の代位の対象とならないと異なる理論を示したものといえる。

この問題は、代位の要件等を踏まえ、「保険給付の発生事象と同一事象によって被保険者が取得する債権」（保険法25条1項）といえるかどうかの解釈問題となる。しかし、「同一事象によって…取得する債権」という要件だけでは十分でない。なぜならば、同一の事象によって、さまざまな種類の損害が生じ、被害者はそれらに対して請求権を有するとしても、保険者がそれらをすべて保険給付の対象としているとは限らないからである[45]。そこで、保険者が取得する債権は、保険者が給付した、すなわち損害てん補をしたところの対象損害に対応する損害についての債権でなければならないという考え方がでてくる。これが、前述した「対応原則」であり、わが国の通説は、この原則に沿って取得する債権をとらえ

---

40 労働者災害補償保険の判例として、最高裁平成22年9月13日判決（民集64巻6号1626頁）、最高裁平成22年10月15日判決（裁判所時報1517号4頁）がある。両判例についての研究として、拙稿「労災保険金と損益相殺的調整を行うべき対象は損害賠償債務の元本かその遅延損害金か」損害保険研究73巻4号221頁（2012年）がある。なお、この判例研究においても、筆者は、利得禁止を広義と狭義の2つに分けて、その視点から判決が示した法理を考察している。
41 最高裁平成22年9月13日判決及び最高裁平成22年10月15日判決・前掲注40）。
42 第一審及び控訴審では、損害額、過失割合なども争われたが、最高裁では、主として、充当関係が争点となった。
43 本判決の判決内容とその判決が有する各種論点については、拙稿・前掲注40）参照。
44 最高裁平成24年2月20日判決・前掲注37）。
45 保険は、一定の事実に起因する各種損害の全てを給付対象とする制度ではなく、予め特定している種類の損害を給付対象とする制度である。第1章参照。

るものである[46]。遅延損害金の扱いは、対応原則に従って判断されるべき問題であり[47]、支払われた保険給付と遅延損害金の関係によって代位の対象となるかを判断すべきというのが保険理論からみて妥当な考え方となる[48]。そこで、この対応原則とは、いかなる考え方が元になっているかを考察しておく必要がある。

なお、損害賠償請求権と保険給付の対応関係は、損害賠償制度の側から見ても問題となる。損害賠償の制度においては、両者の関係に関する制度として損益相殺があるので、それについても、ここで簡単に触れておく。

被害者が、事故によって損害を被ると同時に利益をも受ける場合には、民法には明文の規定はないが、損害賠償における損害額の算定においてこれらの利益を差し引くことが法理論として形成されている[49]。この法理は、ローマ法以来伝わる「損益相殺」（*com-pensatio lucri cum damno*）の法理と称されている[50]。損益相殺は、原状回復が損害賠償の理念であることから、また利得禁止の観点から、その

---

[46] 山下・前掲注10）553頁。
[47] 保険法の条文上、明確とはいえない点について、多くの場合は、保険約款で明確化することによって解決を図ることが可能となるが、請求権代位における遅延損害金の扱いは、保険約款で明確化しておけば解決できる問題であると単純にいうことはできない。保険法の請求権代位の規定は、保険契約者の側に不利な取決めが認められない片面的強行規定である。したがって、保険法が想定している遅延損害金の扱いがいずれであるかが明確にならなければ、約款による文言が有効といえるかどうかも定まらない。海上保険契約などの企業保険分野においては、片面的強行法規性は適用除外となるので、その観点からは特約は有効となる。しかし、その合意が利得禁止など公序に反するとなれば、有効性が否定されうる。たとえば、代位権を否定したとしても、それが被害者の利得につながるのであれば、その点で合意の効力に問題が生じる。さらに、保険約款の規定にかかわらず、遅延損害金請求権に対する代位権自体がそもそも発生しないということになれば、保険約款において、遅延損害金について代位すると規定したところで、代位する債権自体が存在しないということになる。一方、そのような規定を約款に設けた場合に、その約款の効果によって、遅延損害金が発生しないという考え方自体を変更せざるをえなくなることもありうる。このように、理論的整理が約款文言の起草において必要となる。
[48] この点は、必ずしも明示的に示されているとは言い難いが、山下・前掲注10）558頁の判例に対するコメントから、筆者が通説として理解したものである。車両共済金を支払った共済者が加害者に対して代位による求償権をもとに争った裁判例（神戸地判平成10年5月21日判決　交通事故民事裁判例集31巻3号709頁）について、裁判所は、遅延損害金は、事故発生時からではなく、共済金支払時から算定されるとして、その根拠として、共済者の権利は、不法行為に基づく損害賠償請求権ではなく、求償金請求権であるからとしたことに対して、山下教授は、権利が異なることを理由とすることには賛成できず、事故時から共済金支払時までの遅延損害金が移転しない理由を対応原則から見出すべきとしている（山下・前掲注10）558頁。このことを言い換えると、保険者は保険金支払前までの期間に対する期間喪失については保険給付の対象とはしていないと理解されているものと解される。
[49] 北河隆之『交通事故損害賠償法』（弘文堂、2011年）212頁以下。
[50] 我妻榮＝有泉亨＝清水誠＝田山輝明『我妻・有泉コンメンタール民法——総則・物権・債権——〔第2版追補版〕』（日本評論社、2010年）758頁。

意義が理解されている[51]。保険給付は、この損益相殺の対象となるかどうかが問題となるが[52]、判例・学説は、損害保険であるか定額保険であるかを問わず、保険金は損益相殺の対象からは外す考え方がとられている[53]。例えば、最高裁は、火災保険金について損益相殺の対象外とした[54]。また、生命保険金の扱いが問題となった事件において、最高裁は、生命保険金は払い込んだ保険料の対価としての性質を有することから、損益相殺の対象とはならないとした[55]。また、最高裁は、傷害保険金と搭乗者傷害保険金についても損益相殺の対象外としている[56]。

損害保険契約の場合は、代位との関係が問題となるが、火災保険金に関する上記最高裁判決では、火災による物損についての損害賠償請求権は代位によって保険会社が取得していることをもとに、被保険者の損害賠償請求権を否定している。また、人保険の分野の損害てん補方式の保険である所得補償保険金の扱いが問題となった事案においては、約款には代位の規定はなく、保険者もその権利を行使していなかったが、最高裁は、損害保険契約に適用される代位が当該保険にも適用されるとしたうえで、保険給付により損害賠償請求権は保険者に移転し、被害者から加害者に対する損害賠償請求は認められないという立場をとった[57]。これらの裁判例においては、保険金の給付は、損害賠償における損益相殺とは切り離して扱われており、また、損害てん補方式の保険契約の場合には、保険金と損害賠償金の両方を受領すれば、損害額以上のてん補がなされるところ、損害保険の保険金部分については、代位により権利が保険者に移転することによって、被害者は、その分については損害賠償請求が認められないという立場がとられている。

以上、遅延損害金に対して代位権が及ぶかどうかという論点を示して、債権が

---

51 四宮和夫『事務管理・不当利得・不法行為（下）』（青林書院、1985年）600頁、窪田充見『不法行為法』（有斐閣、2007年）375頁。
52 以下の整理につき、能見善久＝加藤新太郎編『論点体系　判例民法7　不法行為I』（第一法規、2009年）108頁以下、塩崎勤＝山下丈＝山野嘉朗編『保険関係訴訟』（民事法研究会、2009年）180頁以下参照。
53 ただし、判例における理由付けについて学説からの批判はある。山下・前掲注10) 563頁以下。
54 最高裁昭和50年1月31日判決　民集29巻1号68頁、判例タイムズ319号129頁。
55 最高裁昭和39年9月25日判決　民集18巻7号1528頁、判例タイムズ168号94頁。
56 最高裁昭和55年5月1日判決　判例時報971号102頁（生命保険の特約に基づく傷害給付金）、最高裁平成7年1月30日判決　民集49巻1号211頁（搭乗者傷害保険金）。
57 最高裁平成元年1月19日判決　裁判集民事156号55頁、判例タイムズ690号116頁。ただし、この所得補償保険における代位の適用については、学説からの有力な反対がある。洲崎・前掲注7) 参照。

複数生じる場合にそれらの対応関係が問題となることを示し、その問題は、損害賠償法から見た場合には損益相殺の問題になることを示した。この対応関係を判定するに当たっては、保険給付がいかなる損害をてん補するものであるかが問題となる。

② 保険者による代位権の放棄

請求権代位の本質に密接に関係する第2の論点として、保険者による代位権放棄の有効性の問題を挙げることとする。先にみたように、保険者が追加保険料を支払って保険者は代位権を行使しない特約などが実際に利用されている。保険者が代位権を放棄した場合、そのことによって被保険者の損害賠償請求権は影響を受けるものであろうか。

先に示した海上保険の約款例における損害賠償請求権放棄承認条項については、被保険者が損害賠償請求権を放棄し、それを保険会社が承認するものである。よって、もともと賠償請求権が発生しないので、このことは問題にならない。一方、損害賠償請求権放棄特別約款の場合は、損害賠償請求権自体は発生する。この条項は、保険者は請求権の行使を放棄すると規定するのではなく、請求権を放棄するものである。保険者が請求権を放棄した場合、被保険者は、保険給付に加えて、第三者に対して損害賠償請求権を行使することが認められるであろうか。この場合に、被保険者は、回収金を利用して保険ではてん補されていない損害の補てんに充てたいと考えた場合に、それは許されるであろうか[58]。

この場合、保険契約者は保険者に追加の保険料を支払っているので、保険者との関係では、被保険者が賠償請求権を行使したとしても問題はないはずである。しかし、被保険者から第三者に対する請求は認められるであろうか。保険金支払いにより代位により保険者に請求権が移転していると考えれば、保険者がその権利を放棄したとしても、被保険者には請求権がないと理解することができるが、このような考え方は妥当といえるであろうか。代位は、保険者の権利として存在するのであるから、保険者が権利を放棄した場合には、代位による権利移転自体

---

[58] 例えば、貨物に損害が生じた場合、荷主には、貨物の価値に対する損害のほか、納期遅れのペナルティや各種費用、利益上の損害が生じる場合がある。特に、相場が上昇している場合には、同じコストで代替品を購入できない場合があり、これらの損害は、保険ではてん補されない。保険でてん補されない損害の弁済に、他の債権から得られた回収金を充当することは認められるか。代位権を放棄した場合の問題は、残存物代位において問題となることは、第9章で見たとおりであるが、請求権代位においても同様の論点が存在するように考えられる。

が生じないことになり、被保険者は保険金と債権を重畳的に行使できるという考え方はありえるだろうか[59]。その場合、両方の制度において給付する対象たる損害が重なるといえるかが問題となる。重なる場合には、損害保険金については損益相殺の対象としないという判例はあるが、その適否を再度検討する必要があるものと考えられる。一方、利得禁止の観点から見た場合に、両者の給付を得ても、被保険者の財政状況において超過的な余剰が生じていない場合においては、重畳的な給付を認めてよいとする考え方もありえるように思われる。この論点についても、請求権代位の趣旨や利得禁止をどのように考えるかが問題となる。

3．請求権代位の趣旨

保険法は、改正前商法662条の規律を基本的には維持しているので、請求権代位の趣旨を考察するうえで、最初に改正前商法の下で展開されてきた学説をみたうえで、保険法制定後の学説を確認することとする。

（1）保険法制定前の伝統的議論

改正前商法における学説をみると、重畳的な権利行使によって被保険者を利得させるべきでないということと、保険者の義務履行によって有責第三者を免責すべきでないという点については余り争いがなく、保険者の権利取得をどのように説明するかに大きな違いがあった[60]。とりわけ、請求権代位に関する学説は、損害保険契約の本質をどのように捉えるかという、より根源的な問題についての学説[61]と連動して、その観点から学説が展開されていた。最初に、それらの学説を概観する[62]。

---

59 改正前商法は、保険者は権利を取得すると規定していたが、保険法は、当然に代位するとしている。保険法の規定に基づくと、保険者が代位権を放棄した場合においても被保険者の債権は保険者に移転していて被保険者は権利行使できないという解釈がとれるであろうか。
60 坂口光男『保険法』（文眞堂、1991年）163頁、西島梅治『保険法〔第3版〕』（悠々社、1998年）182頁。
61 改正前商法629条は、損害保険契約は、当事者の一方が偶然な一定の事故によって生ずることあるべき損害を塡補することを約し、相手方がこれにその報酬を与えることを約する契約であると規定するが、「損害を塡補」する契約ということの意味と被保険利益の位置付けについては、大きく分けると絶対説、相対説、修正絶対説として、学説が鋭く対立していたことは、第2章参照。
62 学説について、岡田・前掲注6）19頁以下は、詳細な検討をもとに8つの学説として分類している。ここでは、被保険利益のとらえ方をもとに大きく3つの立場に分けている。

まず、損害保険契約の本質を金銭給付義務とみる相対説の立場からは、請求権代位制度の趣旨は公序政策から説明されていた[63]。保険金請求権と損害賠償請求権の2つの権利の行使が認められれば、被保険者は利得し、事故の発生に対して放任的態度をとることになるとして、請求権が保険者に移転する点については、やり場のない請求権を保険者に帰属させるといった説明がなされていた[64]。

この説に対しては、事故自体は、もともと第三者による事故であるので、請求権代位と被保険者の放任的態度とは直接関係はなく、その問題は、事故発生後の損害防止義務違反の問題として処理すれば十分ではないかといった批判[65]や、この説では保険者が権利を取得する積極的理由が説明されていないといった批判[66]があった。

損害保険契約の本質を「損害てん補」契約とする絶対説の立場からは、二重に権利行使できないことは損害保険契約が本質的に損害てん補の契約であることから説明されていた[67]。ただし、権利移転の根拠については異なる考え方が提唱されていて、第三者により損害を被ったのは保険者であるから保険者を保護する必要があるという点から移転を説明する見解[68]や、保険者と有責第三者を比べて有責第三者に最終的に損害を負わせるのが衡平であるといった見解[69]が示されていた。

この説に対しては、前者については、保険者は保険料を受領しているのであるから、法律上、当然埋められるべき法的な保護の性格は有していないのではないかという批判[70]や、後者については、衡平だけでは権利移転の説明としては困難であり、軽過失の第三者と保険者のどちらを保護すべきかを考えた場合に、常に保険者保護とは言い切れない、などの批判[71]があった。

---

63 大森忠夫『保険法〔補訂版〕』（有斐閣、1985年）182頁、同『続保険契約の法的構造』（有斐閣、1956年）103頁。
64 同上。
65 田辺康平『保険契約の基本構造』（有斐閣、1979年）253頁、西島・前掲注60) 188頁。
66 田辺康平『新版 現代保険法』（文眞堂、1995年）140頁。
67 加藤由作『火災保険論』（新紀元社、1950年）169頁、伊沢孝平『保険法』（青林書院、1957年）297頁。
68 小町谷操三『海上保険法各論四』（岩波書店、1968年）598頁、田中誠二＝原茂太一『新版 保険法〔全訂版〕』（19版）（千倉書房、1996年）193頁。
69 鈴木辰紀『火災保険研究〔増補版〕』（成文堂、1978年）169頁。
70 田辺・前掲注65) 259頁。
71 同上259頁。

また、修正絶対説の立場からは、損害とは厳密には被保険利益の滅失額から第三者の損害賠償額を控除した額と考えるべきであるが、損害賠償額は第三者の財産状態に依存するため評価困難であり、そのため蓋然損害の救済として保険金を支払い、保険代位するものといった説明がなされた[72]。すなわち、この場合の保険者の義務は、厳密に分析すると、履行不確実な第三者の損害賠償義務による損害賠償を確実な保険金で肩代わりする救済義務と位置付けられることになる[73]。

この学説については、損害賠償請求権を有する限り蓋然損害とすること自体が妥当か、損害概念が狭すぎないか[74]、保険者と被保険者との間の保険関係と被保険者と第三者との保険外関係を混同していないか[75]、といった批判が出されていた。

請求権代位の趣旨については、このように学説が激しく対立する状況があったが、上記の説明からわかるように、請求権代位の趣旨の議論は、損害保険契約の本質をどのように捉えるのかという学説と連動して長く展開されていたといえる[76]。

こうした議論の展開を経た後における改正前商法に関する通説は[77]、請求権代位は、損害保険契約における利得禁止原則を貫徹するために第三者に対する権利を当然に保険者に移転させるものと理解し、利得禁止を根拠に権利移転を説明するものである。もっとも、被保険者が保険給付の前に先に回収を得る方式でも利得禁止は阻止できるが、その方式では保険の効用が大幅に低下することになるし、また、被保険者が保険給付を得た場合に第三者の賠償責任額をその分減額する方式によっても被保険者の利得禁止を図ることができるが、第三者は棚ぼたの利益を得ることになって問題があるので、代位の方式が適切な方式として説明されている。これは、請求権代位で問題となる保険者、被保険者（被害者）、第三者の関係について、被保険者の利得禁止を基礎として、その他の当事者の関係も含めて制度の趣旨を説明する立場といえる。この理解は、利得禁止から請求権代位

---

72 同上260頁。
73 西島梅治教授は、「不確定損害肩代り説」が妥当であるとして、この説に賛同している（同・前掲注60) 184頁)。
74 坂口・前掲注60) 166頁。
75 鈴木辰紀『損害保険研究』（成文堂、1977年）35頁。
76 各説の損害保険の本質についての立場については、第2章参照。
77 以下は、山下・前掲注10) 545頁以下による。

の制度を導くものであるので、利得禁止が強行法的な原則として理解されることから、請求権代位もまた強行法的な規律とみることにつながった。そして、この場合の利得禁止原則とは、損害保険契約においてのみ認められ、定額給付の保険には認められないという考え方から、請求権代位も損害保険契約に特有の原則として説明されている[78]。

（2）近時の議論[79]

こうした伝統的な考え方に対して疑問が提示されたのは、まずは、人保険分野における請求権代位の適用である。伝統的学説では、請求権代位を損害てん補という給付方式をとる損害保険契約に強行法的に伴うものと理解していたので、そこでは、保険をつける客体にかかわらず、損害保険契約には請求権代位が適用されるとしていた。これに対して提起されたのは、人保険契約については、同一の経済的な損失に対して定額給付方式の保険も合法的に利用されているなかで、損害てん補方式をとる保険についてのみ請求権代位を強行法的に適用しても利得の発生の阻止はできないことから、人保険の分野では、請求権代位は任意法的な制度として位置付けるべきとする学説である[80]。この学説は、伝統的に利得禁止としてとらえてきた原則について、これを保険によって利得すべきでないという広義の利得禁止原則と損害保険において実損害を超える給付は禁止されるという狭義の利得禁止に分けて、両者をいずれも強行法的原則と位置付けたものである。ただし、狭義の利得禁止原則は、改正前商法の実損害てん補に関する規定（631条、632条、633条、662条）を想定したものであり、物・財産保険についての原則として理解するものである。このように、この学説は、物・財産の保険においては、請求権代位に関する規律を強行法として理解するが、人の保険における適用については任意法的にとらえるところに特徴がある。

この学説に対して、保険によって利得してはならないという広義の利得禁止原則は、強行法的原則として理解することができるが、改正前商法に示される損害保険特有の各種制度は、保険制度を運営する上で適合する損害概念に基づいていて、その損害概念に適合するてん補方式を導くための態様規整であり、狭義の利

---

78 山下・前掲注10）546頁。
79 以下の整理は、山下・前掲注10）547頁以下を利用している。
80 洲崎・前掲注7）。

得禁止原則とはそのことを指し、広義の利得禁止原則によって禁止されない枠組みにおいては任意性のある原則として位置付けるべきという主張がなされた。これは、筆者の主張であり[81]、本書（特に、第3章及び第5章）で示している理論の立場である。この立場では、強行法的に禁止されるべきであるのは、保険によって利得を得るという状態であり、利得の発生の問題は、保険給付が損害てん補方式でなされるかどうかという給付の方式によって決まる問題ではないとする立場である。

　この理論が請求権代位にも適合する考え方であることは、本章の後半において再度詳しく論じるが、この考え方を請求権代位に当てはめれば、損害てん補としての保険給付と第三者に対する請求権が重複しても、その重複のみでもって直ちに公益上で禁止されるべき利得が生じているとみることは適当でなく、広義の利得禁止原則（第3章で述べたとおり、これを「利得禁止」と称することを提案している。）に反しない限りにおいて、物・財産の保険についても請求権代位に任意法性を認めてよいという主張となる。この立場からは、請求権代位は、損害てん補方式の給付を実施する上での制度上の方式（論理的帰結）であって、その損害てん補方式には利得禁止という考え方も織り込まれていて、利得を排除する効果も有するが、禁止されるべき利得の排除を趣旨とする制度ではなく、よって請求権代位も損害てん補方式を確保する制度として理解すべきであるということになる。その結果、社会的に排除されるべき利得状態が生じない限りにおいては、請求権代位について契約自由を認めてよいということになる。そして、禁止すべき領域があるかどうかは、社会的な規範であるから、その点から、個別具体的に判断すべき問題ととらえることになる。この理論においては、利得の認定は給付の態様ではなく、給付を受ける経済主体の財政状況から判断することになるので、人の分野の損害についての利得の認定は、物・財産の保険における利得の認定に比較して、より柔軟であってよいということになる[82]。

　この筆者の主張は、利得禁止といわれてきたものを広義と狭義に2つに分ける考え方が前提として存在するが、それに対して、利得禁止原則が強行規定として妥当とする範囲を広義の利得禁止のみとすることに対しては反対の見解が示され

81　拙稿・前掲注1）「保険代位制度について──機能面から見た制度の本質──」487頁、同「損害てん補と定額給付は対立概念か」保険学雑誌555号79頁（1996年）。
82　それゆえ、人の分野には、定額給付の保険が広く認められていると考えることになる。

ている。利得禁止原則を強行法的に妥当とする範囲を広義の原則のみとして、損害保険契約と定額保険契約で共通する原則とすることは無理があり、時価を基準とする利得禁止の考え方を最狭義の利得禁止原則として、それは任意性があるが、なお、損害保険契約における保険給付は、損害てん補しか許されないという内容の狭義の利得禁止原則があり、それは強行法的原則と位置付けるべきとする見解がある[83]。この説（本書では、3分説と称している。）の立場からは、請求権代位は、狭義の原則に照らして強行法的制度としてとらえることになるので、代位を否定する特約は強行的に認められないということになりそうであるが、代位を否定する特約を常に有効としてよいかは、躊躇はあるものの、代位については厳格に狭義の利得禁止原則を適用する必要性は少ないとの説明もなされている[84]。

　利得禁止を3つに分ける考え方が示された以降、更に、これを4つに分け、3つに分ける前説を支持したうえで、更に広義の利得禁止原則についても広義と最広義に分ける主張が示された[85]。この説（4分説と称しておく。）においては、物・財産の損害保険についての利得禁止の考え方は、3分説と同じであり、よって、請求権代位の位置付けの考え方についても同様となる。この説でも、請求権代位は、利得禁止原則に基づく制度であるとの立場は同じである。なお、この学説においては、この法規律が起草された沿革においても、被保険者の利得の回避を専らの趣旨として、ロエスレル氏寄稿・商法草案（1884年）が起草され、明治23年商法、改正前商法に受け継がれていることが示されているとして[86]、利得禁止が条文の趣旨であることが裏付けられるとしている。

　代位の趣旨を巡る近時の議論が展開されたのは、保険法制定以前であり、保険法制定にあたって、請求権代位の趣旨についてどの立場がとられたかは必ずしも明らかとはなっていないが、立法担当者の理解は、「請求権代位の制度はいわゆる利得禁止原則を根拠として説明されることが一般的である」との立場に立っているので[87]、この制度の趣旨を利得禁止から理解しているものと考えられる。ただし、ここでいう利得禁止原則という言葉が、2分説、3分説、4分説における

83　山下・前掲注10）392頁。
84　山下・前掲注10）549頁。
85　岡田・前掲注6）52-53頁。第3章参照。
86　岡田・前掲注6）31頁。
87　萩本・前掲注8）140頁。

いずれの概念を指しているかは定かではない[88]。

　近時、これらの学説の流れに対して新たに提示されているのは、利得禁止原則という法命題の存在自体を否定し、そこから損害てん補に関する各種制度を導くことを否定する学説である[89]。本学説については、第3章においてすでに紹介しているが、ドイツにおける近時の学説の展開を踏まえ、わが国でこれまで利得禁止原則としていたものは、法命題としては存在せず、損害保険契約に特有の各種制度については、これを損害てん補という方式を合意している場合の当事者の標準的意思のもとで、デフォルト・ルールとして存在すると理解するものである。この立場からは、請求権代位についても、利得禁止原則という存在を前提においてそこから説明するのではなく、あくまでも損害てん補という契約をした当事者の契約意思から説明することになる。

　この学説の立場からは、請求権代位は、任意性のある制度とみることになると考えられる。また、定額給付契約においては、代位がないということが標準であるので、代位は生じないということになる[90]。また、この立場からは、通説は、狭義の利得禁止原則を強行法規と位置付けながらも、代位を否定する特約も合理的な理由があればその効力を認めてよいとしていて[91]、その原則をすでに有名無実化しているとの指摘がなされている[92]。

　この学説は、これまで利得禁止原則があたかも所与の絶対的な命題であるかのように理解してきた学説の流れに対し、かつてわが国の学説が参考としてきたドイツの学説において考えに見直しが生じていることを明らかにして、利得禁止原則を大前提として理論を構築することが適当であるかに疑問を提示するもので、そこに最大の意義が認められる。しかしながら、請求権代位の制度を契約当事者の意思に求め、その結果、完全に任意法的原則と位置付けることが適当といえるかについては、なお慎重な検討が必要であるように思われる。たとえば、契約当事者の意思が明確であれば、請求権代位を否定して、被保険者が重複して給付を

88　この利得禁止という用語は、一部保険において差額説の立場をとることの説明のなかで利用されているので、強行法的に適用される利得禁止の範囲内においては被保険者の権利を保護すべきであるとの立場として理解できるように考えられる。
89　土岐・前掲注7)「損害てん補にかかわる諸法則といわゆる利得禁止原則との関係」。
90　同上28頁。
91　山下・前掲注10) 549頁〜550頁。
92　土岐・前掲注7)「損害てん補にかかわる諸法則といわゆる利得禁止原則との関係」30頁。

得ることも認めてよいといえるであろうか。
　請求権代位の趣旨を巡る学説の展開は、以上のとおりであるが、この制度の趣旨をどのように理解するべきかについては、PEICL とイギリス法をみたうえで、更に考察することとする。

4．ヨーロッパ保険契約法原則における請求権代位

（1）条文の内容
　ヨーロッパ保険契約法原則（以下、PEICL という。）は、請求権代位について規定を設けている。わが国では、保険代位として、残存物代位と請求権代位の2つの制度が存在するが、外国においては、必ずしも保険代位としてこの2つの制度を並列させているわけではないことは、第9章でもみたとおりである。PEICLでは、残存物代位の制度は規定されてなく、代位（subrogation）のもとで説明されている内容は、わが国における請求権代位にあたるものである。
　PEICL では、第9章保険金請求権の後に、第10章として、以下のとおり、代位権が規定されている[93]。

「第10章　代位権
第10：101条　代位
　(1)　第3項の適用を妨げることなく、保険者は、被保険者に対して填補をした範囲内で、損失につき責任ある第三者に対して代位権を行使することができる。
　(2)　被保険者は、第三者に対する権利を放棄したことにより保険者の代位権を害したときは、その限度で当該損失に対する填補を受ける権利を失う。
　(3)　保険者は、保険契約者若しくは被保険者の世帯の構成員、保険契約者若しくは被保険者に対してこれと同等の社会的関係にある者又は保険契約者若しくは被保険者の被用者に対しては、それらの者が損失を発生させる意図をもって又は損失の発生のおそれがあることを認識しながら無謀に損失を発生させたことを証明した場合を除き、代位権を行使することができない。

---

[93]　訳文及び以下に引用する解説は、いずれも小塚荘一郎ほか訳『ヨーロッパ保険契約法原則（PEICL）』（前掲注4）による。

(4) 保険者は、代位権の行使によって被保険者の利害を害することはできない。」

PEICLにおける代位権に関する規定は、以上のとおりで、第1項が代位権を示したものである。第2項は、被保険者が保険者の代位権を害したときの規定であり、第3項は、保険契約者や被保険者の世帯の構成員等に対する代位は認めないことの規定である。第2項、第3項は、いずれもわが国の保険法25条には存在しない規定で、興味深い規定であるが、請求権代位の趣旨を考察する本章の主要なテーマから離れるので、ここでは考察の対象から除くこととする。

（2）PEICLに対する考察
① 代位権の趣旨

代位権の趣旨については、PEICLの解説では、詳細には説明されてないが、代位権は、全ての法制度に認められるもので、「その主要な目的は、保険契約者又は被保険者が保険金と第三者から取得する損害賠償金の両方を得て、事故の損害を補う以上に受領することがないよう、保険契約者又は被保険者の不当な利得（unjust enrichment）を防ぐことにある。これがヨーロッパ保険契約法原則における強行規定を正当化する根拠である。」と記されている[94]。また、「いずれのヨーロッパ諸国でも代位の原則は、同じ理論根拠、すなわち被保険者の超過填補を回避すること、に基づいている」との説明もなされている[95]。

PEICLにおける代位制度の説明は、各国ともに存在する制度であることから、簡単な説明になっていると推定できるが、この短い説明からも、この制度が、事故の損害を超えるてん補を排除するためのもので、不当な利得を防ぐものとして理解されていることがわかる。また、不当の利得を防ぐものであるから、強行規定が正当化されるとしていることにも注目される。ただし、ここにおける強行規定という意味については、注意が必要である。PEICL第1：103条により、第10：101条は、保険契約者、被保険者又は保険金受取人の不利益になる変更を認めない片面的強行規定とされているので、ここにおける強行規定という表

---

94 PEICL解説C1、302頁。しかしながら、それ以上の説明はなく、何をもって不当な利得と呼んでいるかや不当利得を防ぐことの意義などについては、不明である。
95 PEICL注釈N3、306頁。

現は絶対的強行規定を意味するものではない。

　筆者が、この説明において注目したい点は、ここでは、わが国において請求権代位の趣旨をめぐる学説で登場する迅速な保険金支払いとか第三者の免責阻止という説明が一切ないことである。上記の簡単な説明から判断することには慎重である必要があるが、少なくとも、他の債権が存在してもそれにかかわらずに保険金支払義務が存在することは、当然のこととして理解され、また、第三者の免責阻止は、代位権を認めるための積極的な理由としては位置付けられてはないと推察できるように思われる。超過てん補の不当利得を排除するという点から代位権を説明することは、わが国の現在の通説の立場と同じと考えられる。ただし、利得禁止という禁止命題を利用しているわけではないことには注意しておく必要がある。

　筆者が疑問に感じる点は、PEICLにおける「保険契約者又は被保険者の不当な利得（unjust enrichment）を防ぐことにある。これがヨーロッパ保険契約法原則における強行規定を正当化する根拠である。」という説明内容の妥当性である。まず、保険契約者は給付を受ける主体でないとすれば、不当な利得の問題は関係ないように考えられる。また、被保険者の不当な利得を防ぐことが片面的な強行規定の理由になるのかも、論理的にはわかりにくい。被保険者の不当な利得を防ぐことが目的であれば、被保険者に不当な利得が生じるような変更は認められないという意味で強行規定とすべきことになり、その結果、本条は、保険者有利にも被保険者有利にも変更を認めない絶対的強行規定とすべきとなるのではないか。さらに、PEICLは、本論文第3章で説明したとおり、支払額の上限に関する規定において、保険者は、被保険者が現実に被った損失をてん補するために必要な金額を超える支払いをする義務は負わない（第8：101条1項）とし、ただし、この原則は、強行規定ではなく、保険価額の合意が認められるように、損害てん補原則からの逸脱は認められると規定している[96]。損害てん補の原則については任意規定としていながら、代位権については、不当利得に基づく絶対的な強行規定とみることは矛盾することになる。合意によって損害てん補から逸脱することが認められるとすれば、それが認められる範囲において、被保険者の権利を認め、その分、保険者の代位権を否定してもよいように思われる。このように考

96　同条のPEICL解説C2、278頁。

えると、PEICL の代位に関する規定は、損害てん補原則と不当利得の排除の関係、その結果として導かれる条文の強行法規性の問題について、整合性を欠き、十分には整理できていないのではないかという疑問がもたれる。

② 被保険者の権利と保険者の権利の関係

PEICL の解説は、被保険者の権利と保険者の権利の関係について、1項の説明の中で、「更に、保険者は、第三者から被保険者に支払った金額に対してしか回収できない。これは、保険についていない損害を回収するために第三者に対して自ら訴えを提起する可能性がある被保険者の立場を保護するために必要である。」[97]と記している。この説明の前半は、「被保険者に支払った金額に対してしか」(only such amount as it has paid to the insured) としているが、この説明は、保険者が訴権を取得して直接回収を図ることはできないイギリス法の立場でないかと思われる。大陸法では、代位により、保険者は直接第三者に対して請求することができるので、「被保険者に支払った金額に対してしか回収できない」という説明は、PEICL の条文の説明として適切といえるか疑問がある[98]。説明の後半の記述についても、注意が必要である。ここでは、保険者の代位権は、実際に支払った額を限度とするものであって、それ以上に回収はできないということを単に説明するものであり、保険についていない損害についての被保険者の債権と保険者の代位権の優先順位の問題が扱われているわけではない。よって、第1項の規定は、被保険者優先主義を示しているものではないと解される。

一方、第4項は、保険者は、代位権の行使によって被保険者の利害を害することはできないと記している。保険者の代位権と被保険者の債権の関係については、この条項で扱われている。本条文は、単に「害することはできない」としているだけであり、更に、被保険者の権利の方が優先するとまでは規定していない。解説をみると、「第三者の資力がその不法行為請求と保険者の代位請求の両方をカバーするには十分でなければ、被保険者の請求が優先する。つまり、第10：101条第4項は、第三者の支払い不能リスクを保険者に転嫁するものである。」と記しているので、この趣旨は、わが国の保険法25条2項と同じものと考えられる。しかしながら、その趣旨が、条文の文言に十分反映できているといえ

---

[97] 第10：101条 C5、303頁。
[98] 筆者の推論として、第10：101条の起草責任者は、イギリスの Birds 教授であるので、代位により請求権自体は移転しないイギリス法ベースの記述になった可能性がある。

るのかは、疑問も感じる。

　以上、PEICL の規定について簡単に概観したが、PEICL の代位に関する条文については、筆者の理解が足りないかもしれないが、条文文言と解説内容との整合性、代位と損害てん補原則との関係など疑問に感じる点がある。そのため、本書では条文の紹介と疑問点を提示するのみにとどめておく。

5．イギリス法における請求権代位の概念と法律根拠

（1）イギリス法における請求権代位の概念
① subrogation の語義
　法の内容をみていく前に、最初に、請求権代位に当たる英語の用語について確認しておく。一般に、代位、保険代位に対応する英語としては、subrogation 又は insurer's subrogation という言葉が考えられる[99]。しかし、これらの英語は日本の代位や保険代位と同じ概念の制度を指す言葉といえるかを確認しておく必要がある[100]。

　まず subrogation の一般的意味を確認しておく。subrogation とは、字句としては substitution を意味する[101, 102]。しかし、この用語は法律以外ではほとんど使用されない[103]。法律上の一般的意味としては、ある者（P）が、他の者（X）が第三者（Y）に対して有する権利や救済手段[104]を利用するために、他の者（X）の立

99　横尾登米雄編集代表『保険辞典〔改訂新版〕』（保険研究所、1978年）における「保険者の代位；保険代位」の項を参照。なお、subrogation を「代位」とすれば、「保険代位」は insurance subrogation と翻訳することも考えられなくもないが、イギリス法においては insurance subrogation という用語は一般的ではないようである。insurer's right of subrogation と表記される場合が多い。

100　外国法の研究においては、言葉の概念を吟味することは重要である。田島裕教授は、本格的なイギリス法研究が法律用語の研究を意味するといっても過言でない、と述べられている。同『イギリス法入門〔第2版〕』（信山社、2009年）233頁。

101　*The Compact Edition of the Oxford English Dictionary*, Oxford, 1987.

102　木村栄一博士は、subrogation の語源は、ラテン語の sub（= under）rogare（= to ask）であり、字義的には、asking (for a payment) under another's name を意味するとしている（同『海上保険』（千倉書房、1978年）212頁）。

103　P. Birks, *An Introduction to the Law of Restitution*, 1st issued as a paperback with revisions, Oxford, 1989, p. 94.

104　権利（rights）とは、厳密にはコモン・ロー上の概念であり、救済手段（remedies）はエクイティ上の概念である。

場に立つこと[105]と理解されている[106]。つまり、イギリス法においてsubrogationとは、一般的には、権利を享受するために他の人の立場に立つことを指すのである[107]。subrogationは、保険にのみ存在するものではなく、その他、保証における保証債務弁済者、為替手形の被裏書人、信託における債権者、その他金銭貸借における貸主等についても認められる[108]。すなわちsubrogationとは、保険に固有の制度を示す言葉ではなく、それ以外の場合にも認められる法律概念である。したがって、英語のsubrogationと日本語の「保険代位」又は「請求権代位」とは同じ次元の概念とはいえない[109]。

それではinsurer's subrogationという場合、あるいは保険の領域に限定してsubrogationについて議論する場合はどうか。上にみた法律概念としてのsubrogationを保険の場合に当てはめて考えてみると、subrogationは保険者が被保険者の有する権利を享受するために被保険者の立場に立つ制度で、権利自体が移転しないところに特徴がある。一方、日本法においては、保険代位は、請求権代位、残存物代位いずれにおいても、被保険者の権利が保険者に移転し、この移転は法定のものである。保険者が権利行使をすると否とにかかわらず権利は保険者に移転するとすれば[110]、権利移転が生じないところに特徴があるsubrogationを代位あるいは保険代位と訳してよいのか、日本語の保険代位をsubrogationあるいはinsurer's subrogationと訳してよいのか疑問がある[111]。この問題は、イギリ

---

105 その表現として、stepping into the shoes of another partyと称されている。
106 A. Burrows, *The Law of Restitution*, 3rd ed., Oxford, 2011, p. 145.
107 したがって、保険者は保険金支払後に保険者の名前で第三者に求償することはできない。ただし、制定法により、特定の場合に保険者の名で代位権を行使することが認められている。原茂太一『イギリス法における航空保険』(損害保険事業総合研究所、1991年)(1991年)127頁参照。
108 Burrows, supra note 106, p. 148以下；Lord Goff and G. Jones, *The Law of Restitution*, 7th ed., London, 2007 (以下、Goff & Jonesと略す。), p. 130.
109 subrogationを日本語に訳す場合に、保険代位とすることは適当でないという点から、単に代位とすることも可能と思われる。ただし、逆に、日本語の代位、保険代位、残存物代位、請求権代位、更に債権者代位などの種々の代位制度を的確に英語に翻訳することは難しい。このように、そもそもsubrogationと代位の用語は一対一の対応関係にはなっていない。
110 改正前商法は、保険者は「権利ヲ取得ス」という表現を用いていた。そこでは、保険者が権利行使しない場合であっても被保険者は保険給付を受けた分については被保険者は第三者に対する請求権が認められると解され、実質的に権利の移転を意味していた(最高裁平成元年1月19日判決、判例時報1302号144頁、判例タイムズ690号116頁参照)。保険法は、当然に代位するという文言に変更した。この用語の意味については、権利の移転を意味するものと解されていることは、保険法の解説の箇所で述べたとおりである。
111 残存物代位をsubrogation for remaining property、請求権代位をsubrogation against third partyと訳する例として、Noboru Kobayashi, et al., *Insurance Law in Japan*, Wolters Kluwer,

ス法における訴権の問題とも関係していると考えられるが、subrogation の概念の探求は、わが国における保険代位、請求権代位、残存物代位における保険者の権利の本質を考察する上で意味があると考えられる。そこで、以下に、判例法、次に制定法を取り上げて、イギリスの保険契約法上、subrogation の本質がいかに理解されているのかを考察することとする[112]。

② 判例法における subrogation の概念

(a) 保険における subrogation の定義　　保険における subrogation の概念を考えるにあたって重要な判例は、*Castellain v. Preston*[113] である。この事件における控訴院の判旨は、後の事件で繰り返し確認され[114]、また、保険契約法の基本図書においても subrogation の定義としてしばしば引用されている[115]。そこで、この判例において保険の subrogation がいかに定義されたのかを見てみる。事案の概要は次のとおりである。

　不動産の売買について売主と買主の間で交渉がなされ、売買契約（contract of sale）が締結され、売主はその家に火災保険をつけた。契約締結後、しかしその売買の履行（completion of sale）の前に火災により家屋の一部に損傷が生じ、保険者は保険金を売主に支払った。その後、売買価格が決定され、買主は契約の義務の履行として火災事故にかかわらず代金を売主に支払った。保険会社は subrogation としてその支払代金の内の保険金相当金額を売主（被保険者）から回収しようとして争いとなった[116]。

2011, p 117.
112　本稿は、subrogation の本質を吟味することに目的があるので、誤解を避けるために、以下の議論では、この言葉を日本語に訳さずに subrogation として記す。
113　(1883) 11 Q. B. D. 380 (C.A.)。これ以前にも保険における subrogation の判例は数多く存在する。
114　筆者が調べた subrogation に関する判例では、その多くが先例としてこの判決を引用していた。この判例が上院で引用された例としては次がある。*Hobbs* v. *Marlowe* [1978] A .C. 16; *Napier & Ettrick* v. *Hunter* [1993] A. C. 713.
115　その例として、次のがある。J. Gilman, et al., *Arnould: Law of Marine Insurance and Average*, 18th ed., London, 2013（以下、Arnould として参照する。）, p. 1631; R. Merkin, *Colinvaux's Law of Insurance*, 9th ed., London, 2010（以下、Colinvaux として参照する。）, p. 489; J. Birds, et al., *MacGillivray on Insurance Law*, 12th ed., London, 2012（以下、MacGillivray として参照する。）, p. 689; D. O'May & J. Hill, *Marine Insurance Law and Policy*, London, 1993, p. 463.
116　事案からわかるとおり、第三者の行為によって事故が生じたか否かは本件では問題となっていない。イギリス法では、subrogation を事故が第三者の行為によって生じた場合に限定する考え方はとられていない。改正前商法662条は「損害カ第三者ノ行為ニ因リテ生シタル場合ニ於テ」と規定していたことから、鈴木辰紀教授は、この判決について触れている中で、保険代位の要件として、損害が「第三者の行為に因り」生じたことを要するというような制限を一切設けない方が、理

第一審の Chitty 判事は、subrogation を被保険者が有する権利を実行するために被保険者の立場に立つことと理解して、本件において保険者が subrogate する対象としての権利はないと判決した[117]。しかし、控訴院はこれを覆し、保険者は、かかる事案において被保険者が買主から入手した金銭に対して回収の権利がある、と判決した。

控訴院の Brett 判事（控訴院裁判官）は、海上保険や火災保険に含まれる保険契約は損害てん補契約（contract of indemnity）であって、この契約においては、被保険者は損害の完全なてん補を受けるが、それを超えるてん補を受けることはできないと示したうえで[118]、doctrine of subrogation の説明として次のように述べた。

「doctrine of subrogation は、被保険者が完全な損害てん補（full indemnity）以上のてん補を受けることを防ぐために適用されるにすぎないということは是認されるとしても、問題は、この原則が保険法において適用される場合に何らかの制限を受けるかどうかである。この原則は、保険者が、契約の遂行又は訴えの権利の遂行ができるように、保険者が被保険者の立場に subrogate することに制限されるであろうか。（中略）doctrine of subrogation を適用するうえでは、この言葉の完全、絶対的な意味が使用されなくてはならない。すなわち保険者は被保険者の立場に置かれなければならない。保険法の基本原理を遂行するためには、doctrine of subrogation は、私がこれから表現しようとしているように用いられなければならないように考える。すなわち、保険者と被保険者との間では、保険者は被保険者が持っているすべての権利を享受する権利があり、これは、たとえその権利が、契約上の権利（履行していると否とを問わず）であるか、不法行為に対する救済（すでに申し立てているか否かを問わず）であるか、条件（condition）としてのものであるか、コモン・ロー上のものかエクイティ上のものであるか、すでに行使されたか生じたものであるかどうか、そして保険者が被保険者の名におい

屈にはあっていよう、との見解を示されていた（同・前掲注69）150頁）。また、伊沢孝平教授は、本件の判決について、売買代金請求権は保険事故の発生によって生じたものではなく、これとはまったく別個の売買契約によって生じたものであるとの理由から、わが商法の解釈上は保険者の代位の目的とはなりえない、という説明をされている（同・前掲注67）300頁）。保険法は、「保険事故による損害が生じたことにより被保険者が取得する債権」と文言を変更しているが、この事案がわが国の請求権代位に対応するかは、明らかではない。

117 (1882) 8 Q. B. D. 613 at 615.
118 (1883) 11 Q. B. D. 380 at 386.

て、これらの権利を行使し得るものであるか否かは、問うところではなく、その権利や条件の行使や取得によって、被保険者が保険につけた損害を軽減できるもの、又は軽減させたものすべてを含むのである。」[119, 120, 121]

　Brett 判事は、これが doctrine of subrogation を最も広く示したものとして、唯一の制限は「被保険者の有するあらゆる権利」という点にあると述べた[122, 123]。
　さて、ここでこの判例と先に述べた subrogation の一般的用法を比べてみたい。第一審の Chitty 判事は、right of subrogation というとき、それは第三者に対する被保険者の権利を享受するために保険者が被保険者の立場に立つことと理解していることがわかる。このとらえ方は、前述した subrogation の一般的用法と同じものと認められる。それに対し Brett 判事は、subrogation はそれに限定されない広いものとして、その概念を上記のとおり説明したのである。
　Brett 判事の判旨は、その後、保険における subrogation の定義を示したリーディングケースとして確立し、上に引用した言葉は subrogation の定義としてその後の判例でしばしば引用され、保険契約法の著書をみると、doctrine of subrogation は、第三者に対する権利を行使するために被保険者の立場に立つ権利と、被保険者が入手した損害を減少させる金銭を被保険者から取得する権利、という2つの異なる権利[124]を保険者に与える、といった説明がみられる[125]。このような説明は、権利の法的性格が同じでないことを認識したうえで、それを包含す

119　(1883) 11 Q. B. D. 380 at 387-388.
120　翻訳に当たって、姉崎義史監修、大正海上火災保険株式会社海損部訳『ビクター・ドーバー海上保険法』（原著書 V. Dover, *A Handbook to Marine Insurance*, 8th ed., London, 1975, Chapter V）（成山堂書店、1988年）を参考にした。
121　その他2人の裁判官も保険者の権利を認めた。ただし、判決の言い回しは同じではない。
122　(1883) 11 Q. B. D. 380 at 388-389.
123　「被保険者の権利」いう制限から、贈与（gift）は対象とならないとして、先の判決である *Burnand* v. *Rodocanachi* (1882) 7 A. C. 333 と区別した。
124　Goff & Jones は、subrogation の権利は、一般に right（権利）といわれるが、厳密には、remedy（救済手段）であると述べる（Goff & Jones, supra note 108, p. 130）。しかし、right of subrogation という表現が一般的であり、本稿も権利という言葉を用いることとする。なお、subrogation を right とみるか remedy とみるかは、その法源をコモン・ローに求めるかエクイティに求めるかという問題にも関係することは後述する。
125　そのような説明をする例としては次の著作がある。MacGillivray, 12th ed., supra note 115, p. 689; Burrows, supra note 106, p. 160; *J. Birds, Birds' Modern Insurance Law*, 8th ed., London, 2010, p. 324; M. Levine & J. Wood, *Construction Insurance and UK Construction Contracts*, London, 1991, p. 17.

る原則として subrogation をとらえるものと理解できる[126]。

このように保険において subrogation を説明する場合に、その概念は、最初に示した subrogation の一般的意味よりは広い内容をもつ概念として理解されているものといえる。

(b) **不当利得の法からみた保険における subrogation の概念** それでは、こうした保険における subrogation の概念のとらえ方は、保険以外にも認められる subrogation とどのように調和するか。subrogation の法理は、不当利得に基づく原状回復（restitution）に関する法[127]の領域の問題として扱われているが[128]、その領域からみた場合に、上記の保険における subrogation の定義がどのように受けとめられているのであろうか。上に示した保険における subrogation のとらえ方については一部の論者からの批判が存在する。まず、その主張からみてみる。

まず、James は、*Castellain* v. *Preston* の判決の結論は妥当としながらも、Brett 判事が定義したのは subrogation ではなくエクイティそのものであり、それを subrogation として説明したために subrogation の概念が不明確となり混乱が生じることとなったと指摘した[129]。また、Mitchell は、Brett 判事が定義したのは損害てん補の原則（principle of indemnity）であって、本判決における subrogation をめぐる言葉の用法上の増幅がその後の判例や著作において無意識あるいは意識的に継承され、この分野の法を混乱させることになったと分析している[130]。

それでは、Mitchell は subrogation の概念をどのように理解しているか、その

---

126 これと異なる整理方法として、subrogation と indemnification aliunde とに分けて説明する例がある。E. R. H. Ivamy, *General Principles of Insurance Law*, 6th ed., London, 1993, Chap. 46 & 47 参照。
127 イギリス法では、不当利得（unjust enrichment）の返還を請求する権利の基礎となる法は、restitution（原状回復）という法の領域となっていて、普通、不当利得法とはいわない。イギリスでは、かつて、イギリス法には不当利得についての一般的法理はない、といわれていたが、学者による研究に加え、判例法においても、それを認める動きが生じ、判例法において別個に発達してきた個々の原状回復に関する法を統一的にとらえていく動きが認められる。イギリスにおける不当利得法の生成について、幡新大実『イギリス債権法』（東信堂、2010年）第5編不当利得法（323頁以下）参照。本稿では、「不当利得の法」という用語を便宜的に用いることとする。なお、不当利得の法に含まれる実体的な原則としては、コモン・ロー上の quasi contract（準契約）やエクイティ上の constructive trust（擬制信託）、equitable lien（エクイティ上のリーエン）、subrogation などがある。
128 Goff & Jones, supra note 108, Chap. 3; Burrows, supra note 106, Chap. 7.
129 P. S. James, *The Fallacies of Simpson* v. *Thomson* (1971) The Modern Law Review 149 at 154.
130 C. Mitchell, *The Law of Subrogation*, Oxford, 1994, pp. 69-74.

点についてここで簡単にみておく。Mitchell は、イギリス法において損害てん補を実現する手段として認められてきた救済方法を次の3つに分類した[131]。

第1に、保険事故が生じ、保険者が被保険者に保険金を支払ったが、被保険者は第三者に対して損害に対する請求ができる立場にある場合、保険者は被保険者のその権利を被保険者の名前で行使してその利益を享受できる。Mitchell は、これを subrogation とする[132]。

第2に、保険事故が生じ、保険者が被保険者に保険金を支払ったが、実はその前に被保険者は第三者から賠償金を入手していた場合で、その場合には保険者は超過分に対する保険金の返還請求を被保険者に求めることができる。これは事実の誤認に基づく金銭支払に対する返還請求である。この場合の請求権の性格は、不当利得金返還に対する直接請求（direct right of action for money had and received）である。

第3に、保険事故が生じ、保険者が被保険者に保険金を支払ったが、その後、被保険者は第三者から損害に対する賠償金を入手し、その合計が被保険者の損害を超える場合、保険者はその超過額に対して返還請求をすることができる。これは被保険者の、保険者に対する第三者からの回収金返還義務（duty to account to the insurer for sums received from third party）に基礎を置く請求である。

Mitchell は、これらの3つはそれぞれ法的性格を異にする請求であり、doctrine of subrogation という言葉の下でこの3つを混同してはならないと主張する。3つの請求の内、第2、第3の請求は、保険者から被保険者に対する人的請求（personal claim）であり、第1の場合にのみ、回収金銭に対して財産的請求

131　Ibid., p. 69.
132　Mitchell は、保険に限らず種々の場合に認められる subrogation を simple subrogation と reviving subrogation の2つに分類した。前者は、支払いを受けた者が第三者に対して有する権利が支払いによって消滅しない場合の subrogation を指し、後者は、支払いを受けた者が第三者に対して有する権利が支払いによって技術的には消滅するが、subrogation の権利を得る者が利益を受けられるように、復活（revive）するように法が仮想するようなものをいう。Mitchell は、保険の場合の subrogation を simple subrogation と呼んだ。reviving subrogation の例としては、保証契約などの例を挙げている。なお、これらの用語は Mitchell 独自のもので、subrogation を原状回復の1つとして分析していこうとする立場からとられたものである（Mitchell, supra note 130, pp. 5-7）。この見解を発表後、Mitchell は、Watterson との共著においては、この分類名を変更し、subrogation to subsisting rights と subrogation to extinguished rights という表現を用いて、保険は、前者の例として説明している（C. Mitchell and S. Watterson, *Subrogation Law and Practice*, Oxford, 2007, p. 5）。Burrows もその呼び名を支持している（Burrows, supra note 106, pp. 146-147）。

（proprietary claim）が認められるべきとする[133]。

　このように Mitchell は、権利の法的性格に焦点を当てて subrogation の概念をとらえていることがわかる。このようなアプローチは保険だけでなく種々の場合に認められる subrogation の本質を統一的に解明していこうとする立場から出てきているものと理解できる。Mitchell の分類でいえば、*Castellain* v. *Preston* の事例は上の第3の場合であって、損害てん補の原則のもとで認められる超過額の返還義務の事例となろう。

　このような批判がある一方、保険における subrogation を *Castellain* v. *Preston* における Brett 判事の説明と同じく広く理解しているものと考えられる論者もある。Goff & Jones は、subrogation を原状回復の1つととらえる立場に立つが、保険者が subrogation として権利を行使できる対象は、第三者に対する賠償請求権に限定されるのではなく、被保険者が既に実行した権利を含め、損害を減少させる権利はすべて含まれると解し[134]、前掲の *Castellain* v. *Preston* をその根拠としている[135]。また、Burrows は、保険における subrogation は2種類の異なる権利を含むという先に紹介した保険法における考え方を踏襲した上で、これらの権利が原状回復の法理のもとでどのように説明できるかを考察している[136]。そのなかで、Burrows は、第三者に対して被保険者の名前で求償する権利（Mitchell のいう本来の subrogation）については、原状回復の法からみて、適合するか疑問があることを提示しつつ、これらの2つの権利を subrogation のもとで説明している[137]。

　そもそも保険における subrogation が原状回復の1つとしてどのように説明で

133　*Napier and Ettrick* v. *Hunter* [1993] 1 A. C. 713 (H. L.) では、被保険者の代理人に対して第三者から賠償示談金が支払われたが、この金銭が被保険者に渡される前に保険者はそれに対して直接権利を行使できるかが問題となった。上院の裁判官は、全員一致して、保険者は支払われた賠償金に対して財産的請求権（proprietary claim）を有すると判決した。Mitchell は、この事例は上記3つの事例のうちの第3の場合であって、その請求権の本質は被保険者に対する人的請求権であり財産的請求権を認めることは妥当でない、として判決を批判している（Mitchell, [1993] L. M. C. L. Q. 192 at 195-196）。その後における再度の批判として、Mitchell & Watterson, supra note 132, p. 318。

134　このような考え方をとる場合、Mitchell の分類における第3の請求の場合にも、保険者は subrogation の場合と同様の法的性格の財産的請求権が認められるという結論が出てくることとなるものと思われる。

135　Goff & Jones, supra note 108, p. 153.

136　Burrows, supra note 106, pp. 160-165.

137　Ibid., p. 160.

きるかについてはイギリスでは論者によって見解が同じとはいえない状況となっている[138]。それはsubrogationが認められる種々の事由において不当利得の要素が同一でないという問題があるからと思われる[139]。

なお、ここで留意しておきたいことは、これらの議論において不当利得といわれている部分は、保険者が本来支払うべき金額以上を実際に支払ったことによって生じる差額に当たる金額の部分である。

このように、Castellain v. Preston事件で示された保険におけるsubrogationの定義については、種々の場合に認められるsubrogationを統一的に解明していこうとする立場からの批判は存在するが、そもそも、subrogationの本質については、それが不当利得の要素からどのように説明できるかといった基本的事項について明らかになっていない問題であることに注意しなければならないだろう。

(c) 判例法におけるsubrogationの概念についての考察　　subrogationの概念について判例とその議論をみたが、以上からどのようなことがわかるだろうか。

まず、subrogationという用語は、それが保険について扱われる場合に限定しても、イギリス法上必ずしも確立したものとはなっていないことがわかる。その背後には、subrogationが保険以外の場合にも認められる法律概念であるがゆえに、その概念の本質的な特徴をどのように統一的に理解し、その一方で、個別の領域ごとにどのように適用させていくかという、2つの異なる要請をいかに調和させるかという問題が存在するように思われる。この問題は、保険におけるsubrogationを不当利得を根拠とする返還請求の1つとしていかに位置付けられるかという問題でもあり、イギリスにおける不当利得に関する法の体系化の過程でもあるように思われる。

それでは、このようにsubrogationを統一的にとらえようとする視点をとりあえず置いて、保険にのみ限定してsubrogationの概念を考えていけばよいのではないか、という素朴な疑問もでてこよう。しかし、このように保険における

138　Birksは、subrogationを原状回復のひとつとして扱っていくことに消極的な立場に立っているものと考えられる（Birks, supra note 103, p. 93）また、Burrowsも、保険者のsubrogationの権利において、不当性の要素は明快でないとする（Burrows, supra note 106, p. 163）。Burrowsは、損害保険契約においては被保険者は完全にてん補を受けられるがそれ以上の給付はされないということの確保から説明されるべきとして、それが判例法の立場とする（Ibid., pp. 163-164）。

139　Burrows, supra note 106, p. 145.

subrogation に限定して考えても、その本質が何なのかは単純でない。

　保険における subrogation の概念を理解する上で重要なのは、すでにみたように Castellain v. Preston の判決である。その判決の中で Brett 判事が説明した中身は、Mitchell が批判するように、非常に広いものであることは明らかである。判決の中で、Brett 判事は、doctrine of subrogation という言葉を使い、subrogation とは言っていない。Brett 判事は、事案が厳密には subrogation のケースでないことを十分に理解していたからこそ、より抽象的な表現である doctrine of subrogation という表現を使ったものと思われる。第一審における争点が subrogation の適否にあるなかで、Brett 判事がかかる表現を用いて判決を下したのはあながち不自然とは思われない。しかしながら、Brett 判事が doctrine of subrogation について説明する中身は損害てん補（indemnity）の説明そのものであり、それを実現することをすべて doctrine of subrogation のなかに含めたのである。

　確かに、一定の権利は同一の原則の効果又は結果としてその原則に含めて考えることは可能であろう。例えば、被保険者が第三者に対して有する権利を保険者が被保険者の立場に立って行使することを subrogation の概念の中心においたとしても、保険金支払い後に保険者がこの権利を行使する前に、被保険者が第三者から回収金を入手した場合に、その回収金に対して保険者が有する権利（Mitchell の分類によれば第3の場合）も、この原則に関連して生まれる効果として位置付けることができるかもしれない。しかし、Brett 判事はこのような整理はせずに、doctrine という言葉の中にすべてを含めた。その結果、doctrine という場合の subrogation は、損害てん補から外れる状況においてそれを是正することの各種の方策を含むものになったように思われる。もちろん、イギリス法において、doctrine of subrogation は、損害てん補の原則（principle of indemnity）と同一のものとして認識されているわけではない[140]。しかし、厳密にみた場合には、法的性格の異なる種々の救済手段や権利がその概念の中に含まれていることは疑いない。更にいえば、doctrine of subrogation は、保険者、被保険者、第三者という3者が存在して、重畳的な給付の調整が問題となる状況においてそれを調整する

140　subrogation の根拠の説明をみると、損害てん補の原則を実行するための救済方法として subrogation を位置付ける見解がイギリスでは一般的と思われる。その例として、M. Clarke, *The Law of Insurance Contracts*, 5th ed., London, 2006, p. 975; Birds, supra note 125, p. 322; Arnould, 18th ed., supra note 115, p. 1628.

原則に限定して理解されているのかについてもはっきりしない面がある。この代位権の概念の曖昧さは、次に制定法についての考察の中でも明らかになる。

③ 制定法における subrogation の概念

次に、保険の subrogation が制定法においていかに整理されているかをみてみる。

イギリスにおいて保険契約に関する制定法は数多く存在するが、保険契約の全般に関係する体系的な制定法としては1906年海上保険法（Marine Insurance Act 1906、以下、単に MIA と略す。）しか存在しない[141]。同法は海上保険に関する法を成文化した制定法であるが、海上保険契約は損害てん補の契約であり、損害てん補に関する基本原則と法がそこに示されていて、MIA の重要性は海上保険に限定されない[142]。

MIA は、損害の支払いに伴う保険者の権利（Rights of Insurer on Payment）として、代位権（Right of subrogation）（79条）、分担請求権（Right of contribution）（80条）及び一部保険の効果（Effect of under-insurance）（81条）について規定を置く。79条は次のとおり規定する[143]。

「**第79条　代位権**(1)　保険者が、保険の目的物の全部、または貨物の場合には保険の目的物の可分な部分の全損に対して保険金を支払ったときは、保険者は、これによって、保険金が支払われた保険の目的物の残存する部分について被保険者が有する利益を承継する権利を有し、かつ、これによって、損害を引起した災害の時から、保険の目的物自体についておよび保険の目的物に関して被保険者の有する一切の権利および救済手段に代位する。

(2)　前諸規定に従うこととして、保険者が分損に対し保険金を支払った場合には、保険者は、保険の目的物またはその残存する部分に対していかなる権原も取得しない。ただし、保険者は、損害に対する支払によって、この法律に従って被

141　オーストラリアでは、イギリスの MIA をもとにした1909年海上保険法（Marine Insurance Act 1909）のほかに、1984年保険契約法（Insurance Contracts Act 1984）が制定されている。後者は、海上保険には適用されない。イギリスでは、海上保険以外の保険契約について体系的な制定法はなく、オーストラリアのような形の保険契約一般法を制定する動きはみられない。

142　例えば、Scrutton 判事は、subrogation については火災保険も海上保険と同じと述べ、MIA を引用している。*Page v. Scottish Insurance Co.* (1929) 33 Ll. L. Rep. 134, at 138.

143　翻訳は、葛城照三＝木村栄一＝小池貞治共訳「1906年英国海上保険法」損害保険研究39巻2号123頁（1977年）による。

保険者が損害てん補を受けた限度において、損害を引起した災害の時から、保険の目的物自体についておよび保険の目的物に関して被保険者の有する一切の権利および救済手段に代位する。」

　本条からすぐわかるように、MIA は全損の場合と分損の場合を分けて規定している。全損の場合には、保険者は「保険の目的物の残存する部分について被保険者が有する利益を承継する権利」（以下、「残存利益の承継の権利」と略す。）を有するとともに「保険の目的物自体について及び保険の目的物に関して被保険者の有する一切の権利及び救済手段に代位」する。分損の場合は後者のみとなる。前者は日本法における残存物代位、後者は請求権代位に対応すると考えられる。MIA79条は、right of subrogation の表題のもとでこの２つの権利を規定しているが、それらは、質的に異なる権利である。
　残存利益の承継の権利については、本論文第９章において詳しく考察しているのでここでは再論しないが、その本質は全損の制度の一部として、全損処理に伴う所有権等の移転の制度として理解することが適当であり、イギリス法における狭義の subrogation とは異なる制度を規定したものと理解すべきものと考えられる[144,145]。
　MIA における請求権代位に関する規定は簡単で、判例法によって示された原則のみが示されていると理解できる。MIA は、全損と分損に分けて、保険者の権利を示す条文方式となっていて、現象面から法律効果が理解できるので利点があると思われるが、そこに存在する法理論については、逆にわかりにくくなっていることは否めない。

④ イギリス法における保険代位の概念

　これまで判例と制定法の立場を概観し、subrogation の概念について考察した。これはその本質をいかに理解するかという問題である。そこから理解されることをまとめると、保険における subrogation の用法は大きく次の３つに分けられる。

---

[144] この問題は、subrogation の法源を考察するうえでも重要である。残存利益の承継の権利は、所有権が移転する制度であり、subrogation とその法源が同じであるか疑問がもたれる。
[145] MIA は、ここで規定している２種類の権利のうち、後者の権利についてのみ subrogate という言葉を用いて、前者の権利については、entitled to take over と記し、用語を使い分けている。

第1は、被保険者が第三者に対して有する権利の利益を享受するために、被保険者の立場に立つことを subrogation という場合で、本稿ではこれを「狭義の subrogation」と呼ぶこととする。このようなとらえ方は、Mitchell のように、種々の場合に認められる subrogation の法的性格を統一的に説明しようとする立場からとられるものと思われる。この立場は、subrogation という法技術についてその法的性格を厳密に考えていくうえで重要に思われる。

第2は、subrogation の意味をより広くとらえる立場で、*Castellain* v. *Preston* における Brett 判事の言葉がその例である。その場合、損害てん補としての給付から逸脱した状況を是正するために必要な各種の権利が包含されることになる。これを「広義の subrogation」と呼んでおく。

第3は、以上とは異なった次元で、doctrine of subrogation に全損の場合における保険の目的物についての残存利益の承継の権利も含めて考える場合である。これは海上保険の文献にみられる用法である。しかし、残存利益の承継の権利は、保険の目的物そのものを取得する権利であり、第三者が関係しないという点で、狭義の subrogation の場合とは異なる特徴を持つ。この権利も損害てん補を実現するためのものであるという点では、広義の subrogation と共通する面はあるが、この権利をも含めて subrogation と認識すると、subrogation の本質が何であるのか更に曖昧になる。この用法は、MIA の条文に関係するが、理論的に妥当といえるかどうかは疑問があることは、すでにみたとおりである。

⑤ **日本法における概念との対応関係**

それでは、以上のイギリスの概念は、日本法における保険代位とどのような対応関係にあるといえるであろうか。

まず、海上保険の法に限定すれば、保険代位の下に残存物代位と請求権代位を認識する日本の考え方とに形式的な類似点がある。しかし、これは MIA の条文との配列上の類似性にすぎず、イギリス法一般として日本の保険代位という言葉に対応する概念が存在するか疑問である。第9章で考察したが、イギリスでは、salvage 又は abandonment と呼ばれる制度があり、これは、全損の場合における残存物に対する財産的権利の移転に関する制度であるので、その点から、日本における残存物代位に通じる面もある。しかし、これを含めて subrogation の概念をとらえると今度は subrogation の概念が曖昧になる[146]。

次に、subrogation を狭義に解する場合であるが、これは極めて限定された意

味を持つことに注意しなければならない。被保険者の立場に立つことにその本質があり、その特殊性にこの概念の特徴があるとすれば、権利移転を意味する日本法の保険代位の制度は、subrogation という言葉と適合するか疑問がある。イギリス法の立場から見れば、日本法上の保険代位は、transfer of rights あるいは acquisition of rights と認識されるものと思われる。

第3に、筆者の分類の第2の場合、すなわち広義の意味で subrogation をとらえていく場合、権利の性格について差異はあるものの、制度としての subrogation は日本法における請求権代位の制度に対応するものとして理解できる。しかし、そのような意味でこの言葉を理解する場合、保険以外にも共通に適用される subrogation の本質に対する理解が曖昧になる可能性があることに留意しておく必要がある。

(2) イギリス法における請求権代位の根拠
① 意　義

上に述べたとおり、イギリスにおいて subrogation の意味内容は必ずしも固まったものとはなっているとはいえないが、ここでは、請求権代位を指す場合に限定して、subrogation の法的根拠について見ておく。この点は、イギリスにおいて長く見解の相違があったもので、subrogation の本質をめぐる議論であることから、少し長くなるが、学説の進展を詳しくみておくこととする。

一般的な意味における subrogation の概念は、ローマ法に由来するものとされ、ある者が他の者に対して債務を負っている場合に、第三の者がその債務を弁済したならば、その弁済者は債権者が債務者に対して有する権利を引き継ぐ、という一般的な原則が、18世紀末には、イギリスの裁判所において種々の場合に適用されるに至ったとされる[147]。しかし、その正確な沿革については明らかになっていないようである[148]。

さて、subrogation の法律根拠を考える場合、それは何を法源とするかが基本的な問題となる。周知のとおり、イギリス法は、制定法と判例法に大別され、判

146　日本法の残存物代位についても、全損金の支払いのための一種の交換の制度としてとらえるのが理論的に説得力があるように筆者は考えている。第9章参照。
147　MacGillivray, 12th ed., supra note 115, p. 689.
148　Goff & Jones, supra note 108, p. 130.

例法はコモン・ローとエクイティの2つの淵源から発している[149]。したがって、subrogation は、コモン・ロー、エクイティのいずれを法源とするかが問題となる。海上保険については、MIA に subrogation についての規定があり、制定法においても確認されている。

　subrogation の法源については、長い間、エクイティによるとする説明が多くの裁判官によってとられてきた。保険における subrogation の性格が問題となった事件として最も古いのは、18世紀中頃の *Randal* v. *Cockran*[150] とされる[151]。その判決において、大法官は、保険者はエクイティ上の権利として subrogation の権利を有するものと述べた[152]。subrogation をエクイティ上の権利としてとらえる考え方はその後の事件においても繰り返し確認されてきた。その例として Derham は、*Yates* v. *Whyte* における Bosanquet 判事の判決[153]、*Burnand* v. *Rodocanachi Sons & Co.* における Blackburn 卿の判決[154]、*John Edwards and Co.* v. *Motor Union Insurance Co, Ltd.* の McCardie 判事の判決[155]、*Re Miller, Gibb & Co.* の Wynn-Parry 判事の判決[156]、その他を紹介している[157]。

　その一方で、subrogation はコモン・ロー上の権利とする説明も時折提唱された[158]。前述の *Burnand* v. *Rodocanachi Sons & Co.* において Fitzgerald 卿は、第三者から被保険者が回収した金額について、保険者は不当利得金返還訴訟（action for money had and received）が認められるとした[159]。これはコモン・ロー上の権利である[160]。*Boag* v. *Standard Marine Insurance Co. Ltd.* では、Scott 判事

149　R. J. Walker, *Walker & Walker The English Legal System*, 6th ed., London, 1985, Part2; D. Keenan, *Smith and Keenan's English Law*, 10th ed., London, 1992, Chap. 1.
150　(1748) 1 Ves. Sen. 98; 27 E. R. 916.
151　Goff & Jones, supra note 108, p. 131; S. R. Derham, *Subrogation in Insurance Law*, Sydney, 1985, p. 5.
152　Derham, supra note 151, p. 5.
153　(1838) 4 Bing. (N. C.) 272 at 285; 132 E. R. 793 at 798.
154　(1882) 7 A. C. 333 at 339.
155　[1992] 2 K. B. 249 at 253.
156　[1957] 1 W. L. R. 703 at 707.
157　Derham, supra note 151, p. 5.
158　Ibid.
159　(1882) 7 A. C. 333 at 344.
160　不当利得金の返還訴訟（action for money had and received）は、indebitatus assumpsit（債務負担支払引受訴訟）の訴状で用いられた money counts（金銭請求訴訟原因）の1つ。assumpsit（引受訴訟）によって quasi contract（準契約）上の法的保護を与えられた。この訴訟は、エクイティによってしか救済が認められない場合においては、エクイティ裁判所によっても使われてき

は、被保険者に入ってきた金銭に対して保険者は契約上の権利（contractual right）を持つとして[161]、また同じ事件でWright卿は、subrogationの権利は保険証券に織り込められた条件（integral condition）であると述べている[162]。こうした見解は時折示されたが、*Yorkshire Insurance Co. Ltd.* v. *Nisbet Shipping Co. Ltd.*[163]において、Diplock判事（当時）により、subrogationの権利を契約に黙示される条項（implied term in contract）ととらえる見解が提唱された以降、subrogationをコモン・ロー上の権利とする見解が有力に展開されることとなった。

② subrogationの根拠をめぐる学説の展開

(a) 契約上の黙示条項説の展開　　subrogationは、保険に限られるものではないが、保険においてそれが認められるのは、その契約が損害てん補の保険契約である場合で、損害てん補契約としての性格からsubrogationが認められるという点については、争いはないようである。問題は、保険者のsubrogationの権利がいかなる根拠（basis）から生じてくるかといった点である。伝統的には、subrogationは、エクイティ上の原則であり、エクイティを実現するために保険者に対して認められた権利[164]であるという考え方がとられてきたが、それをコモン・ローに求める説も時折主張されてきた。コモン・ローに求める説が有力説として認知されるようになったのは、前述のとおり、*Yorkshire Insurance Co. Ltd.* v. *Nisbet Shipping Co. Ltd.*[165]においてDiplock判事（当時）によってsubrogationの権利を契約に黙示される条項（implied term in contract）ととらえる見解（以下、この説を単に「黙示条項説」と呼ぶこととする。）が提唱されてからである[166]。

同事件においてDiplock判事は、subrogationの原則はしばしばエクイティ上の原則と呼ばれるが、これは完全にエクイティ上の原則とはいえず、コモン・ローとエクイティの融合（fusion of law and equity）の以前からコモン・ロー裁判所で保険の事件について適用されていたと述べ、損害てん補を超えて給付されてはならない観点から保険契約に保険者と被保険者の間に黙示される各種の条項を

た。しかし、*Ministry of Health* v. *Simpson* [1951] A. C. 251. では、この権利がコモン・ロー上の権利であることについて注意喚起されている。
161　[1937] 2 K. B. 113 at 128.
162　Ibid., at 122.
163　[1962] 2 Q. B. 330.
164　Goff & Jonesは、subrogationは正確には救済手段であるとすることは前述のとおり。
165　[1962] 2 Q. B. 330. 本件は、第一審（Queen's Bench Division）の判決である。
166　Derham, supra note 151, p. 6.

指して subrogation というに過ぎないと主張した[167]。この説がどのような事件を背景に生まれてきたのかをみることによって、この主張の意味を探ってみる。

　事案は、海上保険契約におけるもので、被保険船舶がカナダ海軍の軍艦と衝突して現実全損となり、保険者は評価済保険証券における全損金￡72,000を被保険者である船主に支払った。事件から14年後に船主はカナダ政府からカナダドルで賠償金を回収したが、その時にはポンドの下落によりポンドでの回収金は￡126,971.14となり、支払額より約￡55,000大きくなり、その超過分を被保険者と保険者のいずれが取得できるか、すなわち現実全損の支払いを行った保険者は、MIA79条の subrogation の原則のもとで全損金の支払額を超えて回収が認められるかが争いとなったものである。

　subrogation として回収金の全額の取得を主張する保険者の側は、第三者に対する賠償請求は被保険者の名義で行われているが、その実質は保険者が行っているもので、エクイティ上、債権（chose in action）は保険者にある、と主張し、被保険者が損害に対する支払いを受けた後の13年間は、保険者が回収のリスクと為替リスクを負担していたものと主張した。また、全損の場合の subrogation について規定する MIA79条1項には、2項にある「この法律に従って被保険者が損害てん補を受けた限度において」という制限が付けられていないことも主張した[168]。

　被保険者の側は、本件は subrogation の権利が問題となっていて、abandonment の問題ではなく、被保険者が第三者に対して有している権利はコモン・ロー上の賠償請求権であり、その権利は subrogation として保険者に与えられること、また、被保険者が保険者に請求する前にカナダ政府を訴えていたならば回収額の全額を入手することができたはずであり、先に第三者に請求するかどうかで違いがでてくるのは妥当でないことを主張し、保険者は、被保険者による回収によって自己の支出を穴埋めすることができるにすぎず、支払額の100％を超えて回収することは認められない、と主張した[169]。

　Diplock 判事は、概略以下の判決を下した[170]。

167　[1962] 2 Q. B. 330 at 339.
168　Ibid., at 333-336.
169　Ibid., at 337.
170　Ibid., at 338以下の判旨を筆者が要約したもの。判決では判旨を裏付ける判例が引用されているが、以下の要約では省略した。

「MIA79条1項は、全損の場合に保険者は2種類の権利を有することを規定し、第2の権利について MIA は、subrogate という言葉を用いているがそれが何を意味するかが問題である。subrogation の原則は保険法に限らない。しばしばエクイティと称せられるが、この原則は完全にエクイティ上の原則ではない。この原則は、コモン・ローとエクイティの融合の以前からコモン・ロー裁判所によって保険の場合に適用されてきた。Castellain v. Preston において Brett 判事が定義したように、損害てん補の契約においては完全なてん補を超える給付は認められない。海上保険契約において subrogation とは、損害額以上の給付はなされないという契約上の合意を満たすために、保険者と被保険者の間で、保険契約上に黙示される諸条項 (terms) を指すものにすぎない。

したがって、subrogation は、保険契約当事者の権利義務関係を規定するものであって、契約外の第三者に対して何の権利義務も与えない。保険者は、被保険者以外の者に対して、コモン・ロー、エクイティ上、いかなる直接の権利ももたない。

保険者は実損をてん補する契約をしており、第三者からの回収が保険金支払いの前となるか後となるかで保険で支払うべき金額が変わるという条件が契約上黙示されていると考えるのは理解しがたい。給付がある場合は、実損害を超える部分については超過支払いになり、保険者はそれをエクイティの力を借りずともコモン・ロー上の不当利得金の返還として (as money had and received) 被保険者から回収することができる。超過額の返還である以上、subrogation の原則のもとで保険者が回収できる金額はその支払額が限度である。保険契約上、被保険者は損害額を減らすことが黙示されている。しかし、必要がある場合には保険者は、エクイティの力を借りて、被保険者に第三者に請求することを求めることができる。MIA79条2項の「被保険者が損害てん補を受けた限度において」という制限は、注意を喚起するために入れられた規定であると考えられ、subrogation の原則のもとでは、この規定があってもなくても、保険者の権利は被保険者が損害てん補を受けた範囲であることに変わりない。」

以上のとおり、Diplock 判事は、subrogation の原則の下で保険者が回収できる金額は支払額を限度とするとの判決を下したが、その結論を導く理由として、subrogation の原則を損害てん補を確保するための契約上の黙示条項ととらえて、その権利を不当利得金の返還請求に求めたのである。

　このように subrogation の原則をとらえることにより、Diplock 判事は、13年間のあいだ、回収と為替のリスクを負っていたのは保険者であったにもかかわらず、保険者の権利は支払額に限られること、また、第三者からの回収が保険金支払いの前となるか後となるかで保険者、被保険者の立場が変わらないことを合理的に説明したのである。

　subrogation の原則の基礎をどのようにとらえるかについては、この事件から十数年後、*Morris* v. *Ford Motor Co. Ltd.*[171] において控訴院で議論された。その事件の判決の概要は次のとおりである。

　Cameron は、Ford に対して、清掃業務を行うことと、損害が生じた場合にはどちら側の過失であるかを問わず Cameron が損害をてん補することを合意していた。Ford の従業員の過失により Cameron の従業員に傷害事故が生じ、損害を被った Cameron の従業員は Ford を訴えた。Ford は被害者に対して賠償を行い、損害てん補条項のもとで Cameron に対して賠償請求を行った。Cameron は Ford に対する賠償に応じるとした一方、Ford がその従業員に対して有する賠償請求権に対して subrogation の権利を主張した。Ford 及び Ford の保険者は Ford の従業員に対する賠償請求は行使していなかった[172]。

　第一審では、Cameron は、Ford に対する賠償金支払いにより、Ford がその従業員に対して有する請求権を享受する権利がある、との判決が下された。

　控訴院では、判決が分かれ、結局 2 対 1 で控訴が認められた[173]。まず、Denning 卿（記録長官）は、subrogation の権利はエクイティ上の権利と考えるのが

171　[1973] Q. B. 792.
172　この事件の背景として、*Lister* v. *Romford Ice & Cold Storage Co. Ltd.* [1957] A. C. 555 があり、この事件において上院は、過失ある従業員に対して雇用者は損害賠償を求めることができることを確立した。この法は従業員に対して厳しい内容をもつため、イギリス保険協会（British Insurance Association）の会員は、使用者の責任保険の保険者は、共謀（collusion）又は故意が明白である場合を除き、過失ある従業員に対して subrogation の権利を行使することはしないことの紳士協定に合意することとなった。*Morris* v. *Ford Motor Co.* [1973] Q. B. 792 at 799 参照。なお、イギリス保険協会は、他の組織と合併して、1985年から Association of British Insurers となっている。
173　[1973] Q. B. 792.

妥当であり、その行使が衡平の理にかなわない場合には、その行使は制限されるべきとし、また、仮に subrogation をエクイティに求める見解が誤りとしてこの原理を契約上の黙示条項とみた場合でも、清掃者が依頼者の従業員に対して求償できるというような合意は黙示されていなかったとみるべきであるとして、Cameron の権利行使を否認した。James 判事（控訴院判事）は、subrogation の原則を契約上の黙示条項ととらえることが妥当として、本件のような企業取引の背景においてかかる subrogation の権利は契約上排除されていたと考えることが妥当であるとして、Cameron の権利行使を否認した。他方、Stamp 判事（控訴院判事）は、subrogation の権利は損害てん補の契約そのものから生ずるものであって、それについての黙示的な合意から生じるものではないとした上で、事案からこの権利が黙示的に排除されていたとはいえないとし、また、subrogation の権利を行使することが衡平の理にかなうか否かは訴訟上、争点になってはなくここで審理すべき問題ではないとして、控訴棄却の結論を下した。

　本事件は、保険契約上の subrogation が争点となった事例ではなく、清掃契約上の損害てん補条項が問題となった事件である。しかし、保険契約における subrogation の原則と同次元でその本質が検討された事件である。本件では、結論としては、控訴が認められて清掃者の subrogation の権利は否定された。しかし、上にみるようにその結論に至る理由は分かれており、そのレイシオ・デシデンダイ（*ratio decidendi*）をいかにとらえるかが難しい判例である。subrogation の原則の根拠については、3名の控訴院裁判官のうち、James 判事のみが黙示条項説に対して賛同を示したにすぎなかった。

　Diplock 判事が提唱した黙示条項説は、その後、同判事が上院の裁判官になった以降、上院においても提唱されることとなる。*Hobbs* v. *Marlowe*[174]において、Diplock 卿は、保険者が subrogation の権利を実行するために被保険者にその名義を貸すことを強いるためにエクイティの助けを得たとしても、subrogation の原則の根拠は契約の黙示条項に求められると述べ[175]、また *Orakpo* v. *Manson Investments Ltd.* では、subrogation の源は契約にあるとして次のとおり述べている[176]。

174　[1978] A. C. 16.
175　Ibid., at 39.
176　[1978] A. C. 95 at 104. 訳文は筆者による。

「イギリス法において認知される不当利得の一般法理は存在しない。(中略) subrogation は、イギリス法において複数の概念を包含している。これは、権利がそこから移るところの人の譲渡（assignment）や同意（assent）によらない、ある人から他の人へ権利の移転を説明する便利な方法であり、それは、大きく異なる様々な状況において、法によって（by operation of law）生じる。subrogation の権利のうち、保険契約の場合のように、その源が契約に帰せられるものもある。契約に基づかない、特定種類の不当利得を防ぐための救済手段としてしか分類できないようなものもある。」

契約上の黙示条項説は、その他、一部の主要な保険法の著作においても支持されていた。MacGillivray & Parkington 8 版（1988年）の著者は、subrogation はそのオリジンとしてはコモン・ローに求めるのが妥当との結論を下していた[177]。また、Arnould 16版の著者も保険証券上の黙示条項とみる説を支持していた[178]。それに対し、黙示条項説について否定する学説として、Derham は、Diplock 卿の結論は判例の裏付けが弱く妥当でなく、subrogation はエクイティ上の原則であると主張していた[179]。

このように subrogation の根拠をめぐっては、伝統的にはエクイティに根拠を求める説が中心であったところ、具体的事件のなかで異なる見解が提唱され、上院の Diplock 卿が、契約の黙示条項説の強力な推進者となったのである。しかし、その何れの説が妥当であるかは解決されない問題として残った。

---

[177]　M. Parkington, et al., *MacGillivray & Parkington on Insurance Law*, 8th ed., London, 1988, pp. 481-485. なお、その後の改訂版においては、上院判決を踏まえたうえで、subrogation は、コモン・ローを基礎としてその後にエクイティが補助して形成されたとの議論を展開しているが、subrogation の源は、コモン・ローの原則であるという基本認識は変えていない（MacGillivray, 12th ed., supra note 115, pp. 694-700, 特に p. 698）。

[178]　ただし、前述したとおり、この問題は海上保険においては完全にアカデミックな問題として議論されていない。したがって、なぜ黙示条項説を支持するかその理由も示されていなかった（M. J. Mustill, et al., *Arnould's Law of Marine Insurance and Average*, 16th ed., London, 1981, p. 1079 note 4.）。その後の18版では、黙示条項説は Napier の上院判決において判決文のなかで一部賛同を得たが、subrogation は黙示条項によるとしても、同判決により、それは回収金に対してエクイティ上の財産的利益を生み出すことが明らかになったので、黙示条項かエクイティかの議論は、完全にアカデミックな問題となったとする（Arnould, 18th ed., supra note 115, p. 1629）。

[179]　Derham, supra note 151, Chap. 1. なお、Derham は、abandonment についてはコモン・ロー上の原理とする。

その後この問題は、Diplock 卿が上院の裁判官を退いた以降の事件において、また再び上院の裁判官により検討されることとなる。保険者の有する subrogation の権利の法的性格が直接の争点となり、subrogation の法律根拠について改めて上院で検討されることになった。

(b) **Napier and Ettrick 事件の上院判決とその意義**　この事件は、ロイズにおける巨額の損失を背景になされた訴訟である。ロイズの Outhwaite Syndicate に属する246のネーム（names）は、ネームが被った損失はシンジケートのマネージング・エージェントとメンバーズ・エージェントの保険契約引受上の過失によるとして、これらに対して損害賠償請求訴訟を提起した。この請求については示談が成立し、示談金が原告側の弁護士に支払われた。一方、ネームはストップ・ロス保険（stop-loss insurance）[180]を付けていてネームの損失の一部はそれによりてん補されていた。*Lord Napier and Ettrick* v. *Hunter*[181]では、弁護士が受け取った示談金から保険者[182]は直接回収金を得られるのか、また、保険者はいくら回収できるのかが問題となった[183]。

この事件では、保険者の subrogation の権利の法的位置付け、換言すれば保険者が回収金に対してどのような権利を持つのか（第1の争点）と被保険者と保険者間の回収金の配分（第2の争点）が問題となり、その問題を判断する上で subrogation の根拠が重要なポイントとして検討されることとなった。

まず、第2の争点は、レイヤー（引き受ける賠償責任額の範囲を示す層）に分かれている賠償責任保険間における回収金の分配方法の問題である。上院では、レイヤー毎の保険者間での比例分担ではなく、高い賠償額を負担するレイヤーから順

180　木村栄一監修『英独仏和　保険用語辞典』〔改訂第3版〕（保険研究所、1991年）によれば、stop loss reinsurance は次のように説明されている。「ストップ・ロス再保険。超過損害率再保険（元受保険者がある営業年度中に引き受けた全契約につき、または特定の契約群につき支払った損害がこれに対応する元受保険料に対する一定の割合（（保有損害率））を超したとき、その超過部分を所定限度額までてん補する再保険）」。その具体的内容については、大谷光彦監修　トーア再保険株式会社編著『再保険　その理論と実務〔改訂版〕』（日経BPコンサルティング、2011年）299頁参照。この保険は、ネームを被保険者とする再保険であるが、本書では、単に保険として記述する。

181　上院の判決については、以下参照。*Lord Napier and Ettrick* v. *Hunter* [1993] 1 A. C. 713 (H. L.); *Lord Napier and Ettrick* v. *Kershaw Ltd.* [1993] 1 Ll. L. Rep. 197. 第一審と控訴院の判決については、*Lord Napier and Ettrick* v. *Kershaw Ltd.* [1993] 1 Ll. L. Rep. 10 参照。

182　ネームは保険者であるので、ここでの保険者は再保険者にあたる。

183　本事件は、もともとは回収金がロイズ保険料信託基金証書（Lloyd's Premium Trust Deeds）の対象となるかについて訴訟となったものであるが、その点は、第一審で解決した。審理の過程で上述の争点が生じ、それらは上院まで持ち込まれることとなった。

に回収金を分配する方式（top down basis）が妥当であると判示された。その理由としては、先に賠償金を回収して後から保険金を受ける場合と保険金が支払われた後に賠償金を回収した場合とで、受け取る金額に相違が生じることは適切でないことが挙げられている[184]。この争点では、損害てん補方式の給付において、保険金と賠償金の支払いの順序で額が変わることは適切でないという考え方に重きが置かれていることに注目される。

第1の争点は、subrogation の根拠に関するものである。それがどのように整理されたのか、以下に詳しくみておく。

まず、第一審の Saville 判事は、保険者は回収金に対して実体的利益（actual interest）又はエクイティ上の未確定財産的利益（contingent equitable proprietary interest）は有さず、保険者は回収金が個々のネームに分配される前に権利を主張することはできないと判決して、subrogation の存在理由について次のように説明した[185]。

「subrogation の基にある理念及びその理由は、損害以上の支払いをしないことを賠償者と契約の相手方との間において確かにするために、賠償者は、支払うべき又は既に支払った金額を調整する権利をその契約上、有するということである。要するに、subrogation は損害てん補契約において超過支払いを回避又は回復する権利であり、これはこのような契約の性格及び目的から黙示的（implicidly）に生まれてくるものである。」

Saville 判事のこの見解は、Diplock 卿の黙示条項説に立つものであるが、subrogation の権利を損害てん補を確保するための調整の権利（right of adjustment）と称しているところにその本質が示されているように思われる。このように Saville 判事は、subrogation の権利をコモン・ロー上の権利に求め、subrogation の権利は被保険者に対する超過支払額部分の返還請求として、保険者は回収金に対して直接の権利は持たないと判決した。また、同様の理由から、回収金

---

184 この方式を一部保険や免責控除の場合にも適用すれば、保険者優先主義となり、問題があるとされる（Arnould, 18th ed., supra note 115, pp. 1672-1678）。本判例は、レイヤー方式をとる賠償責任保険間における分配の案件であることに注意が必要である。
185 *Napier Ettrick* v. *Kershaw* [1993] 1 Ll. L. Rep. 10 at 13.

は擬制信託（constructive trust）を形成するとの保険者側の主張についても否定した。

黙示条項説は控訴院においても批判されずに支持された[186]。控訴院では、回収金がネームの代理弁護士に支払われている点で信託の形成が認められるかが検討されたが、信託の擬制は認められないとされた。

本件は上告され、上院は、subrogation の根拠について再吟味したうえで、保険者は第三者からの回収金に対して、エクイティ上の財産的権利（equitable proprietary right）を有するものと判決し、また、ネーム側の弁護士が入手した回収金が支出されないように差止命令（injunction）を認めた[187]。

それでは、上院は、subrogation の法律根拠についてどのように整理し、保険者にエクイティ上の権利を認めたのであろうか。

まず、subrogation の原則については、それをエクイティに求める見解とコモン・ローに求める見解があることを前提に次の見解が示された。Templeman 卿は、18世紀の3つの判例、19世紀の4つの判例を挙げ、subrogation の権利がコモン・ローとエクイティの融合の以前からエクイティ裁判所で認められていたことを示した。Browne-Wilkinson 卿は、その見解に同意し、それを示す決定的な事件として、*White v. Dobinson*[188] を挙げた[189]。Goff of Chieveley 卿[190]は、Browne-Wilkinson 卿の見解に同意し、Diplock 卿が黙示条項説を打ち出した *Yorkshire Insurance Co. Ltd. v. Nisbet Shipping Co. Ltd.* ではこの判例が引用されていないことを示した[191]。その他2人の裁判官もこれらの見解に同意した。

このように上院の裁判官は、subrogation がエクイティ裁判所で古くから認められてきたことを示して、subrogation をもっぱらコモン・ロー上の権利とする見解は歴史的に妥当でない点を示した。

186　Ibid., at 19.
187　この判決を理解するうえで無視できない背景として、本件では、246のネームが関係し、イギリス国外のネームも存在していた。もし、コモン・ロー上の不当利得金返還請求しか認められないとすると、保険者は、数多くのネームに対して個別に返還請求の訴訟をしなければならず、回収が確定するのに長い期間がかかり、その間、ネームの倒産のリスクなども考えられること、また、ネームはその判決が確定する間、回収金のキャッシュフローに預かりたいとしていたことなどが背景にある。この辺の事情は、上院の判決の中でも触れられている。Ibid., at 204 per Lord Templeman.
188　(1844) 14 Sim. 273.
189　[1993] 1 Ll. L. Rep. 197 at 213.
190　Goff of Chieveley 卿は、Goff & Jones, supra note 108 の著者。ただし、同第4版以降の版はもっぱら Jones 教授の改訂である。
191　[1993] 1 Ll. L. Rep. 197 at 208.

その一方、上院の裁判官は、subrogation の権利は契約に具現化又は黙示されることも認め、subrogation の原則はエクイティ上の原則であるとともにコモン・ロー上の原則でもあるという見解を示した。Goff of Chieveley 卿は、subrogation の権利がエクイティ上、認められるとしたうえで、保険における subrogation の原則は契約関係から生ずるところに特徴があることも認めた。その上で、subrogation の目的が契約に織り込まれた損害てん補の原則を達成するためのものであったとしても、そのことがエクイティ上に認められる財産的権利を排除することにはならず、エクイティ上の財産的権利と保険契約上の人的権利義務との間に矛盾は生じないとした[192]。Templeman 卿は、subrogation の原則に含まれる様々な権利義務について述べて、これらの権利義務が契約上の約束であっても、契約上の約束がエクイティ上の利益（equitable interest）を作り出すことも有り得るものと述べた[193]。更に、Browne-Wilkinson 卿は、被保険者は損害額を超える金額を入手すればそれを保険者に戻すことの黙示条項が保険契約上に存在し、その金額に対して保険者はエクイティ上の権利を行使でき、また同時にその金額を回収するために保険者は被保険者に対してコモン・ロー上の不当利得金返還請求権を行使できるとした[194]。

上院の裁判官は、subrogation の原則と保険者の権利の法的性格をこのようにとらえた上で、保険金を支払った保険者は回収金に対して財産的利益（proprietary interest）を持ち、この利益により保険者は回収金に対してエクイティ上のリーエン又はチャージ（equitable lien or charge）を有するものと判決した。そして回収金が被保険者の代理人の口座から流出しないように差止命令（injunction）も認めた。

回収金について擬制信託（constructive trust）が形成されるかについては、信託は管財人に対して厳しい責任を課すものであり、保険者の利益を保護する上で商業上望ましくもないし必要でもないとして、信託の形成を認めることは妥当でないとした。

なお、Goff of Chieveley 卿は、更に一歩進んで、保険者は回収金について財産

---

[192] むしろ、コモン・ローとエクイティの2つの流れをいかに調和させていくのが今日課された課題であるとの見解を示した。[1993] 1 Ll. L. Rep. 197 at 208.
[193] Ibid., at 203.
[194] Ibid., at 214.

的権利を有するだけでなく、訴権（right of action）に対しても財産的権利を有するると考えてもよいのでないかと述べたが、その点は本件では争点ではないので今後の研究課題としたい、と傍論を述べた[195]。Browne-Wilkinson 卿と Templeman 卿はこの問題について触れ、この点は本件の争点ではなく判決を下す問題ではないことを述べた。

このように Napier and Ettrick 事件においては、subrogation の権利が問題となり、保険者にエクイティ上の権利が認められた。それでは、この判決から、subrogation の原理をめぐる2つの対立する学説は、結局どのように整理されたものといえるだろうか。

まず、subrogation を契約上の黙示条項に求め、保険者の権利をコモン・ロー上の不当利得金の返還請求とみる考え方は、沿革的にも妥当でないことが示された。この原則はエクイティに起源を持つことが明らかになった。しかし、その一方、裁判官は、この原則が保険の契約から生み出されてくること、実際上はしばしば契約上の規定に含まれていることについても指摘し、コモン・ロー上の原則でもあることを認めた。したがって、上院は2つの対立する考え方に対し、subrogation はコモン・ローとエクイティの両方に基づく原則であるといった整理をしたものといえる。

本判決の意義を考えた場合、本件は回収金に対して保険者がどのような法的権利を持つかという点を明らかにしたもので、先例としての効力も直接的にはそれに限定される。本判決によって、subrogation の権利を損害てん補契約の黙示条項から生まれるものとしてコモン・ロー上の不当利得金返還請求に限定してとらえることは誤りであることは明らかになったが、しかし「原則としての subrogation」を契約の黙示条項に求める考え方自体が本判決によって完全に否定されたのかどうかについてははっきりしないように思われる。そして、こうした不明確さが残る背景には、前章で考察したイギリス法における subrogation の概念の不明確があるように思われる。

（3）請求権代位の対象：対応原則と利息の扱い

次に、日本法において論点として示した請求権代位の対象の問題について、イ

---

[195] このことが認められれば、更に一歩、subrogation は権利の移転に近づくことになり、日本法の立場に接近するものと考えられる。

ギリス法上の扱いについても見ておく[196]。

① 対応原則

ドイツの学説であり、またわが国でも適合するものとして理解されている「対応原則」については、イギリスの文献をみる限りは、それにあたる用語は特に見られない。そこで、そのような原則が存在するかについて考えてみたい。

MIA は、代位の対象については、「保険の目的物自体についておよび保険の目的物に関して被保険者の有する一切の権利および救済手段」として、その時点は、保険金の支払時ではなく、「損害を引起した災害の時から」(as from the time of the casualty causing the loss) と規定する[197]。また、分損の場合には、「損害に対する支払によって、この法律に従って被保険者が損害てん補を受けた限度において」(in so far as the assured has been indemnified, according to this Act, by such payment for the loss) という限度も規定されている。MIA は、「一切の」権利及び救済手段に代位すると規定するので、日本法において理解されている対応原則に相当する考え方がイギリスに存在するかどうかについて疑問が生じるかもしれない。

イギリス法においては、先に代位の概念のパートで確認したとおり、請求権代位により、債権自体が保険者に移転することはない[198]。第三者に対する請求権は被保険者に残り、訴権は保険金受領後も被保険者が有する。保険者は、被保険者が第三者から回収した金銭が、保険者が損害てん補した対象たる損害を減ずるものであれば、それを取得することが認められ、また第三者から回収を得るために被保険者の名前で第三者に対して訴えを提起して訴訟をコントロールすることが認められている。したがって、代位権は、被保険者が自ら、又はその名義において、回収した金銭について、保険者がてん補した損害に対するものを被保険者から保険者が回収するものであるので、回収する対象は保険金を支払った対象損害となる。すなわち、代位は、損害てん補の論理的な帰結とされていることから、

---

196 この点については、拙稿・前掲注1)「請求権代位により保険者が取得する権利——保険者は保険給付により被保険者の損害賠償請求権に係る遅延損害金請求権に代位するか——」で詳しく論じたので、ここではイギリス法についての概要のみを記す。
197 わが国保険法には、MIA におけるような代位の時点を示す規定がない。そこで、保険金を支払った時点において被保険者が有する債権に代位するのか、被保険者が事故時に取得する債権に代位するのかは条文からははっきりしないように考えられる。
198 請求権自体を移転させるためには、譲渡（assignment）が必要となる。

対応原則は当然の前提となっていると考えられる[199]。

イギリスの文献をみると、代位権の対象は保険者が支払った対象の損害を軽減させるもののみであると解説されている[200]。これは、対応の原則と同じ考えといえる。また、このことに関連して、第三者からの支払いが任意でなされた場合に代位の対象となるかが問題となりうるが、判例では、その支払いが保険で支払った損害を軽減するものであるかどうかという点から代位の対象となるかが判断されている[201]。そなわち、支払いと損害の対応関係をもとにして、保険で支払った損害を軽減させる支払いであれば、その支払いが義務に基づくかどうかに関係なく、代位の対象となると判断している。これらからわかるように、イギリス法においては、代位は損害てん補の論理的な帰結となっていて、そのことに整合的となるように、代位の対象も判断されている。

② 利息の扱い

保険者は、自己が支払った金額を限度として代位する。その結果、特殊な例とはなるが、被保険者が第三者から損害額以上の回収を得た場合には、被保険者は損害額以上の回収を得られる場合が生じる。イギリス法では、そのような場合でも、保険者の権利は支払額を限度とし、被保険者に余剰が生じても許容されるとしている[202]。

保険者の代位権は、支払額が限度であるが、その例外として利息（interest）がある[203]。わが国では、対応原則の下、自動車保険の人身傷害保険の事例において、被保険者の損害に対する遅延損害金に対しては、保険者の代位権を否定した最高裁判例があることは先に示したが、それとの比較をする上で、以下に、イギリス法の下での代位における損害に対する利息（遅延利息）の扱いについて見ておく。

---

199 対応原則という概念や用語自体がイギリスに存在しないのは、それが当然であるからかもしれない。
200 Goff & Jones, supra note 108, p. 155.
201 Ibid., p. 155. その判例として、*Stearns* v. *Village Main Reef Gold Mining Co.* (1905) 10 Com. Cas. 89. では、控訴院は、法的な義務を伴わない支払いであっても、その支払いは被保険者の損害を軽減させるものであるのであれば、保険者の代位権の対象であると判決した。第三者からの給付が代位の対象となるかについてのイギリス法の立場については、拙稿「損害保険における損害てん補の意味──英国高等法院判決 *The Wind Star* が提起する問題──」海事法研究会誌132号1頁（1996年）特に、4頁参照。
202 Goff & Jones, supra note 108, p. 156.
203 Ibid.

まず、イギリスでは、コモン・ロー上は、賠償請求における利息 (interest[204]) は、契約上の約定がない場合には認められていなかったが、特定分野の債権についての利息は制定法上の利息 (statutory interest) として義務化され、また、裁判官の裁量による利息 (discretionary interest) が認められることとなった[205]。前者の例として、契約法の分野では、1998年商事債務支払遅延 (利息) 法 (Late Payments of Commercial Debts (Interest) Act 1998) に基づき、商人間の物品役務供給契約において利息の付与が義務化されている[206]。また、不法行為分野の例として、1981年最高法院法 (Senior Courts Act 1981)[207] s. 35A により、回収額が200ポンドを超える人身損害の場合には、利息を付すことが適当でないと考える特別の理由がない限りは、利息の支払いが法律上の義務となっていること[208]をあげることができる。裁判所の裁量権による利息の付与は、1833年に遡るもので、現在は、1981年最高法院法 s. 35A に根拠規定がある[209]。裁判官による裁量の場合、利息付与の要否、対象期間、利率は、損害賠償の債権の性質や経済情勢などをもとに個別に判断される事項となる[210]。裁定は、例えば、市中の銀行金利＋1％というような形で示される[211]。

イギリスにおいて、請求権代位の局面における遅延利息の扱いが直接の争点となった事件として、*H. Cousins & Co. Ltd.* v. *D. C. Carriers Ltd.* 事件[212] (控訴院判決。以下、H. Cousins 事件と称する。) がある[213]。本事件は、遅延利息に関する先例として、保険法の多くの文献で紹介されており[214]、また、その判旨に対して研究

204　イギリスでは、interest と称されている (interest on damages、interest on debt という場合もある。)。わが国の遅延損害金に対応するものであるが、本稿において、interest の訳は、「遅延利息」又は単に「利息」としておく。
205　E. Peel, *Treitel The Law of Contract*, 12th ed., London, 2010, p. 1069.
206　Ibid., p. 1070.
207　旧名は Supreme Court Act 1981.
208　W. V. H. Rogers, *Winfield and Jolowicz on Tort*, 18th ed., London, 2010, p. 1060.
209　Peel, supra note 205, pp. 1070-1071.
210　Clarke, supra note 140, p. 957. Supreme Court Act 1981, s. 35A (1)。仲裁の場合には、仲裁人の裁量権となる (1996年仲裁法 (Arbitration Act 1996) 49条)。
211　Clarke, supra note 140, p. 957.
212　[1971] 2 Q. B. 230.
213　その後の事件として、*Metal Box Ltd.* v. *Currys Ltd.* [1988] 1 All England Rep. 341.
214　保険法一般の文献における同判決の理解として、Clarke, supra note 140, p. 988; MacGillivray, 12th ed., supra note 115, p. 706; Colinvaux, 9th ed., supra note 115, p. 507。海上保険に関する文献における理解として、Arnould, 18th ed., supra note 115, p. 1640; J. Dunt, *Marine Cargo Insurance*, London, 2009, pp. 339-340.

者からの批判も特に見当たらないので、イギリス法における扱いとして理解できるものである。

　同事件の概要は、以下のとおりである。原告の輸入者は、香港からロンドン経由スコットランドまで、衣類と靴の輸入品に貨物海上保険を付けた。貨物はロンドンに到着後、スコットランドの複数仕向地に向けて陸上輸送された。そのうちの一部は、スコットランドまでの陸上輸送中に1965年12月16日に消失した。原告は、保険請求し、1966年8月11日に保険金が支払われた。1968年6月21日、保険者は被保険者の名前で、貨物の価額（£5191　5s.）と賠償金支払いまでの期間の利息（interest）を支払うよう被告の運送会社を訴えた。1969年11月12日、被告は、裁判所に£3,011　9s. を支払った。これは、運送契約上の賠償の上限額であり、利息は含まないものであった。

　第一審判事は、1934年法改革（雑則）法（Law Reform (Miscellaneous Provisions) Act 1934）3条1項に基づく裁判官の裁量権のもと、1966年1月17日（貨物を引き渡していれば原告がその顧客から代金を受領できていた日）から1966年8月11日（原告が保険者から保険金を全額受領した日）までの期間に対する利息（£121　18s. 10d.）の支払いを運送会社に命じた。

　これに対し、原告（荷主）は、被告（運送人）が裁判所に賠償金を支払った1969年11月12日までの遅延利息が支払われるべきとして控訴した。すなわち、本事件では、損害日から荷主が保険金を受領する日までの期間について、運送人は利息を支払わなければならないことが第一審で判決され、その後の賠償金の支払日までの期間に対する利息も支払われるべきかが争われたものである。

　訴訟においては、(i) MIA79条1項は、代位の対象は「保険の目的物自体について及び保険の目的物に関して」の権限（right）や救済手段（remedy）としているが、利息はそれに当たるか否か、(ii)利息は保険者が保険契約上で支払いの対象とした損害を軽減させる金銭には当たらないとして、保険者は、保険者が原告に対して利息を支払う義務を負わない限りは、利息に対する代位請求権を有さないか、が争われた。

　控訴院では、荷主は、物の価値の損害に対する賠償を受けても利息に対して請求でき、MIA79条1項における保険の目的物とは貨物を指し、原告が被告に対して訴えた貨物の損失の賠償請求は保険の目的物についての請求であり、その請求に対して認められた賠償と利息は、単一の訴訟原因（cause of action）に基づく

単一の判決であること、及び、原告が貨物の損失額と利息の両方に対して訴える権利に代位することができることを理由として、被保険者は、保険者から保険金の支払いを受けるまでの期間に対する利息を保有でき、保険金支払後の期間に対する利息は保険者のものとの判決を下した。被保険者が保険金受領までの期間についての利息を保有できる理由としては、保険契約上の黙示の条件になっていることが挙げられている。

なお、イギリスでは、利息の扱いについては、保険約款において扱いが定められている場合がある。わが国でも利用されているイギリスの船舶保険約款である1983年10月1日付協会期間保険約款（Institute Time Clauses-Hulls 1/10/1983）は[215]、定額控除（deductible）に関する規定のなかで、回収金に含まれる利息の扱いについて、以下のとおり規定している[216,217]。

「12.4　回収金に含まれる利息は、保険者の支払った金額およびこの支払いがなされた日を考慮して、被保険者と保険者との間でこれを配分する。この場合、保険者は利息を合算することによって、支払額以上の金額を受取ることができる。」

本条項は、「支払いがなされた日を考慮して」と記載している点からわかるとおり、上記の H. Cousins の判例に沿って、保険金支払日を起点として利息を配分することを示している。また、被保険者が負担する控除の適用において、利息について、保険者は支払額を超えても受け取ることができることを定めていることにも注目される。

一方、貨物保険についてのロンドンの協会保険約款（Institute Cargo Clauses[218]）には、回収金における利息の扱いに関する規定は設けられていない。ただし、貨物保険の処理においては、上記の判例が先例として適用されることはいうまでもない。

215　わが国で利用する場合には、準拠法は保険者の責任と決済についてはイギリス法とその慣習、契約の有効性などについては日本法を準拠とする分割指定の準拠法約款を挿入して利用している。
216　以下の訳は、木村栄一＝大谷孝一訳『テンプルマン海上保険――その理論と実際――第6版』（原著書 R. J. Lambeth, *Templeman on Marine Insurance: Its Principles and Practice*, 6th ed., London, 1986)（損害保険事業総合研究所、1991年）による。その解説として、同書633頁、松島恵『船舶保険約款研究』（成文堂、1994年）252頁以下参照。
217　その後の改定約款（1995年11月1日付）でも本条項については改定されていない。
218　最新のものは2009年1月1日付約款であるが、それ以前の約款でも記載されていない。

（4）イギリス法からの示唆

　以上、イギリスにおける代位の概念と法律根拠を確認し、代位の対象の問題として、対応原則と遅延利息の問題を取り上げて、イギリス法の内容を確認した。イギリスとわが国とは、手続法を含めて異なる法制度をとるため、単純な比較はできないが、逆に、それゆえに、わが国の法の理論を考える上で、イギリス法の研究が示唆を与えてくれるように考えられる。以下に、示唆を受ける点を挙げてみたい[219]。

① subrogation の概念

　まず、イギリス法における代位の概念である。一般に、subrogation という用語がそれに対応すると考えられ、本章では、subrogation という言葉が日本語の保険代位とどのように対応するのか、subrogation の法律概念について考察した。イギリスにおける subrogation は、保険に限られる法制度ではない。そのために、種々の場合に認められる subrogation の本質をいかに統一的に理解し、その一方で、それぞれの事情においていかに適切に適用させていくかという要請があり、その点が研究されていることをみた。そして、この subrogation の本質は、"step into the shoes" という英語で表記されるように、権利自体が移転するのではなく、その人の立場に立って利益を享受する制度となっている。

　それでは、わが国における代位又は保険代位という概念は、このイギリスの subrogation の概念に照らしてどのように理解されるであろうか[220]。保険法では、「所有権その他の物権について当然に被保険者に代位する」(24条)、「債権について当然に被保険者に代位する」(25条) という表現が利用されている。そこには、「代位する」という法律概念が存在する。一方、改正前商法においては、残存物代位（661条）及び請求権代位（662条）の条文では、「権利ヲ取得ス」との文言となっていた。改正前商法における権利の取得とは、権利の移転を意味するものと理解され、その点は、保険法においても同じものとして、法律内容の変更はなされていないものと理解されている。しかしながら、「代位する」と「権利

219　ここでは、イギリス法から示唆を受けた各種の点を全て示している。したがって、そのすべてを本書の最終考察に利用するものではない。今後の研究課題とする点も含まれる。
220　例えば、保険法の「代位する」という条文を、英語に翻訳する場合に、subrogate という英語を使えば、イギリス法の用法と異なり、イギリス法からみると誤解が生じる。日本法の代位をイギリスで紹介する場合にその法的効果を伝えるうえでは、acquire とか take over という用語を利用すべきかもしれない。

ヲ取得ス」は、全く同じ法律概念として理解してよいのだろうか。保険法の「代位する」という文言は、民法422条（損害賠償による代位）と同じ表現となっている。形式的には、保険法における代位の法的概念と民法422条における代位の概念とを統一的に理解していく方向に進んだとみることができるが、はたして、両者の法的概念は同じといえるのだろうか。

イギリス法における subrogation の概念に対する研究に照らすと、わが国においても、代位という法的概念をいかに理解するか、更に研究する意義はあるように考えられる。

② 権利自体が移転しないことが特徴である点

イギリス法から示唆される点として、subrogation は、物権や債権が法的効果として自動的に移転する制度ではなく、そこに特徴があることである。全損における残存物代位の場合は、保険者が物権の取得を合意してはじめて移転が生じる。債権の場合においても債権自体は移転しない。権利が移転する制度をとるわが国などの法制度から見ると、この点は、イギリス法の特殊性として認識できる。債権の当事者を変動させないことは、イギリス法における訴権や訴訟手続きの問題も絡んでいるものと考えられ、その点の特殊性から生じている面があるかもしれない。

イギリス法では、損害てん補の論理的必然として代位を位置付けているが、確かに、損害てん補としての給付を確保するという点からは、被保険者の権利を保険者に移転しない方式であっても、その目的を実現できるといえる。しかし、Napier 事件判決で見たとおり、第三者の賠償責任が確定して被保険者に回収金が支払われるまでには相当の時間がかかる場合があり、その間に、被保険者の倒産や被保険者の海外移転などの状況が生じて保険者の権利が不安定になる場合がある。こうした問題点を克服するために、イギリスでは、代位権にエクイティ上の財産的利益を認め、それを根拠にエクイティ上のリーエンやチャージを認めることになり、更に、裁判官によっては訴権自体に財産的権利を認める方向の見解まで示している。このようにして、権利が移転しない制度の問題点を克服しようとしている。

このようなイギリスの状況から、移転しない方式の問題点を十分に理解することができる。一方、イギリス法から見た場合、日本では、保険法の規定に基づき、保険者は「当然に代位する」ことになるが、条文には権利が移転するとは記

されているわけではなく、この規定からなぜ権利自体の移転が生じるのか、その理論が問われるものといえる。

③ doctrine of subrogation の本質

イギリスでは、doctrine of subrogation という場合には、損害てん補の変則状態を是正するための各種方法が、この原則の下で説明されている。そこでは、保険金の前に賠償金が支払われた場合との比較もなされ、賠償金支払いの先後で、てん補の状況に変動が生じることがないように整合的な適用が図られている。その結果、第三者の賠償が義務に基づくものでない場合であっても、その支払いが保険でてん補する損害を減じるためのものであるのならば、それに対しても保険者の代位が認められている。その結果、doctrine of subrogation という場合には、その内容が損害てん補原則にきわめて近い意味になる。

それでは、日本法における代位の法理の射程範囲はどこまでであろうか。例えば、保険金の前に賠償金が支払われた場合、保険会社は差額について責任を負うのか、賠償金に対して代位権を取得するのか、また、その法理は、どこから導かれであろうか。また、義務に基づかずなされた支払いによって被保険者の損害が減少する場合に、日本法においては、どのように考えることになるか。

④ 代位の法源

イギリスでは、代位の法源を巡って、それがコモン・ローによるのか、エクイティによるのかで争いとなり、貴族院まで持ち込まれた。法源を巡る争いはイギリス法に特有の問題といえ、この議論は、直接的には、わが国には当てはまらない。しかし、この問題は、代位という権利の本質が、契約の中から生まれてくるのか、保険者が損害てん補すべき額を超えて給付した状況から生じてくるのかなどを探求していく議論であり、本質の探究として学問的に興味深い議論である。わが国では、保険法に基づいて代位権が生じ、そこに法源が存在するが、保険法が適用されない契約類型においては類似の状況において権利が発生するか、発生するとすればその根拠は契約の本質からか、超過給付の状態からかなど、民法における賠償者の代位の制度との関係を含めて、興味がもたれる[221]。

⑤ 保険者の権利としての代位

代位の本質を巡るイギリスの議論において注目したいのは、代位は、保険者の

---

221 この論点は、民法422条の研究にも広がっていくが、本書の射程範囲を超えるために、本書では問題提起のみとしてそれ以上の議論はしない。将来の課題としたい。

権利（right of subrogation）の問題として議論されている点である。すなわち、損害てん補契約は被保険者の損害をてん補するものであるので、代位は、これを超える給付状態に対して認められる保険者の法的権利の問題として議論されている。代位は、保険者の権利の問題であるから、保険者と被保険者（assured）の保険契約の当事者間の権利義務の問題として理解されている。代位権を不当利得から説明する学説においても、保険者が払いすぎたことになる金銭を不当利得として保険者が取り戻す権利として議論されているのである。

このように、イギリスでは、代位は、保険当事者間の損害てん補義務に伴う調整の権利として整理されて、代位をあくまで保険契約上の権利の問題として捉えている。よって、代位権の根拠についても、またその適用においても、被保険者の重畳的給付状態における利益調整や第三者の免責阻止といったことは議論されない。

一方、わが国では、代位は、保険者、被保険者、債務者という3者間の権利義務の調整システムとして理解され、それゆえ、3者の関係をいかに説明するかが問題になっている。しかし、代位の本質を、このように3つの当事者の権利義務関係の複合構造としてとらえる必要があるのかは、吟味する余地があるように考えられる。保険給付が、他の制度に結果的に影響を与えることはあるとしても、保険契約上の規律や法理論のなかに、保険契約外の権利義務にかかわる事項を織り込むことがはたして適切なのであろうか。

⑥ 代位と利得禁止

イギリスでは、代位は、保険契約における損害てん補という方式から逸脱する状態が生じた場合にはみ出した部分を調整する保険者の権利として議論されている。そこでは、被保険者の利得禁止といった考え方から代位を導く考え方は見られない。重複給付を不当利得としてみる議論も、保険者が支払うべきもの以上を支払っていることに対して、不当利得として、保険者がその超過部分に対して権利を有するという議論である。

利得禁止を根拠としては利用しないイギリス法から示唆されることは、わが国で、請求権代位を利得禁止から説明する場合、そもそも何に対して利得として認識するものか、なぜその利得が禁止されるのか、そのような利得禁止を導く禁止原則は存在するのか、利得禁止から代位を説明する場合に利得を排除するためにそれを取得するのがなぜ保険者になるのか、利得禁止が命題であれば、仮に第三

者が被保険者の損害額以上を支払った場合に被保険者は余剰を取得することは禁止されることになるのかなど、いろいろと疑問が出てくる。そして、これらの疑問から、代位とは、厳密に見たうえでは、はたして利得禁止を根拠として理解すべき制度であるのか、むしろ損害てん補原則を貫くための調整制度として理解することが適切ではないか、という問題意識が出てくる。

⑦ 第三者の免責阻止

イギリスの代位権の根拠を巡る議論においては、第三者の免責阻止という考え方も利用されていない。訴権が移転しない制度であるから当然かもしれないが、保険契約上の関係は、保険者と保険契約者（被保険者）間の問題であるので、保険制度における規範（損害てん補）によって、別の制度（加害者の賠償義務）の内容に干渉することは、理論的に見て妥当といえるだろうか。賠償義務者の責任を免じるかどうかの問題は、賠償法において考察されるべき問題であるように考えられる。イギリス法では、代位権の問題は、あくまで保険制度における保険者の権利の問題として議論されているので、保険給付が他の制度における権利義務に変動を与える考え方はとられていない。賠償義務者は保険の存在にかかわらずに賠償の義務を負い、それゆえ代位制度を利用して保険給付の調整がなされるのである。

こうして考えると、わが国の学説において、代位の根拠としてしばしば挙げられている第三者の免責阻止は、はたして、代位制度の理論的根拠になりうるのかについて、再度、吟味が必要であるように考えられるのである。

⑧ 代位権の対象

イギリスでは、対応原則にあたる用語は見当たらないが、損害てん補の対象が代位の対象として認識されているので、対応原則は当然の前提となっている。また、遅延利息の扱いについては、イギリスでは、遅延利息は債務の遅滞責任発生日から賠償金の支払いまでの期間に対して与えられるが、保険金支払日を分岐点として、それまでは被保険者、それ以降は保険者が受領できることの判断が示され、それが判例法となっている。すなわち、遅延利息は、損害てん補した対象損害についてのものであるから、損害てん補としての保険金を支払った後は、保険者が遅延利息を取得することが示されていて、対応原則の考え方が一貫している。

その点、わが国では、損害の元本と遅延損害を別の損害項目として分離して代

位を適用する最高裁判例がでているが、その判例をもとにすると、そもそもわが国の損害保険における損害てん補における損害とは何なのか、遅延損害金とは一体何に対する遅延利息であるのかなど、疑問が出てくるように思われる。保険でてん補する損害と損害賠償における対象損害が一致する場合には、イギリス法と同じように、その損害をてん補した以降の遅延損害金は、保険者が取得することが妥当であるように考えられる。そうすると、問題は、遅延損害金とは何に対して発生し、保険でてん補する対象は何かという問題になる。遅延損害金を巡る最高裁判決は、自動車保険の人身傷害損害保険金についてのものであるので、人の損害についての判例として、海上保険などの物・財産の保険における代位については適合するか疑問がもたれる。

6．請求権代位の趣旨に関する考察

以上、わが国、PEICL及びイギリス法について見てきたので、それらから得た問題意識を材料に、本章のテーマである請求権代位の趣旨について考察する。

（1）利得の意味

わが国における通説は、請求権代位を利得禁止又は利得防止から説明することはすでにみたとおりである。それでは、請求権代位の局面において「利得」とは、具体的に何を指すのであろうか[222]。

まず、最初の疑問として、保険契約の議論において利得という言葉を使う場合に、次の2つがどのように区別されているのかがよくわからない場合がある。まず、損害額を超える給付を受けた場合の損害額を超えた給付部分を利得という場合で、一般的には、これが「利得」という場合にイメージする利得の概念ではないかと考えられる。しかし、現実の代位制度の適用局面を観察すると、保険者は

---

[222] 山本哲生教授は、アメリカ法における代位に関連して、代位の根拠とされる利得には次の2種類、すなわち、同一の損害につき2度補償を受ける（交渉して約束以上のものを取得する）という不当利得（重複補償の不当利得）と損害額以上の利得を得ること（利益）、があることを指摘する（山本・前掲注7）57巻5号85頁）。これは大変示唆に富む指摘と考えられる。以下の筆者の議論は、この考え方に示唆されたものであるが、そもそも異なる制度間で損害概念が同じであるのか、異なる制度間で給付が重複すると言い切れるのか、ということ自体にも疑問を感じており、その前提で議論を展開している。

支払った保険金について第三者に対して代位権をもとに請求する実務が採られており、そのことを前提とすると、代位の局面において利得というのも、同一の損害部分について給付が重なる場合にその重なる部分を指して「利得」と称する場合が多いものと思われる。この2つは、異なる制度間において損害概念が質的・量的に同一である場合、給付が重なった部分は損害額を超えることを意味するので、同一のことを指すこととなる。しかし、異なる制度が関係する場合においては、そもそも制度間で損害概念が同じであるかについて検証が必要である。更に、議論をすすめて、それぞれの制度において給付はその制度の理念に基づいてなされるとすると、たとえ形態的に類似性があったとしても、それらの給付がそもそも重なるものと言いきれるのか疑問がでてくる。

また、「利得」といった概念を持ち出す場合、何をもってその判断の根拠・基準とするのかについても明確ではないように考えられる。この基準についても、種々の議論において同一であるのかはっきりしない場合がある。その基準は、当該経済主体の全体的な経済状態を基準として捉える概念であろうか。あるいは給付の対象となった特定の利益に注目して、その利益に生じた損害との比較で利得を判断するべきであろうか。実際には、当該制度上、その制度において認めるべきでないと考える部分を「利得」と称する場合が多いのではないかと思われる。

もしそうであるとすれば、保険制度において利得として認識できるのは、保険制度としての損害てん補を超える部分か、保険制度として損害てん補する場合に、その対象損害について給付が重なる部分のいずれかを指すにすぎないということになる。

(2) 不当性についての疑問

保険制度として認識される利得は、上記（1）におけるいずれかを指すとすれば、それでは、なぜそれを禁止したり、排除しなければならないかが問題となる。このことを仮に「不当性」の問題と称することとする[223]。

223　洲崎博史教授は、保険法において利得禁止というとき、種々の意味があることを指摘し、保険制度はある種の偶然の出来事の発生の可能性により脅かされている経済生活の不安定に対処することを目的とするものであるからこの制度を通して利得するということはそもそもあるべきでない、という極めて素朴な意味での利得禁止が議論される場合と、損害保険においては実損てん補原則が貫徹されなければならないという意味での利得禁止原則が議論される場合があり、前者を「広義の利得禁止原則」、後者を「狭義の利得禁止原則」と分けて議論され、そのいずれも強行法的原則と

その問いに対する回答として、まず第1に、保険者と被保険者の関係上の均衡から不当性を捉える議論が考えられる。しかし、この議論に対しては、直ちに、それは保険料の調整の問題にすぎないという反論が考えられる。つまり、そのような利得を発生させることを前提とする保険料、換言すれば請求権代位をしない前提の保険料を保険者がもらうのであれば、不当性は排除されることになるからである。本章2（3）②で見たとおり、実際に、追加保険料を徴収のうえ、代位放棄の合意は実務でなされている。すなわち、この意味における不当性の議論は、代位を前提とした保険料をもらっているのであれば、代位権が認められるべきという議論に過ぎないのである。

　第2に、不当性をモラル・ハザード、モラール・ハザードの観点から広く捉える視点が考えられる。重畳的請求を認めることは、モラル・ハザードやモラール・ハザードを生むか増大させるかを検討する必要がある。しかし、保険代位の局面で問題となるのは、第三者による事故であり、被害者のモラル・ハザードの点からの不当性の議論は十分説得力があるか研究者からの批判もあることは、本章3（1）及び（2）ですでにみたとおりである。また、上で述べた単なる重複の場合（すなわち給付の合計が必ずしも総損害額を超えているとは限らない場合において認識する利得概念の場合）には、さらに不当性の議論は弱くなると考えられる。重複てん補は、モラル・ハザードに関係しないとはいえないが、給付に重複する部分が発生する場合に、その重複を直ちに禁止するまでの根拠になるかは疑問がある。

　第3に、このような利得は、保険制度を健全な社会制度として運営していく上で問題があり、好ましくないという制度運営的な視点から不当性を認める議論も考えられる。しかし、ここにいう制度とは保険制度であるから、保険制度において認識される利得は、確かに保険制度上は好ましくないとしても、それを排除するために、他の制度からみたら、あるいは被保険者の全体的な経済状況からみたら、必ずしも不当とは言い切れない場合についてまで、排除が認められるほどの

されている。また、損害賠償によって被害者が利得してはならないという意味における利得禁止原則を「損害賠償法における利得禁止原則」として、保険法における利得禁止原則と区別して議論されている（同・前掲注7）129巻1号2頁）。利得禁止という原則の意味を考える上で、この指摘は大変有益である。しかし、筆者は、利得禁止という場合に、前述したとおり、その利得の意味についてそもそもはっきりしない面があることから、利得禁止原則という中身を、利得と不当性という2つの要素に分けて議論している。

不当性を有するといえるのかは疑問がある。

（3）加害者の免責阻止

つぎに加害者の免責阻止についてであるが、この機能は、保険制度において不可欠の要素であるのか、本来、加害者に対して賠償を求めるかどうかは被害者の選択に委ねてよい問題でないか、といった疑問を筆者はもつ。被害者が保険による給付金を受け取った場合において、（被保険者が）賠償義務者を免責させるかどうか、賠償額を減額すべきであるかどうかは、本質的には賠償法（賠償制度）における問題であって、保険契約法上の問題であるのか、保険契約法において前提として取り入れられなければならない要素であるのか疑問に感じる。つまり、加害者の免責阻止というのは、請求権代位制度が副次的にもつ効果であることは疑いないが、このような機能は保険制度に本質的に要請されるものか疑問がある[224]。

しかし、免責を阻止するという能動的な考え方ではなく、保険給付が、他の制度における義務者の義務に変動を与えることがないようにするというのであれば、その考え方は理解できるのではないだろうか。なぜならば、保険給付は、保険制度におけるものであるので、その給付が保険制度の枠組みの外の制度に対して重大な変動を与えることは適切でないといえるからである。とりわけ、賠償責任などの制度において、加害者の義務は、賠償法における価値判断の領域の問題といえる。よって、重要な点は、保険給付が、他の制度におけるルールを変動させないという点に求められるべきである。

（4）請求権代位制度の本質

さて、以上、請求権代位制度の本質に関係すると考えられる基本的要素について考察したが、この制度は、利得禁止又はその他の規範から演繹的に導くことは難しい制度であるように考えられる[225]。そこで、この制度が機能している状況を押さえながら、制度の本質を考察することとする。

---

[224] これは、請求権代位の趣旨ではなく、実際に行使されたときに初めて達成される効果であり、請求権代位の機能とみるべきという指摘がある（笹本幸祐「保険代位に関する議論の推移と保険法改正」竹濵修＝木下孝治＝新井修司編『保険法改正の論点　中西正明先生喜寿記念論文集』（法律文化社、2009年）169頁）。

[225] それは、この制度の趣旨を巡って種々の学説が展開されることからも明らかである。

① 運営面から見た請求権代位制度の本質

　請求権代位は、実際の運用に着目すれば、個々の事由における利得（損害額を超過するという意味の利得）の発生可能性と必ずしも直接連動して機能しているわけではなく、実際には単なるてん補の重複の場合を含めて適用されているものと認められる。事故によって被保険者が実際にいくらの損害を被ったかという被保険者の財政事情に深入りすることもなく代位がなされる。禁止されるべき利得が発生するかどうかを具体的に調査するということもない[226]。すなわち、保険金を支払えば、その支払金額について保険者は過失ある第三者に賠償請求する手続きがとられている[227]。

　その実態を踏まえれば、この制度は、保険における損害てん補原則のもとで認めてきた損害てん補という考え方をそのとおりに確保するために利用されてきたものと認められ、そこに実際的な機能を見出すべきではないかという考えが出てくる[228]。すなわち、この制度は、保険制度における重複てん補の排除の制度として利用され、また機能しているといえる。

　もちろん重複てん補が認められれば、被保険者が被っている各種の損害の総計を超える場合があり、そのことは、社会的にも望ましいとは言えない。請求権代位は、社会的に適切でない利得を排除するために効果を持つことは疑いない。しかしながら、「保険でてん補する損害」＝「被保険者の財政的損害」という等式は必ずしも常に成立しているわけではない。むしろ物・財産の保険の場合、保険でてん補するのは、その財産上の損害で、てん補の基準は時価が原則である。ほと

---

[226] 保険者が代位権を行使する場合に、その事故によって被保険者が実際にいかなる損害を被ったのかを都度詳しく調査することは、被保険者の企業秘密や家計の財政状況の詳細な調査が必要になるため、実際には難しい。また、モラル事案等の例外を除いて、そのような調査が必要とも考えられない。

[227] 実際問題として、被保険者が事故によってどれだけの損害を被ったかは、単純な物の損害の場合であっても、その全体像を保険者が把握することは容易でない。例えば、貨物保険において、物が全損になった場合、荷主は、その代替品をいくらで手配しているか（保険価額より代替品が安くなる場合も、高くなる場合もある。）、売買契約上、何らかのペナルティを課せられることになったか、そもそも売買契約がキャンセルされたか等々の実態を保険者が把握することは難しいし、またその必要もないであろう。ただし、海上保険では、CIF110％で保険価額を協定している場合が通常であるので、運送人に対する損害賠償請求においては、CIFベースにして行うなどの調整が行われている。

[228] 理念として制度を考えれば、利得という要素は大きな位置を占めようが、実際の制度の適用を観察すれば、必ずしも利得の発生と連動して制度が動いているわけではないように思われる。これは、利得というもの自体が計測し難いこと、それを本当に把握するためには被保険者のプライバシーや企業秘密の領域に入っていかざるをえないことからやむを得ないものと考えられる。

んどの場合、物の損害によって、収益の逸失、追加費用の支出などの損害が生じている。請求権代位は、損害の種類が重なる場合においては、同一の種類の損害部分について重複部分に対する制度とみることができる。それは、対応原則の考え方からも裏付けられる。このように、請求権代位は、保険における損害てん補という方式を一貫して確保するための制度とみることが妥当でないかといえる。

この点は、債務の弁済が保険金支払いの先になる場合における位置付けを考えてみると、更に明らかになるように考えられる。債務の弁済と保険金支払いの前後関係の違いによって、被保険者が受け取る給付の額が変動することは、理論的に適切でない。例えば、損害が100万円で、先に債務（70万円）が弁済された場合に、損害てん補として給付する額が30万円となるのであれば、先に、保険金（100万円）を支払えば、保険者は債権70万円を取得し、30万円のネットの支払いになるというように、整合性が取られるべきである。このことを考えれば、請求権代位は、損害てん補という給付の調整制度として理解できるものである。

このような考え方は、イギリス法から示唆を受けた考え方である。イギリスでは、代位制度自体は損害てん補の論理的必然（corollary）として理解されている。最初に賠償金が支払われてその後に保険金を支払う場合と、保険金を支払った後に賠償金を得る場合とで、すなわち請求の順序によって、被保険者が受け取る額に違い生じることは論理矛盾ということになる。そこに存在する考え方は、損害てん補という給付方式における整合性の確保である。この考え方は、先に述べた代位権の運営の実務にも調和する。

② 保険者が権利を取得する根拠

上記のように考えれば、てん補が重複する部分に対してなぜ保険者に代位権が生じることになるのかも自然に説明できる。すなわち、請求権代位は、損害てん補としての給付を確保するものであるから、損害てん補から、いわばはみ出した給付状態（給付の重複）が生じる場合に、その余分の給付部分に対する回収は、損害てん補の確保として、保険者の当然の権利ということになる。保険者は、損害てん補という方式に対して、対価である保険料を得ている。請求権代位が損害てん補方式の確保にあるとすれば、変則的な事象において金額を調整することも損害てん補の中身そのものであり、そのことを前提として保険料が算定されている。特に、請求権代位による対象となる損害賠償請求権は、法律上の請求権として保険者もそのことを了知している。代位権による回収は、損害てん補という給

付に対する保険料という対価の中にすでに前提として織り込まれているのである。それゆえ、求償権放棄を合意する場合には、その分の保険料が追加的に求められることになるが（本章2（3）②）、このことは、理論的にも整合的といえる。

③ 請求権により権利が保険者に移転する根拠

請求権が重畳的に発生する状況における損害てん補の確保は、イギリス法のように、第三者に対する請求権を被保険者に残したまま調整する方法であっても、実現可能である。それでは、保険法においては、なぜ権利が自動的に移転すると考えることになるか、その理由はどのように説明することができるだろうか。

すでに考察したように、代位は、不当な利得が発生した場合に、そのことを根拠として生じると見ることは適切でないし、また、加害者の免責を阻止するということを根拠として、そこから法的な権利が生まれると考えることも相当でない。本書のこれまでの考察を基にすれば、請求権代位も損害てん補という給付方式の1つとして形成され、また、運営されているといえる。

それでは、損害てん補方式においてなぜ権利移転方式を採用しているのであろうか。損害てん補の確保は、権利を移転させない方式でも可能であるが、その場合、被保険者は保険金受領後も賠償請求権が認められるかという問題が賠償法において生じることになる。そこでは、損益相殺を含めて賠償義務者の法的な義務をいかに考えるかが問題となり、保険金の存在によって賠償法に影響を与えることになる。しかし、保険制度としては、他の制度に影響を与えることなく運営することが望ましいことは明らかである。権利自体をそのまま移転すれば、賠償義務者の法的な義務内容を変更しないですむ。加えて、権利移転方式は、保険者、被保険者という関係者にとって実務上も好都合である。被保険者は、保険金を受領後は損害賠償請求という第三者との法的紛争から基本的には逃れることができる。保険者は、被保険者の倒産等のリスクにさらされないですむ。このように、この方式は、法的安定性や経済的合理性からみても優れた方式といえる。こうした方式は、実務上の利点があり、かつ利得禁止にも沿う。この方式は、一種の交換方式による調整制度とみることができ、その点では、残存物代位や委付の制度との共通点を見い出すことができる。以上のとおり、請求権代位は、利得禁止や免責阻止といった規範自体から直接生じるのでなく、当事者にとって合理的で、かつ社会的にも相当な方式として生み出され、それが定着し、法律もそれをデフォルト・ルールとして示していると理解することが相当と考えられる。

交換方式の合理性は、原理的には、他の国においてもあてはまると考えられるが、イギリスにおいては、訴権や訴訟手続きの問題のために権利の移転方式を採用できず、そのために代位権にエクイティ上のさまざまな救済手段を認め、移転に近い効果が得られるように判例法の深化が進められていると理解することができるように思われる。

④ 請求権代位の強行法性

請求権代位の本質は、損害てん補という方式を確保することにあると理解すれば、損害てん補に柔軟性が認められる範囲で、請求権代位についても任意性が認められてよいことになる。保険法により、約定保険価額は、時価からの著しい超過でない限りは、その拘束力が認められる。それを超える約定は無効となるが、この制限は、強行法的性格のものとして理解されている。その限界が具体的にどこに存在するかは、第7章で詳しく論じたが、一律にパーセントといった数学的比率で求められる事項ではなく、保険の目的物、損害の種類、乖離の実額等によって判定されるべきと考えられる。なぜならば、強行性を導くことができるのは、その水準が社会的に許容できないという点があるからであり、そうであれば、その具体的水準は、なぜその水準が社会的に認められないのか、その根拠に基づいて導かれるべきであるからである。

その場合に基準となるのは、第7章で考察したが、実態としての利得状態といえる。この考え方は、請求権代位の場合にも当てはめることができる。請求権代位の本質を損害てん補の確保として理解すれば、その契約自由の範囲は、損害てん補の契約自由の範囲と同じということになる。よって、保険価額の約定が著しい逸脱として禁止されない範囲内においては、請求権代位の運営についても任意法的性格にあるといえる。例えば、150万円までの約定保険価額が合法的な場合において、保険価額100万円で全損金を支払い、保険者が請求権放棄特約に基づき代位を否定して、仮に、被保険者が総額で30万円の賠償金を入手して、合計130万円を取得するとしても、保険制度としては認められてよいということになる。特に、被保険者が、保険ではてん補されていない他の種類の実損害を被っているような状況においては、更に、請求権代位の任意性が高まるものと考えられる[229]。もっとも、この議論は、保険法の立場からであるので、賠償制度におい

---

229 例えば、物損害100万円、収益や精神損害等の損害が50万円生じたとして、賠償者の資力が30万円しかない場合に、保険者は、20万円（30×100÷150）の回収が認められるか。保険法の観点から

て、どう考えるかという問題は別途存在する。

　以上をまとめれば、請求権代位の制度は、強行法的に禁止される利得を排除することを理由としてそこから導かれる制度ではなく、保険者の代位権も、社会正義とか、衡平といった観点から強力に裏付けられているとはいい難いように考えられる。損害てん補という給付方式を確保するための損害保険制度の1つとして、言い換えれば、損害てん補という保険金の支払方式のセットの1つとして、長年にわたって認めてきた制度といえるのではないかと考えることになる。

⑤ 請求権代位制度が支持されてきた理由

　請求権代位制度は、各国の保険法において共通して認められてきた方式である。この制度が認められてきた理由についても考えてみたい。

　その第1は、第5章で指摘したように、損害てん補という方式自体が社会的な健全性を内包しているので、同一損害の重複てん補の排除は、利得を未然に防ぐ機能を有することである。そこで、請求権代位も、このような機能を発揮する制度として社会的にも支持されてきたものと考えられる。

　第2は、損害てん補という方式の合理性である。禁止されるレベルの利得が被保険者に生じるかどうかは、事実問題であり、個別性があり、その判定のためには、プライバシーや企業秘密に関係する調査が必要となる場合がある。損害てん補は、合理的な基準であり、その基準に従って代位制度を設けることも合理的である。保険者は、被保険者の財政状態の実態の調査などを必要とすることなく、代位請求を定型的にすすめることができるのである。ここに、第5章で述べた損害てん補方式の合理性が存在する。

　第3は、請求権代位の方式は、保険制度外に存在する賠償義務に干渉しないことである。すなわち、賠償等の義務者の義務を軽減させるなどの作用をしないことである。それによって、賠償義務等の制度のことを考えずに、保険制度において、代位制度を運営できることである。

　第4に、上の第3の論点に関係するが、請求権代位は、保険契約における調整の制度であるので、その詳細の取決めや運営、更には、その内容についての変更を、保険制度において、保険契約の当事者間で決められることである。

　　は、契約や約款において、被保険者の損害に対する弁償に優先的に回収金を認める合意は有効と考えてよく、給付の合計額が被保険者の総損害額を超えない以上は、利得禁止原則に反するとはいえないであろう。もっとも賠償法の立場からの考察も必要である。

以上を考えれば、請求権代位方式は、損害てん補方式の社会的妥当性と合理性とともに理解されるものであり、それを保険制度のなかで保険当事者間の権利義務の問題として扱えるからこそ、その有用性が認められるといえる。以上の分析は、請求権代位の本質を損害てん補方式の給付の調整制度としてとらえる本論文の一般理論に整合的である。

⑥ 請求権代位の本質に関する小括

以上をまとめれば、請求権代位制度には、利得の排除という考え方が織り込まれていることは間違いないが、しかし、その要素は損害てん補という方式においてすでに織り込まれているものであって、それとは別に「利得」の禁止といったことを根拠として、この制度が存在するとみることは適当ではないということができる。請求権代位も、損害てん補という方式を確保するための制度であり、損害てん補における基準が自由である範囲において、請求権代位の制度もまた任意性が認められると理解すべきと考える。

請求権代位は、保険においていかなる給付方式をとるか、その具体的な内容に連動してくるものと理解される。その点で、契約においては、給付における基準と代位の適用とで論理的な整合性がとれている必要がある。したがって、イギリス法では、保険における代位は、損害てん補という考えと論理的に整合する形で理解され、また運営されている。本章の結論として、請求権代位は、損害てん補原則を確保するための調整制度として理解し、またその趣旨に基づいて運営されるべき制度として理解し、損害てん補原則に契約自由が認められる範囲で、請求権代位もまた自由度のある制度と理解すべきものと考える。

（5）重複保険との異同

重複保険の本質については、第8章において考察し、特に、第8章6（10）において、重複保険と請求権代位との異同についても考察した。重複保険における保険者の求償権（分担請求権）と請求権代位権は、いずれも同一の事故から複数の債権が発生し、損害てん補のための債権である点で共通する。複数債権の調整として異なるのは、重複保険の場合は、保険金請求権という同じ種類の債権が重なる場合の調整が問題となるが、請求権代位では、保険制度と損害賠償請求権などの保険金請求権以外の債権が重なる場合の調整が問題となる点である。

重複保険では、てん補責任者（保険者）間の関係は並列であるが、それゆえ両

者で分担を行う結果になる。一方、請求権代位の場合には、賠償義務者等に対する債権が一次的な義務として優先される。すなわち、被保険者が先に第三者からの賠償金を取得していれば、それで不足する損害部分について保険者が支払い義務を負うものと解され、先に保険金を支払えば、保険者が債権に代位する。

しかし、この「他の債権における義務の履行が優先される」ということは、必ずしも、保険制度が加害者の免責を阻止するかどうかといった賠償法の世界に介入しているのではなく、保険制度によって他の債権における債務者の立場に影響を与えない方式が保険制度では採られている、と理解することがより適切であるように考えられる。

以上のように理解すれば、重複保険と請求権代位は、両者とも、損害てん補原則を確保する制度であるが、重複保険は保険金請求権という同一制度上の債権間、請求権代位は異なる制度における債権との調整方式であり、異なる制度における債権との重複が生じる場合においては、被保険者が対価を負担して手配した保険契約における給付によって他の制度における債務に変動を生じさせない立場が採られていると理解することができる。そして、この点は、請求権代位に基づく回収が得られる領域の保険においては、理論上、その回収可能性を当然の前提として保険料が算出されているといえることからも裏付けられる。

請求権代位の本質は、重複保険との比較を通じて考えれば、債権が重畳する場合において他の債権の種類が保険金請求権という同質の債権ではない場合には、他の債権・債務に影響を与えない形で損害保険における損害てん補の給付を確保する制度として理解することができるであろう。

(6) 対応原則の本質

ドイツの理論であり、また、わが国でも支持されている対応原則という解釈上の原則は、保険者が請求権代位の権利を行使できるのは対応する損害に対する債権であるというものである。対応する債権に対して代位し、対応しない債権には代位しないということは、当たり前のことのように思われるが、この対応原則は重要な意味を有しているように考えられるので、以下に、例を挙げて、その本質を考えてみたい。

事故によって、複数の種類の損害（例えば、AとB）が生じた場合、保険者が代位権を取得するのは、てん補した損害（A）について被保険者が取得する債権と

なる。それが対応原則である。その結果、対応する債権（A に対する賠償請求権）と対応しない債権（B に対する賠償請求権）との関係は、どうなるかを考えてみる。

保険法25条は、1項、2項共に、「てん補損害額」について被保険者の債権を優先することを規定し、被保険者優先主義を採用している。この条文における「てん補損害」とは、保険法上、「損害保険契約によりてん補すべき損害の額」をいう（18条1項）。したがって、ここでいう優先とは、てん補損害についての保険者と被保険者の債権の優劣をいい、てん補損害額が保険で完全に支払われていない場合を想定するものである。したがって、それ以外の損害（B）に対して被保険者が有する債権は、この優先保護の対象外となるものと解される。その場合、債権者が異なる債権間における優劣が問題となるが、基本的には、それらは並列関係とみることができる。すなわち、被保険者に、保険制度では支払いの対象外となる種類の損害（B）が生じていて、賠償義務者の資力が限られているとしても、被保険者はその損害（B）に対する弁済を優先的に受けることはできないということになる。

以上をまとめれば、対応原則は、利得禁止の考え方に立脚しているものではなく、損害てん補原則との整合的な代位権の適用を示す運営ルールなのである。したがって、被保険者にてん補されない種類の損害が別に生じていても、そのことによって、保険者の代位権は影響を受けず、被保険者に優先的な配分をすべきという考え方は出てこないし、むしろ対応原則は、そのような配分を否定する原則とみることができる。

しかしながら、このような債権調整が、被害者救済の観点から望ましいといえるかどうかは、別次元の問題として議論がありうる。しかし、その問題の本質は、第三者からの回収金を、本来の債権者間の配分方式ではなく、保険でカバーされていない損害に、優先的に充足したいという要請に応えるかどうかという問題といえる。

対応原則の本質は、損害てん補の給付方式を確保するためのものとみることができる。したがって、本章5章で示した利得禁止原則によって禁止されない範囲内においては、損害てん補方式からの逸脱が認められてよいと考えることになる。よって、代位権の否定や他の請求権への優先充当などを契約上で取り決めることは、利得禁止原則の範囲内において、認められてよいということができる[230]。この問題は、結局、被保険者の保護のために、保険契約法におけるデフォ

ルト・ルールからの逸脱が、どの範囲で認められるかという問題になる。

（7）遅延利息の扱い

　請求権代位の運用においては、保険給付と債権との対応関係の判定が問題となるが、理論上、また実際上も常に問題となるのは、遅延損害金（遅延利息）の扱いである。なぜならば、いずれの債権についても、遅延損害金の問題が伴うためである。

　本章では、わが国の最高裁判決とともに、イギリス判例法も確認したが、そこでは、損害保険の損害てん補とは、具体的に被保険者のいかなる損害をてん補しているかが問題となることを確認した。わが国では、遅延損害金部分については保険給付の対象となっていないと解して、代位権の対象外とした判例を確認したが（本章2（4）①）、この考え方が、物・財産の損害保険に適合するのかは疑問があることは、すでに述べたとおりである。イギリスの貨物保険に関する判例法では、代位の対象となる債権に対する利息については、保険金の支払時点までは被保険者が取得し、支払い後は保険者が取得するという考え方が採られていることをみた。

　この論点も、請求権代位の趣旨が問題となるが、請求権代位は損害てん補方式に連動する制度であると理解すれば、利息が何について生じているかに従って考えればよいということになる。保険者は、保険金支払い前までには、対象損害に対する遅延損害金を支払っていないわけであるから、保険金支払い日前の利息を取得できるとは考えられない。しかし、保険金支払い後の期間の部分について権利を認めるというイギリスの判例は、保険者は被保険者が被った損害をてん補する保険金を支払っていると考えれば、その考え方に整合的であるといえる。いずれにせよ、イギリスの保険約款の例のように、扱いを契約で取り決めておくことが合理的である。

230　PEICL 第10：101条代位の4項は、「保険者は、代位権の行使によって被保険者の利害を害することはできない」と規定するが、この規定の意味が、ここで議論している他の種類の損害に対する債権の実行の問題にまで及ぶものかは、明らかでない。

7．まとめ

　本章では、請求権代位の本質について考察した。請求権代位は、保険金の支払いという保険制度上の金銭の給付が、保険制度以外にも関係する被保険者の権利を被保険者から保険者に移転させるところにその特徴が見出されるが、このような制度がなぜ認められるのか、その趣旨については種々の議論があることをみた。保険金の支払いによる利得の発生を防ぐということが、この制度の背景にあろうことはもとより否定できない。しかし、利得という場合にそれが何を指すのかは必ずしも明らかにはなっていない。本章では、ここでいう利得とは、損害てん補という保険制度上の損害概念に基づいた場合のてん補損害を超えるか重複する部分をいうにすぎず、この制度の本質は、損害てん補方式の論理的帰結としてその方式を確保することにあることを示した。

　請求権代位は、利得の排除からその趣旨を説明することがわが国では通説になっている。確かに、請求権代位制度には、利得の排除という考え方が織り込まれているが、そこにいう利得の排除とは、重複てん補の排除にすぎず、その意味における利得の排除は、損害てん補という給付方式の中にすでに織り込まれているのである。したがって、それとは別に利得の禁止という考え方が存在して、それを根拠として代位権が発生する制度と考えることは相当でない。それゆえ、請求権代位の本質は、債権が重複する場合において損害てん補原則を確保するための法技術とみることができる。

　また、有責第三者を免責としないことも、請求権代位の根拠として挙げられることが多いが、それを根拠の1つとして見ることも相当でない。請求権代位は、あくまで保険の制度であって、そこでは、他の制度における義務等に介入することまでが意図されるとは考えにくい。有責第三者の免責阻止は、反射的効果として理解すべきものであろう。すなわち、保険以外の他の制度における義務に直接に影響を与えることなく、損害てん補という給付方式を確保するというのが請求権代位制度の本質と考えるべきである。また、このことは、法律上の賠償請求権が発生しうることを、それが問題となる種類の保険契約においては、当然の前提として保険料が算出されていると理論的に考えられることからも裏付けられる。

　保険金の支払いによって被保険者の権利を保険者に移転させる方式は、保険

者、被保険者双方に利点があり、合理的な処理方式である。権利の移転は、利得禁止や有責第三者の免責阻止を根拠として生じるのではなく、保険以外の法制度に影響を与えることなく、保険関係者にとって合理的な損害てん補の処理方式として生み出され、これが、保険法においてもルールとして示されていると理解することが相当である。

　以上から、請求権代位についても、第5章で示した損害てん補原則と利得禁止原則の関係の仮説が妥当するといえる。請求権代位は、その運営方式である対応原則を含めて、損害てん補原則を確保する制度の1つとみることができるので、利得禁止原則[231]の範囲内において、任意性が認められるといえる[232]。

　代位の適用においては、給付に重複が生じているのかが問題となり、保険者がてん補した損害が何であるのかが問題となる。それゆえ、保険契約においては、損害てん補の対象とする損害の種類を明確にしておくことが重要といえる。この点も、第6章の仮説において重要な事項として示した点である。そして、損害てん補に関する契約上の合意内容と整合的になるように請求権代位制度を適用していく必要があるということも導くことができる。

231　これは、かつて筆者が広義の利得禁止原則と称したもので、第3章及び第5章においては、強行性ある利得禁止原則を指して利得禁止原則と称する方法を提言している。
232　片面的強行規定としての問題は、当然ながら存在する。

第11章　損害保険における付帯サービス[1]

1．はじめに

　保険の自由化が進展するなか、保険商品の多様化が進んでいる。1つの保険商品においていろいろな種類の事故や損害をてん補の対象とする複合的商品も増えている。更に、保険商品に各種のサービスを加えている場合も多くみられる。例えば、自動車保険にはロード・サービスが付帯されている場合も多い。これらのサービスは、「付帯サービス」「付随サービス」あるいは単に「サービス」「サポート」など、呼称も様々である[2]。

　保険商品におけるサービスの提供は、長い歴史があり、一般に定着しているといえるが、それらのサービスと保険の関係は明確となっているだろうか。実態面としては定着しつつも、各種サービスの位置付けについては、保険法や保険理論の中では、これまで真正面からは取り上げられてはいないように思われる[3]。そもそもこれらの各種サービスは、保険契約上の保険給付の一部か、損害てん補としての給付にあたるか、あるいは保険とは別の契約における給付であろうか。こうした問題意識をもとに、本章では、損害保険商品に付帯されている各種サービスについて、それらと保険給付との関係を考察するものである[4]。

　考察をすすめるうえでは対象事象を明確化する必要がある。そのため本稿では、最初に各種サービスの具体例を示してサービスの態様を示し（第2節）、いく

1　本章は、拙稿「損害保険における付帯サービスの位置づけ」損害保険研究74巻2号15頁（2012年）を改題して加筆・修正したものである。
2　本書における考察対象は、一般に、付帯サービスと呼ばれるものである。しかし、その種類と名称は多様であり、保険給付そのものといえる場合があるため、本書では、原則として、サービスと称しておく。
3　保険業法における付随業務として認められるかという業務範囲の問題としては、検討されてきたテーマである。
4　この問題は、保険法における損害保険契約に関する2条、3条等の解釈問題とも関係するが、本書では、損害保険とサービスの関係について、種々の角度から考察するものである。

つかの視点に基づいてそれらを類型化する（第3節）。こうして浮かびあがってくる論点をもとに、サービスの本質について、保険給付との関係（第4節）、損害てん補概念との関係（第5節）、利得禁止原則との関係（第6節）から考察して、結論と今後の課題を導いている（第7節）。

なお、議論は、生命保険などの定額保険にも共通する部分はあるが、原則として、損害保険を想定し、保険商品に保険金支払い以外のサービスが存在する場合（付帯される場合）について考察する。

本章は、第5章で示した損害保険の本質についての理論を用いて各種サービスの位置付けを考察するものである。なお、本問題については、PEICLに該当規定はなく、イギリス法の立場も明確に示されているわけではないことから、日本法をもとに、考察している。

2．保険商品における各種サービスの態様

(1) 現在提供されている各種サービスの例

検討にあたり、最初に各種サービスの実例を確認しておく[5]。損害保険商品には、各種のサービスが加えられている場合が多い。例をいくつかみておく[6]。

① 自動車保険の例

任意自動車保険における各種サービスとして、以下がある。

(a) 賠償交渉におけるサービス
  ・交通事故相手車側との示談交渉（サービス）[7]
  ・もらい事故に対するサービス（弁護士手配などをアシストして、弁護士費用をてん補するもの）

(b) 事故現場での対応
  ・事故の際のアドバイス
  ・初期対応

---

[5] 網羅的な調査ではなく、本稿の研究目的における題材として例を提示するものである。
[6] 会社によって提供されるサービスに違いがある。分類は筆者によるものである。以下の自動車、住宅、海外旅行保険の例は、いずれも2012年7月時点における東京海上日動火災保険株式会社の商品を参考として、筆者が例としてまとめたものである。したがって、実際にこれらのサービスが現時点及び将来にわたって常に提供されると示すものではない。
[7] ただし、被保険者側に過失がある場合。

・24時間以内の状況報告
(c) 入院中・退院後のサポート
　・ホームヘルパー、家庭教師その他のメニューのなかからサービスを選択し、保険会社側でサービスの手配を行い、必要となる費用が支払われるもの
(d) 事故・故障時のレッカー手配
　・車両搬送サービス（レッカー搬送）、緊急時応急対応、燃料切れ時ガソリン配達、車故障相談
(e) 日常生活のサポート
　・事故防止に関する情報提供（事故マップ、各種情報サイトなど）
　・メディカル・サポート：緊急医療相談、医療機関案内、がん専用相談窓口、転院・患者移送手配など

② **住宅総合保険の例**
(a) 緊急時のトラブル対応
　・カギのトラブル対応サービス（カギの紛失、盗難の場合の緊急開錠、シリンダー錠の交換など）。ただし、交換費用自体は利用者負担となる。
　・水回りトラブル対応：水漏れ発生時の応急処置の実施。出張料と応急処置費用が支払われる。
(b) 事故発生後のサービス
　・火災、落雷、破裂・爆発後のスプリンクラー、自動消火器、避雷器の設置、その他のサービス
　・盗難後のセキュリティ・サービス、センサー装置の取付け、コンサルティング・サービスの提供など
(c) 事故防止、その他のサービス
　・事故防止サービス：各種情報提供（危険度マップ、防災知識の提供など）
　・メディカル・サービス：緊急医療相談、医療機関案内、がん専用相談窓口、転院・患者移送手配など

③ **海外旅行保険**
(a) 24時間のサポートデスクによるサービス
(b) ケガ・病気の場合のアシスタンス・サービス
　・現金不要のキャッシュレス・メディカル・サービス
　・重大な病気やけがの際の緊急アシスタンス（病院手配、荷物の移送手配）

(c)　事故によるスーツケースの破損の場合の修理サービス。宅配で受け取り可能の修理サービス
　(d)　事故の有無にかかわらないサービス
　　・緊急時の現金手配、電話による通訳、メッセージの伝達、安全旅行の情報提供、送迎予約・手配、カード・パスポート等の紛失・盗難時のサポートなど

（2）海外における例

　各種サービスの提供は、外国においても多くの例がある。国によって、保険の種類に応じて、さまざまなサービスが提供されているが、以下に例をあげる。

① 企業分野の各種サービスの例

　企業分野では、防災関係など、リスク・マネジメントに関するサービスやコンサルティングなどの例が多くみられる。

　米国企業の財物保険分野の例として、FM Global 社は、保険、ロス・プリベンション、リスク・マネジメント及びクレーム・サービスを、専門家集団によって統合的に提供していて、それを同社の強みとしている[8]。ロス・プリベンションでは、物件の現地評価（site evaluation）、同業他社との比較評価（risk quality benchmarking）、企画提案（project planning）、教育セミナー・Eラーニングなどの教育支援（client training）、問題発生時の対応（impairment service）などの各種サービスが提供されている。

　また、同じく米国の Chubb Group of Insurance Companies をみると、分野毎に、各種の防災サービスやリスク・マネジメント・サービスを提供しているが、そのうちの雇用者賠償責任分野のロス・プリベンション・プログラム（employment practices liability loss prevention program）を取り上げると、以下のとおりである[9]。

　(a)　ウェブサイトによる各種ツールの提供
　　・雇用方針、手続き、書式等の各種ツールの無料提供
　　・関係情報資料の提供
　(b)　ロスプリベンション・コンサルタント・サービス

8　同社のウェブサイト提供の情報による。
9　同社のウェブサイト提供の情報をもとに筆者がまとめたもの。

・多くの法律事務所、コンサルティング会社、労働経済統計所と提携して、顧客企業の労働問題に対する解決を与えるもの
  (c) 労災責任に関しての雇用者から専門法律事務所への無料相談ホットライン
  (d) 労災責任に関する解説書、訴訟回避のための方策の提示
② 個人分野の例

いくつかの国の保険会社のサイト等をみるだけで、自動車、住宅、医療、介護など種々の保険でサービスが提供されている実態がわかる。自動車保険分野では、事故後の対応のほか、事故車の修理サービスなどの例がみられる。

英米の保険会社で、各種保険に共通して多くみられるサービスとして、提携先を利用した専門家による各種相談サービスの提供がある[10]。
  (a) 法律相談：日常のトラブル対応、遺言状作成指導
  (b) 医療相談：投薬、治療等に関する相談、メンタルヘルスに関する相談
  (c) 職業相談：就業、労働関係の相談、履歴書作成・面接対策、職場復帰など
  (d) 個人相談：各種の悩みに対する相談

（3）損害保険の歴史からみたサービスの提供の例

損害保険における各種サービスの提供は、長い歴史があり、複雑化した現代の経済活動に特有の現象ではないといえる。以下に、例を挙げる。

① ロンドンの保険会社による消火活動

ロンドンで火災保険が誕生した17世紀末から18世紀、当時は公的な消防隊はなく、保険会社が消防隊を有し、被保険者の家の消火や家財の持ち出しなどを行い、保険会社は被保険者の家に金属製などのプレート（ファイアー・マーク）を取り付け、消火するときに被保険者の家を識別する印として利用していた[11]。また、家の動産の保険においても、保険会社が相当数の屈強な若者を雇って消火や火災時の動産搬出を行っていたとされる[12]。

② ガラス保険

ガラス保険は、19世紀中頃以降、イギリス、フランスで専門の会社が設立さ

---

10 以下は、イギリスのRed Arc社が保険会社の顧客に提供している相談サービスの例。同社のウェブサイト提供の情報をもとに筆者がまとめたもの。
11 木村栄一『損害保険の歴史と人物〔第2版〕』（損害保険協会、2007年）16頁。
12 鈴木辰紀編著『保険論　私達の暮らしと保険〔第10版〕』（成文堂、2000年）146頁〔鈴木辰紀〕。

れ、ヨーロッパの国々や米国に広がった保険であるが、この保険では、破損ガラスの復旧が現物で行われるところに特色があった[13]。当時、ガラスは極めて高価で、また、事故後に個々の会社が代替品を迅速にかつ合理的な価格で調達することには困難があった。保険会社は、事故後の代替品手配を競って行い、それが営業競争になっていたとされる[14]。この保険では、ガラスの現物そのものを給付する部分が基本にあるが、そのための各種対応（調達、配達、設置等）のサービスを一体的に実施していたといえる。

③ ボイラー保険

イギリスでは、1882年にボイラー爆発法が制定されてボイラー検査が義務付けられ、爆発に対して重い罰則が科せられた。保険会社は、ボイラー保険の加入者にボイラーの検査を実施し、ボイラーの所有者は、保険会社の検査を受けた方が有利と気付くようになったとされる[15]。

ボイラー保険やその他の機械保険においては、こうした点検サービスは重要な役割を担っていて、米国では、ボイラー等については政府機関による点検義務が課されていたが、それらは保険会社の検査でもって代替可能となっていたとされる[16]。

④ 海上保険における各種保証

共同海損事故が発生して異常な犠牲や費用支出がなされた場合、船長は貨物に対して留置権を有し、貨物の引渡しと交換で、荷主から、共同海損の精算に同意し、共同海損分担額の支払いを約束する共同海損盟約書（Average Bond）と共同海損分担額支払保証状（Letter of Guarantee）を取り付ける。海上保険では、担保危険による共同海損分担額はてん補の対象となるが、貨物引渡時点では、保険契約上、保険者に責任ある事故による請求であるかは確定していない。また、共同海損精算上の負担価額が保険金額を超える場合もあり、その場合は、超過した価額に対応する分担額については保険者は責任を負わない。したがって、保険者は、このような前提条件付きで将来の支払いを保証するものであるが、この留保条件を保証状に加えると貨物の引渡しが認められなくなる可能性がある。そこ

13　木村・前掲注11) 19頁。
14　C. A. Kulp and John W. Hall, *Casualty Insurance*, 4th ed., New York, 1968, p. 659.
15　木村・前掲注11) 21頁。
16　John D. Long and Davis W. Gregg, edited, *Property and Liability Insurance Handbook*, Illinois, 1965, p. 631.

で、保険者は、荷主から念書を取り付けたうえで、制限条件なしの保証状（Unlimited Letter of Guarantee）を発行する。こうした保証状発行は、保険約款には記されていないが、海上保険では、古くから世界的な実務として行われている[17]。この実務は、荷主の債務が確定後にその損害をてん補するだけでなく、その前の時点である荷物引渡時に、荷主に代わって将来の支払責任に対する債務の保証を行うものである。

海上保険の保険者による保証状発行の実務としては、他にも、海難救助後の救助者に提出する保証状や船舶衝突事件における相手船側へ提出する保証状の発行がある。

⑤ 賠償責任保険における示談代行

自動車保険などでは、示談代行サービスと称して、賠償責任における相手方との賠償交渉の実施を保険会社が自ら又は弁護士を起用して行っている場合が多い。一方、海上保険の分野では、特にサービスという名称は用いていないが、船舶保険の衝突責任担保においては、保険会社、P&Iクラブ又はその弁護士が相手船側の保険会社等と交渉する実務が定着している。

⑥ ロイズにおける情報提供サービス[18]

エドワード・ロイド（Edward Lloyd）のコーヒー店において海上保険取引が盛んになった背景には、店主が海事情報をいち早く顧客に提供したことがあったといわれる[19]。情報通信手段が限られていた当時において、世界の海事情報の提供は商人にとってとりわけ重要な価値を有していた。ロイズは、次第にそこで取引できる人を限定していく。ロイズに専門情報が集まる仕組みが構築され、情報提供サービスは、そこでの取引（商品）の価値を支える重要な機能を担っていたといえる。

3．損害保険におけるサービスの類型

損害保険におけるサービスの事例をいくつか挙げたが、多様なサービスが存在

17　ただし、無制限保証状の発行は、いずれの顧客に対しても常になされているとまではいえない。
18　ロイズ（Lloyd's）は保険会社でないので、ロイズにおける情報サービスの提供は、保険商品におけるサービスの提供とはいえないが、保険業における情報提供サービスの重要性を確認するうえで、ここで取り上げた。
19　木村栄一『ロイズ・オブ・ロンドン』（日本経済新聞社、1985年）189頁。

することがわかる。いくつかの切り口からサービスを類型化してみたい。

（1）サービスの発動要件をもとにした分類

まず、サービスを受ける権利が発動する事象（以下、「トリガー」という。）に着目すると、以下に分類できる。

> 【類型 A1】保険事故の発生をトリガーとするもの
> 【類型 A2】保険事故とは限らないが何らかの偶然の事象をトリガーとするもの
> 【類型 A3】いつでも利用可能なもの

ロンドンの保険会社における消火活動、海上保険における保証状の発行、責任保険における示談代行、保険事故後の緊急対応などは、類型 A1にあたる。自動車保険におけるロード・サービスは、保険事故後の場合とそうではない場合（エンジン故障など）の両方を包含するが、一般的には類型 A2にあたるといえる。各種の相談サービス、防災サービス、リスク・マネジメント・サービスは、A1やA2の類型にも当てはまる場合もあるが、基本的には類型 A3にあたるものといえる。

（2）サービスと保険金との関係

サービスと支払保険金との関係に着目すると、以下の類型に分けられる。

> 【類型 B1】サービスと保険金の額に直接の関係が認められるもの
> 【類型 B2】サービスと保険金の額とは直接の関係は認められないものの、保険給付との間に一定の関係が認められるもの
> 【類型 B3】サービスと保険給付に特に関係はないもの

ロンドンにおける家の消火作業、ガラス保険におけるガラス交換対応、責任保険における示談代行などは、保険金支払いの代替か、その額を軽減させる行為として類型 B1にあたる。これらのサービスは、消火作業や示談代行のように利用者の利益と保険者の利益を同時に図る効果を有する場合が多く認められる[20]。保

---

[20] 国によっては、自動車の修理を適時に適切に受けることが難しい場合があり、保険会社による自動車修理サービスを実施している場合がある。このサービスによって利用者は直ちに修理を受ける利益を得るとともに、保険会社は、妥当な修理費を管理するうえでメリットを受ける。

険事故削減のための防災サービスは、個別の保険金支払額とは連動しないが、事故率と損害額を低減させる効果を有し、中期的には、保険給付に一定の関係があり[21]、B2の類型とみることができる。保険給付と全く関係ない領域における一般的法律相談、自動車のパンクの場合のロード・サービスなどは、B3に分類できるであろう。

(3) サービスの実施主体

サービスの実施主体についても、いくつかに分けることができる。

> 【類型C1】保険会社自体が実施しているサービス
> 【類型C2】保険会社の子会社やグループ会社が実施しているサービス
> 【類型C3】保険会社とは資本関係がない会社が実施しているサービス

該当するサービスが類型C1からC3のいずれにあたるかは、外形的には必ずしも明確でない場合がある。保険会社が窓口になっていても、実際の業務は委託先が実施している場合（C2又はC3）がある[22]。パンフレットなどで、サービスを実施する会社名が記されている場合（C2又はC3）においても、その場合に保険会社は元請責任を負うかどうかが明確でない場合もある。第三者の会社と顧客とが契約をしてからサービスが開始される場合は、保険会社はサービス実施業者を斡旋紹介するサービスを提供しているとも考えられる。

かつてのロンドンの火災保険では、消火活動を保険会社自体が実施し、またガラス保険でも保険会社がガラス交換の対応をしていた（類型C1）[23]。米国保険会社に見られるボイラー点検、防災のための現場評価なども類型C1と考えられる[24]。また、保険会社による保証状の発行も類型C1にあたる。責任保険における示談交渉は、C1、C2及びC3の場合（法律事務所の委嘱など）がある。保険会社がサービスの実施業者を紹介するにすぎない場合は、適切な業者を紹介するサービスの

21　企業分野の保険は長期の取引関係に基づく場合が多く、これらの活動は保険成績の改善に資する。

22　ロード・サービスなどでは、保険会社がレスキュー作業を実際に実施しているわけではない。第三者に委託しているか、契約者に専門業者を紹介しているものと考えられる。

23　作業自体をすべて保険会社が実施していたかは定かではないが、少なくとも交換作業の元請となっていたものと考えられる。

24　ウェブサイトなどをみると、そのために専門家を多く雇っていることが記されている。

部分がC1にあたると考えられる[25]。

(4) サービスの利用料

サービスの利用料については、利用者からみたところの外形上は、以下に分けられる。

【D1】無料のサービス
【D2】限度額内は無料とするなど、有料の部分と無料の部分があるサービス
【D3】有料のサービス

パンフレットなどから上記の3類型に分けることができる。この分類は重要であるが、外形からはその実態がよくわからない場合がある。有料の場合でも通常より安くサービスが利用できるように差額を保険会社が負担していれば、その分の対価を一部負担していることになるし、無料としている場合でもその対価に相当する額を保険会社が負担していると考えられ、最終的には利用者の負担に転嫁されている可能性はある。

以上、いくつかの切り口からサービスを分析してみたが、そこから、①トリガーの有無、②保険金との関係、③実施主体、④対価などによってサービスを類型化することが可能であり、同時に、これらの要素は、サービスの本質を考える上で重要であることがわかる。また、この類型化の分析から、同時に、サービスの責任主体の問題、保険会社の業務範囲の問題、保険会計上のコストの位置付けなど、検討すべき論点がいろいろと存在することも示唆されるように思われる。いずれの論点を解明するためにも、これらのサービスが保険商品としての保険給付にあたるのか否かという点が基本に存在するので、以下では、この点に絞ってサービスの本質について考察していく。

---

25 ただし、契約文言等によって、保険会社が元請としての責任を負う場合も生じうる。イギリスの保険会社のサービスにおいて、パンフレットに、サービスは無償であり、保険会社は業者を紹介するだけでその後の責任は一切負わないことを明記している例が見られる。

4．サービスと損害保険の保険給付との関係

（1）サービスとは何か

　損害保険におけるサービスの本質を考察するうえで、最初に、そもそもサービスとは何かについて考えてみたい[26]。

　一般に、商品は、有形財と無形財に分かれるが、無形財、すなわち無形の商品は「サービス」と称されている[27]。

　サービスは、床屋の散髪のように単独で提供される場合もあれば、有形財とともに提供される場合もある。例えば、冷蔵庫を買い換える場合、冷蔵庫本体の購入のほかに、自宅までの配送、取付、調整、廃品の回収・処分などの一連のサービスが必要となる。購入者にとっては、冷蔵庫の買替えという1つの目的であっても、目的の実現には、対象の有形財の財物の取得に加え、配送、取付・設定、廃品の引取、廃品処分などの作業が必要となる。これらの作業を自ら行うのでなければ、それらをサービスとして受けてその対価を支払う必要がある。日常の財物の販売を観察しても、財物に加えて関係するサービスも一括して契約する場合と分ける場合のいずれもみられる[28]。配送・取付作業無料として財物を購入する場合も、その取引には配送・取付サービスの契約を含んでいるといえる。このように財物の売買を取り上げても、そこには財物そのものの商品概念のほかに、サービスと統合した商品の概念の両方が存在するように考えられる（〈図1〉参照）。

〈図1〉　冷蔵庫購入の場合の商品の概念

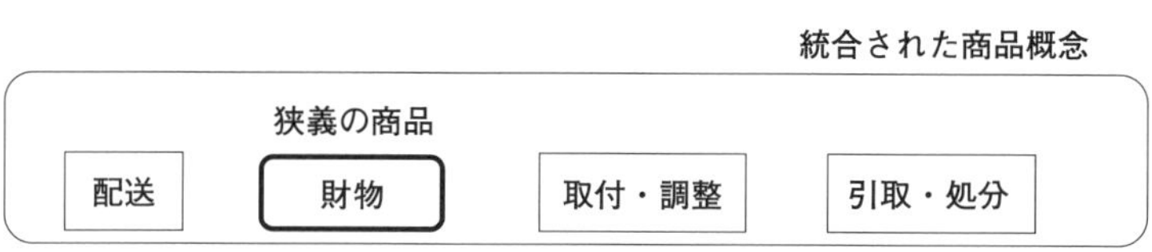

　　　　　　　　　　　　　　　　　統合された商品概念

```
┌─────────────────────────────────────────────┐
│           狭義の商品                          │
│   ┌──────────────┐                           │
│   配送 │  財物  │ 取付・調整      引取・処分  │
│   └──────────────┘                           │
└─────────────────────────────────────────────┘
```

26　以下の分析は、本稿の目的に沿って筆者が日常生活の事象をもとに考察したものであり、商品学などにおける議論とは直接の関係はない。

27　金森久雄＝荒憲治郎＝森口親司編『有斐閣 経済辞典〔第5版〕』（有斐閣、2013年）。定義は、学問領域によって異なりうる。

28　例えば、本体9万円として配送・調整等のサービスを有料で契約する方式と、本体10万円（配送、設置調整無料）とする場合など。

商品の販売においては、ここにいう〈図1〉の狭義の商品の品質・価格のほかに、付帯する各種サービスも戦略上重要である。顧客が真に欲しているのは財物そのものではなく要求に対する解決（ソリューション）であるとすれば、サービスが財物と不可避的につながっている場合には、それらの全体を統合して一体的な解決を提供することが重要となる。領域によっては、財物自体の値段に比べてサービス部分のコストのほうが相対的に高い場合もある[29]。

（2）保険商品とは何か

　金融の分野では、商品という呼び方が、実務上・法律上も、一般化していて[30]、保険の場合も保険商品としばしば呼ばれる。ただし、保険の取引は無形財であるのでサービスにあたる。上記（1）に挙げた冷蔵庫の例では、有形財の部分と無形財（サービス）の部分の識別は比較的容易である。しかしながら、保険の場合、保険取引自体が無形財（サービス）であるので、どこまでが保険としてのサービスであり、どこからが別のサービスであるか両者の認識はより難しくなる。

　考察を進めるためには保険商品とは何かという問いに答える必要がある。保険商品は、保険契約として実施され、保険契約は保険契約者と保険者との権利義務の関係として法的に構成されるが、経済的中身は、保険料と保険給付を行うという危険負担の対価取引と考えられる。保険におけるこの危険負担とは、一定の事由が生じたことを条件として財産上の給付（生命保険契約及び傷害疾病定額保険契約にあっては、金銭の支払いに限る。）すなわち、「保険給付」を行う約束である[31]。損害保険契約は、保険契約のうち、保険者が一定の偶然の事故によって生ずることのある損害をてん補することを約する契約であるので[32]、損害保険における保険給付とは、損害をてん補するという損害保険契約の目的に沿った財産上の給付といえる[33]。

29　例えば、壊れた網戸の張り替え、庭石の設置などの領域では、その物自体の経済価値より実施するサービスのコストが主要な部分を占める場合がある。
30　例えば、法律における例として、金融商品販売法。
31　保険法2条1項1号。
32　保険法2条1項6号。
33　ここでは論じられないが、損害保険とは何かは難しい問題を含む。保険法の規律の適用においては、損害保険契約という概念が明確化されている。一般に、損害保険又は損害保険商品という場合には、傷害疾病損害保険契約のほか、定額払い方式の傷害保険などの一部も含めている場合があ

損害保険契約に基づく保険給付は、「財産上の給付」であり、その給付は金銭の支払いに限定されていなく、現物の給付を行う契約も含まれる[34]。財産には、現物財産もあれば、無形財産もあり、財産上の給付としては、有形物の給付のほか無形物の給付、すなわちサービスの提供も含まれるといえる。

（3）保険商品とサービスの関係

このように、損害保険においては、保険金支払い以外にサービスの提供によって損害をてん補する方式の保険給付が存在すると考えられるので、各種のサービスには保険給付そのものにあたるものとそうでないものの両方が存在するといえる。更に、保険給付とはいえない場合でも、保険契約上でなされるサービスといえるもの（付加的な給付）と、保険契約とは別の契約によるサービスに分けられるように考えられる。このように、サービスと保険給付との関係に着目すると、以下の類型に分けることができるのでないかと考えられる。

【類型 E1】保険給付そのものにあたるもの
【類型 E2】損害保険契約上の保険給付には当たらないが、損害保険契約上で発生するそれ以外の給付（付加的な給付）にあたるもの
【類型 E3】保険契約とは別の契約に基づく給付といえるもの

類型 E1 と E2 は、サービスを損害保険の契約上の給付と認識するもので、E3 は、保険契約と同時に別のサービスの提供契約を有償又は無償で提供しているとみるものである。これらの関係を図示したのが〈図2〉である。E1 は、保険法2条1項1号に定義される保険給付の概念にあたるサービスを指す。その定義には必ずしも該当しないが損害保険契約における給付にあたるといえるものを E2 とした[35]。

る。
34　萩本修編著『一問一答 保険法』（商事法務、2009年）31頁。
35　このような位置付けの給付が認められるか、またそれを保険契約上どのように位置付けるかは難しい問題を含んでいる。このE2の法的位置付けは微妙な問題を含む。保険給付が別に存在しない場合、E2単独ではその契約は損害保険契約には当たらないことになるが、その提供契約が保険に当たるといえる場合に保険法が適用されるかどうか、また、損害保険の保険給付が存在する上で付加されるE2の契約に保険法が適用されるかという論点はありうる。その場合に、保険法を類推適用するという考え方はあろう。

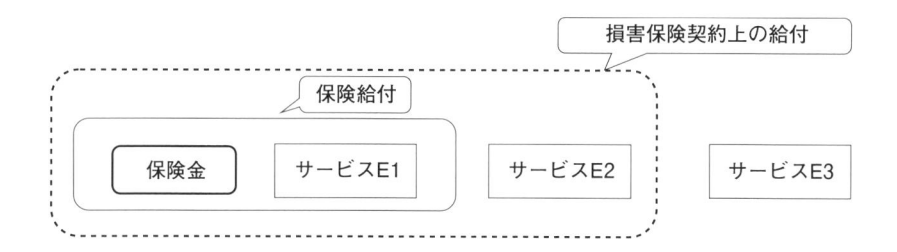

〈図2〉 損害保険の保険給付とサービスの関係

損害保険契約上の給付

保険給付
　保険金　サービスE1　　サービスE2　　　サービスE3

(4) 保険給付としての要件の確認

　それでは、各種サービスは、E1からE3のいずれにあたるといえるだろうか。それは、先に示した分類基準に照らして総合的な検討が必要な事項であるが、その前提として、そもそも損害保険契約における保険給付とは何かという点の検討が必要である。

　損害保険契約は、「保険契約のうち、保険者が一定の偶然の事故によって生ずることのある損害をてん補することを約するものをいう」[36]ので、サービスが損害保険の保険給付といえるためには、そのサービスが給付としてなされる契約について、

(a)　契約が保険契約といえること
(b)　一定の偶然の事故によって生ずることのある損害をてん補するものであること、が要件となる。

(a)の要件は、当該サービスのみを切り出して対価を得て実施する場合には、それが保険といえるかという問題となる。例えば、賠償責任保険における示談代行サービスのみを切り出した場合に、そのサービスを提供する契約が保険契約といえるかどうかという問題である。この問題は、保険とは何かという問題と同時に、それを実施する場合に保険業といえるかの問題となる。

　本稿における議論は、保険金支払いなどの保険給付が存在する場合を前提として、すなわち損害保険契約に合致する契約自体は存在していて、それに加えて各種サービスが付帯される場合のそのサービス（付帯サービス）の位置付けを検討するものである。したがって、保険契約としての前提(a)が存在し、そのうえで、

36　保険法2条1項6号。

当該サービスが当該保険契約のもとで保険金に並ぶ保険給付といえるかどうかを検討するものであるので、(b)の要件を中心に検討することとする。

5．損害保険における損害てん補とは何か

さて、前節4（4）「保険給付の要件」で示した(b)の要件を分解するとさらに2つの要件があることがわかる。第1に、「一定の偶然の事故による」という点(b-1)と第2に「その損害をてん補するものである」という点(b-2)である。前者では「偶然の事故」、後者では「損害てん補」とは何かが問題となる。そこで、以下において、それぞれについて検討する。

（1）偶然の事故

サービスの発動要件を考えた場合、「偶然の事故」には、以下の類型が考えられる。
(a) 偶然の事故でありかつ保険事故
(b) 偶然の事故であるが保険事故ではないもの
(c) 偶然の事故でないもの

以上のうち、(a)は保険事故としての要件を満たすものであるが、(b)は、トリガーとなる事象が保険事故と一致しない。しかし、そのトリガーとなる事象を契約上で対象とすればよいといえるので、(b)の類型は、偶然性についての要件を満たさないとはいえないと考えられる。なお、同一のサービスが、上記(a)(b)(c)の複数を含む場合があるが[37]、その場合は、中身を分けて検討すべきといえる。

上記3で、類型基準Aとして分類したとおり、実際に提供されているサービスを分析すると、それらの発動要件にはいろいろな類型がある。類型A1のサービス（示談代行等）は(a)を満たし、類型A3のサービス（一般相談サービス等）は、何の事象も関係せずにいつでも利用できるものは(c)にあたるといえる。車の故障時のロード・サービスは、保険事故として当該保険契約において示されてい

---

[37] 例えば、車のレッカー移動というサービスにおいてその発動理由として、①衝突の車両事故が生じた場合、②運転中にエンジンが故障した場合、③飲酒運転によって事故を起こしてレッカー移動が必要となった場合、④長期間放置されていて作動しない車を移動させる場合を考えた場合、ここでの類型に当てはめると、①は(a)、②③は(b)、④は(c)にあたるといえる。

る事故には該当しない場合でも、一般的には、サービスの発動にあたって偶然性という要件自体は満たすと考えられるので、(b)にあたるといえる。

(2) 損害のてん補

このように考えると、トリガーのないサービス（類型A3）は、少なくとも損害保険における保険給付（E1）には該当しないとして整理できるように考えられる[38]。トリガーのあるサービス（A1、A2）は、偶然性は満たすといえるので、次に損害てん補としての要件を満たすかどうかとなる。保険法における損害のてん補が何を意味するかは、保険法に特に定義はなく解釈問題となるが、ポイントは、「損害」「損害てん補」をいかに解釈するかとなる。この点は確立されているとは言い難く、損害の概念をどのように考えるかによってくるが、本論文の考え方によれば、損害とは、価値をいかに認識・評価するかという問題であり、経済制度としての保険制度においては、損害の認識と評価方法は、保険技術面で合理的であり、経済制度としての効率性があり、かつ社会的健全性において問題がない範囲においては柔軟性があってよいということになる[39]。

保険でてん補する損害とは、その損害をいかに認識して評価するかという問題であるから、同一の利益状態においても、認識方法によって異なる損害の認識が可能となる。このことを示すために、例として、賠償責任の保険を取り上げてみたい。賠償責任保険においては、事故発生から賠償金支払いまでの過程におけるいずれの時点をもって保険事故とみるかによって、いくつかの保険の方式がある[40]。このトリガーの問題は、損害てん補における損害の認識にも連動する。賠償責任の保険におけるてん補対象たる損害としては、次のいくつかが考えられる。

---

38 その場合、E2かE3のどちらかとなる。E2という考え方もありえるが、保険の枠組みには入ってこないサービスについてその対価を保険料として取得することは妥当とはいえないので、理論上は、E3にあたると考えるのが相当であろう。
39 第5章6節の仮説(a)～(c)参照。また、拙稿「損害てん補と定額給付は対立概念か」保険学雑誌555号64頁（1996年）参照。
40 西島博士は、賠償責任保険における保険給付を認める時点に着目して、(i)先履行型（保険事故により被保険者に賠償責任が発生し、被保険者がその賠償金を実際に支払った場合に、その額を損害として保険金を支払う方式）、(ii)責任負担型（保険事故による被保険者の賠償責任が確定した時点で、確定した額を損害として保険金を支払う方式。被保険者の賠償資力にかかわらずに、被害者に対する救済が図られることになる。）、(iii)免脱型（被保険者が賠償請求を受けた時点で保険者の給付義務を発生させる方式。この場合、請求を受けた時点以降の賠償対応は保険給付の対象となる。）に分ける。西島梅治『保険法〔第3版〕』（悠々社、1998年）266頁～267頁。

(a) 被保険者が実際に損害賠償金を支払った時の損失
(b) 損害賠償責任額が法律上確定した時点の法律上の責任額
(c) 損害賠償請求が提起されて被保険者に責任があると推定された時点の損害
(賠償額は未確定)

　賠償責任保険の長い歴史があるイギリスをみると、当初、裁判所は、保険におけるてん補対象について、被保険者が実際に金銭を支出した時に損害が発生するとして、その額を損害と認定していた（コモン・ロー上の損害）。その後、上記(b)や(c)の方式も認められるようになったとされる[41]。

　この例からわかるように、損害に対する認識によって各種給付の扱いは変わる。(a)と(b)の場合は、損害賠償額を争う訴訟費用等は、直接には保険給付の対象損害とはならない。損害防止費用や損害額を確定させるための費用等として特に追加的に支払いを認めるかどうかという問題となる。(c)の場合は、最終的に負担する損害の額は未確定であり、そのような責任を負った状況が損害となるので、その額を確定し、軽減するための費用は損害そのものに該当する。すなわち、示談代行等のサービスは、(b)の場合には付帯的なサービスとなるが、(c)の場合には保険給付そのものとなる[42]。

　損害と利益は連動した概念とすれば、損害の認識を変えることは利益の認識も変えることになる。(a)では被保険者が実際に所有する金銭の額、(b)では被保険者の所有財産の法的評価額、(c)では、被保険者の企業・個人活動の法的評価で、倒産の回避や企業活動の円滑な遂行などのより広い利益概念をも含めるもの、といえるかもしれない。しかしながら、このような利益の認識・説明は、損害の認識・評価方法を単に利益として言い換えたものにすぎないように考えられる。被保険者が賠償請求を受けるという実態の利益関係（例えば、船舶を所有・運行しているという船舶と被保険者の関係）に差はなく、(a)(b)(c)という別の利益関係が存在するわけではないように考えられる。もしそうであれば、上記のように利益を3つに分けて説明してみても、それに、損害の評価方法を説明すること以上の機能はないように考えられる[43]。

41　M. A. Clarke, *The Law of Insurance Contracts*, 5th ed., London, 2006, pp. 476-477.
42　そのための金銭を支払う場合は保険金、保険会社側が代行すれば現物給付という位置付けになろう。
43　損害の認識を変えた場合には利益の認識も変わってくるが、結局は、損害を利益という表現で言い換えたものにすぎない。保険契約において利益概念が有する機能は、てん補の対象とする損害が

また、財物の保険についても考えてみたい。建物を例として、時価ベースの建物の価額をX、新しい建物の価額をY、再度同程度の家を建築するために要する総費用をZとすると、建物が焼失した場合に、所有財産の損失を損害と認識して評価すればXが損害額となる。保険法は、てん補すべき損害の額は、その損害が生じた地及び時における価額によって算定するとしているので[44]、保険法における損害てん補は、時価であるXが基準となる。一方、元の生活に戻すコストの全体を損失と評価すれば、Zが損害として認識される。このような損害の認識・評価は、それが社会的健全性からみて問題があると言えれば、利得禁止原則に照らして認められないということになろう。しかし、常識的には、元の生活に戻すというレベルは、社会的に問題があるとは言えない水準と考えられる[45]。

そもそも保険に付ける対象は何であろうか。保険制度においては、いかなる状態を損害として認識・評価して保険でてん補するかが重要である。損害保険契約に適用される保険法では、時価基準という考え方が示されている。しかしながら、このような評価は、絶対的なものではなく、他の評価もありうる。それゆえ、保険法の時価基準は、任意規定と解される。さらに、損害のとらえ方を広くみた場合には、財物であっても、人がそれとの関係で有している経済的な関係は複合的であり、安定的な経済生活や生活の維持という価値に注目すれば、それを回復するために必要なコストを損害としてとらえることも可能であるように考えられる。例えば、家で生活していることに着目して損害概念を考えれば、家が倒壊した場合、再度家を建築するための総コストを損害（Z）として認識することになる。すなわち、再建築のコストをてん補するとした場合には、復旧コストのてん補が損害てん補としての保険給付にあたることになり、それを実施することは、その保険給付といえることになる。

このように、類型E1かE2のいずれにあたるかは、損害てん補における損害の概念の考え方によってくることがわかる。初めから損害の概念を広く考えるの

発生する可能性が実体的に存在する根拠となる状態とみるべきであろう（第5章6の仮説(i)参照）。
44 保険法18条。ただし、約定保険価額があればそれによる（同条2項）。本条は、任意規定であり、それと異なる合意が認められる。
45 以下の損害概念の提示については、第5章参照。また、そのもととなる論文として、拙稿・前掲注39) 64頁参照。また、神谷高保「被保険利益と利得禁止原則——利得禁止原則を適用するか否かの判定基準」竹濵修＝木下孝治＝新井修司編『保険法改正の論点　中西正明先生喜寿記念論文集』（法律文化社、2009年）103頁参照。

であれば、すべて保険給付に該当することになるので、E1とE2の境界はなくなる。

（3）現物給付とは何か[46]

保険給付とサービスの関係を考察するためには、現物給付の本質についての考察も必要である。現物給付とは何であろうか。

現物給付とは、特に、法律上の定義が存在するものでないが、保険において現物給付という場合は、保険金という金銭の支払いではなく現物を支給する方式で保険給付を行うことを指す。歴史をみると、冒頭で紹介したガラス保険は、典型的な現物給付を行っていた保険といえる[47]。

現物給付という場合に、保険金という金銭の代わりに現物を支給し、そこに両者の違いがあることはいうまでもないが、ここで注目したいのは、現物を支給する場合、通常、その調達や引渡し等の周辺サービスを伴い、それによって、被保険者は、単に物の財産価値上の損害てん補を受けるだけでなく、その他の損害についてのてん補も同時に受ける点である。すなわち、その等価交換は、保険金＝物という関係だけではないのである。その点について、ガラス保険の例をみてみたい。当時、ガラスは貴重品で、被保険者にとって事故時に迅速に適切な代替品を得ることは容易でなかった。専門のガラス保険会社は、代替品を迅速かつ合理的価格で調達して[48]、被害者にガラスを引き渡した。このようにして、被保険者は、事故からの復旧が容易となったのである。そこで給付されている事象を考えれば、破損したガラスの新価ベースでの提供に加え、それを市場から調達して、迅速に配送するというサービスの部分が存在し、その調達というサービス部分に重要な価値が含まれていたことがわかる。このように、ガラス保険においては、物とサービスとの複合的な給付によって統合的な給付がなされているといえる。

---

46 現物給付の概念を考察する研究として、山下友信「保険の意義と保険契約の類型——定額現物給付概念について」竹濵修＝木下孝治＝新井修司編『保険法改正の論点　中西正明先生喜寿記念論文集』（法律文化社、2009年）3頁参照。

47 山下・前掲注46）6頁以下では、その他、損害保険における現物給付の例として、自動車車両保険における自動車の現物給付（修理又は代品の交付）、自動車任意責任保険における示談代行サービス、社会保険における例として、健康保険等における療養の給付が挙げられている。また、ドイツ新保険契約法192条3項は、損害てん補方式の疾病保険契約においては治療に関する助言などの付加的サービスを提供することができると規定しているが、それも一種の現物給付である、としている（同18頁）。

48 大量に一括注文できるので、質の良いガラスを安く調達できる立場にあったといえる。特に、大規模災害が生じた場合には、経済合理性が認められる。

この事象を被保険者からみれば、被保険者は、ガラスの価値に対する補てんに加え、調達するためのさまざまな手間と費用支出、代替品が届いて復旧するまでの間の営業損失の回避や軽減などについても補償を得るといえる。

このように、有体物を提供する現物給付においては、ほとんど常に各種のサービスが組み合わされているように考えられるが、この物とサービスの全体を現物給付として認識しているのでないかと考えられる。すなわち、現物給付という概念には、サービスの部分がすでに組み込まれていて、その全体を損害てん補として認識しているということになる。

上記は、物保険の例であるが、各種費用の保険などを考えれば、費用はサービスの対価であるから、それを現物で支給することは、サービスを実施するということになろう。

このように考えていくと、財物の保険においても、現物給付の場合には、物を交換するための費用保険として構成することも可能であることがわかる。したがって、ガラス保険はガラス交換の費用保険とみることができる。

6．サービスと保険における利得禁止原則

以上、サービスと保険給付の関係についていくつかの観点から考察したが、損害保険における損害てん補をどのように考えるかがポイントとなることがわかる。すなわち、損害てん補の考え方を広げれば、それに伴って、トリガーのあるサービスは、その概念の中に含まれてくる。その結果、サービスは、保険給付そのもの（E1）にあたることになる。しかしながら、このような損害概念は、保険法の解釈論としては、保険法が示す損害てん補の枠組みからは逸脱すると考えられる場合もありうる。その場合には、保険法における保険給付自体には該当しないが、なお損害保険契約上における給付（すなわち、保険料という対価に含めてよいサービス）として認める考え方はありうる。これが類型E2といえる。

トリガーのあるサービスは、偶然の事故によって生じる何らかの必要に対応するものである。その場合には、その必要が生じる前提が存在する。すなわち、社会経済活動や生活の維持という状況において、偶然な事象によって支障が生じる。このような給付は、損害保険の損害てん補にあたる場合にはE1となるが、仮にそれが難しい場合でも、保険契約上の給付（E2）として認めることは可能で

あるように考えられる。

このように保険給付とはいえない場合（E2）についても、追加的に保険契約上の給付として認識することが可能かどうかが問題となる。その場合の給付は、保険法やその他の禁止規定に抵触するのであれば認められない。サービスは給付に当たるので、それが保険制度として許容されるかどうかは、利得禁止原則との関係で問題ないことが前提となるので、その点についても以下に検討したい。

第3章でみたとおり、近時の保険法理論の研究においては、保険契約に求められる利得禁止原則について、強行法性を有する意味での広義の利得禁止原則と保険法が示す損害てん補の法規整を示す狭義の利得禁止原則に分けて検討する考え方が強くなっている[49]。そこで、以下の議論では、強行法的に求められる利得禁止原則[50]が各種サービスに対して適用されるかを検討することとしたい。

広義の損害概念を被保険利益に対応する損害概念と考えるかどうかは別として、損害保険契約には一定の利益関係の存在が必要である。もしそのような利益が存在せずにサービスを行えば、金銭取得による利得とは異なるとしても、利得と同じ状況が生まれるといえる。ここでの損害の概念は偶然な事故によって生じる必要といってもよいものであろう。したがって、必要がない人にサービスを提供することは利得禁止原則に触れることとなり、その点から、利益状態がサービス提供の前提になければならないという考えを導くことができる。しかしながら、サービスは、何にでも利用できる金銭のような代替性がある給付でなく、その状況にしか適合しない具体的給付であるから、それを利用して利得状態が生じることは考えにくい。すなわち、必要が生じてそれに対応するサービスは、必要というものを前提として内包しているがゆえに利得状況がもともと発生しないか、それを禁止すべき状況を想定しないでよいように考えられるのである。このように考えることが妥当といえれば、偶然の事故によって生じる必要を満たすための各種のサービスは、基本的には、強行法的な規範と考えられる利得禁止原則

---

49 保険代位制度を中心に提唱されている学説は、①利得禁止原則を分解しないもの（伝統的学説）のほか、②2元説（広義と狭義の利得禁止に分ける。）、③3元説（広義、狭義、最狭義に分ける。）、④4元説（最広義、広義、狭義、最狭義に分ける。）がある。また、⑤法原則としての利得禁止原則を否定する学説がある。これらの学説については、第3章のほか、岡田豊基『請求権代位の法理──保険代位論序説』（日本評論社、2007年）25頁以下参照。

50 ここでいう利得禁止原則は、公序とは別に観念すべき理由があるかは議論があるが、本書では、民法上の規範に加えて、保険制度の特徴を踏まえて保険制度に強行法的に適用されるべき規範として、利得禁止原則という概念を利用している。この点については、第3章及び第5章参照。

には反しないといえるように考えられる。
　以上の議論をもとにサービスと利得禁止原則の関係について図示すると、以下の〈図3〉となる。

〈図3〉　狭義と広義の損害てん補と利得禁止原則の関係

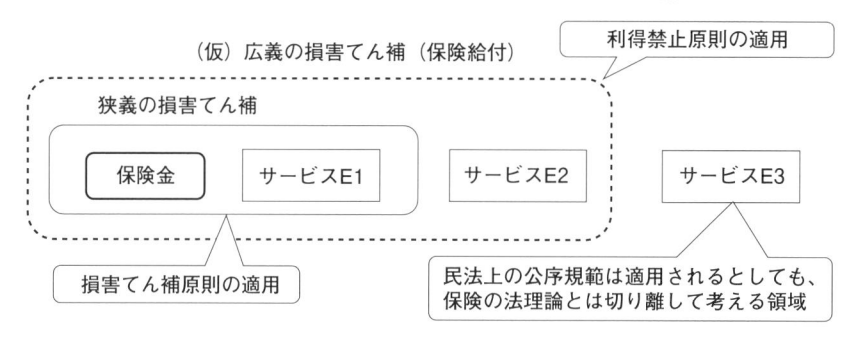

(仮) 広義の損害てん補（保険給付）　　　利得禁止原則の適用

狭義の損害てん補
　保険金　　サービスE1　　　サービスE2　　　　サービスE3

損害てん補原則の適用　　　民法上の公序規範は適用されるとしても、保険の法理論とは切り離して考える領域

7．まとめ

(1) 考察から得られる結論

　本章の検討をもとにすると、次の結論が得られる。
　保険会社によって提供されている各種サービスのうち、偶然の事故といったトリガーを必要とすることなくいつでも利用可能なサービスは、類型E2として位置付けることはありえないわけではないが、その対価を保険料としてよいかを考えると、それを保険制度の内枠で考えることに難点があるので、保険とは別のサービス（E3）と位置付けて、1つの保険商品において、保険契約とサービスの契約が組み合わされているとみるのが妥当と考える[51]。E3の類型のサービスは、保険契約上の給付には当たらない以上、そのための対価は保険料とは別のものといえ、また、このようなサービスを保険契約とともに実施してよいかは、保険理

51　定額現物給付の可能性についての議論であるが、健康に関する簡易な助言サービスなどは、周辺的な給付であり、保険契約の付随的サービスとしておけば足りるとの見解がある（山下・前掲注46）11頁）。なお、そのように考えた場合、その対価は、保険料とは別に徴収すべきか否かという論点が存在するように考えられる。

論や保険契約法とは別の観点から検討すべき事項となる。すなわち、保険業法上の他業の制限[52]、同法上の特別利益提供の禁止[53]、独占禁止法の不公正な取引方法[54]、景表法[55]、その他当該サービスの実施に関係する監督法規等の観点からの検討が必要であろう。

一方、偶然の事故といったトリガーがあるサービスは、基本的には、保険給付（E1）か、損害保険契約上のそれ以外の給付（E2）といえるのでないかと考えられる。保険給付（E1）としてとらえることができるかどうかは、当該保険における損害てん補の損害概念によってくる。これを広く考えれば、E1として認識する領域が広くなる。免脱型の賠償責任保険における示談代行などは、E1といえる[56]。しかし、保険給付にはあたらない場合（したがって、そのサービスのみを切り出して単独で行った場合には、その契約は保険契約とはならない場合）においても、必要といった広い利益概念を背景としている限り、トリガーのあるサービスは損害保険契約上の給付（E2）とみてよいものと考えられる。事故対応のための各種のアシスト・サービスやロード・サービスは、E2としてよいものと考えられる。それらは、保険契約の中に一体のものとして組み込むことが可能であり[57]、また組み込まれた場合は、その対価は保険料の一部として徴収することが妥当といえる。これらのE1とE2のサービスは、保険契約の一部を構成するのであるから、そのサービスを外部に委託したとしても、保険者は元請責任を負う立場になる。

また、サービスの発動要件と免責事由等については、E1とE2のいずれであっても、保険金の場合と同一である必要は必ずしもないとの結論になる。保険金とサービスの場合で、それぞれが有する性格に違いはあるので、発動要件や免責等

52　保険会社は、固有業務、付随業務及び法定他業並びに他の法律により行う業務のほか、他の業務を行うことができない（保険業法100条）。E3のサービスは、保険制度の枠内には位置付けられない以上、その実施主体については、保険会社が行う場合には付随業務として認められるかという問題となり、子会社が行う場合には子会社の業務範囲規制の問題となる。
53　保険業法300条1項5号。これは、販売にあたって特定の契約者等に対して行う場合に問題となる論点である。
54　独占禁止法2条9項。
55　不当景品類及び不当表示防止法。類型E3にあたる付帯サービスをいわゆるおまけとしてみる場合には、景表法に照らして問題ないかを検討する必要がある。
56　E1の場合は、そのサービスは、保険給付そのものであるから、そのサービスのみを切り出した場合でも、それを損害保険と認めることが可能との議論につながる。
57　当然ながら、必ず当該サービスをE2として保険契約上に取り込まなければならないということはない。E2の領域は、単体で切り離して、保険とは別の契約として、E3として提供する方法も考えられる。

に違いを設けることは合理的な場合が十分考えられる[58]。当然ながら、サービスの発動要件、免責事由等の内容は、保険約款あるいはその他の契約文書上で明確化しておく必要があることはいうまでもない[59]。

（2）各種サービスの意義と課題

各種のサービスは、種々の損害保険の商品において利用されており、長い歴史を有する。それらは、顧客のニーズに対してソリューションを与えるものとして意味がある。保険会社にとっては、保険商品が自由化されて多くの商品が競争する環境において、各種のサービスは、保険商品の付加価値を高め、マーケット戦略上の意味を有する[60]。さらに、社会全体からみても、保険業務を通じて蓄積されたノウハウや情報を保険会社が顧客に提供したり、事故があった場合にサービスと統合した対応を包括的に行うことは、ばらばらにサービスを行う場合に比べて、全体のコストを軽減させ、社会経済的に合理的といえる。

本章では、これらのサービスの位置付けについて保険給付との関係から考察したが、サービスの提供には、その他にも考慮すべき要素が存在する。保険理論面からみて最も重要と考えられるのは、サービスの提供（現物給付の場合も同じ。）は、質の問題を伴う点である。保険金は金銭であり、原則として、質の問題を伴わない[61]。問題となるのは、額の算定とその遅滞責任となる。一方、サービスの提供の場合、サービスの中身自体の質の問題がある[62]。地域的広がりや置かれた状況に違いがあるなかで、質を一定に保てるかが難しいうえ、そもそも均一な質

---

[58] 保険技術上の観点から保険金支払いについて免責としている事象に対しても、サービスのみを提供する方式は可能といえるように考えられる。例えば、リスクが高いために保険金支払いはできない種類の事故であっても、それに対応するための示談サービスや弁護士紹介のサービスのみは提供するなど。

[59] 保険契約上の給付であれば、そのサービスについては、保険約款上に規定すべき事項であるように考えられるが、普通保険約款自体に書かれなければならないとまではいえないだろう。

[60] 特に、インターネットなどの比較情報サイトでは、保険料などの数値で商品の順位付けがされやすいが、こうした付帯サービスは、価格による比較に対して対抗する効果があるように考えられる。

[61] 保険事故対応の良さ悪さといった面で業務の質は問題となるが、給付される中身は金銭であるのでそれには個性がない。示談代行などのサービスでは、対応する人の専門能力や交渉力によってサービス自体の質に違いが出てくる。

[62] サービスは、実施する会社により、また実際に実施する者の技能や意識によって、その質に大きな違いが生じうるという特徴を本質的に有している。一方、契約時は、提供されるサービスについて一般的・概括的な短い文言で表示するほかなく、サービスの水準や質について事前に一般的・抽象的に示すことは難しい。

のサービスはかえって顧客のニーズに適合しない場合もある。ニーズや個別具体的な利益状況は、顧客によって、またトリガーとなる事象が生じた状況によって、千差万別であるからである。更に、契約時と実施時との時間のずれがある場合、その間に、サービスの提供の前提となっていた物理的・技術的・法的状況に変動が生じることもありうる。このように質という難しい要素を伴うサービスの制度を、大数の法則に基づく保険制度において、どのように消化していくかは、今後研究が必要な課題といえる[63]。

本章では、損害保険に付帯される各種サービスについて考察した。それらのサービスを損害保険契約においていかに位置付けるかを考察するうえでは、第5章で示した理論の考え方や枠組みが有益な道具になるものと考えられる。

付帯サービスとは何かを考えていくと、損害てん補とは何かという古典的ともいえる理論問題とともに、更には、これまで必ずしも扱っていなかった給付の質という新しい領域の問題にも遭遇し、損害保険の理論研究がますます重要であることがわかる。

---

63 ここに挙げた論点は、現物給付の場合にも同様にあてはまる。

終　章

1．考察から導かれる結論

　本書では、損害保険における損害てん補の本質について、過去の論争、現在の学説、実務などを分析したうえで、ヨーロッパ保険契約法原則（PEICL）を利用してヨーロッパにおける研究の方向を確認するとともに、イギリス法を詳細に研究して比較を行い、考察すべき論点を明確化して考察を深めた。そうして得られた損害保険給付に関する一般理論を仮説として示すと共に、損害てん補を確保する各種具体的制度を詳細に考察して、仮説として示した考え方が適合するかも考察した。

　本書では、また、損害保険給付に関する各種制度を支える理論を体系的に示すことに努めた。各論における議論も重要と考えるが、ここでは、全体のまとめとして、共通する一般理論の意義を中心に要点を示すこととする。

（1）損害保険における損害てん補の本質

　まず、本書では、損害保険における損害てん補の本質について、以下の理解が相当であると導いた。すなわち、損害保険における損害てん補とは、保険制度上の1つの給付方式（様式）であり、損害保険契約は、損害てん補方式という保険の給付方式の利用を合意している契約として理解し、保険法における損害保険契約に関する規律は、この方式（制度）を利用する契約類型に対して適用される規律を示すものと理解した。この損害てん補という給付方式は、保険制度・経済制度としての合理性に加え、社会的健全性を内包し、この方式を確保するための方法の全体についての規範を、「損害てん補原則」として整理した。すなわち、損害てん補原則は、経済合理性と社会的健全性の両面を織り込んだ制度上の方式の骨格となる考え方を示すものとした。経済合理性とは、事前に保険料を合理的に算定して支払いを効率的に行うことができる制度であることなどの保険技術と経

済制度としての合理性に基づく側面である。一方、社会的健全性とは、損害保険が社会的に健全な制度として運営されるために、損害てん補給付という方式において織り込まれていると理解される側面である。しかし、この社会的健全性に関する側面は、損害てん補の給付において一般的・客観的に問題ないといえる水準を前提にしたものであるので、個別具体的な経済主体の状況に照らした場合に、そこからの逸脱が直ちに禁止されるべき水準にあるとまではいえない。すなわち損害てん補原則は、十分条件として理解されるものである。損害保険における損害てん補に関する各種制度・規律(保険価額、約定保険価額、重複保険、残存物代位、請求権代位などの制度とそれに関する法律規定)は、いずれも上記の損害てん補原則に照らして体系的に理解することができる。

(2) 損害てん補と利得禁止の関係

第2は、損害てん補と利得禁止の関係である。損害てん補原則は、一般的な水準としての社会的健全性を織り込んだものであるので、保険の種類や被保険者の状況などの個別具体的な状況をもとに、損害てん補原則からの逸脱は認められるものと考えられる。しかし、際限なく契約当事者に契約自由が認められることは適切でなく、禁止すべき限界は存在すると考えられる。保険は、賭博保険の流行の中でそれから峻別するために制度を深化させてきた長い歴史があり、また、モラル・ハザード等の保険の弊害が生じやすい制度である。当事者の契約自由は、民法90条の公序良俗違反となる場合には認められないことは当然であるが、民法90条によって契約自体が無効となるレベルでなくても、損害保険という制度を利用する以上は、その社会的健全性を確保するために、民法90条より更に厳しいレベルの制限が存在するものと考えられる。すなわち、損害てん補原則と民法90条による契約無効の間において、なお保険制度として、契約自由が制限されるべき限界は存在するものと考える。本書では、損害保険制度及び損害保険契約という法形式を利用する限りは守らなければならない契約自由の制限を導く強行法的な規律を「利得禁止原則」と称している[1]。このような禁止原則は、現行の保険法の中にも解釈原則として存在し、その考え方は、18条2項(保険価額を著しく超える約定の無効)や3条(損害保険契約の目的)を実定法上の根拠として導くことができ

---

1 これは、筆者が、過去の論文において「広義の利得禁止原則」と称した原則である。第3章及び第5章参照。

ると考えられる。

　利得禁止原則は、損害保険契約が、損害保険契約以外の保険契約、各種共済、損害賠償請求権、物権などの各種の制度における権利や給付と併存する場合においても適用されるべき原則といえる。しかしながら、この原則は、保険制度における利得禁止原則として、原則が適用される領域は、損害保険契約が介在する場合と考えられ、あくまで、損害保険制度を利用した場合に、保険制度の視点から損害保険契約について強行法的に適用される原則として位置付けるべきである。なお、利得禁止は、被保険者の財政状態に照らして判断されるべきものであり、必ずしも給付の態様と直接結びついた問題とはいえないことから、利得禁止原則についても、原理的には、損害てん補という給付方式をとる場合に限って適用される原則と位置付けることは相当でなく、給付の方式が定額であっても問題になりえるものと考えられる。しかし、その具体的な限界の認定においては、物・財産の保険と人についての保険において違いがあって当然である。

　以上を保険法の解釈に適用すると、約定保険価額、重複保険、残存物代位、請求権代位は、いずれも利得禁止原則に触れない範囲において（片面的強行規定の適用の問題は別に存在するとして）、契約自由が認められてよいということになる。

（3）損害てん補と被保険利益の関係

　わが国の保険契約理論は、学説による違いはあるが、損害保険の損害てん補の本質を被保険利益概念を用いて説明し、被保険利益を中核において損害保険契約の全体を体系的に説明する立場を長く採っていたといえる。しかし、本書における考察により、保険給付における給付の態様に関する問題と契約の前提として存在する利益の問題とは切り離して理解することが適切であり、利益は、損害が発生する原因の根拠となる状況を指すものとして考えるべきことを、結論として導いた。この考え方によれば、利益関係が存在する場合に損害が発生するが、損害の量は、必ずしもその利益上のマイナスとして計測する必要もないということになり、また、利益が存在しなければならないということは、損害が生じるリスクが存在しなければならないということと同義として理解することになる。損害てん補は給付の態様として、利益は損害発生の前提として契約の効力要件として位置付ける体系が相当であり、この考え方は、新たに制定された保険法の条文に照らしても整合的である。利益とてん補する損害の量的評価を分離するうえで最も

重要となるのは、理論的には、保険価額の概念となる。保険価額について保険法が示した定義は、定義としての一般性・網羅性に難点はあるが、保険法の体系において、条文上は損害てん補と利益の存在の問題を切り離す形になっているので、その点からも、本書における理論は、保険法条文に整合的であるということができる。

（4）損害保険に関する契約理論

第4は、損害保険に関する新たな理論体系構築への示唆である。本書は、損害てん補を確保する各種規律とその契約自由の範囲に関する理論を体系的に示すものである。損害保険契約においては、損害てん補原則に基づく給付方式がデフォルト・ルールとして契約上の合意内容となるが、その損害てん補原則は、個別の契約において具体的に何を損害として認識するかまでも示すものではない。何を損害としててん補するかという具体的な給付内容は、被保険利益の概念から演繹的に示されるものではなく、何を損害と認識し、いかなる基準でそれを量的に計測して支払うかを契約において明確化する方式によって達成されるべき事項といえる。そして、そのような損害を受ける利益状態が存在するかどうか（すなわち、リスクの存在）によって、その契約の効力が認められるかどうかが定まるのである。

伝統的学説における理論体系は、まず初めに被保険利益概念を置いて、それをもとに損害てん補までを説明していく体系にあったと考えられる。すなわち、論理の流れの順としては、(i)被保険利益、(ii)契約で対象とする被保険利益の明確化、(iii)その利益の経済的評価額（保険価額）の算出、(iv)利得禁止原則等による制限、(v)保険価額に照らした損害てん補、および(vi)利得禁止原則による更なる調整となる。

一方、本書で示した理論によれば、契約の有効性と給付の態様規整は切り離してよい問題となるので、考え方としては、契約締結時においては、(i)てん補対象とする損害とその評価についての契約上の明確化、(ii)利得禁止原則に基づく制限、(iii)被保険者はその損害を受ける利益関係を有するかその見込みがあるかを問題とすることになり、事故が生じた場合には、(i)被保険者に契約で対象とした損害が発生しているか、(ii)契約で合意しているてん補方式（変則的状況における各種の調整制度を含む）の適用、(iii)被保険者の状況において利得禁止原則に照らして更

なる調整が必要であればその適用、という流れになる。利益関係は、契約の効力要件としてその意義を認めることになる。また、このプロセスにおける「てん補対象とする損害とその評価についての契約上の明確化」によって評価された価値を保険価額ということができる。すなわち、保険価額は、てん補する損害の評価基準に従って測定した物・財産についての損害がない場合の最高評価額ということができ、保険者が負うリスク量として保険料算定に利用される。てん補基準であるから、事故時は、保険価額に基づいて損害が算定されることは、論理的必然となる。

（5）実務運用面における意義

本理論は、実務運用面においても、以下の意義があると考えられる。

まず、本理論は、現行の保険法の解釈論において、損害てん補に関する各種規律の趣旨が問題となる場合の指針となりうるものと考える。例えば、保険価額の約定における契約自由の認定、重複保険における調整とその特約の有効性、残存物代位や請求権代位に関する調整や特約の有効性などの解釈においては、規律の趣旨が問題となる。その場合には、これらの規律が対象とする制度に存在する理論をいかに理解すべきかが重要となるので、本書における理論を保険法等の解釈問題等に生かすことができる[2]。

第2に、本理論は、保険金といった給付ではない、各種サービスなどの位置付けなど、これまで保険契約の研究において必ずしも整理はされていない問題に対しても、考え方の枠組みを提示するものである。現実の損害保険商品には、各種のサービスが付帯されている。これらのサービスについては、実際に提供されながらも、保険給付との関係が必ずしも明確とはなっていない状況にある。本書で示した理論は、各種サービスの位置付けを整理して、それらの損害保険契約上の扱いを明確にするうえでも、有益な理論となるものと考えられる。

第3は、新たな損害保険商品の考察においても理論的な基礎として意味がある

---

[2] 本書における考え方（特に、重複てん補と利得禁止に関する考え方）を利用して判例を考察した論文として、拙稿「労災保険金と損益相殺的調整を行うべき対象は損害賠償債務の元本かその遅延損害金か」損害保険研究73巻4号221頁（2012年）。また、利益保険における損害の認識を考察することによって判例の妥当性を考察したものとして、拙稿「建物の火災を保険事故とする企業総合保険契約における利益喪失保険において、企業の営業実態を踏まえて保険金を算定した事例」損害保険研究76巻3号291頁（2014年）。

と考えられることである。わが国の保険法は、損害てん補と定額給付という給付の態様を基準として、契約類型を分類して、損害保険契約（及びその下位概念として傷害疾病損害保険契約）、生命保険契約、傷害疾病定額保険契約に分けて規律を示す方式をとる。ここには、物・財産についての定額保険は契約類型としては存在しない。したがって、例えば、定額給付方式で給付を行う物・財産の保険（商品）が、契約として認められるか、認められるとすれば、保険法及び保険業法上、いかなる扱いになるかが問題となる。本書の考え方は、こうした問題を考察する上でも有益と考える。以下に、この点について若干論じておく。

まず、損害保険という枠組みを利用する以上は、公序良俗についての民法90条の問題のほかに、保険における利得禁止原則が強行法的に適用されると考える。そこで、まず、物・財産の定額保険が利得禁止原則に照らして有効といえるかが問題となる。物・財産に対する事故を対象として、経済主体に生じる財政的状況に全く関係せずに、自由に保険給付額を設定できるという定額保険は、民法90条に照らして無効とならない場合であっても、利得禁止原則に触れるものと考えられるので、それを損害保険として行うことは認められないといえる。しかしながら、例えば、建物倒壊事故が生じた場合に損害額の算定をせずに直ちに当座の緊急対応のために必要と考えられる約定した額を支払うような給付の方式[3]は、損害てん補原則からは乖離するが、利得禁止原則には抵触しないものと考えられ、その給付制度を保険の仕組みを利用して行う場合、保険契約として禁止されるべきとはいえないことになる。すなわち、経済主体に発生する経済損失の存在が明らかで、給付がそれに対応して充当される性格を有している場合は、利得禁止原則に照らしても許容されると判断することができる。

次に検討すべき問題は、定額方式ではあるが損害に対応する給付を行う契約を保険法における損害保険契約として認めてよいか[4]（また、保険業法の下での損害保険事業として認められるかどうか[5]）いう問題となる。その場合の考察において基本

---

3 例えば、居住する住宅が火災や台風などで倒壊した場合に、直ちに50万円を給付するという契約方式。
4 更に法律上の適用の問題として、その取引が「保険」の取引といえるかという問題が存在する。その場合に、法規の趣旨・効果を踏まえた適用が必要である。その点につき、後藤元「法律の適用・解釈における法律概念の役割」保険学雑誌609号49頁（2010年）参照。
5 わが国では、損害保険事業は、保険業法のもとでの認可事業として実施されているので、その観点からの考慮も必要となる。業法上の損害保険事業の問題については、本書では扱わない。

とすべき点は、その保険が経済的な金銭に見積もることができる損害をてん補するものといえるかどうかとなるが、本書の理論に基づけば、損害てん補の対象たる損害の概念は多様性があり、それをいかに認識しててん補額を算定するかは契約に委ねてよい問題となる。よって、損害という要素は必要であるが、その捉え方に柔軟性があってよいということになる。ここで挙げた事例のような場合は、財物に物理的損害が発生したことをトリガーとして、実際に生じる財政状況上の損害の一部に充当できる金銭を支給する方式であるので、損害と給付との対応関係が明確に認められ、給付金の本質を損害のてん補のための金銭とみることができる。よって、その給付金の本質は、損害のてん補とみることができる。

損害額の厳密な算定は時間と費用を要するので、こうした方式は、社会的な要請やニーズにも適合する。厳密な損害額査定の省略方式は、一部すでに存在しているとみることもできる。火災保険における臨時費用の支払いは、実際に生じている費用を立証させて実費に対して支払う給付ではない[6]。また、建物・家財の物理的状態を全損・半損・一部損の3つに分けて保険金額に一定割合を乗じて支払う地震保険の給付方式も、実際の損害額を算定してそれをてん補する方式ではない[7]。これらの方式は、厳密な損害額の算定は行わないもので、実際に生じた損害額を算定して損害てん補する方式ではないが、損害に対する給付を与える制度であり、かつ、利得禁止原則に触れない運営が確保されているので[8]、損害てん補に関する本理論からみて、損害保険契約の範疇の契約として理解することができると考えることになる。

物・財産についての定額給付方式の保険は、トリガー・イベントに対して請求権が発生する点で保険デリバティブに近い制度になり、また、生命保険などの定額保険にも接近する[9]。もし、物・財産の定額方式の類型の保険に保険法が適用されないとするならば、これらを保険法が適用されない自由な契約類型とみること

---

6 火災保険における臨時費用保険金などは、損害てん補内のものとして理解されている（山下友信＝永沢徹編著『論点体系　保険法１』（第一法規、2014年）53頁〔山本哲生〕）。
7 復旧を要件として、そのための費用を算定して支払うものではないので、純粋の費用保険ということもできない。
8 火災保険金額の半分までの設定となっていることから、利得禁止原則に照らして何ら問題ない運営といえる。
9 保険デリバティブの地位について、山下＝永沢・前掲注６）54頁、山下友信「保険・保険デリバティブ・賭博　リスク移転取引のボーダー」江頭憲治郎＝増井良啓『融ける境　超える法３　市場と組織』242頁（東京大学出版会、2005年）、土岐孝宏「天候デリバティブ・地震デリバティブの商法上の地位」中京法学41巻３・４号317頁（2007年）参照。

になるが、それは適切ではない。なぜならば、損害に対応する給付制度を採り、保険という制度を利用する方式であるにもかかわらず、強行原則に対する潜脱を認めることになってしまうからである。給付金の算定方法が損害てん補方式に厳格には従っていないとしても、なおその給付が損害に対応するものであるのであれば、損害保険契約の範疇の契約として、損害保険契約の規律を適用又は類推適用させ、利得禁止原則に反する逸脱は許容しないということが必要である。すなわち、定額給付の方式をとる場合であっても、利得禁止原則が強行法的に適用されると考え、利益の存在（てん補の対象とする損害が生じるという利益関係が存在すること）を不可欠の効力要件として適用又は類推適用し、重複保険や保険代位などの損害てん補に関する調整制度も、利得禁止原則に触れるレベルになれば強行法的に適用又は類推適用すべきである。それらの点で、こうした保険は各種のデリバティブや生命保険などと区別されることになる[10]。

　このように、物・財物についての保険については、利得禁止原則を強行法的に適用し、その範囲内においてのみ、損害てん補方式の柔軟化が許容されると考えるべきである。このことを逆にいえば、損害保険として開発する商品については、損害の具体的認識において柔軟性が認められてよく、保険法に示される損害てん補方式からの逸脱も認められてよいが、少なくとも、給付が損害てん補にあたるといえて（損害に対するてん補の制度であるという損害と給付の対応関係があること）、それが利得禁止原則に抵触しないことが確保されることが絶対的な条件となるということになる。

　以上のとおり、本書で示した理論は、定額給付方式の損害保険商品について考察するうえでも意味があるものと考えられる。

　更に、本理論は、物・財産についての現物給付方式の保険を考察する場合にも有効であるものと考えられる。現物給付は、そもそも損害てん補原則を厳格に充足する給付ではないので、現物給付方式の保険は、利得禁止原則に照らして認められる範囲において、損害との対応関係を元にその是非が判断されるべき保険といえる。

　社会においていかなる給付制度が必要か、損害保険は何を損害としててん補していくことが必要か、また望ましいかは、常に探求されなければならない事項で

10　本書は、損害保険の本質からの考察であり、この問題は、デリバティブや定額保険の本質の視点からの考察も必要である。その点については、今後の課題としたい。

ある。損害保険の契約理論は、基本的なインフラとして、こうした社会的な要請に適切に応えるものである必要がある。

もっとも、損害保険商品としての適格性の判断は、本書で示した契約理論上の論点のみでもって判断されるべきものではないことはいうまでもない。損害保険は、社会的に健全な制度として運営される必要があり、利得禁止を種々の点から制御できるような仕組みが必要である。また、損害保険が与える社会経済上の影響も十分に考える必要がある。いずれにせよ、損害保険は、安心と安全のための制度として、事故によって経済的損失を被った経済主体に対して役に立つという社会的使命を発揮するものでなければならず、また、悪用されたり、社会的な問題を生じることがないような運営が不可欠である。

2. 残余の研究課題

本書では、損害てん補の本質について考察を進めたが、残された課題も多く存在する。

本書では、損害てん補という給付方式に着目することで損害保険契約の本質の解明を試みた。しかし、そこから被保険利益とは何かを示すことはできなかった。被保険利益についての考察は、今後の課題となる。被保険利益に関して、本書の考察から得られた問題意識をまとめると、以下のとおりとなる。

まず、保険制度において損害は利益上に認識するものであるが、損害の態様の多様性から、損害の種類ごとに異なる利益を認識することは適当といえない。1つの利益状況からさまざまの損害が生じる。そのため、利益の認識から自動的に損害の種類と評価が定まるものではない。こうしたことから、損害保険契約においては、誰のいかなる損害を対象として、いかなる評価でてん補するかを契約で取り決める必要がある。その結果、保険者は、最大支払額（リスク量）を具体的に認識して保険料の算定も可能となる。そして、当該経済主体にてん補の対象とする損害が発生する可能性がない場合には、契約は損害てん補という目的を失い、原始的に効力を失う。損害を被る可能性があるのは、被保険者が損害が発生する利益関係を享受している場合となる。

損害てん補という給付方式の合意から損害保険契約の全体を捉える場合、そこでは、損害の種類・評価という次元と損害発生のリスクが生じる原因（源）とい

う2つの次元において、利益概念を利用している。しかし、これらの2つの次元における利益は、必ずしも同一ではないので、両者を同一視することは適切でない。両者をともに被保険利益と呼べば、被保険利益に2面性が生じてしまう。前者については、てん補対象損害の認識において消化できるので、被保険利益という概念を利用する必要性はない。また、重複保険や代位などの各種損害てん補制度を説明する場合にも、被保険利益概念を利用する必要はないことは、本書の各論の考察からも明らかである。そこで後者に対してのみ被保険利益と称することとしても、契約の前提に対して契約の目的という地位を与える必要があるか疑問がある。この後者の契約の前提として認識する利益概念は、PEICLにおけるinsured risk に近い概念といえる[11]。損害てん補という契約の内容を定めた場合に、損害てん補の給付を受けるべき者が損害が発生する根拠となる原因（源たるリスクの存在）を有していなければ、物が存在しない場合の物の売買契約と同じく、契約は原始的に無効といえる。このことは、損害をてん補するという契約の目的から考えて当然である。したがって、この場合も、被保険利益という概念をわざわざ持ち出さなければならない必要性があるのかは疑問がある。

　このような疑問を突き詰めていくと、保険法において、被保険利益という概念を導くことができるのかについても疑問なしとはいえないということになる。被保険利益に関すると考えられている保険法3条は、金銭に見積もることができる利益に限り、損害保険契約の目的とすることを規定するが、この意味は、素直に読めば、金銭に評価できる損害を損害てん補の対象とするという損害保険契約の本質を定義した規定と読める。その結果、本条文から、金銭に換算できない損害に対する損害保険や何の制限もなく自由に金額を設定できる定額保険は、損害保険契約とはいえないこととなる。この規定は、損害保険の本質を示す規定として理解でき、3条に該当しない契約は、損害保険契約としては認められないと導くことができる。それは損害保険の本質であるので、3条を強行規定と理解することができる。しかし、従来、3条のもとで議論されてきた被保険利益の存在と適法性の問題は、3条をその直接の根拠規定とみるのではなく、被保険利益の存在の問題は損害が発生しない状況における契約の有効性の問題として、また、契約の適

11　ヨーロッパ保険契約法原則では、保険事故とは別の概念として、契約の有効性の問題として、insured risk という用語を利用している（第12：101条）。insurable interest という用語は利用されていない。この概念は、新しい理論体系の方向性を示すものとして興味がもたれる。

法性の問題は、契約の内容の全体から判断すべき問題といえる。

このように考えると、被保険利益の機能は、その種類と評価という側面は、誰のいかなる損害をてん補するかという合意の中で消化され、契約の前提としての被保険利益の存在の問題は損害てん補の給付を受けようとする主体にその損害が発生するリスク状況があるか、その給付を与える契約が適法といえるかといった契約自体の問題として理解すればよいので、被保険利益という用語をあえて持ち出す必要があるのかどうか疑問がある。更にいえば、保険法条文は、むしろこのような考え方に親和的であるように考えられる。第6章で考察したとおり、保険価額の定義の変更によって、契約の成立から損害てん補までを一貫して支配していたと考えられる利益概念は存在しなくなったと考えることができる。保険法の条文から被保険利益概念をこれまでと同じように導くことができるのかは、そもそも疑問がある。

このように本書の考察は、被保険利益概念の存在意義という根本に対しても疑問を投げかけるものとなった。しかし、このような被保険利益に関する問題提起は、伝統的な学説からみると相当違和感があるものと考えられる。本研究は、損害てん補という切り口から出発した考察であり、被保険利益については、更に研究を深めていきたい。

第2の課題は、人についての損害保険についてである。本書では、種々の損害保険のうち、海上保険を中心として、物・財産の損害保険を射程範囲として考察を加えた。それは、これらの保険契約は、損害てん補の保険契約の典型的な形態といえ、保険契約法の理論を最も純粋な形で考察できると考えたためである。本書で示した理論は、基本的には、その他の類型の損害保険契約についてもあてはまるものと考えられる。しかし、人の損害保険については、別の考察も必要である。その理由は、形式的には、損害てん補原則の適用のある損害保険契約という外形をとりながらも、その経済的実質は、定額給付の保険と変わらないと考えられる場合があるためである。そして、同一の事象に対して、損害てん補、定額給付、その他の各種給付の契約を重畳的に締結することが認められているためである。傷害、疾病などの人の分野の損害保険については、損害てん補という枠組みを利用する場合には損害てん補原則というてん補方式に整合的な運用が必要であるが、利得禁止原則の適用については、柔軟であってよいと考えられる。しかし、利得禁止原則の条文上の根拠を含め、これらの人の保険における損害てん補

の在り方とその限界の基準をいかに導くかも、今後の課題となる。

　第3は、損害保険以外の保険契約や保険デリバティブについてである。

　本書で導かれる考え方によれば、損害てん補における損害概念は、柔軟性があってよく、その限界が利得禁止原則ということになる。損害概念を柔軟化させていけば、損害とは経済的な必要という範囲に向けて広がっていくが、その結果、損害保険と定額保険の境界はあいまいになっていく。一方、利得禁止原則は、社会的な禁止原則であり、禁止が正当化されるのは、被保険者の財政状況を基礎として、禁止すべき実態が存在する場合である。よって、利得禁止原則の発動は、具体的事実関係によって判断されるべきといえる。この考え方をもとにすれば、物・財産の保険においても、利得禁止原則に触れない範囲において定額給付方式を採用することに理論的に問題はないということになるが、逆に、定額給付方式の人の保険についても、利得禁止原則に触れる状況が存在し得ることになる。生命保険契約などの定額給付保険について利得禁止原則は存在するか、その条文上の根拠は保険法に存在するか、その場合には、いかなる状態を禁止の対象とするかについては、多様な種類と機能を有する各種定額保険の特徴とその本質の考察を含め、更に検討を深める必要がある。本書の考え方によれば、保険という制度を利用する以上は、利得禁止原則が適用されると考えるが、利得禁止原則によって禁止されるべき具体的な水準は、この原則が社会規範的な原則であることを鑑みれば、人の保険においてはより柔軟性があってよいといえる。物・財産の所有・使用等の利益に比べて、人が生きて生活する上での利益はより幅があるので、自らの負担によって準備する保険制度において給付を過剰として強行法的に禁止すべき水準は相当限定されてしかるべきである[12]。

　利得禁止原則の適用可否の問題は、保険デリバティブにおいても問題となりえる。保険契約という法形式を利用せずに保険デリバティブという形式を利用した場合には、民法90条により契約が無効となるレベルまでは、何の利得禁止原則も適用されないと理解してよいかについても更に検討すべきであり、これも残された課題となる[13]。

---

[12] 遺族のための死亡保険と年金を含めた生存保険との間でも、保険の機能に大きな違いがある。特に後者は、将来のために財産を形成していく側面が強く、利得禁止という量的制約を強行法的に認めるべき理由は弱いように考えられる。

[13] クレジット・デリバティブを巡っても、利得禁止や損害てん補が問題となる（嘉村雄司「クレジット・デリバティブ取引に対する保険契約法・保険監督法の適用可能性の検討」損害保険研究76

本書の考察からは、デリバティブという名称をとりながらも、その実質が保険と同じ大数の法則を利用したもので、かつ物・財産についての経済的な損害をてん補することを趣旨とする場合には、損害保険契約と同じく、利得禁止原則を適用すべきであるということができる。そうでなければ、損害保険契約における強行規範からの潜脱が生じてしまうからである。この点は、現物給付の損害保険や物・財産に対する定額保険における利得禁止原則の適用の在り方と歩調を合わせて考える必要がある。

　保険デリバティブには、各種の方式が存在し、デリバティブという枠組みのなかでは、広くさまざまな給付制度が可能となる。多様な金融商品について、利得禁止原則の適用を一律に議論することは困難があり、個々の種類毎に検討する必要がある。この点も、今後の課題となる。

巻2号1頁（2014年）。本論文の考え方は、保険デリバティブの研究にも一定程度適合するものと考えられるが、その点は、今後の課題としたい。

初出一覧

　本書で利用した論文は、各章の冒頭にそれぞれ示しているが、以下のとおりとなる。本書では、それぞれの論文発表時の主張内容については、基本的には変更せずに、保険法制定や学説の進展等を踏まえて、本書の体系に沿うように、必要な加筆・修正を行っている。

序　章
　書き下ろし
第１章
　「損害保険者の損害塡補義務――保険制度における損害塡補の特徴とその可能性――」沢野直紀＝高田桂一＝森淳二朗編『企業ビジネスと法的責任』288頁（法律文化社、1999年）
第２章
　「損害保険における損害てん補の位置づけ」『寄附講座「保険学講座」十周年記念誌』95頁（九州大学出版会、1998年）
第３章
　「『損害てん補原則』とは何か」石田重森＝江頭憲治郎＝落合誠一編集代表『保険学保険法学の課題と展望　大谷孝一博士古稀記念』423頁（成文堂、2011年）
第４章
　「海上保険における直接損害てん補の原則について――海上保険における損害と被保険利益の関係――」早稲田商学433号31頁（2012年）
第５章
　「損害てん補と定額給付は対立概念か」保険学雑誌555号64頁（1996年）
第６章
　「保険価額について――保険法における定義とその意義――」保険学雑誌624号183頁（2014年）
第７章
　「約定保険価額の拘束力――損害保険契約における利得禁止原則に関連して――」損害保険研究75巻4号69頁（2014年）
第８章
　「重複保険の法理――保険法の下での新たな枠組み――」早稲田商学439号207頁（2014年）
第９章
　「残存物代位制度について」損害保険研究58巻4号141頁（1997年）
第10章
　「イギリス法における保険代位の概念と法律根拠」損害保険研究57巻3号125頁（1995年）
　「保険代位制度について――機能面から見た制度の本質――」経済学研究（九州大学）62巻1～6号487頁（1996年）
　「Subrogation in Insurance and Unjust Enrichment――An Examination of English and Japanese Laws from a Comparative Standpoint――」経済学研究（九州大学）63巻4・

5 号57頁（1997年）

「請求権代位により保険者が取得する権利——保険者は保険給付により被保険者の損害賠償請求権に係る遅延損害金請求権に代位するか——」早稲田商学431号633頁（2012年）

第11章

「損害保険における付帯サービスの位置づけ」損害保険研究74巻 2 号15頁（2012年）

終　章

書き下ろし

なお、その他、次の拙稿についても、本文中で一部参照している。

「損害保険における損害てん補の意味 ——英国高等法院判決 *The Wind Star* が提起する問題——」海事法研究会誌132号 1 頁（1996年）

「労災保険金と損益相殺的調整を行うべき対象は損害賠償債務の元本かその遅延損害金か」損害保険研究73巻 4 号221頁（2012年）

「損害防止費用とは何か——損害防止費用における損害の意味——」保険学雑誌618号97頁（2012年）

「建物の火災を保険事故とする企業総合保険契約における利益喪失保険において、企業の営業実態を踏まえて保険金を算定した事例」損害保険研究76巻 3 号291頁（2014年）

参考文献

【日本語文献】

姉崎義史「損害填補原則と保険条件について」『創立六十周年記念損害保険論集』941頁（損害保険事業総合研究所、1994年）

姉崎義史「損害填補の制限と緩和に関する約款の一考察」『現代保険学の諸相 松島恵博士古稀記念』131頁（成文堂、2005年）

姉崎義史監修 大正海上火災保険株式会社海損部訳『ビクター・ドーバー海上保険法』（原著書 V. Dover, *A Handbook to Marine Insurance,* 8th ed., London, 1975, Chapter V）（成山堂書店、1988年）

甘利公人＝山本哲生編『保険法の論点と展望』（商事法務、2009年）

甘利公人＝福田弥夫『ポイントレクチャー 保険法』（有斐閣、2011年）

粟津光世「中国保険法における請求権代位」文研論集119号109頁（1997年）

伊沢孝平『保険法』（青林書院、1957年）

石井照久著＝鴻常夫増補『海商法・保険法』（勁草書房、1976年）

石田清彦「イギリス法における全損制度について──船舶・貨物を中心として──」『海法会誌』復刊第36号135頁（1993年）

石田満「損害保険契約における利得禁止(1)」損害保険研究37巻2号1頁（1975年）

石田満『商法Ⅳ（保険法）』（青林書院、1978年）

石田満『保険契約法の論理と現実』（有斐閣、1995年）

石田満『商法Ⅳ（保険法）〔改訂版〕』（青林書院、1997年）

石原全『約款法の基礎理論』（有斐閣、1995年）

石山卓磨編著『現代保険法〔第2版〕』（成文堂、2011年）

今井薫＝岡田豊基＝梅津昭彦『レクチャー新保険法〔新版〕』（法律文化社、2011年）

今泉敬忠『英国 P.&I. 保険の研究』（成文堂、1993年）

今泉敬忠『日本船主責任相互保険組合の新定款および保険契約規定の研究』（損害保険事業総合研究所、1998年）

今泉敬忠＝大谷孝一『海上保険法概論〔第3版〕』（損害保険事業総合研究所、2010年）

今泉敬忠＝大谷孝一＝中出哲『海上保険法概論〔改訂第4版〕』（損害保険事業総合研究所、2014年）

今村有『海上損害論』（巌松堂書店、1952年）

今村有「新価保険の適法性とその法的構造」『創立三十周年記念損害保険論集』215頁（損害保険事業研究所、1965年）

今村有『海上保険契約法論 上巻』（損害保険事業研究所、1978年）

今村有『海上保険契約法論 中巻』（損害保険事業研究所、1979年）

今村有『海上保険契約法論 下巻』（損害保険事業研究所、1980年）

上松公孝『新保険法（損害保険・傷害疾病保険）逐条改正ポイント解説』（保険毎日新聞社、2008年）

内田貴『民法Ⅱ〔第2版〕債権各論』（東京大学出版会、2007年）
江頭憲治郎『商取引法〔第2版〕』（弘文堂、1996年）
江頭憲治郎『商取引法〔第6版〕』（弘文堂、2010年）
江頭憲治郎『商取引法〔第7版〕』（弘文堂、2013年）
大串淳子＝日本生命保険生命保険研究会編『解説 保険法』（弘文堂、2008年）
大島眞一「交通損害賠償訴訟における虚構性と精緻性」判例タイムズ1197号27頁（2006年）
大谷孝一「重複保険の場合における保険者間の分担——英国海上保険法を中心として——」『創立60周年記念損害保険論集』689頁（損害保険事業総合研究所、1994年）
大谷孝一『フランス海上保険契約史研究』（成文堂、1999年）
大谷孝一「英国海上保険法上の重複保険についての若干の考察」関西大学商学論集45巻4号33頁（2000年）
大谷孝一「相当因果関係説をめぐる相剋」損害保険研究69巻3号1頁（2007年）
大谷孝一「2009年新協会貨物約款(A)・(B)・(C)」早稲田商学422号25頁（2009年）
大谷孝一監訳＝中出哲＝前田一郎＝中田栄一訳『新訂 貿易貨物保険の基礎』（原著書 D. Badger and G. Whitehead, *Elements of Cargo Insurance*, 1983）（成文堂、1992年）
大谷孝一編著＝江澤雅彦＝李洪茂＝土田武史＝中出哲共著『保険論〔第3版〕』（成文堂、2012年）
大谷孝一＝中出哲＝平澤敦編著『はじめて学ぶ損害保険』（有斐閣、2012年）
大谷光彦監修 トーア再保険株式会社編著『再保険 その理論と実務〔改訂版〕』（日経BPコンサルティング、2011年）
鴻常夫「海上保険契約法改正試案について」『海法会誌』復刊33号3頁（1990年）
鴻常夫『保険法の諸問題』（有斐閣、2002年）
大林良一「損害保険の特質——『損害保険性』——」『創立三十周年記念損害保険論集』319頁（損害保険事業研究所、1965年）
大森忠夫『保険契約の法的構造』（有斐閣、1952年）
大森忠夫『保険契約の法的構造〔第3版〕』（有斐閣、1956年）
大森忠夫『続保険契約の法的構造』（有斐閣、1956年）
大森忠夫「損害保険契約と定額保険契約」『創立三十周年記念損害保険論集』455頁（損害保険事業研究所、1965年）
大森忠夫「保険法における『利得禁止』をめぐるスイス学界の論議について」『創立三十五周年記念損害保険論集』105頁（損害保険事業研究所、1969年）
大森忠夫『保険契約法の研究』（有斐閣、1969年）
大森忠夫『保険法〔補訂版〕』（有斐閣、1985年）
岡田豊基『請求権代位の法理——保険代位論序説』（日本評論社、2007年）
岡田豊基『現代保険法』（中央経済社、2010年）
岡田豊基「請求権代位に関する規律の現代的意義」損害保険研究73巻2号57頁（2011年）
岡田豊基「人身傷害補償保険における保険者の代位取得の範囲」石田重森＝江頭憲治郎＝落合誠一編集代表『保険学保険法学の課題と展望 大谷孝一博士古稀記念』359頁（成文堂、2011年）

奥田昌道編『新版　注釈民法(10)Ⅱ　債権(1)　債権の目的・効力(2)』（有斐閣、2011年）
落合誠一＝山下典孝編『新しい保険法の理論と実務』（経済法令研究会、2008年）
落合誠一監修・編著『保険法コンメンタール（損害保険・傷害疾病保険）』（損害保険事業総合研究所、2009年）
海上保険法制研究会「わが国の海上保険法制のあり方について──標準的な海上保険実務を踏まえて──」損害保険研究75巻4号311頁（2014年）
戒能通厚編『現代イギリス法事典』（新世社、2003年）
カク・ボン・ハン『海上保険代位の研究──海運企業の求償リスクとリスクマネジメント──』（正興文化社、1990年）
葛城照三『条解貨物海上保険普通約款論』（有斐閣、1959年）
葛城照三『貨物海上保険普通約款論　付・運送保険普通約款論』（早稲田大学出版部、1971年）
葛城照三「残存物代位によって保険者が取得する権利──取得当時権利に付帯する負担も保険者に移転するか──」損害保険研究37巻1号1頁（1975年）
葛城照三『1981年版　英文積荷保険証券論』（早稲田大学出版部、1981年）
葛城照三監修　大谷孝一＝井土紀六＝平野統一＝下山博也＝西村直晴訳『ロンドン保険協会編　英国海上保険約款の変遷』（原著書 An Historic Records Working Party of The Insurance Institute of London, *Institute Time Clauses-Hulls & Institute Cargo Clauses, Reports H. R. 3 & 5,* 2nd ed., London, 1964）（損害保険事業研究所、1968年）
葛城照三＝木村栄一＝小池貞治共訳「1906年英国海上保険法」損害保険研究39巻2号123頁（1977年）
加藤一郎『不法行為法［増補版］』（有斐閣、1974年）
加藤修『国際物流のリスクと保険』（日通総合研究所、1990年）
加藤修『国際貨物海上保険実務〔3訂版〕』（成山堂書店、1997年）
加藤修『貿易貨物海上保険改革』（白桃書房、1998年）
加藤由作『海上損害論』（巌松堂書店、1935年）
加藤由作『被保険利益の構造』（巌松堂書店、1939年）
加藤由作『火災保険論』（新紀元社、1950年）
加藤由作『改訂　海上被保険利益論』（新紀元社、1951年）
加藤由作『海上保険新講』（春秋社、1962年）
加藤由作「間接損害塡補の理論　附、衝突損害賠償金塡補条項の解釈問題」保険学雑誌417号1頁（1962年）
加藤由作「英、米保険法における直接損害、間接損害の意義」『創立三十周年記念損害保険論集』1頁（損害保険事業研究所、1965年）
加藤由作「保険代位について──一部保険の効果──」保険学雑誌440号25頁（1968年）
金澤理『保険と民事責任の法理』（成文堂、1966年）
金澤理『交通事故と保険給付』（成文堂、1981年）
金澤理『保険法［第2分冊］』（成文堂、1999年）
金澤理『保険法上巻〔改訂版〕』（成文堂、2001年）

金澤理監修　大塚英明＝児玉康夫編『新保険法と保険契約法理の新たな展開』（ぎょうせい、2009年）
金森久雄＝荒憲治郎＝森口親司編『有斐閣 経済辞典〔第4版補訂〕』（有斐閣、2005年）
金森久雄＝荒憲治郎＝森口親司編『有斐閣 経済辞典〔第5版〕』（有斐閣、2013年）
金子卓治「保険における法と経済——被保険利益をめぐって——」『日本保険学会創立三十周年記念論文集』147頁（日本保険学会、1971年）
金子宏＝新堂幸司＝平井宜雄編集代表『法律学小辞典〔第4版〕』（有斐閣、2004年）
神谷髙保「被保険利益と利得禁止原則——利得禁止原則を適用するか否かの判定基準」竹濱修＝木下孝治＝新井修司編『保険法改正の論点　中西正明先生喜寿記念論文集』103頁（法律文化社、2009年）
嘉村雄司「クレジット・デリバティブ取引に対する保険契約法・保険監督法の適用可能性の検討」損害保険研究76巻2号1頁（2014年）
亀井利明「海上保険における直接損害塡補の原則について」保険学雑誌408号42頁（1960年）
亀井利明『海上保険総論〔改訂初版〕』（成山堂書店、1979年）
亀井利明『海上保険概論』（成山堂書店、1992年）
川井健『民法概論4（債権各論）〔補訂版〕』（有斐閣、2010年）
北河隆之『交通事故損害賠償法』（弘文堂、2011年）
木村栄一「被保険利益概念の機能と地位」保険学雑誌390号89頁（1955年）
木村栄一「被保険利益概念について」保険学雑誌398号1頁（1957年）
木村栄一「責任保険における被保険利益の構造」『加藤由作博士還暦記念保険学論集』203頁（春秋社、1957年）
木村栄一「被保険利益の本質」博士論文要旨・一橋論叢53巻6号112頁（1965年）
木村栄一「新価保険の適法性」『損害保険契約の基本問題 今村有博士古稀記念論集』187頁（損害保険事業研究所、1967年）
木村栄一『海上保険』（千倉書房、1978年）
木村栄一『ロイズ保険証券生成史』（海文堂、1979年）
木村栄一「希望利益保険について」『創立五十周年記念損害保険論集』347頁（損害保険事業研究所、1983年）
木村栄一『ロイズ・オブ・ロンドン』（日本経済新聞社、1985年）
木村栄一監修『英独仏和　保険用語辞典』〔改訂第3版〕（保険研究所、1991年）
木村栄一「被保険利益の概念と海上保険」損害保険研究創立70周年記念号(1)　65巻1・2号合併号1頁（2003年）
木村栄一『損害保険の歴史と人物〔第2版〕』（日本損害保険協会、2007年）
木村栄一＝大谷孝一訳『テンプルマン海上保険——その理論と実際——　第6版』（原著書 R. J. Lambeth, *Templeman on Marine Insurance: Its Principles and Practice*, 6th ed., London, 1986）（損害保険事業総合研究所、1991年）
木村栄一＝近見正彦訳『ターナー＆アレキサンダー海上保険の原理　第7版』（原著書 E. V. C. Alexander, revised and edited, *The Principles of Marine Insurance; A Primer*, 7th

ed., London, 1986）（損害保険事業総合研究所、1994年）
木村栄一＝越知隆訳『ハンセル　保険の原理』（原著書 D. S. Hansell, *Elements of Insurance*, 4th ed., Reprinted (with Update), London, 1987）（損害保険事業総合研究所、1995年）
木村栄一＝野村修也＝平澤敦編『損害保険論』（有斐閣、2006年）
木村栄一＝大谷孝一＝落合誠一編『海上保険の理論と実務』（弘文堂、2011年）
久保寛展「ヨーロッパ保険契約法原則（PEICL）の生成と展開」保険学雑誌616号111頁（2012年）
窪田宏「損害填補額」『創立四十周年記念損害保険論集』43頁（損害保険事業研究所、1974年）
窪田充見『不法行為法』（有斐閣、2007年）
倉沢康一郎『保険契約の法理』（慶応通信、1975年）
倉沢康一郎『保険契約法の現代的課題』（成文堂、1978年）
倉沢康一郎『保険法通論』（三嶺書房、1982年）
倉澤康一郎『現代保険法論』（一粒社、1985年）
久留島隆「残存物代位制度のもとにおける負担移転否定論の根拠」保険学雑誌531号1頁（1990年）
小塚荘一郎「ヨーロッパ保険契約法原則（PEICL）の公表と日本にとっての意味」損害保険研究72巻3号1頁（2010年）
小塚荘一郎ほか訳『ヨーロッパ保険契約法原則』（原著書 Project Group Restatement of European Insurance Contract Law, *Principles of European Insurance Contract Law (PEICL)*, 2009）（損害保険事業総合研究所、2011年）
後藤元「法律の適用・解釈における保険概念の役割」保険学雑誌609号49頁（2010年）
古笛恵子「公的保険給付による代位求償論と損害賠償」高野真人＝溝辺克己＝八木一洋編『交通事故賠償の再構築』15頁（ぎょうせい、2009年）
小町谷操三『海上保険法総論一　海商法要義下巻四』（岩波書店、1953年）
小町谷操三『海上保険法総論二　海商法要義下巻五』（岩波書店、1954年）
小町谷操三『海上保険法各論一　海商法要義下巻六』（岩波書店、1954年）
小町谷操三『海上保険法各論二　海商法要義下巻七』（岩波書店、1961年）
小町谷操三『海上保険法各論三　海商法要義下巻八』（岩波書店、1967年）
小町谷操三『海上保険法各論四　海商法要義下巻九』（岩波書店、1968年）
小町谷操三＝田辺康平『小町谷　商法講義　保険』（有斐閣、1971年）
酒井俊幸『設問式 利益保険の計算実務』（エフ・エス・エス、2002年）
坂口光男『保険法』（文眞堂、1991年）
坂口光男「保険者の代位と請求権放棄」『創立六十周年記念損害保険論集』481頁（損害保険事業総合研究所、1994年）
坂口光男「残存物代位と負担の帰属」損害保険研究65巻1・2号121頁（2003年）
坂口光男『保険法学説史の研究』（文眞堂、2008年）
坂口光男＝陳亮『保険法〔補訂版〕』（文眞堂、2012年）

佐久間邦夫・八木一洋編『交通損害関係訴訟』（青林書院、2009年）
桜沢隆哉「保険代位における規整——保険契約類型とその適用基準をめぐる一考察——」保険学雑誌614号139頁（2011年）
笹本幸祐「フランスにおける保険代位制度の立法及び解釈論の展開について」文研論集105号173頁（1993年）
笹本幸祐「イギリスにおける保険代位制度をめぐる理論の展開について」関西大学大学院法学ジャーナル62号45頁（1994年）
笹本幸祐「被保険利益論争——利得禁止原則の検討の方向性——」法律時報71巻7号62頁（1999年）
笹本幸祐「保険給付と利得禁止原則」『近代企業法の形成と展開　奥島孝康教授還暦記念第二巻』585頁（成文堂、1999年）
笹本幸祐「保険代位に関する議論の推移と保険法改正」竹濱修＝木下孝治＝新井修司編『保険法改正の論点　中西正明先生喜寿記念論文集』159頁（法律文化社、2009年）
佐野誠「自賠責保険金への遅延損害金の充当」損害保険研究67巻2号217頁（2005年）
塩崎勤＝山下丈＝山野嘉朗編『保険関係訴訟』（民事法研究会、2009年）
潮見佳男『債権総論〔第3版〕』（信山社、2007年）
潮見佳男『不法行為法Ⅰ〔第2版〕』（信山社、2009年）
潮見佳男『基本講義　債権各論Ⅱ　不法行為法〔第2版〕』（新世社、2009年）
潮見佳男『不法行為法Ⅱ〔第2版〕』（信山社、2011年）
四宮和夫『事務管理・不当利得・不法行為（下）』（青林書院、1985年）
島田真琴『国際取引のためのイギリス法』（慶應義塾大学出版会、2009年）
島田真琴『イギリス取引法入門』（慶應義塾大学出版会、2014年）
嶋寺基『新しい損害保険の実務』（商事法務、2010年）
嶋寺基『最新保険事情』（金融財政事情研究会、2011年）
下和田功編『はじめて学ぶリスクと保険〔第3版〕』（有斐閣、2010年）
新村出編『広辞苑　第6版』（岩波書店、2008年）
新谷哲之介「Warrantyの法理　実務的視点を交えた考察——英国保険法改定動向を踏まえて」損害保険研究76巻2号31頁（2014年）
末延三次『英米法の研究　下』（東京大学出版会、1960年）
勝呂弘『海上保険〔改訂新版〕』（春秋社、1955年）
勝呂弘「保険可能利益と被保険利益（付保利益）——ブランクの抽象的主観説について——」『創立三十周年記念損害保険論集』377頁（損害保険事業研究所、1965年）
洲崎博史「保険代位と利得禁止原則（1）（2・完）」法学論叢129巻1号1頁（1991年）、3号1頁（1991年）
洲崎博史「人保険における累積原則とその制限に関する一考察」法学論叢140巻5・6号224頁（1997年）
鈴木竹雄『新版　商行為法・保険法・海商法　全訂第2版』（弘文堂、1993年）
鈴木辰紀「一部保険における保険者の代位権の範囲——商法662条をめぐる解釈論と立法論——」『創立三十五周年記念損害保険論集』249頁（損害保険事業研究所、1969年）

鈴木辰紀「田辺教授の『修正絶対説』について」『日本保険学会創立三十周年記念論文集』163頁（日本保険学会、1971年）

鈴木辰紀「保険者の請求権代位についての再論」鈴木辰紀編集責任『葛城照三博士古稀記念損害保険論集』477頁（損害保険事業研究所、1976年）

鈴木辰紀『損害保険研究』（成文堂、1977年）

鈴木辰紀『火災保険研究〔増補版〕』（成文堂、1978年）

鈴木辰紀編著『保険論 私達の暮らしと保険〔第8版〕』（成文堂、1995年）

鈴木辰紀編著『保険論 私達の暮らしと保険〔第10版〕』（成文堂、2000年）

鈴木辰紀監訳 上田和勇＝江澤雅彦共訳『ドーフマン保険入門』（原著書 Mark S. Dorfman, Introduction to Insurance, 3rd ed., 1987）（成文堂、1993年）

損害保険法制研究会『海上保険契約法改正試案理由書 1995年確定版』（損害保険事業総合研究所、1995年）

損害保険法制研究会『損害保険契約法改正試案 傷害保険契約法（新設）試案理由書 1995年確定版』（損害保険事業総合研究所、1995年）

高尾厚「自動車保険における無事故割引と『空』契約の構造――コール・オプション・オン・プット・オプション――」保険学雑誌549号25頁（1995年）

高窪貞人『イギリス法入門』（三訂版）（中央大学出版部、1994年）

高野真人「労災保険給付の実務と交通事故損害賠償」判例タイムズ943号113頁（1997年）

高野真人「社会保険給付と損益相殺・代位の問題点」日弁連交通事故相談センター編『交通賠償論の新次元』206頁（判例タイムズ社、2007年）

髙松基助編著『保険法』（中央経済社、2006年）

竹井直樹「超過保険・一部保険、損害保険てん補原則と保険金額の計算――超過保険と一部保険に関する実務上の考察」竹濱修＝木下孝治＝新井修司編『保険法改正の論点 中西正明先生喜寿記念論文集』139頁（法律文化社、2009年）

武田俊裕「判例研究」石田満編『保険判例2010』219頁（保険毎日新聞社、2010年）

武田俊裕「判例研究」共済と保険2011年2月号31頁（2011年）

竹濱修『保険法入門』（日本経済新聞出版社、2009年）

竹濱修＝木下孝治＝新井修司編『保険法改正の論点 中西正明先生喜寿記念論文集』（法律文化社、2009年）

田島裕『イギリス法入門〔第2版〕』（信山社、2009年）

田中誠二＝原茂太一『新版 保険法〔全訂版〕』（千倉書房、1987年）

田中誠二＝原茂太一『新版 保険法〔全訂版〕』（19）（千倉書房、1996年）

田中英夫『英米法総論 上』（東京大学出版会、1980年）

田中英夫編集代表『英米法辞典』（東京大学出版会、1991年）

棚田良平「射倖契約――保険契約の射倖性――」『日本保険学会創立三十周年記念論文集』181頁（日本保険学会、1971年）

田辺康平「保険者の請求権代位の制度――修正絶対説による根拠づけ――」『創立三十五周年記念損害保険論集』177頁（損害保険事業研究所、1969年）

田辺康平「超過保険・重複保険に関する商法の規定の解釈について――未評価保険における

保険価額の変動を考慮しての考察——」『日本保険学会創立三十周年記念論文集』225頁（日本保険学会、1971年）

田辺康平「保険者の残存物代位」『創立四十周年記念損害保険論集』223頁（損害保険事業研究所、1974年）

田辺康平『保険法の理論と解釈』（文眞堂、1979年）

田辺康平『保険契約の基本構造』（有斐閣、1979年）

田辺康平「著しく過少な評価済保険と残存物代位」『創立六十周年記念損害保険論集』333頁（損害保険事業総合研究所、1994年）

田辺康平「住宅火災保険契約における一部保険者の残存物代位の範囲——利得防止説と技術説との比較検討——」損害保険研究56巻4号1頁（1995年）

田辺康平『新版 現代保険法』（文眞堂、1995年）

田辺康平＝棚田良平「保険法演習(3)　超過保険と重複保険との競合」損害保険研究33巻4号180頁（1971年）

田辺康平＝石田満編『損害保険双書1 火災保険』（文眞堂、1974年）

田辺康平＝石田満編『新損害保険双書1 火災保険』（文眞堂、1982年）

田辺康平＝石田満編『新損害保険双書1 火災保険〔補正版〕』（文眞堂、1994年）

田辺康平＝石田満編『新損害保険双書2 自動車保険』（文眞堂、1983年）

田辺康平＝石田満編『新損害保険双書3 新種保険』（文眞堂、1985年）

田辺康平＝坂口光男編著『注釈　住宅火災保険普通保険約款』（中央経済社、1995年）

谷川久監修　東京海上火災保険株式会社海損部編『イギリス船舶保険約款の解説』（損害保険事業総合研究所、1994年）

田畑康人＝岡村国和編著『読みながら考える保険論〔増補改訂版〕』（八千代出版、2013年）

田村祐一郎＝高尾厚編著『現代保険学の展開』（千倉書房、1990年）

近見正彦『海上保険史研究　14・5世紀地中海時代における海上保険条例と同契約法理』（有斐閣、1997年）

近見正彦＝前川寛＝髙尾厚＝古瀬政敏＝下和田功『現代保険学』（有斐閣、1998年）

近見正彦＝吉澤卓哉＝髙尾厚＝甘利公人＝久保英也『新・保険学』（有斐閣、2006年）

近見正彦＝堀田一吉＝江澤雅彦編『保険学』（有斐閣、2011年）

陳亮「請求権代位に関する規定の成立過程と初期の学説」法学部研究論集（明治大学）19号85頁（2003年）

陳亮「ドイツ保険契約法における請求権移転の範囲」法学研究論集（明治大学）20号27頁（2004年）

陳亮「保険者の請求権代位と利得禁止」法学研究論集（明治大学）23号21頁（2005年）

陳亮「保険者の残存物代位について」『明治大学法学部創立百三十周年記念論文集』287頁（明治大学法学部、2011年）

東京海上火災保険株式会社編『損害保険実務講座　3　船舶保険』（有斐閣、1983年）

東京海上火災保険株式会社編『損害保険実務講座　4　貨物保険』（有斐閣、1987年）

東京海上火災保険株式会社編『損害保険実務講座　8　新種保険（下）』（有斐閣、1984年）

東京海上火災保険株式会社『Institute Time Clauses-Hulls（1/10/83）の解説』（東京海上

火災保険株式会社、1984年)
東京海上火災保険株式会社海損部編著『共同海損の理論と実務　1994年ヨーク・アントワープ規則の解説』(有斐閣、1995年)
東京海上火災保険株式会社海損部編『船舶保険普通保険約款の解説』(損害保険事業総合研究所、1998年)
東京海上日動火災保険株式会社編著『損害保険の法務と実務』(金融財政事情研究会、2010年)
土岐孝宏「損害保険契約における『利得禁止原則』否定論(1)(2・完)」立命館法学291号217頁(2003年)、同293号256頁(2004年)
土岐孝宏「超過保険規制と『利得禁止原則』」立命館法学299号407頁(2005年)
土岐孝宏「天候デリバティブ・地震デリバティブの商法上の地位」中京法学41巻3・4号99頁(2007年)
土岐孝宏「損害てん補にかかわる諸法則といわゆる利得禁止原則との関係——ドイツにおける利得禁止原則否定後の評価済保険規整、重複保険規整、請求権代位規整の議論を手掛かりとして——」保険学雑誌626号1頁(2014年)
土岐孝宏「利得のある損害保険契約と民法90条(抽象的公序良俗)論との関係——賭博行為論との関係を中心に——」損害保険研究76巻1号27頁(2014年)
中出哲「イギリス法における保険代位の概念と法律根拠」損害保険研究57巻3号125頁(1995年)
中出哲「保険代位制度について——機能面から見た制度の本質——」経済学研究(九州大学)62巻1〜6号487頁(1996年)
中出哲「損害てん補と定額給付は対立概念か」保険学雑誌555号64頁(1996年)
中出哲「損害保険における損害てん補の意味——英国高等法院判決 The Wind Star が提起する問題——」海事法研究会誌132号1頁(1996年)
中出哲「Subrogation in Insurance and Unjust Enrichment ——An Examination of English and Japanese Laws from a Comparative Standpoint——」経済学研究(九州大学)63巻4・5号57頁(1997年)
中出哲「残存物代位制度について」損害保険研究58巻4号141頁(1997年)
中出哲「損害保険における損害てん補の位置づけ」『寄附講座「保険学講座」十周年記念誌』95頁(九州大学出版会、1998年)
中出哲「損害保険者の損害填補義務——保険制度における損害填補の特徴とその可能性——」沢野直紀＝高田桂一＝森淳二朗編『企業ビジネスと法的責任』288頁(法律文化社、1999年)
中出哲「『損害てん補原則』とは何か」石田重森＝江頭憲治郎＝落合誠一編集代表『保険学保険法学の課題と展望　大谷孝一博士古稀記念』423頁(成文堂、2011年)
中出哲「海上保険における直接損害てん補の原則について——海上保険における損害と被保険利益の関係——」早稲田商学433号31頁(2012年)
中出哲「損害保険における付帯サービスの位置づけ」損害保険研究74巻2号15頁(2012年)
中出哲「請求権代位により保険者が取得する権利——保険者は保険給付により被保険者の損

害賠償請求権に係る遅延損害金請求権に代位するか——」早稲田商学431号633頁（2012年）
中出哲「労災保険金と損益相殺的調整を行うべき対象は損害賠償債務の元本かその遅延損害金か」損害保険研究73巻4号221頁（2012年）
中出哲「損害防止費用とは何か——損害防止費用における損害の意味——」保険学雑誌618号97頁（2012年）
中出哲「約定保険価額の拘束力——損害保険契約における利得禁止原則に関連して——」損害保険研究75巻4号69頁（2014年）
中出哲「保険価額について——保険法における定義とその意義——」保険学雑誌624号183頁（2014年）
中出哲「重複保険の法理——保険法の下での新たな枠組み——」早稲田商学439号207頁（2014年）
中出哲「船舶金融と保険契約」箱井崇史＝木原知己編集代表『船舶金融法の諸相　堀龍兒先生古稀祝賀論文集』235頁（成文堂、2014年）
中出哲「建物の火災を保険事故とする企業総合保険契約における利益喪失保険において、企業の営業実態を踏まえて保険金を算定した事例」損害保険研究76巻3号291頁（2014年）
中田裕康『債権総論　新版』（岩波書店、2011年）
中村信男「イギリス2012年消費者保険（告知・表示）法の概観と比較法的示唆」保険学雑誌622号21頁（2013年）
中村信男「イギリス2012年消費者保険（告知・表示）法の概要」比較法学47巻2号103頁（2013年）
中村眞澄＝箱井崇史『海商法〔第2版〕』（成文堂、2013年）
日本損害保険協会・生命保険協会編『ドイツ、フランス、イタリア、スイス保険契約法集』（日本損害保険協会・生命保険協会、2006年）
西島梅治『保険法〔新版〕』（悠々社、1991年）
西島梅治「保険委付制度の廃止——解釈全損に関する規定の新設」『海法会誌』復刊35号57頁（1992年）
西島梅治『保険法〔第3版〕』（悠々社、1998年）
西原慎治『射倖契約の法理　リスク移転型契約に関する実証的研究』（新青出版、2011年）
能見善久＝加藤新太郎編『論点体系　判例民法4　債権総論』（第一法規、2009年）
能見善久＝加藤新太郎編『論点体系　判例民法5　契約Ⅰ』（第一法規、2009年）
能見善久＝加藤新太郎編『論点体系　判例民法7　不法行為Ⅰ』（第一法規、2009年）
野津務「保険代位——特に第三者に対する賠償請求権について——」『創立三十周年記念損害保険論集』61頁（損害保険事業研究所、1965年）
野津務『新保険契約法論』（中央大学生協出版局、1965年）
萩本修編著『保険法立案関係資料——新法の概説・新旧旧新対照表——』（商事法務、2008年）
萩本修編著『一問一答 保険法』（商事法務、2009年）

幡新大実『イギリス債権法』（東信堂、2010年）
花房一彦「残存物代位によって取得した所有権を原因とする保険者の負担」保険学雑誌476号49頁（1977年）
浜谷源蔵 著　椿弘次 補訂『最新 貿易実務〔補訂新版〕』（同文舘出版、2008年）
林忠昭『貨物海上保険』（有斐閣、1993年）
林田桂『船舶保険の理論と実務』（海文堂、1963年）
林田桂『海上保険研究──海運関係者のための保険──』（海文堂、1974年）
林田桂『船舶保険の理論と実際』（海文堂、1981年）
原茂太一『イギリス法における航空保険』（損害保険事業総合研究所、1991年）
潘阿憲『保険法概説』（中央経済社、2010年）
平井宜雄『損害賠償法の理論』（東京大学出版会、1971年）
平井宜雄『債権各論Ⅱ　不法行為』（弘文堂、1992年）
福田弥夫＝古笛恵子編『逐条解説　改正保険法』（ぎょうせい、2008年）
藤岡康宏監訳『ヴァイヤース＝ヴァント　保険契約法』（原著書 Hans-Leo Weyers, Manfred Wandt, Versicherungsvertragsrecht, 3. Aufl., Luchterhand, 2003）（成文堂、2007年）
藤沢順＝小林卓視＝横山健一『海上リスクマネジメント（改訂版）』（成山堂書店、2010年）
藤田仁『被保険利益──その地位と機能──』（成文堂、2010年）
古瀬政敏「保険業法上の保険業と保険デリバティブ」生命保険論集156号1頁（2006年）
保険教育システム研究所『保険業法のポイント〔2012年・改訂版〕』（日企、2012年）
星誠「英国海上保険法における全損残存物の取扱い再考」損害保険研究73巻4号1頁（2012年）
前田達明『現代法律学講座(14)民法Ⅵ2不法行為法』（青林書院新社、1980年）
松浦秀明「保険法第20条『重複保険』の保険金支払実務への影響」損害保険研究73巻1号75頁（2011年）
松島恵『海上保険における固有の瑕疵論』（成文堂、1979年）
松島恵『貨物海上保険概説』（成文堂、1991年）
松島恵『船舶保険約款研究』（成文堂、1994年）
松島恵『海上保険論〔改訂第8版〕』（損害保険事業総合研究所、2001年）
松島恵『損害保険入門』（成文堂、2008年）
松島恵「海上保険における因果関係についての省察」損害保険研究71巻4号1頁（2010年）
松田和也「オーストラリアの海上保険法改革案──『被保険利益』要件の廃止、最大善意義務の見直し、等々──」損害保険研究63巻3号35頁（2001年）
松村太郎「超過保険・重複保険」金澤理監修　大塚英明＝児玉康夫編『新保険法と保険契約法理の新たな展開』93頁（ぎょうせい、2009年）
水野有子「損害賠償における第三者からの給付を原因とする控除」判例タイムズ865号4頁（1995年）
宮武和雄「Lloyd's S. G. Form との訣別　Hull Insurance」（東京海損精算事務所、1984年）
メイトランド著トラスト60・エクイティ研究会訳『エクイティ』（有斐閣、1991年）
望月礼二郎『英米法〔改訂版〕』（青林書院、1985年）

森田果「損害賠償額の予定と違約罰——保険法・運送法との比較から——」法学（東北大学）67巻4号39頁（2003年）

森田果「射倖契約はなぜ違法なのか？」NBL849号41頁（2007年）

安居孝啓編著『最新 保険業法の解説〔改訂版〕』（第2版）（大成出版社、2010年）

山口浩一郎『労災補償の諸問題（増補版）』（信山社、2008年）

山下友信「火災保険における保険者代位」田辺康平＝石田満編『新損害保険双書1 火災保険』377頁（文眞堂、1982年）

山下友信「保険契約と損益相殺——搭乗者傷害保険を中心として——」吉川栄一＝出口正義編『商法・保険法の現代的課題　石田満先生還暦記念論文集』421頁（文眞堂、1992年）

山下友信「利得禁止原則と新価保険」岩原紳作＝神田秀樹編著『竹内昭夫先生追悼論文集　商事法の展望——新しい企業法を求めて——』699頁（商事法務研究会、1998年）

山下友信「保険・保険デリバティブ・賭博　リスク移転取引のボーダー」江頭憲治郎＝増井良啓編『融ける境　超える法3　市場と組織』227頁（東京大学出版会、2005年）

山下友信『保険法』（有斐閣、2005年）

山下友信「人身傷害補償保険の保険給付と請求権代位」保険学雑誌600号121頁（2008年）

山下友信「保険の意義と保険契約の類型——定額現物給付概念について」竹濱修＝木下孝治＝新井修司編『保険法改正の論点　中西正明先生喜寿記念論文集』3頁（法律文化社、2009年）

山下友信＝竹濱修＝洲崎博史＝山本哲生『保険法〔第3版〕』（有斐閣、2010年）

山下友信＝永沢徹編著『論点体系 保険法1』（第一法規、2014年）

山下友信＝永沢徹編著『論点体系 保険法2』（第一法規、2014年）

山野嘉朗＝山田泰彦編著『現代保険・海商法30講〔第8版〕』（中央経済社、2010年）

山本敬三『公序良俗論の再構成』（有斐閣、2000年）

山本哲生「保険代位の根拠と保険契約類型からみた代位の適用基準（1）（2）（3・完）」法学（北海道大学）57巻5号67頁（1993年）、58巻1号100頁（1994年）、58巻4号93頁（1994年）

山本哲生「保険代位に関する一考察（1）（2・完）」北大法学論集47巻2号69頁（1996年）、同3号43頁（1996年）

山本哲生「保険代位の根拠と適用基準」私法58号217頁（1996年）

山本哲生「請求権代位における損害概念——人身傷害補償保険を契機として」吉原和志＝山本哲生編『関俊彦先生古稀記念・変革期の企業法』285頁（商事法務、2011年）

横尾登米雄編集代表『保険辞典〔改訂新版〕』（保険研究所、1978年）

横尾登米雄（松田和也改訂）『貨物海上保険〔改訂第7版〕』（損害保険事業総合研究所、1992年）

吉田一郎ほか共編『法令用語辞典〔第9次改訂版〕』（学陽書房、2009年）

吉村良一『不法行為法〔第3版〕』（有斐閣、2005年）

米山高生『リスクと保険の基礎理論』（同文舘出版、2012年）

米山高生＝箸方幹逸 監訳　岡田太＝柳瀬典由＝石坂元一＝諏澤吉彦＝曽耀鋒 訳『保険とリスクマネジメント』（原著書 S. E. Harrington, G. R. Niehaus, *Risk Management and In-*

surance, 2nd ed., The McGraw-Hill Companies, Inc., 2004）（東洋経済新報社、2005年）
李洪茂『保険事業と規制緩和』（成文堂、1996年）
我妻榮＝有泉亨＝清水誠＝田山輝明『我妻・有泉コンメンタール民法——総則・物権・債権——〔第2版追補版〕』（日本評論社、2010年）

【外国語文献】

Atkins D. & Bates I., *Insurance*, London, 2008.
Barlow Lyde & Gilbert LLP, *Insurance Law Handbook*, 4 th ed.,London, 2008.
Beale, H. G., et al., edited, *Chitty on Contracts Volume II Specific Contracts*, 31st ed., London, 2012.
Bennett, C., *Dictionary of Insurance*, London, 1992.
Bennett, C., *Dictionary of Insurance*, 2nd ed., London, 2004.
Bennett, H., *The Law of Marine Insurance*, Oxford, 1996.
Bennett, H., *The Law of Marine Insurance*, 2nd ed., Oxford, 2006.
Bird, R., *Osborn's Concise Law Dictionary*, 7th ed., London, 1983.
Birds, J., *Modern Insurance Law*, 3rd ed., London, 1993.
Birds, J., *Birds' Modern Insurance Law*, 7th ed., London, 2007.
Birds, J., *Birds' Modern Insurance Law*, 8th ed., London, 2010.
Birds, J., et al., *MacGillivray on Insurance Law relating to all risks other than marine, First Supplement to the 11th Edition*, London, 2010.
Birds, J., et al., *MacGillivray on Insurance Law relating to all risks other than marine*, 12th ed., London, 2012.
Birds, J., et al., *MacGillivray on Insurance Law relating to all risks other than marine, Second Supplement to the 12th Edition*, London, 2014.
Birks, P., *An Introduction to the Law of Restitution*, 1 st issued as a paperback with revisions, Oxford, 1989.
Brown, R. H., *Marine Insurance Vol. 1 ——Principles & Basic Practice*, 5th ed., London, 1986.
Brown, R. H., et al., *Marine Insurance Volume 2 Cargo Practice Incorporating Marine Cargo Claims*, 4th ed., Completely revised, London, 1985.
Brown, R. H., *Marine Insurance Vol. 3 ——Hull Practice*, London, 1975.
Brown, R. H., *The Cargo Insurance Contract and the Institute Cargo Clauses Training Notes for Brokers*, London, 1995.
Brown, R. H., *Introduction to Marine Insurance Training Notes for Brokers*, 2nd ed., London, 1995.
Brown, R. H., *Witherby's Encyclopaedic Dictionary of Marine Insurance Incorporating Dictionary of Marine Insurance Terms and Clauses*, 6th ed., London, 2005.
Burrows, A., *The Law of Restitution*, London, 1993.

Burrows, A., *The Law of Restitution*, 2nd ed., London, 2002.
Burrows, A., *The Law of Restitution*, 3rd ed., Oxford, 2011.
Chambers, R., Mitchell, C., et al., *Philosophical Foundations of the Law of Unjust Enrichment*, Oxford, 2009.
Clarke, M. A., *The Law of Insurance Contracts*, 2nd ed., London, 1994.
Clarke, M. A., *The Law of Insurance Contracts*, 5th ed., London, 2006.
Clarke, M. A., *Policies and Perceptions of Insurance Law in the Twenty-First Century*, paperback, Oxford, 2007.
Derham, S. R., *Subrogation in Insurance Law*, Sydney, 1985.
Dickson, G. C. A. & Steele, J. T., *Introduction to Insurance*, 2nd ed., London, 1984.
Dorfman, M. S., *Introduction to Risk Management and Insurance*, 5th ed., New Jersey, 1994.
Dover, V., *A Handbook to Marine Insurance*, 8th ed., London, 1975.
Dunt, J., *Marine Cargo Insurance*, London, 2009.
Dunt, J., edited, *International Cargo Insurance*, London, 2012.
Garner, B. A., Editor in Chief, *Black's Law Dictionary*, 9th ed., Minnesota, 2009.
Gilman, J. and Mustill, M. J., *Arnould's Law of Marine Insurance and Average*, Volume 1, 16th ed., London, 1981.
Gilman, J. and Mustill, M. J., *Arnould's Law of Marine Insurance and Average*, Volume 2, 16th ed., London, 1981.
Gilman, J., *Arnould's Law of Marine Insurance and Average*, Volume 3, 16th ed., London, 1997.
Gilman, J., et al., *Arnould's Law of Marine Insurance and Average*, 17th ed., London, 2008.
Gilman, J., et al., *Arnould: Law of Marine Insurance and Average*, 18th ed., London, 2013.
Goff, R., Jones, G., edited, *The Law of Restitution*, 4th ed., London, 1993.
Goff, R., Jones, G., edited, *The Law of Restitution*, 7th ed., London, 2007.
Goodacre, J. K., *Marine Insurance Claims*, 2nd ed., London, 1981.
Guest, A. G., et al., *Chitty on Contracts*, 27th ed., London, 1994.
Hanson, J. and Henley, C., *All Risks Property Insurance*, London, 1995.
Hazelwood, S. J., Semark D., *P&I Clubs Law and Practice*, 4th ed., London, 2010.
Hodges, S., *Law of Marine Insurance*, London, 1996.
Hodges, S., Cases and Materials on Marine Insurance Law, London, 1999.
Hudson, N. G., et al., *Marine Insurance Clauses*, 5th ed., London, 2012.
Ivamy, E. R. H., *Marine Insurance*, 4th ed., London, 1985.
Ivamy, E. R. H., *General Principles of Insurance Law*, 5th ed., London, 1986.
Ivamy, E. R. H., *General Principles of Insurance Law*, 6th ed., London, 1993.
Ivamy, E. R. H., *Mozley and Whiteley's Law Dictionary*, 10th ed., London, 1988.
Ivamy, E. R. H., *Chalmers' Marine Insurance Act 1906*, 10th ed., London, 1993.
Jervis, B. G., *Reeds Marine Insurance*, London, 2005.

Jess, D. C., *The Insurance of Commercial Risks: Law and Practice*, 2nd ed., London, 1993.
Keenan, D., *Smith and Keenan's English Law*, 10th ed., London, 1992.
Kobayashi, N., et al., *Insurance Law in Japan*, The Netherlands, 2011.
Kulp, C. A. and Hall, J. W., *Casualty Insurance*, 4th ed., New York, 1968.
Lambeth, R. J., *Templeman on Marine Insurance Its Principles and Practice*, 6th ed., London, 1986.
Legh-Jones, N., et al., edited, *MacGillivray on Insurance Law relating to all risks other than marine*, 11th ed., London, 2008.
Levine M. & Wood J., *Construction Insurance and UK Construction Contracts*, London, 1991.
Long, J. D. and Gregg, D. W., edited, *Property and Liability Insurance Handbook*, Illinois, 1965.
Lowry, J., et al., *Insurance Law: Doctrines and Principles*, 3rd ed., Oxford, 2011.
McGee, A., *The Modern Law of Insurance*, 3rd ed., London, 2011.
Merkin, R., *Colinvaux's Law of Insurance*, 6th ed., London, 1990.
Merkin, R., *Colinvaux's Law of Insurance*, 9th ed., London, 2010.
Merkin, R., *Tolley's Insurance Handbook*, Croydon, 1994.
Merkin, R., *Insurance Contract Law*, Issue 33, Kingston upon Thames, 1996.
Merkin, R., *Marine Insurance Legislation*, 3rd ed., London, 2005.
Merkin, R., *Marine Insurance Legislation*, 4th ed., London, 2010.
Merkin, R., edited, *Insurance Law — An Introduction*, London, 2007.
Mitchell C., *The Law of Subrogation*, Oxford, 1994.
Mitchell C., Watterson, S., *Subrogation Law and Practice*, Oxford, 2007.
Noussia, K., *The Principle of Indemnity in Marine Insurance Contracts A Comparative Approach*, Berlin, 2007.
O'May, D., Hill, J., *Marine Insurance Law and Policy*, London, 1993.
Parkington, M., Legh-Jones, N., Longmore, A. & Birds, J., *MacGillivray & Parkington on Insurance Law*, 8th ed., London, 1988.
Peel E., *Treitel The Law of Contract*, 12th ed., London, 2010.
Project Group Restatement of European Insurance Contract Law, *Principles of European Insurance Contract Law (PEICL)*, Munich, 2009.
Prölss/Martin, *Versicherungsvertragsgesetz*, 28. Auflage, C. H. Beck, 2010.
Rogers, W. V. H., *Winfield and Jolowicz on Tort*, 18th ed., London, 2010.
Rose, F. D., *Marine Insurance: Law and Practice*, 2nd ed., London, 2012.
Schwintowski/Brömmelmeyer (Hrsg.), *Praxiskommentar zum Versicherungsvertragsrecht*, 2. Auflage, Münster, 2011.
Silver, L. S., et al., *Concise Encyclopedia of Insurance Terms*, New York, 2010.
Soyer, B., *Warranties in Marine Insurance*, London, 2001.
Soyer, B., edited, *Reforming Marine and Commercial Insurance Law*, London, 2008.

Steel, D.W.and Rose, F. D., *Kennedy's Law of Salvage,* 5th ed., London, 1985.
Tettenborn, A., *Law of Restitution,* London, 1993.
Thomas, D. R., edited, *The Modern Law of Marine Insurance,* London, 1996.
Thomas, D. R., edited, *The Modern Law of Marine Insurance,* volume 3, London, 2009.
Thoyts, R., *Insurance Theory and Practice,* London, 2010.
Treitel, G. H., *The Law of Contract,* 9th ed., London, 1995.
Turner, H. A., Alexander, E. V. C., revised and edited, *The Principles of Marine Insurance A Primer,* 7th ed., London, 1986.
Walker, R. J., *Walker & Walker The English Legal System,* 6th ed., London, 1985.
Wandt, M., *Versicherungsrecht,* 4. Auflage, Köln, 2009.
Wandt, M., *Versicherungsrecht,* 5. Auflage, Köln, 2010.

あとがき

　本書は、筆者が、一橋大学商学部のゼミナールにおいて海上保険を初めて学んでから現在までの約35年間の実務と研究のなかで考えてきたことや発表した論文を研究書としてまとめたものである。これまで大変多くの方々からご指導いただき、大変お世話になった。ここでは、本書の執筆にあたり、直接、お世話になった方のみを記名してお礼を述べさせていただくことをお許しいただきたい。

　恩師である故木村榮一先生（一橋大学名誉教授）からは、学部の海上保険ゼミナールで、イギリスやドイツの文献購読のご指導をいただき、海上保険研究の深く興味の尽きない世界を教えていただいた。先生は、私が会社に入社後も30年間を超えてご指導くださった。先生のご存命中に本書を謹呈することはできなかったが、もし本書を先生がご覧になれば、その青臭い私の議論に、ゼミ生の頃から全く変わっていないねと笑っていただけるのではないかと思う。木村先生のご恩に対して、心から御礼申し上げる。

　大谷孝一先生（早稲田大学名誉教授）も、ご指導をいただいている恩師である。会社勤務時代には、研究会においてイギリス判例研究のご指導をいただき、早稲田大学に奉職後は、共著書や監訳書の出版に加え、様々な研究の機会をいただいてご指導いただいたうえ、大学教員の仕事についても種々のご助言をいただいた。本書は、大谷孝一先生のご指導と励ましがなければ到底まとめあげることはできなかった。大谷先生のご恩に心から御礼申し上げる。

　近見正彦先生（一橋大学名誉教授）には、学部の学生の頃から今日まで、学問の世界に向けて研究を深めることを勧めていただき、ご指導をいただいた。契約理論の研究の重要性、特に、ドイツにおける研究の動向や精緻な検証の重要性などをご指導いただき、心から御礼申し上げる。

　ケンブリッジ大学のクラーク先生（Prof. Malcolm A Clarke）には、ケンブリッジ大学留学中に、精緻なイギリス判例の世界について個人指導をいただいた。その後も折に触れ、ご指導いただいている。私の拙い見解にいつも興味を示してくださり、研究を進めていくことを応援していただき感謝している。

　28年間勤務した東京海上日動火災保険株式会社（以下、東京海上という。）では、

海外研修生としてロンドン大学 LSE 法学修士とケンブリッジ大学大学院法学研究過程への合計2年間の留学、九州大学経済学部の客員助教授として2年間の出向の機会をいただいた。こうした勉強の機会に加え、会社の日常業務の一つ一つが生きた教材であり、仕事を通じて多くの上司から損害保険の理論や実務についてご指導いただき感謝している。特に、中西正和・元専務取締役には、海損部に入社後、今日まで30年間以上にわたりご指導をいただいている。イギリス留学を実現してくださった故原田一宏・元船舶損害部長及び金井薫一郎・元コマーシャル損害部長、九州大学への出向を導いてくださった野村晋作・元常務取締役及び佐野清明・専務執行役員にも大変お世話になった。ロイズ・ロー・レポートを愛読される忽那隆治・顧問弁護士からはイギリス法の世界を教えていただき、また、安部隆・顧問弁護士からは、法と実務のバランスの取れた企業法務の仕事を教えていただいた。東京海上関係の方々に対して、厚く御礼申し上げる。

　客員助教授として九州大学経済学部に出向した2年間は、本書の主要テーマとなる論文を執筆し、その後の研究のスタートとなった。九州大学の多くの先生方にお世話になったが、特に、保険学講座の運営責任者であった丑山優先生、川波洋一先生からは、教員の研究生活について温かくご指導いただいた。また、九州保険法研究会では、新海兵衞先生、髙松基助先生、野村修也先生をはじめ、商法・保険法の法学者から多くのご指導をいただき、保険法研究の面白さを知るとともに、法的側面に軸をおいて損害保険を研究していくことを導いて下さった。先生方に心から御礼申し上げる。

　学会関係でも多くの先生方にご指導をいただいた。日本保険学会九州支部では、石田重森先生から、最初の学会報告の機会をいただき、その保険代位に関する学会報告が一連の論文を執筆するスタートとなった。その後も、石田先生からは、保険契約の理論研究を進めることにつき応援いただいた。落合誠一先生及び山下友信先生には、東京海上勤務時代から研究会等においてご指導をいただき、また、私の論文にご意見等をいただいた。そのことが励みになって大学で再度研究する決断に結び付いて今日に至っており、心から御礼申し上げる。損害保険事業総合研究所の方々からも様々なご支援をいただき大変感謝している。

　早稲田大学では、最高の研究環境をいただいたうえ、研究を応援いただいている。特に、商学部の多くの先生方から、学位取得に向けて研究を深めていくことを励まされた。本書における研究を進める上では、特に、商学部の椿弘次先生、

太田正孝先生、江澤雅彦先生、李洪茂先生、中村信男先生、法学部の江頭憲治郎先生、大塚英明先生、箱井崇史先生に大変お世話になった。心から御礼申し上げる。また、早稲田大学・保険判例研究会、早稲田大学・海法研究所の活動からも大変多くを学んでいる。研究会や研究所の関係者にも心から御礼申し上げる。

　また、本書の出版にあたり、東京海上の先輩である佐藤修三氏から、文章表記等について有益な助言をいただいた。厚く御礼申し上げる。

　2015年9月より、早稲田大学より長期在外研究の機会をいただき、イギリス・エクセター大学ロースクールで保険法の研究をしている。本書の校正作業は、エクセター大学の研究室で相当部分を行うこととなった。在外研究の機会をいただいた早稲田大学、エクセター大学で研究を支援いただいているマーキン教授（Prof. Robert Merkin, QC）、デベニー学部長（Prof. James Devenney）にも、この場を借りて御礼申し上げる。

　本書のような市販性の乏しい図書を出版できるのは、株式会社成文堂のおかげである。阿部成一社長及び編集部篠崎雄彦氏のご厚意に心から御礼申し上げる。

　また、本書の出版は、早稲田大学・鹿野研究振興基金の出版助成をいただいた。その点についても御礼申し上げる。

2016年2月1日

中　出　　哲

中出　哲（なかいで さとし）

1981年　一橋大学商学部卒業、同年東京海上火災保険株式会社入社。
1993年　ロンドン大学 L.S.E. 法学部大学院卒業（LL.M. 取得）
1994年　ケンブリッジ大学大学院法学研究科卒業（Diploma in Legal Studies 取得）
1997年　九州大学経済学部客員助教授（1999年まで）
2009年　東京海上日動火災保険株式会社退社、早稲田大学商学学術院准教授
2013年　早稲田大学商学学術院教授（現任）、世界保険学会（AIDA）海上保険部会副会長（現在に至る）
2015年　博士（商学）
　　　　イギリス・エクセター大学ロースクール Honorary Visiting Professor

主要著書
『損害保険市場論』（共著、損害保険事業総合研究所、八訂版、2015年）
『海上保険法概論』（共著、損害保険事業総合研究所、改訂第四版、2014年）
『論点体系　保険法1』（分担執筆、第一法規、2014年）
『現代海上保険』（共監訳、成山堂、2013年）
『船舶衝突法』（共著、成文堂、2012年）住田正一海事技術奨励賞受賞
『はじめて学ぶ　損害保険』（共著、有斐閣、2012年）
『保険論』（共著、成文堂、第3版、2012年）
『海上保険の理論と実務』（分担執筆、弘文堂、2011年）山縣勝見賞受賞
『ヨーロッパ保険契約法原則』（共訳、損害保険事業総合研究所、2011年）

損害てん補の本質──海上保険を中心として──
2016年3月10日　初版第1刷発行

| 著　者 | 中　出　　　哲 |
| 発行者 | 阿　部　成　一 |

〒162-0041　東京都新宿区早稲田鶴巻町514
発行所　株式会社　成文堂
電話 03(3203)9201代　FAX 03(3203)9206
http://www.seibundoh.co.jp

製版・印刷　藤原印刷　　　　製本　弘伸製本
©2016 S. Nakaide　　　Printed in Japan
☆乱丁・落丁本はおとりかえいたします☆　検印省略
ISBN978-4-7923-4258-6 C3033
定価（本体10,000円＋税）